Mani Matter und die Liedermacher

Zum Begriff des ‚Liedermachers‘ und zu Matters Kunst des Autoren-Liedes

Stephan Hammer

Mani Matter
und die Liedermacher

Zum Begriff des ‚Liedermachers'
und zu Matters Kunst des Autoren-Liedes

PETER LANG

Bern · Berlin · Bruxelles · Frankfurt am Main · New York · Oxford · Wien

Bibliografische Information Der Deutschen Nationalbibliothek
Die Deutsche Nationalbibliothek verzeichnet diese Publikation in der Deutschen
Nationalbibliografie; detaillierte bibliografische Daten sind im Internet über
‹http://dnb.d-nb.de› abrufbar.

Den folgenden Institutionen sei für namhafte Druckkostenbeiträge, welche die
Herausgabe der Studie erst ermöglichten, gedankt: Kanton Bern, Stadt Bern,
Gemeinde Köniz, Burgergemeinde Bern und Bürgi-Willert-Stiftung.

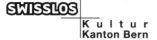 

Der Abdruck der Fotos erfolgt mit freundlicher Genehmigung von
Bruno Kirchgraber (Erste Umschlagseite und Abbildung 4 S. 316)

Umschlaggestaltung: Christian Hofer, Washington D.C.
Thomas Jaberg, Peter Lang AG

ISBN 978-3-0343-0307-1

© Peter Lang AG, Internationaler Verlag der Wissenschaften, Bern 2010
Hochfeldstrasse 32, CH-3012 Bern
info@peterlang.com, www.peterlang.com, www.peterlang.net

Alle Rechte vorbehalten.
Das Werk einschliesslich aller seiner Teile ist urheberrechtlich geschützt.
Jede Verwertung ausserhalb der engen Grenzen des Urheberrechtsgesetzes ist
ohne Zustimmung des Verlages unzulässig und strafbar.
Das gilt insbesondere für Vervielfältigungen, Übersetzungen, Mikroverfilmungen
und die Einspeicherung und Verarbeitung in elektronischen Systemen.

Printed in Switzerland

für Philemon, Seraphin, Laila und Marion

Inhalt

Einleitung 11
1   Explikation von ‚Liedermacher' 15
1.1 Zur Geschichte des Begriffsnamens ‚Liedermacher' 15
    1.1.1   Wortgeschichte I: ‚Liedermacher' vor Biermann 16
    1.1.2   Wortgeschichte II: ‚Liedermacher' seit den 1960er Jahren. 19
        1.1.2.1   Wortverbreitung und wissenschaftliche Beachtung 19
        1.1.2.2   Semantischer Wandel und Begriffsinflation 23
        1.1.2.3   ‚Liedermacher' als Terminus technicus 30
        1.1.2.4   ‚Liedermacher' als bester Begriff................................ 31
1.2 Begriffsgeschichte 37
    1.2.1   Methodologische Anmerkungen.. 38
    1.2.2   Bisherige Bestimmungsversuche (‚Explicandum') 39
    1.2.3   Kritik der Bestimmungsversuche 41
        1.2.3.1   Unscharfe Denotationen im Definiens 42
        1.2.3.2   Unzutreffende Wertungen in den Definitionen 44
        1.2.3.3   Undifferenzierte Anwendung von Merkmalen 47
        1.2.3.4   Unnötige Merkmalsrelativierungen 49
1.3 Herleitung der Definition von ‚Liedermacher' 50
    1.3.1   Erste Abgrenzung von ‚Liedermacher' 51
    1.3.2   ‚Liedermacher-Lied' und ‚Lied'.. 52
        1.3.2.1   ‚Autorenlied' als eigenständige Gattung 52
        1.3.2.2   ‚Autorenlied' und andere Liedformen 56
    1.3.3   Gebrauchsdefinition von ‚Lied' 62
        1.3.3.1   Bestimmung von ‚Lied' in der Autorenlied-Kunst 63
        1.3.3.2   Musikalische Periodizität 66
        1.3.3.3   Textaussage vs. Gesang... 72
        1.3.3.4   Isolierung des Liedhaften vom Kotext 72
        1.3.3.5   Gebrauchsdefinition von ‚Lied' 73
    1.3.4   Weitere Konstituenten der Autorenlied-Kunst 74
        1.3.4.1   Liedfremdes in der Autorenlied-Kunst....................... 74
        1.3.4.2   Schwankende Musik-/Vortragsmodi 77
        1.3.4.3   Instrumentierung und Instrumentalbegleitung 83

	1.3.4.4	Schlichter Aufführungsmodus 88
	1.3.4.5	Simultan rezipierte Programme 94
	1.3.4.6	Einbindung der Lieder in Programme 97
	1.3.4.7	Fremdes im Selbstgemachten 97
	1.3.4.8	Notation von Autorenliedern 100
1.3.5		Bestimmungsversuch von ‚Liedermacher' (Explikation) .. 104

2 Mani Matters Kunst des Autorenliedes 105

2.1 Mani Matter (1936–1972): Vita, Werk und Wirkungsgeschichte . 106

    2.1.1   Vita 107
    2.1.2   Werk 109
        2.1.2.1   Werküberblick 109
        2.1.2.2   Editorische Unschärfen 119
    2.1.3   Wirkungsgeschichte 121
    2.1.4   Das Werk in der Sekundärliteratur 127
        2.1.4.1   Selbstständige Publikationen 127
        2.1.4.2   Unselbstständige Publikationen 129
    2.1.5   Diskussion zentraler analytischer Ansätze 133
        2.1.5.1   Matter als Mundartliterat 134
        2.1.5.2   Matters geistig-literarischer Horizont 140
        2.1.5.3   Matter und seine Zeit 143

2.2 Der Autor 156

    2.2.1   Funktionale Mehrschichtigkeit 156
    2.2.2   ‚Figuratives Ich' 158
    2.2.3   ‚Clowneskes Ich' 162
    2.2.4   Charakterisierung der Darstellerfigur 165

2.3 Das Publikum 170

    2.3.1   Unmittelbar permanent ‚ad auditores' 170
    2.3.2   Stufen unterschiedlicher Du-Anrede 171
    2.3.3   Die Du-Anrede in Matters Werk 173

2.4 Das Programm 181

    2.4.1   Programmrhythmus 182
    2.4.2   Globale Programmorganisation 183
    2.4.3   Binnengliederungen in Programmen 188
    2.4.4   Mögliche vs. zwingende Kohärenz 191
    2.4.5   Exkurs: Die Conférence 193

2.5 Die Versifikation.. 197
   2.5.1   Rezeptionslenkende Metrik 197
   2.5.2   Matters Reimkunst.. 206

2.6 Das Philosophische... 211
   2.6.1   Das Fragen.. 214
   2.6.2   Die Dialektik 220
   2.6.3   Das Scheitern.. 225
   2.6.4   Das Kontrastieren 230
   2.6.5   Das Religiöse.. 232

2.7 Von der Beschreibung bis zum Grotesken................................ 236
   2.7.1   Beschreibende und philosophische Poesie 237
   2.7.2   Wortspiele 242
      2.7.2.1   Wortspiel-Passagen 244
      2.7.2.2   Wortspiel-Häufung... 247
      2.7.2.3   Wortspiel-Komplexe 249
      2.7.2.4   Ambiguum, Allusion, Spiel mit Phrasen.................. 253
   2.7.3   Die Ironie.. 255
   2.7.4   Der Nonsens 258
      2.7.4.1   Unmögliches und Understatement 259
      2.7.4.2   Potenzierung... 266
      2.7.4.3   Nonsens und Gattungsformen 267
   2.7.5   Das Groteske 275

3 Zur Geschichte von Matters Kunst des Autorenliedes................... 279

3.1 Die frühe Phase (1953–1964) 279
   3.1.1   Zeitliche Abgrenzung der frühen Phase 279
   3.1.2   Förderer, Vorbilder, frühe Formen 280

3.2 Die mittlere Phase (1965–1969) 294
   3.2.1   Zeitliche Abgrenzung der mittleren Phase 294
   3.2.2   Vom Einzellied zum Gruppenprogramm 295

3.3 Die späte Phase (1970–1972) 311
   3.3.1   Von der Sechsergruppe zur Kleinformation................. 312
   3.3.2   Die Soloprogramme... 317
   3.3.3   Das kohärente Gruppenprogramm: Kriminalgschicht....... 320

4	Schluss	325
Anhang		331
Interviews		331
	Mani Matter	331
	Ruedi Krebs	336
	Jacob Stickelberger	340
	Bernhard Stirnemann	347
	Markus Traber	361
	Fritz Widmer	370
Lieder		381
	Alphabetisches Liederverzeichnis	381
	Chronologisches Liederverzeichnis	388
Literaturverzeichnis		397
	Mani Matter	397
	Allgemeines Literaturverzeichnis	401
Register		427
	Namensregister	427
	Sachregister	436
	Liedregister	444
	Lesebiographisches Namensregister	448
Dank		451

Einleitung

> Alle Kunst ist sozusagen Effekthascherei; aber die
> Kunst ist eben, dass man's nicht merkt.
>
> Mani Matter: Brief an Fritz Widmer, 13. Mai 1968

Die vorliegende Abhandlung befasst sich mit zwei Randerscheinungen der Literaturgeschichtsschreibung: mit dem Liedermachen generell und dem Liedermacher Mani Matter. Als (literatur-)wissenschaftlicher Begriff ist ‚Liedermacher' umstritten, und im *Reallexikon der deutschen Literaturwissenschaft* (RLW) sucht man vergeblich nach dem Stichwort ‚Liedermacher', sei es, weil man das Liedermachen nicht als eigenständige Gattung anerkennt, sei es, weil man dem Genre die literarische Ernsthaftigkeit abspricht, sei es, weil das Phänomen (zu) wenig erforscht ist – die Gründe dafür sind unklar. Die in dieser Studie erarbeitete Explikation versucht die Kunstgattung ‚Liedermacher' in all ihren Facetten zu erfassen, ihre Eigenständigkeit gegenüber anderen künstlerischen Formen aufzuzeigen und den Begriff einer umfassenden Definition zuzuführen (Kap. 1.3). Der Explikation voran geht die Darstellung der Wortgeschichte (Kap. 1.1) und der Begriffsgeschichte (Kap. 1.2), welche die relativ lange und vielfältige Verwendung von Wort und Begriff zeigt.

Die Bestimmung des Begriffs wirkt sich auf die Beschreibung, Analyse und Interpretation der Werke von Liedermachern aus. Dies soll an einem Werk vorgeführt werden, das ausserhalb des – sehr begrenzten – deutschschweizerischen Sprachraumes kaum bekannt ist. In der deutschsprachigen Schweiz kennen Mani Matters Namen und Werk alle, und er gilt als eine der bedeutendsten schweizhistorischen Persönlichkeiten. Bei einer im Januar 2009 veröffentlichten repräsentativen Umfrage einer Schweizer Zeitung[1], welche die wichtigsten helvetischen Persönlichkeiten aller Zeiten ermittelte, schaffte es Matter in der Rangliste auf den erstaunlichen 14. Platz. Noch vor ihm eingereiht sind Denker, Wissen-

---

1 Vgl. „Denker und Künstler überwiegen: Die imposantesten Schweizer aus 717 Jahren", in: Sonntagszeitung, 4.1.2009.

schaftler und Künstler von Weltruf wie etwa Albert Einstein, Johann Heinrich Pestalozzi, Paracelsus, Leonhard Euler und Le Corbusier. Aber hinter ihm sind Namen wie zum Beispiel Henri Guisan, Huldrych Zwingli, Jean Calvin, Carl Gustav Jung, Albrecht von Haller, Paul Klee und Ferdinand de Saussure. Zudem erachtete man Mani Matter hinter Friedrich Dürrenmatt als zweitwichtigsten Schweizer Schriftsteller.

Seit bald einem halben Jahrhundert sind Mani Matters Lieder Evergreens in der Schweiz, und es trifft weiterhin zu, was der Germanist und Schriftsteller Dieter Fringeli zum 20. Todestag von Mani Matter festhielt:

> Das ‚Volk' singt, rezitiert, summt seine Lieder. Menschen, die 1972, als Mani Matter so traurig ums Leben kam, noch nicht auf der Welt waren: der Professor so selbstverständlich wie der Magaziner im Warenumschlaglager, einfach so: Lieder, von den Kollegen Maffay, Mey oder Biermann gepriesen, bewundert, geliebt: Ohrwürmer [...], aus dem Kopf kaum mehr wegzukriegen, wenn sie sich festgesaugt haben, gespeichert für immer; ganz genau: gelebtes, lebendiges Volkstum.[2]

Die Popularität für sich genommen sagt freilich wenig über die (literarische) Qualität der Lieder aus. Die (schweizerisch-akademische) Fan-Gemeinde ist sich indes einig, dass die Lieder poetisch raffiniert verpackt sind und (philosophischen) Tiefgang haben. Dass selbst bald vier Jahrzehnte nach Matters Ableben keine umfassende und analytisch ausreichend fundierte Darstellung zu Matters literarischem Werk vorliegt, mag deshalb erstaunen. Die Ursachen des Desiderats sind vielfältig. Populäre Liedkunst, als Gegenstück zum Kunstlied, leidet allgemein unter geringem Ansehen. Man zählt das Liedermachen zur Kleinkunst und versteht darunter meist ‚kleine Kunst' – eine Kunst, der man gerne die künstlerische Ernsthaftigkeit abspricht. Überdies ist Matters Liedwerk mit dem (negativen) Stempel der Dialektliteratur behaftet. Hinzu kommt, dass die Reichweite dialektliterarischer Texte ohnehin meist sehr beschränkt ist.

Eine Übertragung von Matters Liedern ins Hochdeutsche hätte zumindest die negative Konnotation des Dialektliterarischen beheben können. Dies ist bis anhin leider unterblieben, und so fand Matters Liedwerk auch keinen Eingang in den Kanon der deutschsprachigen Literatur. Eine weitere Folge davon ist, dass Matters Lieder seit Jahrzehnten für den

---

2   Dieter Fringeli, in: Hohler 1992: 132; auch in: Dr Schwarzbueb 76 (1998): 105.

weitaus grössten Teil der Deutschsprachigen kaum, wenn nicht ganz unverstehbar sind.

Diese Studie soll erstmals verschiedene Aspekte von Matters Werk systematisch und möglichst umfassend aufarbeiten. Am Ausgang jeder Analyse eines literarischen Gesamtwerks steht die präzise Beschreibung des Werks, seiner Quellenlage und Wirkungsgeschichte, aber auch der wichtigsten Lebensdaten des Autors und der Forschungslage. Diesen Themen ist der erste Abschnitt des Analyseteils gewidmet (Kap. 2.1). Ausgehend von der Aufführungssituation, in der die Lieder der Liedermacher dargeboten werden, folgen hierauf Überlegungen zur Rolle des Autors als Verfasser und Aufführender von Autorenliedern (Kap. 2.2), zum Diskurs mit dem Publikum (Kap. 2.3) und zur Organisation von Programmen (Kap. 2.4). Das Kapitel 2.5 befasst sich mit der Vers-Organisation, während der hierauf folgende Abschnitt Matters Werk im philosophischen Gedankengut seiner Zeit kontextualisiert und aufzeigt, inwiefern Matters Lieder als ‚philosophisch' zu bezeichnen sind (Kap. 2.6). Das Schlusskapitel der Analyse (Kap. 2.7) zeigt die Bandbreite der in Matters Werk eingesetzten literarischen Mittel und deren Funktionen auf, von der sachlichen und philosophischen Darstellung über das Wortspielerische und die Ironie bis hin zu Nonsens und Groteskem.

Im dritten Teil des Buches folgt trotz dürftiger Informationslage ein geschichtlicher Abriss zur Entwicklung der Poetik von Matters Liedern vor dem Hintergrund biographischer Aspekte (Kap. 3). Zum Schluss werden die wichtigsten Erkenntnisse aus Theorieteil, Analyse und historischem Rückblick zusammengefasst und in der synthetisierenden Zusammenschau zusätzliche Einsichten gewonnen (Kap. 4).

Im Anhang befindet sich eine Übersicht zu sämtlichen Liedern Mani Matters, alphabetisch geordnet und mit Quellenhinweisen versehen; Liedzitate und Erwähnungen von Matter-Liedern erfolgen in diesem Buch daher ohne Angabe von Quellen. Hingegen ist jedem in der Arbeit zitierten dialektalen Text eine hochdeutsche Prosa-Version beigefügt, um die einzelnen Argumente auch ausserhalb des deutschschweizerischen Raumes nachvollziehbar zu machen. Erhebliche urheberrechtliche Beschränkungen haben jedoch an manchen Stellen die Argumentation behindert und dazu geführt, dass nicht in jedem Fall wichtige Aussagen mit einem wortwörtlichen Zitat belegt werden konnten.

Der nachgelagerte Materialteil mit Interviews mit den Berner Troubadours, Liederverzeichnissen und mehreren Registern, die auch die wichtigen Matter-Publikationen *Sudelhefte/Rumpelbuch* sowie Fritz Widmers „Notizen zu Mani Matter" (2002a) mit einbeziehen, versteht sich nicht zuletzt als Ausgangspunkt für weitere Forschung – eine Forschung, die vor dem Hintergrund der in dieser Studie aufgezeigten Desiderate nicht nur wünschenswert, sondern unabdingbar erscheint.

1 Explikation von ‚Liedermacher'

> Freund, so du etwas bist, so bleib doch ja nicht stehn:
> Man muss aus einem Licht fort in das andre gehn.
>
> Angelus Silesius

Die Explikation der Bezeichnung ‚Liedermacher' orientiert sich an den zurzeit üblichen Standards zur Begriffsbestimmung.[1] Eingangs werden die Wortgeschichte (Kap. 1.1) und Begriffsgeschichte (Kap. 1.2) nachgezeichnet. Daran anschliessend soll eine neuartige Definition von ‚Liedermacher' entwickelt werden. Angestrebt wird eine flexible Definition aus notwendigen und alternativen Merkmalen (Kap. 1.3).

1.1 Zur Geschichte des Begriffsnamens ‚Liedermacher'

> Bei euch, ihr Herren, kann man das Wesen
> gewöhnlich aus dem Namen lesen.
>
> Johann Wolfgang von Goethe: Faust

Die Zentralbezeichnung der vorliegenden Untersuchung ist das Wort ‚Liedermacher'. Dessen Herkunft und Verwendungsweise bilden den Kern des nachfolgenden Kapitels.

---

1   Vgl. das *Reallexikon der deutschen Literaturwissenschaft* RLW (1997–2003).

1.1.1 Wortgeschichte I: ‚Liedermacher' vor Biermann

Die Forschung war sich bis vor kurzem einig über die Urheberschaft der Bezeichnung ‚Liedermacher'.[2] Als Wortschöpfer sah man Wolf Biermann, der sich in den 1960er Jahren als ‚professionellen Liedermacher' bezeichnete.[3] Biermann dazu:

> Als ich 1960 anfing, Lieder für mich zu schreiben, gab es im deutschen Sprachraum kein lebendiges Wort für diese Art komplexer Produktion. Das Kind brauchte einen Namen. [...] Also: Der Liedermacher.[4]

Er, Biermann, habe den Ausdruck 1961 geformt.[5]

Ein erster Beleg von ‚Liedermacher' findet sich in der Überschrift eines Zeitungsartikels vom 5. Dezember 1964: „‚Liedermacher' aus der Zone beim WDR. Wolf Biermann auf Parteilinie."[6] Die Erwähnung des Worts fällt in die Zeit der ersten grösseren Tourneen Biermanns in der DDR und BRD.[7]

1980 wies Hartmut Huff[8] zu Recht auf eine bedeutend frühere Entstehung des Wortes ‚Liedermacher' hin: Schon 1865 verwendete Ludwig Georg Silbergleit dieses Wort in einer Auswahl-Übersetzung von Béranger-Liedtexten, indem er den Liedtext *Le cardinal et le chansonnier* in *Kardinal und Liedermacher*[9] übertrug. Das deutsche Wort steht offenkundig synonym zur französischen Bezeichnung.[10]

Auf einen viel früheren Beleg verweist Das *Metzler Literaturlexikon* in der Auflage von 1990. In Friedrich von Hagedorns *Sämmtliche poeti-*

---

2 Vgl. u.a. Rothschild 1980: 7; Rapp 1981: 248; Huff 1980: 9; Wilpert 1989: 516.
3 Kaiser 1967: 89.
4 Biermann 1986: 97f.
5 Ebd.: 98.
6 Kölner Rundschau vom 5.12.1964, zitiert nach Meuer 1976: 221.
7 Kaiser 1967: 88.
8 Huff 1980: 59.
9 Silbergleit 1865: 93.
10 Biermann kennt trotz der intensiven Beschäftigung mit den frankophonen Auteur-compositeur-interprètes (vgl. u.a. Arnold 1980: 65; Hammer 1976: 121) frühere Belege des Wortes nicht (wie mir Barbara Boock vom Deutschen Volksliedarchiv mitteilte). Die Schöpfung der Bezeichnung ‚Liedermacher' überrascht nicht. Diese Art der Wortbildung gehört zur gängigsten im Deutschen: Während Hempels *Reimlexicon* über 200 Komposita mit ‚Macher' anführt (Hempel 1826: 23f.), sind es in Maters *Rückläufiges Wörterbuch* über 100 (Mater 1967: 498).

sche Werke. In dreyen Theilen (1757) steht im „Vorbericht" zum dritten Teil: „Der Guardian wollte gleichfalls versuchen, die *Liedermacher* seiner Zeit ihrer Pflichten zu erinnern."[11] Das Zitat befindet sich inmitten der wertästhetischen Diskussion über die Gattung ‚Lied' und greift grösstenteils englischsprachige Beispiele auf (von Hagedorn hielt sich für längere Zeit in England auf). Von Hagedorns Fokus richtet sich vorzugsweise auf die nach seiner Einschätzung minderwertigen Lieder. ‚Liedermacher' wird synonymisch zu anderen Begriffen verwendet: Der Autor referiert vor der Erwähnung von ‚Liedermacher' über den französischsprachigen Objektbereich und bezeichnet den „Graf von Champagne, Theobald" als „Liederdichter" (S. IIIf.). Hierauf bedient er sich des Ausdrucks „Chansonnier" (S. IV) und differenziert den Referenzbereich, bei dem der Autor die Personalunion von Liedtexter und darbietendem Interpreten bildet, mit „Liederdichter und Sänger" (S. IX). Zusätzlich findet sich das Wort „Liederschreiber". Von Hagedorn benutzt neben den Komposita Lexeme, die ausschliesslich die Textebene des Gegenstandsbereichs einschliessen: „Dichter" (S. III u.a.), „Poeten" (S. XI) oder „Verfasser" (S. XVII u.a.). In der ersten Hälfte der Abhandlung dominiert das Wort ‚Liederdichter' (so S. III, VIII, IX, XI), im zweiten Teil ‚Dichter' (S. XIV, XVII, XIX, XX, XXII). Die vorerwähnten Termini wie Dichter, Verfasser, Poeten oder Liederdichter werden stilistisch, als Elemente der variatio, eingesetzt, und nicht, um Bedeutungsunterschiede zu akzentuieren.

Grimms *Deutsches Wörterbuch* erwähnt von Hagedorns Stelle bereits 1885 unter dem Stichwort ‚Liedermacher'. Der Eintrag zitiert zusätzlich zwei Textstellen in Christoph Martin Wielands *Geschichte des weisen Danischmend und der drey Kalender* von 1795: „Der geliebte Freund [...] war kein anderer als Sinan der Liedermacher"[12] sowie „Sinan, der Leiermann und Liedermacher".[13] Weiter findet sich im *Deutschen Wörterbuch* ein Hinweis aus Ludwig Tiecks *Der Blaubart* von 1796: „Wissen diese Liedermacher denn keinen andern Gegenstand?" Auch das *Allgemeine Deutsche Reimlexicon* von Friedrich Ferdinand Hempel (Pseudonym: Peregrinus Syntax) aus dem Jahr 1826 führt das

---

11 Hagedorn 1757: XI. Hervorhebung S. H.
12 Wieland 1795: 314.
13 Ebd.: 431.

Stichwort ‚Liedermacher'.[14] Julius Stindes Romantitel *Der Liedermacher* aus dem Jahr 1893 ist eine andere Belegstelle aus dem 19. Jh.

Der bis anhin früheste – und von der Forschung unentdeckte[15] – Beleg von ‚Liedermacher' findet sich im Werk des evangelischen Pfarrers Christian Gerber, in der religiös-ethischen Schrift *Der unerkannten Sünden der Welt Dritter Theil* (1712). In der Einleitung zum neunten Kapitel mit dem Titel „Von eiteln und schandbaren Liedern" steht:

> Als der Heilige Paulus von den garstigen und unreinen Heyden, die Mann mit Mann Schande gewirckt / Rom. I. 21 sagt: Dass sie in ihrem Tichten eitel worden, das kann man auch mit gutem Recht nicht nur von den alten heydnischen Poeten, dem Ovidio, Horatio, Juvenali, und anderen ihres gleichen, sondern auch von vielen neuen *Lieder-Machern* sagen: Sie sind in ihrem Tichten eitel worden.[16]

Das Kompositum verwendet der Autor, wie von Hagedorn, als Synonym zu „Poet", „Erfinder", „Tichter", „Autor" und „Lieder-Tichter".[17] Alle diese Wörter stehen offenbar für ‚jemanden, der Liedtexte schreibt'. ‚Liedermacher' besitzt vor der Biermann-Ära aber im Allgemeinen eine offene Semantik: Die Bezeichnung steht für eine Person, die nur die Texte von Liedern verfasst, oder aber für einen Interpreten, der die Lieder integral herstellt (d.h. inkl. Vortrag). In der Regel dürfte die Dichter-Rolle gemeint sein.

Offenbar fand aber schon im Mittelalter das lateinische Pendant zum ‚Lieder machen' Verwendung. Von einem Mönch namens Ratpert hiess es: „*fecit carmen* barbaricum populo in laudem Sancti Galli canendum."[18] Das *fecit carmen* ist, so Walter Salmen, vom hohen Mittelalter bis ins 16. Jahrhundert hinein dutzendfach belegt.[19] Es findet sich aber auch das deutschsprachige Pendant ‚Lieder machen'; so etwa in einer Passage des Predigers Berthold von Regensburg aus dem 13. Jh.: „[...]

---

14 Hempel 1826: 23.
15 Barbara Boock vom Deutschen Volksliedarchiv machte mich dankenswerterweise auf die Stelle aufmerksam.
16 Gerber 1712: 125. Hervorhebung S. H.
17 Ebd.: 125f.
18 Zitiert nach Salmen 1973: 409; Quellenangabe fehlt. Diese Quelle, wie auch die nachfolgende, konnte Walter Salmen, wie er mir mitteilte, nicht mehr auffinden. Hervorhebung S. H.
19 Vorlesung Walter Salmens an der Universität Fribourg, 5.12.1994.

der *machte lieder* von ketzerîe und lêrte sie diu kint an der strâze, daz der liute deste mêr in ketzerîe vielen."[20]

1.1.2 Wortgeschichte II: ‚Liedermacher' seit den 1960er Jahren

1.1.2.1 Wortverbreitung und wissenschaftliche Beachtung

Wie erwähnt, lässt sich die Bezeichnung ‚Liedermacher' in der neuen Liedermacher-Ära erstmals am 5. Dezember 1964 nachweisen. Im gleichen Monat wurde das Wort auch in Fred Hepps Artikel „Der Liedermacher aus Ost-Berlin. Wolf Biermann stellt sich Münchnern Studenten vor"[21] gebraucht. Im Dezember 1965 erschien der Artikel „Wolf Biermann, DDR-Liedermacher, sagte am 10. Dezember in Ost-Berlin..."[22] Auch im Text auf dem Cover der Schallplatte, die aus der Zusammenarbeit zwischen Wolf Biermann und dem Kabarettisten Wolfgang Neuss erwuchs, ist das Wort ‚Liedermacher' nachweisbar.[23] Im folgenden Jahr (1966) betitelte Christoph Koch in der Zeitschriftenreihe *Europäische Begegnung* seinen Artikel mit „Der Liedermacher Wolf Biermann".[24] Im gleichen Jahr griff Klaus Budzinski die Bezeichnung ‚Liedermacher' in der ersten Anthologie mit Liedermacher-Texten auf.[25] 1967 setzte die Bezeichnung sich allgemein durch:[26] Die Publikation *Das Songbuch* von Rolf-Ulrich Kaiser, die erste umfassende Abhandlung zum neuesten deutschen Lied, enthält das Kernkapitel „Unsere neuen Liedermacher".[27] Ausserdem veröffentlichte Kaiser in der *Westdeutschen Allgemeinen*

---

20 Zitiert nach Salmen 1973: 409f.; Quellenangabe fehlt. Hervorhebung S. H.
21 Süddeutsche Zeitung vom 15.12.1964, zitiert nach Hönes 1980: 218.
22 Wolfgang Neuss: Wolf Biermann, DDR-Liedermacher, sagte am 10. Dezember in Ost-Berlin, in: Neuss Deutschland, Extra-Blatt, Dezember 1965, zitiert nach Meuer 1976: 205.
23 Biermann/Neuss (LP) 1965.
24 Zitiert nach Hönes 1980: 215.
25 Budzinski 1966: 10.
26 Haids Behauptung (Haid 1980: 38), wonach der Begriff in der BRD seit 1960 üblich sei, ist zu ungenau. Auch Biermann geht davon aus, dass das „neumodische Wort" (Biermann 1986: 98) ab ca. Mitte der 1960er Jahre eingebürgert ist.
27 Kaiser 1967: 29–35. Der Mitbegründer der Waldeckfestivals Reinhard Hippen bezeichnete mir gegenüber im Frühjahr 1993 die Publikation als „Kultbuch der damaligen Zeit".

Zeitung den Artikel „Wolf Biermann. Der politische Liedermacher".[28] Auch erschienen zwei Artikel in der Zeitschrift *Der Stern*: am 4. Juni 1967 Hannes-Peter Lehmanns Ausführungen „Beulen im Helm. Wie der Liedermacher Wolf Biermann systematisch mundtot gemacht wird"[29] und am 30. August 1968 der (anonyme) Artikel „‚Lieder vom Frühling im roten Prag'. Die unerwünschten Gedichte des Ostberliner Liedermachers Wolf Biermann".[30] Der selbstverständliche Wortgebrauch in diesem Massenmedium deutet auf die bereits grosse Bekanntheit des Wortes hin. In Westdeutschland hatte sich somit der Ausdruck ‚Liedermacher' rund drei Jahre nach dem ersten Waldeckfestival von 1964 etabliert.[31]

Auch in der DDR verwendete man schon bald die Bezeichnung ‚Liedermacher'; etwa im Vorwort zu Gerhard Milewskis Buch *Protestsongs* von 1968.[32] Man sucht darin aber vergeblich nach einem Hinweis auf den Wort-Neuerfinder Wolf Biermann.[33] In der mehrsprachigen Schweiz wiederum wurden bis weit in die 1970er Jahre hinein französisch- und englischsprachige Ausdrücke bevorzugt (u.a. ‚Chansonnier', ‚Troubadour' und ‚Folksinger'[34]). Man betitelte etwa die Liedermacher-Treffen von Lenzburg und Solothurn mit *Folkfestival Lenzburg*[35] und *Schweizer Chanson-Treffen*.[36] In Österreich schliesslich verband man mit dem Wort

---

28 Rolf-Ulrich Kaiser: Wolf Biermann. Der politische Liedermacher (=Die neuen Sänger, Folge 8), in: Westdeutsche Allgemeine Zeitung, 21.10.1967, zitiert nach Meuer 1976: 215.
29 Der Stern vom 4.6.1967, zitiert nach Meuer 1976: 215.
30 Der Stern vom 30.8.1968, zitiert nach Meuer 1976: 229.
31 Auch die rasch steigenden Besucherzahlen des Festivals geben Aufschluss über den Popularitätsgrad der neuen Liedbewegung (vgl. Kaiser 1967: 35; Brückner 1967: 71; Probst-Effah 1995: 36f.). Zur Waldeck vgl. Kap. 2.1.5.3.
32 Milewski 1968: 6f.
33 Biermann war in der DDR bekanntlich eine unerwünschte Person und wurde 1976 ausgebürgert.
34 Vgl. Schweizer Chanson-Treffen (LP) 1974. Die Berner Troubadours liessen sich nicht als ‚Liedermacher', sondern als ‚Troubadours' ankündigen (vgl. u.a. die unveröffentlichten Programm-Mitschnitte der Berner Troubadours [MCs 1965–1973]). In der übrigen Deutschschweiz gab es anfangs der 1970er Jahre noch kaum Liedermacher (vgl. Haas 1980).
35 Vgl. Born 1993 (Berner Zeitung).
36 Vgl. Schallplatte von 1974 mit dem gleichnamigen Titel. Laut dem Cover-Text wollte man mit dem Chanson-Treffen in Solothurn „ein breiteres Publikum" mit dem neuen Liedgut bekannt machen.

bis Mitte der 1970er Jahre die deutschen Liedermacher; die eigenen Liedermacher aber erst mit der Gründung des *Vereins Kritischer Liedermacher* (kurz *Verkl*) von 1976/77.[37]

Begriffsname und Kunstsparte sind bis in die Gegenwart hinein Teil des allgemeinen Kulturbetriebs. Trotz Verflachung des Liedermacher-Booms seit den 1980er Jahren[38] blüht diese Art des Vortragslieds hin und wieder auf, etwa zu Beginn der 1990er Jahre.[39] Die Medien benutzen das Wort rege und verbinden damit unter anderem die singenden Autoren der ‚Gründerzeit', z.B. Wolf Biermann, Franz Josef Degenhardt, Hannes Wader, Walter Mossmann, Reinhard Mey – oder auch den seit den 1970er Jahren berühmten Konstantin Wecker.

Der Ausdruck steht heute öfter auch für schweizerische Liedermacher, etwa für die Begründer der schweizerischen Liedermacher-Kunst,[40] die Berner Troubadours,[41] oder für Tinu (eigtl. Martin) Heiniger, Aernschd (eigtl. Ernst) Born,[42] Gusti (eigtl. Gustav) Pollack, Walther Lietha, Dieter Wiesmann, Linard Bardill und Martin Hauzenberger. Oder auch für weniger namhafte, primär lokal agierende Liedermacher wie Ueli von Allmen,[43] Max Mundwiler, Alex Kappeler oder Bruno Höck.[44]

Nach dem Zweiten Weltkrieg hat sich das Liedermachen weltweit entwickelt. Politische oder sprachliche Grenzen kennt es keine: Wolf Biermann verglich sich schon Ende der 1970er Jahre ebenso mit dem Uruguayer Daniel Viglietti, dem „besten Liedermacher aus Südameri-

---

37 Maurer 1984: 135. Die Schreibweise von ‚Verkl' stammt aus dieser Veröffentlichung. Maurers Behauptung der relativ späten erstmaligen Verwendung der Bezeichnung ‚Liedermacher' lässt sich wohl kaum halten, gab es doch schon viel früher bekannte österreichische Liedermacher (z.B. Rolf Schwendter).
38 Ernst Born (1993 [Berner Zeitung]) schreibt: „Wir suchten neue, gemeinsame Formen. Aber die Achtziger sangen nicht. Worte hatten ihre Bedeutung verloren."
39 Vgl. Friedli 1990 (Berner Zeitung).
40 Heute werden die Berner Troubadours in der Presse gelegentlich als ‚Liedermacher' bezeichnet (vgl. Giger 1993 [Der Bund]).
41 Die Bezeichnung stammt von Heinrich von Grünigen (vgl. Hohler 1977: 47).
42 Born gilt als Pionier des politischen Liedermacher-Liedes in der Schweiz.
43 Es handelt sich hier nicht um den Leiter des Schweizerischen Cabaret-, Chanson- und Pantomimen-Archivs, der Hans-Ueli von Allmen heisst.
44 Rothschild (1984: 93) beobachtet diese klassifizierende Hierarchie der Bekanntheitsgrade. Auch weist er auf eine stetig wachsende Anzahl von überwiegend lokal aktiven Amateuren hin (im Unterschied zu Profis wie Biermann und Degenhardt).

ka",⁴⁵ wie mit dem Sowjetrussen Bulat Okudzava, dem Griechen Dionysos Savopoulos oder dem US-amerikanischen ‚Übervater' der Singer-Songwriter-Szene Bob Dylan. 1986 erweiterte Biermann diese Aufzählung um die Namen Big Bill Broonzy, Woody Guthrie, Aleksander Galitsch, Atahualpa Yupanqui, Violeta Parra, Cornelis Vreeswijk, Paco Ibáñez, Wladimir Wyssotzkij und Georges Brassens.⁴⁶ Mitunter wird auch in den Medien das Wort mit fremdsprachigen Autoren verbunden, wie etwa mit dem Palästinenser Mustafa al Kurd⁴⁷ oder dem Kubaner Pedro Luis Ferrer.⁴⁸

Das Begriffswort ‚Liedermacher' ist in ein ausgreifendes Wortfeld eingebettet. Hinzuweisen ist etwa auf die weibliche Form ‚Liedermacherin'⁴⁹; ein aber eher selten verwendetes Wort, denn nur wenige Frauen sind in dieser Sparte aktiv (z.B. Lisa Fitz, Barbara Thalheim, Bettina Wegner, Joana, Joan Baez). Im Weiteren finden sich verschiedene Wortschöpfungen wie „Liedermacherei"⁵⁰, „Liedermacherarbeit"⁵¹, „Liedermachen"⁵², „Lieder machen"⁵³ und „Liedermacher-Lieder"⁵⁴. Neben den aus den Lexemen *Lieder* und *machen* gebildeten Wörtern haben sich viele Synonyme für das Liedermachen etabliert. Häufig trifft man die Verbindung „Lieder schreiben"⁵⁵ an. ‚Lieder', ‚Chansons', ‚Songs' oder ‚Gedichte' werden auch „gesungen"⁵⁶, „vorgesungen"⁵⁷ oder „vorgetra-

---

45 Biermann 1978b: 42f.
46 Vgl. Biermann 1986: 97f.
47 Vgl. „Mustafa al Kurd. Tagebuch eines Liebenden", in: Der Bund, 18.3.1993.
48 Vgl. „Hier gibt's keine Welt, nur die USA", in: Berner Zeitung, 10.9.1994. Ferrer wird als „kubanischer Biermann" bezeichnet.
49 Vgl. Schwarz/Bergholz 1989: 215ff.; Henke 1987: 186.
50 Born 1993 (Berner Zeitung); Friedli 1990 (Berner Zeitung); Matter-Müller 1990 (Basler Zeitung); Forster 1995 (Süddeutsche Zeitung).
51 Bossart 1994 (Der Bund).
52 Henke 1987: 111 u. 137; Bachmann 1994 (Züritip); Lassahn 1982: 254.
53 Henke 1987: 39 u. 50; Schwarz/Bergholz 1989: 11 u. 216.
54 Kirchenwitz 1993: 16; Schwarz/Bergholz 1989: 199; bei Bachmann-Geiser 2006 (Der Bund) ohne Bindestrich geschrieben.
55 Rothschild 1980: 54; Schwarz/Bergholz 1989: 15 u. 17; Lassahn 1982: 268.
56 Rothschild 1980: 172; Lassahn 1982: 250 u. 261.
57 Henke 1987: 38.

gen"[58]. Zu beobachten sind ferner Substantivierungen wie „Liederschreiben"[59], „Chansonsingen"[60] und „Liedersingen"[61].

Das Wort *Liedermacher* gab auch schon literarischen Werken den Namen, z.B. Franz Josef Degenhardts Roman *Der Liedermacher*[62] oder Werner Lierschs Essay *Die Liedermacher und die Niedermacher*[63]. Letztlich fand die Bezeichnung als eigenständiges Stichwort Eingang in die neueren deutschen Wörterbücher: 1978 in den grossen Duden[64] und 1980 in den Rechtschreibe-Duden.[65]

1.1.2.2 Semantischer Wandel und Begriffsinflation

Die sechziger Jahre des vergangenen Jahrhunderts kannten verschiedene Synonyme zum Wort ‚Liedermacher'. Es waren entweder traditionell-deutschsprachige Ausdrücke oder Lehnwörter aus anderen Sprachen bzw. Kunstsparten. Von allen Bezeichnungen am meisten benutzt wurde das Wort ‚Bänkelsänger'.[66] Oft finden sich die französischsprachigen Ausdrücke ‚Chansonnier' oder ‚Troubadour', gelegentlich die englischsprachigen ‚Folksinger'[67] oder ‚Topical Singer',[68] seltener Bezeichnungen wie ‚Barde' oder ‚Kabarettist'.[69] Im Gebrauch waren auch Lexeme mit ausschliesslichem Bezug auf die textuelle Seite des Liedermachens: ‚Lyriker', ‚Schriftsteller', ‚Dichter', ‚Poet', ‚Dichter-Poet' oder ‚Autor'. Andere Wörter betonen das Hörbare: ‚Sänger' und ‚Liedersänger'.

---

58 Rothschild 1980: 171; Henke 1987: 38; Nyffeler 1980: 111.
59 Giger 1993 (Der Bund).
60 Ebd.
61 Recherchen auf dem Internet ergaben für „Liedersingen" nicht weniger als 9'730 Treffer (Google; 16.2.2007). Zu weiteren Begriffen wie ‚Cantautore', ‚Poète-chanteur', ‚Singer-Songwriter', ‚Barde', etc. vgl. Kap. 1.1.2.2 sowie Kap. 1.1.2.4.
62 Degenhardt 1982.
63 Liersch 1982.
64 *Das grosse Wörterbuch der deutschen Sprache* (1976–1981).
65 *Rechtschreibung der deutschen Sprache und der Fremdwörter* (1980).
66 Hier wie nachfolgend ausgezählt anhand der beiden Bibliographien von Hönes 1980 und Meuer 1976 (wenn nicht anders vermerkt). Als Bänkelsänger bezeichnete sich z.B. anfänglich Degenhardt, der in den 1960er Jahren „populärste deutsche Liedermacher" (Kaiser 1967: 32).
67 Brückner 1967: 68.
68 Kaiser 1967: 29.
69 ‚Protestsänger' wird in den Anfängen hingegen nicht verwendet.

Das reiche Angebot an Ausdrücken zeugt von der Suche nach einem treffenden Wort, aber auch davon, in welcher Tradition man die wiedererstandene Kunstsparte sah: in den Traditionen des frankophonen Chansons, des altprovenzalischen Lieds der „Trobadors"[70], des englischsprachigen Songs, der keltischen Bardenkunst oder des Kabaretts. Vereinzelt versuchte man sich mit Wortschöpfungen wie „Protester"[71] oder „Großsangesmeister"[72]. Neologismen sind in den 1960er Jahren aber eher selten.

Ganz anders das nachfolgende Jahrzehnt: Wortneubildungen sind in den 1970er Jahren geradezu inflationär – notabene im Gleichschritt zur boomenden Liedermacher-Kunst. Diese Entwicklung mündete in die Gründung der *AG Song*, der Institutionalisierung dieser Kunstsparte.[73] Die im September 1973 gegründete Gewerkschaft verstand sich als „Arbeitsgemeinschaft der Liedermacher"[74] und anvisierte ein politisch-ideologisches und wirkungsästhetisches Ziel:

> Das Projekt besteht nicht aus einer Waldeck-Nostalgie, sondern weil wir es für notwendig halten, die Wirkung und Möglichkeiten des politischen Liedes im Klassenkampf zu analysieren, damit das politische Lied hinterher besser und verstärkt eingesetzt werden kann [...].[75]

Schon bald revidierte die *AG Song* ihre Intention und wollte eine „politische Ausschliesslichkeit [...] nur gegen offen demokratiefeindliche Produkte"[76] erheben. Weiter bestimmte sie neue Aufgabenbereiche wie die Unterstützung von Newcomern, die empirische Erforschung der Wirksamkeit von Liedern[77] und die Organisation eines Liedermacher-Treffens auf Burg Waldeck (an Ostern 1974).[78] In der Folge wurden an verschiedenen Orten Liedermacher-Treffen durchgeführt: 1974 in Offenbach und

---

70 Hier in der provenzalischen Schreibweise (vgl. Tuchel/Wellner 1942).
71 Brückner 1967: 68ff.
72 Werres 1977: 2.
73 Der sachgeschichtliche Exkurs soll der Erläuterung der Wortgeschichte dienen.
74 Pörtner, Joachim: Einladungsschreiben vom 22. Juni 1973 zum Gründungstreffen der AG Song im September 1973. Koblenz (Dokument aus den Beständen des Deutschen Volksliedarchivs, Freiburg i. Br., Sign. Kaps. Liedermacher T).
75 Ebd.
76 Rögner 1975: 1.
77 Ebd.
78 Vgl. zur Waldeck Kap. 2.1.5.3.

Kirchheim/Teck und ein *Kinderliedermachertreffen* in Emstal; 1975 traf man sich an Festivals in Frankfurt a.M., Heidelberg und Viernheim. Ab 1975 organisierte man jährlich ein *Folk- und Liedermacher-Festival* in Tübingen.[79]

Fortan war die Liedermacher-Szene verstärkt mit kommerziellen Interessen verbunden.[80] Ein Indiz, dass sich das Liedermachen zum vermarktbaren Massenereignis entwickelt hatte, war die zunehmende Beachtung in den Programmen grosser Plattenfirmen:[81]

> Wenn sich vor zwei bis drei Jahren noch fast ausschließlich kleine Schallplattenfirmen um die Förderung neuen einheimischen Liedgutes und dessen Interpreten bemüht und verdient gemacht haben [...], so stürzen sich heute, nach dem Liedermacher-Boom, auch die grossen Konzerne auf das einträgliche Song-Geschäft.[82]

Der Trend hin zum gewinnträchtigen Massenprodukt blieb nicht ohne Folgen für die Bedeutung des Wortes ‚Liedermacher'. Die ursprüngliche Merkmalskombination, d.h. die integrale Liedproduktion durch eine Person, rückte in den Hintergrund. Huff moniert:

> Das Wort wurde zum Synonym für Textqualität, für Individualismus in der Unterhaltungsindustrie. [...] Denn das Wort ‚Liedermacher' impliziert ja [...] konkrete

---

79 Vgl. die Programmhefte der Tübinger Folk- und Liedermacherfestivals, 1975–1979, Veranstalter Club Voltaire e.V., Tübingen (Dokument aus den Beständen des Deutschen Volksliedarchivs, Freiburg i. Br., Sign. Kaps. Festivals, Mg 34a/18). Der Name der Veranstaltung wurde 1978 in *Tübinger Festival* abgeändert – eine Folge des Konnotationswandels?

80 Budzinski (1966: 10) beobachtete schon Mitte der 1960er Jahre eine Kommerzialisierung. Andere Objektbereiche wie ‚Folklore' (Brednich 1967: 65; Brückner 1967: 69), ‚Protestsong' oder auch ‚Protestsänger' (beide Wörter: Milewski 1968: 6) wurden ebenso vermarktet.

81 Die Sparten ‚Kabarett, Kleinkunst, Liedermacher' hatten 1974 am gesamten Schallplattenmarkt in Westdeutschland einen satten Anteil von 6,4% (entspricht rund 1,3 Mio. verkauften Schallplatten; vgl. Huff (1980: 10), der sich auf Zahlen von Polygram stützt. 1979 wurden bereits rund 12 Mio. Schallplatten abgesetzt (Marktanteil ca. 10%). Rudorf (1974: 18) erstellte eine Hitliste der bis 1974 insgesamt verkauften Liedermacher-Schallplatten. 1974 führte Reinhard Mey mit 1,5 Mio. Tonträgern vor Franz Josef Degenhardt mit 0,8 Mio. Nur gerade auf Platz 14 rangierte Wolf Biermann mit 8000 abgesetzten Schallplatten. Hier sind die in der DDR üblichen Raubkopien nicht mitgezählt.

82 Berliner Morgenpost vom 2.3.1974, zitiert nach Huff 1980: 21.

Standpunkte, verbindliche Aussagen, Kritik, eine bestimmte politische Grundhaltung.[83]

Im Hintergrund lenkten die Werber der Tonträgerfirmen die semantische Neubestimmung.[84] Das Vehikel waren die Pressebulletins. Die *Ariola*-Presseabteilung versandte im März 1980 um die 500 Pressemitteilungen, um einen überregional unbekannten Liedermacher der Öffentlichkeit anzupreisen. Die Mitteilung führt unter anderem folgende Passage: „in der Münchner Kleinkunst-Szene ist wieder ein Liedermacher gross geworden"[85]. Die Fachzeitschrift *Der Musikmarkt* übernahm diese Textstelle im identischen Wortlaut.[86] Und in einer Mitteilung verpasste die *Press News International* einer neuen Sängerin ein märchenhaftes Aufsteiger-Image:

> Irgendwo – an der deutschen Westgrenze, in den Ruinen von Burbach, wurde die Tochter eines Tabakhändlers geboren, Ingrid Schmidt, genannt die ‚Caven'.[87]

Dieser Satz fand sich später wortwörtlich in der Zeitschrift *Musik* (Ausgabe Nr. 666) vom 26. März 1980.[88]

Parallel zum Bedeutungswandel in den 1970er Jahren kippte die zuvor positive Assoziation mit dem Wort ‚Liedermacher' ins Negative. Christof Stählin beklagte sich: „Das Wort hat keinen Stolz mehr, es steht für eine Art modischen Irrtum."[89] Stählin sah sich als ‚Sänger'.

Als Folge dieser Umwertung verhöhnten namhafte Kulturschaffende die Liedermacher-Szene. Burkhard Ihme:

> Die ersten [...] nannten sich Bänkelsänger, wurden später als „Protestsänger" apostrophiert und werden nun, da nicht mehr die politischen Leitartikel wider das Estab-

---

83 Huff 1980: 9f.
84 Eine ähnliche Entwicklung beobachtete Brückner (1967: 74) für das Wort ‚Folklore', das ursprünglich oft im Zusammenhang mit der Liedermacher-Sparte gebraucht wurde.
85 Bulletin der *Ariola*-Presseabteilung vom März 1980, zitiert nach Huff 1980: 14.
86 Vgl. Huff 1980: 15.
87 Schreiben der *RCA Press News International*, Hamburg, Sept. 1980, zitiert nach Huff 1980: 24.
88 Vgl. Huff 1980: 24.
89 Zitiert nach Rothschild 1980: 163.

lishment den Ton bestimmen, als Blödelbarden, Troubadours oder Chansonniers geführt: die Liedermacher.[90]

Hanns Dieter Hüsch:

> Wie wir ja hinreichend wissen, gibt es in allen deutschsprachigen Ländern inzwischen schon so viele Liedermacher, so dass man bei einigen schon wieder von Liederkäuern sprechen kann.[91]

Franz Hohler:

> Eines Tages hatten alle Festivals, Sängertreffen und Workshops ihre kreativitätsfördernde Wirkung getan, und es gab so viele Liedermacher, dass niemand mehr übrigblieb, um die Lieder zu hören. Jeder besass eine Gitarre, jeder beherrschte die einfachsten Griffe, jeder verfügte über einige Reimwörter, aus denen er ein paar Strophen basteln konnte, und wenn er selbst keine zustande brachte, sang er die seines Nachbarn oder die seiner Vorbilder.[92]

Hüsch verspottete 1973 zudem den neuen Liedermacher-Trend im Gesangsstück *Liedermacher*:

> Karl-Gustav macht politgynäkologische Lieder,
> Fritz-Ottmar macht emanzipierte-protestantische Lieder,
> Heinz-Detlef macht sado-poetische Bekenntnislieder,
> Und ich mach nur dummes Zeug.
> [...]
> Dagegen sind Anton und Carmen viel konkreter geworden
> Und erhalten dafür den Gebratenen-Pekinger-Enten-Orden.
> Auch Inés und Peter sind politisch total transparenter inzwischen
> Und wollen zusammen mit Susi und Saul bei jeder Bewusstmachung mitmischen.
> [...]
> Ich hoffe dennoch inständig, ihr behaltet mich alle a bisserl noch lieb,
> denn marketingmässig, wie ich erfuhr, bin ich ein Lang-Zeit-Typ,
> Doch pfeif ich auf diese Erkenntnis und prophezeie euch:
> Ich mach – damit es sich reimt – dummes Zeuch.[93]

---

90 Ihme 1980.
91 Zitiert nach Steinbiss 1984: 47.
92 Zitiert nach Stürzinger 1990: 47.
93 Zitiert nach Rothschild 1980: 92f.

Die Geister, die man gerufen hatte, wurde man nicht mehr los. Nur allzu viele, vor allem Prominente des Fachs, verbanden mit der Bezeichnung ‚Liedermacher' negative Eigenschaften. Ende 1970er, anfangs 1980er Jahre war das vormals blühende Wort zum Unwort verkommen. Es bedurfte eines erneuten Strategiewechsels. Man mied das Wort:

> Aber der Zunft der Liedermacher möchte man ihn [Klaus Hoffmann] denn doch nicht zurechnen. Seinem Vortrag fehlt das klampfende Einerlei.[94]

> Im Laufe der Zeit ist Dieter Süverkrüp in viele Gewänder geschlüpft. [...] Er passt in keine Schublade.[95]

Die Presse gehorchte dem Zeitgeist:

> Wenn man das Wort Liedermacher hört, hält man sich nur allzugern die Ohren zu. [...] Einordnen kann man ihn [Thommie Bayer] unter diejenigen, die sich nicht einordnen lassen.[96]

Die Prestigeminderung der Benennung führte zu einer semantischen Verschiebung. Den zu Beginn der 1970er Jahre noch positiv gewerteten Eigenschaften ‚politisch links'[97] oder ‚kritisch'[98] mangelte es nun an Breitenwirkung.[99] In den Vordergrund rückte das Schlagwort ‚Individualität' („Aussenseiter-Typ"[100]) in Kombination mit der Etikette ‚wertvoll'.[101] Die Werber der Plattenfirmen verbanden zwar schon früher die Liedermacher-Kunst mit dem Merkmal ‚individualistisch'. Nach dem konnotativen Absinken konnte die Bezeichnung ‚Liedermacher' aber nicht mehr generell für Individualität und Textqualität stehen. Der mo-

---

94 *RCA Schallplatten GmbH*: Zur neuen Platte von Klaus Hoffmann. Oktober 1979, zitiert nach Huff 1980: 34.
95 Schreiben des Pressedienstes des Verlags *Pläne GmbH*, zitiert nach Huff 1980: 40.
96 Stefan Radlmaier in den *Nürnberger Nachrichten*, abgedruckt im Presseheft *Thommie Bayer* der Tonträgerfirma *Bellaphon*, zitiert nach Huff 1980: 23.
97 Huff (1980: 11) schreibt: „Nun haben Journalisten wie die Un-Verantwortlichen mancher Schallplattenfirmen erkannt, dass das Wort ‚Liedermacher' nur bedingt einsatzfähig ist, zumal ihm der Ruch anhaftet, politisch zu sein, links."
98 Damit sollte u.a. Distanz zum Schlager markiert werden.
99 Vgl. Huff 1980: 9ff.
100 Ebd.: 25.
101 Huff (1980: 16) schreibt: „Liedermacher sind immer gut. Man muss das nur häufig genug sagen."

derne Liedermacher hatte, nun zwingend, das Heer der gemeinen Liedermacher durch spezielle – sprich: individualistisch-unverwechselbare, einzeln hervorzuhebende – Charakteristika zu überragen:

> Wolfgang Ambros' [...] Texte sind unverändert originell geblieben; oftmals sarkastisch, immer treffend und auf einem ausserordentlichen Niveau argumentierend stellt er eine ungewöhnlich breit gefächerte Thematik zur Diskussion.[102]

Die Semantik von ‚Liedermacher' näherte sich alsbald gefährlich der Bedeutung des Wortes ‚Schlager', mit der Funktion ‚Lied als Trost', an:

> Ein anderer ‚Typ' mußte gefunden werden, einer, der den individualistischen und narzisstischen Grundströmungen entsprach. Was er zu singen hatte, sollte den für jedermann erfahrbaren Bereichen entspringen, auf keinen Fall abstrakter politischer Thematik. Gefragt war eine Sängerart, die mit der Alltagstristesse des (jugendlichen) Publikums versöhnte.[103]

Dem nun anvisierten Liedermacher-Typus entsprachen Sängerautoren wie Wolfgang Ambros, Georg Danzer, Lisa Fitz, Rainhard Fendrich, Fredl Fesl, Ludwig Hirsch, Klaus Hoffmann, Joana, Knut Kiesewetter, Volker Lechtenbrink, Ulla Meinecke, Willy Michl, Franz Morak, Walter Mossmann, Hans Scheibner, Roger Siffer, Stephan Sulke, Herman van Veen, Konstantin Wecker und Bettina Wegner. An die Stelle des Wortes ‚Liedermacher' setzte man vor allem althergebrachte oder neologistische Bezeichnungen:

> Bänkelbarde, Troubadour, Chansonnier, Liedersänger, Songpoet, Liedpoet, Sangesbarde, Dialektsänger, Mundartsänger, Mundartbarde, Rockpoet, Rock-Sänger, Lästerlyriker, Lästerpoet, Lästersänger, Blödelbarde, Lachmacher, Sketchmacher, Gagarbeiter, Spassmacher, Nonsenssänger, singender Kabarettist, Protestsänger, Polit-Sänger, Politbarde, Singer/Songwriter, Feierabend-Barden, singender Schauspieler, Sängerdichter, phonetische Chaoten, Allerwelts-Alltagssänger.[104]

---

102 Aus einem Schreiben des Pressedienstes der *Bellaphon* Nr. 2 (1979), zitiert nach Huff 1980: 22.
103 Kerschkamp/Lindau 1981: 10. Vgl. u.a. auch „Peter Reber auf Tournee", in: Basellandschaftliche Zeitung, 24.9.1994, oder den Artikel über Véronique Müller „Poesie, griif is Läbe ii", in: Basler Zeitung, 24.1.1994.
104 Huff 1980: 12–43. All diese Ausdrücke finden sich im Materialteil mit Zitaten aus Communiqués von Plattenfirmen und Presseberichten. Begrifflich ähnlich vielfältig ist das Englische: "political folk, urbanbilly, alternative Celtic, world folk, contem-

Diese Wörter und Wortabfolgen weisen in erster Linie auf die dominanten Schreib- und Kompositionsweisen der Lieder hin: auf die witzige Pointierung („Blödelbarden', „Sketchmacher', „Gagarbeiter', „Spassmacher' und „Nonsenssänger'), die kritische Grundhaltung („Lästerpoet', „Lästerlyriker', „Lästersänger' und „Protestsänger'), die Besonderheit des verwendeten Idioms („Mundartbarde', „Mundartsänger' und „Dialektsänger'), den Musikstil („Rockpoet' und „Rock-Sänger') und die kunstkritische/abwertende Haltung des Wortschöpfers gegenüber dem Vermittler der Kunstform („Feierabend-Barden', „phonetische Chaoten' und „Allerwelts-Alltagssänger').

Die synonyme Verwendung zahlreicher Benennungen für ein und dieselbe Kunstsparte ist bis in die Gegenwart hinein zu beobachten. So gebraucht man für das Lexem „Liedermacher' auch „Chansonnier', „Troubadour'[105], „Blödelbarde' oder „Mundartsänger'. Im Unterschied zu früher ist das Wort „Liedermacher' heutzutage kaum mehr verpönt und steht vorzugsweise für „eine Person, die überwiegend selber Lieder herstellt'. Das soeben umrissene Feld der begrifflichen Heterogenität deutet bereits hier einen Grossteil der Definitionsproblematik an, die im Fortgang der Studie zu diskutieren und einem Lösungsvorschlag zuzuführen ist.

1.1.2.3 „Liedermacher' als Terminus technicus

Knapp drei Jahrzehnte nach der „Reanimierung' durch Wolf Biermann fand das Wort „Liedermacher' Aufnahme in verschiedene Sachwörterbücher der deutschen Literaturwissenschaft:[106] Zunächst wurde der Terminus von der DDR-Germanistik behandelt, und zwar im 1986 erschiene-

---

porary singer/songwriter, musical poet, punk Celtic, mutant bluegrass, progressive folk, ethereal folk-rock, Euro folk-rock und new American folk" (Richard Rundell: Liedermacher im Zeichen der Wende, in: Bullivant u.a. 1996: 151).

105 Vgl. etwa das Blättchen *Passageinfo* (Werbeorgan von Pippo Pollina, Linard Bardill und l'art de passage. o.O. Juni 1995) und das Programmheft der Berner *Mahogany Hall* vom Sept./Okt. 1994. In diesen beiden Dokumenten werden die „Troubadouren Europas" ankündigt, und zwar Konstantin Wecker, Pippo Pollina, Angelo Branduardi, Georges Moustaki, José Feliciano, Diana Mirrow, Francis Bebey und Iain MacKintosh.

106 Kròl (1992: 171) will keinen Eintrag gefunden haben.

nen *Wörterbuch der Literaturwissenschaft* (hg. von Claus Träger);[107] danach in Wilperts *Sachwörterbuch der Literaturwissenschaft* (1989) und im darauf folgenden Jahr vom *Metzler Literaturlexikon* (hg. von Günther und Irmgard Schweikle).

Bereits einige Jahre vor der Literaturwissenschaft befasste sich das musikwissenschaftliche Nachschlagewerk *Das grosse Lexikon der Musik* (hg. 1981 von Günther Massenkeil) mit dem Begriff,[108] ein Vierteljahrhundert später *Der Brockhaus Musik* (2006).

In jüngerer Zeit führen namhafte wissenschaftliche Wörterbücher das Lexem ‚Liedermacher' als Unterbegriff. Während Herbert Schneider im musikwissenschaftlichen Lexikon *Die Musik in Geschichte und Gegenwart* (1995) ‚Liedermacher' in die Geschichte des Chansons einbettet, widmet sich das *Reallexikon der deutschen Literaturwissenschaft* (2003) dem Begriff unter dem Lemma ‚Sänger'.

1.1.2.4 ‚Liedermacher' als bester Begriff

Liegt für das hier interessierende Merkmalsbündel nicht ein bereits hinreichend zutreffender Begriff bereit? Der Gegenstandsbereich ‚Liedermachen' rief auch in fremden Sprachen unterschiedliche und bald einmal eingebürgerte Bezeichnungen hervor. Die Suche führt ins Französische, Englische und Italienische.

An erster Stelle zu nennen ist der auch in der deutschen Sprache öfter verwendete Begriff ‚Chansonnier'. Das mehrdeutige Wort ist seit Ende des 18. Jahrhunderts verbürgt und steht im französischsprachigen Raum für (a) eine Chansonsammlung, (b) (allmählich veraltend) für den Verfasser von überwiegend satirischen Chansons, und in der neueren Zeit hauptsächlich (c) für den Darbieter von Chansons, satirischen Monologen und Sketches (vorzugsweise auf Cabaret-Bühnen).[109] Zur Unterscheidung von Künstlern, die das Aufgeführte weitgehend integral herstellen, und anderen, die ausschliesslich als Interpreten auftreten (dem

---

107 Man vermisst auch in dieser DDR-Publikation, wie schon in Milewskis Buch, einen Hinweis auf Biermann (vgl. Kap. 1.1.2.1).
108 Danach ging die Musikwissenschaft vorübergehend auf Distanz zu dieser Kunstform; vgl. Kross 1989: 1; Oehlmann 1993: 9; Kap. 1.3.2.1.
109 Vgl. *Le Grand Robert de la langue française* (Robert ²1985), *Trésor de la langue française* (1971–1994).

interpretierenden Darbieter- und Darsteller-Chansonnier[110]), wurden für jene Personen des ersten Typs, zu denen unter anderen Georges Brassens, Jacques Brel, Léo Ferré, Félix Leclerc, Yves Montand, Georges Moustaki oder auch Boris Vian gehören, die Benennungen ‚Auteur-compositeur-interprète' sowie ‚Poète-chanteur' eingeführt. In der germanistischen Literaturwissenschaft hat sich neben der oben angeführten Bedeutung ‚Chansonsammlung' auch jene von ‚Sänger' – im Sinne von ‚der/die Vortragende einer Gesangsnummer' – durchgesetzt.[111] Der Begriff ‚Chansonnier' unterscheidet sich damit a priori und signifikant vom ‚Liedermacher'.[112] Alltagssprachlich verwendet man aber im Deutschen für ‚Liedermacher' gelegentlich auch ‚Chansonnier'.

Im Italienischen formte sich anfangs der 1960er Jahre der Neologismus ‚cantautore'.[113] Die über die italienische Sprache hinaus verwendete Bezeichnung besteht aus den Lexemen *cantante* (Sänger) und *autore* (Autor). Sie bedeutet primär „cantante di musica leggera che interpreta quasi esclusivamente canzoni musicate e scritte da lui stesso".[114] Diese Beschreibung, die mit jener des ‚Liedermachers' weitgehend identisch ist, erscheint in ihrer naheliegendsten Übertragung im Sinne von ‚Dich-

---

110 Vgl. das ‚chanson de geste' mit der gestisch-mimischen Unterstützung des Textinhalts.
111 Vgl. *Metzler Literaturlexikon* 1984; Wilpert 1989; *dtv-Lexikon* 1990; *Das grosse Wörterbuch der deutschen Sprache*.
112 Wie erwähnt, fanden die beiden Benennungen öfters synonym Verwendung (vgl. Heilinger/Diem 1992: 73 und Henke 1987). So stellt Henke die Wörter im Buchtitel ohne semantische Unterscheidung nebeneinander. Dadurch entsteht der Eindruck eines tautologischen Gebrauchs. In der Einleitung dient ‚Chansonnier' als Oberbegriff für den Gegenstandsbereich (auch für die deutschsprachigen Interpreten), hierauf erfolgen Differenzierungen mit Bezeichnungen wie „Chansondichter" (S. 9), „Chansonautoren" (S. 11), „Dichtersänger" (S. 12), „Chansoninterpreten" (S. 14), „Compositeur-interprète" (S. 25) und „Auteur-compositeur-interprète" (S. 11). Der ‚Auteur-compositeur-interprète' sei mit dem „modernen Chansonnier" identisch (S. 11).
113 Vgl. *Dizionario etimologico della lingua italiana* (Cortelazzo/Zolli 1979). Das Wort fand auch in das Spanische Eingang, als ‚cantautor', und besitzt die Bedeutung des ‚Auteur-compositeur-interprète' (vgl. *Diccionario de la lengua española* 1992). Dasselbe gilt für den südamerikanischen Raum (vgl. *Diccionario ejemplificado de chilenismos y de otros differenciales del español de Chile* 1984).
114 Gabrielli 1989. Ähnlich Devoto 1987 und *Vocabolario della lingua italiana* (1985). (Übers. des Zitats: „Sänger von Unterhaltungsmusik, der fast ausschliesslich selbst komponierte und geschriebene Lieder interpretiert".)

ter-Sänger' um eine Spur angemessener als ‚Liedermacher'. Der Wandel des Objektbereichs ‚Cantautore' führte aber zu einer Bedeutungsnuancierung: Seit den 1970er Jahren sind ‚Cantautori' unter anderem Künstler, deren Auftritte man gemeinhin nur schwer mit der deutschen Liedermacher-Kunst verbinden würde; eher schon mit Rock- und Popmusik. Exponenten jenes italienischen Massenphänomens sind Alice, Edoardo Bennato, Angelo Branduardi, Pino Daniele, Lucio Dalla, Fabrizio De André und Gianna Nannini.[115] Abgesehen von wenigen Ausnahmen – etwa Giorgio Gaber[116] – dominiert die musikalische Performance und die Breitenwirksamkeit. Auch die Abhandlung *Cantautore Republic* von Ankli/Burri erkannte als Kernelement der ‚Cantautori' die musikalische Ausdrucksform, was unmissverständlich im Untertitel *Die italienischen Rockpoeten* zum Ausdruck kommt. Die Cantautori treten gewöhnlich mit einer Band auf und erzeugen einen eingängigen Sound (unter anderem mit einem Synthesizer oder einer Hammondorgel).[117] Das akustische Verstehen der Texte und das Solistisch-Handgemachte werden oft hinter das Musikalische, das Emotionale zurückgedrängt.[118]

Auch das Angelsächsische bildete eine eigene Begrifflichkeit aus. Mit den in den 1950er und 1960er Jahren entstandenen US-amerikanischen Singbewegungen (Folk- bzw. Protestsong-Movement; u.a. Joan Baez, Bob Dylan, Peter La Farge, Phil Ochs, Tom Paxton, Malvina Reynolds, Pete Seeger, Gil Turner) verbindet man in erster Linie die Wortkombination ‚Singer-Songwriter'. Diese Bezeichnung bedeutet „a person who sings and writes songs", aber auch – wie nahe liegend ist – die Darbietung von überwiegend selbst hergestellten Songs.[119] Der zweite Teil dieser Wortabfolge, ‚Songwriter', ist bereits im 19. Jh. mehrfach belegt[120] und bedeutet „a person who writes the words or music, or both,

---

115 Vgl. Ankli/Burri 1985: 21ff.
116 Vgl. Ankli/Burri 1985: 23.
117 Nicht selten prägt auch die vokale Gestaltung die Songs, wie etwa das stimmliche Timbre bei Gianna Nanninis Musik (vgl. Kap. 1.3.4.4).
118 Trotz all dieser vom Liedermacher abweichenden Merkmale wurde das Wort ‚Cantautore' auch schon synonym zu ‚Liedermacher' gebraucht (vgl. z.B. Friedli 1994 [Berner Zeitung]).
119 *The New Shorter Oxford English Dictionary on Historical Principles* (1993).
120 Vgl. *The Oxford English Dictionary* (^{2}1989).

for popular songs".[121] Der ältere Ausdruck ‚Songmaker' für ‚Liedermacher' war lange Zeit kaum mehr lebendig, gewinnt aber zunehmend an Popularität.[122] In der Phase der ausgeprägten Herabminderung des Wortes ‚Liedermacher' versuchte man im Deutschen an die Stelle der Bezeichnung ‚Liedermacher' den englischen Ausdruck ‚Singer-Songwriter' zu setzen. Er konnte sich aber für Interpreten deutscher Lieder nicht halten.[123]

Weiter sei der Blick auf die deutsche Nomenklatur gerichtet. Das vorangegangene Kapitel beschäftigte sich bereits kurz mit der Behandlung des Begriffs ‚Liedermacher' im *Reallexikon der deutschen Literaturwissenschaft*. Das RLW führt ‚Liedermacher' als Hauptstichwort auf der obersten Begriffsebene, verweist dort aber, ohne eingehende Auseinandersetzung mit dem Begriff, auf das Lemma ‚Sänger'[124]. Auch verschiedene Beiträge zu Begriffen aus dem Umfeld des Liedermachens – wie ‚Chanson', ‚Lied$_3$', ‚Schlager', ‚Song' und ‚Volkslied' – führen den Leser zum Lemma ‚Sänger'. Daselbst fehlt jedoch eine umfassende Darstellung zum modernen Liedermachen; mehr erfährt man zu historischen Formen wie Barden, Rhapsoden, Skalden, Skopen und Spielleuten. Verwirrenderweise führt der Artikel ‚Sänger' den Leser beim Stichwort ‚Liedermacher' mit einem Querverweis zum ‚Song' zurück. Zudem ist beim Eintrag ‚Sänger' bloss eine einzige (und zudem in manchem nicht unproblematische[125]) Abhandlung über Liedermacher erwähnt (jene von Bullivant u.a. 1996).

Andere Artikel im RLW befassen sich intensiver mit den neuzeitlichen Liedermachern (vgl. die Lemmata ‚Chanson', ‚Lied$_3$' und ‚Song').

---

121 *The Random House Dictionary of the English Language* (^{2}1987). Ähnlich: *Collins English Dictionary* (^{3}1991).
122 *The Oxford English Dictionary* (^{2}1989) nennt Belege aus früheren Jahrhunderten. Andere englischsprachige Nachschlagewerke berücksichtigen das Wort kaum. Recherchen auf dem Internet ergaben für „Songmaker" aber immerhin über 42'000 Treffer (Google; 7.7.2006).
123 Vgl. Huff 1980: 23.
124 Autor dieses Artikels ist Christian Schmid-Cadalbert.
125 Vor allem die Ausführung zum Wort ‚Liedermacher' bei Richard Rundell (in: Bullivant u.a. 1996: 151–168) sind fehlerhaft, wie etwa die Aussage, Biermann habe das Wort in den frühen Siebzigern geprägt (vgl. oben Kap. 1.1.2); nicht weniger problematisch sind die undifferenzierten Ausführungen zum Gebrauch des Wortes, vor allem die Missachtung der feinen denotativen und konnotativen Entwicklungslinien des Wortes seit den 1960er Jahren (vgl. Kap. 1.1.2.2).

Die Einordnung des Liedermachers in die Geschichte des Sängers mag sprachhistorisch in gewissem Sinne berechtigt sein:

> Entgegen dem heutigen engen Wortverständnis (der/die ‚Vortragende einer Gesangsnummer') beschränkt sich die Tätigkeit des Sängers und der Sängerin in einem weltweit zu beobachtenden oder historisch rekonstruierbaren, traditionalen oder populären Verständnis nicht auf das Interpretieren von Musikkompositionen, welche für Stimme geschrieben sind. Der traditionelle oder populäre Sänger kann in unterschiedlichen Kombinationen die Rollen des Textsammlers oder oralen bzw. schreibenden Textdichters, des Komponisten, des Vortragenden und des begleitenden Instrumentalisten einnehmen (so etwa der Liedermacher [...]).[126]

Einer Eingliederung der ‚Liedermacher' unter den Begriff ‚Sänger' – gleichsam eine Marginalisierung der gesamten Kunstsparte des modernen Liedermachens – steht indes die oben skizzierte breite Akzeptanz des Begriffs ‚Liedermacher' in der Literaturwissenschaft entgegen. Beinahe sämtliche literatur-, teilweise auch musikwissenschaftlichen Sachwörterbücher führen ‚Liedermacher' als eigenständigen Oberbegriff (vgl. etwa Meids *Sachwörterbuch zur deutschen Literatur*, das *Metzler Literaturlexikon*, Wilperts *Sachwörterbuch der Literatur*, das *Wörterbuch der Literaturwissenschaft*).[127]

Es erscheint daher kaum angemessen, die historisch gewordene Bedeutungsvariante des Sängers so zu betonen, zumal mit ‚Liedermacher' ein Begriffswort bereit steht, welches die wissenschaftliche Beschäftigung mit dem Objektbereich erleichtert. Auch dürfte die Verwendung von ‚Sänger' in der Nebenbedeutung, also in der Denotation ‚Sänger, der überwiegend eigene Lieder aufführt', in vielen Kontexten erklärungsbedürftig bleiben. Im Ganzen besehen: Alle Liedermacher sind Sänger, aber nicht alle Sänger Liedermacher. Die Anerkennung der heutigen Verteilung der ursprünglichen Bedeutung von ‚Sänger' auf zwei Termini macht somit durchaus Sinn.

Es ist geraten, den Liedermacher-Begriff in der (literatur-)wissenschaftlichen Begriffswelt zu belassen, ihn aber in Hinblick auf die fernere Forschung klarer zu umreissen. Der künftige wissenschaftliche Gebrauch des Wortes ‚Liedermacher' wird weisen, ob sich der Terminus

---

126 Christian Schmid-Cadalbert: Sänger, in: RLW, Bd. 3: 344f.
127 Quellenangaben und eine kritische Besprechung der Definitionen finden sich im nachfolgenden Kapitel 1.2.

weiterhin bewährt und ob er sich als eigenständige Bezeichnung neben dem Terminus ‚Sänger' oder als ein Unterbegriff dazu etabliert.

Zusammenfassend festgehalten, hat sich der Ausdruck ‚Liedermacher' trotz verschiedener Bedenken (etwa zeitweiliges konnotatives Absinken) und konkurrierender Benennungen alltags- und wissenschaftssprachlich durchgesetzt. Er sollte, da man sich an ihn gewöhnt hat und da man sich unter dem Begriffsnamen auch ohne Vorwissen bereits viel Zutreffendes vorstellen kann und da sich kein anderer, ähnlich geeigneter Terminus bis heute gehalten oder in die deutsche Sprache eingelebt hat, nicht ohne zwingende Gründe durch einen (fremdsprachlich) neologistischen, anders denotierten oder gattungshistorisch bereits besetzten ersetzen.[128] Aufgrund der spezifischen Merkmalskombination könnte der Liedermacher-Begriff, der sich nicht bloss auf eine bestimmte gattungsgeschichtliche Phase bezieht, selbst ausserhalb des deutschen Sprachraumes eingesetzt werden.[129]

Zusammenfassung

Das Wort ‚Liedermacher' ist erstmals 1712 (Gerber) belegt. Weitere Belegstellen finden sich für die Jahre 1757 (von Hagedorn), 1795 (Wieland), 1796 (Tieck), 1826 (Hempel), 1865 (Silbergleit), 1885 (Grimm), 1893 (Stinde) und 1961 (Biermann).[130] In den 1960er Jahren trug Biermann den Ausdruck wieder in die Öffentlichkeit und prägt ihn bis heute mit. Ausserdem lässt sich die Bezeichnung ‚Lieder machen' in deutscher und lateinischer Form schon im hohen Mittelalter nachweisen. Ende der

---

128 Cistov/Cistova (1994: 129) schlagen ohne triftigen Grund den archaisch konnotierten Ausdruck ‚singende Dichter' vor. Katja Lebedewa spricht von ‚Gitarrenlyrik' (in: *Russische Liedermacher* 2000: 192ff.).
129 Ein entsprechendes Desiderat wurde in der russischen (vgl. Cistov 1994: 129) und polnischen Sprache (vgl. Kròl 1992: 172) geortet. Mitunter benutzt man das Wort ‚Liedermacher' in anderen Sprachen: Recherchen im Internet ergaben für „le liedermacher" 6 und für „the liedermacher" 70 Treffer (Google, 1.7.2006). Im wissenschaftlichen Kontext benutzen Mortier (1998) und Rundell (1986, 1989) das Wort ‚Liedermacher' als Lehnwort (im Französischen bzw. Englischen).
130 Somit ist die Behauptung von Hornig (1974: 25), die später von Maurer (1984: 138) und Rothschild (1980: 2) aufgriffen wurde, Biermann habe das Wort eingeführt, überholt.

1960er Jahre bürgerte sich das Wort im Deutschen wieder ein und fand rund ein Jahrzehnt später Eingang in deutsche Wörterbücher.

‚Liedermacher' steht für eine urheberzentrierte, musikalisch-sprachliche, nunmehr in vielen Sprachen und Kulturen über den Erdball verbreitete Kunstform. In Anlehnung an die personenbezogene Tätigkeitsbezeichnung ‚Liedermacher' bildeten sich weitere verbale und nominale Formen aus. Trotz der semantischen Wirren und dem damit verbundenen, vorübergehenden konnotativen Absinken in den 1970er Jahren hat sich der Ausdruck ‚Liedermacher', wenn auch nicht überall, so doch mehrheitlich, etabliert und ist heute fester Bestandteil der deutschen Sprache.

Seit den 1980er Jahren befassen sich mehrere wissenschaftliche Disziplinen mit dem Begriff. Als Terminus technicus hat er sich im Verlauf der 1990er Jahre etabliert. Der Begriffsname ‚Liedermacher' ist aus verschiedenen Gründen zwar nicht optimal, stellt aber insgesamt dennoch den besten Begriff für die Kunstsparte des Liedermachens dar.

1.2 Begriffsgeschichte

> Ich bin mir nie ganz klar darüber geworden, ob der Name sich nach dem Kinde formt oder sich das Kind verändert, um zum Namen zu passen.
>
> John Steinbeck: Jenseits von Eden

Im Zentrum dieses Abschnitts steht die Geschichte des Begriffs ‚Liedermacher'. Zunächst werden methodologische Aspekte reflektiert (Kap. 1.2.1), dann einige repräsentative Definitionsversuche zitiert (Kap. 1.2.2) und diese abschliessend kritisch kommentiert (Kap. 1.2.3).

1.2.1 Methodologische Anmerkungen

Rudolf Carnaps Verfahren zur Erlangung einer weithin angemessenen Definition eines (literaturwissenschaftlichen) Begriffs liegt den Überlegungen der analytischen Literaturwissenschaft zugrunde.[1] Gottfried Gabriel beschreibt Carnaps Verfahren der ‚Explikation' wie folgt:

> Eine Explikation ist für Carnap die Präzisierung sowohl vorwissenschaftlicher, d.h. alltagssprachlicher Begriffe, als auch einem früheren Stadium der Wissenschaftssprache entstammender Begriffe. Der ursprüngliche Begriff wird ‚Explikandum' genannt, der präzise ‚Explikat'. Der Ausdruck ‚Explikation' wird für den Prozess und das Ergebnis der Präzisierung verwendet. Das Ergebnis besteht in der Ersetzung des Explikandums durch das Explikat.[2]

Zur Vermeidung von Willkürlichkeit ist die Explikation an vier Adäquatheits-Kriterien zu messen:

1. *Ähnlichkeit von Explikat und Explikandum* (extensional). Die Fälle, in denen Explikandum und Explikat verwendet werden können, sollen weitgehend dieselben sein.
2. *Exaktheit*. Die Regeln für die Anwendung des Explikats müssen die Einordnung des Explikats in ein wissenschaftliches Begriffssystem ermöglichen.
3. *Fruchtbarkeit*. Das Explikat muss die Aufstellung möglichst vieler Gesetze und Lehrsätze ermöglichen.
4. *Einfachheit des Explikats* (soweit dies die wichtigeren Forderungen 1–3 zulassen), d.h. Einfachheit sowohl der Bestimmung des fraglichen Begriffs als auch der Gesetze, die mit seiner Hilfe aufgestellt werden.[3]

Ein weiteres Charakteristikum fordert Benedikt Vogel:

5. Transparenz des Explikats qua Durchsichtigkeit seiner logischen Struktur.[4]

---

1   Vgl. Fricke 1984: 41–55, sowie Dieter Freundlieb: Analytische Literaturwissenschaft, in: RLW, Bd. 1: 79–81.
2   Gabriel 1972: 59.
3   Diese Kriterien gehen auf zwei Publikationen von Gottfried Gabriel zurück. Gabriel 1972: 60 und Gottfried Gabriel: Explikation, in: *Enzyklopädie Philosophie und Wissenschaftstheorie* (1980).
4   Vogel 1993: 24.

Carnap setzte dies wohl als selbstverständlich voraus. Punkt 5 wird indes, wie die literaturwissenschaftliche Praxis zeigt, oft missachtet.
Schliesslich schlägt Harald Fricke für die literaturwissenschaftliche Bestimmung von Textsorten eine anpassungsfähig verwendbare Struktur vor, in der notwendige und alternative Merkmale, von denen mindestens ein Merkmal erfüllt sein muss, miteinander verknüpft werden.[5]

1.2.2 Bisherige Bestimmungsversuche ('Explicandum')

Die nachfolgende Zusammenstellung von Bestimmungsversuchen strebt keine Vollständigkeit an. Die Auflistung soll repräsentativ sein und will einen Überblick über die bisherige Diskussion vermitteln. Die Zitate stammen aus mehreren Nachschlagewerken und Untersuchungen zum Liedermachen. Einige Arbeiten, auch wichtige literaturwissenschaftliche, führen den Begriff ‚Liedermacher' allerdings entweder gar nicht oder zumindest nicht als selbstständiges Stichwort (wie erwähnt das RLW). Gero von Wilpert (*Sachwörterbuch der Literatur*) schreibt:

> Liedermacher, in Anlehnung an B. Brechts Prägung ‚Stückeschreiber' von W. Biermann (nach F. v. Hagedorn, 18. Jh.) geprägte Bz. für den Verfasser/Komponisten/Interpreten in Personalunion aktueller, meist zeit- u. sozialkrit., engagiert agitator. Songs, Chansons u. bes. Protestsongs, die das Gemachte und Machbare der Produktion betont.[6]

Das *Metzler Literaturlexikon* führt aus:

> allgem. als Bez. für ‚Autor'; diese erhielt dann seit Anfang der 60er Jahre des 20. Jh.s im Zusammenhang mit der Ostermarsch-Bewegung und der Studentenrevolte eine konkrete polit. Bedeutung: als Verfasser engagierter, nicht selten agitator. Lieder (Protestsong), deren Komposition und Textdichtung in aller Regel von den Interpreten selbst geschaffen wurden und Einflüsse von G. Kreisler, Leonard Cohen u. Georges Moustaki aufweisen, mit tagesaktuellen, meist system- u. gesellschaftskrit. Inhalten, die von antibürgerl., anarchist. Tendenzen über pazifist. u. antiimperialist. Botschaften bis zu linkschristl. u. sozialist. Aussagen reichen [...]. Unter dem Einfluss restaurativer Kräfte in den 70er u. 80er Jahren gab die L.-Kultur der zunehmenden Kommerzialisierung durch die Unterhaltungsindustrie nach. Die Folge war

---

5 Vgl. Fricke 1981: 146.
6 Wilpert 2001: 468.

eine wachsende Neigung zu Nabelschau [...], unverbindl. Unterhaltung [...] und seichtem Blödelbardentum [...].[7]

Ernst Klusen notiert im *Grossen Lexikon der Musik*:

Liedermacher, erstmals [...] Anfang der 60er Jahre verwendete Bz., die in der Folge die Bz. Chansonnier ablöste. In der Personalunion von Dichter, Komponist und instrumental. begleitendem (meist Gitarre) Sänger ist der L. dem mittelalterlichen Spielmann verwandt. Er unterscheidet sich – bewusst distanzierend untertreibend – vom romantisch-bürgerlichen Liedkomponisten, der Texte anderer Dichter mit subtilen, höchst artifiziellen Mitteln vertont und sie ausgebildeten Interpreten zur Aufführung vor einem hörerfahrenen, gebildeten Publikum überlässt. [...] „Machen" als ein eher handwerklicher Vorgang verweist auf die Anfertigung schlichter Gebrauchsgegenstände. [...] Entsprechend einfach, auf aktuellen Gebrauch hin und mit sozialem Engagement geschaffen sind denn auch die Lieder. Sie artikulieren sowohl politische Agitation [...] wie private Alltagsprobleme. Die Grenzen zum Agitproplied, Chanson, Schlager und Kabarettlied sind im Musikalischen wie im Literarischen fliessend.[8]

Das *Wörterbuch der Literaturwissenschaft* hält fest:

Verfasser von Texten, die mit deutl. Bezug auf Vorkommnisse in der Wirklichkeit und ebenso offensichtl., oft politisch motivierter Wirkungsabsicht für öffentl. Auftritte geschrieben werden; meist sind Autor, Komponist und Interpret in einer Person vereint. Das Lied in diesem Sinne [...] kam vor allem in der BRD [...] im Zusammenhang mit der Ostermarschbewegung und des nachfolgenden ausserparlamentar. Kampfes der 60er Jahre erneut zur Geltung, als es zahlreichen Schriftstellern wieder wichtig wurde, verstanden zu werden sowie politisch zu wirken, und als die direkte Kommunikation mit dem Publikum zunehmend an Bedeutung gewann. In dieser Zeit entstanden unterschiedl. formale Varianten und Darbietungsweisen des polit. Lieds [...]. Davon unterschieden, entstanden in den 60er Jahren auch Lieder mehr unterhaltenden Charakters [...].[9]

Der Kabarett-Historiker Reinhard Hippen kennzeichnet das Wort als

Sammelbezeichnung für Autoren und Interpreten, die ihre Lieder selbst dichten, komponieren, arrangieren, singen und spielen. Der Begriff [...] betont das „ehrliche Handwerkliche" im Gegensatz zum „manipuliert Industriellen", das die kommerzielle Musik bestimmt. [...] Lieder von Liedermachern sind Protestsongs, engagierte,

---

7 *Metzler Literaturlexikon* 1990: 269.
8 *Das grosse Lexikon der Musik* 1981, Bd. 5: 119.
9 *Wörterbuch der Literaturwissenschaft* 1986: 296.

aktuelle, politische Lieder oder auch lyrisch-nachdenkliche, ironisch-satirische oder poetische Lieder. Entscheidend ist vor allem [...] der transportierte Inhalt (die Botschaft) des Textes.[10]

Otto Holzapfel schreibt in der Computerdatei des *Deutschen Volksliedarchivs*:

> Ideologisch oder modisch (Schlager) bedingte Bezeichnung für Dichter und/oder Komponisten des zeitgenössischen und oft auch gesellschaftskritischen Liedes (Song). Deutsche Liedermacher haben [...] unterschiedliche Positionen eingenommen.[11]

Michael Hornig umreisst den Begriff wie folgt:

> Ein Liedermacher ist [...] jemand, der singbare Texte schreibt, sie mit einer von ihm komponierten Vertonung und Begleitung kombiniert, sie selbst vorsingt, wobei er sich auf einem Instrument, speziell einer Gitarre begleitet.[12]

Hans Haid zeichnet vom ‚Liedermacher' folgende Skizze:

> Ein Liedermacher ist eine Persönlichkeit, die in der Regel den Text selbst schreibt, die Musik selbst komponiert (arrangiert, gestaltet), das Lied selbst vorträgt [...].[13]

1.2.3 Kritik der Bestimmungsversuche

Im Vordergrund soll die Diskussion jener Definiens-Teile stehen, die mit Blick auf den Vorschlag des präzisierten Explikats ausscheiden. Dabei interessieren in erster Linie die für den früheren literaturwissenschaftlichen Diskurs massgeblichen Beschreibungskriterien.

---

10 Hippen 1981: 170.
11 Holzapfel 1992. Die Datei, auf die nur vor Ort zugegriffen werden kann, wurde im Jahr 1997 konsultiert.
12 Hornig 1974: 25.
13 Haid 1980: 38.

1.2.3.1 Unscharfe Denotationen im Definiens

Mehrere Autoren operieren mit semantisch unscharfen Wörtern. Gemäss dem *Metzler Literaturlexikon* ist der Liedermacher notwendig ein „Verfasser *engagierter* [...] Lieder".[14] Auch Ernst Klusen bzw. Reinhard Hippen erachten „*Engagement*"[15] bzw. „engagierte Lieder" als unabdingbare Eigenschaft. Die Semantik von *Engagement* ist aber weit aufgespannt.[16] Die Bezeichnung *Engagement* kann im Konnex mit der meisten Dichtung, die entschieden für etwas eintritt, verwendet werden. Horaz sieht im Nützen, dem *prodesse* (neben dem Erfreuen, dem *delectare*) eine der beiden Grundfunktionen von Literatur an sich.[17] Ein Grossteil von Literatur wäre somit a priori engagiert, weshalb das Merkmal tautologisch ist.[18]

Im Weiteren führen verschiedene Explikate das Wort ‚Agitation' oder eine Abwandlung davon (*Metzler Literaturlexikon*, *Das grosse Lexikon der Musik*, Wilpert, Holzapfel). ‚Agitation' umfasst dabei die (aggressive) „politische Aufklärungsarbeit" wie auch die „Aufklärung für bestimmte politische oder soziale Ziele".[19] Die Texte müssten also annähernd global dem genus proximum ‚politische Literatur' angehören. Während das *Metzler Literaturlexikon* dies als offenbar generell geltend hinstellt, formulieren andere Autoren vorsichtiger: *Das grosse Lexikon der Musik* grenzt die politischen Lieder von den privaten ab, das *Wörterbuch der Literaturwissenschaft* relativiert die Verallgemeinerung durch ‚oft' und Reinhard Hippen erwähnt die Politizität innerhalb einer Aufzählung von Alternativkategorien. Das Kriterium ‚Politizität' vermag schon alleine deshalb nicht vollauf zu befriedigen, da eine erhebliche

---

14 *Metzler Literaturlexikon* 1990: 269; Hervorhebung S. H.
15 *Das grosse Lexikon der Musik* 1981, Bd. 5: 119; Hervorhebung S. H.
16 Vgl. z.B. *Duden Fremdwörterbuch* (1997: 226): „Weltanschauliche Verbundenheit mit etwas; innere Bindung an etwas; Gefühl des inneren Verpflichtetseins zu etwas; persönlicher Einsatz." Vgl. auch Meyer 2001: 33f.; Karl-Heinz Hucke/Olaf Kutzmutz: Engagierte Literatur, in: RLW, Bd. 1: 446f.
17 Vgl. Horaz 1994, Vers 333; auch Bernhard F. Scholz: Belehrung, in: RLW, Bd. 1: 211–215.
18 Auch Wolf Biermann äusserte sich kritisch zum Ausdruck „engagierte Lieder". Er versteht darunter primär den wenig reflektierten Einsatz für eine bestimmte Sache. Engagement sei für einen Liedermacher notwendig, „engagierter Liedermacher" sei eine Tautologie (vgl. Biermann 1997: 14f.).
19 *Das grosse Wörterbuch der deutschen Sprache in sechs Bänden* (1976), Bd. 1: 92.

Anzahl der Liedermacher-Lieder nicht politisch ist.[20] Eingestandenermassen entfaltete die Liedermacher-Kunst in jener Phase das grösste Aufsehen, als unter ‚Literatur' zunehmend ‚politische Literatur' per se verstanden wurde. Das Spektrum politischer Literatur greift je nach Lesart sehr weit aus, ist selbst genus proximum, oder aber Untergattung von Literatur.[21] Summa summarum ist der Begriff ‚politische Literatur' problematisch. Ähnliches ist für den Begriff ‚politischer Liedermacher' zu beobachten: Wolf Biermann behauptet, das Wort ‚Liedermacher' sei im „Sprachgefühl des Deutschen" von Anfang an „mit dem Attribut ‚politisch' verbunden"[22] gewesen und polemisiert – er ist sich über die Vielschichtigkeit des Begriffs im Klaren[23] – gegen die ausschliesslich private Schriftstellerei: „Ein Dichter, der sich ins Private zurückzieht, sieht aus wie ein Deserteur im Freiheitskrieg der Menschheit."[24] Denkbar ist, dass Biermann das politische Engagement nicht pro Lied, sondern pro Programm meinte. Dies gilt aber offenkundig nicht allgemein für die unterschiedlichen historischen Facetten des Liedermachens (vgl. Kap. 1.1). Biermann selbst wies auf die temporäre Bedeutungsverschiebung des Wortes ‚Liedermacher' hin, die seinem Verständnis von ‚Liedermacher' indes zuwider lief: „Das Wort steht inzwischen für alternaive Schwärmer mit dem Wimmerholz und für weinerliche Betroffenheitsheuchler im flüchtigen Zeitgeist."[25] Die Bezeichnung steht also nicht zwingend für ästhetische Produkte mit einem politischen Impetus, auch wenn Biermann diese Funktion für sich – und notabene für den ästhetisch hervorragenden Liedermacher – fordert.

Die Frage des Politischen in der Liedermacher-Kunst führte schon weit vor Biermanns Überlegungen – in der Blütezeit der Waldeckfesti-

---

20 Z.B. Mani Matters *dr herr zehnder I, dr rägewurm, ds eisi* und *ds heidi*; Christof Stählins *Schneeflockentanz, Die Liebe der Wale* (beide Stählin [LP] 1977) und *Freundinnen* (Nyffeler [MC] Folge 4, 1981); Tom Kannmachers *Sommerlied* und *Jesus People* (Ebd.), Kristin Bauer Horns *Trinklied* und *Wiegenlied* (Ebd.); Bernhard Stirnemanns *Mys Käthi* und *Du wirsch alt* (beide Berner Troubadours [CD] 1985); usw. Vgl. zum Begriff ‚politisch' auch Kap. 2.1.5.3.
21 Vgl. Meyer 2001, 25–34; Hinderer 1978: 9–42.
22 Biermann 1986: 98.
23 In späteren Überlegungen fragt Biermann, ob „politisch" bedeute, dass etwas von „politischen Dingen" (Biermann 1997: 10) handle, oder ob das Wort auf die Wirkung ziele oder die politische Richtung andeute.
24 Biermann 1986: 98.
25 Biermann 1986: 98.

vals – zu Kontroversen.[26] Die fundamental unterschiedlichen Standpunkte verhinderten aber einen Konsens. Infolgedessen kann gelten: Die politische Funktion von Liedern oder ganzer Programme war in bestimmten Phasen der Liedermacher-Geschichte typisch, ja geradezu unabdingbar. Indes trifft dies nicht für jeden Zeitabschnitt und jeden Ort zu.[27] Das Merkmal ‚politisch' eignet sich nicht als Globalcharakteristikum und sollte im Explikat weder in den notwendigen noch in den alternativen Merkmalen aufscheinen.

1.2.3.2 Unzutreffende Wertungen in den Definitionen

Verschiedene Beschreibungsversuche bestimmen den Objektbereich aus literaturkritischer, wertästhetischer Sicht. Der Begriff soll, so Hippen, „‚das ehrliche Handwerkliche' im Gegensatz zum ‚manipuliert Industriellen', das die kommerzielle Musik bestimmt" betonen.[28] Das Kriterium ‚nicht manipuliert' dürfte von Statements jener Liedermacher abgeleitet sein, die sich ausdrücklich vom Schlagergeschäft distanzierten. Die Abgrenzung der verschiedenen Kunstsparten voneinander durch die Kriterien ‚nicht kommerziell' (=Liedermacher) und ‚kommerziell' (=Schlager) ist gewiss nicht glücklich. Reginald Rudorf wies schon 1974 auf die Problematik einer so gearteten Definition hin:

> Die Unterscheidung zwischen kommerziellen und engagierten Liedern ist nicht treffend. Alle Lieder wollen gehört und ergo verkauft werden. Jeder Sänger ist [...] an ‚Umsatzmaximierung' interessiert. Er tut fast alles.[29]

---

26 Selbst Organisatoren und Künstler lehnten die politische Etikettierung ihres Festivals ab. Brückner (1967: 71) schreibt: „Die Waldeck hat sich zu einem Kristallisationspunkt musikantischer Bemühungen entwickelt, in bewusster Distanz zum rein kommerziellen und extrem politischen Geschäft." Die Polemik um die Bedeutung der Burg Waldeck wäre bei einer unmissverständlichen Einordnung, nämlich als politischen Anlass, nicht entbrannt (die unvereinbaren Standpunkte kommen in Kaiser 1967 und Kröher 1969 beispielhaft zum Ausdruck). Vgl. zur Waldeck auch Kap. 2.1.5.3.
27 Abgesehen davon, dass man mit ‚politisch' ausschliesslich ‚politisch links' meinte, in neuerer Zeit aber vermehrt das ‚rechts-politische' Autorenlied von sich reden macht (vgl. Philipp Schmidt-Rhaesa: Entwicklung der Liedermacherei. <http://www.detlev-mahnert.de/waldeck.html> [10.9.2007]). Letzteres sollte man aber nicht ohne weiteres aus der Sparte ‚Liedermacher' aussondern.
28 Hippen 1981: 70.
29 Rudorf 1974: 15.

Ferner genügt ein Blick auf die oben skizzierte Wortgeschichte, um die Problematik des Merkmals ‚kommerziell' bzw. ‚nicht-kommerziell' für eine Liedermacher-Definition vor Augen zu führen (Kap. 1.1.2.2).

Bei anderen Bestimmungsversuchen steht das Handwerkliche im Vordergrund, wie etwa Wilperts Ausdrucksweise „das Gemachte und Machbare".[30] Hier bleibt allerdings unklar, was ‚machbar' meint. Klusen seinerseits bemüht sich, mit dem Kriterium „machen"[31] das Liedermacher-Lied vom Kunstlied abzugrenzen. Eine solche Unterscheidung lässt Trennschärfe vermissen und ist eher dem subjektiven Empfinden des Rezipienten anheim gestellt, als dass sie sich auf nachvollziehbare, unmittelbar an der Gattung ‚Lied' abzulesende, Kriterien abstützen würde.

Die expliziten oder auch nur impliziten Hinweise auf das Handwerkliche stützen sich offenkundig auf Aussagen Biermanns, der zum Wort ‚Liedermacher' anmerkte:

> Es sollte den lähmenden Respekt mindern, es sollte ermuntern, selbst Lieder zu schreiben, indem es die handwerkliche Seite, die erlernbare, deutlicher zur Erscheinung bringt.[32]

Biermanns Anlass für das Herstellen neuer Lieder stand, wie auch bei Degenhardt und anderen, vor dem Hintergrund der vormals negativen Assoziation mit dem populären Liedgut (vgl. Kap. 2.1.5.3).

Dass Biermann mit der Wahl seiner ‚Berufsbezeichnung' das Liedermacher-Lied vom Kunstlied abgrenzen wollte, wie Klusens Beschreibungsversuch antönt, ist eher abwegig, auch wenn im Wort ‚Liedermacher' mitschwingt, dass dieser Künstlertyp den ‚ehrlichen' Handwerker meinen soll, der für ein ‚normales' Publikum ein ‚ehrliches' Produkt herstellt, im Unterschied zum überfeinerten Dichter, der für ein elitäres Publikum ‚lebensferne' Werke schafft. Im Weiteren schliesst Klusen vom handwerklichen Vorgang auf die Schlichtheit des ästhetischen Produkts. Dieses ist, wie es scheint, ein nicht sehr wertvoller „Gebrauchsgegenstand".[33] Auch wenn dies partiell zutreffen mag, widerlegen diese

---

30 Wilpert 2001: 468.
31 *Das grosse Lexikon der Musik* 1981, Bd. 5: 119.
32 Biermann 1986: 98.
33 *Das grosse Lexikon der Musik* 1981, Bd. 5: 119; vgl. auch Werres 1977: 18ff. und 32f.

Einschätzung die zum Teil sehr komplexen poetischen Arrangements der Lieder von Biermann, Kreisler, Matter und anderen.

Im Übrigen trifft man im Definiens von Otto Holzapfel auf wertende Aussagen. Holzapfel erkannte, wie die Wortgeschichte zeigt, die Vereinnahmung des Begriffs für unterschiedliche Zwecke. Er umschreibt sie mit den offenkundig abwertenden Zuschreibungen „ideologisch oder modisch". Das Attribut ‚modisch' exemplifiziert er mit „Schlager". Wie erwähnt, bildete bei vielen Liedermachern die Motivation für das Verfassen eigener Lieder das Vorherrschen des als minderwertig angesehenen Schlagers. Später glich sich die Bedeutung des Wortes ‚Liedermacher' ausgerechnet jener der einst verpönten Kunstsparte an.[34] Ausserdem bezieht sich Holzapfels Bezeichnung ‚ideologisch' wohl auf die marxistisch-leninistische Ausrichtung vieler Liedermacher um 1968. Die beiden von Holzapfel angeführten Ausdrücke ‚modisch' bzw. ‚ideologisch' sind daher primär Bezeichnungen für phasenspezifische Ausformungen.

Die Lieder der Liedermacher sind übers Ganze gesehen nicht unbedingt wertvoller als andere Lieder.[35] In die Definitionen mischen sich gleichwohl immer wieder Unschärfen hervorrufende literaturkritische Einschätzungen – wie im Übrigen beim Begriff ‚Chanson'[36]. Die ver-

---

34 Die Problematik einer auf Werturteilen beruhende Definition von ‚Liedermacher' und ‚Schlager' zeigen die unterschiedlichen Denotationen des Wortes ‚Schlager' an. Das Lexem ‚Schlager' stand auch schon für die Chansons von Brassens, ohne damit allerdings auszudrücken, diese seien minderwertig. Die Bezeichnung sollte vielmehr den europaweit konkurrenzlosen Erfolg der Brassens-Chansons betonen (Schlager als ‚ein Lied, das einschlägt'; engl. *hit*). Insofern sind viele Lieder Matters oder anderer Liedermacher Schlager. Das Wort ‚Schlager' lässt sich wohl am treffendsten umschreiben mit: arbeitsteilig hergestelltes Lied mit dem gezielten Arrangement für eine Massenrezeption (vgl. Würffel 1975: 304).

35 Vgl. die Überlegungen zur Wertung von Liedern in Imbert (1967: 7) und Rudorf (1974: 1); ganz allgemein zur literarischen Wertung Kurt Marti: „Die Qualität von Literatur entscheidet sich nicht am engagierten Inhalt. Das Kriterium ist die Form. Wenn ein Engagement die richtige Form findet, habe ich nichts dagegen." (In: SonntagsZeitung, 5.11.1995). Schon bei den Festivals auf der Burg Waldeck zeigte sich, dass die Textqualität nicht immer zentral ist (vgl. die unveröffentlichte Aufnahme des *Chanson Folklore Internationale* von 1967, aufgen. v. R. Hippen; zur Waldeck vgl. Kap. 2.1.5.3). Offenkundig war bei den Waldeckfestivals das Auftreten für sich genommen wichtiger als die Textvermittlung, diskutierte doch ein Gutteil des Publikums angeregt während der Konzerte.

36 Vgl. Schulz-Koehn 1969: 8; Vogel 1981: 23ff.; Kröher/Kröher 1969: 65.

schiedenen Liedkünste sind, wie die weitere Diskussion zeigen wird, durch verschiedene produktions- und rezeptionsästhetische Mechanismen ausreichend unterscheidbar (vgl. Kap. 1.3.2.2). Das von Biermann ‚handwerklich' getaufte Verfahren des Liedermachens hat in eine präzisierten Denotation nicht wertästhetisch, sondern produktionsbezogen einzugehen (vgl. Kap. 1.3.4.7).

1.2.3.3 Undifferenzierte Anwendung von Merkmalen

Die Definition von Hippen vereinigt eine ganze Ansammlung von Kategorien. Lieder von Liedermachern seien „Protestsongs, engagierte, aktuelle, politische Lieder oder auch lyrisch-nachdenkliche, ironisch-satirische oder poetische Lieder."[37] Diese Aufzählung ist nicht sinnvoll. Zunächst ist die Wortwahl wegen der ungeklärten Semantik mehrerer, nicht näher erläuterter Denotate wenig glücklich (ist mit „lyrisch-nachdenklich" ‚Gedankenlyrik' gemeint?; zu „engagiert" siehe Kap. 1.2.3.1). Ausserdem weisen viele Lieder ausserhalb der Kunstproduktion der Liedermacher die von Hippen geforderten Merkmale auf, sodass diese nicht nur für die Liedermacher-Kunst gelten. Ferner fehlt den Merkmalen – als alternative Elemente in einer flexiblen Definition – die Genauigkeit. Wollte man die Merkmalsaufzählung als notwendiges Element einer Definition verstehen, liesse sich die Kunst zahlreicher Liedermacher nicht mehr unter den Begriff einordnen (z.B. Programme ohne Protestsongs oder aktuelle Lieder).[38] Kommt hinzu, dass Zuschreibungen vereinzelt tautologisch erscheinen, wie etwa die Wortverbindung „poetische Lieder". Die Poetizität ist aber bereits durch die formale Einbindung, das lyrische Gitter, gegeben.

Auch weitere, öfter genannte Merkmale sind wenig hilfreich für eine möglichst präzise Bestimmung. Die beliebten Kategorien „tagesaktuell",[39] „aktuell",[40] „zeitgenössisch"[41] oder auch „zeitkritisch",[42] „sozial-

---

37 Hippen 1981: 170.
38 Ähnlich wie Hippen verfährt das *Metzler Literaturlexikon*. Auch diese Denotation ist unscharf und schliesst zu viel ein. Auffällig ist zudem die grosse Nähe zur Publikation *Liedermacher* von Thomas Rothschild (1984). Sie, wie auch andere Abhandlungen vom gleichen Autor, übten einen grossen Einfluss auf die gesamte Liedermacher-Forschung und somit auf das Verständnis des Liedermacher-Begriffs aus. Rothschild selbst weist jedoch auf die Subjektivität seiner Sichtweise hin (vgl. Rothschild 1980: 7).
39 *Metzler Literaturlexikon* 1990: 269.

kritisch"[43] und „gesellschaftskritisch"[44] sind zwar für einen grossen Teil der hier interessierenden Lieder gültig – und damit genretypisch. Sie weisen aber in den meisten Fällen eher, wie beim Merkmal ‚politisch', auf dominierende Facetten bestimmter Phasen und die damit zusammenhängenden Anleihen bei gewissen Sparten hin (etwa beim Kabarett, beim amerikanischen Topical Song oder bei Brechts Liedschaffen). Demnach sind es keine Globalcharakteristika. Ausserdem sind die Merkmale infolge ihres Absolutheitsanspruchs zum Teil schlicht falsch. Dies gilt hauptsächlich für die Denotationen ‚(tages-)aktuell' oder ‚kritisch': Viele Lieder bestechen gerade durch ihre überzeitliche Wirkung (z.B. Biermann, Kreisler, Mossmann, Matter, Stählin) oder erscheinen erst im historisch-situativen Verwendungskontext als kritisch.

Ferner greifen die (literatur-)kritischen Feststellungen zum Objektbereich (z.T. in Anlehnung an die Kritische Theorie), die auch für die bisherigen Dissertationskonzepte leitend waren (Hornig, Maurer, Werres)[45] und sich in den Definitionen spiegeln, weit über den hier interessierenden Objektbereich hinaus und wohnen grundsätzlich einem Gutteil literarischer Werke inne.

Schliesslich verwendete man wiederholt als antonym gedachte Ausdrücke wie ‚politisch' vs. ‚unterhaltend'[46] und ‚politisch' vs. ‚privat'.[47] Wie bereits am Wortpaar ‚politisch/privat' gezeigt,[48] schliessen sich die Zuordnungen nicht aus. Dies gilt auch für ‚politisch/unterhaltend': Das Liedermachen ist grundsätzlich eine unterhaltende Form, in der Überzeugungen vermittelt werden.[49] Schon in der Antike empfand man die optimale Verknüpfung der beiden Funktionsweisen als Basis wertvoller Literatur; mit Horaz gesprochen:

---

40 Wilpert 2001: 468; *Das grosse Lexikon der Musik* 1981, Bd. 5: 119; Hippen 1981: 170.
41 Holzapfel 1992.
42 Wilpert 2001: 468.
43 Ebd.
44 Holzapfel 1992.
45 Hornig 1974, Maurer 1984, Werres 1977.
46 *Wörterbuch der Literaturwissenschaft* 1986: 296; *Metzler Literaturlexikon* 1990: 269.
47 *Das grosse Lexikon der Musik* 1981, Bd. 5: 119.
48 Vgl. Ausführungen zu Biermann im Kap. 1.2.3.1.
49 Vgl. Süverkrüp: „Wenn ich meine Zuhörer nicht auch unterhalten wollte, würde ich nicht singen, sondern vielleicht Reden halten." (zitiert nach Kaiser 1967: 81).

> omne tulit punctum, qui miscuit utile dulci
> lectorem delectando pariterque monendo.
> hic meret aera liber Sosiis, hic et mare transit
> et longum noto scriptori prorogat aevum.[50]

Die hier diskutierten Merkmale eignen sich somit nicht zur trennscharfen Abgrenzung.

1.2.3.4 Unnötige Merkmalsrelativierungen

Ein weiterer bedeutender und häufig auftretender definitorischer Makel liegt in der vernachlässigten Festlegung auf notwendige Merkmale, die mit als eindeutig markierten alternativen Denotaten kombiniert sind. Merkmale, die mit „meist",[51] „nicht selten"[52] und „oft"[53] relativiert werden, können auch fehlen. Merkmale wie ‚zeit-, gesellschafts-, sozialkritisch' und auch ‚politische Wirkungsabsicht' kennzeichnen, wie oben bereits besprochen, die Kunstform nicht generell. Die immanente Politizität wie auch (gesellschafts-)kritische Haltung sind Folgen der gewählten Kunstform, die aufgrund der unmittelbaren Rezeption für die Vermittlung politischer und kritischer Inhalte prädestiniert ist. Andere Themen finden in dieser Kunstform aber auch ihren Ausdruck. Mehrere Bestimmungsversuche relativieren denn mit Recht ihre Allquantoren und räumen die Ungenauigkeit des Definiens ein.

Zusammenfassung

Das einleitende Kapitel hat konzis die methodologischen Überlegungen zur Erlangung einer möglichst angemessenen und distinkten Definition dargelegt. Nachgezeichnet wurde primär Carnaps Strategie der Explikation. Die bisherigen Bestimmungsversuche von ‚Liedermacher', die exexemplarisch diskutiert wurden, zeigen vier zentrale Schwächen: un-

---

50 Horaz 1994, Verse 343–346: „Jede Stimme erhielt, wer Süsses und Nützliches mischte, indem er den Leser ergötzte und gleicherweise belehrte. Solch ein Buch verdient den Sosi [den Buchhändlern] die Groschen, gelangt übers Meer und verlängert seinem bekannten Verfasser die Lebensdauer."
51 Z.B. Wilpert 2001: 468 und *Metzler Literaturlexikon* 1990: 269.
52 Z.B. *Metzler Literaturlexikon* 1990: 269.
53 Z.B.: „oft politisch motivierter Wirkungsabsicht" (*Wörterbuch der Literaturwissenschaft* 1986: 296) und „oft auch gesellschaftskritisches Lied" (Holzapfel 1992).

scharfe Denotate, unangemessen pauschale Wertungen, die undifferenzierte Anwendung von Merkmalen auf den Objektbereich sowie unnötige Relativierungen, die notabene viele Charakteristika überflüssig machen. Einige der in früheren Bestimmungsversuchen festgehaltenen Elemente – wie etwa ‚selbstgemacht' und ‚handgemacht' – sind für einen Bestimmungsversuch aber notwendig und zu präzisieren.

1.3 Herleitung der Definition von ‚Liedermacher'

> Denn es haben noch niemals in der Menschheitsgeschichte Leute irgendwelche Barrikaden gestürmt, nur weil sie begriffen hatten, dass zwei mal zwei vier ist.
>
> Wolf Biermann

Eine möglichst präzise Bestimmung des Begriffs ‚Liedermacher' bedingt eine Abgrenzung der Liedermacher-Kunst gegenüber benachbarten Gattungen wie Kabarett, Kunstlied, Bänkelsang, Chanson, Couplet, Song, Schlager sowie Pop- und Rockmusik. Massgeblich ist, wie sich der Unterschied insgesamt, sprich: nicht nur auf der Textebene, sondern auch in der synästhetischen Vermittlung, der Aufführung, welche die Differenzqualität zu anderen Gattungen bestimmt, ausdrückt. So lässt sich ein aus heutiger Sicht möglichst angemessenes Explikat von ‚Liedermacher' gewinnen.

Ein erster Abschnitt will als Übersicht Kernaspekte des Gegenstands ‚Liedermacher' benennen und den gewählten Zugriff argumentativ stützen (Kap. 1.3.1). Das nachfolgende Kapitel widmet sich dem zentralen Untersuchungsfeld des Liedermachens, der Gattung ‚Lied'. Auf eine systematisierende, die Begrifflichkeit schärfende Einordnung ins Gattungsumfeld (Kap. 1.3.2) folgt die Entwicklung einer Gebrauchsdefinition von ‚Lied' (Kap. 1.3.3). Ein weiterer Abschnitt sieht die Beschäftigung mit den für eine Definition massgebenden Eigenheiten des Liedermachens vor (Kap. 1.3.4). Abschliessend soll die Diskussion in eine Definition von ‚Liedermacher' münden (Kap. 1.3.5).

1.3.1 Erste Abgrenzung von ‚Liedermacher'

Dem Konzept ‚Liedermacher' eignet innerhalb der schauspielenden Künste der sozusagen geringste Aufwand an Personal. Der Autor stellt seine eigene Person in den Mittelpunkt und wird so schlechterdings zum Symbol für Individualismus. Diese Konstitution kontrastiert bewusst die direkte kunstgeschichtliche Vorgängerphase im Dritten Reich, als den (Wagner-)Opern die Funktion der Unterordnung des Individuums zuteil wurde. Die ‚glückliche Ent-Individualisierung' sollte der Bildung des Massengefühls und der Dämpfung rationaler Differenzierung dienen. Jene Funktion teilt die Oper mit der Gattung ‚Schlager'. Die Liedermacher-Kunst verlangt hingegen meist einen rationalen Zugang, will – gerade in den sogenannt kritischen/politischen Liedern – ‚aufklären'. Danach richtet sich auch der, oft den Textinhalt betonende, Bau der Lieder (vgl. Kap. 1.3.4.1).

Die Bezeichnung *Liedermacher* steht grundsätzlich für eine Person, die eine bestimmte Kunst-Aktivität weitgehend selbstständig ausübt. Die ‚Berufsbezeichnung' steht kategorial auf einer Stufe mit Lexemen wie *Dichter, Lyriker, Gedichteschreiber, Dramatiker, Stückeschreiber, Romancier, Dichter, Schriftsteller* und *Poet*. Für die Werkseite gibt es analog zu diesen Namen eine meist davon abgeleitete Begrifflichkeit: *Gedichte, Dramen, (Bühnen-)Stücke, Romane* usw. Gleiches gilt für den Begriff ‚Liedermacher'. Er steht für den Verfasser von Liedern.

Ein Liedermacher ist aber bedeutend mehr als ‚nur' der Verfasser von Liedern. Damit beschäftigt sich eingehend das Kap. 1.3.4.1. Über das Künstlerische hinaus könnte beim Liedermacher vieles interessieren: die soziale, berufliche, intellektuelle und geographische Herkunft; die Biographie.[54] In dieser Studie soll das Augenmerk auf der Kunst liegen: der Globalkonstitution des Liedermachens, der Aufführungssituation als plurimedialem Programm sowie dem Arrangement und der Aufführung von selbst gefertigten Liedern. Allerdings stammen bei Weitem nicht alle Lieder immer von jenem Liedermacher, der sie vorträgt (vgl. Kap. 1.3.4.7). Auch sind viele Elemente einer Aufführung nicht liedhaft, also nicht Liedkunst. Der so geartete Objektbereich war bislang noch kein

---

54 Hier liegen verschiedene Studien, primär aus volkskundlicher Sicht, vor (etwa Karbacher 1982). Mehrere Publikationen von Rothschild (1980) über Henke (1987) bis Kirchenwitz (1993) setzen den Schwerpunkt beim Biographischen.

Feld umfassender Analysen, dementsprechend fehlt dafür eine weithin geläufige und wissenschaftlich anerkannte Bezeichnung.

In einem ersten Diskussionsteil soll aber nicht die Gesamtkunst des Liedermachens im Mittelpunkt stehen, sondern dessen wichtigstes Element, das Lied. Dies deshalb, weil der Begriff ‚Lied' viele Facetten aufweist und der Objektreich nicht leicht fassbar ist, es aber für ein präzises Explikat von Liedermacher unabdingbar ist, von genau umrissenen Termini auszugehen.

1.3.2 ‚Liedermacher-Lied' und ‚Lied'

> Wir klagen stets, nichts bleibe treu und fest –
> Doch nur der Wechsel ists, der leben lässt.
>
> Ernst Zittelmann

Vorab will der zentrale Begriff des Liedermachens, das Lied, diskutiert (Kap. 1.3.2.1) und im Begriffssystem ‚Lied' situiert sein (Kap. 1.3.2.2).

1.3.2.1 ‚Autorenlied' als eigenständige Gattung

Lieder bilden selbstredend das Fundament jedes Liedermacher-Programms. Freilich stellt sich die Frage, ob das Liedhafte der Liedermacher in jedem Fall mit dem Liedgut anderer Liedgattungen identisch ist, oder ob das ‚Liedermacher-Lied' allenfalls einen eigenen Typus bildet. In den Vordergrund rücken also Termini – und die damit bezeichneten Gegenstände –, die man zum Teil auch schon auf das deutschsprachige Liedermachen angewendet hat.

Das Gros der bis anhin vorgeschlagenen (oder nur kommentarlos verwendeten[55]) Benennungen wie „Bänkel-", „Minne-", „Troubadours-" und „Bardenlieder" sowie „Balladen" und „Moritaten"[56] steht zu sehr für historische Vorgängerformen bzw. phasenspezifische Eigenarten des

---

55 Vgl. Kaiser 1967: 87ff.; Hornig 1974: 9.
56 Hornig 1974: 10ff.; Huff 1980: 7ff. Es wurden auch Wörter eingesetzt wie „Sprechgesänge" (Hüsch) und „Stücke" (Hedemann) (vgl. Hornig 1974: 9). Sie treffen aber bestenfalls punktuell zu und fanden kein breites Echo.

Liedermachens.[57] Weitere Termini wie die Internationalismen „Song", „Chanson", „Lied" und „Folksong"[58] sind semantisch wenig scharf und denotativ meist zu ausgreifend (alltags- wie wissenschaftssprachlich), und wären für ein luzides Begriffssystem selbst zu klären.[59] Zudem sind *Chanson, Lied* und *Song* in den eigenen Sprachräumen primär genus proximum, in anderen aber grundsätzlich Unterbegriffe für unterschiedliche Objektbereiche.[60] Andere Ausdrücke wie „Topical Song" (,Themen-Lied'), „Contemporary Song" (,aktuelles Lied'), „sozialkritisches Lied", „engagiertes Lied"[61], „politisches Lied" und „Protestsong"[62] betreffen Liedtypen, die je für sich genommen nicht das ganze Feld des modernen Liedermachens abdecken. Und auch die seit den 1990er Jahren für die aktuellste Spielart des Liedermachens verwendete Worterfindung „Liedermaching" beansprucht nicht, global für Liedermacher-Kunst zu stehen, sondern vielmehr für eine postmoderne Liedermacher-Form, deren Kennzeichen die mannigfachen Musikstile und das öftere Abgleiten der Text in einen gruppensprachlichen *genus humile* mit dem Thematisieren von Drogen, Alkoholismus, Saufen und Sex ist.[63] Im Übrigen finden sich Wortschöpfungen, die auf den Autor und seinen produktiven Status („Laienlied"[64] im Vergleich zum „professionellen Kunstlied"[65]) oder auf die Kommunikationssituation zielen („Massenlied" als Pendant zum „Gemeinschaftslied"[66] oder „Vortragslied", „Zuhörlied"[67]

---

57 Die Liedermacher singen nicht, wie beim Bänkelsang, ,ex cathedra' von einem ,Bänkel' herunter. Auch umgibt sie nicht, wie im Minnesang, der höfische Rahmen (vgl. dazu Kap. 1.3.4.5).
58 Vgl. Hornig 1974: 9.
59 Vgl. Coers 1979.
60 Z.B. Brechts Song-Begriff (vgl. Coers 1979). *Le lied* bzw. *the lied* steht für das deutsche Kunstlied. ,Chanson' wird im Vergleich mit dem Schlager literarisch höher eingestuft und oft mit dem Kabarett-Chanson gleichgesetzt. In Frankreich steht *chanson* allgemein für ,Lied' (Schulz-Koehn 1969: 8).
61 Vgl. Kröher/Kröher 1969: 16f.; 34 und Hornig 1974: 9.
62 Vgl. Hornig 1974: 9; Kròl 1992: 174.
63 Vgl. Joint Venture (CD) 1999; Monsters of Liedermaching (CD/DVD) 2006.
64 Cistov/Cistova 1994: 130.
65 *Laienlied* ist, wenn man nicht weiss, dass es ironisch gegen das Kunstlied gerichtet ist, irreführend. Denn viele „Laien" verdienen ihren Lebensunterhalt wenigstens teilweise mit dem Liedermachen (Biermann, Degenhardt und Wader, aber auch weniger bekannte wie Traber, Heiniger und Bardill).
66 Kaiser 1967: 39.
67 Kirchenwitz 1993: 54.

und „Vorsing-Lied" gegenüber dem „Mitsing-Lied"[68]). Obwohl prima facie in Frage kommend, sind die Ausdrücke *Vortragslied*, *Zuhörlied* oder *Vorsing-Lied* doch nicht vollauf anwendbar, da sie auch andere Liedformen einschliessen (z.B. das Kunstlied).

Von den bisher eingesetzten Wörtern überzeugt *Liedermacher-Lied* gewiss am ehesten (vgl. Kap. 1.1.2), denn es ist offenkundig, für welchen Objektbereich die Bezeichnung steht. Die Dreigliedrigkeit und die innere Tautologie verstossen aber gegen Carnaps Forderung der ‚Einfachheit' (Kürze, Prägnanz; vgl. Kap. 1.2.1). Der Objektbereich findet sich zudem auch ausserhalb des Liedermacherischen (etwa im Kabarett).

Die bis hierher angeführte Begrifflichkeit ist also zur Bezeichnung des Gegenstandsbereichs des Liedermacher-Lieds wenig geeignet. Zu klären ist, welches Merkmal (oder besser: welches geordnete Merkmalsbündel) gegenüber anderen Sparten unterscheidend wirkt. Hier wird, wie oben angesprochen, davon ausgegangen, dass das Liedermachen ein ‚Gesamtkunstwerk' ist, also sämtliche Elemente einer Aufführung enthält: neben den vollumfänglich selbst erarbeiteten Liedern auch Liedfremdes und Fremdkompositionen (vgl. Kap. 1.3.4). Die Einbettung fremder Werke in die eigenen Programme ist allerdings nicht das Erkennungszeichen eines Liedermachers. Ganz im Gegenteil: Das Liedermachen unterscheidet sich von anderen Kunstsparten wie etwa der reinen Interpretation primär dadurch, dass selbst hergestellte Lieder aufgeführt werden. Entscheidend ist dabei, von welchem proportionalen Anteil an einem Programm das vom Auftretenden vollständig selbst hergestellte Liedgut ist. „Vollständig selbst hergestellt" meint die Personalunion von literarischem Texter, Komponisten und Interpreten (instrumental/vokal). Die dreischichtige Urheberschaft eines gewissen Anteils an Liedern an einem Programm ist somit für das Liedermachen konstitutiv.

Beim Liedhaften in der Liedermacher-Kunst erscheint es zweckmässig, von zwei Ebenen auszugehen: (1) vom Liedhaften an sich und (2) vom Liedgut, das ausschliesslich vom Autor stammt. Für das gesamte Untersuchungsfeld des Liedhaften bedarf es nicht zwingend einer eigenen Bezeichnung. Dieses Themenfeld interessiert vorzugsweise bei der Analyse ganzer Programme (vgl. Kap. 2.4).

Für das zweite Untersuchungsfeld, das Kerngebiet des Liedermachens, mangelt es dagegen an einem Begriffsnamen. In anderen Spra-

---

68 Biermann 1978b: 120.

chen, dem Italienischen und Russischen, hat man bereits vor Längerem einen Begriff für Lieder mit einer ‚potenzierten Urheberschaft' gebildet: im Italienischen den Namen *canzone d'autore*[69], im Russischen *avtorskaja pesnja*[70], Zwei deutschsprachige, im gleichen Jahr herausgegebene Publikationen, die sich mit dem italienischen bzw. russischen Liedermachen befassen, übertragen die Benennungen wie selbstverständlich – und, wie es scheint, unabhängig voneinander – mit „Autorenlied" (Ankli/Burri 1985; Boss 1985). *Autorenlied* trifft den Objektbereich ausgesprochen genau, da darin die integrale Erarbeitung und die eigene Präsentation der Lieder zum Ausdruck kommt. Der Begriff ist zudem nicht von einer spezifischen, liedgeschichtlichen Phase und/oder dem Liedermachen in einem fremden Sprachraum geprägt. Auf die Lieder von Brassens, Wyssotzkij, Viglietti oder auch al Kurd trifft das Begriffswort ebenso so zu wie auf jene aus liedhistorischer Vorzeit: Auf die Lieder der Barden, der Rhapsoden, der Skalden, der Skopen, der Minnesänger, der okzitanischen Troubadours, der Minstrels, der Bänkel- oder Vagantensänger – sofern sie das Kriterium der Urheberschaft erfüllen.

Die Bezeichnung *Autorenlied* verdeutlicht zudem, dass Lieder, die sonst kaum im Zusammenhang mit dem modernen Liedermachen gesehen werden, im erweiterten Umfeld der Liedermacher-Kunst stehen (z.T. Kabarett-Lieder, Couplets, Pop- und Rocksongs etc.; vgl. Kap. 1.3.4.3). Schon hier deutet sich an, weshalb sich die Gattungszuordnung zwischen Liedermachern und Vertretern benachbarter Kunstsparten – etwa bei kabarettistischen Solisten mit eigenen Autorenliedern wie Hanns Dieter Hüsch, Franz Hohler u.a. – gelegentlich als sehr schwierig erweist. Diese Unsicherheit in der Begriffsanwendung wird im nachfolgenden Kapitel zu klären versucht.

Schliesslich soll für den wissenschaftlichen Diskurs die globale Konstitution des Liedermachens, wie sie in den aufgeführten Programmen realisiert ist, eine eigene Bezeichnung erhalten. Ausgehend vom Zentralbegriff ‚Autorenlied' soll das Wort ‚Autorenlied-Kunst'

---

69 Vgl. Ankli/Burri 1985: 19.
70 Vgl. Boss 1985: 5. Die Autorin sieht die Adäquatheit der Bezeichnung durch die ‚Textlastigkeit' der Lieder sowie durch die in der russischen Musikologie andere Gewichtung, d.h. die Unterscheidungsfunktion zum Volkslied (*narodnaya pesnja*), gefährdet.

(a) alles von einem oder mehreren Liedermacher(n) während einer Darbietung auf der Bühne Aufgeführte und
(b) alle Elemente dieser Aufführung (d.h. inkl. Publikumsdialog u.a.)

bezeichnen. Die Begriffe ‚Autorenlied' und ‚Autorenlied-Kunst' lassen sich also wie folgt definieren: Ein ‚Autorenlied' ist

ein von einer Person vollständig selbst geschaffenes sowie solistisch selbst vorgetragenes und instrumental selbst begleitetes Lied.

Analog dazu wird unter ‚Autorenlied-Kunst'

alles von einem oder mehreren Liedermacher(n) während einer Darbietung auf der Bühne Aufgeführte und alle Elemente dieser Aufführung (also inkl. Publikumsdialog u.a.) verstanden.

1.3.2.2 ‚Autorenlied' und andere Liedformen

Ein Vergleich des Begriffs ‚Autorenlied' mit den etablierten Lemmata ‚Lied', ‚Volkslied' sowie ‚Kunstlied' soll dessen Semantik schärfen.

Autorenlied und Lied

Die sprachhistorische Herkunft des in verschiedenen germanischen Sprachen (ahd. *liod, lioth,* mhd. *liet,* aengl. *lèod,* aisl. *ljòd,* anord. *ljòd*) zahlreich überlieferten Wortes ist unklar.[71] Das *Deutsche Wörterbuch* der Gebrüder Grimm geht von einer ursprünglich ausschliesslich musikalisch verzweigten Bedeutung aus („seitenspiel" [sic], „rührung der harfe" oder auch „musicalische folge von tönen", „hornsignale").[72] Im Mittelhochdeutschen verlagerte sich die Denotation hin zur textuellen Ebene.[73]

---

71 Vgl. *Duden Herkunftswörterbuch* (1989: 420) und Kluge (1989: 442). Die Herkunft des Wortes wird wegen der angenommenen Wurzelverwandtschaft auch auf lat. *laus* (‚Lob') zurückgeführt. Vgl. auch Andreas Meier: Lied, in: RLW, Bd. 2: 423–426.
72 Grimm/Grimm 1885, Bd. 6: 982f.
73 *Trübners deutsches Wörterbuch* (Bd. 4, 1943) sieht ‚Lied' als ‚Liedtext' schon im Ahd. angesiedelt. Hier wie nachfolgend weichen die beiden Wortgeschichten in der zeitlichen Situierung leicht von einander ab, skizzieren aber die Bedeutungsentwicklung weitgehend identisch.

Mhd. *liet* war ‚Strophe', Plural *diu liet* ‚Lied'[74]. Aus *diu liet* entwickelte sich die ausschliesslich textuelle Bedeutung „des gedichts in gleichmäszigen strophen".[75] Damit war ein bedeutend weiter gefasster Objektbereich gemeint: *liet* hat auch das „unstrophische, epische wie das spruchgedicht" bezeichnet, wobei das Kriterium der Sangbarkeit nicht in jedem Fall gegeben sein musste (vgl. die Wendung *liet sprechen*).[76]

Im beginnenden 19. Jh. beschreibt Campe ‚Lied' als „alles was gesungen, durch die Kehle in abwechselnden und meist angenehmen Tönen hervorgebracht wird; es mögen Worte oder auch nur Töne sein; der Gesang". In engerer Bedeutung sei ein Lied „ein Gedicht, welches bestimmt ist gesungen zu werden, oder welches doch gesungen werden kann".[77] Desgleichen sei es in der höheren Schreibart anzusiedeln. Dem grimmschen Wörterbuch zufolge bedeutete ‚Lied' im ausgehenden 19. Jh. „das aus einer oder mehreren strophen bestehende, für das singen bestimmte, vorzugsweise lyrische gedicht". Parallel dazu kann das Wort, unweit der ursprünglichen Bedeutung, auch für eine „gespielte melodie" stehen.[78]

Die sprachhistorische Bedeutungsvielfalt des Wortes *Lied* ist auch heute noch spürbar, je nach Verwendungskontext. Das Spektrum reicht von den musikalischen Formen wie „Lied ohne Worte"[79] über mehrere Zwischenstufen zu den literarischen Liedformen. Da die Semantik des Wortes *Lied* so weit aufgespannt ist, gibt es keinen triftigen Grund, sie zu verengen.[80] Die diachronisch fast permanente semantische Offenheit legitimiert hinreichend, ja fordert eine Deklaration als Oberbegriff. Demnach ist der Begriff ‚Autorenlied' eine Unterkategorie des genus proximum ‚Lied'.

---

74 Lexers *Mittelhochdeutsches Handwörterbuch* (1974, Bd. 1: 1913) spricht von „strophenreihe".
75 Grimm/Grimm 1885, Bd. 6: 983.
76 Ebd.
77 Campe 1807–1811, Bd. 3: 127.
78 Grimm/Grimm 1885, Bd. 6: 983f.
79 *Das grosse Lexikon der Musik*, Bd. 5 (1981): 120.
80 Eingrenzungen sind schon oft versucht worden (z.B. Kross 1989: 1; Kross spricht der Kunst der Liedermacher ab, zur Gattung ‚Lied' zu gehören).

Autorenlied und Volkslied

Das Wort *Volkslied* führte Johann Gottfried Herder 1773 ins Deutsche ein.[81] Durch Thomas Percys Sammlung *Reliques of Ancient English Poetry* von 1765 angeregt, übersetzte er es aus dem englischen *popular song*.[82] Die Bezeichnung ‚Volkslied' war in der Forschung von Anfang an umstritten. Die Gründe liegen in den unterschiedlichen Konnotationen,[83] dem Fehlen einer anerkannten Definition,[84] den volksliedtheoretischen Entwicklungen sowie der Extension des Objektbereiches (basierend auf der veränderten gesellschaftlichen Kommunikation[85]). Man versuchte aber mehrfach erfolglos den Begriff durch einen unverfänglicheren zu ersetzen,[86] und schliesslich, in den 1960er Jahren, mündete die Debatte in einen Definitionsnegativismus – Ernst Klusen: „Summa summarum [ist] ein Volkslied [...] nicht im Volk entstanden; es ist nicht unbedingt alt; es ist nicht unbedingt schön".[87] Und an anderer Stelle: „So behaupte ich schlicht, dass es ein Volkslied in dem Sinne, wie wir seit Herder den Begriff angewandt haben, gar nicht gibt."[88] Allen Einwänden zum Trotz hat sich das Wort alltags- wie wissenschaftssprachlich gehalten. Lutz Röhrich legitimiert die Weiterverwendung durch die Gewohnheit und den gleichzeitigen Mangel an alternativer, weithin anerkannter Begrifflichkeit:

> [...] weil es schlechterdings unmöglich ist, einen Begriff auszutilgen, der über 200 Jahre sich eingebürgert hat und für den es noch kein besseres Ersatzwort gibt, jedenfalls keines, das in der Fachterminologie absolut gültig und unumstritten wäre oder sich gar in der allgemeinen Umgangssprache schon durchgesetzt hätte.[89]

---

81 Vgl. Grimm/Grimm 1951, Bd. 12: 489.
82 Vgl. Mettler 1981: 421. 1771 war *popular song* noch als „Populärlied" übersetzt worden (vgl. Wilpert 1989: 1012).
83 Vgl. etwa Goethe 1988: 614f.
84 Vgl. Röhrich 1973: 23–35; Rölleke 1993: 464; Mettler 1981: 420ff.
85 Das Wortverständnis ist durch die Industrialisierung der Liedproduktion – Herstellung und Rezeption von Tonträgern – erschüttert worden (vgl. Walter Wiora 1959: 9–25; er spricht vom „zweiten Dasein" des Volksliedes).
86 Vgl. Röhrich: 1973: 19–35; Rölleke 1993: 464f.; Mettler 1981: 428ff.
87 Klusen 1969: 144.
88 Klusen 1967: 40.
89 Röhrich 1973: 21.

Das jeweilige Begriffsverständnis war auch immer eine Frage der Ideologie.[90] In neuerer Zeit wandelte sich das Volkslied besonders ausgeprägt durch technologische Umbrüche (vgl. Kap. 2.1.5.3) und die Verschiebung von der aktiven Aneignung des Liedguts hin zur Rezeption (Lieder ‚fürs Volk' und weniger ‚vom Volk' gesungen). Dieser Wandel geht einher mit dem funktionalen Verlust weiter Teile der Kunstform.[91]

Die Herleitung einer zufrieden stellenden Definition von ‚Volkslied' kann angesichts der ontologischen Komplexität des Gegenstandsbereichs hier nicht geleistet werden. Im Hinblick auf eine Abgrenzung des Autorenliedes vom Volkslied sollen dennoch einige Aspekte des Volksliedes kurz beschäftigen: Armin Schulz schreibt, die früheren Anstrengungen zur Bestimmung des Volkslied-Begriffs überblickend und einer Explikation zuführend: „‚Volkslied' ist keine Gattungsbezeichnung, sondern ein begriffliches Konstrukt, das unterschiedliche Typen und Genres populären Liedguts vereint."[92] Zu beachten seien, so Schulz weiter, verschiedene Aspekte wie die (anonyme) Autorschaft, die ‚Präventivzensur' durch die Gemeinschaft (nach Bogatyrev/Jakobson), das kulturelle Umfeld und das Alter der Lieder. Als Minimaldefinition sieht Schulz ‚Volkslied' als „Lied, das in der Regel gemeinschaftlich gesungen bzw. rezipiert wird" und „meist älteren Ursprungs" ist.[93]

Dieser Abgrenzungsversuch gegenüber anderem populären Liedgut ist bei Gattungen wie Chanson, Schlager und Song nur deshalb erfolgreich, weil er das vornehmlich höhere Alter des Volkslieds ins Feld führt („idealiter wird ein Volkslied Jahrhunderte tradiert"). Es ist indes nicht einzusehen, warum Chansons, Schlager und Songs, die nicht selten schon nach kurzer Zeit von Tausenden auf Strassen gesungen, bei Schlager-, Pop- und Rock-Konzerten mitgesungen, in Schulen und Jugendorganisationen vermittelt werden und in zahlreichen Liedsammlungen

---

90 Vgl. bes. Armin Schulz: Volkslied, in: RLW, Bd. 3: 795f.
91 Collenberg (1986: 18) unterteilt das Volkslied in vier Haupttypen: 1. Unterhaltungsformen (*delectare*), 2. Lieder als Waffe (wirkungsästhetisch), 3. Lieder zu Tätigkeiten und Vorgängen (aktivitätsbegleitend), 4. Lieder zur Belehrung (*docere*). Die Gewichte haben sich u.a. durch den arbeitstechnischen Umbruch in Richtung des ersten Typs verschoben. Die gesellschaftspolitischen Demokratisierungsprozesse und das Zurückdrängen körperlicher Aktivitäten zugunsten geistiger Arbeit (tertiärer Sektor) verdrängten in den hochindustrialisierten Ländern zunehmend die Typen 2–4.
92 Armin Schulz: Volkslied, in: RLW, Bd. 3: 794.
93 Ebd.

abgedruckt sind, nicht als Volkslieder gelten sollten – zumal jene Lieder, oft schon seit Jahrzehnten ‚Gassenhauer', den Status von Evergreens erreicht haben und somit im gesellschaftlichen Verständnis als Volkslieder gelten.

Für die Zwecke der vorliegenden Problemstellung reicht es aber vollständig aus, anzunehmen, dass die Transformation eines Vortragsliedes durch die gemeinschaftliche Aneignung und dem Tradieren des Liedes in einer grösseren Gruppe (dem ‚Volk') über einen mittleren Zeitraum hinweg zum Status eines Volksliedes führt. Gerade in der deutschsprachigen Schweiz lässt sich in den vergangenen Jahrzehnten eine sukzessive Ablösung des alten, von den nachgewachsenen Generationen meist als veraltet empfundenen, Volksliedbestandes durch einen aktualisierten feststellen. In den gegenwärtigen Liedheften – oder auch in den Schulstuben – findet man zwar hin und wieder Lieder aus dem älteren, in der Schweiz noch in den Kriegs- und Nachkriegsjahren gesungenen Volksliedbestand. Die Kinder, Jugendlichen und deren Elterngeneration bevorzugen aber das Liedgut von Mani Matter, Polo Hofer, Stephan Eicher, Züri West, Lunik und Florian Ast, aber auch der Neuen Deutschen Welle sowie englische Songs der Singer-Songwriter- und Popkultur.

Wodurch unterscheidet sich das Autorenlied vom Volkslied? Vordergründig hat das Autorenlied mit dem Volkslied wenig gemein. Autorenlieder sind Vortrags- und kaum Mitsinglieder. Das Autorenlied wird auch nicht, wie beim ‚Musikantenstadl', mit dem Label „volkstümlich" (oder Ähnlichem) versehen, also mit einer marktstrategisch gedachten, das Zielpublikum als ‚Volk' definierenden Etikette. Umgekehrt ist beim Volkslied der für das Autorenlied konstitutive Produktionsakt – die Aufführung von integral Selbstgemachtem – unbedeutend. Gelegentlich kann allerdings ein Autorenlied zum Volkslied mutieren, nämlich dann, wenn das Autorenlied in den gemeinschaftlichen Rahmen transferiert wird, so wie an den späten Brassens-Konzerten, die nicht mehr reine Vorsingauftritte, sondern Mitsingveranstaltungen waren. Ausserdem finden sich heute in den Liederbüchern von Schulen und Jugendgruppen unzählige Liedtexte der Liedermacher-Pioniere, vorzugsweise von Biermann, Degenhardt, Mey, Mossmann, Matter und Wader – öfter sogar ohne Melodienotation; so bekannt sind deren Lieder heute. Generell lässt sich festhalten: Autorenlieder können zu Volksliedern werden, Volkslieder aber nie zu Autorenliedern.

Autorenlied und Kunstlied

Den bis vor kurzem bestehenden Mangel an einer zufrieden stellenden Bestimmung von ‚Kunstlied' hat Harald Fricke behoben, der für das Kunstlied drei Merkmale als konstitutiv erachtet: Erstens spricht Fricke (im literaturwissenschaftlichen Forschungszusammenhang) nur dann von einem ‚Kunstlied', wenn

> Dichtung und Musik auch tatsächlich als zwei selbstständige Künste aufeinandertreffen. Dazu gehört zunächst einmal, daß der Liedtext vor seiner Vertonung als für sich bestehendes Gedicht angelegt und (in aller Regel) auch veröffentlicht war. [...] An der für das Kunstlied konstitutiven Selbstständigkeit der poetischen Vorlage fehlt es [...] überall dort, wo ein Gedicht von vornherein für den Zweck der Vertonung oder gar für einen persönlich bekannten Komponisten geschrieben wurde.[94]

Zweitens muss laut Fricke „die Versfolge des zugrundeliegenden Gedichts grosso modo auch den Ablauf des komponierten Liedes bestimmen". Und drittens sei Bedingung, dass die

> Musik gleichwohl dem Text als eine selbstständige Kunstform zur Seite treten muß und nicht nur, nach Hanns Eislers Diktum, als die ‚Kutsche, in der der Text einhergefahren kommt'.

Eine Gegenüberstellung dieser Merkmale mit dem Autorenlied ergibt folgende Differenzen:

- Der Gutteil der Autorenlied-Texte entsteht in Hinblick auf eine spätere Vertonung.
- Gelegentlich werden beim Autorenlied musikalische Kompositionen ‚vertextet' (klassisches Beispiel sind Kontrafakturen).
- Gewöhnlich ist der Autorenlied-Text vor seiner Vertonung noch nicht veröffentlicht.
- Beim Autorenlied tritt die Musik höchstens partikulär als selbstständige Kunst an die Seite des poetischen Textes.

Innerhalb der Autorenlied-Kunst ist ein bis fast zum Kunstlied reichendes Spektrum an Mischformen denkbar. Diese können die Merkmalskombinationen der Gattungen Autorenlied und Kunstlied unterschiedlich

---

94 Fricke 1990: 16.

stark, nie aber vollständig erfüllen. Beispiele dafür sind etwa die Vertonungen von Texten fremder Dichter durch Biermann oder Matter, wo es allerdings weniger um die Demonstration musikalischen Könnens als um die Würdigung gelungener Textkunst geht.

Zusammenfassung

In der Geschichte des Liedes hat sich eine Liedform ausgeprägt, für die die integrale Urheberschaft durch *eine* Person (Text, Musik und Vortrag) konstitutiv ist. Diese seit den Anfängen der Liedkunst nachweisbare und in unterschiedlichen Zeitphasen aufkeimende, nach dem Zweiten Weltkrieg durch die Liedermacher erneut zur Blüte gebrachte Liedsorte, ist der zentrale Untersuchungsgegenstand dieser Studie und soll als ‚Autorenlied' bezeichnet werden. Ein zur systematisierenden Einordnung in die Begrifflichkeit der Liednomenklatur notwendiger Vergleich des Autorenliedes mit bedeutenden Liedgattungen zeigt die Verortung der Gattung, aber auch deren Grenzen auf: ‚Lied' steht für alles Liedhafte (jeglicher Schattierung), während ‚Autorenlied' Untergattung des genus proximum ‚Lied' ist. Das Volkslied unterscheidet sich vom Autorenlied durch das gemeinschaftliche Singen, das Kunstlied seinerseits durch das selbstständige Aufeinandertreffen der Künste Dichtung und Musik sowie dadurch, dass die Musik dem Text als eine selbstständige Kunstform zur Seite tritt.

1.3.3 Gebrauchsdefinition von ‚Lied'

> Ach wie traurig sieht in Lettern
> Schwarz auf weiß, das Lied mich an.
>
> Johann Wolfgang von Goethe: An Lina

Die Gattung ‚Lied' spielt innerhalb der Autorenlied-Kunst die Hauptrolle, was in einer Definition von ‚Liedermacher' zum Ausdruck kommen sollte. Die Beschäftigung mit der Beschaffenheit des Liedbegriffs ist daher unabdingbar.

1.3.3.1 Bestimmung von ‚Lied' in der Autorenlied-Kunst

Die Vielschichtigkeit des Begriffs ‚Lied' ist evident (vgl. Kap. 1.3.2.2). Peter Jost unterscheidet fünf definitorische Ebenen:

> 1. Lied als umfassende Bezeichnung für ‚kunstlose', den Alltag begleitende Gesangsform [...] 2. Lied als Bezeichnung für eine in Verse gefasste umfangreiche Erzählung, die gesungen vorgetragen wird [...] 3. Lied als eine strophisch gegliederte Lyrikform, die durch einen regelmässigen metrisch-rhythmischen Aufbau und (meist) ein festes Reimschema charakterisiert ist [...] 4. Lied als Vertonung einer Textvorlage [...] 5. Lied im übertragenen Sinn für gesangsähnliche Laute von Tieren [...].[95]

Von diesem grossen Bedeutungsspektrum schliesst Andreas Meier im *Reallexikon der deutschen Literaturwissenschaft* auf

> die „Preisgabe eines einheitlichen musikalischen Liedbegriffs", wie ihn z.B. 1971 noch Wiora – ausgehend vom gesungenen Strophenlied als Bezugszentrum – postuliert.[96]

Meier sondert für den literarischen Bereich drei voneinander deutlich unterscheidbare Lied-Begriffe aus: $Lied_1$ als ‚Kunstlied'; $Lied_2$ als „Sammelbegriff für singbare oder als singbar intendierte lyrische (meist strophische) Texte vorwiegend kleineren Umfangs" und als $Lied_3$ ein „Strophengedicht der Neuzeit nach dem Muster gesungener Lyrik". Für $Lied_3$ biete sich

> als Gebrauchsdefinition an: Auf (1a) gesanglichen Vortrag zielendes oder (1b) diesen fingierendes Gedicht in normalerweise (2) metrisch gebundener Form mit in der Regel (3) gleichgebauten, durch (4) Reimschemata erzeugten Strophen.[97]

Über diese literaturwissenschaftliche Polysemie, die Dreiteilung des Begriffs hinaus, die schwierige Fassbarkeit des Objektbereichs andeutend, ist ‚Lied' ein musikwissenschaftlicher Terminus. Wie die Wort-

---

95 Hier zitiert nach Andreas Meier: $Lied_3$, in: RLW, Bd. 2: 423. Unberücksichtigt bleibt bei Jost, aber auch in vieler weiterer Literatur, die Vertextung von Musik (vgl. Elmer Stadler/Hammer 2001: 140).
96 Andreas Meier: $Lied_3$, in: RLW, Bd. 2: 423.
97 Ebd.

wahl „Gebrauchsdefinition" zeigt, wird *Lied₃* als Hilfskonstruktion erachtet.

Genau in dieses unbefriedigende Begriffs-Konzept hinein gehört der Lied-Typus ‚Autorenlied'. Mit einigem Recht könnte man ihn auch in die Entwicklungslinien des Begriffes *Lied₂* eingliedern, münden doch die sachgeschichtlichen Ausführungen von *Lied₂* und *Lied₃* in die Geschichte der „Liedermacher der Gegenwart"[98] – ein deutliches Zeichen, dass eine trennscharfe Abgrenzung der beiden Lied-Begriffe in der Tat schwierig ist.

Die Bestimmung von ‚Lied' ist für eine möglichst adäquate Analyse und Interpretation von Autorenlied-Kunst entscheidend. Die Autorenlied-Forschung vollzog bis anhin ihre Untersuchungen fast ausnahmslos auf der Basis von schriftlichem Textmaterial. Ist ‚Autorenlied' also primär eine Textgattung? Beim Autorenlied besteht die Dichtung meist vor der Komposition. Im Gegensatz zum Kunstlied werden die Texte indes primär im Hinblick auf eine spätere Vertonung und öffentliche Aufführung niedergeschrieben. Dies wirkt sich direkt auf die Gestaltung der Texte aus: auf die Ebenen des Reims, des Metrums und des Refrains bzw. Kerreims (sofern vorhanden) – überhaupt auf alle Ebenen der Wiederholungsgitter (vgl. Kap. 2.5.1) –, aber auch auf die externen Funktionen, die Sangbarmachung der Texte, den Diskurs des Textes mit dem Rezipienten und die simultane Text-Rezeption.

Dies vermag aber nicht abschliessend zu begründen, weshalb man ‚Autorenlied' nicht als reine Textgattung bestimmen sollte. Ein exklusiv textbezogen strukturierter Lied-Begriff ist indes nicht vollständig, wird doch die Semantik eines Liedes erst im Akt der Aufführung komplettiert. Der Interpret fügt den Liedern stimmliche und musikalische Interpretationen bei, stellt das Gesungene in eine Programmstruktur, die den Aussagegehalt der Lieder beeinflusst, ändert die Lieder spontan ab, unterbricht Lieder zwecks Publikumsdialog, setzt Lieder in einen aktuellen oder zeitgeschichtlichen Kontext usw. Sprich: Lieder in ‚schwarzen Lettern' sind unfertig, manchmal sogar hochgradig missverständlich. Dies verdeutlicht das Beispiel von Matter und Widmer, die aus diesem Grund ihre liedliterarische Zusammenarbeit beendeten:

---

98   Horst Brunner: Lied₂, in: RLW, Bd. 2: 422.

> Wenn wir einander anfänglich die Chansontexte geschickt hatten, so zogen wir es in den letzten drei Jahren vor, ein Chanson zur Gitarre fertig vorzutragen. Es hatte Missverständnisse gegeben. Manchmal waren Lieder, die wir auf Papier mittelmässig gefunden hatten, plötzlich, wenn wir sie auf der Bühne hörten, ausdruckskräftig und überraschten uns selbst. Gewisse Texte wirken ganz anders, je nachdem, ob man sie bloss überfliegt, langsam liest oder singt.[99]

Auch sind Aufführungen von ein und demselben Programm nie identisch, unterscheiden sich zum Teil erheblich voneinander. Dies gilt natürlich auch für Vorführungen im Theater, im Konzertsaal oder beim Tanztheater – was Harald Fricke, im Falle des Balletts, fragen lässt:

> Was ist denn eigentlich hier das *Kunstwerk*? Die einzelne *Aufführung* etwa, die ja auch der besten Ballett-Compagnie nie exakt gleichartig wie an einem anderen Abend gelingt.[100]

Im Unterschied zu den meisten Formen des Theaters und der Musik besitzt der Autor eines Autorenliedes die Autorisation, seine eigenen Werke während eines Auftritts abzuändern. Deshalb sind sie in jeder Aufführung ‚Werke letzter Hand'.

Bleibt festzuhalten, dass ‚papierne' Autorenlied-Werke fragmentarisch sind und Analysen verzerren können. Es drängt sich daher auf, der Untersuchung und Beschreibung von Liedermacher-Kunst stets Aufführungen zu Grunde zu legen. Dieser Umstand soll auch in die Definition von ‚Lied' einfliessen. Der analytische Zugriff über die synästhetische Vermittlung stellt somit frühere, vorrangig an schriftlich fixierten Texten entworfene Darstellungen zur Autorenlied-Kunst in nuce in Frage.[101] Ausserdem können beim Autorenlied Literatur- bzw. Musikwissenschaft nur begrenzt analytische Instrumentarien bereitstellen, weswegen man sich von der Vorstellung eines rein literatur- oder auch musikwissenschaftlichen Begriffs entfernen sollte. ‚Autorenlied' ist am ehesten ein theaterwissenschaftliches Konzept, weshalb bei der Analyse der Gattung ‚Lied' im Sinne von Lied$_3$ wenigstens in Teilbereichen theaterwissenschaftliche Methodik angewendet werden sollte; insbesondere bei aufge-

---

99 Widmer 2002a: 15.
100 Fricke 2000: 20.
101 Die wissenschaftliche Literatur zum Autorenlied wie Werres (1977) oder Maurer (1984) geht weitgehend vom geschriebenen Wort aus, während Hornig (1974) und Boss (1985) die Plurimedialität wenigstens ansatzweise in die Analyse einbeziehen.

führten Liedern, wo theatralische Elemente (Stimme, Gestik und Mimik) die Textbedeutung oft massgeblich mitbestimmen.

Im Brennpunkt der Analyse soll also das *gesanglich Vermittelte*, das *Akustische* stehen. Der Untersuchungsgegenstand ‚Autorenlied' ist dadurch bestimmt als eine *Gattung des Vorgetragenen, des Mündlichen*. Davon ausgehend ist eine begriffliche Auffächerung gefordert, die man andernorts bereits wie selbstverständlich einsetzt:[102] Es ist naheliegend, die Text-Ebene des Liedes mit *Liedtext* zu benennen, die Musik-Ebene mit *Liedmelodie* und die Aufführungs-Ebene mit *Liedvortrag*. Der Liedvortrag ist zugleich die Resultante der Ebenen *Liedtext* und *Liedmelodie*. Das Autorenlied unterscheidet sich also substantiell vom geschriebenen, rezitierten oder gelesenen Gedicht.[103] Das hier diskutierte Merkmalsbündel von ‚Autorenlied' reicht für eine trennscharfe Definition aber noch nicht aus und bedarf der Kür weiterer Denotate.

1.3.3.2 Musikalische Periodizität

Walter Wioras viel beachtete Abhandlung zum Lied[104] erachtet die Strophigkeit für die unterschiedlichsten Liedgattungen als konstitutiv (Ausnahme: Kunstlied). Es fragt sich allerdings, ob dies auf das Autorenlied/Lied₃ zwingend zutrifft, lassen sich doch Lieder mit unterschiedlicher Textstrukturierung, die nicht unbedingt Strophen sind, beobachten (vgl. etwa Matters *i han en uhr erfunde*). Oft wird auch für die textuelle Seite von Lied₃ die Liedhaftigkeit/Sangbarkeit, deren Kernelement die vielfältigen Wiederholungsmuster sind, betont. Auch diese Zuschreibung für sich genommen unterscheidet das Lied nicht ausreichend von anderen Genres, betreffen doch (variierte) Wiederholungselemente überhaupt den Kern literarischer Ästhetik – als interne wie auch als externe Funktionsträger.

Gefragt ist also die Beschreibung eines Prinzips, das die Gattung ‚Lied' in der akustischen Seinsform durchdringt und geeignet ist, die von

---

102 Vgl. z.B. Vogel 1993; Wiora 1971.
103 Burdorf (1995: 24–28) versteht ‚Lied' als Untergattung von ‚Gedicht'. Das Autorenlied besteht aber unabhängig von „Rede in Versen" (Lamping 1993: 23). Selbst Biermann (1978b: 122) unterscheidet streng zwischen den beiden Formen: „Lieder sind keine Gedichte!" Konsequent sortiert Biermann denn seine poetischen Texte in die Publikationen *Alle Lieder* (Biermann 1991) und *Alle Gedichte* (Biermann 1995).
104 Wiora 1971.

benachbarten Kunstsparten trennenden Elemente zu erkennen. Der Analyse des ‚Liedhaften' soll in einem ersten Schritt ein Liedtext Mani Matters, *Sutils Traum*, dienen:

> Sutil träumt, ein Elefant
> setze sich auf seine Hand,
> und dies Tier zerdrücke er,
> stell' draus eine Mücke her.
>
> Da ihm glückt, was umgekehrt
> man sonst nur zu oft erfährt,
> achtet es der Schläfer nicht,
> dass ihn jetzt die Mücke sticht.[105]

Das Textzitat stammt aus einem 1963 verfassten und auf zehn Einheiten angelegten Gedicht-Zyklus mit der Überschrift „Sutil und Laar". Er wurde von Jürg Wyttenbach vertont[106] und mit „Zehn Scherzlieder für Chor und Klavier (vierhändig)" untertitelt.[107] Gattungspoetisch, also prosodisch und versifikatorisch, bewegt sich die Textstrukturierung im herkömmlichen Rahmen des Strophenliedes. Vierversige strophische Gliederung wie das trochäische Metrum und die durchgängige stumpfe Kadenz sind ebenso wenig ungewöhnlich wie das gewählte Versmass oder das Aufeinandertreffen zweier Hebungen zwischen den jeweiligen Versenden bzw. -anfängen. Die in der schriftlichen Fixierung visuell gut erkennbare Strukturierung, die treue Durchgängigkeit des metrischen Musters wie auch die in jedem Vers mehr oder weniger gleich bleibende Silbenzahl sind typische Eigenschaften des (Strophen-)Lieds.

Diese Befunde, die hier an einem regelmässig gebauten, aus dem Umfeld des Kunstliedes stammenden, aber auch an Autorenlied-Texten beobachtbaren, Text erhoben werden, ermöglichen eine – erst einmal idealtypische – Beschreibung von ‚Lied' (Lied$_3$): Charakteristisch ist die *isorhythmische Strukturierung* wie auch die in dieser Sukzessivkunst dominierende *gleiche Länge von Versen* (silbenbezogen). Dadurch werden im akustischen Umsetzungsprozess annähernd identisch ausgedehnte Zeiteinheiten gebildet.

---

105 Matter 1992b: 211.
106 Urs Frauchiger (in Hohler 1977: 62) bewertet die „musikszenischen Experimente" als wenig geglückt.
107 Matter 1992b: 210–216.

Eine kursorische Durchsicht mehrerer Anthologien mit Autorenliedern, aber ebenso von solchen mit Kunst- oder Volksliedern, zeigt, dass Lieder mit metrisch wie silbenbezogen weitgehend kongruenter Gestaltung klar in der Mehrzahl sind. Die Autorenlied-Anthologien[108] *kürbiskern* und *Dorn im Ohr* vereinen fast ähnlich häufig wie Dietrich Fischer-Dieskaus Sammlung von (Kunst-)Liedtexten[109] und die Volksliedsammlung *Das Volksliederbuch*[110] Texte in gebundener Rede mit dominant regelmässiger strophischer – inkl. metrischer – Ordnung. Der Vierzeiler herrscht vor (um die 40% aller Fälle; im Einzelnen: Kunstlied (K): 45%; Autorenlied (A): 38%; Volkslied (V) 36%), und Strophen mit gerader Anzahl an Versen erfreuen sich grosser Beliebtheit: neben vierzeiligen auch sechs- (K: 13%; A: 14%; V: 16%) und achtzeilige (K: 11%; A: 18%; V: 15%). Seltener hingegen sind zwei- und zehnversige Strophen (alle deutlich unter 10%). Weniger attraktiv scheinen Strophenformen mit ungerader Zahl an Versen: Noch am häufigsten sind drei-, sieben- und fünfversige (maximal bis 10%), wobei fünfversige

---

108 Es liegt bisher keine auf der Basis einer überzeugenden Liedermacher-Definition zusammengestellte Anthologie zum Autorenlied vor. Die Konzepte der Textsammlungen sind oft thematisch verengend oder liedgeographisch einschränkend. Die hier vorgenommene Erhebung basiert auf zwei ausgreifenden, aber strukturell grundverschiedenen, Kompilationen: Auf jener von Manfred Vosz (*kürbiskern. Songbuch*) aus der Hochblüte des Autorenliedes (1968) – zugleich mit Melodie-Notationen und vollständigen Angaben von Autoren- und Komponisten-Namen – und auf jener von Bernhard Lassahn (*Dorn im Ohr*), welche erstmals Autorenlied-Texte von Österreichern und Deutschschweizern berücksichtigt. Das Buch von Vosz beschränkt sich auf das Autorenlied in Deutschland, wobei man allerdings Texte von Biermann vermisst, wohingegen sich solche vom Schweizer Schriftsteller Kurt Marti finden, der aber keine Autorenlieder verfasste.
109 Fischer-Dieskau 1994. Die Zusammenstellung ist editionsphilologisch unbefriedigend (Fehlen eines kritischen Apparats, Abweichungen der notierten Texte von den vertonten Varianten etc.). Bei den oben stehenden Prozentangaben zu den Kunstliedern – berücksichtigt wurden die ersten 100 Seiten der Anthologie – ist deshalb mit Unschärfen zu rechnen.
110 Rölleke 1993. Bemerkenswerterweise vereint dieses Buch sämtliche Formen populärer Liedkunst: Beginnend vom mittelalterlichen Gesang (etwa Oswald von Wolkensteins *Mein Herz das ist verseret*) über den zeitgenössischen Schlager (etwa *Bier her*; *Ein Prosit*) bis hin zu den volkstümlich gewordenen Autorenliedern (etwa Biermanns *Ermutigung*; Waders *Heute hier, morgen dort*). Ob die Lieder im Einzelfall zu Recht als Volkslieder gelten, soll hier offen bleiben.

anderen Strophenmustern vorgezogen werden. Weitere Strophentypen – mit gleichbleibender Zeilenzahl – sind sehr selten.

Die drei untersuchten Liedformen – Kunstlied, Autorenlied, Volkslied – haben den hohen Anteil an strophischem Gleichmass gemein (um die 90%). Das für das Lied oft geäusserte Kardinalsmerkmal *Strophigkeit* erstaunt daher nicht – es macht Wioras Vorschlag des „strophischen Bezugrahmens" als Definitionskriterium bis zu einem gewissen Grad verständlich.

Das Fehlen einer durchgängig einheitlichen Strophigkeit ist bei allen drei Liedsorten rar. Dies bedeutet aber auch, dass es Liedgitter mit einer uneinheitlichen Strophenordnung durchaus gibt – bis hin zu Liedern mit Texten ohne jegliche Gebundenheit.[111] Beim Kunstlied liegt der Anteil solcher Texte bei rund 10%, beim Autorenlied leicht höher bei 13% und beim Volkslied bei nur gerade 1%. Viel gesungene und von vielen gesungene Musiktexte, wie jene der Volkslieder, bedürfen somit offenkundig einer ausgeprägten strophischen Gleichförmigkeit; Liedteile ohne vollständige Erfüllung strophischen Gleichmasses werden bei der Adaptation – der Umwandlung zum Volkslied – eingeebnet („zersungen"), so z.B. die zweite Strophe von Schuberts *Lindenbaum* (auf der melodischen und harmonischen Ebene).

Auch auf der Ebene der Musik wurde schon vielfach die Dominanz der Wiederholungsmuster betont. Dabei zeichnet sich das Volkslied durch die strophenweise identische Repetition der Melodie aus;[112] das Kunstlied durch alle denkbaren subtileren musikalischen Figuren wie

> Sequenzierung auf anderer Tonstufe, Umkehrung, Krebsgang, Augmentierungen, rhythmische Variantenbildung, melismatische Auflockerung durch Appogiaturen und Fioritüren, thematische Durchführung, Modulation, Alteration, Moll-Eintrübungen und Dur-Aufhellungen usw. usf.[113]

Für die liedtypischen Wiederholungsgitter kommen grundsätzlich drei Ebenen in Frage: die Intervalle (Relation der Töne in der Gleichzeitig-

---

111 Vgl. Fricke 1990.
112 Hinzu kommen zahllose intermusikalische Bezüge, die den volksliedtypischen ‚Schein des Bekannten' hervorrufen.
113 Fricke 1990: 25; vgl. auch Szegedy-Maszak 1983.

keit), die Melodie (Aufeinanderfolge der Tonhöhen und -längen)[114] und der Rhythmus (zeitliche Organisation der Töne). Fruchtbar für einen für unsere Zwecke ausreichend präzisen Liedbegriff erweisen sich vor allem Rhythmik und Melodik (Motivik, Thema). Einzubeziehen ist ferner für das Autorenlied die begleitende Instrumentalmusik.

Vorab einige Bemerkungen zum Verhältnis von Strophenlied und Kunstlied, der beiden Pole von ‚Lied': Beim Kunstlied fällt verglichen mit dem Strophenlied, abgesehen vom bewussten Entscheid für die Vertonung von Liedtexten mit einer besonders konstituierten partiellen Redundanz[115], die starke musikalischen Ausschmückung auf. Bis zu mehrere Takte sind reine Instrumentalmusik (etwa Schumanns Vertonung von *Wanderers Nachtlied II*), die gesungene Melodie ist oft durch instrumentales Zwischenspiel unterbrochen, die Gesangsstimme gleicht sich durch Parlando dem Rezitativ an (z.B. Loewes *Erlkönig*-Vertonung) und opernhafte Momente können hinzutreten (wie im Finale von Schuberts *Willkommen und Abschied*). Dieselben Elemente lassen sich beim Autorenlied nachweisen, etwa an den Liedern Wolf Biermanns, wenn auch selten in so kunstvoller (Vortrags-)Art wie dem Belcanto. Durch die teilweise erheblichen Abweichungen vom Strophenlied steht das Autorenlied bisweilen nahe beim Kunstlied. Die rein instrumentalmusikalischen Passagen können es beim Autorenlied wie auch beim Kunstlied erschweren, das Aufgeführte als Lied zu erkennen.

Ein Merkmal scheint aber zur Identifikation eines Liedes (sowohl bei Lied$_3$ als auch beim Kunstlied) unabdingbar: Die Existenz einer *gesungenen Melodie* (bzw. mehrerer Melodien oder Melodiefragmente). Diese basiert auf einem *isorhythmischen Muster*, von dem natürlich punktuell oder auch über längere Phasen abgewichen werden kann. Das Liedhafte fusst also auf diesem Repetitionsmuster. Zum Idealtypus eines Liedes gehört somit das Vorhandensein einer vollständigen Melodie – oder, wie in den Volksliedern, eine Reihe wiederholter identischer oder höchstens leicht variierter gesungener Melodien ohne instrumentale Zwischenspiele. Dieses die Liedhaftigkeit aufbauende und die Gattung ‚Lied' durchdringende Prinzip will ich *Periodizität* nennen, besonders deshalb, weil

---

114 Nach Heinrich Hüschen (*Die Musik in Geschichte und Gegenwart* Bd. 9 [1961]: 20) ist eine Melodie „eine Tonfolge oder Tonreihe, die ein gegliedertes organisches Ganzes darstellt".

115 Vgl. Fricke 1990: 24f.

sich Melodien aus verschiedenen, auch variierten, Repetitionsmomenten in *ähnlich lange Sukzessionsphasen* zusammenfügen. Freilich lässt sich von einmal aufgebauten gesungenen melodiösen Quasi-Normen funktional, intern wie extern, vielfältig und wirkungsvoll abweichen (vgl. bes. Kap. 2.5.1).[116] In einem Lied lassen sich aber nicht ohne Weiteres unzählige Melodien vereinen. Bei einem Quodlibet (Potpourri, Medley) etwa spricht man mit Vorteil nicht von *einem* Lied, sondern von einem Lieder-Reigen – also von mehreren Liedern. Die melodiösen Übergänge zwischen den Liedern markieren dabei jeweils die Aussengrenzen der einzelnen Lieder.

Zusammenfassend sei festgehalten, dass die durch den Gesang vermittelte melodisch-rhythmische Wiederholung für den Aufbau des Liedhaften konstitutiv ist.[117] Die Vorliebe des Lieder-Komponisten für strophische Formen liegt in diesem Prinzip begründet, begünstigt ein strophisches Wiederholungsgerüst doch das Herstellen musikalischer Periodizität. Für ein Lied ist die Verschmelzung von Text und Musik notwendiger Bestandteil, nicht aber die isostrophische und isometrische Versrede. Der bisherige Terminus *Liedhaftigkeit* ist durch das soeben beschriebene und durchaus noch um einiges differenzierter zu erforschende Prinzip der *musiktextuellen Periodizität*[118] zu präzisieren (zu den periodizitätstiftenden und -zersetzenden Elementen vgl. Kap. 1.3.4.1).

---

116 Vgl. Carl Dahlhaus: Melodie. Systematisch, in: *Die Musik in Geschichte und Gegenwart* Bd. 9 (1961): 25–33. Zu den melodischen Wiederholungsmustern, speziell zum Lied, vgl. Wiora 1971: 31ff.

117 Carl Dahlhaus erachtet eine solche Festlegung nicht grundsätzlich als unzutreffend, für Kunstlieder aber als problematisch (vgl. *Neues Handbuch der Musikwissenschaft* Bd. 6 [1980]: 81).

118 Diese Präzisierung ist mit Blick auf die Gedichtgattung, die grundsätzlich nur textuelle Periodizität umfasst (vgl. Wagenknecht 1981: 12), notwendig. Der Begriff *Sangbarkeit* erscheint somit im Zusammenhang mit der Gattung ‚Lied' als problematisch, da im Grunde alle Texte gesungen werden können. Allenfalls sollte der Begriff primär für das verstärkt nach strophischer und metrischer Gleichförmigkeit verlangende Strophenlied stehen.

1.3.3.3 Textaussage vs. Gesang

Der Gesangsstimme kommt in der elektronischen Tonkunst – vor allem der Rock- und Popmusik – oft eine instrumentalmusikalische Funktion zu.[119] Helmut Heissenbüttel bezeichnet diese musikalische Performance mit Blick auf Carlos Santos, Meredith Monk, Joan La Barbara und Morton Feldman als „Sprachmusik"[120]. In der oft improvisierten Sprachmusik fällt der starke bis generelle semantische Verlust der sprachlichen Zeichen auf – erzeugt durch redundante Wiederaufnahmen, gezielt syntaktisch unübersichtliche Anordnungen oder demonstrative Abweichungen von der artikulatorischen Norm.[121] Bei textmusikalischer Kunst mit wenig sprachmusikalischen Anteilen ist die Liedhaftigkeit aber nicht in nuce beeinträchtigt (vgl. Walthers *Unter den Linden* mit dem Tonkehrreim „tandaradei"). Wenn allerdings der grösste Teil (mindestens 50%) eines Text-Musik-Stückes ‚semantisch leerer' Gesang ist – die Stimme als ‚Vokal-Instrument' dient –, dürfte man wohl davon absehen, das Gesungene als Lied im Sinne von Lied$_3$ zu bezeichnen. Ein Lallen des Kleinkindes, das Summen zu einer Arbeitstätigkeit, Einsingübungen für Sänger, andere Vokalisen und selbst spirituelle Gesänge in den afrikanischen Voodoo-Riten, im yogischen Mantrasingen und der Gregorianik dürften somit noch keine Lieder sein. Allerdings gibt es eine grosse Spannbreite von mehr oder weniger aufgebauter Liedhaftigkeit.

Somit erscheint für ein Lied *ein grosser Anteil (>50%) an gesungenen bedeutungstragenden sprachlichen Zeichen innerhalb einer (oder mehrerer fortlaufender) Melodie(n) oder auch in der Wiederaufnahme einer vorangegangenen Melodie* ein notwendiges Merkmal zu sein.

1.3.3.4 Isolierung des Liedhaften vom Kotext

Weiter ist zu klären, inwiefern ein Lied – im Sinne von Lied$_3$ – Bestandteil einer anderen Gattung wie Oper, Kantate, Oratorium, Passion, Drama, Komödie, Musical oder Film sein kann. Einbettungen in literari-

---

119 Vgl. auch die Anmerkungen zu Konstantin Wecker in Kap. 1.3.4.3.
120 Heissenbüttel 1993; vgl. auch Faulstich (1978) und Steven Paul Scher: Einleitung. Literatur und Musik – Entwicklung und Stand der Forschung, in: Scher (Hg.) 1984: 9–25.
121 Diese Typenbildung bietet sich aufgrund der Darstellung von Heissenbüttel (1993) an.

sche Grossformen sind üblich, in der antiken Tragödie der Regelfall.[122] Das Lied ist als integrierter Bestandteil eines grösseren literarischen Werkes mit dem Gesamtkontext verflochten und nimmt verschiedene Funktionen wahr. Formal ist es vom Kotext (trotz meist enger inhaltlicher Bindung mit dem Resttext) unzweifelhaft abgehoben und im (Dramen-) Text/Libretto durch Versrede visuell deutlich erkennbar. Umgekehrt können Liedzyklen eigene ‚Gesamtkunstwerke' bilden (vgl. Schuberts *Winterreise*, Beethovens *An die ferne Geliebte*, Schumanns *Frauenliebe und -leben*). Auch Autorenlieder finden sich in literarisch-musikalischen Grossformen, wie Wolf-Biermann-Lieder im TV-Film *Liebe mit 50* (1973), Mani Matters Lied *ballade* in Kurt Frühs Film *Dällebach Kari* (1970) oder im Autorenlied-Zyklus *Kriminalgschicht* der Berner Troubadours Mani Matter, Jacob Stickelberger und Fritz Widmer.[123]

In ein Explikat von ‚Lied' sollte daher das Merkmal *ein Lied ist ein vom ‚Kotext' deutlich unterscheidbares Gesangsstück* aufgenommen werden.

1.3.3.5 Gebrauchsdefinition von ‚Lied'

Die Gebrauchsdefinition von ‚Lied' im Sinne von Lied$_3$ soll primär der Präzisierung der nachfolgenden Explikation des Autorenliedes dienen – beansprucht also nicht eine trennscharfe Abgrenzung gegenüber anderen textmusikalischen Formen wie Motette, selbstständiger Konzert-Arie, ‚Recitativo secco', ‚Recitativo accompagnato' u.a.m.

Bestimmungsversuch von ‚Lied':

‚Lied' ist eine

(1) musiktextuell verschmolzene,
(2) (monodisch oder polyvokal) gesungene,
(3) vom Kotext isolierte,
(4) mehrheitlich (>50%) von musiktextueller Periodizität geprägte sowie
(5) einen Text mit Aussagegehalt aufweisende Kunstform.

---

122 Vgl. Aristoteles 1982: 37.
123 Matter/Stickelberger/Widmer (CD) 1990; vgl. besonders Kap. 3.3.3.

1.3.4 Weitere Konstituenten der Autorenlied-Kunst

> Je suis un bon parleur et
> je mets un peu de musique autour.
>
> Georges Brassens

Im Folgenden beschäftigen weitere definitionsrelevante Merkmale des Liedermachens.

1.3.4.1 Liedfremdes in der Autorenlied-Kunst

Der Liedbegriff deckt nicht alle Elemente von Liedermacher-Aufführungen ab. In den Kombinationen der Ebenen *gebundene* vs. *ungebundene*, *gesungene* vs. *nicht gesungene* und *instrumental begleitete* vs. *instrumental unbegleitete* Rede zeigen sich divergierende Aufführungstypen im Spektrum von voll aufgebauter bis hin zu ganz fehlender Liedhaftigkeit:

(A) gebundene, gesungene, instrumental begleitete[124] *Rede*

Der Gutteil einer Liedermacher-Aufführung besteht aus diesem Merkmalsbündel. Es umreisst den vollen Aufbau des Liedhaften. Fehlt dieser Aufführungstyp mehrheitlich, handelt es sich nicht um ein (Autoren-) Lied-Programm. Beispiele für Typ (A) sind Wolf Biermanns *So soll es sein – so wird es sein*[125], Franz Josef Degenhardts *Spiel nicht mit den Schmuddelkindern*[126], Georg Kreislers *Taubenvergiften*, Mani Matters *missverständnis*, Christof Stählins *Die Liebe der Wale*[127], Hannes Waders *Der Rattenfänger*[128] und Fritz Widmers *ballade vo däm wo nie zueglost het*[129].

---

124 Bisweilen entfällt die Instrumentalbegleitung (A-cappella-Gesang); vgl. etwa Biermanns *Schlaflied für Tanepen* (Biermann [LP] 1980).
125 Biermann (LP) 1969.
126 Degenhardt (LP) 1965.
127 Stählin (LP) 1977.
128 Wader (LP) 1974.
129 Berner Troubadours (CD) 1990.

(B) gebundene, gesprochene, instrumental begleitete Rede

Typ (B) findet sich bei den Liedermachern, notabene in konsequent durchgestalteter Form, selten. Die unten zitierten Beispiele entstammen denn auch nicht der Autorenlied-Kunst, sondern dem Kabarett. Diese Merkmalskombination ist trotz gelegentlicher, irreführender Ankündigung als „Lied" oder „Chanson" nicht liedhaft. Typ (B) kommt beim Autorenlied vor allem als eine Mischform mit Typ (A) vor. Der Autor wechselt oft mehrmals innerhalb des gleichen Stücks zwischen den Modi *gesprochen* und *gesungen* (vgl. Biermanns *Gräber*; zitiert in Kap. 1.3.4.8). Weitere Beispiele sind Hanns Dieter Hüschs *Kinderkreuzzug* und *Ich schäm mich so*[130] sowie Franz Hohlers *s Geischterlied*[131].

(C) gebundene, gesprochene, nicht instrumental begleitete Rede

Diese Konstellation ist, wie der vorstehende Typus, nicht liedhaft, und besteht im Regelfall aus der Rezitation eines eigenen oder fremden Gedichts. Je nach Ausformung des Parameters *gesprochen* – gelesen, rezitiert, Sprechgesang u.a.m. – ergeben sich Untertypen. Ein Beispiel für Typ (C) ist Wolf Biermanns Rezitation des Gedichts *Der Herbst hat seinen Herbst*[132].

(D) ungebundene, gesungene, instrumental begleitete Rede[133]

Typ (D) stellt eine Rarität dar und wird, wie angesprochen, etwa im Kunstlied eingesetzt;[134] aber auch im Autorenlied in Form von (vertonter) Dichtung metrisch unregelmässiger Versrede (Prosagedichte) – so in der Vertonung von Hugo Balls *Karawane* durch Ruedi Krebs[135] oder in Mani Matters Übersetzung bzw. Adaptation von Peter Lehners *Seit wir vom Herde der Götter*.

---

130 Hüsch (EP) 1963.
131 Hohler (CD) 1989.
132 Biermann (LP) 1980.
133 Eine Merkmalsvariante ohne Instrumentalbegleitung ergibt auch hier den bei Liedermachern meist nur punktuell aufscheinenden A-cappella-Gesang (vgl. Erläuterungen zu Typ [A]).
134 Vgl. z.B. Fricke 1990; Kap. 1.3.2.2.
135 Im Programm *Nüüt als nöis* der Berner Troubadours der Spielsaison 1993/94.

(E) ungebundene, gesprochene, instrumental begleitete Rede

Auch hier ist nicht von Liedhaftigkeit auszugehen. Diese Merkmalskombination ist, abgesehen von seltenen Ausnahmen, eine eigenständige Nummer – meist ein Verbindungs- (so etwa eine einleitende Conférence) oder Unterbrechungselement (z.B. ein Autorenkommentar im Liedinnern). Der Wechsel von Typ (A) zu Typ (E) schafft in jedem Fall einen Kontrast und betont einzelne Textpassagen. Beispiele dieses ‚Wechseltyps' sind Biermanns *Bibel-Ballade*[136], Süverkrüps *Die Kleinstadtlehrlinge*[137], Ernst Borns *D'Ballade vo Kaiseraugscht*, Mani Matters *französisches volkslied* und Hohlers *Es si alli so nätt*[138].

(F) ungebundene, gesprochene, nicht instrumental begleitete Rede

Unter Typ (F), teilweise auch unter Typ (E), fällt das weite Feld der Conférencen (zur Begriffserklärung vgl. Kap. 2.4.5), aber auch eigenständige Nummern wie Mani Matters Zwischenstücke (etwa *dr eint und dr ander*[139]). Typ (F) bildet einen Gegenpol zu Typ (A), dem Liedhaften. Allerdings können selbst Nummern verbindende Programmelemente ansatzweise liedhaft sein – wie etwa Markus Trabers gesungene Überleitungs-Conférence zur Ankündigung des nachfolgenden Sängers:

> Dä wo wyterfahrt im Programm *Gäng wie gäng* isch: Widmer Fritz.
> Wünsche nem toi toi toi bim Singe; bitte Applaus: Widmer Fritz.[140]

Die hier ausgesonderten Aufführungstypen (A) bis (F) kommen in Reinform unterschiedlich oft vor. In der Autorenlied-Kunst sind die Mischtypen – begünstigt durch die solistische, kreativ-spontane Vortragssituation – um einiges häufiger anzutreffen als etwa beim Volkslied. Eine weitere Eigenart der Autorenlied-Programme liegt in den unterbrechen-

---

136 Biermann 1991: 243ff.
137 Konzertaufnahme von 1974; auf Nyffeler (MCs) 1978–1983, Folge 3.
138 Born u.a. (LP) 1977.
139 Matter (LP) 1975. Übers.: „Der Eine und der Andere". Denkbar sind sodann, je nach Redefunktion, die Subtypen ‚rezitiert' oder ‚gelesen'.
140 Conférence aus der Uraufführung des Berner-Troubadours-Programms *Gäng wie gäng* („So wie immer") in der Spielsaison 1999/2000. Übers.: „Derjenige, der weiterfährt im Programm *So wie immer*, ist Widmer Fritz. / Wünsche ihm toi toi toi beim Singen; bitte Applaus: Widmer Fritz." Bei späteren Auftritten übernehmen weitere Sänger der Berner Troubadours diese Form der Ankündigung.

den Sprecherkommentaren im Liedinnern (Verbindung der Typen [A] und [D]) – was den Eindruck von Spontaneität bzw. extemporierendem Sprechen vermittelt (vgl. Kap. 2.4).

1.3.4.2 Schwankende Musik-/Vortragsmodi

Wie aus vorangegangenen Kapiteln hervorgeht, variiert die Autorenlied-Kunst bei der Art von *Vortrag* und *Musik* stark: manches ist Liedhaft, einiges nur teilweise, anderes gar nicht. Es fragt sich also, welcher Anteil an Liedhaftigkeit zwingend ist, damit noch von Autorenlied-Kunst gesprochen werden kann. Um diese Frage zu klären, wird grundsätzlich vom musiktextuellen Einheitsgebilde ausgegangen.[141] Befassen wir uns aber vorerst nur mit der Musik.

Die Komposition im deutschsprachigen Autorenlied ist kaum erforscht, und dies trotz ihrer schon oft herausgestrichenen Bedeutung. In den Worten Wolf Biermanns:

> Das ist auch eine Frucht der Belehrung, die ich die Ehre hatte, von Hanns Eisler zu empfangen, der mir ja erklärte, dass seiner Meinung nach – ich habe mich dem gerne angeschlossen – die Musik nicht dazu da ist, den Text nur zu servieren oder gar zu kopieren, sondern sie soll ihn möglichst interpretieren. Das heisst, in gewisser Weise muss die Musik gegen den Text stehen. Auf jeden Fall soll sie etwas leisten, was der Text selber nicht hat. Ein guter Liedtext also muss in einer bestimmten Weise unvollkommen sein.[142]

Auch die Slawistin Dagmar Boss betont die Kernrolle der Musik im Autorenlied[143] und widerspricht der öfter geäusserten Annahme von deren analytischen Vernachlässigbarkeit.[144] Einige wenige Forschungserkenntnisse zur Autorenlied-Komposition liegen aber vor.[145] So weist

---

141 Steven Paul Scher (1984: 10f.) benennt drei Hauptrichtungen der Forschung: Musik und Literatur, Literatur in der Musik sowie Musik in der Literatur. Die vorliegende, überwiegend literaturwissenschaftliche Abhandlung richtet den Blick vor allem auf die Sprache, sodass die Darstellung schon aus diesem Grund lückenhaft bleibt.
142 Biermann in Arnold (Hg.) 1980: 62. Vgl. ähnlich auch Biermann 1978b, Biermann 1997.
143 Boss 1985: 59–102.
144 Die Musikwissenschaft befasst sich auch kaum mit dem Kabarett (vgl. u.a. Rösler 1977: 11f.).
145 Weitere, hier nicht im Einzelnen besprochene Abhandlungen sind zudem: Hans-Klaus Jungheinrich: Von der Mitteilung zur Kunst – Wolf Biermann als Musiker, in:

etwa Jean-Pierre Hammer an Biermanns Liedern nach, dass der kompositorische Eigenwert bis hin zur Neuausrichtung der Textsemantik reicht.[146] Und Biermann selbst beschreibt, wie im Lied *Grosse Ermutigung* die Wiederholungen „diese Leiden, diese Leiden, diese Leiden" durch unterschiedliche stimmliche Gestaltung neue Bedeutungsinhalte erfahren: „erstens den Zorn, zweitens die Empörung und drittens den Aufruhr".[147]

Urs Frauchiger legte die bisher differenziertesten Ergebnisse zur Analyse der Komposition in Autorenliedern vor.[148] Mit Blick auf Mani Matters Lieder hält Frauchiger fest, dass viele Melodien aus Tonleitern (*dr hansjakobli und ds babettli*), Dreiklängen (*i han en uhr erfunde*), aus einer Kombination der beiden Typen (*är isch vom amt ufbotte gsy*) oder aus tonaler Sequenzierung (*ir ysebahn*) bestehen. Die Harmonik, so Frauchiger, bewege sich fast permanent innerhalb der Hauptstufen; ein Hang zur Subdominante sei ‚ohrenfällig', generell bestehe eine Tendenz zur Pentatonik in Verbindung mit dem Auseinanderdriften von melodischen und rhythmischen Schwerpunkten. Die Einfachheit der Melodieführung werde mitunter durch plötzliche Pausen, Asymmetrien, Synkopierungen und Diskrepanzen zwischen musikalischem und textlichem Schwerpunkt relativiert.[149] Jene Eigenheiten seien dafür verantwortlich, dass Matters Musik zeitlos und unbestimmt erscheine, und würden deshalb wesentlich zum anhaltenden Erfolg der Lieder beitragen.[150] Frauchigers Ausführungen sei angefügt, dass in den Matter-Liedern die häufige tonale Sequenzierung auf unveränderter Tonhöhe – verbunden mit dem syllabischen Verfahren[151] (pro Silbe ein Ton) – zu Sprechgesang führt.[152]

Rothschild (Hg.) 1976: 104–118; Georg-Friedrich Kühn: Kutsche und Kutscher – Die Musik des Wolf Biermann, in: Arnold (Hg.) 1980: 106–131.
146 Vgl. Hammer 1976.
147 Biermann 1997. Vgl. auch Biermanns Lied *Das Frühstück* (Auf Biermann [LP] 1975), in dem jede Strophe mit drei gleich bleibenden Versen eingeleitet wird. Dabei erhält jeder Vers durch individuelle stimmliche Gestaltung eine eigene Semantik.
148 Frauchiger 1977.
149 Frauchiger 1977: 64.
150 Frauchiger (ebd.: 65) nennt überdies Anleihen bei Bachs kleinen Präludien, beim frühen Jazz, bei Schubert, Weill und Brassens.
151 Matter wendet diese Verfahrensweise auch auf die Instrumentalmusik an. Die instrumental ausnehmend ökonomisch verfahrenden Lieder Matters stehen dadurch in polarem Kontrast zu Biermanns Werk (die beiden markieren die grösste Dichotomie innerhalb der Liedermacher-Szene). Biermanns gitarrenmusikalisches Spektrum

Allerdings ist trotz häufig eingesetztem Sprechgesang eine ausreichende Variation in der Tonhöhe, also die melodiöse Konstitution, gegeben – selbst bei Grenzfällen wie dem Lied *karibum*, wo die Tonhöhe nur in etwa der Hälfte des Liedes variiert und auf jede Strophe eine jeweils ungleich längere, melodiös nach Anpassung verlangende Strophe folgt.[153] Der weitaus grösste Teil von Matters Autorenlied-Kunst und vieler weiterer Liedermacher ist zweifellos liedhaft.

Der – oft nur punktuelle – Einbau von Sprechgesang ist für das Autorenlied stilprägend (vgl. Biermann, Süverkrüp, Degenhardt, Matter)[154]. Sprechgesangspassagen sind meist der Rezeptionsführung verpflichtet: Das Gesungene ist dem Gesprochenen angeglichen, die Aufmerksamkeit fällt auf die Textaussage, das Musikalische tritt merklich zurück. So entwickelte etwa Matter den Sprechgesang aus dem Sprechtonfall heraus. Angestrebt wird eine hohe unmittelbare Verständlichkeit; eine unmanieristische sprachliche Rhythmisierung und Intonation ist wichtiger als ein ausgefeiltes musikalisches Arrangement. Musikalische Notate können daher bei Matter durchaus vom tatsächlich Gesungenen abweichen – wie etwa im Lied *dr hansjakobli und ds babettli*, wo in der schriftlichen Notenfixierung für das Wort „toppli" zwei Viertelnoten stehen, in der Aufnahme aber ein punktierter Viertel- und ein Achtelton

---

reicht von umfassend ausgeschöpften Zupf- und Anschlagtechniken der Saiten bis hin zu perkussionistischen Effekten durch den Gitarrenhohlkörper.

152 Vgl. u.a. Wiora 1971: 34f.

153 *Karibum* diente auch schon dazu, Matter als „unser erster Rapper" (Friedli 2007 [Berner Zeitung]) zu bezeichnen. Eine fraglos problematische Etikette, wenn man bedenkt, dass das Lied eine Übersetzung aus dem Englischen und im Übrigen ein Gemeinschaftswerk mit Fritz Widmer ist (vgl. Kap. 2.1.2.1). Ausserdem sind Matters Lieder kaum Raps, eignet der Gattung ‚Rap' doch ein spezifischer Ausdruck in der Performance. Auch ist der Rap viel weniger als die Matter-Lieder aus dem Sprechtonfall heraus entwickelt. Eine Präzisierung der Unterschiede von Rap und Autorenlied soll hier jedoch unterbleiben, da dies der Liedermacher-Explikation nicht nützt.

154 Sprechgesang findet sich etwa in Biermanns Liedern *Die Ballade von dem Drainage-Leger Fredi Rohsmeisl aus Buckow* (Biermann/Neuss [LP] 1965), *Ballade auf den Dichter François Villon* (ebd.), *Ballade vom Mann, der sich eigenhändig beide Füsse abhackte* (Biermann [LP] 1976) und in Degenhardts Liedern *Sentimentaler Hund, Armer Jonas, Der Bauchladenmann, Spiel nicht mit den Schmuddelkindern, Diesmal* und *Väterchen Franz* (alle in Degenhardt 1981). Auch das fremdsprachige Autorenlied bedient sich gerne des Sprechgesangs (etwa Galitsch, Okudzava, Wyssotzkij; vgl. Boss 1985: 3).

gesungen werden. Ein bewusster ‚Transkriptionsfehler', wie Matter betont:

> 1. Der notierte Rhythmus ist in allen Melodien nur ein Grundgerüst und soll nicht streng eingehalten werden. Man muss sich von ihm her einer natürlichen Sprechweise anzunähern suchen, wobei sich oft von Strophe zu Strophe Abweichungen ergeben. So können aus punktierten Noten unpunktierte werden, aus einem Viertel und zwei Achteln drei Triolen, usf. Der Takt ist dabei aber einigermassen stetig festzuhalten; nicht zuviel Rubato!
>
> 2. Fast alle Melodien sind in C-Dur oder A-Moll notiert, weil das die einfachsten Gitarrengriffe ergibt. Sie können und sollen aber der Stimmlage entsprechend transponiert werden, was am leichtesten mit Hilfe eines Kapodasters geschieht.[155]

Sprechgesang hat jedoch ein breites Spektrum – vom ‚nur' gesprochenen Text bis hin zum vollauf Liedhaften, dem gesungenen Wort. Die Kunstform Rap gestaltet einen anderen Sprechgesangs-Tonus als der facettenreiche Sprechgesang des Autorenlieds. Und nochmals anders ist das Parlando der klassischen Musik. Für eine kategoriale Differenzierung des Beschreibungsbegriffs *Sprechgesang* ist allerdings die musikalische Forschung gefordert.

In Autorenliedern kann der Sprechgesang in unterschiedlicher Form auftreten: durchgängig, wie in Matters Lied *karibum*, oder nur punktuell, indem die musikalische Isorhythmie für kurze Einheiten verlassen wird, wie im Refrain von Matters Lied *wo mir als bueben emal*. Der Text nähert sich der gesprochenen Diktion an. Die Passage wird dadurch betont („mues eig'lech aus geng verhimuheilandtonneret sy").[156] Dies ist ein Verfahren, das schon Richard Wagner in seiner Novelle *Eine Pilgerfahrt zu Beethoven*[157] beschrieb und das für Wilhelmine Schröder-Devrient, die bedeutendste deutsche Gesangstragödin des 19. Jahrhunderts – später auch für Yvette Guilbert sowie alle nachfolgenden Diseusen – stiltypisch war.[158]

Sprechgesang ist also keine Neuerung des modernen Liedermachens. Vielmehr schliessen die Liedermacher nahtlos an die lange Tradition dieser musikalischen Vortragsweise an. Das moderne Autorenlied steht

---

155 Matter 1993: 5.
156 Übers.: „Muss eigentlich immer alles zugrunde gerichtet werden."
157 Wagner 1988 [1840].
158 Vgl. Rösler 1977: 269.

in einer literar- bzw. musikhistorischen Linie mit Songs[159] von Tucholsky[160], Wedekind[161], Mehring[162] und Brecht/Weill[163]. Diese wiederum hatten sich das Element im ‚niederliterarischen' Gesang, den Bänkel- und Zeitungsliedern, geborgt.

Eine vom Sprechgesang zu unterscheidende Ebene musikalischer Gestaltung ist der Aufbau von Zeichenhaftigkeit durch geregelte, klangmalerische Rhythmisierung. Viele Liedermacher bedienen sich dieser Technik – ausgefeilt und vielfältig Wolf Biermann, Georg Kreisler und Mani Matter. Die musikalische Rhythmik korreliert in klangmalenden Liedern mit deren thematischem Schwerpunkt, der dadurch akzentuiert wird.[164] Dies ist etwa der Fall in Mani Matters Lied *ir ysebahn*, das von einem fahrenden Zug handelt:[165]

ir ysebahn sitze die einten eso
dass si alles was chunnt scho zum vorus gseh cho
und dr rügge zuechere dr richtig vo wo
dr zug chunnt

die andre die sitzen im bank vis-à-vis
dass si lang no chöi gseh wo dr zug scho isch gsy
und dr rügge zuechere dr richtig wohi
dr zug fahrt

---

159 Sprechgesang ist ein typisches Merkmal von Songs (vgl. Coers 1979).
160 Z.B. *Danach* (vertont von H. Krtschil) und *Der Graben* (vertont von H. Eisler), in Tucholsky 1968: 168ff. und 174ff.
161 Z.B. *Felix und Galathea* und *Der Lehrer von Mezzodur*, in Wedekind 1967: 117 und 128.
162 Z.B. *An den Kanälen* (vertont von H. Krtschil), in Mehring 1976: 178f.
163 U.a. *Die Seeräuber-Jenny* und *Die Ballade vom angenehmen Leben*, vgl. Brecht 1977: 190ff. und 194ff.
164 Vgl. Jakobson/Lévi-Strauss 1979: 20.
165 Übers.: „Im Zug sitzen die einen so, / dass sie alles, was kommt, schon im Voraus kommen sehen, / und den Rücken der Richtung zudrehen, woher / der Zug kommt. // Die anderen, die sitzen auf der Bank gegenüber, / damit sie lange noch sehen, wo der Zug schon war, / und den Rücken der Richtung zudrehen, wohin / der Zug fährt. // Nun stellt euch vor, jeder behauptet einfach, / so wie er's sehe, sei's richtig, und schon haben sie Streit. / Sie geben einander mit Schirmen auf den Deckel. / Der Zug fährt. // Und selbst wenn der Schaffner jetzt noch kommt, / geht er diesem Sachverhalt nicht auf den Grund. / Er sagt nur, welche Ortschaft jetzt kommt: / Es ist Rorschach".

jitz stellet nech vor, jede bhouptet eifach
so win är's gseht, syg's richtig, und scho hei si krach
si gäben enander mit schirmen uf ds dach
dr zug fahrt

und o wenn dr kondüktör jitze no chunnt
so geit er däm sachverhalt nid ufe grund
är seit nume, was für nen ortschaft jitz chunnt
s'isch rorschach

Die Gitarrenmusik imitiert hier das Geräusch eines fahrenden Zuges, auch in den Gesangspausen und selbst über das Gesungene hinaus: am Ende retardiert, bei einem Decrescendo in einem Pianissimo ausklingend – die klangliche Mimesis der Zugsankunft.[166]

Die eingangs gestellte Frage nach einem Mindestanteil des Liedhaften bezieht sich nicht nur auf die Lieder selbst, sondern auch auf die Programmstruktur insgesamt. Es scheint sinnvoll anzunehmen, dass mindestens die Hälfte des Aufgeführten liedhaft sein muss; denn so scheidet eine beträchtliche, zu Unrecht mit dem Liedermacher-Begriff bezeichnete Anzahl von Künstlern aus:[167] neben den so genannten Blödelbarden Otto Waalkes, Peach Weber und Fredl Fesl auch Kabarettisten wie Mike Krüger, Franz Hohler[168], Hanns Dieter Hüsch[169] und Wolfgang Neuss.

---

166 Natürlich ist die Mimesis akustischer oder motorischer Erscheinungen nicht neu. In den 1960er Jahren war es Mode, lautliches Material zu funktionalisieren; man denke z.B. an die konkrete Poesie und die Lautgedichte Ernst Jandls. Klangmalerische Zeichenhaftigkeit der Rhythmik ist generell sehr alt, wie sich etwa an den Volkslied-Typen *Wanderlied, Marschlied* und *Lieder zu bestimmten Tätigkeiten* zeigt; zum Lied im 17. Jahrhundert vgl. Sydow (1962: 19–21) und Kross (1989: 11–56). Das wirkungsreichste deutsche (Anti-)Marschlied der Nachkriegszeit mit funktionalisiertem Rhythmus ist Biermanns *Soldat, Soldat.*
167 50% meint nicht den zeitlichen Anteil an einem Programm, sondern bezieht sich auf klar voneinander getrennte Nummern. Biermann, bei dem der zeitliche Anteil der Conférencen am Gesamtprogramm durchschnittlich grösser ist als der gesungene, könnte man ansonsten paradoxerweise nicht mehr der Autorenlied-Kunst zurechnen. Der Nachweis dieses Befunds gestaltet sich schwierig, sind doch ausgedehnte Sprechteile auf Tonträgern selten wiedergegeben.
168 Hohler verfasste Lieder vor allem in der Zeit des Liedermacher-Booms Ende der 1960er, anfangs der 1970er Jahre. Lieder spielten in seinen Programmen aber stets eine untergeordnete Rolle, wie er mir im März 1998 mündlich mitteilte.
169 Rolf-Ulrich Kaiser (1967: 33ff.) zählt Hüsch zu den fünf grossen Liedermachern der BRD.

Hüsch, eher ein ‚bon parleur' denn ein Sänger, kontrastierte durch seine gesprochenen bzw. sprechgesanglichen Texte bereits beim Auftritt auf der Waldeck von 1967[170] die Konzerte der Liedermacher-Pioniere Hannes Wader, Reinhard Mey und Walter Hedemann. Hüschs Stücke prägen musikalisch untermalter Sprechgesang in ungebundener Rede (Typ [E])[171] und vereinzelt Sprechgesang in gebundener Rede (Typ [B]).[172] Auch Wolfgang Neuss' paukenrhythmisch begleitete Darbietungen sind selten genug liedhaft.[173]

1.3.4.3 Instrumentierung und Instrumentalbegleitung

Bis auf rare A-cappella-Stellen ist das Autorenlied ein *instrumental begleitetes Gesangsstück* (Typ [A]). Bevorzugtes Instrument ist, wie schon oft vermerkt, die Gitarre; dies trifft auf etwa Biermann, Wader, Degenhardt, Mossmann, Stählin, Wegner, Matter, Stirnemann, Burda und Demmer zu.[174] Unerheblich für die Bestimmung des Liedermacher-Begriffs ist zwar die Art des Begleitinstruments, nicht aber die instrumentale Begleitmusik an sich. Unabdingbar ist ebenso die ‚Handarbeit' der Instrumentalmusik: Die Liedermacher-Pioniere hatten sich absichtlich dem ‚unverfälschten' musikalischen Ausdruck verschrieben und kehrten sich von der aufstrebenden elektronischen Musik ab. Das Markenzeichen war ‚unplugged'. Technische Perfektion war zweitrangig, der Auftritt sollte authentisch wirken.

Mit dem fortschreitenden Verlust dieses Konzepts in den 1970er Jahren etablierte sich ein neuer Liedermacher-Typus mit einem stärkeren Gewicht auf der musikalischen Performance. Konstantin Wecker, die einstige Ikone des neuen Trends (vgl. Kap. 2.1.5.3), bestritt zum Beispiel seine Salzburger Vorstellung von 1994 mit einer kompletten Band-Formation: Wecker selbst (Leadsänger, Piano), Pippo Pollina (Gesang), Charlie Mariano (Altsaxophon), Jo Barnikel (Keyboard, Klavier), Peter

---

170 Unveröffentlichter Tonträger aus den Beständen des Deutschen Kabarettarchivs in Mainz; Aufnahme: Reinhard Hippen.
171 Zur Typologisierung vgl. Kap. 1.3.4.1.
172 Auch Hüschs EP *Chansons* von 1963 enthält keine Chansons im Gattungssinn. Es handelt sich primär um gesprochene Texte mit partiell melodramatischem Vortrag.
173 Vgl. das legendäre Konzert von 1965, auf Biermann/Neuss (LP) 1965.
174 Einige Jahrzehnte früher bevorzugte man die Laute (vgl. u.a. Brechts Autorenlied-Versuche oder Hans Roellis Lieder).

Tiehuis (Gitarre), Norbert Meyer-Venus (Bass) und Wolfgang Hafner (Schlagzeug).[175] Beim Salzburg-Mitschnitt ist rund 45% (!) reine Instrumentalmusik (*Randi* bleibt gleich ganz ohne Gesang). Selbst bei den von Wecker weitgehend selbst verfassten und solistisch aufgeführten Stücken ist der instrumentalmusikalische Anteil beträchtlich (ca. 40%).[176] Gesangslose Musik erreicht mithin eine Ausdehnung von gegen zwei Minuten (etwa in *Ich habe Angst*) – ein für Autorenlieder evident untypisches Verhältnis zwischen ausschliesslich vokal-instrumentaler und instrumentaler Musik. Eine weitere Eigenheit Weckers ist die instrumentale Funktionalisierung des Gesangs in Teilen des Refrains, mit verselbstständigender Tendenz durch mehrfache Wiederholung jeweils am Ende eines Stücks (z.B. *Liebeslied im alten Stil*).[177] Fernere musikalische Auffälligkeiten sind der Animations-Charakter, der sich etwa im rhythmischen Mitklatschen des Publikums äussert (z.B. *Wenn der Sommer nicht mehr weit ist*),[178] solistische Einlagen der Instrumentalisten sowie

---

175 Ein sehr redimensionierter Mitschnitt dieses Konzerts ist die CD *Uferlos in Salzburg* (Wecker [CD] 1994). Wecker präsentierte sich so auch in früheren Konzerten, etwa im Programm *Im Namen des Wahnsinns* von 1983 (Wecker [LP] 1983).
176 Zum Merkmal ‚solistisch' vgl. Kap. 1.3.4.4. Von den 23 Stücken des Salzburg-Konzerts erfüllen nur gerade deren vier das Gebot des Solistischen: *Wenn der Sommer nicht mehr weit ist, Die Ballade von Antonio Amadeu Kiowa, Der Herr Richter* und *Der Joe wieda sei*, wobei bei letzterem Text und Komposition von Jacques Brel stammen. Angesichts der heute vorwiegend elektronischen Erzeugung populärer Musik beschäftigt weniger die Frage nach der Anzahl Personen als vielmehr die Art der Gestaltung und die Funktion im textmusikalischen Netz (vgl. Andraschke 1979; Glasmeier/Schönfelder 1980).
177 Dieses Repetitionsverfahren ist ein bewährtes Muster von Schlagern. Der Kehrreim im Song *Was ich an dir mag* („Was für ein Gefühl, tiefer als das Meer. Nur wie tief ist das Meer?") wird nach jeder Strophe zweimal und am Ende des Stücks viermal wiederholt. Auch findet der Autor nicht die Worte zum Beschreiben des Ereignisses (auch hier ganz im Stil eines Schlagers: „Was ich an dir mag, ist unbeschreibbar"). Liedermacher haben aber in der Regel einen höheren Anspruch an die Textqualität.
178 Hier handelt es sich um gezielte musikalische ‚Emotionalisierung', was die Liedermacher selten anstreben. Der Kabaretthistoriker Klaus Budzinski (1966; im Vorwort) schreibt zur Zurücknahme des Sounds bei den Liedermachern: „Dass sie dem Gedanken mehr vertrauen als der unkontrollierten Emotion." Und Annemarie Stern (in: Kaiser 1967: 30) fügt an: „Das Argument überwiegt die Emotion".

rockiger Sound (z.B. *Lang mi net o*)[179] – insgesamt also einige Züge einer Jamsession.

Weckers Programme sind selten hinreichend gesättigt mit Attributen der Autorenlied-Kunst wie *optimale akustische Verständlichkeit, Sprechgesang bei zurückgenommener Instrumentalmusik, Alternation von Conférence und Lied* sowie *Lied mit enger musiktextueller Periodizität*. Man findet diese Elemente zwar gelegentlich,[180] das Wort ist der Musik aber deutlich untergeordnet. Vieles spricht dafür, dass es sich bei dem von Wecker Aufgeführten nicht um Autorenlieder handelt, dass Wecker also trotz seines oft geäusserten Selbstverständnisses und trotz der fast permanenten Bezeichnung in den Medien als „Liedermacher" kein Liedermacher im hier definierten Sinn ist. Weckers Darbietungsform schwankt zwischen den ‚Gattungswelten'

(I) *Autorenlied-Kunst* als *textmusikalische* (in dieser Reihenfolge!) *Kunst mit partiell verselbstständigter Musik* sowie

(II) *Musikkunst* mit einem *textunabhängigen Eigenwert in Verbindung mit Gesang, Sprechgesang und gesprochenem Text*.[181]

---

179 Wecker mischt verschiedene musikalische Stile (Jazz, Funk, Rock, Klassik, u.a.), die Texte bewegen sich oft auf der Ebene rockmusikalischer Texte (vgl. Faulstich 1978). Unter Rockmusik wird hier die populäre elektronische Musik mit dem Bezugsrahmen von Rock 'n' Roll und Blues verstanden.

180 Die Zusammenstellung des Konzert-Mitschnitts dürfte auf markstrategischen Überlegungen basieren: Ausgedehnte Conférencen, die Rezitation eigener Gedichte und weiteres gesprochenes bzw. sprechgesangliches Material, das Wecker oft einsetzt, fehlt weitgehend.

181 Die von der Rockmusik adaptierten Matter-Lieder sind für die Forschung ein Glücksfall (*MatterRock* [CD] 1992; vgl. Kap. 2.1.3): Zum Einen offenbaren die Rock-Versionen einen weitgehend einfachen Transfer von der einen Sparte in die andere. Zum Anderen lässt sich ableiten, dass alleine an der Zugehörigkeit zur Gattung sich weder der Grad der Poesie noch andere ästhetische Wertvariablen ablesen lassen. In der Rockmusik ist das Wort allerdings wegen der Akustik oft untergeordnet und der Kehrreim beansprucht musikfunktional (instrumentales Singen) und aus pragmatischen Gründen (Mnemotechnik) viel Raum. Wenn etwa bei Rock-Konzerten von Stephan Eicher tausende von Französischsprachigen den offenkundig nicht verstandenen berndeutschen Refrain von Matters Lied *hemmige* („will si hemmige hei"/„weil sie Hemmungen haben") mitsingen, wird die Unterordnung der Textsemantik evident. Matters Lieder, mit durchschnittlich nur gut 80 Sekunden die kürzesten und von der Darbietungsform asketischsten Autorenlieder überhaupt, erreichen in den Rockadaptationen im Mittel immerhin über drei Minuten; ein Zeichen für die deutlich höhere Redundanz der Texte in der Rockmusik.

Wecker ist kein Einzelfall, sondern das leuchtendste Exponat im neuen populären Musikmarkt der 1970er Jahre (vgl. Kap. 2.1.5.3). Viele der neuen Auftrittskünstler wandten sich von Anfang an dem popmusikalischen Autorenlied-Stil zu (Georg Danzer, Rainhard Fendrich, André Heller, Ludwig Hirsch, Gerhard Schöne, Stephan Sulke, Herman van Veen, Barbara Thalheim u.a.[182]), während ein Gutteil der klassischen Liedermacher der spartanischen Auftrittsform treu blieb (so Wolf Biermann, Franz-Josef Degenhardt, Georg Kreisler, Bernhard Stirnemann). Andere Protagonisten der frühen Liedermacherzeit gaben sich der neuen Mode hin (etwa Reinhard Mey, Bettina Wegner[183]). Mehrere Liedermacher sind nur auf Tonträgern kompositorisch aufwändiger; nicht aber, oder nur selten, im Konzertsaal (etwa Jacob Stickelberger, Hannes Wader, Fritz Widmer)[184].

Die Verschiebung des Liedermachens in Richtung Pop-/Rockmusik führte indes zu keiner begrifflichen Neuprägung, sondern zu einer semantischen Erweiterung der Benennung ‚Liedermacher' (Vgl. Kap. 1.1.2). Aus der Verschmelzung populärer, überwiegend instrumentalmusikalisch dominierter Musiksparten – Rock, Pop, Beat[185], Jazz und Schlager – mit der bezogen auf den Auftritt anspruchslosen Autorenlied-Kunst hat sich im deutschsprachigen Raum der Mischtyp *Pop-Liedermacher* gebildet. Es erscheint daher zweckmässig, dem Objektbereich ‚Liedermacher' genau jenes textmusikalische Verhältnis zu unterstellen, in dem die Instrumentalmusik höchstens punktuell Oberhand gewinnt. Daraus ergibt sich die folgende kategoriale Unterscheidung:

---

182 Vgl. etwa Danzers Auftritt am Open-Air St. Gallen von 1983; Thalheim (LP) 1988; Fendrich (LP) 1985; Heller (LP) 1975; Hirsch (LP) 1980; Schöne (LP) 1981; Sulke (LP) 1976. Dies gilt auch für die amerikanischen ‚Prototypen' Bob Dylan und Joan Baez.

183 Vgl. Mey (MC) 1977; Rudorf (1974: 4) schreibt zu Mey: „Er scheut sich nicht, mit Bigband-Background, Geigen und Orgel loszustimmen. Und sein Singsang stimmt harmonisch immer mit dem zusammen, was als abendländische Liedform geführt wird." Bei Wegner ist eine eindrückliche Diskrepanz zwischen dem solistischen Auftritt *Sind so kleine Hände* in West-Berlin vom Juni 1978 und der viel ‚soundigeren' (Studio-)Aufnahme *Weine nicht, aber schrei* von 1983 (LP) festzustellen.

184 Vgl. Stickelberger (LP) 1980; Wader (LP) 1986.; Widmer (LP) 1976.

185 Semantische Füllung im Sinne von Faulstich 1978.

(1) *Liedermacher* erfüllen auch aus instrumentalmusikalischer Warte die Kriterien des Liedermachens voll (u.a. Biermann, Born, Degenhardt, Kreisler, Matter, Mossmann, Wader).
(2) *Pop-Liedermacher* sind Auftrittskünstler, die aus den Kategorien (1) und (3) Mischtypen bilden (u.a. Wecker[186], Heller, Danzer).[187]
(3) *Rock-/Pop-Musiker* sind Repräsentanten von Textmusik mit punktuell liedermacherischen Elementen (u.a. BAP, Erste Allgemeine Verunsicherung, Grönemeyer, Eicher, Hofer).

Einsehbar wird damit, weshalb Wecker wie auch Heller gelegentlich als Liedermacher firmieren,[188] während andere Namen nur schwer mit der Liedermacher-Kunst vereinbar sind – wie etwa Udo Jürgens, Udo Lindenberg, Peter Reber oder Véronique Müller.[189]

Es lässt sich freilich einwenden, dass die Lieder verschiedener Liedermacher (etwa Stickelberger, Widmer) in Studioaufnahmen instrumentalmusikalisch aufwändiger sind als in der Aufführungssituation und sich vom Asketischen zum Teil weit entfernen. Verlässt ein Liedermacher dadurch die Gattung ‚Autorenlied‘? Wohl eher ja, kleidet doch eine ausgeweitete Komposition den Text in ein neues, nicht selten popmusikalisches oder schlagerähnliches Gewand – deutlich erkennbar an den stark gewichteten musikalischen Vor-, Zwischen- und Nachspielen. Nicht zu Unrecht verspricht der Autor sich dadurch grössere Marktgängigkeit seines Produkts, und damit verbunden ein gesteigertes Interesse der Medien am Tonträger. Das Studio-Lied ist also nicht zwingend ein Autorenlied. Auch deshalb ist für die Analyse der Autorenlied-Kunst die Berücksichtigung der Live-Situation unabdingbar.

---

186 Ein Gutteil von Weckers tanzrhythmisch angereicherter Musik ist ohne ‚kognitive‘ Leistung rezeptionsfähig. Das offenkundige Primat der Musik vor dem Text führte auch schon zur Eingliederung Weckers in die Popkultur: „Heute gehört der Münchner Liedermacher Konstantin Wecker [...] zu den Kultfiguren der deutschen Pop-Szene" (Die Zeit, 9.10.1979).
187 Viele Liedermacher betätigten sich vor dem Verfassen erster Autorenlieder als Komponisten, z.B. Ruedi Krebs, Fritz Widmer, Konstantin Wecker, Hannes Wader und Dieter Süverkrüp (vgl. Kroon 1982: 6ff., Kröher 1969: 90).
188 Keines der konsultierten lexikalischen/anthologischen Nachschlagwerke differenziert hier mit der gebührenden Sorgfalt (u.a. Rothschild 1980, Henke 1987, Kirchenwitz 1993, Glanzmann 1976, Huff 1980, Lassahn 1982).
189 Vgl. „Peter Reber auf Tournee", in: Basellandschaftliche Zeitung, 24.9.1994; „Poesie, griif is Läbe ii", in: Basler Zeitung, 24.1.1994.

1.3.4.4 Schlichter Aufführungsmodus

Der Vortrag ist bei mündlicher bzw. gesungener Rede (*actio* bzw. *pronuntiatio*) entscheidend – mit Cicero gesprochen, im Rückblick auf mehr als 2000 Jahre Rhetorik-Theorie:

> Der Vortrag [...] hat in der Redekunst allein entscheidende Bedeutung. Denn ohne ihn gilt auch der grösste Redner nichts, ein mittelmässiger, der ihn beherrscht, kann aber oft die grössten Meister übertreffen.[190]

Oder in Gottscheds Worten:

> Die schoenste Rede auf dem Papiere, thut bey dem Zuhoerer keine Wirkung, und befoerdert die Absicht des Redners noch gar nicht, wenn sie nicht recht vorgetragen wird.[191]

Von einer Rede unterscheidet sich das Autorenlied durch die gebundene Rede, die Musik und die (Semi-)Fiktionalität. Eine Parallele liegt in der Ausrichtung des Vortrags auf die akustische Verständlichkeit. Die Neigung zum Sprechgesang ist also pragmatisch bedingt, ebenso wie die Orientierung des Gesangs an der natürlichen Stimmlage und am „antivokalischen Prinzip"[192]. Stimmlicher Wohlklang – wie im Kunstgesang – und artikulatorische Reinheit – wie beim professionellen (Bühnen-) Sprechen – treten hinter die Absicht eines authentisch wirkenden Vortrags zurück. Der Erfolg eines Liedermachers hängt laut Dagmar Boss nicht zuletzt vom „individuellen, spezifischen Timbre, das seine Stimme hoch oder tief, hart oder weich, durchdringend oder dumpf klingen lässt"[193] ab. Boss weist ausdrücklich auf die „sehr sympathische Stim-

---

190 Cicero 1986: II.213.
191 Gottsched 1975: 415. Auf den Vortrag von Liedern wurde dieser Befund auch schon angewendet. Charles Imbert (1967: 67) schreibt: „Erfolg [...] oder Misserfolg hängen [...] davon ab, wie und unter welchen Umständen das Chanson vorgetragen wird." Vgl. dazu auch Diethart Kerbs (in: Kröher 1969: 61).
192 Jürgen Elsner (1971: 68) beobachtet am (Kabarett-)Chanson – mit Blick auf Brecht, Eisler und Wedekind – die vorherrschende konsonantische Vortragsart; vgl. auch Kap. 1.3.4.2.
193 Boss 1985: 49.

me"[194] Wyssotzkijs und auf jene „vertrauenserweckende, zärtliche und beruhigende" Okudzavas hin.[195]

Dem deutschsprachigen Autorenlied eignet eine breite Palette an stimmlicher Gestaltung. Als Beispiele mit grossen Gegensätzen können auch hier, wie bei der instrumentalen Musik (vgl. Kap. 1.3.4.2), Biermann und Matter angeführt werden: Biermanns Gesang – mit einem immensen stimmlichen Engagement[196], damit an Wyssotzkij und Woody Guthrie erinnernd[197] – reicht vom nüchternen Vortrag bis zu Stimmeinfärbungen des Verzweifelns, Weinens, Schreiens, liebevollen Zuredens, ironischen Distanzierens, Beschwichtigens, Flehens und Empörens. Im Vergleich dazu ist Matters stimmliche Liedinterpretation viel ruhiger, bedachter, ja sachlich. Klangfarben setzt Matter sparsam ein, vorzugsweise bei der, meist nur wenige Worte greifenden, Rollensprache (Vgl. Kap. 2.2.4).

Dem Aufführungsstil der Liedermacher entspricht der Bühnenaufwand: schlichte Kulisse, weitgehend fehlende Kostümierungszeichen oder Raumzeichen.[198] Das Tragen besonderer Kleider in der Konzertsituation – wie etwa die Anzüge der Berner Troubadours in den 1960er Jahren – hat in der Regel mit Kleidungskonventionen zu tun und nicht mit Kostümierungszeichen einer fiktionalen Bühnenfigur. Das Element ‚spartanischer Bühnenaufwand' ist für ein Liedermacher-Explikat konstitutiv – alleine schon deshalb, weil sich der Begriff so gegenüber einem Typus von Auftrittskünstlern wie etwa Otto Reutter, dem populärsten deutschsprachige Chansonnier des frühen 20. Jahrhunderts, abgrenzen lässt. Seine Auftritte reichten weit über die schlichte Darbietungshaltung

---

194 Boss 1985: 50.
195 Die Bedeutung des stimmlichen Timbres betonte schon Yvette Guilbert (1928: 12ff.). Auch lenkt die persönliche Ausstrahlung des Künstlers die Interpretation.
196 Vgl. Hammer (1976: 120): „Aber auch in die Lieder, die leicht mit- oder nachzusingen sind, fügt Biermann immer leichte Varianten ein, Änderungen im Tonfall, in der Atmosphäre, im Rhythmus sogar. Von der Zärtlichkeit bis zum Humor, von der Melancholie bis zur Brutalität, von der Gutmütigkeit bis zur Verachtung oder selbst bis zum Hass, von der Freude bis zur Verzweiflung."
197 Vgl. Woody Guthrie (in: Kröher 1969: 38): „Ich will so singen, wie die Cowboys jodeln, wie die Baumfäller schreien, wie die Lokführer fluchen, wie die Wölfe heulen."
198 Zur Begrifflichkeit vgl. Vogel 1993: 57ff.

hinaus, wie dies die ausführlichen ‚Regieanweisungen' zu den „Kostüm-Couplets"[199], etwa in der Nummer *Frau Germania*, zeigen:

> Der Vortragende sitzt, als Frau Germania kostümiert, auf einem Sessel. Links eine Wiege, darin ein Kongoneger-Baby mit langer weisser Zipfelmütze; rechts ein Tisch, darauf liegt eine Krone, davor steht ein Schwert und ein Schild.[200]

Andere Gesangsstücke bestritt Reutter in Frack und Zylinder. Der ‚Herr mit einem nicht vollauf sitzenden Frack und Zylinder' bildete die Basis für die ‚lustige Person', den „Humoristen".[201] Reutters Gesangsstücke waren kabarettistisch und wechselten zwischen den Nummern mehrfach die Sprechrichtung. Benedikt Vogel spricht in diesem Zusammenhang – ausgehend von fiktionstheoretischen Arbeiten Gottfried Gabriels, Siegfried J. Schmidts und Harald Frickes – von „szenischer Fiktionalität". Vogel versteht darunter „theatralische Texte",

> wenn ihre linguistische Zeichenebene oder auch die in synonyme sprachliche Äusserungen transformierten nichtsprachlichen Zeichenebenen überwiegend episch oder auch dramatisch fiktional sind.[202]

Im Vergleich mit kabarettistischen Nummern verschiebt sich im Autorenlied die szenische Fiktionalität in Richtung einer deutlich konzertanteren Aufführungspraxis. Auch sind Autorenlied-Texte in der Regel bedeutend ernster als kabarettistische Nummern (so bei Biermann, Mossmann, Stählin, Wader und beim späten Matter). Die Merkmale ‚witzig' bzw. ‚ernst' kennzeichnen aber weder das Kabarett noch die Autorenlied-Kunst global und eignen sich daher nicht zur Abgrenzung des Liedermachers vom Kabarettisten.

Benedikt Vogel versucht die beiden Kunstformen durch die Ausscheidung von neun „szenischen Modi"[203] zu unterscheiden:

---

199 Vgl. loses Notenblatt No. 4 von Otto Reutters *Der abgerüstete Rekrut* (in den Beständen des Deutschen Volksliedarchivs in Freiburg i. Br.).
200 Reutter 1969: 5.
201 Reutter [o.J., ca. 1913]: 1.
202 Vogel 1993: 75.
203 Ebd.: 44.

	gesprochen	*gesungen*	*nichtsprachlich*
monologisch (1 Pers.)	Einzelvortrag (A)	Chanson (B)	textloses Spiel (G)
duologisch (2 Pers.)	Zwiegespräch (C)	Duett (D)	
polylogisch (>2 Pers.)	Mehrgespräch (E)	Gruppenlied (F)	

Hiervon ableitend postuliert Vogel:

> Von Kabarett soll genau dann die Rede sein, wenn ausserhalb der Conférencen mindestens zwei dieser szenischen Modi im Programm nachgewiesen werden können.[204]

Laut Vogel ist zur Bestimmung von ‚monologisch', ‚duologisch' oder ‚polylogisch' nicht in erster Linie die Zahl der Bühnendarsteller massgebend, sondern die unter Umständen bloss von einer Person gespielten tatsächlichen Figuren. Der Liedermacher unterscheide sich vom Kabarettisten durch die Beschränkung auf einen szenischen Modus; im Normalfall sei es das Chanson, mitunter auch das Duett (z.B. das schwäbische Liedermacher-Duo Karin und Dieter Huthmacher oder auch Schobert & Black[205]).

Vogels Merkmalskatalog folgend würde schon jeder Einbezug eines zusätzlichen Modus in der Liedermacher-Kunst Kabarett erzeugen – so etwa wenn die Berner Troubadours am Ende eines Programms zu fünft ein Lied aufführen (szenischer Modus F). Ein punktueller Moduswechsel führt aber nicht zwingend zum Spartenwechsel.

Im Übrigen ist die undifferenzierte Ausweitung des solistischen Auftritts auf ein Duett, wie dies Vogel festlegt, für den Liedermacher-Begriff problematisch. Vogels Beispiele Huthmacher sowie Schobert & Black bewegen sich an der Grenze der Autorenlied-Kunst. Das Duo Huthmacher reicherte seine Lieder teilweise durch aufwändige Instrumentalmusik fremder Interpreten an (Harfe, Kontrabass, Trompete, Perkussion, Flöte, Klarinette, Akkordeon, Cello und Fagott; vgl. die LP *Vorsätze* [1989]). Auch ist den Liedermachern die konsequente Arbeitsteiligkeit der Huthmachers – Gesang von Karin, das Übrige von Dieter – grundsätzlich fremd. Mit der Autorenlied-Kunst vereinbar sind hingegen der die Textaussage betonende Vortragsstil und die weitgehend integrale Herstellung der eigenen Lieder.

---

204 Ebd.: 44f.
205 Eigtl. Wolfgang Schulz und Lothar Lechleiter.

Das Duo Schobert & Black seinerseits vereinigt künstlerische Facetten, die tief in benachbarte Sparten – vor allem ins Kabarett – hineinreichen. Ihre Tonträger mit „höherem Blödsinn"[206] finden sich in Secondhand-Läden bis heute primär unter der Rubrik *Kabarett*. Dies gründet in der permanenten Witzigkeit der Texte, aber auch in der kabaretttypischen Zwiegesprächskonstellation. Ebenfalls in Abweichung vom Liedermacher-Begriff im oben beschriebenen Sinn stammt ein Grossteil der frühen Texte von Schriftstellern wie Georg Bungter, Günter Frorath, Fritz Grasshoff oder Wolfgang Eickelberg. Erst nach längerer Auftrittspraxis bauten die von der Folkmusik ausgehenden Schobert & Black ihre Bühnenkunst auf eigenen Texten auf. Es scheint daher sinnvoll, bei Duo-Formationen nur dann von Liedermacher-Kunst zu sprechen, wenn in mindestens einem Programm die übrigen Merkmale der Autorenlied-Kunst vorhanden sind.[207] Dies ist etwa der Fall bei der neueren Generation von Liedermacher-Duos wie *Joint Venture*, *Spieltrieb* sowie *Andy und Frank*. Eine Ausdehnung des Liedermacher-Begriffs auf polylogische Gesamtstrukturen, wie etwa auf Trios oder Quartette (z.B. das bernerische „Liedermacher-Trio"[208] *Tschou zäme* mit Hans-Ulrich Gerber, Lorenz Sommer und Bänz Hadorn), führt von einem zentralen Merkmal des Liedermachens, dem vorzugsweise Solistischen, hingegen weit weg. Bezeichnungen wie Liedermacher-Trio wollen offenbar primär auf die gute akustische Verständlichkeit der Textaussage im Aufführungskontext und den Anspruch auf Textqualität hinweisen. Die Produktionen mit drei und mehr Künstlern sind gerne musikzentriert und tragen öfter Züge von Rock-/Popmusik oder sind Gruppengesang.[209]

Heikel ist zudem Vogels Zuteilung der szenischen Modi nach der Anzahl tatsächlich gespielter Figuren (mit Blick auf die solistischen Komiker wie Jürgen von Manger, Otto Waalkes oder Emil Steinberger). Demnach wäre etwa Dieter Süverkrüps Lied *Kleinstadtlehrlinge* auf Grund der musikalisch unbegleiteten und gesprochenen Textpassagen im Liedinnern – mit der stimmlichen Mimesis verschiedener Personen – eine Kabarettnummer und kein Autorenlied. Hilfreich ist Vogels Merk-

---

206 Zitat von den LPs Schobert & Black 1973.
207 Vgl. dazu unten die Definition von ‚Liedermacher'.
208 Bossart 1994 (Der Bund).
209 Eine Internetrecherche ergab für das Stichwort *Liedermacherduo* 1660 Treffer, für *Liedermachertrio* 422 Treffer und für *Liedermacherquartett* wie auch *Liedermachersextett* je einen Treffer (Google; 11.10.2007).

malskatalog hingegen bei Grenzfällen (Mischtypen) wie Georg Kreisler, der mit einigem Recht zwischen den beiden Kunstformen angesiedelt wird. Kreisler sei überall dort Kabarettist, wo die Conférencen über den ausschliesslich Nummern verbindenden Charakter hinausgingen. Dies sei bei Franz Hohler fast durchgängig der Fall.[210] In vielen Programmen der Liedermacher reichen jedoch die Texte zwischen den Autorenliedern weit über den rein verbindenden Charakter hinaus, ohne dass sogleich die Gattungszuteilung anzuzweifeln wäre (vgl. etwa Matters Nummer *dr eint und dr ander*[211]). Sinnvollerweise präzisiert man das Programm-Element ‚Conférencen mit Eigenständigkeitswert' durch ‚Zwischentexte mit partieller szenischer Fiktionaliät'. Erst der Wechsel vom physisch nicht Gespielten zur szenischen Fiktionalität ist das Signal für den (vorübergehenden) Wechsel von der Autorenlied-Kunst zum Kabarett.

Die Gattungszuteilung zu den Liedermachern muss freilich nicht für die gesamte künstlerische Laufbahn gelten: Christof Stählin etwa wechselte wiederholt das Genre: Trat er bis 1966 noch gemeinsam mit Michael Wachsmann als Interpret fremder Lieder und auch arbeitsteilig auf (Wachsmann als Instrumentalist, Stählin als Sänger), gestaltete er später Autorenlied- und schliesslich Kabarett-Programme.[212]

Ein Liedermacher kann im Grunde genommen überall auftreten: im privaten Rahmen vor dem Freundeskreis (Biermann, Wader, Matter, Stirnemann), in intimen Kellerlokalen (die Berner Troubadours im bernerischen Kleintheater *Die Rampe*), in mittleren und grösseren (Theater-) Sälen (etwa Biermanns legendärer Kölner Auftritt von 1976 oder die Aufführung im *Theater im Park* vom 4.12.1996 in Freiburg i. Br.) oder auf kleinen und grossen Festivalbühnen (z.B. Degenhardt bei den *Essener Songtagen* von 1968).

---

210 Umgekehrt bedienen sich die Liedermacher gerne kabarettistischer Verfahren (etwa des Spiels mit aktuellen Wissenszusammenhängen), ohne dass sie dadurch zu Kabarettisten würden. Liedtexte von Biermann oder Schwendter gehören trotz kabaretttypischen Elementen in keine Kabarettanthologie (vgl. die Anthologie *Kleinkunststücke* [Kühn 1987–1994], Bd. 5: *Hierzulande. Kabarett in dieser Zeit ab 1970*).
211 Matter (LP) 1973.
212 Vgl. etwa das Programm *Die Kunst der Herablassung* (aufgeführt u.a. in Freiburg i. Br.; 31.10.1996).

1.3.4.5 Simultan rezipierte Programme

Bereits in 1960er Jahren beschrieben Harald Weinrich (*Interpretation eines Chansons und seiner Gattung*) und Wolfgang Victor Ruttkowski (*Das literarische Chanson in Deutschland*) die Gattung ‚Chanson' unter Berücksichtigung der Aufführungssituation bzw. der Studioaufnahmen.[213] Wolf Biermann befasste sich zudem mit dem Unterschied zwischen simultaner und indirekter Rezeption:

> [E]s gibt für den Interpreten, den Sänger, eine Gefahr, wenn er nicht öffentlich auftreten kann, dass er nämlich die Reaktionen des Publikums mitsingt; das schleicht sich so ein, wenn man nicht aufpasst: am gröbsten zeigt sich diese Gefahr darin, dass man anfängt, zu schreien, statt zu singen, das ist ein Problem für mich.[214]

Nur selten wirken Studioaufnahmen authentisch. Die unmittelbare Anwesenheit eines Publikums hat einschneidende Auswirkungen auf die Aufführung: Das Publikum formt die Interpretation mit, da der Sänger die Darbietung laufend den Rezeptionsverhältnissen anpasst. In Studioaufnahmen entfallen die bei Auftritten typischen Mittel der Improvisation und (Schein-)Aktualisierung sowie die rezeptionslenkenden Conférencen (Ausnahme: Kreislers LP-Folgen *Everblacks*). Auch das Vortragstempo ist im Studio anders. Exemplarisch zeigt sich dies an Matters Tonträgermaterial: In der Studioversion ist kein Lied länger als in der Live-Aufnahme.[215] Ein simultan rezipierendes Publikum hemmt offenkundig das Vortragstempo. Mit gutem Grund stützt sich deshalb Benedikt Vogel bei der Analyse von Kabarett-Nummern auf Live-Programme.[216]

---

213 Weinrich 1960; Ruttkowski 1966.
214 Wolf Biermann im Gespräch mit Klaus Antes, in: Arnold (Hg.) 1980: 56. Offenbar ohne diese Aussage zu kennen, äusserte sich Matter gegenüber Fritz Widmer ähnlich: Biermann „überschreie" sich auf seinen neueren Platten (um 1970; Widmer 2002a: 26).
215 In der Studioversion dauert die durchschnittliche Aufführung je Lied rund 78 Sekunden, auf dem Live-Tonträger sind die Lieder durchschnittlich 16.3% länger (=13 Sekunden). Die Spannbreite reicht von 4% (*d'nase*) bis 39% (!) (*ds lied vo de bahnhöf*). Frappant ist der Unterschied zu späteren Tonfixierungen beim frühesten Studio-Tonträger von 1966 (22% beim Lied *bim coiffeur*, 28% bei *dr hansjakobli und ds babettli* und 39% bei *ds lied vo de bahnhöf*).
216 Vogel 1993: 51. Laut einer Aussage Fritz Widmers (während eines Gesprächs mit mir im Jahr 1996) baute Matter neue Lieder laufend in die aktuellen Programme ein.

Für etliche Autorenlieder lässt sich, im Unterschied zum Kabarett, eine grosse Texttreue beobachten. Ein einmal aufgeführtes Autorenlied wird nur ausnahmsweise textuell abgeändert. Auch hier sind die Matter-Lieder beispielhaft, gibt es doch signifikante Textabänderungen (nachfolgend kursiv hervorgehoben) nur in wenigen Einzelfällen:[217]

d'nase (1965)[218]	d'nase (1969)
loset was ig öich verzelle	loset *mit was für methode*
wie's eim mängisch tumm cha ga	*mängisch ds schicksal eim tuet schla*
es het e ma zum doktor welle	*zumne arzt isch eine cho dä*
het e z'längi nase gha	het e z'längi nase gha
doktor tue mer d'nase chürze	doktor *tüet* mer d'nase chürze
so chas nümme wytergah	so chas nümme wytergah
nie chan ig es bierli stürze	nie chan ig es bierli stürze
ohne sen im nasse z'ha	ohne sen im nasse z'ha
i wie mänger tür wet's wüsse	*will si geng isch aputscht a se*
i se nid scho ygchlemmt ha	*het mi d'frou sogar verla*
i cha nie es meitschi küsse	*s'geit ke tür zue vor myr nase*
will se mir im wäg tuet sta	*wo se nid drinn ygchlemmt ha*
wo dr doktor mit em mässer	wo dr doktor mit em mässer
ihm die nase gchürzt het gha	*syni* nase gchürzt het gha
het er grüeft: jetzt geits mer besser	het *dr ma* grüeft: *jitz wird's* besser
i cha zfride heizue ga	*i fa nöi mys läben a*
doch bim heiga het im äbe	doch bim heiga het im äbe
d'richtig gfählt dr nase na	d'richtig gfählt dr nase na
är isch schreg uf d'strass het ds läbe	är isch schreg uf d'strass het ds läbe
under emnen outo gla	under emnen outo gla[219]

---

217 Dies zeigt ein Vergleich unveröffentlichter Live-Aufnahmen aus dem Jahr 1965 (=Berner Troubadours [MCs] 1965–1973) mit später publizierten Texten. Übereinstimmend sind *dr eskimo*, *ds heidi* und *dr ferdinand isch gstorbe*. Geringe Abweichungen zeigen die Liedtexte *bim coiffeur* und *i han en uhr erfunde*, stärkere das Lied *d'meierysli*.
218 Matter auf: Berner Troubadours (MC) 1965/66.
219 Übers. (Version 1969): „Hört! mit welchen Methoden / das Schicksal einen manchmal schlägt. / Einen Arzt hat einer aufgesucht, / dessen Nase war zu lang. // ‚Doktor, kürzen Sie mir die Nase, / so kann es nicht mehr weitergehen; / nie kann ich ein Bierchen kippen, / ohne dass sie im Nassen steht. / Weil sie stets daran angestossen ist, / verliess mich meine Frau sogar. / Keine Tür vor meiner Nase / schliesst, ohne sie drin zu haben.' // Nachdem der Doktor mit dem Messer / seine Nase gekürzt hat-

Auch Matters Conférencen bleiben im einmal gewählten Wortlaut.[220] Wolf Biermann hingegen ändert seine Zwischentexte ungleich stärker ab, vornehmlich zum Zweck der Aktualisierung (Zeitereignisse) und Referenzbildung zum Aufführungsort.[221] Die Liedtexte hingegen unterliegen kaum Veränderungen.

Autorenlieder sind viel öfter transkribiert und selbstständig publiziert[222] als Kabarett-Nummern. Ausserdem reicht die Autorenlied-Kunst um einiges mehr als Kabarett weit über den Tag hinaus. Im Autorenlied ist zudem das Visuelle untergeordnet, was das Autorenlied klar von anderen, szenisch-fiktionalen Bühnenkünsten abgrenzt (vgl. Kap. 1.3.4.4). Szenische Elemente im Autorenlied *unterstützen* bzw. *akzentuieren* oder *ironisieren* den Textinhalt – so etwa bei der Aufführung von Matters *won i bi dranne gsi*, als der Sänger am Ende des Liedvortrags in Übereinstimmung mit der Textaussage die Bühne verliess.[223]

Abschliessend sei festgehalten, dass eine sachadäquate Beschreibung des Autorenliedes und Abgrenzung gegenüber benachbarten Genres vorzugsweise über die Aufführungssituation zu erfolgen hat. Daher ist es sinnvoll, das Merkmal der simultanen Rezeptionssituation in die Explikation von Liedermacher einzubinden.

---

te, / rief der Mann: / ‚Jetzt wird es besser, / ein neues Leben fange ich an!' / Doch auf dem Heimweg hat die Richtung / ihm gefehlt der Nase lang. / Schräg hat er die Strasse überquert und sein Leben / unter einem Auto verloren".

220 Erhoben an den Tonträgern Berner Troubadours (MC) 1970/71 und Matter (LP) 1973. Beide Aufnahmen stammen aus der gleichen Spielsaison.

221 Diese Erkenntnis stammt aus einer leider unveröffentlicht gebliebenen Studie zu den Conférencen von Biermanns Programm *es grünt so grün* (Knechtle 1992). Vgl. auch Biermanns Auftritt in Freiburg i. Br. vom 4.12.1996 mit dem Programm *Süsses Leben – saures Leben*, wo Biermann den Kampf gegen die Obrigkeit in der DDR mit jenem südwestdeutscher Kreise gegen das geplante Kernkraftwerk in Wyhl verglich (mit ausdrücklichem Hinweis auf Walter Mossmann).

222 Praktisch die gesamten Liedwerke von Biermann (*Alle Lieder*, 1991), Degenhardt (*Kommt an den Tisch unter Pflaumenbäumen*, 1981) und Matter (vgl. die Titel der Liedhefte im Literaturverzeichnis) sind schriftlich veröffentlicht.

223 Textabdruck von *won i bi dranne gsi* vgl. unten. Ein weiteres Beispiel ist Degenhardts Geste der erhobenen Faust, die zugleich Solidarität mit einem als links unterstellten Publikum anzeigt und die (verbale) Kampfbereitschaft betont (vgl. Rothschild 1979).

1.3.4.6 Einbindung der Lieder in Programme

Analog zum Kabarett trifft der Nummerncharakter mutatis mutandis auf Programme der Liedermacher zu: Ein Autorenlied-Programm ist Aneinanderreihung *verschiedener und klar voneinander abgegrenzter Nummern*. Kohärenz zwischen Nummern bildet die Ausnahme, auch wenn die Liedabfolge innerhalb von Programmen nicht der Willkür folgt.[224]

Die Nummern sind eingebettet in ein *alternierendes Programm-Gerüst* von *Lied* (bzw. Liednahem) *und Nicht-Lied* (Conférence, Rezitation). Die Conférencen gestalten die Semantik der Lieder mit. Ausserdem gibt es Lieder, die auf die Struktur eines Programmes angewiesen sind; so z.B. Matters Schlusspunktlied *won i bi dranne gsy*:

> won i bi dranne gsy, das lied
> won ig jitz öich wett singe, z'mache
> da het my frou zum zmittag grüeft.
> ei momänt, han i zrügg grüeft,
> i chume…[225]

Das Programm ist so nachdrücklich beendet.[226] Mit dem hier nur grob skizzierten Feld der Programmorganisation befasst sich en détail das Kap. 2.4. Vorerst reicht jedoch die Feststellung, dass Autorenlieder in Programme integrierte Gesangsstücke sind. Die Aufnahme der *Programmintegration des Autorenlieds* in das Explikat von ‚Liedermacher' erscheint angemessen.

1.3.4.7 Fremdes im Selbstgemachten

Viele Bestimmungsversuche von ‚Liedermacher' führen das Merkmal ‚selbstgemacht'. Damit ist aber verschiedenes gemeint. Auf der einen Seite der Skala verwendet Reinhard Hippen einen Allquantor und spricht von „Autoren und Interpreten, die ihre Lieder selbst dichten, komponieren, arrangieren, singen und spielen"[227], während auf der anderen Seite

---

224 Einzelheiten und Beispiele in Kap. 2.4.
225 Übers.: „Als ich gerade dabei war, dieses Lied, / das ich Euch jetzt singen möchte, zu machen, / da hat meine Frau zum Mittagstisch gerufen. / ‚Einen Moment', habe ich zurückgerufen, / ‚ich komme'…"
226 Vgl. auch Matter 1992a: 65.
227 Reinhard Hippen, in: Hippen/Deutsches Kabarett Archiv (Hg.) 1981: 170.

Haid das Selbstgemachte als Regelfall sieht, von dem auch abgewichen werden kann.[228] Ist Hippens Definiens evident zu eng gefasst – kein Liedermacher verwendet nicht wenigstens in Teilen fremdes Liedgut –, lässt Haids Formulierung zu vieles offen. Auch neuere Beschreibungen sind in diesem Punkt wenig differenziert und legen keinen zwingenden Anteil des Selbstgemachten am Aufgeführten fest. So schreibt etwa Dieter Burdorf im 2007 erschienenen *Metzler Lexikon Literatur* unter dem Stichwort ‚Liedermacher':

> Künstler, der alle oder zumindest mehrere der Funktionen Textdichter, Komponist, Sänger und Instrumentalist (meist Gitarrist, seltener Pianist) in sich vereint.[229]

Die grosse Bedeutung der Interpretation durch den Urheber beim Autorenlied zeigt sich etwa am Beispiel von Erika Pluhar. Sie interpretierte im Jahr 1980 Biermann-Liedern neu, notabene ohne Zustimmung Biermanns – und scheiterte. Den misslungenen Auftritt kritisierte Thomas Rothschild mit „Aesthetik, Persönlichkeit zerstört"[230]. Das Scheitern lag vornehmlich daran, dass beim Autorenlied die Interpretation in Text und Komposition bereits angelegt ist: das Autorenlied ist *auf die Darbietung durch die Person des Autors* hin konzipiert. Er alleine verbürgt den authentischen Vortrag.

Ausgehend von diesem Befund scheiden einige Auftrittskünstler aus dem Liedermacher-Kreis aus.[231] So beispielsweise Hein und Oss Kröher, deren Bedeutung für die Liedermacher-Geschichte aber unbestreitbar bleibt, da sie viel verschollenes Liedgut ins gesellschaftliche Bewusstsein zurückgerufen – darunter Soldaten-, Seemanns- Strassen-, Jäger-, Arbeiter-, Partisanen-, Volks- und Freiheitslieder; aber auch Lieder von Brecht – und damit die Liedermacherszene von Beginn weg geprägt haben. Auch Peter Rohland, der seinerseits das künstlerische Schaffen der Gebrüder Kröher beeinflusste, entspricht nicht vollauf einem Liedermacher. Rohland hat, wie die Kröhers, primär traditionelles Liedgut neu belebt: Aus Wolfgang Steinitz' Anthologie *Deutsche Volkslieder demokratischen Charakters aus sechs Jahrhunderten* stellte er unter

---

228 Haid 1980: 38.
229 *Metzler Lexikon Literatur* 2007: 438.
230 Rothschild 1980 (Frankfurter Rundschau).
231 Verschiedene der nachfolgend genannten Namen wurden auch schon als Liedermacher bezeichnet; vgl. z.B. Nyffeler (MCs) 1978–1983.

anderem das Bühnenprogramm *Lieder deutscher Demokraten 1848* zusammen (veröffentlicht auch als LP). Auch trug er Lieder von François Villon, jiddische Lieder und Landstreicherballaden vor. Gerd Semmer, ein weiterer vermeintlicher Liedermacher-Pionier, hat primär Liedtexte für Dieter Süverkrüp verfasst.[232] Viele weitere Liedermacher erfüllten je nach Werkphase die Vorgabe ‚selbstgemacht' unterschiedlich stark: Mani Matter – seine Lieder wurden vor 1965 u.a. von Urs Kräuchi aufgeführt[233] –, Dieter Süverkrüp, Christof Stählin oder Michael Wachsmann verfassten ihre Lieder nicht immer vollständig selbst.[234]

„Selbstgemacht" bezieht sich freilich nicht bloss auf die Interpretation, den Text und die Musik. Michael Hornig dehnt die Kriterien zur Trennung der „echten" von „unechten Liedern" auf alle Ebenen des Liedermachens aus:

> Wesentlich an einem Liedermacher ist [...] die Personaleinheit Texter-Vertoner-Begleiter-Interpret, und wo diese Personaleinheit nicht gegeben ist, kann folglich nicht von einem Liedermacher gesprochen werden.[235]

Durch die systematische Befragung der ‚Rollen' bzw. Rollenanteile von *Texter* und/oder *Vertoner* und/oder *Interpret* und/oder *Begleiter* kann Hornig mehrere Typen von Auftrittskünstlern aus dem Liedermacher-Kreis ausschliessen.

Freilich war mancher später berühmt gewordene Liedermacher im Anfang ausschliesslich Interpret fremder Lieder oder Verfasser von Kontrafakturen. Oft stand Georges Brassens Pate (vgl. Kap. 2.1.5.2 und Kap. 3.1.2). Das Dichten von Liedtexten auf fremde Melodien ist nicht aussergewöhnlich. Kontrafakturen, Nachdichtungen oder Zitationen sind

---

232 Vgl. u.a. Kaiser 1967: 103.
233 So etwa auf: Berner Troubadours (MC) 1965/66.
234 Es soll hier offen bleiben, ob der Begriff ‚Liedermacher' auch auf die mittelalterlichen (Minne-/Meister-/Vaganten-) Sänger zutreffen soll. Tatsache ist, dass man das Wort auch schon darauf angewendet hat (vgl. Müller 1983, Soldmer 1988, Burdorf 2006). Über die mittelalterliche Aufführungspraxis ist allerdings wenig bekannt, ausser etwa, dass die Kontrafaktur-Technik dominierte. Anhaltspunkte für eine integrale Herstellung der Lieder bestehen beispielsweise bei Walther von der Vogelweide (sechs fragmentarisch überlieferte Melodien; vgl. Brunner 1996: 250–254). Im Weiteren unterscheidet sich der Minnesänger vom modernen Liedermacher durch den höfischen Rezeptionsrahmen (vgl. Kap. 1.3.2.1).
235 Hornig 1974: 37.

gängige Praktiken des Liedermachens.[236] Diesem mitunter ansehnlichen Anteil an künstlerischen Anleihen gegenüber steht aber die *evident grosse Anzahl an selbst verfassten Liedern*. Die Zuordnung zum Begriff ‚Liedermacher' entscheidet sich damit daran, welchen proportionalen Anteil an einem Programm die vom Bühnensänger vollständig selbst verfasste textmusikalische Kunst einnimmt. Nimmt man an, dass von einem Programm mindestens 50% aller Lieder vollständig vom Aufführenden stammen sollen, lassen sich die ‚echten' von den ‚unechten' Liedermachern scheiden und der Begriff ‚Liedermacher' wird für bestimmte Auftrittskünstler nicht mehr anwendbar – wie z.B. für den Kabarettisten Franz Hohler, der nur wenige Lieder verfasste.[237] Hingegen erfüllen Wolf Biermann, Franz Josef Degenhardt, Georg Kreisler, Hannes Wader, Mani Matter und viele andere mehr, deren Liedwerke in der Regel um die 10% nicht umfassend selbst verfasster Lieder aufweisen, das Kriterium ‚selbstgemacht'.[238] Damit ist in die Definition von ‚Liedermacher' einzubinden, dass *ein Liedermacher eine Person ist, die im Rahmen eines Programms einen zur gesamten Menge des Vorgetragenen mehrheitlichen Anteil (mindestens 50%) an vollständig selbst gemachten Liedern zur Aufführung bringt.*

1.3.4.8 *Notation von Autorenliedern*

Das Audiovisuelle ist zweifellos die primäre Daseinsform des Autorenliedes. Schriftliche Veröffentlichungen von Autorenliedern bilden das Aufgeführte jedoch nur bruchstückhaft ab. In einigen Fällen wäre für eine schriftliche Fixierung, wie Frauchiger festhält, eine Partitur notwendig, die „an Komplexität den Notationen avantgardistischer Komponisten"[239] kaum nachstünde. Laut Benedikt Vogel sollte sich die Pluri-

---

236 Etwa Biermanns Lieder *Calypso* und *Der Mani Matter aus Bern*, in: Biermann 1978b: 186. Viele Kontrafakturen u.a.m. auch bei Matter; vgl. Kap. 2.5.1.
237 Auch weitere Merkmale lassen diesen Schluss zu (vgl. Kap. 1.3.4.2; Kap. 1.3.4.4). Rothschild (1980: 8) zählt Hohler hingegen zu den Liedermachern. Ein Grossteil seiner Liedkunst besteht aus der Nachdichtung englischer Folk- und Protestsongs (Hohler, in: Glanzmann 1976: 68–73); u.a. von John Lennon/Paul McCartney (*When I'm Sixty-Four* in *Weni mol alt bi*), Frank Zappa (*Mr. Green Genes* in *Iss dys Gmües*) oder Bob Dylan (*With God on Our Side* in *Der Liebgott isch derby*).
238 Sporadische Auftritte weiterer Künstler, wie etwa bei Biermanns Konzert *es grünt so grün*, sind so also nicht a priori ausgeschlossen.
239 Frauchiger 1977: 64.

medialität des Aufgeführten im Notat niederschlagen. Die Transkription ist dabei ein anspruchsvoller Akt:

> Die ‚Verschriftlichung' [...] ist keineswegs ein trivialer Kodewechsel, sondern besteht – analog zur Transkription von lautlichen Äußerungen – in einem produktiven Interpretationsprozess. Dabei wird die Informationsvielfalt [...] zugunsten einer möglichst übersichtlichen Anordnung der Daten reduziert.[240]

Vogel plädiert hier nicht für Frauchigers Partiturvariante. Er schlägt, abgeleitet von Erika Fischer-Lichtes Theatersemiotik, die Notation des „theatralischen Textes" in fünf vertikale Spalten vor, „von denen jede eine eigene Zeichenebene des theatralischen Textes repräsentiert", und gelangt so zu den fünf Ebenen „Sprachzeichen", „Bewegungszeichen", „Kostümierungszeichen", „Raumzeichen" und „Musikzeichen"[241].

Für das Autorenlied von Bedeutung sind primär die Verschriftlichungskategorien Sprachzeichen und Musikzeichen, denn hier tritt die szenische Fiktionalität stark zurück. Zur Notation des Autorenliedes sind die Ebenen Sprach- und Musikzeichen zu verfeinern – wobei für eine möglichst übersichtliche Anordnung die Informationsvielfalt des Akustischen zu reduzieren ist. Die Rubrik Musikzeichen ist vorzugsweise in *vokale* und *instrumentale* Musik zu gliedern, benannt als *Intonation* und *Instrumentation*. Beide Musikebenen bergen nicht selten einen hohen paralinguistisch-semiotischen Gehalt. Die Rubrik Text ist durch die Spalte *Rezitation* zu ergänzen, formt doch die stimmliche Ausgestaltung nicht selten den Aussagegehalt des Textes mit. Das Notations-Schema kann zudem durch Notationsflächen für Bewegungs-, Raum- oder Kostümierungszeichen und für den Zeitverlauf ergänzt werden. Die Verschriftlichung von Autorenliedern kann dann wie folgt aussehen – hier vorgeführt an Biermanns *Gräber*, in der Fassung vom Konzert vor dem Exil-PEN in Wuppertal vom 9. September 1994:[242]

---

240 Vogel 1993: 52f.
241 Ebd.: 52.
242 Die Schreibung folgt grundsätzlich dem Text in Biermann 1991: 326.

Text	Rezitation	Intonation	Instrumentation
			Gitarrenspiel, bis zum Stückende durchlaufend
Auf Kreta fand ich ein' Friedhof		Sprechges.[243]	
Für Führer und Vaterland	munter/ironisiert		
Da schlafen viel deutsche Soldaten			
Im Hügel am Strassenrand			
Und über ihnen wuchert			
Der gelbe Rosinenwein			
Zu süss! der Wein für Rosinen			
Den stopfte ich in mich			
Den stopfte ich in mich rein		gesungen	
			Zwischenspiel
Und auf Formentera da wohnen		Sprechges.	
Die Toten bequem direkt			
Am grossen Auto-Friedhof			
Das hat mich ein bisschen geschreckt			
Wie Krieger mit ihren Waffen			
So liegen die Toten bereit	resigniert		
Mit ausgeschlachteten Autos	amüsiert		
Zur Fahrt in die Ewig			
Zur Fahrt in die Ewigkeit		gesungen	
			Zwischenspiel
Moskau der Nonnenfriedhof	exklamatorisch		
Da liegen mit Bildchen und Stein			
Mörder und ihre Opfer	betroffen	rezitativ	
Sie liegen Gebein an Gebein	grauenerregend		
Und fluchen und wimmern und stossen	grauenerregend		
Und kratzen einander wund	grauenerregend		
Und schrein mit blutiger Erde	verzweifelt		
Im aufgerissnen			
Im aufgerissenen Mund		gesungen	
			Zwischenspiel
So graste ich manches Grab ab		rezitativ	
Frass Blumen verwelkt in mich rein			

---

243 Die Zuschreibung bezieht sich jeweils bloss auf die betreffende Zeile. Kein Eintrag bedeutet, dass stimmlich kein semantischer Mehrwert geleistet wird.

Text	Rezitation	Intonation	Instrumentation
Und lud mir auf die Seele In Prag einen Juden-Stein Die Toten leben ganz eigen Die reden so still und klar Sogar ihre Lebenslügen Die werden im Schweigen Die werden im Schweigen wahr	gleichgültig	gesungen	Zwischenspiel
Ich weiss es, die Toten leben Und wolln, dass sie einer besucht Wer kalt an den Kalten vorbeigeht Der wird verhext und verflucht – ich nicht! meines Vaters Grabstein Steht überall. Ich brauch Sein Grab nicht lange suchen Es ist so leicht zu finden Dort Dort, wo ein Schornstein raucht	flüsternd ernüchtert gesungen	rezitativ	Schlussakkord

Die grösste Schwierigkeit der Transkription birgt, zumindest in diesem Beispiel, die Interpretation der Spalte *Rezitation*. Eine so grosse stimmliche Vielfalt wie Biermann eignet allerdings nur den wenigsten Liedermachern. Im Weiteren bildet das Schema die Instrumentalmusik nur rudimentär ab – wird doch das ‚Gesamtkunstwerk' Autorenlied erst durch Harmonik, Melodik, Rhythmik, Agogik sowie Klanggebilde und Geräuschkulisse komplettiert. Es bleibt festzuhalten, dass sich die Plurimedialität des Autorenlieds in einer mit Vorteil zweckmässig organisierten Notation niederzuschlagen hat. Auch Conférencen, welche die Liedsemantik mitbestimmen, sollten ins Notat eingehen.

1.3.5 Bestimmungsversuch von ‚Liedermacher' (Explikation)

Ein Liedermacher ist

(1) der Verfasser und
(2) Aufführende von Autorenlied-Kunst.

Autorenlied-Kunst ist dabei eine

(3) durch die Aufführungssituation geprägte Gattung, bestehend aus
(4) Liedern, die
    (a) in Programme mit
    (b) deutlich zurückgenommener szenischer Fiktionalität eingebunden sind und die
    (c_1) unmittelbar aufeinander folgen oder
    (c_2) mit Conférencen bzw. eigenständigen Nummern alternieren. Hierbei sind
    (d) mindestens die Hälfte aller Nummern
(5) Autorenlieder im Sinne von Liedern, die
    (a) von einer Person auf den Ebenen von
    (b) Text und
    (c) Komposition selbst geschaffen,
    (d) solistisch, oder alternativ im Duett, selbst vorgetragen und
    (e) instrumental
    (f) ohne aufwändige (elektronische) Musikarrangements (‚handgemacht', ‚unplugged') selbst begleitet sind.

2 Mani Matters Kunst des Autorenliedes

> Denn dadurch, dass sie [die Wörter] anders beschaffen sind als der übliche Ausdruck und vom Gewohnten abweichen, bewirken sie das Ungewöhnliche, dadurch aber, dass sie dem Gewohnten nahe stehen, die Klarheit.
>
> Aristoteles: Poetik

Die folgende Analyse widmet sich dem bis in die Gegenwart hinein ausnehmend populär gebliebenen Liedwerk Mani Matters. Matter gilt gemeinhin als der bedeutendste Schweizer Liedermacher und als einer der namhaftesten helvetischen Schriftsteller des 20. Jahrhunderts.

Die anfänglich geplante Monographie über das neuzeitliche Liedermachen musste im Verlauf der Vorarbeiten zu dieser Studie zunehmend der Überzeugung weichen, dass Matters – erst in Ansätzen untersuchte – Kunst schon für sich genommen eine poetische und musikalische Vielfalt, Textqualität sowie literarische Eigenständigkeit eignet wie sonst kaum einem Autorenlied-Werk.[1] Der Fokus der Untersuchung verschob sich so auf Matters Werk. Dennoch soll die Beschreibung zentraler Eigenarten der Gattung ‚Autorenlied' nicht unterbleiben. Die Matter-Lieder sind nur zu oft Muster für das Genre. Die nachfolgenden Ausführungen wollen also Zweierlei: (a) auf Matters unverwechselbare Poetik und (b) auf Gattungsfragen der Autorenlied-Kunst eingehen. Der analytische Zugriff über die Gattungsperspektive soll auch dem Ziel dienen, vertiefte Einblicke in Matters Poetik zu gewinnen.

---

1 Eine vergleichbare Ausnahme bilden Biermann und Kreisler.

2.1 Mani Matter (1936–1972): Vita, Werk und Wirkungsgeschichte

> Im Zirkus fröit me sech i dr Regel uf zwöi Nummere ganz bsunders, nämlich uf die uf em höche Seil und uf die mit em Gloon. Und we mer jetz e Zirkus wäre, de chömt jetz dr Gloon uf em höche Seil.[2]
>
> Jacob Stickelberger

Vor der Beschäftigung mit dem Textsubstrat will als Erstes konzis ein Bild vom Leben und Werk Mani Matters gezeichnet sein (Kap. 2.1.1 und 2.1.2). Der Überblick ist aus mehreren Gründen angezeigt. Zum einen handelt es sich bei Matter um einen der herausragenden Literaten der helvetischen Nachkriegsliteratur, dessen Werk man aber ausserhalb der Schweiz kaum kennt. Mit der vorliegenden – und zugleich ersten – Dissertation über Mani Matter geht somit die leise Hoffnung einher, sein Werk zumindest in akademischen Kreisen und literarischen Zirkeln bekannter zu machen. Zum anderen sucht man bis an den heutigen Tag vergeblich einen übersichtlichen und sachlich-nüchtern dargestellten biographischen Abriss. Ebenso vermisst wird eine kategorial geordnete vollständige Auflistung der bislang bekannten Matter-Werke. Dieses Überblickskapitel will im Weiteren die bisherigen Textveröffentlichungen editionskritisch beleuchten wie auch die wenigen Forschungsbemühungen kurz anführen (Kap. 2.1.2.2 sowie Kap. 2.1.4). Abschliessend sollen jene analytischen Ansätze, die im Hinblick auf die vorliegende Studie und auch für das weitere Erforschen von Matters Werk heuristisch fruchtbare Ergebnisse versprechen, vertieft diskutiert werden (Kap. 2.1.5).

---

2 Übers.: „Im Zirkus freut man sich in der Regel auf zwei Nummern ganz speziell, nämlich auf jene auf dem hohen Seil und jene mit dem Clown. Und wenn wir jetzt ein Zirkus wären, dann käme jetzt der Clown auf dem hohen Seil." Stickelberger, einen Auftritt Mani Matters ankündigend (vgl. Berner Troubadours [MCs] 1965–1973).

2.1.1 Vita

Der am 4. August 1936 geborene Mani Matter (eigtl. Hans Peter Matter) wuchs als zweites Kind – er hatte noch eine ältere Schwester – in einer bürgerlich-liberalen Familie in der Stadt Bern auf.[3] Der Vater, von Beruf Rechtsanwalt, kümmerte sich um die literarische Bildung seines Sohnes. Die Mutter war Holländerin und arbeitete als Sekretärin.[4] Innerhalb der Familie unterhielt man sich auf Französisch. Der Bilingualität kam für Matters Liedermacher-Laufbahn grosse Bedeutung zu (die französischen Auteur-compositeur-interprètes dienten als erste Vorbilder). Kindheit und Jugendzeit waren geprägt durch Aktivitäten in der Pfadfinderabteilung *Patria*.[5] 1953 starb dem erst 17-jährigen Matter – er wurde darauf nicht vorbereitet[6] – die Mutter; im gleichen Jahr entstanden seine ersten Lieder. Im Anschluss an die 1955 bestandene Matura nahm Matter an der Universität Bern ein Germanistikstudium auf, wechselte aber schon nach einem Semester zur Jurisprudenz. 1958 beginnen die Aufzeichnungen im Tagebuch;[7] ab 1957/58 genoss Matter oft die Gastfreundschaft der Pfarrersfamilie Schädelin und begann in diesem Umfeld Ende der 1950er Jahre zu politisieren (in der Gruppe *Junges Bern*, vgl. Kap. 3.1). 1959 und 1962 kandidierte er für kommunale bzw. kantonale Wahlen,[8] von 1964 bis 1967 war er Präsident des *Jungen Bern*. Im Anschluss an das 1963 erworbene Fürsprech-Patent[9] wurde Matter Assistent

---

3 Die meisten der hier angeführten biographischen Angaben stammen aus Franz Hohlers Porträtband (Hohler 1977), einige aus journalistischen und unpublizierten Quellen. Letztere werden jeweils ausgewiesen.

4 Das Niederländische beherrschte Matter aber kaum (mündliche Auskunft von Joy Matter). Im Gymnasium lernte er Latein und Englisch.

5 Ausführlichere Angaben in Kap. 3.1.

6 Die Mutter verschied an einer Krankheit, die man ihm verschwieg (vgl. Kappeler [Film] 2002).

7 Diese Jahreszahl leitet sich aus *Sudelhefte/Rumpelbuch* ab (Matter 1992b: 9). Ob Matter schon früher schrieb, muss offen bleiben.

8 Matter wollte nur als Stimmenfänger fungieren und kandidierte danach nicht mehr.

9 *Fürsprech* ist eine bernische Bezeichnung für ‚Rechtsanwalt'. Hohler (2001: 30) datiert die Erlangung des Patents auf das Jahr 1961, die Homepage des Matter Verlags auf 1963 (www.manimatter.ch; Stand 21.05.06; der Matter Verlag besteht aus der Erbenfamilie).

bei Staatsrechtsprofessor Richard Bäumlin; 1965 erfolgte die Promotion bei Hans Huber;[10] ab 1966 war er Oberassistent.

1963 heiratete Mani Matter Joy Doebeli, die er im Januar 1960 kennen gelernt hatte. In den folgenden Jahren wurde er dreifacher Vater (1964, 1965 und 1967). 1967/1968 begab er sich zur Abfassung seiner (juristischen) Habilitationsarbeit für ein Jahr an die Universität Cambridge. Die Schrift war im Herbst 1972 bis auf unfertige Fussnoten ausgeführt.[11] Seit 1969 war Matter Beauftragter der Vorschriftensammlung der Stadt Bern,[12] auf den 1. Januar 1970 ernannte ihn der Gemeinderat zum Rechtskonsulenten.[13] In dieser Funktion systematisierte er die kommunale Gesetzeslage und beriet den Gemeinderat. Ab 1970 übernahm Matter an der juristischen Fakultät der Universität Bern einen Lehrauftrag in Staats- und Verwaltungsrecht.

In jenem Jahr 1970 traten, als Folge der Affäre um das umstrittene *Zivilverteidigungsbüchlein*, viele namhafte junge Schriftsteller aus dem *Schweizerischen Schriftstellerverein* (SSV) aus und gründeten die *Gruppe Olten* (GO; wieder aufgelöst im Jahr 2002 bei der Überführung in den neuen Verband *Autorinnen und Autoren der Schweiz* [AdS]). Matter engagierte sich von Anfang an in der GO, erarbeitete die ersten Vereinsstatuten und leitete die Gründungssitzung.[14] Jahre später wurde er vom ersten Sekretär der GO, Hans Mühlethaler, als „eigentlicher Gründer der Gruppe Olten"[15] gesehen. In der GO waren auch mehrere mit Matter

---

10 Matter 1965. Genauere Angaben zu den Forschungsarbeiten in Kap. 2.1.2.1.
11 Das Typoskript ist nicht veröffentlicht.
12 Laut einem Brief von Mani Matter an Fritz Widmer vom 19. März 1968 war Matter vom 1. Januar 1969 an städtischer Beamter (vgl. Hohler 2001: 39f.). Die Homepage des Matter Verlags (Stand 30.6.2006) führt das Jahr 1970 an.
13 Hohler (2001: 39) führt das Jahr 1970 an, die Homepage des Matter Verlags (Stand 30.6.2006) 1971.
14 Die Statuten erwiesen sich in vieler Hinsicht als nicht ausführbar. Fredi Lerch hierzu: „Auch in den ersten, vom Juristen Hans Peter (Mani) Matter entworfenen Vereinsstatuten steht mehr ideologisch Utopisches als verbandspolitisch Pragmatisches. […] Bis 1974 setzte sich die Erkenntnis durch, dass die ersten Statuten ‚in wichtigen Punkten' versagt hatten. Insbesondere die darin stark verankerte Basisdemokratie mit den weitgehenden Kompetenzen der regionalen ‚Stammtische' war gescheitert" (Lerch, in Schmid/Roth-Hunkeler 2003: 44; 58).
15 Mühlethaler 1989: 65.

befreundete Schriftstellerpersönlichkeiten.[16] Am 24. November 1972 starb Matter völlig unerwartet, erst 36-jährig, bei einem selbstverschuldeten Unfall auf der Autobahn bei Kilchberg (Kanton Zürich).

2.1.2 Werk

Es folgen Übersichtsdarstellungen zu Matters Werk, zur Wirkungsgeschichte sowie zu den derzeitigen Texteditionen.

2.1.2.1 Werküberblick

Der Werküberblick ist in folgende Unterkapitel gegliedert:

I   Lieder
   a) Gedruckte Liedtexte
   b) Tonträger
      – Öffentlich nicht oder nur archivarisch greifbare Aufnahmen
      – Öffentlich greifbare Aufnahmen
      – Von anderen Interpreten gesungene und veröffentlichte Aufnahmen
      – Übersetzung/Nachdichtung des Liedwerks in andere Sprachen
I   Das übrige Werk
   a) Veröffentlichte Werke
   b) Unveröffentlichte Werke
III Matter als Wissenschaftler und Verfasser von Aufsätzen

I Lieder

a) Gedruckte Liedtexte

Das Autorenlied-Werk umfasst um die 110 Lieder. 84 Liedtexte, meist mit Melodie-Notaten, sind in den Liedheften *Us emene lääre Gygechaschte* (Erstausgabe 1969), *Warum syt dir so truurig?* (1973) und *Einisch nach emne grosse Gwitter* (1992) vereinigt.[17] Keine Aufnahme in die schmalen Bändchen fanden zwei Lieder Matters aus der *Kriminal-*

---

16 Etwa die Schriftsteller Kurt Marti, Dieter Fringeli, Franz Hohler und Fritz Widmer. Sie verfassten später bedeutende Beiträge über Mani Matter (vgl. Kap. 2.1.4).
17 Die überwiegende Zahl der Liedzitate in dieser Studie stammt aus jenen Heften. In anderen Publikationen finden sich zum Teil abweichende Schreibweisen (etwa in Apero 1967; Lassahn 1982; Rudorf 1974; Schmid-Cadalbert 1987; Stürzinger 1990).

gschicht[18] (*dr kommissär vo may* und *schlusslied*). Auch die zusammen mit Fritz Widmer verfassten Texte *karibum*[19] und *französisches volkslied*[20], aber auch verschiedene der frühen Lieder, fehlen (s. u.). Einige Texte aus den Liedheften gingen in unselbstständige Publikationen ein (etwa in Fahrer u.a. 1965, Apero 1967). Ein paar in den Liedheften fehlende Lieder, oder nur Teile davon, wurden anderweitig abgedruckt (*ds lied vom pfaderhuet*[21], *karibum*[22], *es geit e herr i garte*[23] und *i will nech es gschichtli verzelle*[24]).

b) Tonträger

Öffentlich nicht oder nur archivarisch greifbare Aufnahmen

Mehrere Tonträger mit Matter-Liedern sind nur schwer greifbar.[25] Zu nennen sind eine 78-tourige Schallplatte (ohne Angabe des Aufnahmejahres[26]), eine weitere aus dem Jahr 1958,[27] eine dritte von 1959[28] und eine vierte von 1965[29]; dazu kommen eine undatierte (private Band-?)

---

18 Matter/Stickelberger/Widmer (CD) 1990.
19 Eine Nachdichtung von *The Ladies of the Harem of the Court of King Caractacus* des australischen Folksängers Rolf Harris. Die Nachdichtung von Matter/Widmer ist in Hohler (2001: 84) abgedruckt.
20 Tradiert auf dem Tonträger *Dr Kolumbus*, Matter/Stickelberger/Widmer (LP) 1978.
21 Hallo 30.4 (Oktober 1954).
22 Hohler 2001: 84.
23 Widmer 2002a: 28f.
24 Ramseyer 2002: 31.
25 Die frühen Schallplatten entstanden im damals einzigen allgemein zugänglichen Tonstudio der Stadt Bern. Es lag an der Amthausgasse 8 und firmierte unter verschiedenen Bezeichnungen („Studio Frauchiger", „Tonstudio Bern Frauchiger", „Studio Bern"; vgl. dazu die im Literaturverzeichnis angeführten Schallplatten Matters aus den 1950er Jahren).
26 Die Nennung der Liedtitel auf der Platte bzw. auf der Plattenhülle erfolgte bei den frühen Tonträgern nicht immer von Mani Matter. Hier stammen die Angaben aber von Matter. Die Tonfixierung entstand ca. 1954. Um diese Zeit wurden die 78-tourigen Schallplatten von den 33- und 45-tourigen abgelöst (vgl. Brassens 1996: 790ff.). Zu den auf den öffentlich nicht greifbaren Tonträgern vereinigten Liedtiteln vgl. *Chronologisches Liederverzeichnis* im Anhang.
27 Bezeichnet mit *Nani*, ohne Nennung der Tourenzahl. Angabe der Liedtitel von Joy Matter. Die Tonfixierung stellte womöglich Klaus Schädelin her, was Joy Matter aber bezweifelt (vgl. Wirz 2002: 83).
28 Bezeichnet mit *Nani*, 33 1/3 Touren. Angabe der Liedtitel von Mani Matter.
29 33 R.P.M. Touren. Angabe der Liedtitel von Joy Matter.

Aufnahme[30] sowie weitere archivarisch greifbare Überlieferungen auf Spulentonbändern und Tonkassetten.[31] Diese Tonträger enthalten neben einigen später erneut publizierten und daher heute greifbaren Liedern zehn Liedtitel, die weitgehend unbekannt geblieben sind: *ds rote hemmli, ds rohr, am samschtig ds nacht, s'isch amene schöne sunntig gsi, es steit e boum, mys schätzeli, i will nech es gschichtli verzelle, chasch mer lang ga säge, ds lied vom pfaderhuet* und *ds kiöskli*. Ferner liegen von frühen Programmen der Berner Troubadours Bandaufzeichnungen vor (Aufnahmen mit Matter-Auftritten für die Programme 1965/66, 1966/67, 1968/69, 1970/71 und 1972).[32]

Öffentlich greifbare Aufnahmen

Matter veröffentlichte zwischen 1966 und 1972 vier EP-Platten (EP=Extended Play): *I han en Uhr erfunde* (Aufnahme Oktober 1966; ursprünglicher Titel: *Berner Chansons von und mit Mani Matter. Ballade, Lumpeliedli. Chansons auf Bernerart*[33]), *Alls wo mir id Finger chunnt* (September 1967), *Hemmige* (Juni 1970) und *Betrachtige über nes Sändwitsch* (Mai 1972). 1975 wurden die vier EP-Platten auf der Langspielplatte (LP) *I han es Zündhölzli azündt* vereint und das Remake um die *ballade vom nationalrat hugo sanders* (Aufnahme von Radio Bern) erweitert.[34] 1971 erschien die LP *Berner Troubadours* (aufgenommen im Galerietheater *Die Rampe* in Bern im Januar 1971) mit den

---

30 Vgl. auch Hohler 1977: 46. Die Aufzeichnung enthält *ds rote hemmli, alls wo mir id finger chunnt, d'psyche vo dr frou, dr eskimo*.
31 Schweizerisches Literaturarchiv (SLA), Nachlass Mani Matter, Sign. D-01-a bis D-01-d. Verschiedene Aufnahmen stammen von Klaus Schädelin.
32 Die Tonbänder sind im Privatbesitz von Markus Traber. Eine dieser Kassetten trägt die Jahreszahlen 1967/68, dürfte aber erst 1968/69 aufgenommen worden sein; Matter befand sich in der Spielsaison 1967/68 in Cambridge und trat daher nicht auf. Die Tonaufnahme vom September 1972 befindet sich im Nachlass (Schweizerisches Literaturarchiv SLA, Nachlass Mani Matter, Sign. D-01-a/2). Die Aufnahme enthält ausschliesslich Matter-Lieder. Die Aufnahmen Berner Troubadours (MCs) 1965–1973 enthalten mehrere Lieder, die nur hier in einer Interpretation Mani Matters überliefert sind (*wenn doch nume die* auf Berner Troubadours [MC] 1968/69; *oh wi tumm* und *won i bi dranne gsy* auf Berner Troubadours [MC] 1970/71).
33 Schweizerisches Literaturarchiv (SLA), Nachlass Mani Matter, Sign. D-01-f-2[2].
34 In der von Matter/Belz erstellten Übersicht *Chansons alphabetisch* (Schweizerisches Literaturarchiv SLA, Nachlass Mani Matter, u.a. vorne inliegend in der Schachtel mit Sign. A-01-a bis A-01-b) wird vom Jahr 1973 ausgegangen.

Matter-Liedern *si hei dr wilhälm täll ufgfüert, di strass won i drann wone, dr alpeflug* und *boxmätsch*. Weiter gibt es die 1973 erschienene LP *Ir Ysebahn*, ein Zusammenschnitt zweier Aufführungen im *Theater Fauteuil* in Basel vom 2. bzw. 3. Juni 1972. Heute liegen die Langspielplatten *I han es Zündhölzli azündt, Ir Ysebahn, Dr Kolumbus, Kriminalgschicht* und *Berner Troubadours* als Compact Discs vor.[35] Im CD-Format greifbar sind somit 39 von Matter interpretierte Lieder (20 Live-, 19 Studioaufnahmen). Sodann überliefert sind einige Lieder in Fernseh- oder Filmaufnahmen: *i han es zündhölzli azündt, bim coiffeur, ir ysebahn, arabisch, betrachtige über nes sändwitsch, dene wo's guet geit, mir hei e verein, si hei dr wilhälm täll ufgfüert* und *dr dällebach kari*.[36]

Von anderen Interpreten gesungene und veröffentlichte Aufnahmen

Nach dem unerwarteten Ableben Mani Matters waren viele seiner Lieder nicht greifbar. In den 1970er Jahren bemühten sich die mit Matter befreundeten Fritz Widmer und Jacob Stickelberger um die Schliessung dieser Lücke. 1973 führten sie das zu Lebzeiten Matters nicht vollendete, aber noch gemeinsam mit Matter erarbeitete Liederstück *Kriminalgschicht* – darunter sechs Lieder von Matter – auf.[37] Daraus entstand ein Tonträger mit gleichnamigem Titel. 1978 arrangierten Widmer/Stickelberger ein Programm mit Matter-Liedern, die auf öffentlich greifbaren Tonträgern gefehlt hatten (LP *Dr Kolumbus*[38]). Insgesamt sind somit 21 Lieder in Interpretationen von Widmer/Stickelberger überliefert. Von der

---

35 Unklar bleibt wegen fehlender Angaben auf den CDs der Zeitpunkt des Wechsels zum neuen Tonspeichersystem. Er dürfte in 1990er Jahren erfolgt sein.
36 Vgl. Früh (Reg.) 1970, Hohler 1973 (SF DRS), 1992; Kappeler (Reg.) 2002. Alle späteren Veröffentlichungen von Matter-Liedern, die von den erwähnten Tonträgern stammen, bleiben hier unberücksichtigt. Eine Sammlung mit Tondokumenten/Videoaufnahmen, die später nochmals veröffentlichte Lieder enthält, findet sich im Schweizerischen Literaturarchiv (SLA), Nachlass Mani Matter, Sign. D-01-f bis D-01-g.
37 Matter/Stickelberger/Widmer (CD) 1990; vgl. zu den einzelnen von Widmer und Stickelberger aufgeführten Liedern das alphabetische Liederverzeichnis im Anhang (Siglen *Kolumb* und *Kriminal*).
38 Matter/Stickelberger/Widmer (LP) 1978. Die Datierung stammt aus der Diskographie zu „Die Geschichte des Berner Songschaffens", in: Der Bund, 25.8.1993–3.11.1993. Matter/Belz gehen in ihrer Übersicht *Chansons alphabetisch* (Schweizerisches Literaturarchiv SLA, Nachlass Mani Matter, u.a. vorne inliegend in der Schachtel mit Sign. A-01-a bis A-01-b) vom Jahr 1977 aus.

Grosszahl der Matter-Lieder liegen also ‚authentische' Interpretationen vor, d.h. Interpretationen, die entweder von Matter stammen oder solche, die Matters Interpretationsweise nachahmen.

Seit der zweiten Hälfte der 1980er Jahre wurden Matter-Lieder rockmusikalisch bearbeitet (zunächst durch *Züri West*, später durch Stephan Eicher; vgl. auch die CD *MatterRock* von 1992 mit zahlreichen Mitwirkenden).[39] Derzeit liegen über 30 Adaptationen vor.[40] In den Jahren 1994 (*Gö*) und 1997 (*öha*) arrangierten Gerhard Ruiss und Reinhard Prenn drei Dutzend Lieder neu; Prenn übertrug sie in den Wiener Dialekt. Diese beiden CDs und *MatterRock* führen auch Lieder, die auf früheren Tonträgern fehlen (*d'türe, oberi und underi, einisch am'ne morge*; alle auf *Gö*). Ferner widmet sich dem Matter-Werk seit dem Mani-Matter-Herbst 2002 die Gruppe *Ueli Schmezer's MatterLive*; bislang sind zwei CDs mit insgesamt 24 Neuinterpretationen erschienen (2004 *Ueli Schmezer's MatterLive*, 2006 *Ueli Schmezer's MatterLive Vol. 2*).[41]

Übersetzung/Nachdichtung des Liedwerks in andere Sprachen

Eine vollständige Übertragung von Matters Autorenlied-Werk in die Standardsprache steht weiterhin aus. Neben Prenns Nachdichtungen ins Wienerische finden sich hochdeutsche Versionen einzelner Lieder in journalistischen Erzeugnissen, Anthologien und wissenschaftlichen Abhandlungen.[42] Wolf Biermann integrierte eine eigene Nachdichtung von *us emene lääre gygechaschte* in sein Lied *Der Mani Matter aus Bern*.[43] Im Übrigen erfolgten einige Übersetzungen/Nachdichtungen in fremde Sprachen: Ins Französische übertragen wurden die vier Lieder *hemmige* (*Inhibitions*)[44], *us emene lääre gygechaschte* (*D'un étui à violon vide*)[45],

---

39 Weitere Einzelheiten in Kap. 2.1.3.
40 Vgl. Hohler 1992: 143; MatterRock (CD) 1992; Wirz 2002: 173.
41 Ein Überblick über die verfügbaren Liedinterpretationen lässt sich aus den Liederverzeichnissen im Anhang sowie unter dem oben stehenden Abschnitt *Öffentlich nicht oder nur archivarisch greifbare Aufnahmen* gewinnen.
42 Vgl. z.B. Dieter Fringeli: Agonie und neue Blüte, in: Pezold u.a. 1991; vgl. auch Lassahn 1982: 60; 132; 180; Fricke 2000 und Mettler 2003; weitere Hinweise im Kap. 2.2.3.
43 Biermann 1991: 306.
44 C. B.: Mort d'un Troubadour et honneur à un Romancier, in: La vie protestante, 5.1.1973.

es git e bueb mit name fritz (*Il y a un gamin qui s'appelle Fritz*)[46] und *einisch am'ne morge* (*Un matin ou un après-midi*)[47]; ins Lateinische die drei Lieder *dr eskimo* (*De Eskimo*), *dr ferdinand isch gstorbe* (*Defunctus Ferdinandus*) und *dr bärnhard matter* (*De Bernhardo Matter*)[48]; ins Englische zwei Strophen aus dem hochdeutschen Liederzyklus *Sutil und Laar* (*Sutil's Dream*)[49] und ins Russische die sechs Lieder *alls wo mir id finger chunnt* (*Wsjo u menja, schto ni vozmi...*), *si hei dr wilhälm täll ufgfüert* (*Igrali drama Wilgelm Tell*), *ds nüünitram* (*Schjol tramvaj devjatij nomer*), *dynamit* (*Dinamit*), *bim coiffeur* (*V parikmacherskoj*) und *warum syt dir so truurig?* (*Ottschego wy tak petschalni?*)[50].

II Das übrige Werk

a) Veröffentlichte Werke

Ein ansehnlicher Teil der weiteren literarischen Schriften ist im knapp dreihundertseitigen Konvolut *Sudelhefte/Rumpelbuch* vereint.[51] Matters eigenen Worten zufolge sammelt der Band „Notizen, Briefe, Kurzgeschichten, Verse".[52] Der erste Teil, *Sudelhefte*, konzentriert sich vornehmlich auf Notizen und Aphoristisches.[53] Der zweite Teil, das *Rumpelbuch*, besticht durch die Vielfalt der versammelten Gattungen: Erzäh-

---

45 Pierre du Bois: Le mort d'un troubadour. Mani Matter, in: La Gazette littéraire, 30.12.1972.
46 Ebd.
47 Pierre du Bois: De la Bernerchanson considérée comme une tauromachie, in: La Gazette littéraire, 16.6.1973.
48 Die Übersetzungen, vereint unter dem Titel *Carmina Matteriana*, stammen vom ehemaligen Berner Gymnasiallehrer Martin Meier. Sie befinden sich im Privatbesitz von Fritz Widmer.
49 Wyttenbach 1966.
50 Petrov 2005.
51 Matter 1992b. Die beiden Textteile erschienen ursprünglich gesondert; Erstausgabe Sudelhefte 1974, Rumpelbuch 1976. Ein Kollektiv bestehend aus Joy Matter, Urs Frauchiger, Dieter Fringeli, Franz Hohler, Peter Lehner, Fritz Widmer und Helen Zuppiger-Matter edierte die Textsammlung.
52 Matter 1992b. Der Ausdruck ‚Notizen' ist offenkundig Ludwig Hohls *Die Notizen* (1984 [1944/1954]) entlehnt. Auch viele andere Autoren jener Zeit begeisterten sich für dessen Reflexionen (vgl. Haupt 1996).
53 Die Bezeichnung ‚Sudelhefte' lehnt sich unverkennbar an Lichtenbergs aphoristische *Sudelbücher* an (vgl. Spicker: 2004: 294).

lungen, Briefe, Gedichte in Standarddeutsch[54] und Latein, ‚Mini-Dramen' in Monologen oder Duologen und dialektale Conférence-Texte. Die Conférence-Texte[55] stammen aus den Liedprogrammen und bilden eine Schnittmenge aus Liedwerk und Tagebuch-Notizen.[56] Einzelne Passagen aus *Sudelhefte/Rumpelbuch* stehen unmittelbar in Bezug zu bestimmten Autorenliedern,[57] andere erschliessen Grundzüge von Matters Poetik. Matter mass den nichtfiktionalen, nichtkonstruierten[58] Tagebuch-Einträgen einen hohen Stellenwert bei und wies ausdrücklich auf Max Frischs Tagebücher hin.

Ferner publizierte Matter in der Pfadfinderzeitschrift *Hallo* viele Gedichte und Liedtexte.[59] Dies sind, nach dem Zeitpunkt des Erscheinens geordnet:

April 1953	„Dr Obejaho z'Schönried"
Okt. 1954	„Ds Lied vom Pfaderhuet" (S. 119)
März 1959	„Der UA naht" (S. 58f.)[60]
Juli 1959	„Patrianer, hört mein Klagen" (S. 79)
	„Brief aus dem Lager" (S. 91)
Dez. 1959	„Unser liebes, altes, gutes Hallo hat Geburi" (S. 3)
März 1960	„Abseits vom Lager" (S. 3)
Juni 1960	„Die Blasierten" (S. 3)
Sept. 1960	„Die Pfahlbauer, oder: Des Verseschreibers Knacks" (S. 3)
Dez. 1960	„Ist denn das wahr?" (S. 2)
Juni 1961	„Es ist ein wenig schade" (S. 9)
Sept. 1961	„Moralin" (S. 1)
März 1962	„Ein Pfader namens Köbi Walter" (S. 1)
	„Mitunter, wenn ich in die Stadt ..." (S. 24)[61]
Juni 1962	„Misterioso" (S. 7)
Sept. 1962	„Das Aarebad" (S. 1)
März 1963	„Sag mal!" (S. 1)

---

54 Sie wurden zum Teil von Jürg Wyttenbach vertont.
55 Dies sind *Ds Doppelbett, Polizeiverhör, Protäscht, Chinderspiel* und *Gschicht vom Polizischt*; vgl. Matter 1992b: 277–282.
56 Vgl. zur Edition dieser Mundarttexte Kap. 2.1.5.1.
57 Vgl. z.B. Matter 1992b: 35, wo auf das Lied *ds portmonee* Bezug genommen wird. *Ds portmonee* greift das Thema des Märchens *Hans im Glück* auf, in dem das Ärmerwerden als Glück erfahren wird.
58 Vgl. Matter 1992b: 103.
59 Zur literarischen Pfadfinderaktivität Mani Matters vgl. Kap. 3.1.
60 Reprints März 1961 (S. 6) und Oktober 1974, 3. UA=Unterhaltungs-Abend.
61 Reprint Dez. 1966 (S.13).

Juni 1963	„Unbekannti Patrianer" (S. 1)
Juni 1964	„Pfader und Pfadfinder" (S. 7)
Dez. 1964	„Wie man gaukelt / (zum Selbermachen)" (S. 1)
März 1965	„Der Schnipp" (S. 1)
ohne Datum	„Der Venner und das Mädchen"[62]
ohne Datum	„Der Könner / Es war ein Pfader – er hiess Rätz"
ohne Datum	„Das Pfaderei"

Mani Matter zeichnete sich auch als Nachdichter und Interpret fremder Lieder aus; sowohl im Liedwerk (*sit mir vom herd vo de götter* von Peter Lehner;[63] *französisches volkslied* von Marty Feldman;[64] partiell auch *karibum,* vgl. Kap. 2.5.1) als auch mit der umfangreichen Nachdichtung des Musiktheater-Textes *Histoire du Soldat/Die Geschichte vom Soldaten* (französischer Text: Charles-Ferdinand Ramuz; Vertonung: Igor Strawinsky).[65] Schliesslich ist die Publikation des einzigen – Fragment gebliebenen – Romans von Mani Matter, *Kinoull Note Book*, geplant.[66]

b) Unveröffentlichte Werke

Den Kern des Nachlasses mit etlichen unpublizierten Texten, Zeichnungen und Bildern bewahrt seit November 2006 das Schweizerische Literaturarchiv (SLA), Bern, auf;[67] verschiedene Autographen befinden sich noch im Besitz der Erbenfamilie oder bei ehemaligen Freunden Mani Matters, so bei Jürg Wyttenbach, Franz Hohler, Ruedi Krebs, Fritz Widmer und Jacob Stickelberger.

---

62 Matter übersetzte den Text, wie einer Anmerkung auf dem Textblatt zu entnehmen ist, aus dem Pfadfinderbuch „The Scouter" (S. 19; genauere Angaben sind nicht bekannt); Abzüge der hier erwähnten undatierten Gedichte befinden sich im Schweizerischen Literaturarchiv SLA, Nachlass Mani Matter, Sign. A-03.

63 Matter 1992a: 61. Der hochdeutsche Originaltitel lautet *Seit wir vom Herde der Götter*.

64 Feldman (LP) 1971. Der Originaltitel lautet *french folksong*.

65 Übersetzt 1963, ediert 1991.

66 Vgl. Tobler 2007 (Berner Zeitung); zu den von Matter fremdinterpretierten Liedern vgl. Kap. 3.1.2.

67 Zuvor von der Erbengemeinschaft Matter (Joy Matter, Sibyl Matter, Meret Matter, Ueli Matter) verwaltet. Wissenschaftlich wertvolle Dokumente sind durch erhebliche Zugriffsbeschränkungen leider weiterhin nicht zugänglich.

Der Nachlass birgt unter anderem die unausgewerteten Kabaretttexte und unpublizierte Conférencen aus den Liedprogrammen[68], aber auch etliche Notizen und Tagebuchaufzeichnungen, die in *Sudelhefte/Rumpelbuch* keine Aufnahme fanden, und Theaterentwürfe: „Die Katastrophe, oder: wer Pech ausrührt fällt selbst hinein" (SLA, Sign. A-03-b/01), „Der Trupp sitzt beim Morgenessen" (Sign. A-02-b/06) und die Patria-UA-Stücke „Ds Attentat uf ds Bundeshuus" (1959; Sign. A-03-b/02/03) sowie „Du wosch mer doch das nid agäh" (UA-Stück XII, 1963, Sign. A-03-b/04/05). Weiter gibt es das von Matter verfasste „Rundschreiben betreffend Patria-UA-Stück 1963", welches die Rahmenhandlung zum Stück *Jahrmarkt* umreisst.[69]

Einen weiteren Hinweis verdienen, neben den für die Forschung ausgesprochen wichtigen Liedtext-Entwürfen, Mani Matters Briefe an Fritz Widmer und Jacob Stickelberger. Die Briefe an Stickelberger sind unveröffentlicht geblieben. Sie datieren vom 5. Dezember 1968, 3., 10. und 31. Juli 1970 sowie 10. August 1971.[70] Zwei weitere Briefe sind ohne Angabe eines Datums. Matter zeigt sich in den Briefen als brillanter Kritiker und ‚Verbesserer' der Lieder Stickelbergers. Einer der undatierten Briefe führt ferner jene bemerkenswerte, auf das Lied *dr alpeflug* bezogene Textstelle, die zeigt, dass Mani Matter in seinen Liedern das Hinterlassen eines „bitteren Nachgeschmacks" anstrebte.[71] Angeregt durch Stickelberger, lässt Matter in *dr alpeflug* die beschriebene Handlung in eine Katastrophe münden.

Die zehn vorwiegend in Cambridge geschriebenen Briefe an Fritz Widmer sind bereits teilweise oder (in einem Fall) ganz veröffentlicht.[72] Zum Erleichtern der weiteren Erforschung von Matters Werk seien abschliessend Widmers Briefe in chronologischer Reihenfolge aufgelistet.

---

68 Schweizerisches Literaturarchiv (SLA), Nachlass Mani Matter, Sign. A-03.
69 Schweizerisches Literaturarchiv (SLA), Nachlass Mani Matter, Sign. A-03-b/04/05; vgl auch Hallo 1963b: 88.
70 Jacob Stickelberger überliess sie mir freundlicherweise zur Einsicht.
71 Vgl. auch Widmer 2002a: 13.
72 Zwischen den Originalbriefen und den gedruckten Auszügen bestehen öfter kleinere Abweichungen; diese reichen von gekürzten Passagen, die als solche aber nicht gekennzeichnet sind, bis hin zu abgeänderten Formulierungen, Zeichensetzungen und Schreibweisen. Die Briefe waren zwischen ca. Mitte der 1990er Jahre bis 2002 im Schweizerischen Cabaret–, Chanson– und Pantomimen-Archiv, Thun, öffentlich einsehbar, dürfen hier aber aus rechtlichen Gründen nicht abgedruckt werden.

Es wird auch angegeben, ob und gegebenenfalls wo Passagen aus diesen Briefen abgedruckt sind:

Brief 1 undatiert, mutmasslich Ende 1965
Brief 2 7. Januar 1966
Brief 3 22. November 1967
Brief 4 Anfang Dezember 1967
 Teilabdruck in Widmer 2002a: 25.
Brief 5 15. Dezember 1967
 Teilabdruck in Widmer 2002a: 15; 18; 42; Widmer 2002b: 11.
Brief 6 6. Januar 1968
 Teilabdruck in Widmer 2002a: 42; Widmer 2002b: 10.
Brief 7 20. Februar 1968
Brief 8 19. März 1968
 ganzer Brief in Hohler 1977: 73–76; Teilabdruck in Hammer 1998: 113f; Hohler 1992: 39f; Widmer 2002a: 16.
Brief 9 1. Mai 1968
 Teilabdruck in Widmer 2002a: 43; Widmer 2002b: 11.
Brief 10 13. Mai 1968
 Teilabdruck in Hohler 1977: 67f; Hohler 1992: 107; Widmer 2002a: 14.

Bemerkenswert ist im Übrigen Matters bildnerisches Werk. Darin zeigt sich eine breite Palette an eingesetzten Techniken, von impressionistischen, expressionistischen und kubistischen Darstellungsweisen über Collagen bis hin zu Strichzeichnungen.[73]

III Matter als Wissenschaftler und Verfasser von Aufsätzen

Wie bereits erwähnt, promovierte Matter zum Doktor der Jurisprudenz. Seine Dissertation erschien 1965 unter dem Titel *Die Legitimation der Gemeinde zur staatsrechtlichen Beschwerde*. Zu nennen ist weiter die Fragment gebliebene juristische Habilitationsschrift *Die pluralistische Staatstheorie*. Matter veröffentlichte ausserdem einige Artikel zu politisch-juristisch-zeitgeschichtlichen Themen: 1964 die Abhandlung „Der Mut zum Politisieren",[74] 1966 die Darstellung „Der Bürger und die demokratischen Institutionen", 1970 den Zeitungsartikel „Nicht bewahren – etwas aus ihr machen. Die Schweiz aus der Sicht der jungen Gene-

---

73 Vgl. Schweizerisches Literaturarchiv (SLA), Nachlass Mani Matter, Sign. C-02. Vereinzelt publiziert in Hohler 1977/1992.
74 Ist der Titel dieser Publikation in Hohler (1977: 93) noch richtig zitiert, lautet er in späteren Auflagen irrtümlich „Der Mut zum Polemisieren" (Hohler 1992: 142; Hohler 2001: 142).

ration" und 1971 eine erweiterte (Vortrags-)Variante dieses Zeitungsdokuments, „Die Schweiz seit 1945 aus der Sicht der jungen Generation". Die weitere wissenschaftliche Tätigkeit lässt sich den nachgelassenen Schriften im Schweizerischen Literaturarchiv entnehmen. Eine Publikation mit teilweise noch unveröffentlichten (so ein Fragment gebliebener erster Dissertationsversuch mit dem Titel *Zur schweizerischen Ideengeschichte bis zur Einführung des Referendums im Bunde*) oder nur schwierig greifbaren wissenschaftlichen Arbeiten ist in Vorbereitung.

2.1.2.2 Editorische Unschärfen

Eine unabdingbare Voraussetzung für eine präzise Literaturanalyse ist das Vorhandensein von Texten letzter Hand. Bekanntlich kann schon die kleinste textuelle Veränderung die Textaussage beeinflussen. In lyrischen Texten kann zudem eine Abänderung der Versorganisation zu anderen sprachlichen Beziehungen innerhalb des Lyrikgitters führen – und somit zu neuen Funktionen, Wirkungen und Interpretationen. Bei Matters Werk wäre es besonders wichtig, auf Material zugreifen zu können, das dem heute üblichen editionsphilologischen Massstab entspricht, wachte Matter doch bei seinen Texten überaus akribisch über jede sprachliche Kleinigkeit.

Zu den Quellentexten im Einzelnen: Texte letzter Hand sind bei Matter das erste Liedheft *Us emene lääre Gygechaschte*[75], die Tonträger mit Liedern, die Matter selber sang, und die Fernsehaufnahmen[76]. Weniger verlässlich sind hingegen die posthum erschienenen Liedhefte.[77] Wie eine kursorische Durchsicht zeigt, weichen in diesen Editionen nur schon die Versgliederungen des öftern erheblich vom letztgültigen Text ab. Ein Beispiel: Im Liedheft *Warum syt dir so truurig?* ist *e löu, e blöde siech, e glünggi un e sürmu / oder: schimpfwörter sy glückssach* als fünfzehnversiger Text organisiert. Mit Blick auf die Melodiebögen liegt aber eine andere Textstrukturierung viel näher – nämlich als vier Strophen zu je vier Versen. Genau diese Anordnung findet sich denn auch im Nachlass

---

75 Matter 1993 [1969].
76 Hohler 1992 (SF DRS). Im Einzelnen Kap. 2.1.2.1.
77 Das 1973 von Matters Witwe herausgegebene Heft *Warum syt dir so truurig* stellte weitgehend noch Mani Matter zusammen. Das 1992 erstmals erschienene Heft *Einisch nach emne grosse Gwitter* wurde von Joy Matter, Franz Hohler und Fritz Widmer konzipiert bzw. editorisch bearbeitet.

– und zwar in gleich vier, partiell handschriftlich abgeänderten Varianten. Allerdings ist der Text im Nachlass visuell nicht gegliedert; er besteht aus zwölf Versen, die ununterbrochen – also ohne Leerzeilen – aufeinander folgen.

Auch im Liedheft *Einisch nach emne grosse Gwitter*[78] sind – zum Teil erhebliche – Mängel in der Editionsarbeit festzustellen,[79] wobei nicht in jedem Fall editorische Sorglosigkeit vorliegt: Selbst die Zeilenanordnung der noch von Matter herausgegebenen Texte folgt mitunter nicht strikt der ‚metrischen Logik'.[80] Die Rekonstruktion der Texte letzter Hand dürfte bei einigen Liedern schwierig sein, beantworten doch die Schriften im Nachlass nicht immer zweifelsfrei die Fragen nach der ursprünglichen Strophenaufteilung und Zeilengliederung. Auch sind von einigen Liedern nur wenige Entwürfe greifbar.

Editionsfragen sollen hier nicht weiter beschäftigen; eine (historisch-) kritische Textedition wäre jedoch allemal wünschenswert. Die nachfolgende Analyse stützt sich in erster Linie auf die Texte in den vorliegenden Editionen. Sie berücksichtigt aber auch, sofern ein offensichtliches Desiderat besteht und die Rekonstruktion möglich war, die letztgültigen Varianten.

---

78 Matter 1992a.
79 Das bedeutendste Beispiel der nicht sachadäquaten Edition ist, soweit dies bei der zeitlich begrenzten Durchsicht der nachgelassenen Schriften auffiel, *du bisch win e fisch*. Im vorliegenden Druck sind die Strophen sechszeilig, in den Autographen werden Haupt- wie Refrainstrophen aber dreizeilig dargestellt. Zudem ist im Druck keine Melodie notiert. Ein Randhinweis behauptet sogar, für dieses Lied gebe es keine Melodie mehr. Im Nachlass finden sich indes gleich zwei Notate von Melodien. Auch in Interpunktion, Orthographie, Syntax, Vokabular und anderem mehr dürften die Drucke von den nachgelassenen Schriften abweichen. Dies gilt im Besonderen für die Melodie-Notationen: Für die Herausgabe der Texthefte wurde laut ihren eigenen Aussagen Änni Krebs-Schädelin angegangen, um nicht festgehaltene Melodien aus dem Gedächtnis zu rekonstruieren. Es ist anzunehmen, dass dies vermehrt zu Abweichungen von den ursprünglichen Melodien führte.
80 Mit guten Gründen liesse sich etwa *ds zündhölzli* auch als achthebiger (ggf. partiell vierhebiger) Fünfzeiler mit Paarreim bzw. Haufenreim darstellen.

2.1.3 Wirkungsgeschichte

Mani Matters Lieder fanden von Anfang an Anklang. Bereits die erste Aufführung (*dr rägewurm*) löste weithin ein positives Publikumsecho aus,[81] und die öffentliche Kritik war, einmal abgesehen von wenigen Ausnahmen – siehe etwa den Kritikerstreit zu Beginn der 1970er Jahre[82] – stets sehr wohlwollend. Auch die allererste Zeitungskritik vom 25.9.1963 war voller Lob für Matter:

> Gutes und Mittelmässiges war zu hören. [...] Zu oft freilich glitten die Gesänge auf anspruchsloses Lumpeliedli-Niveau ab; die versöhnliche Kellertheater-Atmosphäre, der gute Vortrag und die in ihrer Bescheidenheit erfreulich ausdrucksstarke Vertonung (besonders bei Attenhofer) wurden benutzt, um Blödelei zu kultivieren. Mani Matters *Eskimo*, *I han en Uhr erfunde* und *S' isch am ene schöne Sunndig gsy* müssen als herrlich gelungener Edel-Stumpfsinn von dieser Kritik ausgeklammert werden.[83]

Bald einmal galt Matter, aber irrtümlich, als „Vater"[84] des „Berner Chansons". Man beschrieb ihn als „stärksten in der Gruppe",[85] „zu Recht gefeierten ‚Alt'-Meister unserer Kellersänger"[86] oder auch, im Wortlaut H. C. Artmanns, als „Meister".[87] Das positive Feedback berührte Matter besonders bei Kritik aus berufener Feder.[88] Im Radio wurden einige von

---

81 Einzelheiten dazu in Kap. 3.1.2.
82 Vgl. Wirz 2002: 159f.
83 „Chanson-Abend im Theater am Zytglogge", in: Berner Tagblatt, 25.9.1963.
84 Vgl. Berner Troubadours (MC) 1966/67 und Kap. 3.2.2. Die früh verbreitete Fehleinschätzung wurde trotz Stirnemanns Berichtigung (vgl. Hohler 1977: 47) lange Zeit weitergereicht, nicht nur in den Medien (vgl. etwa die Kritik „Theater am Zytglogge. Chansons auf Bernerart", in: Berner Tagblatt, 3.1.1965; „Neue Berner Platten der Troubadours", in: Berner Tagblatt, 22.11.1966), sondern auch in der wissenschaftlichen Literatur (vgl. etwa Pulver 1974: 340; *Autorenlexikon deutschsprachiger Literatur des 20. Jahrhunderts* 1991: 500).
85 „Schalk und verhaltene Poesie: die Berner Troubadours", in: Berner Tagblatt, 4.1.1967.
86 „Sieben Männer und sieben Gitarren", in: Der Bund, 4.1.1967.
87 Vgl. Widmer 2002a: 22; weitere Zuschreibungen in Wirz 2002: 119ff.
88 Matter äusserte sich beispielsweise tief befriedigt über den Zuspruch durch den Dichter Kurt Marti (so Matter im Brief an Widmer vom 19. März 1968) und Peter Lehner (Brief von Anfang Dezember 1967). Die unpublizierten Briefe von Matter an Widmer enthalten aber auch Hinweise auf eine nicht durchwegs positive Kritik (etwa im Brief von Anfang Dezember 1967).

Matters Liedern erstmals am 28. Februar 1960 ausgestrahlt (in der Radiosendung *Kaleidophon*).[89] In der ersten Zeit bevorzugte Matter Auftritte im engen Freundeskreis, während das Kabarett-Ensemble *Schifertafele* seine Lieder aufführte.[90] Der erste öffentliche Auftritt war im Winter 1965/66.[91] Matter stand aber erst im Rahmen des Berner-Troubadours-Programms von 1968/69 regelmässig auf der Bühne.[92]

Matters zunehmende Bekanntheit äusserte sich in der starken Nachfrage seiner Liedtexte und Tonträger. 1965 waren in einem Sammelband mit berndeutscher Mundart drei seiner Liedtexte publiziert worden,[93] im Dezember 1967 vier weitere im Heft *Apero*.[94] Im Oktober 1966 und September 1967 erschienen die ersten beiden EP-Platten.[95] In den ausgehenden 1960er Jahren intensivierte sich der Auftrittsrhythmus der Berner Troubadours. Ab 1971 waren Matters Konzerte – er trat nun als Solist auf – ausverkauft; 1972 wurden zwei Gastspiele als Folge grosser Publikumsresonanz wiederholt.[96] 1969 erschien, nach der Rückkehr Matters aus Cambridge, das erste Liedheft *Us emene läare Gygechaschte*. Bis 2001 erzielte es bereits 26 Auflagen.[97] 1973 folgte, nach Matters Ableben, das zweite Liedheft (*Warum syt dir so truurig*; 16 Auflagen bis 2002). Die anhaltende Nachfrage nach den unpublizierten Liedtexten führte 1992 zur Herausgabe des bislang dritten und letzten Liedhefts *Einisch nach emne grosse Gwitter* (4 Auflagen bis 2002). Über die vergangenen Jahrzehnte erzielten die Liedhefte anhaltend einen hohen Absatz. Für schweizerische Verhältnisse besonders eindrücklich ist auch die grosse Zahl an vertriebenen Tonträgern: über eine Viertelmillion zwi-

---

89 Vgl. Hohler 1977: 46.
90 Vgl. Grünigen 1964 (Der Bund).
91 Gemäss der Homepage des Matter Verlags (Stand 3.8.2006).
92 Vgl. Bernhard Stirnemann in Hohler 1977: 47. Laut der Homepage des Matter Verlags (Stand 3.8.2006) soll dies ab der Spielsaison 1966/67 gewesen sein.
93 Fahrer u.a 1965: 21–27. Abgedruckt sind: *ds lotti schilet*, *ds nüünitram* und *dr heini*.
94 Apero 1967: 28f. Dadurch zeigt sich die enge Verflechtung der Berner Liedermacher-Szene mit der übrigen *modern mundart*. In Apero abgedruckt sind: *dene wos guet geit*, *ds lied vo de bahnhöf*, *bim coiffeur* und *ds nüünitram*.
95 Vollständige Angaben im Kap. 2.1.2.1 unter *Öffentlich greifbare Aufnahmen*.
96 Vgl. zum Aufführungsrhythmus Hohler 1977: 54; auch Kap. 3.3.2.
97 Die Zahlen zur Auflagenstärke und zu den vertriebenen Tonträgern stammen aus Lerch 2002 (WoZ-Online). Die Verlage Zytglogge, Patmos und Ammann teilten auf Anfrage hin keine Zahlen mit (im Frühjahr/Sommer 2006).

schen 1966 und 2002. 1969 wurde Matter mit dem Buchpreis der Stadt Bern – für das Liedheft *Warum syt dir so truurig* – geehrt.

Die qualitativ sogleich als weit überdurchschnittlich empfundenen Lieder wurden bald einmal nachgeahmt, mitunter zu Matters Missfallen. 1969 bildete sich die Gruppe *Berner Trouvères*, deren Bezeichnung evident den Berner Troubadours nachempfunden ist. Den Matter-Liedern auffällig ähnlich sind die Lieder der Berner Trouvères Werner Jundt und Andreas Oesch, etwa in Reimtechnik, Thematik, Sprachverwendung sowie lautlicher Äquivalenzbildung.[98] Auch einige Lieder von Oskar Weiss[99] gleichen den Matter-Liedern auf frappante Art und Weise, indem sie etwa ganz ähnliche Textstrukturen aufweisen. Zudem erinnert der Vortragsstil sehr an Matter.[100] Weitere Parallelen der Berner Trouvères zu den Berner Troubadours bestehen im anfänglichen Aufführungsort (im kleinen Theater am Zytglogge) wie auch im Zusammenwirken mit dem Lehrerkabarett *Schifertafele*.[101]

Ferner stand die Nachfolgegruppe *Berner Chansonniers* – unter anderem mit Hugo Ramseyer und Susi Tellenbach[102] – unter dem Einfluss der Berner Troubadours, besonders Mani Matters. Der Gruppenname lehnt sich offenkundig an die Vorbilder an. Bei den Liedern zeigt sich die Nachahmung in der gewählten Thematik (Alltägliches), der ähnlichen Reimtechnik, der witzigen Pointierung, den überraschenden Reimen und Reimformeln sowie im Darbietungsmodus. Auch die Gruppe *Berner Barden* stand ganz im Zeichen der Berner Troubadours.[103] Die grosse Zahl der Nachahmer trug nicht zuletzt zu Matters literarischem

---

98 Die genannten Techniken finden sich etwa in Jundts Liedtext *der godi kehrli* (Jundt u.a. 1974: 30f.); Binnenreim: „der godi kehrli vo niderscherli" (Übers.: „Godi Kehrli aus Niederscherli"); ‚fehlerhafte' mundartliche Flexion aus reimtechnischen Gründen: „i fahra hüt zur klara" („Ich fahre heute zu Klara").
99 Weiss gestaltete die Covers von Matters Alben. Ausserdem ist er kunstvoller sowie erfolgreicher Illustrator von Matters Liedtext *dr sidi abdel assar vo el hama* (vgl. Matter/Weiss 1995). Von den Matter-Liedern am wenigsten beeinflusst war der ‚Berner Trouvère' Peter Krähenbühl, der sich vorzugsweise an amerikanische Blues-Vorbilder anlehnt.
100 Wie etwa das Lied *d'artischocke* (auf Berner Trouvères [LP] o.J.). Dem Liedtext unterlegt ist die leicht modifizierte Melodie von Matters *missverständnis*.
101 Ein knapper historischer Überblick zu den Berner Trouvères in Jundt u.a. 1969.
102 Grosse Teile der Lieder wurden arbeitsteilig aufgeführt (vgl. Berner Chansonniers [LP] o.J.).
103 Vgl. Heilinger/Diem 1992: 74.

Wandel bei: Er verfasste fortan weniger wortspielende und witzige Lieder.

Sängerautoren aus der übrigen Deutschschweiz[104] liessen sich von den Matter-Liedern vorerst kaum vereinnahmen. Ernst Born, Jürg Jegge und Tinu Heiniger, um nur einige zu nennen, lehnten sich primär bei den agitatorischen Gesängen deutscher Liedermacher wie Biermann, Degenhardt, Mossmann, Süverkrüp und bei englischsprachigen Vorbildern an. Ernst Born merkt zu seinen (heterogenen) künstlerischen Wurzeln an:

> Die Beatles waren meine zweiten „Erzieher". Durch sie habe ich eine optimistische Weltsicht kennen gelernt. Ludwig van Beethoven und John Coltrane haben mich inspiriert, Grenzen zu verschieben und zu übertreten. Ich hatte in den Anfängen meiner Liedermacherei nie das Gefühl, in einer Tradition mit Brassens oder gar Mani Matter zu stehen. Wenn mir dies jemand unterstellte, protestierte ich als 20jähriger vehement. Die Sprache war für mich nicht entscheidend. Ich sah mich als Woodstock-Hippie und im Gegensatz zu den Chansonniers, die ihre Identität hinter netten Liedchen verbargen, wollte ich meine Identität ausdrücken – ich benütze meine Gitarre als One-man-band. Jimmy Hendrix stand mir näher als Dieter Wiesmann [...]. Wer mich nicht inspirierte, waren Bob Dylan, Pete Seeger, Joan Baez. Wer mich inspirierte, waren John Lennon, Dieter Süverkrüp und Walter Mossmann.[105]

Dieter Wiesmann wiederum orientierte sich eher am frühen Reinhard Mey oder an Christof Stählin.

Die Matter-Lieder hatten dennoch eine epochale Wirkung auf die gesamte nachwachsende helvetische Liedermacher-, Lied- und Song-Kultur. Matters Lieder galten in der Schweiz als vorbildhaft für die neue, unbefangene literarische Verwendung des Dialekts.[106] Die Texte verarbeiteten eine zeitgemässe Thematik, besassen keinen bewahrenden, rückwärtsgewandten Sprachduktus und überzeugten durch Textqualität. Matters Liedgut ebnete so den Weg zur Blüte des Dialektliedes und mundartlichen Songs.[107]

---

104 Die Liedermacherszene entwickelte sich dort Ende der 1960er Jahre (vgl. Haas 1980: 86ff.; Glanzmann 1976: 138–142).
105 Ernst Born in einer E-Mail an S. H., 1.11.2006.
106 Vgl. u.a. Haas 1980: 76ff.; Kap. 2.1.5.3.
107 Vgl. etwa die Ausführungen zu Max Mundwiler in Matter-Müller 1990 (Basler Zeitung). Spätere Liedermacher bauten ganze Matter-Passagen in ihre Lieder ein, so Alex Kappeler auf seiner CD *Trouba-Dur* (1991). Es sei nur auf Kappelers teilweise Übernahme von Matters Refrain aus *ds heidi* hingewiesen (Matter: „heidi mir wei di

Besonders hervorzuheben ist die Wirkung der Matter-Lieder, aber auch einiger anderer Lieder der Berner Troubadours, auf die Anfänge des schweizerischen Mundart-Rocks. Ende der 1960er Jahre versuchte die Berner Oberländer Band *Rumpelstilz* – um den Leadsänger Polo Hofer – die Transformation von Matter-Liedern in Rockmusik. Aber ohne Erfolg.[108] In den 1980ern gelang der Rockgruppe *Züri West* schliesslich die erfolgreiche Umsetzung von Liedern der Berner Troubadours. Seitdem führen die meisten Tonträger von Züri West die Adaptation eines Matter-Liedes.[109] Umgekehrt trugen die Rockversionen zur anhaltenden Beliebtheit der Matter-Lieder bei: Die zum zwanzigsten Todestag aufgelegte CD *MatterRock* fand reissenden Absatz,[110] und eine von Stephan Eicher gestaltete Version von *hemmige* verzückte das französische Publikum.[111] Ausserhalb der deutschsprachigen Schweiz wird Matter aber sonst kaum wahrgenommen; die wienerischen Bearbeitungen von Prenn/Ruiss bilden da eine Ausnahme[112].

Im Weiteren sei auf die ‚institutionalisierte Rezeption' eingegangen. Rundum beliebt sind die Matter-Lieder im erzieherischen Umfeld.[113] Das Spektrum reicht von den Liedheften der Pfadfinder über Lyriksammlungen für Primarschulen bis hin zu didaktisch aufbereiteten Lektionen im Fremdsprachen- oder übrigen Unterricht.[114] In Werken zur Zeitge-

---

beidi / beidi heidi hei di gärn"; Kappeler: „D'Heidi isch ka leidi / nei d'Heidi wämmer beidi / doch han i de Verleidi / so scheidi vo de Heidi"). Vgl. auch Kap. 2.5.2.

108 Vgl. Haas 1980: 86.
109 Vgl. Heilinger/Diem 1992: 73. Songs in Anlehnung an Matter-Lieder entstehen bis heute bei vielen Gruppen, z.B. bei der Formation *May Day* mit *Abduldalilai* (CD, 1996). Der Titelsong orientiert sich an Matters *dr ferdinand isch gstorbe*.
110 Laut einer mündlichen Auskunft von Hugo Ramseyer.
111 Vgl. Heilinger/Diem 1992: 73. Dieses Lied dürfte die grösste Fangemeinde besitzen (vgl. *25 Jahre NachtExpress. Die 109 meistgewünschten Titel*. CD. Reader's Digest, 1995).
112 Vgl. zu Ruiss/Prenn Kap. 2.1.2.1. Weitere seltene Ausnahmen bilden Fernsehsendungen: So ko-moderierte Franz Hohler am 15. September 1995 einen Matter-Beitrag auf SWF 2. Gelegentlich trifft man den Namen oder die Liedtexte in allgemeinen Darstellungen zur Liedermacher-Szene an, z.B. in Paulin 1980: 94; Lassahn 1982: 60; 132; 180.
113 Matter-Lieder, wie Autorenlieder im Allgemeinen, eignen sich ganz besonders für den schulischen Unterricht (vgl. Hammer 1998: 103).
114 Max Feigenwinters Darstellung *Soziales Lernen im Unterricht* (1990) enthält *si hei dr wilhälm täll ufgfüert* und *ds zündhölzli*; vgl. auch Flüe-Fleck 1995; didaktisch aufbereitet ist hier *hemmige*.

schichte werden ab und an, zur Erläuterung des Zeitgeists, ganze Matter-Gedichte zitiert.[115]

Die gegenwärtige schweizerische (Volks-)Kultur ist von Mani Matters Liedern geradezu durchdrungen. Hierzu einige wenige Ereignisse der zurückliegenden Jahre: Im Herbst 2001 tauften die Schweizerischen Bundesbahnen eine ihrer Zugskompositionen auf den Namen ‚Mani Matter'. Im Jahr 2002 wurde, zum Gedenken des 30. Todestages von Matter, der so genannte Mani-Matter-Herbst durchgeführt – eine wahre Flut von Veranstaltungen:[116] unter anderem gemeinsames Singen von gegen 2000 Schülern auf dem Berner Münsterplatz, mit Live-Schaltung im Schweizer Fernsehen DRS; mehrere, zum Teil von Radiosendern live übertragene Podiumsdiskussionen; die Uraufführung des Dokumentarfilms über Mani Matter von Friedrich Kappeler;[117] verschiedene weitere Fernsehbeiträge[118] sowie Theater- und Musikvorstellungen. Ferner fungiert die Melodie von Matters *si hei dr wilhälm täll ufgfüert* seit vielen Jahren als zentrales „Brauchlied der Berner Fasnacht"[119]. Und schliesslich wählte im Herbst 2006 das Fernsehpublikum Mani Matters Lied *hemmige* in der Sendung „Die grössten Schweizer Hits" (Schweizer Fernsehen vom 7.10.2006) auf den dritten Platz – hinter Polo Hofers Song *Alperose* und Florian Asts/Francine Jordis *Träne*.

---

115 Vgl. Dejung 1984: 143ff. Der Autor zitiert das Gedicht *tradition* (aus Matter 1992b: 200) und den Liedtext *dene wos guet geit*.

116 Vgl. Programmabdruck im *Bund* vom 14.9.2002. Jean-Martin Büttner (2002; Tages-Anzeiger) spricht von „Heiligsprechung des toten Troubadours".

117 Der kunstreiche Film avancierte zum bestbesuchten Dokumentarfilm der Schweizer Filmgeschichte. Er enthält aber kaum neue Informationen (vgl. die Filmkritik von www.simifilm.ch: „Wir bleiben auf Distanz und bekommen wenig vorgesetzt, was den Mythos Matter [...] in einem neuen Licht zeigen könnte. Das heisst aber auch, dass wir als Zuschauer so gut wie nichts erfahren, was nicht ohnehin schon Teil der Folklore ist." (*www.simifilm.ch*; Stand 27.4.2006). Lerch 2002 (WoZ-Online) bezeichnet den Film als „feinfühlige Homestory".

118 U.a. Hammer 2002.

119 Bachmann-Geiser 2006 (Der Bund). Auch in den Schnitzelbänken der kunstvollen Basler Fasnacht finden sich viele Anleihen bei Matter. So etwa im Schnitzelbank „Öhrli im Schnörli" (Übers.: „Öhrchen im kleinen Mund") der Fasnachtsgruppe *Vereinigte Kleinbasler Jungi Garde* der Fasnacht 1998. Hier wird aus dem Matter-Lied *boxmätsch* der Vers „doch denn macht's Bong, das isch dr Gong" (Übers: „Doch dann macht es Bong, das ist der Gong") zitiert.

2.1.4 Das Werk in der Sekundärliteratur

2.1.4.1 Selbstständige Publikationen

Zu Leben und Werk Mani Matters liegen bis jetzt zwei selbstständige Buchpublikation vor: Franz Hohlers *Mani Matter: Ein Porträt* und Christine Wirz' Darstellung *Mani Matter: vom „värslischmid", der ein Poet war*. Franz Hohlers 1977 erstmals vorgelegter Porträtband vereinigt biographische Daten, persönliche Würdigungen, Notizen und Dokumentarisches zu Matters familiärem, beruflichem, künstlerischen sowie politischen Umfeld. Ansatzweise finden sich auch Text- und Musikanalysen sowie Teilabdrucke von Interviews. Die 1992 vollständig überarbeitete Neuauflage (Reprint 2001)[120] gibt einen Grossteil des Dokumentarischen auf. Hohler verlagert den Schwerpunkt auf die Einschätzung der ‚Nachgeborenen' und räumt den Vertretern der rockmusikalischen Adaptationen viel Raum ein. Weiter zeigt das Buch, wie akribisch Matter an seinen Texten arbeitete. Franz Hohler gewinnt durch eine detailreiche und präzise Analyse einiger Liedtexte manche wichtige Einsicht (etwa zum Nonsens, zur Arbeitstechnik – am Beispiel von *warum syt dir so truurig* – oder zur Frage der Genrewahl).[121] Die Neufassung lässt indes auch wichtige Materialien weg, wie z.B. eine ausführliche, in einem Brief an Fritz Widmer formulierte, Kritik Matters zu Widmers Liedtext *Ballade vo däm, wo nie zueglost het*.[122] Der Brief dokumentiert sowohl Matters Arbeitstechnik und seine Vorstellung von einer optimalen Liedpoesie als auch die Grundzüge seiner Poetik-Reflexionen. Überdies bestechen die Ausführungen durch die lakonische und treffende Analyse von Grob- und Feinstruktur jenes Liedtextes wie auch durch die Methode der ‚Variantentests'.[123]

In beiden *Porträt*-Auflagen stammt ein Gutteil der Beiträge von Personen aus Matters persönlichem Umfeld. Die Hauptabsicht des Buches ist eine generelle Würdigung von Matter, sowohl als Autor, Jurist und

---

120 Bis auf einige wenige Aktualisierungen ist dieser Reprint unverändert.
121 Hohler 1992, insbesondere die Seiten 81–98.
122 Vgl. Berner Troubadours (CD) 1990. Übers.: „Ballade von jenem, der nie zugehört hat".
123 Hier nicht verstanden im wissenschaftlichen Sinne ‚zum Erkennen einer Textfunktion', sondern produktionsästhetisch ‚zur Ermittlung der bestmöglichen Textvariante' (vgl. Fricke/Zymner ^{4}2000: 13f.).

Politiker als auch als Privatperson, wodurch zwangsläufig persönlich und
analytisch interessierende Informationen ineinander greifen. Aus lied-
analytischer Sicht bemerkenswert sind die musikwissenschaftlichen
Überlegungen des Musikologen Urs Frauchiger, der erstmals verschiedene Kernelemente von Matters Musik beschreibt.[124] Hohlers Porträtband bildete vielfach die Grundlage für andere Publikationen.

Christine Wirz wählte einen im Vergleich mit Hohler über weite
Strecken anderen Zugriff auf Matters Lieder. Im Vordergrund ihrer Abhandlung steht der Versuch, Matters Autorenlieder im literarhistorischen
und musikalischen Umfeld einzuordnen. Die Darstellung nimmt ihren
Anfang wie selbstverständlich bei der „Krise der Schweizer Mundart-
lyrik in den 60er Jahren".[125] Der Leser sucht dann allerdings vergeblich
eine tatsächliche Eingliederung von Matters Liedkunst in die Mundartliteratur.[126] Vielmehr präsentiert die Autorin eine, leider unvollständige,
Kompilation bisheriger Einsichten über den Funktionswandel der Mundartliteratur in den 1960er Jahren. Hierauf folgt eine, in mancher Hinsicht
mangelhafte, Analyse von Matters Liedtexten. Neben den literaturkritischen Fehleinschätzungen[127] stören hauptsächlich die häufigen Miss-
griffe bei der gewählten Begrifflichkeit.[128] Der Gewinn der Arbeit liegt
hingegen in einigen Detailbeobachtungen – etwa zum Perspektiven-

---

124 Vgl. Hohler 1977: 62–66; Kap. 1.3.4.2.
125 Wirz 2002: 12ff.
126 Man erfährt z.B. nicht, wodurch sich Matters Lieder von Dialekttexten eines Kurt
Marti, Ernst Born, Ernst Burren oder Julian Dillier unterscheiden.
127 Vgl. Züger 2002. Züger bemängelt die Kritik von Wirz, dass einige Matter-Lieder
(z.B. *si hei dr wilhälm täll ufgfüert*) zu sehr moralisieren würden: „Wirz qualifiziert
die Wiederholung der Moral als ‚unnötigerweise' und lässt dabei ausser Acht, dass
die Wiederholung (z.B. im Sinne des Refrains) zur Steigerung der Rezeptionswirkung eine klare Funktion besitzt. Auch scheint die Belehrung nicht dermassen
schwerfällig, wie Wirz weismachen will."
128 So lässt sich im Kapitel „Sprachspiel" nur erahnen, was Wirz unter ‚Sprachspielen'
versteht (vgl. Kap. 2.7.2). Hingewiesen sei auch auf die Begriffe ‚Bildlichkeit',
‚Phantasie' und ‚Situationskomik': Ist mit ‚Bildlichkeit' anschauliches Schreiben im
Sinne der ‚Pictura poesis' gemeint? Und/oder metaphorische Häufungen? Und/oder
uneigentliches Sprechen? ‚Phantasie' ist ein schwammiger Allerweltsbegriff: Welchem literarischen Werk eignet nicht Phantasie? Der Begriff ‚Situationskomik' ist
nicht mit Matters Kunst vereinbar: Er bezieht sich auf physische Bühnenreaktionen
und wird von Wirz schlicht falsch gebraucht (vgl. die Einträge ‚Bild', ‚Phantastische
Literatur' und ‚Bühnenkomik' im RLW).

wechsel[129] – sowie im ausgreifenden, wenn auch öfter lückenhaften, Anführen von bestehendem Wissen zu Biographie, Werk und Wirkungsgeschichte.[130] Dieses stammt zur Hauptsache aus den von Joy Matter gesammelten Medienberichten.

2.1.4.2 Unselbstständige Publikationen

In den kleineren Matter-Darstellungen überlagern sich oft Literaturkritik und -analyse. Meist bedienen sich diese Texte, die von Literaturwissenschaftlern, befreundeten Schriftstellern und Kulturjournalisten stammen, einer feuilletonistischen, unscharfen Begrifflichkeit. Die Mehrzahl der Schreibenden engagieren sich in den Fachbereichen Literaturwissenschaft und Journalismus (z.B. Dieter Fringeli[131], Elsbeth Pulver, Heinz F. Schafroth).

Viele der vorwiegend in den Printmedien veröffentlichten Artikel beschreiben Matters Werk im Zusammenhang mit der Dialektliteratur. Genannt sei etwa Dieter Fringelis Artikel „Kennet dir das Gschichtli scho...? Mani Matter und das Berner Chanson".[132] Fringeli versucht dort im Wesentlichen die Liedtexte innerhalb der aufblühenden Schweizer

---

129 Vgl. Kap. 2.1.5.3.
130 Es fehlen verschiedene wichtige Abhandlungen: sowohl Zeitungskritiken, wie die wohl überhaupt allerersten Artikel zu Matter-Liedern im Berner Tagblatt („Chanson-Abend im Theater am Zytglogge") sowie im Bund („Theater am Zytglogge: Chansonabend") vom 25.9.1963, dann die Artikel „Theater am Zytglogge. Chansons auf Bernerart" im Berner Tagblatt vom 3.1.1965 und „Schalk und verhaltene Poesie: die Berner Troubadours" im Berner Tagblatt vom 4.1.1967, als auch wissenschaftliche Beiträge, z.B. von Dominik Müller (1990), Stephan Hammer (1998) und Harald Fricke (2000, Erstpublikation 1991); auch das Werkverzeichnis zu Mani Matter ist unvollständig (man vermisst Matter 1964, Matter 1966 und Matter 1971).
131 Dieter Fringeli, Sohn des Mundartdichters Albin Fringeli, war Literaturwissenschaftler, Literaturkritiker und Schriftsteller. Er befasste sich als erster Wissenschaftler mit Matters Werk. Auch hat er sich wie kein Zweiter mit der schweizerischen Mundartliteratur auseinandergesetzt: zu nennen sind unter anderem die fünf zwischen 1966 und 1977 erschienen Bestandsaufnahmen zur Krise der Mundartliteratur in der Schweiz (näheres in Wirz 2002: 157f.). Fringeli ist auch verantwortlich für den Abschnitt zur Mundartliteratur in der DDR-Abhandlung *Geschichte der deutschsprachigen Schweizer Literatur im 20. Jahrhundert* (Pezold u.a. 1991: 308f.).
132 Basler Nachrichten, 28.6.1975 (abgedruckt in Hohler 1992: 125ff.).

Dialektliteratur[133] zu verorten. Einen anderen Ansatz wählte Fritz Widmer, der ehemals beste Freund Matters. Er vergleicht im Aufsatz „Das Schweizer Mundartchanson"[134] die helvetischen Liedermacher der 1960/70er Jahre miteinander und gelangt zur Einsicht, dass die Liedermacher in den 1970er Jahren direkter agierten als ihre Vorgänger. Für die Matter-Forschung sind zudem Widmers „Notizen zu Mani Matter" von unschätzbarem Wert: Widmer hält in den ab 1974 entstandenen Aufzeichnungen viele Erinnerungen an die gemeinsame Zeit fest.[135] Auch zitiert er aus unveröffentlichten Briefen Matters, die einiges von Matters Schreibwerkstatt und Bildungshintergrund offen legen.[136] Kurt Marti wiederum, eine andere Schriftstellerpersönlichkeit aus Matters Bekanntenkreis, bezieht sich in seiner Analyse ... *dä wo so Liedli macht?*[137] vorwiegend auf das späte *warum syt dir so truurig?* Die Lieder seien, schliesst Marti, trotz hochgradiger Volkstümlichkeit nicht platt.[138] Auch seien sie „intellektuell und volkstümlich lapidar zugleich, mit Wörtern und Bildern vom Banalsten ins Surreale spielend".[139] Weitere Literaturangaben zu anderen, hier nicht im Einzelnen besprochenen Zeitungsartikeln finden sich in Wirz (2002; 119–129 bzw. 157–162). Überblickt man die gesamte Literatur zu Mani Matter, fällt die nur selten gebührende Berücksichtigung von *Sudelhefte/Rumpelbuch* auf.[140]

Matters (Lied-)Werk fand auch Eingang in literatur-, sprach- oder musikgeschichtliche (Übersichts-)Darstellungen.[141] Auch in diesen Ab-

---

133 Bald einmal wurde die Ausdruckweise ‚modern mundart' modisch (vgl. u.a. Ris 1977 [Neue Zürcher Zeitung]).
134 Neue Zürcher Zeitung, 26./27.11.1977.
135 Widmer 2002a.
136 Fritz Widmer überliess mir freundlicherweise ein früheres Typoskript zur Auswertung. Dieses war umfassender als die veröffentlichte Fassung, enthielt aber kaum zusätzliche lesebiographisch relevante Hinweise.
137 Marti in Hohler 1973 (SF DRS).
138 Mehrere Einzeltexte werden zwar interpretiert, nicht aber auf einer formalanalytischen Basis.
139 Marti 1968 (Weltwoche).
140 Ausnahmen sind Stickelberger 1974 (Tagesanzeiger), Spicker 2004 (S. 294, 563, 572, 601, 725, 811) und Elsbeth Pulver (Von der Protest- zur Eventkultur [1970–2000], in: Rusterholz/Solbach 2007: 361).
141 Vgl. u.a. Heilinger/Diem 1992 (zur Geschichte des Berner Mundart-Rocks); Schmid-Cadalbert 1988 (Bücherpick); vgl. auch die Artikelserie *Die Geschichte des*

handlungen nimmt man Matter vornehmlich als Dialektautor wahr. Zu nennen ist Elsbeth Pulvers knappe Matter-Referenz in der Übersicht „Von der Mundartliteratur zu Gedichten in Schweizer Umgangssprache".[142] Zu Recht findet die Autorin, dass die Basiselemente der Gattung ‚Lied' die Mündlichkeit und die Wiederholungsstrukturen seien. Spezifisch an den Matter-Liedern sei die Anhäufung ‚lyrischer' Elemente, die die Inhalte „raffiniert verpacken".[143] Trotz Matters reichhaltiger Poesie nennt Pulver nur gerade die sehr allgemeinen Darstellungsmittel Wiederholung und Pointierung. Jahrzehnte später schreibt Pulver, das Weiterleben der Lieder Matters beruhe auf der

> herben, unter der Oberfläche eines scheinbar nur unterhaltenden Genres versteckten Poesie, auf der Verbindung von Spielfreude und Ernst, Humor und Weisheit.[144]

Weiter findet sich ein längerer Abschnitt über Matter in der Darstellung *Die Neue Deutsche Mundartdichtung* von Fernand Hoffmann und Josef Berlinger[145]. Hinzuweisen ist hier auf die detaillierte Analyse von Matters *boxmätsch*, die vor Augen führt, wie Matter das berndeutsche Sprachmaterial einsetzt und zur Wirkung bringt. Aus unersichtlichen Gründen berücksichtigt dann aber das einige Jahre später erschienene und ausschliesslich von Berlinger verfasste Buch *Das zeitgenössische deutsche Dialektgedicht* (1983) Matters Dialektwerk nicht mehr.

Ferner widmet der Sprachwissenschaftler Walter Haas den Matter-Liedern einen Abschnitt in der Darstellung „Zeitgenössische Mundartliteratur der deutschen Schweiz".[146] Besonders treffend sind hier die Beobachtungen über das „erstaunliche Sprachvermögen" und „die unheimliche Gedankenschärfe hinter den täuschend simplen Formulierungen".[147] Weiter verweist Haas auf die „Vorliebe für Wortspiele und vertrackte Verkettungen von Ursachen und Folgen, die als geistreiche Parabeln

---

Berner Songschaffens, die zwischen dem 25.08.1993 und 3.11.1993 in elf Folgen in der Zeitung *Der Bund* erschienen ist.
142 Pulver 1974: 328–342.
143 Ebd.: 340.
144 Elsbeth Pulver: Von der Protest- zur Eventkultur (1970–2000), in: Rusterholz/Solbach 2007: 361.
145 Hoffmann/Berlinger 1987: 239–242.
146 Haas 1980.
147 Ebd.: 85.

oder einfach als witzige Histörchen aufgefasst werden können".[148] Die genannten Elemente lassen sich an einzelnen Liedern nachweisen, können aber nicht als Globalcharakteristika gewertet werden. Zudem ist der Gebrauch des Begriffs ‚Parabel' im Zusammenhang mit den Matter-Liedern nicht ganz unproblematisch, lassen sich doch in Matters Werk kaum Parabeln im engeren Sinn finden. Angesprochen sei zudem Frickes kurze Matter-Referenz in einem Aufsatz zur literarischen Kreativität, den er mit dem Zitat des ganzen Liedtextes von Matters *us emene lääre gygechaschte* beschliesst und ausdrücklich auf „die welterzeugende Kraft poetischer Phantasie" in diesem Lied hinweist, welches „das schöpferische Prinzip […] mit poetischen Mitteln ‚demonstriert'".[149]

Auch verschiedene Autorenlexika befassen sich mit Matters Werk.[150] Einen Hinweis verdient Dominik Müllers Artikel im *Literaturlexikon*.[151] Hier werden erstmals in einem literaturwissenschaftlichen Nachschlagewerk die weithin unentdeckten Tagebuchnotizen und literarischen Miniaturen des *Sudelhefte/Rumpelbuch* berücksichtigt. Müller weist mit Recht auf den Kontrast von intellektueller Höhe und täuschend banaler Gestalt hin, wie auch auf die meist synthetisch verbundene Gegensätzlichkeit (z.B. „Heiterkeit und Melancholie"[152]).

Schliesslich sei auf Johannes Künzlers Abhandlung „Schreiben vom Schreiben. Mani Matter im Dialog mit Ludwig Hohl"[153] eingegangen. Der Autor zeigt, wie die Hohl-Rezeption Matters Prosawerk prägt und wodurch sich Matters „Schreibe" von Hohl abgrenzt. Künzler sondert sechs verschiedene Ebenen der „Hohl-Präsenz" in Matters Schriften aus und verweist ausdrücklich auf

> die Annäherung an den Hohl-Stil, insbesondere in der Syntax und Interpunktion, aber auch allgemein in der Propagierung und Gestaltung des Fragmentarischen; […] die intensive Verarbeitung grosser Hohl-Themen, dabei ähnlich werdend in der Wortwahl und einer Art des ‚Fast-Zitats'.[154]

---

148 Ebd.
149 Fricke 1991: 209f.
150 *Deutsches Literatur-Lexikon* (Rupp/Lang 1986), *Literaturlexikon* (hg. von Walther Killy u.a., 1990), *Autorenlexikon deutschsprachiger Literatur des 20. Jahrhunderts* (1991).
151 Müller 1990.
152 Ebd.: 11.
153 Künzler 2004.
154 Ebd.: 228.

Frappant ist auch die Erwähnung gleicher Autorennamen in beiden Werken: Lichtenberg, Kraus, Shakespeare, Goethe, Mansfield, Spinoza, Marx, Moser und Bänninger.

2.1.5 Diskussion zentraler analytischer Ansätze

Die im vorangegangenen Kapitel diskutierten Darstellungen beschreiben Mani Matters Werk ganz unterschiedlich und weisen auf verschiedene Darstellungsmittel hin. Diese lassen sich in etwa wie folgt sortieren:

- Witz, Humor, Heiterkeit, Pointierung, Pointen, kabarettistisch, Ironie, Geblödel
- Wortspiele, sprachliche Spiele, Spielfreude
- Balladen, Parabeln, Histörchen, Moritaten, Satiren, Persiflagen
- Metaphysisch, Tiefenwirkung, Tiefsinn, geistreich, intelligent, Gedankentiefe, Doppelbödigkeit, Scharfsinn, Leichtsinn, Philosoph aus Passion, Melancholie, Fatalismus, Resignation, herbe Poesie, Ernst, Weisheit
- Nonsens, Unsinnspoesie, skurril, grotesk, absurd, real vs. surreal
- Naiv, Understatement, lapidar, Bescheidenheit
- Ungekünsteltes Alltags-Berndeutsch, Alltagsdetail, Alltagsreportagen
- Lakonisch, täuschend banale Gestalt, täuschend simple Formulierungen[155]

Die Merkmalsaufzählung zeigt die unterschiedliche Matter-Rezeption, aber auch die literarische Vielfalt des Werks. Zugleich offenbart die breit gefächerte Begrifflichkeit vielfältige Forschungsmöglichkeiten; auf mehrere der genannten Begriffe wird in den weiteren Ausführungen einzugehen sein, etwa auf Wortspiele, Ironie, Understatement, Alltags-Berndeutsch, Moritaten und Parabeln.

Vorgängig sollen einige wichtige, heuristisch fruchtbare Ansätze kurz präsentiert und ihre Bedeutung für die vorliegende Studie diskutiert werden.

---

155 Die Bezeichnungen finden sich in den oben angeführten Publikationen und sind durch Funde in Wirz 2002 (119–129 bzw. 157–162) ergänzt.

2.1.5.1 Matter als Mundartliterat

Wie ausgeführt, wird Mani Matter in der Sekundärliteratur primär als Mundartliterat wahrgenommen. Gleichwohl fehlt weiterhin eine systematische Darstellung der zentralen Unterscheidungsmerkmale gegenüber anderen Dialektwerken. Diese Lücke kann auch die vorliegende Arbeit nicht schliessen; sie will aber, vorangegangene Studien kritisch beleuchtend, Denkanstösse für weiterführende dialektwissenschaftliche Auseinandersetzungen vermitteln.

Trotz des beträchtlichen medialen Echos fristet Matters Werk in der wissenschaftlichen Auseinandersetzung noch immer ein Randdasein. In diesem Sinne etwa lässt sich das von Ulrich Balsiger[156] geäusserte Paradoxon „Im Dialäkt / Isch är grossworde / Der Dialäkt / Het ne chlybhalte"[157] verstehen. Selbst die inzwischen ansehnliche Schar von Matter-Fans im (literatur-)wissenschaftlichen Umkreis[158] vermag nicht darüber hinwegzutäuschen, dass auf dem Weg zu einer breiteren Anerkennung der Dialekt noch immer das Kardinalshindernis ist. Ein Blick in die dialektwissenschaftliche Literatur zeigt die weiter andauernde primär negative Bewertung der Mundartliteratur: Produktion und Erforschung von Dialektliteratur ist meist ideologisch bedingt. Dialektliterarische Texte seien, so Fernand Hoffmann, aufgrund der verwendeten Sprache – linguistische Subsysteme und regional verankerte Idiome – a priori nicht in der Lage, Literatur höheren Niveaus hervorzubringen.[159] Ihr Charakter sei bewahrend, nicht avantgardistisch. Auch sei Mundartliteratur in dem Sinne epigonal, als innovative Momente stets Wiederaufnahmen von Elementen aus der Literatur der Standardsprache seien. Darin sieht Hoffmann die Wurzeln des weitreichenden wissenschaftlichen Desinteresses.

Auch nicht zu einer Verminderung des Forschungsdefizits beitragen konnte ein gewisses Aufbrechen eingeschliffener Wertungskriterien bei literarischen Gattungen in der Folge rezeptionstheoretischer Konzepte nach Hans Robert Jauss und der Konstitution der Literatursoziologie.

---

156 Ulrich Balsiger ist Literaturwissenschaftler, ehemaliges Mitglied der Mundartgruppe *Stiller Has* und Verfasser von Reden für den schweizerischen Bundesrat Moritz Leuenberger.
157 Zitiert nach Wirz 2002: 165.
158 In der derzeit gängigsten Einführung in die Gedichtanalyse findet sich eine kurze Matter-Referenz (Burdorf 1995: 41).
159 Vgl. Hoffmann 1993: 16.

Selbst die inzwischen von einzelnen Literaturwissenschaftlern geschätzte Dialektliteratur Eugen Gomringers[160], der Wiener Gruppe um Achleitner, Artmann, Bayer, Rühm und Wiener[161] oder der Schweizer Autoren Kurt Marti[162], Mani Matter, Ernst Eggimann und Ernst Burren wird weiterhin und weithin, und das hauptsächlich sprachgeschichtlich fundiert, als ‚konventionelle Volksdarstellung' sowie als Nachahmung der ‚Eliteliteratur' gesehen.

In dieser Frage vertritt Christian Schmid-Cadalbert eine andere Einschätzung. Er meint, dass Teile der Mundartliteratur den Anschluss an die Weltliteratur geschafft hätten, und gesteht der Dialektliteratur auch vis-à-vis von standardsprachlicher Literatur einen sprachtheoretisch sowie literatursoziologisch eigenständigen Status zu.[163] Aufstieg und Fall der neuen Mundartliteratur seien unmittelbar mit den gesellschaftlichen Aufbruchsbewegungen der 1960/70er Jahre verbunden. Die von Schmid-Cadalbert geschlagene Bresche führte jedoch nicht zu einem generell höheren Ansehen der Dialektliteratur.

Walter Haas wiederum entwirft das soziolinguistisch basierte Modell von „Parallelismus" und „Abweichung": Bereits das Vorhandensein einer eigenen Benennung weise darauf hin, dass „Mundartliteratur als etwas Besonderes begriffen" werde, „als etwas von der ‚normalen' Literatur Abweichendes."[164] Unter anderer Perspektive besehen liege das Besondere der Dialektliteratur darin, dass die Wahl der Mundart zum Verfassen literarischer Werke nicht regelkonform und dass eine solche Auswahl nur in einer Sprachgemeinschaft möglich sei, „die zwei sprachlich verschiedene Idiome für verschiedene Funktionen verwendet, in einer Situation also, die sich für unsere Zwecke ausreichend genau mit Fergusons Begriff der Diglossie erfassen lässt".[165]

---

160 Bekanntlich handelt es sich um gerade mal sechs, in der Schweiz viel beachtete, Dialektgedichte, u.a. das berühmte *schwiizer* (Gomringer 1969).
161 Vor allem die Dialektgedichte von H. C. Artmann (etwa *schwoazzn dintn*, 1958), die ab 1954 entstanden und gegen Ende der 1950er Jahre eine breite Öffentlichkeit erreichten (vgl. Rühm 1967: 13 u. 21).
162 Auch Martis Dialektwerk ist klein geblieben (nur gerade zwei Gedichtbändchen; vgl. Haas 1983).
163 Schmid-Cadalbert 1993: 99–101 u. 108–111; Schmid-Cadalbert: Dialektliteratur, in: RLW, Bd. 1: 347–350.
164 Haas 1983: 1637.
165 Ebd.

Interesse an der Erforschung der Dialektliteratur im hochdeutschen (anders als im niederdeutschen) Raum zeigt überwiegend die Sprachwissenschaft, die Literaturwissenschaft hingegen kaum.[166] Die meisten Verfasser der linguistisch bzw. sprachwissenschaftlich fundierten Darstellungen fordern denn auch, auf die Forschungslücke hinweisend, weiterführende literaturwissenschaftliche Studien.[167]

Eine solche Studie ist das vorliegende Buch. Ob dieses den Mangel lindert, hängt von den damit verbundenen Erwartungen ab. Es wäre gewiss verfehlt zu erwarten, dass Dialektliteratur per se nur durch eine spezifisch darauf zugeschnittene Methode untersucht und ausgelegt werden kann. Ein dialektanalytischer Ansatz vermag wohl gewisse dialektliterarische Aspekte gewinnbringend auszuleuchten – wie etwa das Lautliche oder das Verhältnis der dialektalen Umgangssprache zu Fachsprachen. Die hier vorgelegte Studie zeigt aber auch mit aller Deutlichkeit, dass sich Dialektliteratur, wie jene von Matter, mit dem hergebrachten, nicht an Dialekttexten entwickelten literaturanalytischen Instrumentarium zu grossen Teilen intensiv erforschen lässt.

Für den Erfolg der *modern mundart* im Allgemeinen und von Matters Dialektwerk im Besonderen war, Schmid-Cadalbert folgend, der gesellschaftliche Wandel massgeblich. Matters Werk, entstanden inmitten des gesellschaftlichen Umbruchs, wurde dadurch ohne Frage entscheidend geprägt. Ein Symbol für die damalige gesellschaftliche Neuordnung ist die partielle Auflösung der habituellen dialektsprachlichen Gebrauchsnormen, und zwar zugunsten der mündlichen dialektalen Rede.[168] Bis heute empfinden viele Deutschschweizer den mündlichen Gebrauch der Hochsprache als unnatürlich. Zudem wird die Verwendung des Dialekts in der mündlichen Kommunikationssituation oft als Verringerung der Distanz zum Aussagegehalt empfunden.[169] Seit den ausgehenden 1950er Jahren gab, als Folge der Auflösung von künstlich aufrecht erhaltenen Normen, auch die zuvor bestandene sprachliche Zu-

---

166 Selbst angesehene Werke der Mundartliteratur wurden kaum untersucht; eine Ausnahme bildet H. C. Artmanns Werk (vgl. Donnenberg 1981, Fuchs/Wischenbart 1992, Lajarrige 1992).
167 Vgl. Schmid-Cadalbert 1993; Fluck 1983.
168 Etwa im schulischen Unterricht oder in Rundfunksendungen.
169 Diese Funktion machte sich neben anderen Absichten (Abbau der Defiktionalisierung gegenüber dem Theater) der schweizerische Dialektfilm ab 1933 zunutze (vgl. Haas 1980).

ordnung von Hochsprache und Dialekt der Tendenz nach mehr Authentizität nach; mit dem Ergebnis einer literarischen Blüte in den mündlichen Sparten der Dialektliteratur wie Drama, Film, Hörspiel, Schwank, Autorenlied und Kabarett.

Dennoch blieb der ‚Parallelismus' in vielerlei Hinsicht, besonders auch bei literarischen Gattungen, bestehen. Auch Matter orientierte sich daran: Er verwendete Standardsprache bei all jenen Gattungen (wie Aphorismus, Kurzgeschichte, Minidrama, Gedicht und Libretto), die auch im deutschschweizerischen Raum traditionell standardsprachlich sind; Dialekt hingegen bei all jenen Textstücken, die für den mündlichen Vortrag in Autorenlied-Programmen bestimmt waren.[170] Zudem war Matters Wahl des Idioms rein pragmatisch geleitet:

> Da ein Schweizer ja bekanntlich nicht Hochdeutsch kann, wenn er nicht drei Jahre lang in einer Sprachschule war, bestand gar keine andere Wahl, als dass ich das [die Liedtexte] auf Schweizerdeutsch mache. [...] Ich habe nie bewusst mich entschlossen, jetzt will ich Dialekt schreiben, sondern es hat sich so ergeben, weil ich eben Dialekt spreche.[171]

In Matters Werk, und in der neueren Dialektliteratur an sich (*modern mundart*), werden alle Normen abgebaut, die dem Reinheitscharakter des vermeintlich Ursprünglichen nacheifern. Matter hierzu:

> Ich glaube, ein Unterschied zwischen der älteren Mundartliteratur und der neueren ist auch, dass man nicht mehr auf Sprachreinheit achtet. Das war ja bei den älteren

---

[170] Die in Matters *Rumpelbuch* (Matter 1992b: 277–282) erst posthum herausgegebenen, heute zum Teil nur noch schriftlich vorliegenden Mundarttexte waren offenkundig für die mündliche Rezeption gedacht. Diese berndeutschen Elaborate hätte Matter wohl kaum in gedruckter Form veröffentlicht, ebenso wie mehrere (Kinder-)Gedichte aus der persönlichen Korrespondenz mit Fritz Widmer (in einem Brief Matters an Widmer vom 13. Mai 1968, abgedruckt in Matter 1992b: 205–209; rezitiert von Fritz Widmer auf Matter/Stickelberger/Widmer [LP] 1978). Matter nahm in den ersten Teil der noch von ihm selbst entworfenen Textzusammenstellung (*Sudelhefte*) konsequent keine Mundarttexte auf. Eine Ausnahme bilden Pfadfinder-Gedichte, die aber für einen ‚halböffentlichen' Adressaten – und nicht für ein breites Publikum – bestimmt waren (vgl. Kap. 3.1). Bei der Verschriflichung der berndeutschen Texte orientierte Matter sich wohl an Werner Rüedis *Mundart. E chlini Sprachlehr*, Langnau (o.J.; Schweizerisches Literaturarchiv SLA, Nachlass Mani Matter, Sign. D-07-a).

[171] Matter in Hohler 1973 (SF DRS). Transkription S. H.

Mundartdichtern immer sehr wichtig. Sie schrieben nicht zum Beispiel, wie Kurt Marti es ausgedrückt hat, in der Berner Umgangssprache, sondern sie schrieben Berndeutsch. Und da vermieden sie es bewusst, gewisse Ausdrücke aus dem Hochdeutschen einfach in die Mundart zu übernehmen, wie wir es täglich, andauernd tun. Und ich glaube, das ist ein wesentlicher Unterschied, dass man heute sich nicht mehr bemüht, irgendwie eine Mundart zu erhalten, eine reine Mundart, sondern dass man die Mundart eben braucht mit allen fremden Zutaten, die sich eben in sie eingelebt haben, in der täglichen Umgangssprache.[172]

Das berndeutsche Autorenlied führte so bei jenem Teil des Publikums der 1950/60er Jahre, das eine Affinität für traditionelle Dialektliteratur besass, zu einem tief greifenden Unbehagen.[173] Eine weitere Konsequenz des neuen dialektalen Vortragsliedes war der Abbau von unnötigen Rezeptionshindernissen. Mit Schmitt/Thyssen gesprochen: „Wenn ein Autor im Dialekt schreibt, impliziert er damit in der Apellfunktion: ‚Ich bin einer von euch'."[174] Literatur in dialektaler Gestalt kann ferner, vornehmlich in Sprachgegenden, wo der gesellschaftliche Stellenwert des Dialekts hoch ist – wie in der Schweiz –, glaubwürdiger als das Standarddeutsche Themen aus der unmittelbaren Umgebung, aus dem Alltag, aufgreifen (vgl. etwa Matters *betrachtige über nes sändwitsch, ds portmonee, dr parkingmeter*). Überhaupt kann sie sich wohl glaubwürdiger, und dadurch wirkungsvoller, gegen die ‚grossen Taten', die für den Einzelnen unmittelbar nicht greifbar sind, wehren (vgl. etwa Matters *dr kolumbus*). Matters Texte distanzieren sich aber auch, wie zu zeigen sein wird, durch die Einbettung von weiteren literarischen Verfahren vom hergebrachten Dialektliteratur-Verständnis, beispielsweise durch verschiedene Formen der Ironie und Wortspielereien, und schwanken so zwischen dem ‚Kleinen' und dem ‚Grossen'. Sie werden durch diese vollauf gelungene Gratwanderung zwischen den literarischen Welten zu bedeutenden literarischen Werken.

Auch stellt sich die Frage, ob und inwiefern Matters Dialektlieder auf traditionelle mundartliterarische Werke anspielen. Das Lied *dr grichtschryber joss* bezieht sich auf eine alte – allerdings wohl hochdeutsche – Sage, und verschiedene bei Matter verwendete Namen dürften in

---

172 Matter in Hohler 1973 (SF DRS). Transkription S. H. Matter spricht hier die seit Mitte der 1960er Jahre geführte Debatte über die neue Funktion der Mundartliteratur an (s.u.).
173 Vgl. Interview mit Bernhard Stirnemann im Anhang; Haas 1980.
174 Schmitt/Thyssen 1993: 43.

Bezug zu Figuren etablierter dialektliterarischer Werke stehen: Stellt in Rudolf von Tavels Geschichte *Simeon und Eisi* die Protagonistin *Eisi* noch eine rechtschaffene Frau dar, mutiert sie in Matters Werk kurzerhand zur Prostituierten. Solcherlei Ironie dürfte auch in anderen Werken Matters eine Rolle spielen.

Abgesehen von diesen allgemeinen Überlegungen zur Dialektliteratur müsste sich eine künftige Untersuchung eingehend mit Matters Berndeutsch befassen. Bereits zu Beginn der *modern-mundart*-Welle im Jahr 1964 formulierte der Pfarrer und Schriftsteller Kurt Marti, noch vor dem Erscheinen seiner für die Dialektliteratur wegweisenden Gedichtbändchen in der Berner Umgangssprache, sechs Kernthesen zur Mundartliteratur.[175] Diese wenigen – aber zentralen – Beobachtungen sind als Ausgangspunkt für eine wissenschaftliche Abhandlung über den Umgang Matters mit der Mundart richtungsgebend. Marti hält in These 1 fest:

> Unter Berndeutsch verstehen wir eine Gruppe verwandter Mundarten, die sich bisher geographisch und sozial, nach Gegend (Emmental, Seeland usw.) und Stand (Patrizier, Bürger, Arbeiter) differenzierten.[176]

Und in These 2:

> Die Bevölkerungsbewegung und -vermischung innerhalb des Kantons bewirkt heute den allmählichen Abbau lokaler Mundartverschiedenheiten. Die ‚dynamische Gesellschaft' (Prof. R. F. Berendt) bringt mit der Einebnung der sozialen Unterschiede eine Nivellierung auch der sozial bedingten Mundartdifferenzen.[177]

Dies führe, so Marti, zu einer zunehmenden Verschleifung des Berndeutschen mit anderen schweizerischen Mundarten. Spuren dieses Verschleifungsprozesses finden sich gewiss auch in Matters Dialektwerk. Ausgehend von Martis dialektanalytischem Ansatz stellen sich folgende Fragen, die vertiefte Einblicke in Matters Art des Umgangs mit dem Dialekt versprechen:

---

175 Die Thesen dienten einst als Grundlage für die Auseinandersetzung mit jenen Mundartliteraten, die „einen bestimmten Sprachstand der Vergangenheit literarisch zu konservieren" versuchten (Marti, in Lerch 2001: 292).
176 Marti, in Lerch 2001: 291.
177 Ebd.: 291f.

- Welches Berndeutsch findet sich in Matters Werk (geographisch: nach Regionen wie Seeland, Emmental, usw.; nach Stand: Patrizier, Bürger, Arbeiter)? Wie (punktuell, global oder als Basissprache) und mit welchem Funktionsziel sind die sprachlichen Elemente geordnet?
- Wie hat Matter das Anfang der 1960er Jahre noch kaum beachtete Experimentierfeld des Berndeutschen auf den Ebenen der Morphologie und Semantik genutzt?[178]
- Fliessen andere fremde Sprachteile in Matters Werk ein (Fremdwörter, Syntaxformen) und mit welcher Absicht?
- Verwendet Matter Elemente von Gruppensprachen, Fachsprachen, usw. und funktionalisiert sie vor dem Hintergrund des Dialektalen (hingewiesen sei nur nur auf die Verwendung der Amtssprache in *är isch vom amt ufbotte gsy*)?

Die dialektliterarische Forschung findet hier ein weitgehend ungenutztes Feld vor. In dieser Arbeit soll wenigstens punktuell die Frage nach der Art des Einbaus von Fremdwörtern in Matters Lieder beschäftigen.

2.1.5.2 Matters geistig-literarischer Horizont

Die Sekundärliteratur hat bereits mehrfach zutreffend auf Matters hohe literarische Begabung, seine ausgreifende Belesenheit sowie auf seine weit überdurchschnittlichen intellektuellen Fähigkeiten hingewiesen. Dennoch fehlt weiterhin eine systematische Untersuchung seines Werks aus literarhistorischer und lesebiographischer Warte.[179] Der gattungsgeschichtliche Zugriff kann, wie sich zeigen wird, viele Lieder in einem neuen Licht zeigen. Der nun im Schweizerischen Literaturarchiv hinterlegte Nachlass, der auch von Matter rezipierte Bücher und Tondokumente umfasst, ermöglicht erst eine solche Darstellung, wobei die Archivalien nur einen relativ geringen Teil von Matters Lektüre- bzw. Hörbiographie umfassen.[180]

---

178 Zumindest eine kleine Untersuchung liegt hier vor (Hoffmann/Berlinger 1978: 240ff. zu *boxmätsch*), die aber über das Sondierstadium nicht hinausgeht.
179 Eine Ausnahme bildet Künzlers Abhandlung zum schriftstellerischen Verhältnis zwischen Matter und Hohl (Künzler 2004).
180 Die Dokumente finden sich im Schweizerischen Literaturarchiv (SLA), Bern, unter den Signaturen D-01-d (=Schallplatten „Schwarzer Koffer"; 6 Platten) und D-01-e (=Schallplatten „Blauer Koffer"; 28 Platten). Die von mir bereits 1997 gesichtete – damals noch privat aufbewahrte – Plattensammlung war viel umfangreicher als die archivierten Tondokumente. Die Sammlung umfasste neben den nun öffentlich greifbaren Titeln von Enrico Caruso, Nat „King" Cole, Marlene Dietrich, Mouloud-

Matters Liedermacher-Laufbahn war anfänglich durch ähnliche Umstände geprägt wie jene der meisten Liedermacher (vgl. Kap. 2.1.5.3). Er lehnte sich an die französischen Auteur-compositeur-interprètes an (in erster Linie an Georges Brassens),[181] war aktiv in einer Jugendorganisation (den Pfadfindern)[182] und beschäftigte sich früh mit dem Kabarett.[183]

---

ji, The Gerry Mulligan Quartet, Yves Montand, Zarah Leander, Patachou, Catherine Sauvage, Gilbert Bécaud und Félix Leclerc auch Titel von Doris Day (hier gleich mehrere), Danny Kaye, Bing Crosby, Maurice Chevalier, Valentine, Hans Albers (La Paloma), Louis Armstrong und Comedian Harmonists. Zudem vermisst man weitere – von Matter verehrte – Namen wie Wolf Biermann, Hannes Wader, The Beatles, Karl Valentin, Rolf Harris u.a.m. Auffällig viele Tonträger von Georges Brassens fehlen.

181 Zu den verschiedenen musikalischen und literarischen Vorläufern der Liedermacher vgl. u.a. Hammer 1976; Kaiser 1967; Kröher 1969; Petzoldt 1974; Zimmermann 1972. Ausgangspunkt für das eigene Liedermachen war für die meisten Liedermacher der BRD und der DDR wie auch der Schweiz die Brassens-Rezeption. Der österreichische Liedermacher-Pionier Georg Kreisler beschritt andere Wege (Anleihen beim [jüdischen] Kabarett und bei US-amerikanischen Songs; vgl. Rothschild 1980: 108). Die Chansons von Brassens beeindruckten weniger durch die – von einigen gar nicht verstandenen – Texte (z.B. Wader, vgl. Kroon 1982: 6; Rothschild 1980: 179 und Traber, vgl. Interview in Anhang), als vielmehr durch die Vortragsweise (vgl. Kap. 1.3.4.4). Später liessen sich viele Autoren von den Liedbewegungen in Sowjetrussland und den USA leiten (vgl. Kaiser 1967: 7–22, Kröher 1969: 37–51; Biermann 1997: 13).

182 Zur Bedeutung dieses Engagements für Matters Liedschaffen vgl. Kap. 3.1. Die künstlerischen Wurzeln vieler Liedermacher, vor allem der Waldeck-Sänger (etwa Walter Mossmann, Franz Josef Degenhardt, Peter Rohland, Hai und Topsy, Schobert & Black, Christof Stählin und Michael Wachsmann, Hein und Oss Kröher), gründeten in den nach dem Krieg wieder aufgeblühten Jugendbewegungen (den ‚deutschen Jungenschaften' *dj.1.11* und dem *Nerothner Wandervogel*). Dort engagierten sich auch viele weitere für die Liedermacher-Szene wichtige Persönlichkeiten (etwa spätere Buchautoren): Diethart Kerbs, Jürgen Kahle, Martin Degenhardt, Manfred Vosz, Arno Klönne, Jan Weber, Walter Stodtmeister, Helmut König und Felix Schmidt (vgl. Kröher 1969: 29f; zur Geschichte der Jugendbewegung auf Burg Waldeck *Köpfchen* 1993; Steinbiss 1984: 33; Probst-Effah 1995).

183 Nach dem Kriegsende blühte im deutschen Sprachraum das Kabarett auf (vgl. Dejung 1984: 146) und beeinflusste die Liedermacher (etwa die Conférence-Technik, vgl. Knechtle 1992). Kabarett-Texte von Valentin, Ringelnatz, Mühsam, Klabund, Mehring und Tucholsky dienten der Orientierung für Stählin, Süverkrüp und Matter (vgl. Rothschild 1980: 165, Matter 1992b: 29 u. 114, Henke 1987: 177, Kaiser 1967: 76). Die Liedermacher sammelten Erfahrungen auf Kabarett- und/oder anderen

Sein Interesse reichte aber weit darüber hinaus, in das kunst-, literar-, musik-, philosophie- sowie religionshistorische Erbe hinein. Die Nachwelt ist über Matters geistige Vorlieben ausführlich unterrichtet: Viele Hinweise finden sich in Matters literarischen Notizen (*Sudelhefte/Rumpelbuch*), unzählige in Widmers Ausführungen,[184] einige in den Liedheften sowie im Nachlass.[185]

Besonders zugeneigt war Mani Matter, wie bereits angesprochen, den Schriften des Philosophen und Schriftstellers Ludwig Hohl. In *Sudelhefte/Rumpelbuch* nennt ihn Matter ein gutes Dutzend Mal, und somit um einiges öfter als andere, namhaftere Schriftsteller wie Brecht, Dante, Frisch, Goethe, Kleist, Kraus, Lessing, Lichtenberg, Miller, Morgenstern, Musil, Schiller, Shakespeare oder Valentin. Aber nicht nur poetische Werke faszinierten Matter: mehrfach nennt er Philosophen (u.a. Aristoteles, Hegel, Heraklit, Kant, Laotse, Marcuse, Marx, Plato, Russell, Schopenhauer, Sokrates, Thales), gelegentlich Musiker (J. S. Bach, Beethoven, Mozart, Wyttenbach), bildende Künstler (van Gogh), Naturwissenschafter (Gay-Lussac), Soziologen (Riesmann) und, überraschend oft, Theologen (Augustinus, Buber, Bultmann, Pelagius, Sölle).[186]

Die vorliegende Untersuchung setzt sich auch zum Ziel, Einflüsse anderer Autoren auf Matters Werk nachzuweisen. Manches muss freilich fragmentarisch bleiben. Umfassender soll hingegen, zur Gewinnung von Gesetzmässigkeiten, die Rekonstruktion der von Matter verwendeten Gattungen und literarischen Verfahren sein. Doch auch hier sind Grenzen gesetzt: Matters Lieder liessen sich ohne weiteres unter Perspektiven der Moritatendichtung, des absurden bzw. grotesken Schreibens oder der Neuen Sachlichkeit untersuchen. So ist etwa schon mehrfach auf Matters thematische Vorliebe für Alltägliches sowie einzelne Gegenstände und auf das „ungekünstelte Alltagsberndeutsch", das „Alltagsdetail" und den Charakter verschiedener Matter-Lieder als „Alltagsreportagen" hingewiesen worden (vgl. Kap. 2.1.4). Wie bekannt, stellen die „auf Verständlichkeit zielende Sprache" und die thematische „Hinwendung zur All-

---

    Bühnen (etwa Biermann und Matter, vgl. Henke 1987: 38ff., Hohler 1977: 44ff., Kap. 3.1).
184 Widmer 2002a (vgl. Kap. 2.1.4).
185 Zu den von Matter erwähnten Namen vgl. das *Lesebiographische Namensregister* im Anhang.
186 Ausdrücklich bekundete er seine Bewunderung für den jüdischen Religionsphilosophen Martin Buber (vgl. Widmer 2002a: 44; Kap. 2.6.5).

tagswelt"[187] zentrale Elemente in der Neuen Sachlichkeit dar. Bekannt ist auch, dass Matter von einem kabarettistischen Lyriker aus dem Umkreis der Neuen Sachlichkeit, Joachim Ringelnatz, inspiriert wurde.[188] Auch Brecht hinterliess seine Spuren. Ein grosser Teil der Matter-Lieder ist offenkundig als (modifizierte) Fortsetzung der Neuen Sachlichkeit zu sehen; ein Befund, der ebenso für einen nicht zu unterschätzenden Teil der *modern mundart* wie auch das neuere Autorenlied im Allgemeinen zutreffen dürfte. Weiterführende Studien zum Verhältnis von Neuer Sachlichkeit, Mundartliteratur und Autorenlied-Kunst könnten hier differenzierende Einsichten erbringen.

2.1.5.3 Matter und seine Zeit

Die Matter-Lieder sind thematisch und poetisch so angelegt, dass sie noch heute Jung und Alt, Gebildete und Ungebildete stets aufs Neue begeistern. Der Umstand der Zeitlosigkeit wurde schon mehrfach hervorgehoben.[189]

Das Matter-Werk ist aber auch ein Produkt seiner Zeit; es ist, wie jedes Werk, historisch und situativ in einen Kontext eingebunden. Diese Folie des Zeitbezugs ist indes so verdeckt, dass die Lieder seit Jahrzehnten uneingeschränkt und ohne namhaft zu altern ‚rezeptionsfähig' sind. Hier dürfte ein Grund für das andauernde Desinteresse der Matter-Forschung an Fragen nach der historisch-situativen Kontextuierung von Matters Liedern liegen. Es wäre allemal aufschlussreich zu wissen, ob die Lieder in der Zeit der ersten Aufführungen eine andere Wirkung erzielten als heute und ob diese andere Wirkung wesentlich damit zusammenhängt, dass die Lieder Elemente enthalten, die unmittelbar auf

---

187 Klaus Petersen: Neue Sachlichkeit, in: RLW, Bd. 2: 700.
188 Vgl. Kap. 2.7.4.1. Thematische Nähe besteht etwa zwischen dem Gedicht *Auf dem Kirchhof* von Ringelnatz (die Angaben beziehen sich auf Ringelnatz 1994) und Matters Lied *di strass won i drann wone*; *Die lange Nase* und *d'nase*; *Boxkampf* und *boxmätsch*; *Eine Erfindung machen*, *Meine alte Schiffsuhr* und *i han en uhr erfunde*; *Kühe* und *chue am waldrand*; *Die Leipziger Fliege*, *Die Fliege im Flugzeug*, *Die Flugzeuge* und *zwo flöige im ruum*; *Reklame* und *farbfoto*; *Heimweg*, *Du und die Nacht* und *heiwäg*; *Flugzeuggedanken* und *dr alpflug*; *Museumsschweigen* und *d'metallplastik*; *Offener Antrag auf der Strasse* und *i will nech es gschichtli verzelle*; *Leere Nacht* und *us emene lääre gygechaschte*; *Stille Strasse* und *s louft e hund*.
189 Vgl. Hohler 1992, Widmer 2002a.

Geschehnisse der Zeit Bezug nehmen und so einen Diskussionsbeitrag zu damaligen öffentlichen Debatten darstellen.

Dieser rezeptionsgeschichtliche Aspekt kann in dieser Studie nicht in seiner Vielfalt rekonstruiert werden. Eine Aufgabe der nächsten Abschnitte soll aber sein, der Historizität der Lieder nachzuspüren, um daraus Erkenntnisse für deren Langlebigkeit zu gewinnen.

Ein erster Schritt auf diesem Weg soll die Aufarbeitung des historischen Geschehens jener Zeit sein. Dadurch wird die Frage nach dem Entstehen und Aufblühen der Autorenlied-Gattung berührt. Ergänzt wird diese Vorgehensweise durch die Liederchronologie (vgl. Anhang), das Kapitel *Zur Geschichte von Matters Kunst des Autorenliedes* und durch einzelne Hinweise, die über die ganze Analyse verstreut sind.

Die Anfänge des neueren Autorenliedes sind räumlich nicht homogen. Parallel entstanden verschiedene Formen in der BRD, der DDR und der Schweiz. Selbst innerhalb kleinstgeographischer Räume wie der Stadt Bern verfassten Mani Matter und Bernhard Stirnemann unabhängig voneinander Lieder.[190] Wann war die Geburtsstunde des neueren deutschsprachigen Autorenliedes? Sie liegt wohl in der unmittelbaren Zeit nach dem Zweiten Weltkrieg, als der Österreicher Georg Kreisler erste Lieder öffentlich aufführte.[191] In der Schweiz taucht die Kunstform in den 1950er Jahren (ab 1954) auf, mit dem Vortrag der ersten berndeutschen Lieder Mani Matters und Bernhard Stirnemanns.[192] Diese zeitliche Festlegung korrespondiert mit der Brassens-Rezeption, die 1952/53 einsetzte. Im Vergleich dazu begann ein Grossteil der übrigen Liedermacher-Pioniere erst spät: Degenhardt 1958, Schwendter 1959, Biermann und Süverkrüp 1960, Stählin 1963, Wader 1963/64, Mey und Mossmann 1964.[193]

---

190 Vgl. „Chronologie der ‚Berner Troubadours'" (Programmheft *30 Jahre Berner Troubadours*, Stadttheater Bern, 19.11.1995).

191 Kreislers erste Liedvorträge in den USA datieren um 1946, im deutschsprachigen Raum um 1955/56 (in Wien; vgl. u.a. Rothschild 1980: 108; Budzinski/Hippen 1996: 206f.).

192 Vgl. „Chronologie der ‚Berner Troubadours'" (Programmheft *30 Jahre Berner Troubadours*, Stadttheater Bern, 19.11.1995). Schon Hans Roelli trug in der ersten Hälfte des 20. Jh. auf seiner Laute selbstverfasste Lieder vor (vgl. u.a. Hohler, in Glanzmann 1976: 7). Die Lieder zeigen die Heimat- und Naturverbundenheit.

193 Vgl. Werres 1977: 16; Schwendter 1980: 14; Biermann 1986: 97; Henke 1987: 178; Kaiser 1967: 97 u. 104; Rothschild 1980: 179; Huff 1980: 96.

Die Herausbildung des Objektbereichs ‚Liedermacher' fällt also primär in die Folgezeit des Zweiten Weltkriegs und somit in die Phase des Kalten Kriegs mit der Bildung und Konsolidierung der militärischen Blöcke NATO und Warschauer Pakt.[194] Die territorialen Grenzen der damit verbundenen staatsphilosophischen Systeme verliefen mitten durch Europa, die Weltmacht verlagerte sich zu den Supermächten USA und Sowjetunion, und die einst führenden Staaten Europas wurden provinzialisiert.[195] Die Grossmächte wirkten auf die Systemverbündeten ein, politisch und kulturell. Auch das Autorenlied geriet in jenen Wirkungskreis. Man lehnte sich an amerikanische und sowjetische Liedbewegungen an,[196] das Autorenlied entwickelte sich zum Sprachrohr ideologisch-politischer Auseinandersetzungen und entfachte nicht selten politische Wirkung.[197] Das leuchtendste Beispiel stellen die Lieder-Festivals auf der Burg Waldeck dar.[198] Sie boten die erste medien- und damit breitenwirksame Plattform für die Liedermacher in Westdeutschland. Aus alten Folklore-Traditionen hervorgegangen (Waldeck als „Bauhaus der Folklore"[199]), reicherte man die Festivals ab 1964 um die neue Kunst der Liedermacher an.[200] In den Nachkriegsjahren hatte – eine Folge der nationalsozialistischen Ideologisierung des deutschen Volksliedes – ein erheblicher Mangel an bedenkenlos einsetzbaren Liedern geherrscht.[201]

---

194 Vgl. Morsey 1987: 59.
195 Vgl. Dejung 1984: 151.
196 Als Folge der Entstalinisierung in Ostdeutschland z.B. Biermanns Rezeption russischer Lyriker (Ende der 1950er/Anfang der 1960er Jahre); in West und Ost starke Einwirkung durch die Singer-Songwriter, besonders durch Bob Dylan, Pete Seeger, Joan Baez (ab 1963); Newport-Festival als Vorbild für die Waldeck-Festivals; Imitation der amerikanischen Ostermärsche.
197 Es gab Lieder für die Friedensbewegung/Ostermärsche (Wolf Biermanns *Soldat, Soldat*; Hannes Stütz' *Unser Marsch ist eine gute Sache*), Lieder auf Vietnam (Dieter Süverkrüps *Vietnam-Zyklus*, Christa Bauers *Lied einer vietnamesischen Mutter*), Lieder zu den Notstandsgesetzen (Gerd Semmers *Ballade vom Notstand*, Reiner Rowalds *Wanderlied, im Notstand zu singen*) und Lieder zur Militärdiktatur in Griechenland (Fasia Jansens *In Athen, im April in der Nacht*, Dieter Süverkrüps *Lied des Mikis Theodorakis*). Zur thematischen Auffächerung vgl. die Anthologie von Vosz 1968.
198 Zur Waldeck vgl. auch Kap. 1.2.3.1.
199 Kröher 1969: 57.
200 Vgl. Kröher 1969: 57.
201 Vgl. Kröher 1969.: 31; Kroon 1982: 14; Steinbiss (1984: 33) schreibt: „Nach dem Zweiten Weltkrieg war erst einmal ‚Funkstille' um das Deutsche Volkslied, wenn

Geeignete Texter-Komponisten fehlten,[202] nordamerikanische Rhythmen prägten die Westzonen.[203]

Ab 1950 fand man sich auf der Burg Waldeck zum interkulturellen Austausch ein, und es entstand die Liedersammlung *Der Turm*.[204] Knapp zwei Jahrzehnte später führten die politisch-ideologischen Auseinandersetzungen im Sog der 1968er-Bewegung zum Ende dieser Autorenlied-Phase.[205] Hein und Oss Kröher:

> Der zunehmend unmenschliche Vietnamkrieg, die Militärdiktatur in Griechenland, der Generalstreik in Frankreich und die Formierung der APO [Ausserparlamentarische Opposition; S. H.] in Deutschland warfen ihren flackernden Widerschein auch auf die Burgwiese [...]. Mao-Bibeln wurden verkauft, die Internationale wurde angestimmt, rote Fahnen hingen im Festzelt, Resolutionen wurden verfasst und verlesen.

---

man von konservativen und reaktionären Kreisen einmal absieht. Das Volkslied war zu eng mit dem Dritten Reich verbunden [...]." Die Sängerautoren in Deutschland konnten sich nicht mehr in ein „gemachtes Bett" (Biermann, in Arnold 1980: 61) legen. Ihre Anleihen sind oft heterogener und interkulturell ausgreifender als bei anderssprachigen Liedermachern. Vorbildfunktion besitzt nur zum Teil das heimische Volkslied (vgl. u.a. Kröher 1969: 28), ganz besonders aber dann die gleichzeitig aufblühende international geprägte Folklore-Bewegung (vgl. Kröher 1969: 54; Kroon 1982: 7f; Henke 1987: 173; Lassahn 1982: 264–266; Brückner 1967: 69), das Arbeiterlied (vor allem die Sammlung *Deutsche Volkslieder demokratischen Charakters aus sechs Jahrhunderten* von Wolfgang Steinitz; vgl. Lassahn 1982: 262f.; Kröher 1969: 19f.; Steinbiss 1984: 11; Kirchenwitz 1993: 13f.), weiteres historisches Liedgut (z.B. Hermann Strobachs „Bauernklagen"; vgl. Kröher 1969: 19f.), englische und deutsche (Nonsens-)Dichter sowie Brecht, Villon, Heine oder Béranger (vgl. Steinbach 1981). Auch in Frankreich wurde die Liedkultur neu ausgerichtet. Sie entstand nach einer zeitlichen Distanz zum Krieg und dem Erreichen eines bestimmten Wohlstandsniveaus (vgl. Schulz-Koehn 1969: 26).

202 Vgl. Rudorf 1974: 20.
203 Die jüngere deutsche Generation rezipierte bis in die 1950er Jahre hinein fast ausschliesslich die Musik der ursprünglich für die Soldaten der Besatzungsmächte bestimmten Radiosender AFN (American Forces Network) und BFBS (British Forces Broadcasting System); vgl. Rentsch 1989: 16; zur U-Musik nach dem Krieg Steinbiss 1984: 33; Imbert 1967: 71ff.
204 Helmut König und Konrad Schilling gaben diese Sammlung in den 1950er-/1960er-Jahren heraus (in Bad Godesberg, insgesamt 11 Hefte bzw. 2 Bde.); vgl. auch Steinbiss 1984: 33.
205 Vgl. *Köpfchen* (1993): 10. Viele Autorenlieder wurden nun politischer, ein Grossteil der Liedermacher liess sich ideologisch vereinnahmen. Degenhardt formulierte den Zeitgeist in seiner berühmten Formel „Zwischentöne sind nur Krampf im Klassenkampf."

> Obwohl die Veranstalter mit dem Obertitel *„Lied" 68* angedeutet hatten, dass es ihnen um das Lied gehe [...], versuchten junge sozialistische Revolutionäre die These zu erhärten, dass die Zeit reif sei, keine Lieder mehr zu singen, sondern zur Praxis der Revolution zu schreiten! [...] Hanns Dieter Hüschs Gastspiel wurde massiv gestört [...], Reinhard Meys Konzert ebenso. [...] Deshalb streikten wir zusammen mit Shirley und Colin, Schobert und Black, Terry Gould, Bob Davenport, Hannes Wader und Reiner Schöne [...]. Wir wollten die Diskussion erst nach dem Konzert haben [...].[206]

In der DDR formierte sich gegen Ende der 1950er Jahre, in der Folge der gelockerten kulturpolitischen Haltung der Regierung, eine mit der westdeutschen Szene vergleichbare Bewegung.[207] Ab Mitte der 1960er Jahre drängten staatliche Eingriffe die neue Liedform zurück. Das Autorenlied konnte in neu gegründeten Musikklubs weiter bestehen – freilich unter staatlicher Überwachung. Schliesslich wurde 1970 in Ostberlin, nach dem Vorbild von Newport und Burg Waldeck, das *Festival des politischen Liedes* lanciert (rund 20 Auflagen bis 1990).

Die Nachkriegs-Jahrzehnte waren auch geprägt durch den Wandel hin zur „industrialisierten Wachstumsgesellschaft"[208]. Die wirtschaftliche Prosperität führte zur weitgehenden Vollbeschäftigung, das Wohlstands- und Erwerbsdenken verankerte sich und die gesellschaftliche Schichtung in soziale Klassen nivellierte zusehends.[209] Der wirtschaftliche Erfolg führte aber auch zu Umweltproblemen und dem Verlust des

---

206 Kröher 1969: 88. Lassahn (1982: 257) hält fest: „Von nun an musste sich ein Liedermacher gefallen lassen, dass er als Bestandteil der Studentenbewegung betrachtet wurde und dass Ansprüche an ihn gestellt wurden." Vermehrt forderte man nun Lieder mit politischer Wirkung. Die Liedermacher-Szene war sich über die Funktion des Autorenliedes aber keineswegs einig: Das Kröher-Buch von 1969 war offenkundig eine Reaktion auf die Darstellung von Kaiser 1967, die das Politische der Liedermacher-Kunst betont (vgl. Hammer 1998: 101). Zudem formierten sich zeitgleich zu dieser Kontroverse das ‚Blödelbardentum' (Otto, Insterburg & Co, Schobert & Black u.a.).
207 Alle Angaben zum Liedermachen in der DDR aus Kirchenwitz 1993.
208 Morsey 1987: 68. Kennzeichen dieser Phase waren auch: rasch steigende Mobilität (Individualverkehr) und schnelles Bevölkerungswachstum (bis Mitte der 1960er Jahre).
209 Vgl. Dejung 1984: 75 u. 149; Morsey 1987, besonders 65–69.

Lebenssinns bei Teilen der Bevölkerung.[210] Viele der jungen Generation sahen die staatliche Autorität kritisch, man lehnte sich gegen die politischen Akteure der Waffengewalt auf und wendete sich dem Pazifismus zu (,Ostermärsche'). Es formierte sich nach der Bildung der grossen Koalition von CDU und SPD, als Reaktion auf die Notstandsgesetze, die bundesrepublikanische APO, deren Aktivitäten in den Gewaltereignissen des Jahres 1968 gipfelten.[211] Im Raum Bern wurde 1955 eine mit der APO vergleichbare Partei (*Junges Bern*) gegründet, deren zentrales Ziel die Überwindung der parteilichen Gebundenheit war.[212] Diese Ereignisse waren Ursache und/oder Ausdruck des tief greifenden gesellschaftlichen Wertewandels in den Industrienationen,[213] der sich hauptsächlich in der jüngeren Generation vollzog. Ihr gehörte ein Grossteil der frühen Liedermacher-Szene an.[214]

Entstehung und Wirkung des Autorenlieds sind ebenso vor dem Aufblühen technologischer Neuerungen zu sehen: Breite Schichten erwarben neben Plattenspielern Radio-, Tonband- und Fernsehgeräte; die gesellschaftlichen Kommunikations- und Unterhaltungs-Möglichkeiten verän-

---

210 Verschiedene Autorenlieder befassen sich mit diesen Themen, z.B. die Lieder zur Umweltproblematik (vgl. Heimann/Klusen 1978: 12–43 und Matters *nei säget sölle mir*).
211 Vgl. Morsey 1987; Otto 1977. Biermann verewigte das Attentat auf den APO-Führer im Lied *Drei Kugeln auf Rudi Dutschke*.
212 Vgl. Hohler 1977: 35; Kap. 2.1.1.
213 Weitere Stichworte: Flower-Power, enttabuisierte Sexualität, Debatte zur Fristenlösung, Umweltschutz, verstärkter Fokus auf sozial marginalisierte Menschen (vgl. Dejung 1984: 143–159).
214 Die Deutschen Kristin Bauer Horn (Jg. 1936), Wolf Biermann (1936), Franz Josef Degenhardt (1931), Walter Hedemann (1932), Reinhard Mey (1942), Walter Mossmann (1941), Peter Rohland (1933), Christof Stählin (1942), Hannes Stütz (1936), Dieter Süverkrüp (1934), Hannes Wader (1942), Konstantin Wecker (1947); die Schweizer Ernst Born (1949), Urs Hostettler (1949), Ruedi Krebs (1938), Mani Matter (1936), Jacob Stickelberger (1940), Bernhard Stirnemann (1936), Markus Traber (1946), Fritz Widmer (1938), Dieter Wiesmann (1938); die Österreicher Arik Brauer (1929), Rudi Burda (1951), Georg Danzer (1946), Erich Demmer (1948), André Heller (1947), Fritz Nussböck (1951), Rolf Schwendter (1939), Reinhart Sellner (1947). Die führenden frankophonen Auteur-compositeur-interprètes waren im Vergleich mit den deutschsprachigen Liedermachern durchschnittlich über ein Jahrzehnt älter: Charles Aznavour (1924), Georges Brassens (1921), Jacques Brel (1929), Léo Ferré (1916), Yves Montand (1921), Georges Moustaki (1934), Boris Vian (1920).

derten sich grundlegend.[215] Im Übrigen beherrschte am Beginn der Geschichte des neueren Autorenliedes die Schlagermusik den Markt des ‚reproduzierten Kunstwerks'.[216] Von dieser grenzte sich ein Gutteil der Liedermacher ausdrücklich ab.[217] Selbst die aufstrebende Pop- und Rockmusik fand keineswegs überall Beifall:

> Mit Seitenblick auf Liverpool schwant dem Nichtsahnenden Übles, er befürchtet die Wirkungen einer Verstärker-Olympiade und versichert sein Trommelfeld vorsorglicherweise bei Lloyd. Doch dann geschieht es: eben nicht.[218]

Die Liedermacher bedienten sich der neuen Technik: Sie rezipierten via Radio und Tonträger die Liedkultur der Poète-chanteurs und griffen beim Herstellen eigener Lieder zum Tonbandgerät.[219] Später führte der massenhafte Vertrieb von Tonträgern zur grossen Bekanntheit der Lieder sowie zu bedeutenden finanziellen Einnahmen.[220] Das Autorenlied konkurrierte von Anfang an andere Wellen des Musikgeschäfts, liess sich aber, dank seiner Neuartigkeit (Stichworte: ‚handgemacht', ‚authentisch wirkend'), gut vermarkten.

Parallel zum gesellschaftlichen Umbruch vollzogen sich beim Autorenlied mehrere Verschiebungen in der Konnotation: Neben dem Funk-

---

215 Erheblich gesteigerter Informationsfluss und beträchtliche Nachrichtenzunahme. Das Aufkommen des Fernsehens verdrängte die traditionellen Musikbühnen, Varietés und Tanzhallen (vgl. Rudorf 1974: 20), Kultur wurde vermehrt zu Hause konsumiert. Indiz dafür ist der haufenweise Vertrieb von Tonträgern (vgl. Vogel 1981: 36–46; Rudorf 1974: 15–22; Huff 1980: 10).
216 Vgl. Sønstevold/Blaukopf 1968/1973: 7.
217 Steinbiss (1984: 34) schreibt: „Zur Ablenkungskultur der Schlagerbranche sollte [auf der Waldeck] eine Gegenkultur geschaffen werden."
218 „Singe, wem Gesang gegeben... Neues von den Berner Troubadours im ‚Theater im Zytglogge'", in: Der Bund (Abendausgabe), 30.12.1965.
219 Einige nahmen ihre frisch gefertigten Lieder, z.B. zum Festhalten der Melodien, auf Tonband auf und spielten sie anderen zur kritischen Begutachtung ab (etwa Mani Matter; vgl. Hohler 1992: 46). Biermann war nach seinem Auftrittsverbot in der DDR (1965–1976) auf die (illegale) Verbreitung seiner Lieder durch Tonbandkassetten angewiesen. Zu den veränderten Produktionsbedingungen im Zeitalter der Tonträger vgl. Guilbert 1981; Imbert 1967: 71; Kap. 1.3.4.5.
220 Georges Brassens verkaufte bis 1986 rund 20 Mio. Schallplatten (vgl. Henke 1987: 47). Degenhardt setzte in Deutschland als Marktleader bis 1974 rund 800'000 Schallplatten ab (vgl. Rudorf 1974: 18). Hornig (1980: 30ff.) sieht den Erfolg der Liedermacher im aufstrebenden Plattenmarkt.

tionswandel der literarischen Mundart – davon profitierte vor allem das deutschschweizerische Autorenlied (vgl. Kap. 2.1.5.1) – wurde das Gitarrenspiel, das noch in den 1950er Jahren weithin als minderwertig galt und primär von sozial niederen Schichten ausgeübt wurde,[221] aufgewertet.[222] Das Autorenlied (bzw. der ‚Protestsong') war ein zentrales Symbol der ersten Nachkriegsgeneration für die auflehnende Haltung gegenüber der Elterngeneration.

Die nachfolgenden Abschnitte beschäftigen sich in erster Linie mit der Situation in der Schweiz. Der deutlichste Unterschied zwischen der Kriegs- (also der Eltern-) und der Nachkriegs- (also der Liedermacher-) Generation lag in den radikal veränderten politischen Bedingungen. In den Worten Mani Matters:

> Für die ältere Generation gab es eine Zeit, in der es darum ging, die Schweiz, wie sie war, mit ihrer Staatsform und ihren politischen Institutionen ganz einfach nur zu erhalten, zu bewahren, ohne dass man sich wesentlich darum kümmern musste, aus der Schweiz auch „etwas zu machen". Während sich für uns, als wir zu politischem Bewusstsein erwachten (sofern wir überhaupt zu einem politischen Bewusstsein erwacht sind), die Frage stellte: Was wollen wir mit unserem Staat? Was ist seine Zukunft, das Ziel, auf das wir hinarbeiten müssen?[223]

Als ein zentrales Relikt der Kriegsphase erkannte Matter, übereinstimmend mit den Ansichten des *Jungen Bern*, dass es an einer ernsthaften politischen Debatte fehlte:

> Die gemeinsame Bedrohung hat z.B. in unserer Innenpolitik dazu geführt, dass sich die politischen Parteien einander stark angeglichen haben. Da sie sich gemeinsam gegen aussen verteidigen mussten, rückten ihre Meinungsverschiedenheiten untereinander in den Hintergrund. Uns störte das, als wir uns für Politik zu interessieren begannen. Wir empfanden die Wahlen mitunter als Scheingefechte, ärgerten uns über die Kompromisswirtschaft und fühlten uns einem Klüngel von Politikern gegenüber, der jede mutige Auseinandersetzung scheute. Es mag dies zur oft beklagten

---

221 Vgl. Kröher 1969: 35. Frank Wedekind ist mit seinem Gitarrenspiel Ende 19./Anfang 20. Jh. eine Ausnahme.
222 Ein Grossteil der renommierten Liedermacher ist akademisch gebildet: Degenhardt ist promovierter Jurist, Biermann hat politische Oekonomie, Philosophie und Mathematik studiert, Matter stand vor der Habilitierung in Jurisprudenz, Widmer ist Anglist/Germanist.
223 Matter 1971: 341.

politischen Interesselosigkeit der Jugend, wie auch zu deren Radikalität, nicht unwesentlich beigetragen haben.[224]

Auch weist Matter auf das breite Meinungsspektrum innerhalb seiner Generation hin. Sie reiche

> von denen, die mit unserer Gesellschaft so sehr einverstanden sind, dass sie nicht warten können, ins grosse Geschäft einzusteigen, bis zu denen, die mit ihr so wenig einverstanden sind, dass sie nicht warten können, sie vollständig zu revolutionieren. Den einen wirft man ihre politische Interesselosigkeit vor, den andern die Radikalität ihres politischen Engagements.[225]

Selbstredend waren sich auch die Exponenten der helvetischen Kultur über den politisch zu beschreitenden Weg nicht einig: Der Konsens bestand ausschliesslich im allseits empfundenen Unbehagen über die herrschenden Zustände. Der Schwerpunkt ihrer Kritik galt der ideologischen Gleichschaltung der Gesellschaft, in Fredi Lerchs Worten:

> Mit dem Instrument der Ideologiekritik bekämpften sie [die jungen Kulturschaffenden] eine durch Antikommunismus und Geistige Landesverteidigung gleichgeschaltete Öffentlichkeit.[226]

Die Vertreter der Ideologiekritik waren zumeist intellektuelle Einzelkämpfer. Seit Herbst 1964 bezeichnete man sie gern als ‚Nonkonformisten', nicht selten mit pejorativem Beigeschmack. Die nonkonformistischen Opponenten waren „nicht mehr unhinterfragt obrigkeits- und fortschrittsgläubig, antikommunistisch und wohlstandsfroh".[227] Matters Werk entstand in einer Zeit, „die von einem rigorosen Wandel der Gesellschaft geprägt war, von einer Umwertung des gesellschaftlichen wie politischen Wertekanons."[228] Die Nonkonformisten reflektierten den politischen und gesellschaftlichen Zustand, artikulierten die diagnostizierten Missstände und forderten tief greifende Veränderungen. Matter war, so gesehen, ein Nonkonformist, einer der sprachgewandtesten seiner Zeit.

---

224 Ebd.: 341f.
225 Ebd.: 340f.
226 Lerch 2001: 348.
227 Ebd.: 347.
228 Züger 2002: 27.

Welche Rolle bekleidete Matter im Speziellen? Auf der einen Seite war er Liedermacher und Schriftsteller, auf der anderen Politiker und Staatsrechtler (vgl. Kap. 2.1.1). Daraus ergeben sich viele Fragen:

- Eignet den Matter-Liedern eine Sprachrohr-Funktion für politische, gruppenspezifische oder kulturelle Gruppeninteressen?
- Verarbeiten die Lieder im Wesentlichen die Ansichten des *Jungen Bern*? Wie stark beeinflusste das *Junge Bern* Matter und wie sehr Matter das *Junge Bern*? Inwiefern wiederum ist das *Junge Bern* als Sprachrohr der jungen Generation in Bern, in der Schweiz zu sehen?[229]
- Welche Standpunkte vertrat Matter innerhalb seiner Generation? Wie zeigen sich diese in den Liedern? Veränderten sich die Überzeugungen über die Zeit hinweg? Und, allenfalls, wie?
- Spiegeln sich in Matters Werken zeitgeschichtliche Ereignisse? In welchen Phasen des Liedschaffens, und mit welcher Funktion, flossen historische Begebenheiten in die Lieder ein?
- Vollzog sich durch Matters Beschäftigung mit der Politik eine thematische Verlagerung innerhalb des Werks?
- Ist im Werk, wie auch schon behauptet, eine Radikalisierung der geforderten politischen Ziele erkennbar?[230]

Zum Politischen in Matters Liedern: Auffälligerweise finden sich in den Liedern nur selten eindeutige Hinweise auf aktuelle politische Sachverhalte. Lieder mit unmissverständlichem Bezug zur Tagespolitik gibt es keine, ausser man erschliesst sie durch ausserliterarisches Wissen (so beim Lied *ballade vom nationalrat hugo sanders*).[231] Die Rolle des politisch-lyrischen Berichterstatters überliess Matter anderen Liedermachern (z.B. Degenhardt, Süverkrüp, Mossmann, Born, Heiniger). Matters Lieder sind somit bei weitem nicht so politisch, wie es sein politisches Engagement vermuten liesse. Verschiedenen Liedtexten kann aber eine gewisse Politizität nicht abgesprochen werden. Markus Züger umreisst das Problemfeld:

Der nahtlose Übergang von politischen und unpolitischen Interpretationsmöglichkeiten ist [...] der Grund für die schwierige Fassbarkeit des Politischen in Matters

---

229 Zu den Zusammenhängen von *Junges Bern*, Klaus Schädelin und Mani Matter vgl. Kap. 3.1.2.
230 Vgl. u.a. Wirz 2002: 114ff.
231 Vgl. Kap. 2.5.2.

Liedern. Er erschwert es dem Rezipienten, ein Chanson eindeutig als politisch oder unpolitisch zu klassifizieren.[232]

Es ist daher geraten, nur wenige Lieder – darunter *hie ir schwyz* – ausschliesslich als ‚politisch' einzuordnen.[233] Eine gewiss ansehnliche Zahl von Liedern verfügt aber über die *Disposition zur politischen Interpretation*. Dies zeigt sich besonders deutlich bei der Zitation von Matters Liedern, oder auch nur von Teilen davon, in politischen Kontexten.[234] Themen des Zeitgeists, um nicht zu sagen der nonkonformistischen Ideologiekritik, sind vorzugsweise in den späten Matter-Liedern realisiert (u.a. *warum syt dir so truurig*; *nei säget sölle mir*). Die darin geäusserten Ansichten decken sich dann in weiten Teilen mit den politischen Standpunkten des *Jungen Bern*.[235] Es lässt sich festhalten: Matter war zwar Politiker und Liedermacher, selten aber politischer Liedermacher.

Bei der Frage nach der angeblichen Radikalisierung Matters ist zu unterscheiden: Hat sich der Schreibende selbst oder hat sich das Text-Ich, also die fiktionale oder semifiktionale Figur, auf Extrempositionen zu bewegt?[236] Hier soll primär das Werk interessieren. Deutlich erkennbar ist, dass sich in Matters Spätwerk tatsächlich vermehrt Lieder finden, die kaum mehr auf die frühere Verfahrensweise – die raffiniert lustigironische Pointierung – setzen. Die späten Lieder sind in ein deutlich ernstes, nachdenkliches Gewand gekleidet. Verschiedene Überlegungen dürften zum literarischen Wandel geführt haben. Die ernsten Lieder setzen zum einen intendiert einen Kontrast zu den Liedern mit lustigen Pointenhäufungen (vgl. Kap. 2.4), zum anderen änderten sich mit den Ereignissen um das Jahr 1968 die Hörgewohnheiten (liess sich Matter von der Welle des Protestsongs inspirieren?). Schliesslich stand, so Markus Züger, hinter Matters „(radikalisiertem) Grad der literarischen Politisierung [...] auf gewisse Weise sogar strategisches Kalkül".[237] Dieses

---

232 Züger 2002: 6f.
233 Hier fehlt der Platz, um näher auf die Diskussion über einen literaturkompatiblen Politikbegriff einzugehen. Ausführliches dazu in Meyer 2001: 29: Stephan 1973: 33.
234 Beispiele finden sich bei Wirz 2002: 132.
235 Es wäre gewiss lohnenswert, dies im Einzelnen zu analysieren. Viele Aussagen von Klaus Schädelin über das *Junge Bern* lassen erahnen, dass Matters Denken von jenem Gedankengut stark geprägt war (vgl. Hugi/Stettler [MC] 1996).
236 Vgl. Kap. 2.2.2.
237 Züger 2002: 22.

habe auf Matters „Analyse des Verhältnisses von Rezeptionswirkung und politischer Meinungsbildung des Publikums" basiert. In Matters Worten:

> Ein politischer Schriftsteller, der wirksam sein will, kommt nicht darum herum, einseitig zu sein. [...] Um auszubalancieren, um Gewichte zu verschieben, braucht es eben doch einen deutlichen Druck nach einer Richtung. Damit wird nicht geleugnet, dass es die anderen auch gibt, es wird bloss gesagt: dort ist zu stark belastet.[238]

Diese Überlegungen führen Züger dazu, Matter als einen politisch gemässigten Schriftsteller einzuordnen. Damit werden Ausführungen von Wirz ins richtige Licht gerückt:[239]

> Mani Matter [...] ein verkappter Revoluzzer? Ich bin mit der Behauptung von Wirz nicht einverstanden, dass dieses [*wo mir als bueben emal*] wie auch andere politische Chansons von Matter einen durchaus subversiven Charakter haben. Mani Matters Lieder sind nicht ‚umstürzlerisch'. Sie zeigen und weisen auf alternative Optionen zu politischen und gesellschaftlichen Konflikten hin, aber sie sind kein direkter Aufruf für staatsgefährdende Taten.[240]

In der Schlussfolgerung seiner präzisierenden Ausführung prägt Züger die griffige Formel: „Mani Matter war ein Reformer. Er war kein Revolutionär."[241] Die Frage der Radikalisierung im Spätwerk wird so hinfällig.

Die Wahl der literarischen Mittel war somit offenkundig durch die rezeptionspsychologische Funktion geleitet. Zudem war das Kernelement der Veränderung nicht eine verstärkte Radikalisierung des Standpunktes, sondern die *zunehmende Demaskierung der tatsächlichen Haltung des Schreibenden*, der hinter den Figuren bzw. dem Text-Ich steckt. Lustige Pointierung und ironische Distanzierung machten vermehrt der ernst gemeinten Aussage Platz (z.B. *wo mir als bueben emal*).

In einem ganz anderen als im politischen Sinne war Matter radikal; in dem Sinne, das Vorhandene – alles Gesellschaftliche, Politische, Kulturelle, Literarische und vieles, was unser Dasein bestimmt und interessant macht – unter einer stets neuen Optik zu beleuchten. Matter hin-

---

238 Matter 1992b: 51f.
239 Wirz 2002: 116.
240 Züger 2002: 21.
241 Ebd.: 28.

terfragte systematisch, bis ins Absurde hineinführend, das Bestehende; suchte Schwächen darin und fügte das Demontierte zu Neuem zusammen. Dies trifft auf politische Sachverhalte ebenso zu wie auf alle anderen Themen. Mit unvergleichlicher Hartnäckigkeit versuchte er, jedes Thema aus möglichst vielen Blickwinkeln zu erfassen. Dieses Ansinnen ist durch den gehäuften Perspektivenwechsel in einem einzigen Text gebündelt (etwa *mir hei e verein*[242]), bei anderen Themen verschiebt sich die Perspektive von Lied zu Lied: In den frühen Liedern spielte Matter geradezu exzessiv die denkbaren Sichtweisen auf die Liebe durch (vgl. Kap. 2.6.2).

Eine verlässliche Interpretation und literarhistorische Einordnung des Matter-Werks ist nur – die angeführten Argumente sollten dies gezeigt haben – über die präzise Analyse der verwendeten literarischen Verfahren möglich. Dies mag nun etwas gar formalistisch und den Liedern Matters nicht zwingend angemessen erscheinen, hält doch mancher Rezipient die Liedinhalte für so alltäglich, einfach, zum Teil geradezu banal, auf alle Fälle irgendwie unmittelbar verständlich. Bekanntlich erachtete aber selbst Matter die formale Ausgestaltung literarischer Texte als entscheidend: „Die Form ist der ‚fleischgewordene' Inhalt."[243] Diese formale Ebene wird indes kaum bewusst wahrgenommen.

Die nachfolgende Aufgabe soll darin bestehen, die Bauart der Lieder genau anzuschauen. Hierbei richtet sich das Augenmerk immer wieder auf Gattungsfragen. In diesem Sinne befasst sich ein erster Abschnitt mit der Rolle des Autors innerhalb seines Liedwerks (Kap. 2.2). Danach steht die spezifische Kommunikationssituation im Brennpunkt (Kap. 2.3), dann das Autorenlied als Teil einer Programmstruktur (Kap. 2.4) und sodann Matters Poetik auf den Ebenen von Metrik, Reimkunst, Philosophie, Wortspiel, Ironie, Nonsens und Groteskem (Kap. 2.5 bis Kap. 2.7).

---

242 Vgl. Wirz 2002: 62f.
243 Matter 1992b: 45.

2.2 Der Autor

> Der Dichter auf der Bühne ist ja immer zugleich eine Art Schauspieler, egal, ob er seine Verse liest oder Lieder singt.
>
> Wolf Biermann: Poetik in acht Gängen

Die Präsenz des Autors mit Leib wirkt sich im Autorenlied auf Textgestalt und Rezeption aus, wie sich zeigen wird.[1]

2.2.1 Funktionale Mehrschichtigkeit

Der Liedermacher ist vieles: Schriftsteller und Rezitator, Regisseur und Schauspieler, Hauptdarsteller und Komparse, Redner und Dozent, Erzählerfigur und Epensänger, Komponist und Interpret, Dirigent und Instrumentalist, Konzert- und Unterhaltungsmusiker, Showmaster und ‚Wanderprediger'.[2] Die einzelnen ‚Rollen' treten indes unterschiedlich zutage.[3]

Auch die Kabarett-Forschung befasst sich mit dieser figürlichen Mehrschichtigkeit. Ruttkowski unterscheidet für das Kabarett-Chanson vier Sprechrichtungen:

1. das Selbstdarstellungschanson, das Ähnlichkeit zum Rollengedicht aufweist,
2. das Chanson der Handlungsdarstellung, das nahe von Ballade und Bänkellied liegt,
3. das Chanson der Reflexion, das durch „unpersönliche Ausdrücke wie ‚man', ‚es' oder ‚die Menschen'" geprägt ist und dem oft die Coupletform zugrunde liegt, sowie
4. das Chanson der Stimmungs- und Zustandsschilderung.[4]

---

1 Auch Maurer (1984: 231–245) befasste sich ansatzweise bereits mit der auktorialen Aufführungssituation (vgl. „Das Ich-Lied").
2 Zu den Termini ‚Redner' und ‚Dozent' vgl. Ottmers 1996: 17–52.
3 Lassahn (1982: 264–271) sieht im Liedermacher einen Nichtfachmann für jede der einzelnen Künste. Anders betrachtet ist allerdings zu betonen, dass der Liedermacher ein nicht selten besonders subtiler Verflechter der beteiligten Künste ist.
4 Ruttkowski 1966: 12f.

Ruttkowski benennt unterschiedliche Rollentypen, klammert aber die Frage nach dem Grad an Fiktionalität der einzelnen Rollen aus, weshalb die mehrdeutige Bezeichnung „Selbstdarstellungschanson" entsteht. Der Pädagoge Jürgen Henningsen behob diese Ungenauigkeit in der ersten theoretischen Arbeit zum Kabarett: Dem Kabarett würden keine ausgearbeiteten fiktiven Bühnengestalten wie in der Theatersituation eignen. Er unterscheidet drei Typen von Bühnenpersonen:

(A) Die ‚Rolle', die der Rahmen einer Nummer auferlegt: Diese wird lediglich ‚angedeutet' und greift „mit Vorliebe auf im öffentlichen Bewusstsein schon vorgeprägte, ja klischierte Typen zurück".
(B) Die ‚Rolle' des Kabarettisten, nämlich eines „in oppositioneller Mission auf der Bühne Stehenden": „Er spielt jemanden, der extremen Mut hat", „er demonstriert den oppositionellen Gestus".
(C) Die Rolle der eigenen Person, die der Kabarettist in Wirklichkeit spielt: „Er trägt einen bürgerlichen Namen und legt ihn auf der Bühne nicht ab."[5]

Der Kabarett-Theoretiker, Kabarettist und Journalist Benedikt Vogel kritisiert an Henningsens Gliederung, dass „kategorial verschiedene Phänomene allesamt als ‚Rollen' aufgefasst werden"[6]. Er schlägt mit Goffman vor, vom theaterwissenschaftlichen Rollen-Begriff den soziologischen zu unterscheiden, der definiert ist als „‚spezialisierte Funktion' einer ‚Person', die ‚Subjekt eines Lebenslaufs ist'"[7]. Den so verstandenen Schauspieler, der mitunter eine gesellschaftliche Rolle einer Person ist, benennt Vogel ‚Bühnendarsteller'. Davon scheidet er einen „Schauspieler in seiner ästhetischen Funktion im Aufführungskontext, und zwar unabhängig vom Grad seiner ‚Verwandlung' in eine fiktive Figur: den *Bühnensprecher*".[8]

Ausgehend von Manfred Pfisters Systematik der „Techniken der Figurencharakterisierung"[9] formuliert Vogel die Kernhypothese,

> dass im Kabarett die Charakterisierung (fiktiver) Figuren zugunsten einer Darstellerfigur […] oder einer Rahmenfigur […] stark reduziert sein kann, wobei die Rahmenfigur durch einen sehr engen und bisweilen sogar widersprüchlichen Satz von

---

5 Henningsen 1967: 19–23.
6 Vogel 1993: 82.
7 Goffman 1977: 148f.
8 Vogel 1993: 83.
9 Pfister 1988: 250ff.

Merkmalen charakterisiert ist, während die Darstellerfigur aus Merkmalen der Person des Bühnendarstellers besteht oder zu bestehen vorgibt.[10]

Dieses griffige Instrumentarium lässt sich adaptiert auf die Autorenlied-Kunst anwenden.[11] Im Autorenlied ist der fiktionale Rahmen stärker als im Kabarett eingeschränkt, ist doch die Auftrittsperson oft kaum als Dramenfigur gebaut: Requisiten fehlen, Mimik und Gestik wollen selten Figur sein. Auch wirkt bereits das Halten des Instruments, womit die Konzertsituation angedeutet wird, defiktionalisierend.[12] Die Art und Weise, wie der Liedermacher spricht, ist keine reale Rede: davon abweichend sind der Gesang, das Sprechen in gebundener Rede und das damit verbundene poetische Verfahren zur Herstellung von Äquivalenz- bzw. Oppositionsbeziehungen, welche die Texte poetisch sättigen (nach Harald Weinrich „Codewechsel-Code"[13]). Auch der Darbietungsrahmen unterscheidet sich vom Kabarett: Der Bühnensprecher ist, meist eine Gitarre haltend (bzw. spielend) und ein Bein auf den Stuhl gestellt, ununterbrochen, ja stereotyp dem Publikum zugewandt. Ein Liedermacher ist mehr Konzertsänger, Instrumentalist sowie Conférencier als Schauspieler (vgl. Kap. 2.4.5). Insgesamt gesehen eignet dem Liedermacher also eine komplexe funktionale Mehrschichtigkeit.

2.2.2 ‚Figuratives Ich'

Vorab sollen die wichtigsten poetologischen Entwicklungslinien des Ich kurz vorgestellt werden:[14] Der von Margarete Susman 1910 geformte Begriff ‚lyrisches Ich' war ursprünglich klar von einem so genannten ‚empirischen Ich' abgesetzt.[15] Diese konzeptuelle Klarheit wurde durch

---

10 Vogel 1993: 86.
11 Auch die Autorenlied-Forschung hat bisher freilich Bühnendarsteller und Darstellerfigur nicht unterschieden (vgl. Hornig 1974, Werres 1977, Vogel 1981, Kroon 1982, Maurer 1984, Boss 1985, Rehrmann 1986).
12 Hierin unterscheidet das Autorenlied sich signifikant vom Chanson. Ruttkowski (1966: 9f.) sieht im „mimisch unterschützten Gesangsvortrag" ein notwendiges Merkmal des Chansons.
13 Vgl. Fricke 1977: 183.
14 Ein umfangreiches Kapitel von Biermanns Poetikvorlesungen ist dem ‚Ich' gewidmet („Lyrik. Schattenbild in der Höhle des Gemüts", Biermann 1997: 39–72).
15 Vgl. Susman 1965: 189f. Sie lehnt sich an Schiller an.

spätere Ansätze wie Erlebnis- (Dilthey) oder Stimmungscharakter (Staiger) eingebüsst. Auch Konzeptionen von Käte Hamburger, Heinrich Henel und Dieter Lamping trennen lyrisches Ich und Autor-Ich nicht strikt.[16] Heute versteht man, so Harald Fricke/Peter Stocker, unter dem ‚lyrischen Ich' eine poetische Instanz, die weder einfach mit dem sprechenden Subjekt des realen Autors noch mit einem episch fingierenden Erzähler gleichgesetzt werden kann. Wir vernehmen im Gedicht zwar „deren lyrische Kundgabe von Gedanken, Gefühlen, Beobachtungen und Erlebnissen", wobei „deren personale Identität und fragliche Fiktionalität aber gleichsam in der Schwebe" bleibt.[17] Die fehlende Distanz zwischen lyrischem Ich und Autor-Ich, so Burdorf, führt zur authentischen Wirkung des Gesagten. Ausserdem vernichtet laut Susman die ästhetische Überformung das empirische Ich. An die Stelle des Ich kann gemäss Oskar Walzel gleichbedeutend ein Du treten, während Kaspar H. Spinner beim Ich von einer subjektiv aufzufüllenden Leerstelle ausgeht („Leerdeixis").[18] Unter den Neukonzeptionen litt, so Anthony Stephens, der vormals klar umgrenzte Begriff ‚lyrisches Ich', weshalb Rainer Nägele vorschlägt, die Bezeichnung ‚lyrisches Ich' durch Termini wie ‚artikuliertes Ich' oder auch nur ‚das Ich' zu ersetzen.[19] Im Weiteren unterscheidet Burdorf vom integral fiktiven ‚Rollen-Ich' (‚Figuren-Ich') eine vermittelnde Erzählinstanz, ein zwischen dem empirischen Ich und dem Rollen-Ich liegender ‚Platzhalter' des empirischen Autors: das ‚Textsubjekt' oder ‚Subjekt'.[20] Das Textsubjekt ist „auch in Gedichten vorhanden, in denen kein Ich zur Sprache kommt." Zudem ist ein fiktiver Erzähler denkbar, der vom Textsubjekt abweicht. Das Ich hat demnach vier mögliche Erscheinungsformen: „*empirischer Autor, Textsubjekt, fiktiver Erzähler* [...], *erzählte Figuren.*"[21] Burdorfs Terminologie bezieht sich überwiegend auf schriftliche Texte. Bei rezitierter Lyrik spielt der empirische Autor eine vernachlässigbare Rolle – Ausnahmen bilden Jandls oder Gernhardts Rezitation der eigenen Texte[22] –, ist doch der

---

16 Vgl. Dilthey 1985, Staiger 1963, Hamburger 1979, Lamping 1989, Henel 1966.
17 Harald Fricke/Peter Stocker: Lyrisches Ich, in: RLW, Bd. 2: 509.
18 Vgl. Walzel 1926: 265; Spinner 1975: 18.
19 Vgl. Stephens 1962, Nägele 1980.
20 Burdorf 1995: 195.
21 Burdorf 1995: 196.
22 Vgl. Textbeilage zu Jandl (MC) 1996.

Rezipient kaum versucht, das artikulierte Ich mit dem empirischen Ich gleichzusetzen.

Im Autorenlied ist der empirische Autor ungleich bedeutender: Wenn der Autor „ich" sagt/singt, kann dies empirisch interpretiert werden (auch wenn es nicht zwingend ein empirisches Ich ist).[23] In der Liedermacher-Kunst ist man durch die Präsenz des Autors in der Aufführung viel stärker als in schriftlicher Lyrik versucht, das Ich als Autor-Ich zu deuten, was nicht selten, oft aber auch irrtümlich, geschieht.[24]

Ausserdem gibt es bei der Liedermacher-Kunst zwei poetologisch klar voneinander unterscheidbare Textsubjekte: das artikulierte Ich in den gebundenen Texten (Liedtexte) und das Ich in der Prosa (Conférencen). Das Liedtext-Ich wird durch die lyrische Einbindung objektiviert und schafft Distanz zum empirischen Ich, während das Conférence-Ich eher als Autor-Ich interpretierbar ist: Biermann etwa berichtet in seinen Conférencen gerne in allen Einzelheiten über den Hintergrund der Entstehung eines Liedtextes (beispielsweise über die *Ballade von dem Drainage-Leger Fredi Rohsmeisl aus Buckow*[25]) und erhebt damit Anspruch auf Tatsächlichkeit. Ganz Anderes gilt für die Liedtexte: Auf die Aussage in einem Lied behaftet, erwiderte Biermann mit einem Vers Morgensterns: „Ach, das raffinierte Tier tat es um des Reimes willen..."[26] Auch Matter spielt mit dem Mittel der scheinbaren Faktizität – so etwa im Lied *ahneforschig*, wo er in der Eingangsstrophe behauptet, von einem Verwandten zu berichten:

> für mi sälber mir z'erkläre
> bin i mal mym stammboum na
> ha vo undre zweige här e
> chly die nuss probiert z'verstah

---

23 Biermann (1997: 75f.) plädiert für die Identität der beiden Ichs: „Wir bescheiden uns im Gedicht keineswegs mit einer Allerweltswelt, die nur der Vorwand oder das Stichwort zum Gedicht liefert. [...] Und deshalb ist das Ich des dichtenden Subjekts im lyrischen Gedicht immer beides: Es ist ein Kunst-Ich, und ist zugleich auch das konkrete Ich-Ich dieses einen bestimmten Dichters und Sängers."
24 Wahre Begebenheiten reizen stärker zur Rezeption als ‚bloss' fiktive, wie das Zeitalter des Reality-TV empirisch zeigt.
25 Biermann anlässlich des Konzerts *Süsses Leben – saures Leben* in Freiburg i. Br., 4.12.1996.
26 In: Rothschild 1980: 42; vgl. auch Christian Morgenstern: Das ästhetische Wiesel, in: Köhler 1990: 169. Biermanns Zitat weicht vom Original leicht ab.

> wär da alles mir verwandt isch
> han i gluegt, us quelle gschöpft
> numen eine wo bekannt isch
> worde git's: dä hei si gchöpft[27]

Den bloss fiktiven Verwandtschaftsbezug räumt Matter in der nachgestellten Conférence ein:

> Die vo öich, wo i dr Schwyzergschicht e chly bewanderet sy, wüsset vilicht, dass es so eine würklich ggä het, so ne Bärnhard Matter, und dass alls richtig isch, won i vo nem säge. Das isch effektiv so gsy. Aber es chlyses Detail nume: Dass er mit mir verwandt isch – i wott nid säge, es syg nid wahr, schliesslich het er o Matter gheisse – aber das isch eigentlech dr einzig Ahaltspunkt.[28]

Für das Textsubjekt gilt somit: Ob die Ich-Form sich mehr auf den Autor oder auf ein fiktionales Ich bezieht, entscheidet sich an der Summe sämtlicher defiktionalisierender Elemente in der Textumgebung. Das Ich der Autorenlied-Kunst lässt sich also wie folgt fassen:

(1) Analog zum Kabarett ist die Autorenlied-Kunst zu grossen Teilen gekennzeichnet durch das Konzept der Fiktionskulisse.
(2) Die Autorenlied-Kunst ist durchdrungen vom Spannungsverhältnis zwischen ‚Bühnensprecher' und ‚Darstellerfigur'. Der Grad an Fiktionalisierung lässt sich oft nicht eindeutig bestimmen, defiktionalisierende Momente zeigen aber die Abstufung.
(3) Zum fortwährenden Wechsel des Fiktionalisierungsgrades kommt ein bei Liedermachern häufiger und rascher Wandel der Ich-Typen wie empirisches Autor-Ich (etwa in der Conférence), mögliches empirisches Ich im Liedein- und Fortgang, die Darstellung verschiedener Rollen-Ichs in Figurenrede, eindeutig nur

---

27 Übers.: „Für eine Erklärung meiner selbst / bin ich mal meinem Stammbaum nachgegangen, / habe von unteren Zweigen aus versucht, / dieses Rätsel ein bisschen zu verstehen, / wer denn alles mir verwandt ist, / habe ich geschaut, aus Quellen geschöpft. / Nur einen, der bekannt geworden ist, / gibt es: Den haben sie geköpft".
28 Matter (LP) 1973. „Diejenigen unter Ihnen, die in der Schweizergeschichte ein wenig bewandert sind, wissen vielleicht, dass es einen solchen Mann tatsächlich gegeben hat, einen Bernhard Matter, und dass alles seine Richtigkeit hat, was ich über ihn berichte. Das war in der Tat so. Aber ein kleines Detail muss ich einräumen: Dass er mit mir verwandt ist – ich will nicht behaupten, es sei nicht wahr, letztlich hiess er ja auch Matter – aber das ist eigentlich der einzige Anhaltspunkt." Matter stützte sich, wie aus dem Nachlass hervorgeht, auf die Darstellungen Halder 1947 und *Lebensbeschreibung des berüchtigten Gauners Bernhard Matter* (1854).

,halbfiktionales' Ich (etwa in dissimulativer Ausgestaltung) und Textsubjekt-Funktion.

Die unter Punkt (3) beschriebene semifiktionale Ich-Konstitution soll ‚figuratives Ich' heissen. Differenziert wird damit zwischen lyrischen Texten, deren Rezeption nicht durch einen physisch anwesenden empirischen Autor gelenkt wird (textimmanentes artikuliertes Ich) und den in der Darstellerkunst angesiedelten lyrischen Texten, deren Rezeption der anwesende Autor unmittelbar wesentlich gestaltet (synästhetisch rezipiertes Ich).

Neben den genannten Ich-Kategorien sind aus der Sicht der Figurencharakterisierung viele voneinander klar abweichende Ichs oder andere semifiktionale Figurenkennzeichnungen denkbar. Einige zentrale Merkmalssätze, die ganz ausgeprägt Matters Lieder gestalten, sollen nun beschäftigen.

2.2.3 ‚Clowneskes Ich'

Eine Hauptdarstellungsweise vieler Matter-Lieder ist das ‚naive' Ich, so im Lied *i han en uhr erfunde*:

> i han en uhr erfunde
> wo geng nach zwone stunde
> blybt stah
>
> aha
> dir gseht vilicht nid y
> was ds praktische söll sy
> da dra
>
> ich will nechs säge
> es isch vowäge
>
> geng we myni uhr blybt stah
> mahnts mi dra das i se ja
> ganz alei erfunde ha
> und de dünkts mi i syg glych
>   nid son e tumme ma
> [...]
>
> geng we myni uhr blybt stah
> mahnts mi dra das i se ja

> ganz alei erfunde ha
> und de dünkts mi i syg glych
> > no ganz e gschickte ma
>
> fröidig zien i se de wider uf
> giben ere für zwo stunde schnuf
> und mir git das für zwo stunde
> das verstöht dir sicher guet
> sälbschtvertrouen und e früsche muet
> > […]
>
> zwar si isch nid sehr präzis
> und git z'tüe vo früe bis spät
> doch das stört mi i kere wys
> s'git mer glych das gfüel
> > von stolzer majestät
> > i heig
> > > derfür en uhr erfunde
> > > wo geng nach zwone stunde
> > > blybt…[29]

Was ist hier ‚naiv'[30]? Bemerkenswert sind zunächst die Wiederholungsgitter: Die ersten beiden Verse der ersten Strophe sind durch einen Paarreim verbunden, während die Strophe mit einem Vers endet, dessen

---

29 Übertragung: Harald Fricke (2000: 102): „Ich hab ne Uhr erfunden / Die hält nach je zwei Stunden / Schon an // Oh Mann / Ihr seht wohl gar nicht ein / Was soll bloss praktisch sein / Da dran // Hört doch mal her / der Grund ist der // Hält meine Uhr mal wieder an / Erinnert sie mich gleich daran / Dass ich so was erfinden kann / und ich denke dann ich wär / Doch gar nicht ein so blöder Mann / […] // Hält meine Uhr mal wieder an / Erinnert sie mich gleich daran / Dass ich so was erfinden kann / und ich denke dann ich wär / Ein ziemlich schlauer Mann. // Vergnügt zieh ich sie wieder auf / Das reicht dann für zwei Stunden Lauf / Und mir reicht's für zwei Stunden / – das kapiert ihr sicher gut – / Selbstvertrauen und neuen Mut / […] // Na schön – sie geht nicht sehr genau / Und macht mir Stress von früh bis spät / Doch das stört ja keine Sau / Mir gibt sie trotzdem das Gefühl / Von stolzer Majestät / Ich hab / Dafür ne Uhr erfunden / Die hält nach je zwei Stunden / Schon…"

30 Das Wort *naiv* lässt sich nur schwer fassen. Seine Bedeutung kann mit ‚natürlich', ‚unbefangen', ‚kindlich' und ‚einfältig' umschrieben werden. Natürlich soll die Bezeichnung auch an Friedrich Schillers berühmte Schrift *Über naive und sentimentalische Dichtung* von 1795/96 (Schiller 2005: 433–522) erinnern. Schiller unterscheidet zwischen der ‚natürlichen, naturnahen' und der ‚nachdenklich, reflektierenden' Literatur. Die Benennung ‚naiv' eignet sich so für Matters literarisches Verfahren. Sie zeigt als Gegenpol zum kritischen Verfasser der Texte auf, dass das werkseitig Ernsthafte gezielt kontrastiert ist (vgl. Kap. 2.6).

Ausgangswort scheinbar keine lautlichen Äquivalenzen eingeht. Eine Reimbindung entsteht aber im Anheben zur nächsten Strophe, dem schlagreim-ähnlichen, a-vokalischen „aha": Die ‚Paarung' erstreckt sich über die Strophengrenze, die Zeilenbündel dabei verklammernd, hinweg. Das „aha" bildet mit dem letzten Vers der zweiten Strophe („da dra") einen Blockreim. Ohrenfällig ist auch die vokalische Häufung in der zweiten und dritten Strophe.

Zentrum des Liedes ist der aus nur gerade zwei Lauten bestehende Vers „aha". Er kann als onomatopoetischer Ausdruck des Staunens, aber auch einer gewissen Unbedarftheit des Ich verstanden werden.[31] Diese literarische Vorgehensweise ist typisch für die meisten – vor allem frühen – Liedtexte Matters (vgl. Kap. 2.7.3). Kontrastiert wird das ‚Naive' durch die zum Teil komplexe Variation der Reime und durch verschiedene andere Repetitionsgitter.

Dieses poetische Verfahren ist ein Kernprinzip der Matter-Lieder: Aus dem Reiminventar eingesetzt wird eine verhältnismässig geringe Zahl an Reimen. Dadurch ist eine Textschicht reduziert. Der ‚platten' Schlichtheit entgegen wirkt eine andere Sprachebene, hier das Reimsegment, durch das Eingehen vielfältiger, vergleichsweise rarer Reimbeziehungen.[32] Der Bühnensprecher präsentiert in *i han en uhr erfunde* eine reichlich naive Figur, einen Hobby-Erfinder, der eine nach traditioneller Vorstellung unbrauchbare Uhr erfunden hat, die nichtsdestotrotz die psychologische Funktion erfüllt, dass sie seinem Hersteller „selbstvertroue" vermittelt. Der Rezipient erfährt die ‚beschränkte' Figur als sympathisch, nicht zuletzt durch die positive Selbsteinschätzung ihres Kleintuns. Steht im Kabarett die Bühnenfigur in aller Regel in deutlicher „oppositioneller Mission" zur jeweiligen Rahmenfigur, schafft Matters poetisches Verfahren kaum abweisende Distanz.

Dem Ich eignen hier Merkmale, die manche Clown-Figur auszeichnet.[33] Das Einfachste wird absichtlich oft unsagbar umständlich, ausser-

---

31 Artikulatorisch gesehen öffnet der Vokal *a* den Mund am weitesten. Die Häufung von *a*-Vokalen kann dümmlich wirken.
32 Im Lied *i han en uhr erfunde* sind generell einfache und anspruchsvolle Momente verwoben. Den sehr einfachen Wortschatz kontrastiert u.a. das fremd klingende *majeschtät* oder die metaphorische Einbindung der Uhr („giben ere für zwo stunde schnuuf").
33 Mitunter weist das figürliche Ich sich Pejoratives zu, wie „vagant" (vgl. *alls wo mir id finger chunnt*).

halb des Gewöhnten, ‚gesagt'.³⁴ Dieser Merkmalssatz soll ‚clownesk'
heissen. Das zugrunde liegende Darstellungsmittel ist Thema in Kap.
2.7.3.

2.2.4 Charakterisierung der Darstellerfigur

Matter bedient sich bei der Figuren-Darstellung nicht nur des
Clownesken, sondern auch anderer Rollen-Ichs. Er setzt ferner andere
deiktische Formen ein, um die Position des Textsubjekts anzuzeigen.

Vorab fällt auf, dass das Textsubjekt einen belehrenden Tonfall weitgehend vermeidet. Vorherrschend ist die sachlich-nüchterne Darstellung (*ahneforschig*), gelegentlich wird zurückhaltend belehrt (*dr hansjakobli und ds babettli*: „ich wett fasch säge d'wält wär freier"³⁵), meist tritt das Ich hinter die allgemeine Kernaussage zurück und wird durch literarische Darstellungsmittel objektiviert (etwa sprachspielerisch in *mir hei e verein* oder in *ds heidi*; vgl. Kap. 2.7.2). Ein Ich, das seine Gefühle in den Vordergrund stellt und seine eigene Wichtigkeit betont, lässt sich bei den heute zugänglichen Liedern kaum beobachten (ansatzweise noch in *ds heidi*), war aber in den frühen Liebesliedern üblich (etwa *chasch mer lang ga säge, ds rohr, i will nech es gschichtli verzelle*).

An die Stelle des Ich tritt gerne auch ein Er-Erzähler, z.B. in den Liedern *dr eskimo, dr sidi abdel assar vo el hama* und *chue am waldrand*. Auch dieser ist nicht immer völlig ernst gezeichnet. Die dabei bevorzugten literarischen Mittel werden später beschäftigen (Kap. 2.7). Eine Sonderform der Er-Erzählung ist die Es-Erzählung (vgl. Ruttkowskis oben stehende Anmerkungen zum Kabarettchanson). Die Es-Erzählung schildert einen Zustand oder skizziert eine (meist unkommentierte) Atmosphäre (so in Matters Lieder *s louft e hund* und *zwo flöige*). Dieses pointenarme Verfahren findet sich auch in der Ich-Erzählung (*heiwäg*).

Beim ‚impliziten figürlichen Ich' ist kein explizites Erzähl-Subjekt vorhanden. Die geäusserte Reflexion wird wie selbstverständlich dem

---

34 Matters Liedtext *dr gloon*, mit dem Thema eines (Alltags-) Clowns wider Willen, ist ganz unlustig, ja tragisch.
35 Übers.: „Ich würde fast sagen, die Welt wäre freier".

auktorialen Bühnensprecher zugeschrieben.[36] Je nach Sprachverwendung wird eine Darstellerfigur mit einer minimalen Merkmalskombination charakterisiert, die vom Bühnensprecher evident abweicht. Ein Beispiel ist Matters *betrachtige über nes sändwitsch*:

> was isch es sändwitsch ohni fleisch?
>   s'isch nüt als brot
> was isch es sändwitsch ohni brot?
>   s'isch nüt als fleisch
> ersch wenn d'mit fleisch dys brot beleisch
> ersch wenn d'mit brot umgisch dys fleisch
> 'berchunnsch es sändwitsch: brot und fleisch
> lue dass du däm geng rächnig treisch
> [...][37]

Das Lied wird durch die Textsorte *Gebrauchsanleitung* geprägt. Münden die Strophen im Lied *d'psyche vo dr frou* in den Sprechakt des (scheinbaren) Ratsuchens („Liebi lüt wär git mir uskunft"), ist es nun jener des (clownesken) Ratgebens.

Liedermacher wählen wie auch Kabarettisten gerne Rollenlieder.[38] Wird bei Matter die dargestellte Figur meist nur angedeutet (wie etwa die lustige, clowneske Person), schaffen andere Liedermacher auch vollständige Figuren (z.B. Waders *Rattenfänger*[39]). Von diesen in der Regel monologisch angelegten Texten unterscheiden sich die duologischen,

---

36 Hierin besteht ein deutlicher Unterschied zum lyrischen Ich in Gedichten. Burdorf (1995: 187) warnt vor der bedenkenlosen Gleichsetzung des ‚impliziten figürlichen Ich' mit den anderen Ich-Konzeptionen, zumal ein Ich nicht explizit genannt wird. Auf der Bühne mit einem leiblichen Autor wird indes der Text verstärkt als persönliche Aussage des Bühnensprechers rezipiert, weshalb die Grenzen zur Ich-Erzählung fliessend sind.
37 Übers.: „Was ist ein Sandwich ohne Fleisch? / Es ist nichts als Brot! / Was ist ein Sandwich ohne Brot? / Es ist nichts als Fleisch! / Erst wenn du mit Fleisch dein Brot belegst / erst wenn du dein Fleisch mit Brot umgibst / erhältst du ein Sandwich: Brot und Fleisch / Schau, dass du dem stets Rechnung trägst [...]".
38 Vgl Burdorf 1995: 18ff. Burdorf unterscheidet zwischen Rollengedicht (schriftlicher Text) und Rollenspiel (aufgeführte Form durch einen Bühnendarsteller).
39 Wader (LP) 1974.

aber gleichwohl nur von einer Person vorgetragenen Texte, wie etwa
Matters *dialog im strandbad*:[40]

> was gsehn i, seit ds vreni zum stini
> du treisch ja mini-bikini!
>
> das sy nid dyni bikini
> seit ds stini
> s'sy myni!
>
> ja, stini, die mini-bikini si dyni
> das gsehn i, seit ds vreni
> s'treit keni so weni
> wi du[41]

Der Bühnensänger versucht beim Liedvortrag nicht, Frauenstimmen durch Stimmeinfärbung nachzuahmen. Vielmehr zeigt die Textgestaltung, angereichert durch Homonymie und den häufigen Einsatz des Vokals *i* sowie die grundsätzlich sehr einfache Sprache, die ins Absurde abgleitende Kommunikation (vgl. Kap. 2.7.2).[42]

Das von einem einzelnen Darsteller vorgetragene (Kabarett-typische) Mehrgespräch lässt sich in den Matter-Liedern aber sonst kaum beobachten. Eine Feststellung, die für das Autorenlied allgemein zutrifft,[43] wenn man von Passagen ausserhalb des Liedhaften absieht, wie in Süverkrüps *Kleinstadtlehrlinge*[44].

---

40 Der Text verliert in der Übersetzung erheblich an poetischer Qualität, da die wortspielerischen Elemente quasi unübertragbar sind. Im Berndeutschen sind „myni Bikini" (mein Bikini, wörtl. = meine Bikinis) und „Mini-Bikini" Homophone.

41 Übers.: „Was seh' ich, sagt die Vreni zur Stini, / du trägst ja Mini-Bikini. // Das ist nicht dein Bikini, / sagt die Stini, / das ist meiner. // Ja, Stini, dieser Mini-Bikini ist deiner. / Das seh' ich, sagt die Vreni, / keine trägt so wenig / wie du."

42 Die Bezeichnung des knappen zweiteiligen Badeanzugs geht auf das Südseeatoll *Bikini* zurück, wo die USA 1946 Atombombenversuche durchführten, welche weltweites Entsetzen auslösten. Die Bezeichnung *Bikini* sollte die moralische Entrüstung ausdrücken. Später entwickelte sich daraus das delikate Reizwort *Minikini* (=‚Monokini', ‚oben ohne').

43 Ermittelt an einschlägigen Autorenlied-Anthologien wie Lassahn 1982, Heimann/Klusen 1978, Budzinski 1966, Vosz 1968 sowie an Textbüchern einzelner Autoren wie Matter 1973, 1992a, 1993, Biermann 1991, Degenhardt 1981, Wader 1984 und Mossmann 1980.

44 Konzertaufnahme aus dem Jahr 1974 auf: Nyffeler (MCs) 1978–1983, Folge 3.

Die Figurenrede findet man bei Matter in der Regel in Form naiv wirkender Zwischenkommentare der Erzählinstanz bzw. des Ich-Erzählers. In diesen Einschüben fällt der Erzähler aus seiner Rolle. Der abrupte, kontrastierende Wechsel in der Erzählhaltung von der sachlichen in die emotional kommentierende Rede erzeugt meist eine witzige Pointe (vgl. etwa die Lieder *dynamit* mit dem empörten „nei säget..." oder *ds heidi* mit dem entrüsteten Ausruf „nei di entscheidig heidi / nei dy bscheid – i bi enttüscht"[45]).

Auch Rollensprache in Gestalt stimmlicher Einfärbung, die über die kommentierende Einmischung hinausgeht, findet sich im Autorenlied. Auch sie ist ein Mittel humoristischer Darstellung – so etwa in den Liedern *ir ysebahn* (mit der stimmlichen Mimesis der Kondukteur-Rede: „s'isch Rorschach"), *dr hansjakobli und ds babettli* (mit den rufenden Kindern: „hehe frou meier machet / doch nid so krach"[46]) und *dr alpeflug* (mit der akustischen Nachahmung der Figurenrede über praktisch das gesamte Lied).

Die von Lied zu Lied wechselnden Charakteristika der Darstellerfigur finden sich freilich nicht nur in Matters Autorenliedern. So kann das Ich in Biermanns Liedern kritischer Kommentator bestimmter Ereignisse bzw. Zustände sein und für einen grundlegenden (politischen) Wandel eintreten, aber auch Sprachrohr, väterlicher Ratgeber (*Soldatenlied*[47]) oder Fremd- und Selbsttröster (*Kleine Ermutigung*; *Ermutigung*) sein. In den Biermann-Liedern ist das Ich insgesamt charakterisiert als personifizierte höhere moralische Instanz und zugleich als Opfer des politischen Systems (*Grosse Ermutigung*). Auch sieht sich das Ich in einer Traditionslinie mit dem christlichen Religionsstifter (*Bilanzballade im dreissigsten Jahr*) und mit berühmten Literaten wie Bertolt Brecht (*Herr Brecht*; *Frau Brecht*), François Villon (*Ballade auf den Dichter François Villon*), Friedrich Hölderlin (*Das Hölderlin-Lied*) und Heinrich Heine (*Deutschland, ein Wintermärchen*[48]). Weitere Facetten dieser Darstellungen sind Polemik gegen Persönlichkeiten aus Politik (Strauss, Kohl, Schmidt, Filbinger)[49] und Kultur (Günter Grass, Stephan Hermlin,

---

45 Übers.: „Nein, deine Entscheidung Heidi, / nein, dein Bescheid – ich bin enttäuscht".
46 Übers.: „Hehe, Frau Meier, machen Sie / doch nicht einen solchen Krach".
47 Wenn nicht anders vermerkt, sind die angeführten Lieder in Biermann (1991) zu finden.
48 Biermann 1972.
49 Vgl. Biermann (LP) 1980.

Peter Schneider, Stefan Heym, Christa Wolf, Gottfried Benn, Heinz Kahlau)[50], enthusiastische Parteinahme für bestimmte öffentliche Figuren (Robert Havemann, Peter Huchel, Helga M. Novak, Jerzy Lec)[51], öffentliches Abwägen moralischen und unmoralischen Handelns von Schriftstellerkollegen (Heiner Müller, Volker Braun, Rainer Kirsch)[52] und das Fokussieren der eigenen künstlerischen wie privaten Laufbahn. Der Sänger will provozieren und kontert, nicht selten mit viel Genuss, verbale Angriffe. Oft erscheint er als alternative Autorität zur offiziellen Politik und zu anderen Institutionen der öffentlichen Meinung.[53] Das Ich der Biermann-Lieder steht damit in scharfem Kontrast zu Matters Understatement-Ich.

Zusammenfassung

Der Liedermacher kann wie der Kabarettist sowohl die Rolle des ‚Bühnensprechers' als auch jene der ‚Darstellerfigur' einnehmen und in „oppositioneller Mission" zur Darstellerfigur stehen. Allerdings ist der Liedermacher um einiges mehr als der Kabarettist reiner Bühnensprecher. Der Auftretende ist zumindest ansatzweise figürlich gezeichnet und schwankt zwischen einem empirischen und einem fiktiven Subjekt. Durch die signifikanten Unterschiede zum lyrischen Ich schriftlich rezipierter Texte erscheint die Erweiterung der Nomenklatur um den Terminus ‚figuratives Ich' sinnvoll. Das figürliche Ich wird durch die auktoriale Vortragssituation geprägt und oft (auch irrtümlich) als ein empirisches Ich interpretiert. Matters Liedwerk ist über weite Strecken durch ein mit vielfältigen literarischen Mitteln aufgebautes ‚clowneskes'

---

50 Vgl. das Programm *Süsses Leben – saures Leben*, Konzert in Freiburg i. Br., 4.12.1996, oder Biermann 1997.
51 Vgl. Biermann 1997: 73–106. Weitere Beispiele sind Günter Kunert, Atahualpa Yupanqui, Patricio Mans, Maria del Mar Bonet, Jewtuschenko, Kim Shi-Ha, Mircea Dinescu und Sarah Kirsch.
52 Vgl. Biermann 1997: 73–106.
53 Wie im Übrigen auch andere Liedermacher. Der Liedermacher ist eine Autorität, die im Hinblick auf die öffentliche Meinungsbildung zu den institutionalisierten Formen des gesellschaftlichen Betriebs wie Politiker, Wissenschaftler, Pädagoge, Pfarrer oder Journalist eine Alternative anbietet. In den 1960er und 1970er Jahren herrschte offenkundig eine besonders starke Nachfrage nach alternativer Autorität (vgl. Kap. 2.1.5.3).

und zum Erzählten Distanz schaffendes Ich gezeichnet. Über das Clowneske hinaus nimmt die Darstellerfigur väterliche, mahnende, resignierte, selten aber belehrende Züge an. Gross ist die Bandbreite der verwendeten deiktischen Erzählformen und ihrer Charakterisierung innerhalb eines Programms, was aber auf die Liedermacher insgesamt zutrifft: von vielgestaltig charakterisierten Ich- und Er-Formen bis hin zum Fehlen einer ausdrücklich genannten Erzählinstanz. Schliesslich weist das Autorenlied ein breites Spektrum der Ich-Gestaltung auf, vom Ich Wolf Biermanns, das häufig ostentativ eine alternative Autorität darstellt, bis hin zum Understatement-Ich Mani Matters.

2.3 Das Publikum

> Jeder in dieser riesigen Radrennarena hatte das Gefühl, als ob ich für ihn ganz privat und aus grosser Nähe singe.
>
> Wolf Biermann: Poetik in acht Gängen

Nachfolgend geht es um die Einbindung des Publikums im Autorenlied.

2.3.1 Unmittelbar permanent ‚ad auditores'

Analog zu den Ich-Kategorien umreisst Dieter Burdorf die Du-Formen:

> Zu unterscheiden sind […] an der Nahtstelle zwischen dem Text und seiner Rezeption die realen zeitgenössischen Leser, die schon für die Gedichtproduktion wichtig sind, die den Gedichten immanenten Leser als Gegenüber des Textsubjekts sowie die realen Leser im Verlauf der Wirkungsgeschichte. Innerhalb des Textes ist von dem intendierten Leser der Adressat des artikulierten Ich abzuheben, der als artikuliertes Du zur Sprache kommen kann, aber nicht muss. […] In fiktionalen Gedichten entspricht dem fiktiven Erzähler ein fiktiver Zuhörer. […] Jedes Ich auf der Ebene

der Rede fiktiver Figuren schliesslich richtet sich an ein Du, das ebenfalls auf der fiktiven Figurenebene anzusiedeln ist.[1]

Burdorf benennt hier sowohl einen „Leser" wie auch einen „fiktiven Zuhörer". Die Spannbreite von Lyrik reicht also vom visuellen Rezeptionsmodus (Gedichte zum Lesen, Figurengedichte, Konstellationen, Superisationen) über Lyrik, die sich für einen Vortrag oder eine Inszenierung eignet (Balladen), bis hin zur hörbaren Poesie (Lautgedichte). In diese Kategorien passt das Autorenlied nur bedingt: Das Autorenlied entsteht in Hinsicht auf eine Programmstruktur mit simultaner Rezeption – ist also zunächst nicht für Tonträger oder andere Medien bestimmt. Anzunehmen ist also, dass das Autorenlied somit ein spezifisches Du aufweist, das von den anderen Du-Formen abweicht. Ausserdem unterscheidet sich die Bauart der Du- bzw. Sie-Formen in den Liedtexten (‚Lyrik-Du') von jener in den Conférencen (‚Prosa-Du'; vgl. Kap. 2.4).

Vorab soll die Sprechrichtung präzisiert werden: Der Liedermacher spricht bzw. singt mit wenigen Ausnahmen permanent in Richtung des Publikums. Der Gegenpol dazu ist die Guckkastenbühne mit der ‚vierten Wand', wodurch eine direkte Interaktion zwischen Figuren und Publikum weitgehend verhindert wird. In Autorenlied-Programmen ist der im Schauspiel eher seltene Fall der fiktiven Publikumsanrede (‚ad spectatores') gerade die Regel. Die Publikumszuwendung in der Aufführungssituation soll in Abgrenzung zur dramentheoretischen Terminologie *‚ad auditores'* heissen. Da es sich um einen fortdauernden Zustand handelt, bietet sich die Präzisierung *ununterbrochen* ‚ad auditores' an.

2.3.2 Stufen unterschiedlicher Du-Anrede

Für die verschiedenen Dialogformen entwickelt Benedikt Vogel an Kabaretttexten eine siebenteilige Abstufung. Ausgehend von der These der Fiktionskulisse (vgl. Kap. 2.2.1) bezeichnet er „eine Stufenfolge zunehmend stärkerer Publikumsanrede vom Bühnendialog über den offenen Dialog bis zum Publikumsdialog"[2]. Die Typologie ist mutatis mutandis auf das Autorenlied anwendbar. Allerdings bleibt das artikulierte Du bis

---

1 Burdorf 1995: 203f.
2 Vogel 1993: 100.

auf Spuren stets fiktiv, obwohl eine Interaktionsabsicht sowie ansatzweise eine reale Kommunikation mit dem Publikum nicht von der Hand zu weisen sind. Ferner scheint die Annahme eines dialogischen Grundverhältnisses zwischen Text, Aufführendem und Publikum zu weit zu führen. Zum Dialog gehört, wenn man von einem weiten Dialogbegriff ausgeht,[3] die Alternation von Rede und Gegenrede, wobei letztere, so Jan Mukařowský[4], in einem Spannungsverhältnis zur Vorderaussage steht.

Der Liedermacher tritt im Allgemeinen solo auf[5] und befindet sich in einer grundsätzlich monologischen[6] Sprechsituation. Laut strukturalistischer Analyse[7] kann dialogisches Sprechen wegen eines fehlenden Spannungsverhältnisses zwischen den Gesprächspartnern eine Tendenz zur Monologisierung aufweisen, umgekehrt enthält monologisches Sprechen Züge eines Dialogs. So ist es möglich, dass der Liedermacher das Publikum trotz der Sprechrichtung und dem Sprechgestus ‚ad auditores' nicht explizit anspricht. Das angesprochene Du lässt sich auf verschiedene Weise in die monologische Grundsituation einbeziehen. In diesem Zusammenhang soll in Anlehnung an Mukařowský von *Dialogisierung des Monologs* gesprochen werden, auf der einen Seite als Anrede eines gedachten, eindeutig als solches rezipiertes Du, auf der anderen als das direkte Sprechen zum Publikum (‚ad auditores'). Im ersten Fall wird der Rezipient wie beim Monolog nicht direkt angesprochen. Im zweiten hingegen wendet der Bühnensprecher sich unmittelbar und explizit an den Zuhörer und bietet die Möglichkeit zur Replik. Dabei kann sich die direkte Publikumsanrede an einen Einzelnen, an spezifisch umrissene Gruppen oder auch an ein nicht näher bestimmtes Publikum richten.

---

3   Fricke/Zymner (1991: 175) verstehen unter ‚Dialog' die „Wechselrede zwischen fiktiven Personen im Drama".
4   Vgl. Mukařowský 1967: 108–149.
5   Bühnendialoge gibt es zum Teil bei Auftritten von mehreren Liedermachern (etwa bei den Berner Troubadours [CD] 1990, 1996).
6   Abweichend von der üblichen Gebrauchsweise des Terms als „vom Zuschauer hörbare, aber nicht an ihn oder an andere Bühnenpersonen adressierte Rede im Drama" (Fricke/Zymner 1991: 175) werden hier mit Pfister (1988: 180) unter ‚Monolog' die beiden, und notwendig miteinander verbundenen, Merkmale verstanden: „das situative Kriterium der Einsamkeit des Sprechers, der seine Replik als Selbstgespräch an kein Gegenüber auf der Bühne richtet, und das strukturelle Kriterium des Umfangs und des in sich geschlossenen Zusammenhangs der Replik."
7   Vgl. Mukařowský 1967: 108–149.

2.3.3 Die Du-Anrede in Matters Werk

Der Gestaltungsreichtum in Matters Autorenlied-Werk manifestiert sich auch bei der Du-Anrede. Auf der einen Seite der Skala steht die *indirekte Du-Anrede*, auf der anderen die *direkte Du-Anrede*.

Unter „indirekter Du-Anrede" werden alle in sich abgeschlossenen Textstücke verstanden, die kein Du explizit nennen und auch keine implizite Du-Anrede mittels eines Sprechaktes einschliessen.[8] „Textstücke" meint hier sowohl Liedtexte als auch Conférencen. Die indirekte Anrede lässt sich in drei Typen untergliedern: (1) der *Monolog*, meist in Ich-, aber auch in Er-Form, der entweder ausschliesslich ein Reflexionslied oder nur ein Teil eines erzählenden Liedes ist; (2) die *Er-Erzählung* zum Zweck des Showing oder der Stimmungsbeschreibung; (3) die Dialogisierung des monologischen Vortrags durch die Ansprache eines imaginären Adressaten.[9] Ein Beispiel für das ich-monologische Verfahren ist Matters *mir hei e verein*:

> mir hei e verein i ghöre derzue
> und d'lüt säge: lue dä ghört o derzue
> und mängisch ghören i würklech derzue
> und i sta derzue
>
> und de gsehn i de settig die ghöre derzue
> und hei doch mit mir im grund gno nüt z'tue
> und anderi won i doch piess derzue
> ghöre nid derzue
> [...][10]

---

8   Paul Celan weist darauf hin, dass das Gedicht – selbst wenn ein explizit genannter Adressat fehlt – zu einem Gegenüber will (vgl. Paul Celan: Der Meridian, in: Völker 1990: 388f.). Es handelt sich um ein ‚implizites Du' oder, leicht anders gelagert, einen ‚impliziten Leser'.
9   Vogel (1993: 102ff.) nennt zusätzlich den „Dialog mit einem verdeckten Partner", was im Autorenlied selten vorkommt (eine Ausnahme ist etwa Matters Text *won i bi dranne gsy*).
10 Übers.: „Wir haben einen Verein, ich gehöre dazu, / und die Leute sagen: Schau, der gehört auch dazu. / Und manchmal gehöre ich wirklich dazu, / und ich stehe dazu. // Und dann sehe ich welche, die gehören dazu. / Und doch haben sie eigentlich mit mir nichts zu tun. / Und andere, zu denen ich doch passen würde, / gehören nicht dazu."

Wie wird der Rezipient hier einbezogen? Primär thematisch. Ausgesprochen viele Schweizer sind bekanntermassen Vereinsmitglieder und dürften sich schon deshalb angesprochen fühlen: Der Rezipient integriert den Text in seinen eigenen Erfahrungshorizont und wird der permutationsähnlich gestalteten Dilemma-Situation mehrheitlich zustimmen.[11]

Die Form der im Ganzen auktorial nicht kommentierten *Er-Erzählungen* ist beim Autorenlied selten. Meist mündet eine Er-Erzählung in der Art einer Bänkelsang-Gliederung in ein Epimythion mit einer Du-Ansprache (Bsp. *dr eskimo*). In den Liedern ohne ein artikuliertes Du wird in erster Linie eine Stimmung geschaffen (Bsp. *s louft e hund*), oder aber die Texte sprechen durch die Absicht des Spiegel-Vorhaltens (=*telling*; z.B. *ballade*). Auktoriale Kommentare mit allfälliger direkter Du-Ansprache dienen der Verdeutlichung des mit der Erzählung Beabsichtigten (=die ‚Moral' von der Geschichte; z.B. *dr hansjakobli und ds babettli*; *ds heidi*).

Der dritte Typ indirekter Du-Ansprache, das *imaginäre Du*,[12] erscheint bei Matter etwa im Lied *ds heidi*:

> är wont a dr glyche gass
> und i bi mit dir i d'klass
> so ischs cho das mir grad beidi
> ds härz a di verlore hei
>
> > heidi mir wei di beidi
> > beidi heidi hei di gärn […][13]

Die direkte Anrede des imaginären Du wirkt hier anschaulich und ist dadurch glaubwürdiger als die Nacherzählung in indirekter Rede.[14] Das imaginäre Du weist eine lange Wirkungsgeschichte auf und gehört in der

---

11 Es wurde bereits mehrfach auf dieses Element hingewiesen (etwa Hohler 1973 [SF DRS]). Gerne verstand man das Wort *Verein* in einem spezifischen Sinn, etwa als die Angehörigen eines Staates (und seiner Organisationsformen) oder als politische Vereinigung (vgl. Hohler 1977).
12 Vogel (1993: 104ff.) bezeichnet diese Kategorie als „Dialog mit fingiertem Partner".
13 Übers.: „Er wohnt in der gleichen Gasse, / und ich war in deiner Klasse. / So kam es, dass wir gleich alle beide / das Herz an dich verloren haben. // Heidi, wir wollen dich beide. / Heidi, beide lieben dich."
14 Indirekte Rede ist im Autorenlied selten.

Liebeslyrik zur meistgewählten Darstellungsform, besonders auch im Schlager:[15]

> Es war so schön an deiner Hand zu geh'n,
> es war so schön, dich immer anzuseh'n.
> Uns schien sogar der Regen rosenrot,
> sind für uns all' diese Wunder tot?[16]

Dies gilt auch für Pop-/Rockmusik:

> Irgendwann
> host du mi erreicht,
> host die Angst
> aus mir verscheucht;
> neue Gefühle, die mi verwirr'n,
> explodier'n.[17]

Matters Lied *ds heidi* unterscheidet sich von der schematischen Stimmungslyrik durch verschiedene poetische Verfahren. Zum einen mündet der Text in eine witzig pointierte Schlussfolgerung, die eine Distanz zum Ausgesagten schafft:

> dadrus han i glehrt dass hütt
> nümm so vil erreicht wär d'lüt
> mit literatur erchlüpft
> wi wär a ds rächten ort hi stüpft[18]

Zum andern wird die Aufmerksamkeit auf den sprachspielerischen Refrain gelenkt (vgl. Analyse im Kap. 2.7.2):

---

15 Schlager- und Popmusiktexte arbeiten stark mit Reizwörtern („Wunder", „rosenrot", „Gefühle", „explodier'n" etc.). Sie bauen eine Stimmung auf, in die ein breiter Rezipientenkreis subjektive Erlebnisse integrieren kann. Ganz besonders gilt dies für das imaginäre Du, in das der Adressat aus seinem Vorstellungs-/Erfahrungshorizont ein konkretes Du einbringen kann.
16 Dritte Strophe von *Es geht eine Träne auf Reisen* (Text: C. U. Becher; Musik: S. Adamo), zitiert nach Sperr 1978: 302.
17 Zweite Strophe aus *Lust auf Liebe* von Stefanie Werger (LP, 1985).
18 Übers.: „Daraus habe ich gelernt, dass heute / nicht mehr so viel erreicht, wer die Leute / mit Literatur erschlägt / wie der, der an den richtigen Ort hintritt."

> heidi mir wei di beidi
> beidi heidi hei di gärn

Und schliesslich weicht der Text durch eine Abänderung des Refrains nach der fünften Strophe, mittels einer ‚metrischen Pointe', d.h. der Enttäuschung der rhythmischen Erwartung, ab (vgl. Kap. 2.5):

> nei di entscheidig heidi
> nei dy bscheid – i bi enttüüscht

Die Erzählung konkreter Erlebnisse und die Objektivierung des imaginären Du auf verschiedenen poetischen Ebenen verhindern, dass der Rezipient wie bei vielen Schlagertexten eigene Erlebnisse mit dem Ausgesagten verbinden kann.

Neben Formen wie *man*, *eim* (Übers.: ‚einem'; vgl. *hemmige*), *alli* (alle), *öpper* (jemand) oder *dr eint und dr ander* (der eine und der andere)[19], die alle indirekt ein Du ansprechen, ist vor allem das artikulierte Wir für die indirekte Du-Anrede im Autorenlied zentral. Die Wir-Form kann die anwesenden Rezipienten einbeziehen und schafft ein Gemeinschaftsgefühl. Wir-Lieder sprechen nicht immer explizit ein Wir aus, ausreichend kann bereits eine Textaussage im Zusammenhang mit dem Gruppeninteresse sein, um den Gemeinschafts-Effekt zu erzielen.[20]

Wir-Autorenlieder, die primär für den solistischen Vortrag auf der Bühne bestimmt sind, gewannen mit der Politisierung der Autorenlied-Bewegung im Jahr 1967 an Bedeutung, so in der Ostermarsch-, Frauen- und Anti-AKW-Szene.[21] Als Beispiel diene Ernst Borns Anti-AKW-Lied *D Ballade vo Kaiseraugscht*, das schlussfolgernd im Wir-Modus zum Handeln aufruft:

---

19 Vgl. etwa den Liedtext *dr eint het angscht* oder den Sprechtext *Händespiel* (Matter [LP] 1973).
20 Das weite Feld des Gruppengesangs soll hier nicht beschäftigen, sind doch Autorenlieder selten für den Gesang in Gruppen konzipiert.
21 Einen Überblick über die Gruppenlieder bieten die thematisch ordnenden Anthologien von Vosz 1968, Stern 1976, Heimann/Klusen 1978.

> Drum, wenn *mer* en anderi Mainig hän,
> als die, won *is* eppis befähle wän,
> und wenn *mer* eppis erreiche wän:
> Schaffe *mer* ains, zwai, vili Kaiseraugscht.[22]

Sieht das artikulierte Ich sich hier als Teil von gleichgesinnten Anwesenden, die sich von anderen ausdrücklich abgrenzen,[23] ist das Wir in Matters Liedern selten kämpferisch. Das Matter-Wir tritt meist als Stellvertreter von mindestens zwei fiktiven Gestalten auf, wie in *mir hei e verein*, *ds heidi*, *d'meierysli* und *wo mir als bueben emal*. Vereinzelt erscheint ein artikuliertes Wir erst inmitten des Textes, vornehmlich bei Stimmungsliedern wie *dr grichtschryber joss*, *kennet dir die gschicht* und *s louft e hund*. Der Erzähler und das Wir begeben sich gemeinsam in eine skizzierte Stimmung hinein, wodurch eine Distanz zum Erzählten gezielt abgebaut wird. Das Wir kann unterschiedlich grosse Gruppen bezeichnen: In Matters Liedern *hemmige*, *dynamit* und *farbfoto* ist die Zahl der Angesprochenen prinzipiell uneingeschränkt, das Lied *hie ir schwyz* wendet sich hingegen an die Staatsbürger der Schweiz.

Eine weitere Anrede-Form, das explizit genannte Du/Sie, taucht in über einem Drittel der Matter-Lieder auf und wird bevorzugt in Liedern mit clownesker Darstellung eingesetzt (z.B. *betrachtige über nes sändwitsch*). Weitaus häufiger als in der Du-Form wird das Publikum mit „Sie" angesprochen (berndeutsch: *dir*). Bisweilen ist die Anrede als Imperativ realisiert, wie im Lied *ds trambiliee* („ganget nie im tram ga fahre / oder zalet emel gäng"[24]).

Die Publikumsansprache mit einem mehrfach artikulierten Du/Sie kommt in manchen Liedtexten durchgängig vor; in anderen Liedtexten hingegen nur punktuell (am Lied-Eingang, im Lied-Innern oder am Lied-Ende). In Matters Lied *warum syt dir so truurig* z.B. dominiert der durchgängige Modus:

---

22 Transkription vom Tonträger Born (LP) 1977, Hervorhebung S. H. Übers.: „Deshalb, wenn wir anderer Meinung sind / als jene, die uns etwas befehlen wollen, / und wenn wir etwas erreichen wollen: / Machen wir eins, zwei, viele Kaiseraugst."
23 Viele weitere Beispiele hierzu finden sich in den Liedern von Bettina Wegner, Dieter Süverkrüp, Franz Josef Degenhardt, Walter Mossmann, Jürg Jegge oder Tinu Heiniger.
24 Übers.: „Fährt nie mit der Strassenbahn, oder dann aber bezahlt stets".

> warum syt dir so truurig?
> wohl, me gseht nech's doch a
> söttet emal öiji gsichter
> gseh, wenn der sitzet im büro
> söttet emal öiji gsichter
> gseh, wenn der fahret im tram[25]

Hier fokussiert das Textsubjekt die Adressaten, richtet sich in fast jeder Zeile explizit an ein fiktives Gegenüber und bezeugt eine grosse Anteilnahme. In diesem Lied wie auch in *nei säget sölle mir* bewegt sich das literarische Verfahren weg vom Clownesken der frühen Lieder (*dr wecker*, *ich han en uhr erfunde*, *d'psyche vo dr frou*, *alls wo mir id finger chunnt*). Der Sprecher ist besorgt, väterlich einfühlend, aber auch ratlos und resigniert. Der fragende ('psychologisch-therapeutische' bzw. 'maieutische') Gestus verhindert, dass die späten Lieder in eine Publikumsbeschimpfung kippen.[26]

Auffällig häufig, aber keineswegs überraschend, richtet der Sprechende sich doch an ein unmittelbar anwesendes Publikum, tritt die Du-Anrede am Anfang eines Liedes auf. Das Du ist mitunter formelhaft, etwa im bänkelsängerischen Gestus (etwa „*loset* mit was für methode" in *d'nase*[27]), scheint aber auch in den Sprechakten des Befehls (z.B. „singet, dir alli, won es muul heit" in *lob vor fuulheit*[28]) bzw. des Fragens („kennet dir die gschicht vom schwarze chaschper" in *kennet dir die gschicht*[29]) oder auch auf andere Art auf, so im Eingangsvers mehrerer räsonierend-witziger Lieder (etwa „dir sitzet alli ahnigslos in öine stüel" in *prolog*[30]; „mys nächschte Lied, das singen ig öich nid" in *mys*

---

25 Übers.: „Warum seid ihr so traurig? / Doch, man sieht es euch an. / Ihr solltet mal eure Gesichter / sehen, wenn ihr sitzt im Büro, / ihr solltet mal eure Gesichter / sehen, wenn ihr in der Strassenbahn fährt."
26 Biermann seinerseits beschimpft mitunter das Publikum (vgl. etwa das Lied *Für einen faulen Fan*, in: Biermann 1991: 314).
27 Übers.: „Hört, mit welchen Methoden". Hervorhebung S. H.
28 Übers.: „Singt, ihr alle, die ihr einen Mund habt".
29 Übers.: „Kennt ihr die Geschichte vom schwarzen Kaspar". Weitere Beispiele finden sich in den Liedern *dr eskimo* und *d'psyche vo dr frou*.
30 Übers.: „Ihr sitzt alle ahnungslos auf euren Stühlen".

*nächschte lied*³¹; „won i bi dranne gsy, das lied / won ig jetz öich wett singe, z'mache" in *won i bi dranne gsy*³²).

Weiter gibt es den ‚Anrede-Kyklos' – also die Anrede des Publikums in der je ersten und letzten Strophe eines Liedtextes. Beispiele finden sich in den Liedern *dr eskimo, lob vor fuulheit* und *d'psyche vo dr frou*. In knapp einem Viertel der Matter-Lieder wird das Vis-à-vis erst im Schlussteil unmittelbar angesprochen, vor allem in (ironisch-)lehrhafter Dichtung wie *ds trambiliee, ds gspängscht, dr eskimo, dr hansjakobli und ds babettli, dr bärnhard matter* sowie *farbfoto*.

Eine besondere Form der direkten Du-Anrede ist das Thematisieren des Verhältnisses von Sprecher und Publikum bzw. der Vortragssituation. So treibt der Bühnensprecher mit dem Publikum mitunter ein Spiel, wie sich etwa in einer Conférence von Matters Programm *Ir Ysebahn* zeigt:

> Gueten Aabe myni Damen und Herre, dir syt offebar alli entschlosse, en Aabe lang bärndütschi Lieder azlose. Das trifft sech guet, denn i bi sälber o entschlosse, en Aabe lang settigi Lieder z'singe. [Lacher] Das heisst: Singe isch vilicht e chly vil gseit, aber we zuefällig öpper da inne musikalisch sötti sy, mir mache de zwüschine einisch e Viertelstund Pouse. [Lacher] Jetze für die, wo kes Programm übercho hei – und das wärde die meischte sy, denn mir hei gar keni verchouft [Lacher] – für die wett ig jetz ufhöre so Sprüch z'mache und eifach mys nächschte Lied asäge: es isch d'Ballade vo däm, wo vom Amt isch ufbotte gsy.³³

Bindetexte wie diese Begrüssungs-Conférence sind gewöhnlich sachlich-nüchtern gehalten, oft rein informativ, mitunter das Programm kurz erörternd bzw. frühere Programme reflektierend. Matters Conférence ist demgegenüber keine stereotype Ansage, schliesst keine Dankesbekun-

---

31 Übers.: „Mein nächstes Lied, das singe ich euch nicht".
32 Übers.: „Als ich gerade dabei war, dieses Lied, / das ich Euch nun vorsingen möchte, zu machen".
33 Matter (LP) 1973, Transkripion: S.H. Übers.: „Guten Abend meine Damen und Herren. Sie sind offensichtlich alle entschlossen, einen Abend lang berndeutsche Lieder anzuhören. Das trifft sich gut, denn ich bin meinerseits entschlossen, einen Abend lang solche Lieder zu singen. Das heisst: Singen ist etwas zu viel versprochen; aber wenn zufällig jemand hier drin musikalisch sein sollte – wir machen dann dazwischen einmal eine Viertelstunde Pause. Jetzt für jene, die kein Programm erhalten haben – und das werden die meisten sein, denn wir haben gar keine verkauft – für die will ich jetzt aufhören, solche Sprüche zu machen, und einfach mein nächstes Lied ansagen: Es ist *Die Ballade von jenem, der vom Amt bestellt worden war*."

dung ein und ist somit insgesamt keine traditionelle *captatio benevolentiae*.

Die Anrede ist vorerst herkömmlich („gueten abe myni dame und herre"), läuft aber bald auf mehrere Pointen zu, ironisiert das Konventionelle. Der Sprechende begibt sich in die Pose, als ob sich die Aufführung zufällig ereignete – was freilich nicht zutrifft. Der thematische Kern ist *die Darstellung des Gewohnten als etwas Aussergewöhnliches*. Der Bühnensprecher präsentiert sich begriffsstutzig. In das Clownshafte hinein passen die weiteren Witzigkeiten der Begrüssungsanrede, so die humoristische ‚Drohung' mit den berndeutschen Liedern.[34] Der Auftretende betreibt damit Understatement, also *fishing for compliments*.

Es wird mit der Erwartungshaltung des Publikums gespielt und der grundsätzliche Unterhaltungscharakter der Vorführung betont. Der Sprechende verscherzt sich die Sympathien des Publikums aber nicht, gewinnt sie im Gegenteil erst recht. Das Ironisieren der Vortragssituation ist keine ‚Veräppelung' des Publikums, sondern charakterisiert die Darstellerfigur.[35] Das Publikum durchschaut die Absicht.

Die skizzierten Befunde mit Blick auf die Publikumsansprache lassen sich wie folgt festhalten: Matters Werk schöpft die Variationsmöglichkeiten beim Einsatz der Publikumsanrede aus. Das Spektrum reicht von der punktuellen, expliziten Ansprache im Eingangs- oder Schlussvers über verschiedene Zwischenstufen bis hin zum durchgängigen Einsatz eines Du/Sie. Ferner reicht die Du-Anrede von einer rundum ernst gemeinten, ja besorgt-väterlichen Darstellung bis hin zu einem clownesken Publikumsdialog, in welchem das Ich dem Du mehr als ‚lustige Person' denn als eine belehrende oder an einem besonderen Schicksal Anteil nehmende Figur gegenübertritt. Diese Sprechhaltung kann sich von Lied zu Lied ändern (analog dazu die Conférencen).

---

34 Im Unterschied zum reichen baslerdeutschen Liedgut mit den satirisch-bänkelsängerischen, bildunterstützten Schnitzelbänken verband man damals das berndeutsche Liedgut primär mit dem ‚schollenverbundenen', bewahrenden Volkslied.

35 Man warf Matter auch schon vor, er spiele mit dem Publikum „frère et cochon" (Schafroth 1970 [Tagwacht]) – eine Kritik, die sich so nicht halten lässt.

Zusammenfassung

Der Rezeptionssituation des Liedermachens wird in verschiedenen Anrede-Formen Rechnung getragen. Die ununterbrochene Hinwendung des Liedermachers zum Publikum und der solistische Auftritt führen zu einer monologischen Basissituation, in der skaliert von indirekt bis direkt das Publikum angesprochen wird. Vor allem in Er-Erzählungen wird das Gegenüber indirekt erreicht (Wahl der Thematik, Art ihrer Umsetzung); ‚mittel-direkt' in Formen wie ‚wir' und ‚man'. Einer fehlenden expliziten Publikumsanrede in den Liedtexten wird bisweilen in den – primär dem Publikumsdialog verpflichteten – Conférencen entgegengewirkt. Die variierte Semantik der artikulierten Du–Formen in Matters Werk ist weit gefächert, was, nebst der öfters clownesken Sprechhaltung, zu einem besonders günstigen Rezeptionsklima führt.

2.4 Das Programm

> Gottverteli, i ha würklech afen es himmeltruurigs Programm binanger. Jetz mues i no öppis Luschtigs mache.[1]
>
> Mani Matter

Die nachfolgenden Abschnitte wenden sich der Organisation von Programmen zu.

---

1 Übers.: „Verdammt noch mal, inzwischen habe ich in der Tat ein furchtbar trauriges Programm zusammen. Nun muss noch etwas Lustiges her."

2.4.1 Programmrhythmus

Wolf Biermanns Konzerte zeichnen sich – neben dem hohen Kunstgrad – durch ihre Länge von öfters über vier Stunden aus. Biermann ist Einzeldarsteller[2] und verwendet kaum aufwändiges bühnentechnisches oder szenisches Hilfsmaterial[3]; ein hinreichendes Indiz für Biermanns überdurchschnittliche Qualität als Alleinunterhalter[4]. Diese gründet im Wesentlichen auf der sprechtechnisch überzeugenden Art der *Vortragsgestaltung*: der gebührenden Umsetzung des sinnfassenden Vortrags und der stilsicheren Varianz der ‚Expresseme' wie Sprechmelodie (Diastematik, Tempo, Dynamik), Artikulation, visuelle Rhetorik und sprechpsychologische Momente (‚dem Publikum schmeicheln'). Nicht zuletzt deshalb gehören seine Konzerte schon seit vielen Jahren zu den meistbesuchten in der Liedermacher-Szene.

Es soll hier aber nun nicht um die in der Liedermacher-Forschung kaum beachtete Vortragstechnik gehen – das Bereitstellen solcher analytischer Instrumente obliegt primär den Sprech- bzw. Kommunikationswissenschaften –, sondern um Aspekte der Programmgestaltung, welche die Rezeption über den einzelnen Text hinaus steuern. Aussagen zu allgemeinen Prinzipien und individuellen Eigenarten der Programmgestaltung bedürfen des Zugriffs auf die Konzertsituation, sind doch die im Handel greifbaren Tonträger selten verlässlich.[5]

Allgemein gilt, dass sämtliche Autorenlied-Programme die Organisation *Alternation von Lied und Nicht-Lied* aufweisen,[6] also die ständige

---

2   Wenn man einmal vom Aufführungspersonal jenseits der Rampe wie Beleuchter oder Tonmischer absieht.
3   In der Regel sind dies nur Stuhl, Notenständer, Musikinstrument und Mikrophone; vgl. Kap. 1.3.4.4.
4   Zur Bedeutung des Begriffs vgl. *Metzler Kabarett Lexikon* (1996: 5). Bis anhin stand der Terminus vor allem für Rezitatoren wie Marcell Salzer, Josef Plaut und Erwin Eckersberg oder Kabarettisten wie Dieter Hildebrandt, Richard Rogler und Werner Schneyder.
5   Die Konzerte sind meist nur in Teilen fixiert; vgl. etwa Biermann (LP) 1976 bzw. (LP) 1980 und Matter (LP) 1973; Kap. 3.3. Fritz Widmer wies den Schreibenden darauf hin, dass Matters Soloauftritte jeweils rund anderthalb Stunden dauerten. Matters Tondokument *Ir Ysebahn* ist aber nur halb so lang.
6   Vgl. Kap. 1.3.4.6. Von der strikten Alternation wird gelegentlich durch das Weglassen von Bindetexten, das Ineinandergreifen von Conférence und Lied sowie durch

Wiederaufnahme früherer Gliederungseinheiten. Dieser Wechsel soll *globaler Programmrhythmus* heissen. Aus der Sicht des inneren Kommunikationssystems handelt es sich um einen Struktur-, aus der Warte des äusseren um einen Wirkungsrhythmus. Ungenügende Variation innerhalb und zwischen den einzelnen Einheiten kann zu unerwünschter Monotonie führen (rezeptionserschwerendes Moment), der auf den Ebenen Text, Musik, Vortrag und Publikumsansprache zu begegnen ist. Diese Schichten ihrerseits – freilich auch Prinzipien wie *repetitio* und *variatio* unterliegend – bergen eigene Gliederungsmuster, sodass sich verschiedenartige Struktur-Rhythmen ergeben. Nachfolgend sollen vorerst Globalgitter beschäftigen, dann Binnengliederungen und abschliessend – als Exkurs – die Conférencen.

2.4.2 Globale Programmorganisation

Programme gliedern sich in aller Regel in einen *ersten* und *zweiten Durchgang*, wobei die Teile mehrheitlich identisch gebaut sind. Ausserdem sind Programme bestimmt durch die alternierende Abfolge von Liedhaftem und Nicht-Liedhaftem[7], aber auch durch den stetigen Wechsel zwischen (Kunst-)Prosa und Lyrik, Musik und Musiklosem, klar Geplantem (Lied) und – oft nur scheinbar – Spontanem (Bindetexte)[8].

Typologisieren lassen sich die Programmrhythmen mit Vorteil an einem vollständigen Programm aus der Blütephase des Liedermachens, also aus der Zeit Ende der 1960er, Anfang der 1970er Jahre. Allerdings sind vollständige Autorenlied-Programme kaum überliefert, solche aus

---

    andere Spielarten der Unterhaltungskunst abgewichen (z.B. Rezitation, Publikumsdialog, musikalisches Zwischenspiel; vgl. Kap. 1.3.4.1).

7 Zur Definition von ‚liedhaft' vgl. Kap. 1.3.3.

8 Vgl. Knechtle 1992. Das Element *Spontaneität* ist typisch für Conférencen, wie die Auftritte Biermanns oder der Berner Troubadours zeigen. Zu unterscheiden ist zwischen (a) *tatsächlicher* und (b) *gespielter* – also geplant vermittelter – Spontaneität. Zu diesem Befund führte eine Analyse zweier weit auseinander liegender Aufführungen des gleichen Programms. Gegenstand der Untersuchung bildeten durch den Verfasser aufgenommene Berner-Troubadours-Aufführungen des Programms *Nüüt aus Nöis* vom 4.12.1993 und 10.12.1994 (zugleich Derniere). Gespielte Spontaneität zeigt sich bei rund der Hälfte aller Spontaneität vermittelnden Conférencen (z.B. in Bernhard Stirnemanns Ansage „i ha grad letschthin gläse"; Übers.: „Ich habe erst kürzlich gelesen").

der Frühphase des neueren Autorenliedes kannte man bislang kaum.[9] Matters Nachlass und weitere unveröffentlichte Materialien der Berner Troubadours bergen tonfixierte Programme sowie Notizen zur Aufführungsabfolge. Matters Werk ist ausführlich dokumentiert: Im nachgelassenen Oktavheft „Chanson Programme"[10], in dem Matter ab 1966 handschriftlich die Titelabfolgen der Programme festhielt,[11] in unveröffentlichten Aufnahmen der Berner-Troubadours-Konzerte – mit Auftritten Mani Matters – sowie auf dem Tonträger *Ir Ysebahn*[12].

Die folgende Analyse gründet auf dem Skizzenheft und tonfixierten Konzerten, namentlich auf dem vom 9. bis 16. Oktober 1971 als „Gesammelte Werke" in Luzern aufgeführten Soloprogramm. Es ist es eine modifizierte Fassung des allerersten Soloauftritts Matters in Bülach vom 12. Juni 1971 und hatte die Nummern-Abfolge[13]:

I / x Zündhölzli 2 / – Einleitung / x Verwaltig 2 [*är isch vom amt ufbotte gsy*][14] / Inserat 0 [*farbfoto*] / Dings 3 [*mir het dr dings verzellt*] / x Hemmige 2 / x Portmonee 0 / x Gygechaschte 2 [*us emene lääre gygechaschte*] / Anarchischt 3 [*dynamit*] /

---

9 Wenige unpublizierte Tonbandaufnahmen gibt es z.B. im Deutschen Kabarettarchiv in Mainz (Waldeckfestivals), im Schweizerischen Volkskundemuseum in Basel (Lenzburgfestivals) oder in Privatbesitz (Berner Troubadours [MCs] 1965–1973). Maurers Dissertation von 1984 stützt sich teilweise auf unpubliziertes Tonmaterial.

10 Schweizerisches Literaturarchiv (SLA), Nachlass Mani Matter, Sign. A-01-d-4. Das Heft wurde vom Verfasser bereits Ende der 1990er Jahre zur Auswertung gesichtet.

11 Inwieweit die Aufzeichnungen mit dem Aufgeführten übereinstimmen, bleibt unklar. Einträge deuten auf nachträgliche Ergänzung hin, wie etwa die Notiz zum Würenlingen-Konzert vom 17.03.1971: Das Lied „Bratwurscht" (*missverständnis*) sei vergessen worden.

12 Matter (LP) 1973.

13 Das Zitat orientiert sich am Autograph aus „Chanson Programme", Schweizerisches Literaturarchiv (SLA), Nachlass Mani Matter, Sign. A-01-d-4; hier zitiert nach Hohler 1973: 50. Von den Konzerten in Bülach und Luzern liegen keine Aufnahmen vor. Der Vergleich verschiedener Quellen (Tonträger, nachgelassene Schriften, publizierte Werke) legt nahe, dass „x" für ein auf einem Tonträger bereits veröffentlichtes Lied steht, „–" für einen gesprochenen Text und eine Zahl für die minutengenaue Spieldauer.

14 Eckige Klammern zeigen Titel-Varianten an, wie sie die Liedhefte kennen (vgl. im Anhang *Alphabetisches Liederverzeichnis*). Im Skizzenheft sind vor den Nomen die bestimmten Artikel meist nicht wiedergegeben. Zu keinen Klammereinträgen führen fehlende Artikel oder bloss leicht abweichende Schreibweise.

(Parkingmeter) / – Geschichte [*Gschicht vom Polizischt*][15] / Psyche 2 [*d'psyche vo dr frou*] / Lotti 1 [*ds lotti schilet*] / x Heidi 3 / (Alls wo mir) 2 [*alls wo mir id finger chunnt*] / x Boxmätsch 6 / – Übrigens [*Das isch doch also würklich*][16] / x Strass 1 [*di strass won i drann wone*] / x Matter 2 [*dr bärnhard matter (1821–1854)*] / x Bahnhöf 3 [*ds lied vo de bahnhöf*] / Mönsch 2 [*dr mönsch isch wi dä*] / Ysebahn 2 [*ir ysebahn*]
II / Chue 0 [*chue am waldrand*] / x Coiffeur 0 [*bim coiffeur*] / x dene wos guet geit 3 / Dällebach 2 [*ballade (lied zum film „dällebach kari")*] / x Hansjakobli 0 [*dr hansjakobli und ds babettli*] / x Verein 3 [*mir hei e verein*]/ x Noah 2 / Sandwich 3 [*betrachtige über nes sändwitsch*] / – [unleserlich][17] / x Nase 2 / Löu 1 [*e löu, e blöde siech, e glünggi un e sürmu (...)*] / Bratwurscht 3 [*missverständnis*] / Käller 3 [*dr gottfrid käller*] / Alpeflug 2 / Abgang 0 (1) / Wecker 3

Der Entwurf gliedert das Programm in zwei Hauptteile und die Zugaben. In der Bülach-Skizze ist das mehrere Lieder umfassende Zugabenprogramm visuell abgesetzt, der Autor mass ihm einen eigenen Programmwert bei. Im Luzern-Entwurf findet sich indes nur noch der Zugaben-Eintrag „Abgang/Wecker", also ein einziges Zugabenlied. Der Schlussteil wird somit deutlich marginalisiert. Zudem weisen in beiden Programmverläufen eingeklammerte Titel auf die Weglassbarkeit einzelner Titel hin: Programme sind eben nicht restlos planbar.

Der erste Durchgang des Luzern-Programms vereinigt 21 Nummern, der zweite nur noch deren 16: Der Hauptteil des Programms wird vor der Pause aufgeführt, wenn das Publikum noch aufnahmefähiger ist – ein bei Konzerten oder beim (szenischen) Bühnenspiel – wie Drama, Komödie, Schwank, Oper, Musical, Kabarett, Varieté, Revue, Zirkus – übliches Vorgehen.

---

15 Es wird hier angenommen, dass mit der Bezeichnung „Geschichte" die Nummer *Gschicht vom Polizischt* gemeint ist, da das Bülach-Programm an analoger Stelle den erwähnten Sprechtext führt.

16 Sinngemäss wie Fussnote zu *Gschicht vom Polizischt*. Bei *Das isch doch also würklich* dürfte es sich um den im *Rumpelbuch* abgedrucken Sprechtext *Protäscht* handeln (Matter 1992b: 279).

17 Der Entwurf zum Luzern-Programm erwähnt an dieser Stelle den Sprechtext *Händespiel*. In Sudelhefte/Rumpelbuch (Matter 1992b: 280) heisst die Nummer *Chinderspil*.

Drei Einträge bezeichnen keine Lieder, sondern Sprechtexte[18]; der erste Abschnitt birgt deren zwei. Die Sprechtexte sind globalrhythmisch orientiert, stellen funktional eine Variation verschiedener Nummertypen (Lieder, Conférencen, Sprechtexte) dar und sind zudem in ungefähr gleichmässigen Abständen in das Programm eingelassen: Auf das Eröffnungslied „Zündhölzli" folgt die Publikumsbegrüssung mit einer *Begrüssungsconférence* („Einleitung"). Vor dem ersten Sprechtext („Geschichte") ertönen sieben (bzw. acht) Lieder. Den zweiten Sprechtext („Übrigens") umrahmen vier (bzw. fünf) Gesangsstücke. Der einzige Sprechtext nach der Pause gliedert den zweiten Programmteil in annähernd gleich grosse Abschnitte.

Aus der Skizze zum Luzern-Programm in „Chanson Programme" erfährt man zu weiteren Bindetexten, wie sie aus den Live-Aufnahmen[19] bekannt sind, nichts. Im Bülach-Entwurf finden sich immerhin Gedankenstriche, die offenkundig für vorgesehene Conférencen stehen.

Das Fragmentarische des Notierten zeigt die Unfertigkeit der Programmplanung. Vor allem die jeweilige *Rezeptionsatmosphäre* kann Abänderungen bedingen: Nicht jede Aufführung eines Programms erzielt, wie jeder Praktiker weiss, die gleiche Publikumsstimmung. Die Grobstruktur einer Aufführung wird generell von *rezeptionspsychologischen Überlegungen* geleitet, wie im Luzern-Programm etwa das Auftaktlied und die anschliessende Einleitung zeigen: Der humorvolle Programm-Auftakt soll offenbar eine erheiternde Stimmung hervorrufen und das Publikum günstig stimmen (vgl. Kap. 2.3.3).

Von erhöhtem Interesse sind freilich die *Programmränder*, also die Programm eröffnenden bzw. beendenden Elemente sowie jene unmittelbar vor und nach der Pause. Diese Lieder prägen sich durch ihre exponierte Lage im Programmganzen im Gedächtnis des Rezipienten verstärkt ein: Das Luzern-Programm eröffnet das Lied *i han es zündhölzli*

---

18 Vgl. Kap. 2.1.2.1. Der Terminus stammt aus dem *Rumpelbuch* (Matter 1992b: 217) und scheint geeignet zur Abgrenzung von anderen Textkategorien wie den Conférencen. Begrüssungs- sowie Verabschiedungsconférencen, die an die Programmstruktur gebunden sind, unterscheiden sich von (Sprech-)Texten, die auch ausserhalb von Programmen einen Sinn ergeben (vgl. Kap. 2.4.5).

19 Vgl. z.B. das Basler Konzert; Matter (LP) 1973.

azündt[20], ein Lied mit narrativer Anlage und einigen satten Pointen, aber auch mit einer naiven Sprechhaltung. Das an und für sich nichtige Ereignis (das Missgeschick mit einem brennenden Streichholz) wird anschliessend durch eine massive, ja absurde Übertreibung des Spiels mit dem Möglichen kontrastiert (vgl. Kap. 2.7.4.1). Beschrieben wird, was hätte geschehen können, wenn das Streichholz nicht aufgehoben worden wäre – eine Phantasie, die bis zum Weltkrieg reicht. Das Publikum wird in eine heitere, nicht aber ausgelassene Stimmung versetzt. Der leicht verständliche Text ist typisch für Matters Poetik und bestimmt gleich zu Beginn der Aufführung die literarisch-musikalische Richtung des Gesamtprogramms. Ähnliches gilt für das erste Lied nach der Pause (*Nachpausenlied*), dem absurden *chue am waldrand*.

Im Vergleich dazu sind die Abschlüsse der Programmphasen anders funktionalisiert. Das Vorpausenprogramm des Luzern-Konzerts wird mit dem – auch textimmanent finalen – Lied *ir ysebahn*[21] beendet (*Vorpausenlied*): Die instrumentale Melodie läuft durch das am Ende des Liedes verstummende Ritardando aus und unterstützt so auch musikalisch die Ankunft im besungenen Bahnhof Rorschach. Thematisch passt das Lied optimal an jenen Ort im Programm. Zudem kann das Lied augenzwinkernd als Hinweis auf den Rorschach-Test verstanden werden – den Rezipienten implizit auffordernd, die Pause für psychologische Deutungen zu nutzen[22] (vgl. Kap. 2.6.3).

Das *programmbeschliessende Lied* oder *Schlusslied* (in Luzern: *dr alpeflug*) beendet das *Hauptprogramm*.[23] Darauf folgen meist noch die Nach- bzw. Abgesänge, die *Zugaben*. Im Bülach-Konzert erklang – nach mehreren humoristischen Gesangsnummern – am Ende des Hauptprogramms das Lied *dr wecker*, das einen überbordenden Beifall herausforderte und somit das Aufführen weiterer Lieder nach sich zog. Matter

---

20 Vgl. Textabdruck in Kap. 1.3.4.5. Ab 1969 eröffnete Matter fast alle Programme mit den Liedern *d'nase* oder *ds zündhölzli*, wobei *ds zündhölzli* im Verhältnis zwei zu eins bevorzugt wurde. *D'nase* erklang oft zu Beginn des zweiten Teils.
21 Textabdruck in Kap. 1.3.4.2.
22 Vgl. Hammer 2002. Hermann Rorschach (1884–1922) war Psychiater und Psychologe an der kantonalen Heilanstalt in Herisau und schuf projektive Tests für Persönlichkeitsuntersuchungen. Joy Matter bestätigte in einem Gespräch vom März 2003 die beabsichtigte Mehrdeutigkeit.
23 Matter sang über viele Programme hinweg das Schlusslied *si hei dr wilhälm täll ufgfüert* (bzw. alternativ dazu *dr wecker* oder *dr alpeflug*).

hatte nicht weniger als drei Zugabenlieder projektiert (*si hei dr wilhälm täll ufgfüert, dialog im strandbad, dr eskimo*) und drei weitere vorgemerkt (*dr ferdinand isch gstorbe, es git e bueb mit name fritz, i han en uhr erfunde*). Die Zahl der tatsächlich aufgeführten Zugaben lässt sich nicht mehr feststellen. Offenbar missfiel Matter aber die Länge des Zugabenprogramms in Bülach so sehr, dass er im Luzern-Programm nur noch ein einziges Zugabenlied vorsah (*dr wecker*) und das Hauptprogramm mit dem Schlusslied *dr alpeflug* beendete, das mit seiner Tragikomik eine zu ausgelassene Publikumsstimmung erst gar nicht aufkommen lässt.

Das *Zugabenprogramm* wirkt, da nicht vollauf planbar, spontaner als das Hauptprogramm.[24] Matter schrieb eigens für das Zusatzprogramm den – im Heft „Chanson Programme" allerdings nicht dokumentierten – Liedtext *won i bi dranne gsy* (Abdruck im Kap. 1.3.4.6). Der erst posthum veröffentlichte Liedtext markierte gewöhnlich ab 1969, wie auch *dr gottfried käller*, das unwiderrufbare Programm-Ende.[25] Der Liedtypus eignet sich zum Brechen von Beifallsstürmen und somit zur definitiven Beendigung der Aufführung (*Schlusspunktlied*).[26]

2.4.3 Binnengliederungen in Programmen

Die Organisation von Autorenlied-Programmen ist nicht ausreichend beschrieben durch die grobstrukturellen Elemente *Auftaktlied, Begrüssungsconférence, Vorpausenlied, Nachpausenlied, Verabschiedungsconférence, programmbeschliessendes Lied, Zugabe-* und *Schlusspunktlied* oder den Befund der relativ steten Alternation von Lied und Nicht-Lied. Eingezeichnet sind den Programmen bedeutend feinere rezeptionsleitende Gitter. Dies lässt sich an den Bindetexten von Matters Tonträger *Ir Ysebahn* ablesen, so z.B. an der Conférence zwischen den Liedern *dällebach kari* und *dr hansjakobli und ds babettli*:

---

24 Vgl. auch Wolf Biermanns Konzert *Süsses Leben – saures Leben* (November 1996): Biermann forderte die Zuhörer auf, Zugabenwünsche zu äussern. Die Vorschläge behagten ihm nicht, und er trug ein anderes Lied vor.
25 Vgl. Matter 1992a: 65.
26 Weitere Beispiele gibt es bei den Berner Troubadours ([CD] 1996) und Ernst Jandl ([MC] 1995).

> Jetz öppis ganz anders, e chly als Kontrast: Dr Hansjakobli und ds Babettli.[27]

Auch der Einleitungstext zum witzigen Vorpausenlied *ir ysebahn*, das auf das melancholische Lied *dr mönsch isch wi dä* folgt, lässt auf eine bewusste Binnengliederung schliessen:

> Ja aber i wett nech vilicht doch nid uf dere pessimistische Note i d'Pouse entla, es git ja effektiv hie und da o Lüt, wo dr Zug o verwütsche. Und das git de das Lied „Ir Ysebahn".[28]

Beide Ansagen bereiten das Publikum auf eine Gegensätzlichkeit vor, zeigen also das wohldurchdachte Arrangement mikrostruktueller Kontrastierung auf thematischer und emotiver Ebene.[29] In den Programmen von Bülach und Luzern sind zwei bei Matter durchwegs beobachtbare Ordnungsprinzipien mustergültig realisiert: Dies geschieht

(a) als Alternation von Humoristischem und Ernstem über mehrere Lieder hinweg (*bim coiffeur, dene wos guet geit, dr hansjakobli und ds babettli, ballade [lied zum film „dällebach kari"]*).

(b) als Reihung von witzigen Liedern (*d'nase, e löu, e blöde siech, e glünggi un e sürmu [...], missverständnis, dr gottfrid käller*) bzw. von ernsten (*dene wos guet geit, ballade [lied zum film „dällebach kari"]*).

Eine weitere häufige Binnenordnung bezeichnen die beiden folgenden Conférencen:

---

27 Matter (CD) 1992. Übers.: „Jetzt etwas ganz Anderes, ein wenig als Kontrast: ‚Hansjakob und Babette'."
28 Matter (LP) 1973. Übers.: „Ja aber ich möchte Sie vielleicht doch nicht mit dieser pessimistischen Note in die Pause entlassen, es gibt ja in der Tat ab und an auch Leute, die den Zug erwischen. Und das ergibt dann das Lied ‚Im Zug'."
29 Matters Lieder, wie das Liedgut der Berner Troubadours allgemein, galten lange als ‚lustige Liedchen'. Dies führte offenbar zu (rezeptionspsychologisch) negativen Folgen, sodass Matter gezielt ernste Lieder schrieb. In der späten Werkphase wiederum verfasste Matter die humoristischen Lieder *dr her zehnder, französisches volkslied* und *es geit e herr*, um ein poetisches Gegengewicht zum damals „himmeltraurigen", von ernsten Liedern dominierten Programm zu schaffen (Fritz Widmer wies in einer frühen Fassung seiner „Notizen zu Mani Matter" auf diesen Umstand hin; in der Veröffentlichung fehlt dieser Hinweis aber [vgl. Widmer 2002a]).

> Hingäge ganz sicher verwandt bin i mit mym Grossvatter – [Lacher] und dä isch bi dr Ysebahn gsy, und das isch vilicht dr Grund, warum dass i verschideni Lieder gschribe ha, wo irgendwie mit dr Ysebahn z'tüe hei. Und die wett i nech jetz zum Schluss vor dr Pouse no singe. Ds erschte isch „ds lied vo de bahnhöf".[30]
>
> Es isch so, dass me mir scho – und sogar ir Press – vorgworfe het, für eine, wo sich als Troubadour löi la asäge, chöm e chly weni vo dr Liebi und vo de Froue vor i myne Lieder. Und das stimmt scho, was die nöiere Lieder ageit, aber es het auso e Zyt ggä, won i mi sehr intensiv mit dem Thema befasst ha. [Lacher] Und us dere Zyt wett i nech jetz o es paar Lieder singe. Ds erschte isch so gwüssermasse Problemstellig vo dem Thema: „d'psyche vo dr frou".[31]

Die Thematik bestimmt hier die Liedabfolge: Auf zunächst drei Eisenbahnlieder (*ds lied vo de bahnhöf, dr mönsch isch wi dä, ir ysebahn*) folgen Liebeslieder (*d'psyche vo dr frou, ds lotti schilet*).[32]

Freilich stehen zahllose Möglichkeiten programmrhythmischer Binnenregelung bereit, wobei bei Matter der Wechsel zwischen *Humoristischem und Ernstem* sowie die *thematische Reihung* am häufigsten sind. Trotz deutlicher Tendenz zu thematischer Reihung bleibt, um rezeptionspsychologisch unerwünschte Monotonie zu vermeiden, die *variatio* leitendes Prinzip. Dies gilt auch innerhalb der Liedtyp-Gruppen. Die Lieder einer Reihe sind durch einen gemeinsamen thematischen Nenner verbunden, allerdings verfahren die einzelnen Gesangsstücke poetisch verschieden: Von den Bahnhofsliedern ist *ds lied vo de bahnhöf* ein

---

30 Matter (LP) 1973, Transkription S.H.: Conférence zwischen den Liedern *ahneforschig* und *ds lied vo de bahnhöf*. Übers.: „Hingegen ganz sicher verwandt bin ich mit meinem Grossvater – und der war bei der Eisenbahn – und das ist möglicherweise der Grund, weshalb ich verschiedene Lieder geschrieben habe, die in irgendeiner Weise mit der Eisenbahn zusammenhängen. Und diese will ich Ihnen zum Ende vor der Pause singen. Das erste ist ‚Das Lied von den Bahnhöfen'."

31 Matter (LP) 1973: Conférence zwischen den Liedern *dynamit* und *d'psyche vo dr frou*. Übers: „Es ist so, dass mir schon – und das sogar in der Presse – vorgeworfen worden ist, für einen, der sich als Troubadour ankündigen lasse, würden in meinen Liedern zu wenig die Liebe und die Frauen besungen. Das stimmt ja schon, was die neueren Lieder betrifft, aber es gab auch mal eine Zeit, als ich mich sehr intensiv mit diesem Thema beschäftigt habe. Und aus jener Zeit will ich Ihnen jetzt ein paar Lieder singen. Das erste ist sozusagen die Problemstellung dieses Themas: ‚Die Psyche der Frau'."

32 In den Programmen von Luzern und Bülach wurden unmittelbar aufeinander drei (zusätzlich *ds heidi*) bzw. fünf Lieder (zusätzlich *ds heidi, ds eisi* und *novämbernacht*) gesungen.

'Stimmungslied' (wie im Übrigen *heiwäg, s louft e hund*), *dr mönsch isch wi dä* ein (tragisch-komisches) 'Schicksalslied' (wie *dr parkingmeter, dr her zehnder, dr alpeflug*)[33] und *ir ysebahn* ein räsonierendes Lied (wie *d'metallplastik, hie ir schwyz*). Aber auch innerhalb der meisten Liedtexte werden durch den Einsatz unterschiedlicher literarischer Mittel Äquivalenz- und Oppositionsverhältnisse aufgebaut, sodass sich ein steter Wechsel in der Feingliederung ergibt.

2.4.4 Mögliche vs. zwingende Kohärenz

Die Abfolge der einzelnen Nummern in den Programmen ist grundsätzlich offen, folgt aber, wie gezeigt, nicht der völligen Willkür. Die Elemente einer Vorführung lassen sich innerhalb eines Programms nicht ohne Wirkungseinbusse austauschen, weglassen oder verschieben. Es herrschen spezifische Ordnungsprinzipien vor. Vereinzelt sind Programmelemente aber ohne wesentliche Gefährdung des Gesamtgefüges austauschbar, wie zum Beispiel Alternativen zu den Schlusspunktliedern (vgl. Kap 2.4.2). Andere Elemente sind dagegen an einen konkreten Ort im Programm gebunden, so die Positionsconférencen. Viele Autorenlied-Programme, und jene von Matter besonders, bestechen durch ihre kompakte Gesamtanlage.

Zur 'Kohärenz' – im Sinne der Herstellung einer kompakten Verlaufsstruktur – tragen verschiedene Elemente bei, z.B. die Wiederaufnahmen in einer Äquivalenz- oder in einer Oppositionsrelation oder die Wiederaufnahme in einer thematischen Verknüpfung.[34] Die thematisch-semantische Verbindung über die Liedtexte hinweg wie auch die pragmatische Kohärenz sind für den inneren Zusammenhalt des Programms als Einheit nicht unabdingbar, selbst wenn bei semantisch-thematischen Autorenlied-Programmen dieses Verfahren dominiert, wie z.B. bei kämpferischen Auftritten an Demonstrationen (z.B. Anti-AKW-Veranstaltungen).

Ein bestimmter innerer Zusammenhalt wird bei Autorenlied-Aufführungen durch Elemente der strukturellen Kohärenz hergestellt: durch

---

33 Handelnde werden in einer fast ausweglosen Situation gezeigt.
34 Elisabeth Stuck: Kohärenz, in: RLW, Bd. 2: 280. Um 'Kohärenz' im engeren Sinn handelt es sich hier nicht. Von Kohärenz wird nur behelfsmässig gesprochen.

gattungsspezifische Elemente wie die Liedform, aber auch durch wiederkehrende sprachliche und literarische Mittel. Bei Matter sind dies beispielsweise der Nonsens, das Tragikomische, Wortspiele, Stilprinzipien etc. (vgl. besonders die Kapitel 2.6 und 2.7). Der Zusammenhalt eines Autorenlied-Programms entsteht durch ein komplexes Geflecht unterschiedlicher Schichten (thematisch-semantische, pragmatische, strukturelle und gattungsspezifische). Allerdings haben nicht sämtliche Elemente einer Autorenlied-Aufführung (Nummern, Conférencen, usw.) eine kohärenzstiftende Funktion. In Autorenlied-Programmen sind grundsätzlich nur die einzelnen Nummern (also meist Lieder) in sich kohärent. Mitunter dienen Conférencen des Kohärenzaufbaus zwischen den einzelnen Nummern.

In einem Lied sind nicht sämtliche Schichten gleichermassen kohärenzstiftend. Unter bestimmten Voraussetzungen sind, wie erwähnt, verschiedene Textelemente verschiebbar oder austauschbar oder können ganz weggelassen werden (vgl. Kap. 2.7.4.3, das sich u.a. mit Couplet und Bänkelsang-Lied befasst). In allen Teilen von Autorenlied-Programmen gibt es Elemente, die zwingend an einen Ort im Programm gebunden sind, und solche, die sich verschieben oder ersetzen lassen (vgl. die Beispiele in den Kapiteln 2.4.2 und 2.4.3). Diese Unterscheidung soll *zwingende Kohärenz* und *mögliche Kohärenz* heissen. Mögliche Kohärenz liegt immer dann vor, wenn ein Lied verschoben werden kann, ohne dass die Semantik des Liedes beschädigt wird. Mögliche Kohärenz ist also ein Aspekt der pragmatischen Organisation und dient im Wesentlichen der rezeptionspsychologischen Optimierung. Bei zwingender Kohärenz wird durch eine allfällige Verschiebung an einen anderen Ort innerhalb des Programms die Liedaussage des verschobenen Liedes und die Kohärenz eines ganzen Programms tangiert.

Der Grossteil von Autorenlied-Aufführungen ist im Wesentlichen ‚möglich kohärent'. Eine der wenigen Ausnahmen mit zwingender Kohärenz ist das Liederstück *Kriminalgschicht* von Mani Matter, Jacob Stickelberger und Fritz Widmer.

2.4.5 Exkurs: Die Conférence

Laut Michael Fleischer ist eine Conférence die

> Ansage, Einleitung oder Überleitung in Kabarett, Varieté und sonstigen aus einzelnen Darbietungen (Nummern) bestehenden Programmen.[35]

Die Conférence in Autorenlied-Programmen – aber auch in anderen Darbietungsformen wie dem Kabarett – ist bis heute kaum untersucht. Zudem wurde das Wort im Zusammenhang mit Liedermachern nur spärlich gebraucht.

In der Autorenlied-Kunst sind Conférencen meist Verbindungsstücke zwischen einzelnen Nummern. Conférencen beziehen sich unmittelbar auf das Programm und sind funktional oft kohärenzstiftend, haben also kein von Programmen unabhängiges Eigenleben. Autorenlied-Programme weisen mitunter aber auch andere, zwischen den Liedern stehende Textformen auf, wie etwa Matters *Händespiel* und *Gschicht vom Polizischt*[36]. Das Programmelement *Sprechtext* (=eigenständiger Zwischentext) umfasst mit Ausnahme der Conférencen alles, was nicht liedhaft ist (die Rezitation/ggf. das szenische Spielen selbst verfasster und fremder Texte).

Conférencen in der Autorenlied-Kunst sind selten dokumentiert, weshalb Konzertmitschnitten für die Analyse eine besondere Bedeutung zukommt. Die wenigen analytischen Befunde zu Conférencen in der Autorenlied-Kunst stammen meist von Liedermachern selbst, wie etwa die Einsicht Fritz Widmers über Jürg Jegge:

> Seine Ansagen unterscheiden sich stark von den meisten andern Sängerlingen, die etwa ihre Lieder so ankündigen: ‚Mys nächschte Lied isch eis über ne mönschlechi Schwächi, wo mir fasch alli hei, nämlich –' Nein, Jürg erzählt etwas oder liest etwas vor: Zu seiner Übersetzung der Carmagnole, einem Lied aus der französischen Revolution, trägt er zusätzlich ein Gegenlied vor, das die Schweizer Gardisten hätten singen können, wenn es ihnen noch drum gewesen wäre, und sowohl dieses Lied wie die nachher noch vorgetragene Stelle aus Meinrad Lienerts ‚Schweizer Sagen und Heldengedichten' entlarven die verlogene Heroisierung jenes ‚Verteidigungskampfes' in den Tuilerien. In anderen Fällen unterstreicht er ein Lied mit einem

---

35 Michael Fleischer: Conférence, in: RLW, Bd. 1: 321.
36 Die Texte haben Nummerncharakter und sind als selbstständige Texte ediert (Matter 1992b: 280–282).

Text, oder er stellt mit dem Lied einen vorangegangenen Text wieder auf den Kopf.[37]

Unterschieden sind hier zwei Arten von Bindetexten: Die *redundante Conférence* und die *semantisch wirkende Conférence*. Die redundante Conférence paraphrasiert den zentralen Aussagegehalt des Liedtextes und leistet so keinen semantischen Mehrwert. Grundsätzlich sind dies alle Titelansagen.[38] Die redundante Conférence erfüllt eine programmbezogene Strukturierungsfunktion, indem sie etwas Neues ankündigt.

Bei der *semantisch wirkenden Conférence* steht der bindende Text in einem semantischen Spannungsverhältnis zum Lied. Das auf die Conférence bezogene Lied wird inhaltlich spezifisch ausgerichtet. Dabei gibt es die *rückbezügliche* und die *vorausweisende Conférence*.[39] Zu beachten ist der Modus der semantischen Ausrichtung: Individualisierung eines im Liedtext generell beschriebenen Sachverhalts (etwa durch die Benennung des zum Verfassen des Liedtextes führenden Umstands),[40] Umdeutung,[41] Fokussierung (einen Hauptaspekt benennend),[42] Berichtigung einer falschen oder bei früherer Aufführung falsch interpretierten Textaussage,[43] ironische Kontextualisierung,[44] Bezugnahme auf Programmstruktur[45] sowie weitere Erläuterungen zum Verständnis eines Werks.[46]

---

37 Fritz Widmer in: Schweizer Liedermacher 1976 (ohne Seitenangaben, ca. S. 50). Übers. der Dialektpassage: „In meinem nächsten Lied geht es um eine menschliche Schwäche, die wir fast alle haben, nämlich –".

38 Auf Matters Tonträger *Ir Ysebahn* (1973) werden die Lieder *är isch vom amt ufbotte gsy*, *hemmige*, *ahneforschig*, *chue am waldrand*, *dialog im strandbad* und *dr wecker* ausschliesslich mit dem Titel angekündigt.

39 Der Grossteil der Conférencen weist voraus. Rückbezüge dienen u.a. der Erläuterung oder Berichtigung von Textaussagen (so in Matters *ahneforschig*; vgl. Kap. 2.2.2).

40 Vgl. Matters Ansagen auf dem Tonträger *Ir Ysebahn* (1973) zu den Bahnhofsliedern *ds lied vo de bahnhöf*, *dr mönsch isch wie dä*, *ir ysebahn* und zu *dällebach kari*.

41 Wolf Biermann beispielsweise bezieht das Peter Huchel gewidmete Lied *Du lass dich nicht verhärten* auf Westdeutschland (vgl. Biermann [LP] 1976), später aber auf die Partei der Grünen (vgl. Biermann [LP] 1980).

42 Die semantische Offenheit eines Autorenliedes wird gelegentlich durch eine konkretisierende Conférence verengt.

43 Vgl. Biermanns Erklärung in der *Binnenconférence* (d.h. Conférence im Liedinnern) zum Lied *So soll es sein (Neue Fassung)* (Biermann [LP] 1976). Demnach berufe sich die Textstelle „so oder so", die oft als ‚sowieso' missverstanden werde, auf Marx. Biermann: „Entweder wird die Menschheit einen Weg zum Sozialismus, zu

Einige Conférence-Typen sind indes nicht unmittelbar mit einem einzigen Lied verbunden und nur bedingt verschiebbare Elemente einer Programmgliederung.[47] Sie sollen *Positionsconférencen* heissen. Dazu gehören *Einleitungs-* sowie *Schlussconférencen*,[48] aber auch die je letzte bzw. erste Conférence vor bzw. nach der Pause, also die *Vor-* bzw. *Nachpausen-Conférence*.

Zum Teil überlagern sich in einem Bindetext unterschiedliche Conférence-Typen. Dies ist der Fall in der Einleitungsconférence von Matters Programm *Ir Ysebahn* (Abdruck in Kap. 2.3.3): Der Text ist Begrüssung und Einleitung zugleich. Er ‚informiert' auf ironische Weise über den Verlauf des Abends. Conférencen sind auch wichtig für die Kommunikation mit dem Publikum (u.a. Begrüssung, Verabschiedung). Der Publikumsdialog ist in einem meist sehr verständlichen Stil gehalten und dient gelegentlich dem Verständnis komplexer Liedtexte. So hält Andrea Knechtle für die Conférencen von Biermanns Konzert *Eins in die Fresse mein Herzblatt*[49] fest:

> Conférencen beziehen sich im untersuchten Konzert immer auf einen lyrischen Teil, das heisst auf ein Lied oder ein Gedicht. In Hinsicht auf diese erfüllen sie verschiedene Funktionen, die *grundsätzlich rezeptionserleichternd* sind, das heisst sie erleichtern dem Publikum das Verständnis. Die gedrängte Form der Liedlyrik kann nämlich durch einmaliges Hören in den wohl seltensten Fällen angemessen entschlüsselt werden.[50]

---

einer kommunistischen Gesellschaft finden, oder sie wird in die Barbarei versinken".

44 Vgl. Matters Ausführungen zum Lied *dr sidi abdel assar vo el hama* (Matter [LP] 1973). Das Lied sei kein ernster Beitrag zur Lösung der arabischen Frage.

45 Vgl. die Erläuterung Matters zum Lied *ir ysebahn* (Matter [LP] 1973; Kap. 2.4.3).

46 Vgl. die Conférence zu Matters Lied *dynamit* (Matter [LP] 1973). Der Vortragende erläutert dem Publikum in Basel Lied-Passagen, die sich auf die Stadt Bern beziehen.

47 Vgl. auch Vogel 1993: 109.

48 Diese Conférence-Formen können über die eigentliche Begrüssung bzw. Verabschiedung hinaus zusätzliche Informationen einschliessen (vgl. Matters Einleitungsconférence im Programm *Ir Ysebahn*, Matter [LP] 1973; Abdruck und Besprechung in Kap. 2.4.3). Die Begriffe *Begrüssungs-* und *Verabschiedungsconférence* (Vogel 1993: 107–109) sind daher problematisch.

49 Biermann (LP) 1980.

50 Knechtle 1992; Hervorhebung S. H.

Diese Feststellung beschränkt sich richtigerweise auf Biermanns Konzerte. Bei ihm ist der Kontrast zwischen immer wieder ausgreifenden, erläuternden Conférencen[51] und kunstreicher Lyrik evident, auch wenn Teile seiner Gesangswerke unmittelbar verständlich sind.[52] Matters Conférencen sind hingegen konzis und kündigen die Lieder häufig nur mit dem Titel an. Die zumindest vordergründig hohe unmittelbare Verständlichkeit der Liedtexte und die vielfache direkte Anrede des Publikums in den Liedtexten erlauben einen spärlichen Einsatz von Conférencen.

Zusammenfassung

Die programmbezogene Anordnung von Autorenliedern ist sowohl global als auch binnengliedernd auf einen rezeptionspsychologisch optimalen Programmrhythmus hin angelegt. Die Conférencen erfüllen dabei innerhalb eines Programms unterschiedliche Funktionen und bilden zahlreiche Typen, wobei Conférence-Häufigkeit und Conférence-Typen je nach Autor sehr unterschiedlich sein können. Mani Matter setzt im Vergleich mit Wolf Biermann Conférencen ausgesprochen sparsam ein. Die Bindetexte dienen Matter selten der konkretisierenden, ernsthaften, persuasiven oder polemischen Informationsvermittlung, sondern sind, wie die Lieder selbst, Ausdruck von Matters allgemeiner Poetik, die Lakonik, Nonsens, gespieltes Unvermögen und anderes mehr umfasst.

---

51 Vgl. etwa das – allerdings bloss fragmentarisch fixierte – Konzert *Das geht sein' sozialistischen Gang* (Biermann [LP] 1976). Rund 36% der Aufnahme sind Conférencen. Anzunehmen ist, dass für die Erhöhung der Marktgängigkeit des Tonträgers vornehmlich bei den Bindetexten gekürzt worden ist (vgl. Kap. 1.3.4.3). Auf dem Tonträger *Ir Ysebahn* (Matter [LP] 1973) liegt der Conférence-Anteil bei 10%.

52 Vgl. Biermann 1991, z.B. *Ermutigung* (177f.), *Das Frühstück* (236f.), *Von mir und meiner Dicken in den Fichten* (158), *Soldat, Soldat* (103f.), *Ballade vom gut Kirschenessen* (421ff.).

2.5 Die Versifikation

> Die Sprache ist ein Labyrinth von Wegen. Du kommst von einer Seite und kennst dich aus; du kommst von einer andern zur selben Stelle und kennst dich nicht mehr aus.
>
> Ludwig Wittgenstein:
> Philosophische Untersuchungen

2.5.1 Rezeptionslenkende Metrik

Die metrische Gestaltung eines Gedichts wird meist nur unterschwellig wahrgenommen. Das Augenmerk liegt auf Stoff und Gehalt. Das Metrische ist aber nicht von minderer Bedeutung als andere Sprachschichten. Das Auskundschaften von Matters Umgang mit dem Versarrangement soll Einblicke in zentrale Prinzipien seiner Verseschmiede gewähren.[1]

Matter hat sich, wie den Randvermerken der nachgelassenen Schriften zu entnehmen ist, einlässlich mit Theoremen der Metrik befasst – durchaus keine Selbstverständlichkeit bei Liedermachern. So notierte Matter auf dem Typograph von *ds portmonee* behelfsmässig die Zeichen von Heuslers Zeichensystem. Heuslers Darstellung gilt als das „lehrreichste und anregendste Werk der neueren deutschen Versforschung".[2] Auch stellt Matter, gestützt auf Heusler, u.a. die Verse von *ds portmonee* metrisch dar. Gelegentlich sind metrische Hebungen eines Verses durch

---

[1] Die hier vorgenommene Analyse von Matters Metrik basiert auf öfter mangelhaft edierten Liedtexten und kann somit fehlerhaft sein (vgl. Kap. 2.1.2.2). Eine ausreichend sorgfältige Analyse des metrischen Baus liegt bis anhin nicht vor. Die einzige Untersuchung mit umfassendem Anspruch, jene von Wirz (2002: 65–68), neigt zu vorschnellen Schlüssen. So trifft die Kernaussage, wonach ausser den späten Liedern die „Vers- und Strophenformen […] sehr traditionell" (Wirz 2002: 65) seien, nicht zu, ist doch etwa das früh entstandene Lied *i han en uhr erfunde* (1959) komplex, und somit nicht herkömmlich, gebaut.

[2] Wagenknecht 1981: 116. Matter erwähnt Heusler ausdrücklich; Typograph im Schweizerischen Literaturarchiv (SLA), Nachlass Mani Matter, Sign. A-01-a-20. Ausserdem befindet sich im Nachlass Wolfgang Kaysers *Kleine deutsche Versschule* (in der 3., verb. Aufl., Bern 1951; Schweizerisches Literaturarchiv SLA, Nachlass Mani Matter, Sign. D-07-a).

Akzentzeichen direkt über dem notierten Text festgehalten (*dr eint het angscht, dialog im strandbad*), manchmal ist abweichende Metrik handschriftlich vermerkt (*ds lied vom diabelli*).

Neben den quasi-normativen bzw. literarhistorischen Mustern, den Abweichungen davon und der Funktion der metrischen Gitter sollen hier die Art der metrischen Realisierung in der Aufführungssituation sowie der Bezug von Metrik und musikalischer Rhythmik interessieren. Grundlage der Analyse bilden neben Tonträgern musikalische Notate und Texthefte.

Wie bereits erwähnt, hat Matter einem Grossteil der frühen Werke bestehende Melodien unterlegt und damit ganze Strophenmuster übernommen. Neben *dr rägewurm* (auf das Muster von Georges Brassens' *Ballade des dames du temps jadis*)[3] sind dies die Lieder *dr eskimo* (Félix Leclerc, *Chanson du pharmacien*)[4], *dr her zehnder I* (Brassens, *La cane de Jeanne*)[5], *ds eisi* (Guy Béart, *Laura*)[6], *am samschtig ds nacht* (Brassens, *Le vent*),[7] *d'meierysli* (nach dem schweizerischen Kinderlied *Roti Rösli im Garte*), *karibum* (Rolf Harries, *The Ladies of the Harem of the Court of King Caractacus*)[8] und *ds lied vom diabelli* (Antonio Diabelli)[9].

Der metrische Ausdruck ist bei Matter vielfältig, fast jedem Liedtext wohnt eine eigene metrische Ordnung inne. Die Gedichtmasse sind mitunter sehr ähnlich, wobei keine zwei Texte metrisch übereinstimmen. Es

---

3   Der Hinweis auf Brassens findet sich erstmals im Liedheft *Einisch nach emne grosse Gwitter* (Matter 1992a: 9). Ursprünglich stammt das Lied von François Villon (vgl. Brassens 1996: 28).

4   Félix Leclerc: *Chanson du pharmacien*, Single (o.J., vermutlich 1958). Der Befund basiert auf Recherchen des Verfassers. Zu Lebzeiten Matters war einzig bei diesem Lied bekannt, dass es auf einem Vorgängerlied beruht. Matter bezeichnete es allerdings als „Kanadisches Volkslied" (Matter 1993: 20) und erwähnte Urheber und Liedtitel nicht.

5   Der Hinweis auf Brassens findet sich erstmals in Matter 1992a: 26.

6   Der Befund basiert auf Recherchen des Verfassers.

7   Handschriftliche Annotationen auf dem ersten Programmblatt vom September 1963 (vgl. Kap. 3.2.2) lassen bei 14 Liedern die kontrafaktische Anlage vermuten. Somit besteht nur noch beim Lied *i will nech es gschichtli verzelle* Ungewissheit über die Herkunft der Melodie.

8   Dies ist das einzige Lied, das weit über das Ableben Matters hinaus ein Programm-Element der Berner Troubadours geblieben ist (so etwa im Programm *Gäng wie gäng*, Aufführungsort *La Cappella*, Bern, Spielsaison 1999/2000).

9   Diabellis Melodie ist nur Komposition, also nicht Text-Musik.

dominieren die vierzeiligen Strophenformen, sind doch von den 83 Liedtexten in den Textheften[10] knapp die Hälfte, also 39, vierzeilig (46%). Andere Strophenformen kommen deutlich seltener vor: 11 Lieder sind sechszeilig (13%), 10 achtzeilig (12%), 5 fünfzeilig (6%), 4 siebenzeilig (5%) und je 3 zwei- oder dreizeilig (4%). Eine Vorliebe für einfache, volksliedähnliche Strophenformen ist offenkundig, was aber in der Kleinkunst[11] oder weiterem Songschaffen[12] üblich ist. 8 Werke, also weniger als 10% von Matters Liedern, sind nicht isostrophisch oder durch einen besonders ausgedehnten Strophenbau gekennzeichnet. Literarhistorisch aussergewöhnlich ist die proportionale Verteilung der Strophenlängen nicht.[13] Auffällig sind indes der vergleichsweise häufig gewählte, als artifiziell geltende Fünfzeiler (siehe unten)[14] wie auch der hohe Anteil an heterostrophisch gebauten Liedtexten.[15] Matters Gesangsstücke zeichnet also ein breites Spektrum der eingesetzten metrischen Ordnung aus, das vom Einfachen des Volksliedhaften bis hin zum äusserst komplexen Strophenarrangement reicht.

Die Orientierung an Bewährtem und an einfach-volksliedhaftem, nach bestimmten Prinzipien gebündeltem Gleichmass, gründet hauptsächlich im Aufführungskontext, welcher nach einem Mindestmass an unmittelbar Verständlichem verlangt. Ähnliches gilt für die liedtypischen Gliederungseinheiten Refrain, Kehrreim und Versverdoppelungen, wobei der Kehrreim in der populären Liedkultur meist mnemotechnisch funktionalisiert ist – Kehrreime sollen im Gedächtnis schnell haften blei-

---

10 Matter 1973, Matter 1992a, Matter 1993. Nicht mitgerechnet ist hier die Übersetzung von Peter Lehners *Seit wir vom Herde der Götter*.
11 Vgl. Kabarett-Chansons von Mehring, Mühsam, Bierbaum, Wedekind und Kästner; aber auch Autorenlieder von Biermann, Wader und Kreisler.
12 Z.B. die Songs von Brecht.
13 Nach Horst J. Frank (Frank 1993: 73) dominiert der Vierzeiler mit einem durchschnittlichen Anteil von rund 50%. Je nach Methode der Zählung schwankt der Anteil zwischen 40% und 60%.
14 Vgl. Frank 1993: 369.
15 So benötigen die besonders unregelmässig gebauten, und wohl auch deshalb nicht in jenem Mass wie andere Lieder volksläufig gewordenen Werke *i han en uhr erfunde* und *us emene lääre gygechaschte* ein ausgedehntes musikalisches („durchkomponiertes") Arrangement. Die Melodie ist in diesen Liedern selten identisch wiederholt. Trotz „dürftiger Harmonik" (Aussage Jürg Wyttenbachs bei einem Gespräch mit dem Verfasser, 27.4.1998) gleicht Matters Liedwerk sich in diesen Liedern dem musikalisch anspruchsvolleren Kunstlied an.

ben, die Ratio soll hinter der Emotio zurückstehen. Dies dürfte einer der Günde für den zurückhaltenden Einsatz des Kehrreims in Matters Werk sein:[16] unnötige Emotionalisierung, allzu schnelle Eingängigkeit, die mehr auf der Musik als auf dem Text basiert, soll vermieden werden. Einen Akzent setzt Matter indes bei der punktuellen Wiederaufnahme ganzer Verse, vornehmlich in Liedern mit einem erzählenden Gestus (etwa im Lied *si hei dr wilhälm täll ufgfüert*). So wird eine Textstelle betont; sie bleibt besser in Erinnerung.[17] Die Betonung einzelner Textstellen geschieht gelegentlich auch über die Verletzung einer Strophennorm, wobei die Abweichung von einem Gleichmass bzw. einer isostrophischen Ordnung vielfältig sein kann, etwa durch Erweiterung oder Verminderung eines Strophenmusters am Liedende. In Matters Werk wird die Ausweitung des Strophenmasses bevorzugt, so z.B. in den Liedern *betrachtige über nes sändwitsch*, *ballade* und *dr eskimo*. Eingekürzte Strophen findet sich z.B. im Lied *dr hansjakobli und ds babettli*.[18]

Metrische „Lizenzen"[19] sind besonders in horizontalen Verlaufstrukturen beliebt (hier bildet das Ende jeder Strophe den Schluss einer erzählten Sinneinheit; vgl. Kap. 2.4.4), wie in Couplets und balladesken Liedern, in denen die Refrain- bzw. Kehrreimverse gegenüber den ‚Normalstrophen' oft hebungsvermindert sind (z.B. in den Liedern *dr ferdinand isch gstorbe*, *dr gloon*, *hemmige*, *ir ysebahn*, *mir hei e verein*, *dr noah*, *prolog*, *d'psyche vo dr frou* und *wenn doch nume die*). In Tex-

---

16 Ausgenommen davon sind bei Matter mehrere der frühen Lieder (etwa *s'isch amene schöne sunntig gsy* und *am samschtig ds nacht*), die einen hohen Anteil an nicht textsemantisch bedingten Wiederaufnahmen im Kehrreim bzw. Refrain aufweisen und wohl auch deshalb in späteren Programme nicht mehr vorgetragen wurden. Ein weiterer Grund dürfte sein, dass die frühen Liebeslieder verstärkt gefühls- und stimmungsbetont sind.
17 Auch das Werk von Brassens zeigt im Liedausgang oft die Wiederaufnahme ganzer Verse.
18 In *dr rägewurm* ist die achtversige Normalstrophe am Liedende halbiert und in *ballade vom nationalrat hugo sanders* fehlt nach der sechsten Strophe der Refrain. Der Refrain wird dann aber in der siebten Strophe gleich doppelt gesungen. In *nei säget sölle mir* ist die letzte Strophe, welche die partielle Wiederaufnahme der ersten Strophe ist, reduziert. Drei Punkte am Liedschluss zeigen zudem die Konzeption als Endlos-Lied. Matter hatte ursprünglich auch das Lied *dr her zehnder I* als solchen Liedtyp geplant, wie eine frühe Aufnahme zeigt (vgl. Matter [EP] 1958; vgl. auch Kap. 2.7.4.2).
19 Wagenknecht 1981: 20ff.

ten mit vertikaler Verlaufsstruktur (der Schluss der globalen narrativen Sinneinheit fällt mit dem Liedende zusammen) trifft man öfters die Verminderung der Anzahl Hebungen im letzten Vers an (so etwa in den Liedern *dr eint het angscht* sowie *oberi und underi*).

Weiter gibt es die Kombination von mindestens zwei auf dem gleichen Metrum fussenden Versmustern,[20] wobei die zweiten Verse bei den Hebungen meist verkürzt sind (rare Beispiele für den ‚Erweiterungs-Typ' sind die Lieder *oh wi tumm* und *ds zündhölzli*). Besonders augenfällig ist bei diesem Gliederungselement die eindrücklich kontrastierende Verbindung von hebungsarmen mit hebungsreichen Versen. Beispiele sind die in der Art eines Kyklos angeordneten, also von deutlich längeren Versen umgebenen, Dreiheber (wie in *kennet dir die gschicht*), aber auch Strophen mit nur punktueller, meist am Ende erheblicher Verminderung. Dies wird von Matter effektvoll eingesetzt – etwa zur Platzierung gedankentiefer, zum Nachdenken anregender Aussagen; so etwa im Lied *ballade*, an exponierter Stelle in der Ausgangsstrophe:

> und i däm grosse glächter wo's het ggä ab syne witze
> isch ihn uszlache keim i sinn meh cho
> da het er all di lacher i däm glächter inn la sitze
> und het sech himeltruurig ds läbe gno[21]

Das Darstellungsmittel verminderter Verse eignet sich auch zum Setzen von Pointen, wie in *chue am waldrand*. Hier weicht das Metrum von der metrischen Basisgliederung zusätzlich in der Exclamatio „o herje" ab. Die ‚metrische Pointe' unterstreicht somit die semantische Pointe.

Ferner kann die Wirkung kontrastierender Verslängen über mehrere Verse hinweg vorbereitet werden, wie im Lied *dr gloon* mit der ab dem achten Vers fortschreitenden Reduktion der Hebungszahl (,metrische Antiklimax'; kursive Hervorhebung S. H.):

---

20 Beispiele sind *chue am waldrand* und *ballade* (Muster 7 5 7 5), *betrachtige über nes sändwitsch* (6 6 4 4 4), *ds missverständnis* (5 5 3 3 5), *arabisch* (6 6 3 3 6), *ds portmonee* (6 5 3 3 5) und *kennet dir die gschicht* (9 9 3 3 12 6).

21 Übers.: „Und in diesem grossen Gelächter, das es wegen seiner Witze gegeben hat, / ist es niemandem mehr in den Sinn gekommen, ihn auszulachen. / Da hat er all die Lacher in ihrem Gelächter sitzen gelassen / und hat sich himmeltraurig das Leben genommen."

> sys haar wachst über d'ohre
> sy chutten isch im z'läng
> ei hemmlichnopf verloren
> und d'hosen öppis z'äng
> eso chunnt är derhär
> nid öppen us prinzip
>   är macht nüt us prinzip
>   *är isch en unbefangne tip*
> *är treit ou gärn im chnopfloch*
> *e blüete rote mohn*
>   *är isch e gloon*[22]

Auch in konsequent durchgestalteten isometrischen Gedichtmustern weicht Matter mit der Absicht der Wirkungsintensivierung punktuell ab (z.B. in *ds heidi, dynamit, wildweschter* oder *betrachtige über nes sändwitsch*). Die abweichenden Textstellen sind nicht selten naivisierte Zwischenkommentare der Erzählinstanz (z.B. die Exclamatio „aha" im Lied *i han en uhr erfunde*; vgl. Kap. 2.2.4).

Eine weitere von Matter bevorzugte metrische Spielart ist die mannigfach kombinierbare Verbindung von trochäischem Basismetrum mit katalektischen Versenden,[23] wie z.B. in den Liedern *ds nüünitram, dr parkingmeter, missverständnis* und *kennet dir die gschicht*. Dadurch, dass jeder Vers mit einer Hebung beginnt und endet, dominieren die Hebungen, und die Verse bekommen buchstäblich ein stärkeres Gewicht. Mitunter scheint die Verbindung ‚trochäisches Versmass – katalektischer Vers-Ausgang' nur sporadisch auf, in einzelnen Versen, zweiten Strophenhälften oder im Refrain (bzw. Kehrreim), wodurch dieser, über seine exponierte Sonderstellung hinaus, zusätzlich betont wird (wie etwa in *dr grichtschryber joss* und *dr kolumbus*).

Seltener als Trochäen setzt Matter Daktylen, Anapäste und Jamben ein. Häufig lässt sich deren Einsatz als Nachahmung eines Geräuschs oder einer Bewegung interpretieren – in vollständiger Übereinstimmung mit der jeweiligen Textaussage: So mimen Daktylen in *farbfoto* die Bewegung und die Laute einer fahrenden Kutsche, Jamben in *i han en uhr*

---

22 Übers.: „Sein Haar wächst über die Ohren, / seine Jacke ist zu lang, / ein Hemdenknopf verloren / und die Hosen etwas zu eng. / So kommt er daher, / nicht etwa aus Prinzip. / Er macht nichts aus Prinzip, / er ist ein unbefangener Typ. / Er trägt auch gerne im Knopfloch / eine Blüte roten Mohn. / Er ist ein Clown."

23 Denkbar wäre auch jambisches Versmass mit fehlender Senkung am Verseingang.

erfunde das Geräusch einer tickenden Uhr und Anapäste in *ir ysebahn* den Rhythmus eines fahrenden Zuges, in *wildweschter* ein gehendes Pferd, in *dynamit* den schlendernden Gang des Ichs, in *zwo flöige* den wiederholt unvermittelten Richtungswechsel umherfliegender Fliegen, in *boxmätsch* die Abfolge der Faustschläge, in *dr mönsch isch wi dä* das hin und her eilende Subjekt, in *heiwäg* den Schrittrhythmus des Ichs und in *du bisch win e fisch* die Schwimmbewegungen des Fischs. Lautmalerisch wirken weiter die Durchbrechung der Isometrie oder eine unregelmässige metrische Organisation, wie im Lied *s louft e hund*. Hier schwanken die Verse zwischen drei und sechs Silben (bzw. zwei und drei Hebungen) und mimen so den unregelmässigen Gang des Hundes:

> s louft e hund
> dür ne stadt. s isch nacht
> d'strass isch läär
> a're huswand
> steit es velo[24]

Der Trochäus in den Versen 2 und 3 ist mit dem Kretikus kombiniert.[25] Eine unregelmässige metrische Anordnung kennt auch das Lied *dr her zehnder I*, in dem das Torkeln des zunehmend betrunkenen Textsubjekts nachgebildet ist. Im Brassens-Text *La cane de Jeanne,* auf dem Matters Lied fusst, dient das Metrum der Nachahmung des Enten-Watschelgangs.

In einigen Liedern wechselt das Basismetrum, etwa im Lied *won i bi dranne gsy*. Die jambische Fussmetrik geht im letzten Liedvers zur Intensivierung der Schlusspointe in die anapästische über. Das Lied *oh wi tumm* wiederum verlässt, in Übereinstimmung mit dem Textinhalt, das Grundmetrum – das ‚stolpernde' Metrum versinnbildlicht das Stolpern des Protagonisten:

---

24 Übers.: „Es geht ein Hund / durch eine Stadt. Es ist Nacht. / Die Strasse ist leer. / An einer Hauswand / steht ein Fahrrad."

25 Die Verse des Liedes bestehen wiederkehrend, wie auch das Lied *dr her zehnder I*, aus dem ‚Tonverlauf' – v – (je dreisilbige Verse). Deshalb wird eine Fussmetrik mit dem Kretikus angenommen. Diese antikisierende Regulierung ist in der deutschen Dichtkunst sehr rar. Auch in den Liedern *zwo flöige, wildweschter* und *boxmätsch* sind zur Nachahmung unregelmässiger Bewegungen bzw. Laute verschiedene Versfüsse kombiniert.

chürzlech louft dr chaschper hei
stolperet überne stei
amne trottoir und flügt um
oh wi tumm wi tumm wi tumm
   wi tumm wi tumm[26]

Viele Liedtexte bestehen zwar aus den literarhistorisch häufigen drei- oder vierhebigen Versen. Eine grössere Gruppe von Matter-Liedern ist aber aus den seltenen siebenhebigen Versen gebaut, so die Lieder *alls wo mir id finger chunnt, är isch vom amt ufbotte gsy, ballade, belsazar im lift, bim coiffeur, chue am waldrand, farbfoto, ds lied vo den arme polizeiorgan, dr mönsch isch wi dä, dr noah, ds nüünitram, d'psyche vo dr frou* und *si hei dr wilhälm täll ufgfüert*.[27] Durch die ausgedehnte Länge der Verse liegen die Versenden weit auseinander, Ausgangsreime sind so selten akzentuiert. Ohnehin sind Matters Lieder mit siebenhebigen Versen oft balladesk bzw. moritatenhaft, Wort- und Reimspiele treten zurück.

Einen Kontrast zu den ‚langversigen' Werken bilden Lieder aus kurzen, hebungsarmen Versen, wie das pointenreiche Lied *boxmätsch*, das aus zweihebigen Versen und zweiversigen Strophen besteht, einem Strophenmass mit der Disposition zur Erzielung erheiternder Effekte.[28] Auch in dieser Form zeigt sich Matters genaue Kenntnis metrisch fundierter Funktionen.

Schliesslich bleibt die Beschäftigung mit den reichlich gegensätzlichen Kategorien ‚vollkommene Isometrie' und ‚heterogene Strophenmetrik'. Metrisch uneinheitlich sind die Lieder *är het uf sym chopf e chopf gha, dene wos guet geit, dr eint het angscht, einisch am'ne morge,*

---

26 Übers.: „Vor kurzem geht der Kaspar heim, / stolpert über einen Stein / an einem Bürgersteig und fällt um. / Ach wie dumm, wie dumm, wie dumm, wie dumm, wie dumm."

27 In den Liedern *chue am waldrand* und *ballade* wechseln sich sieben- mit fünfhebigen Versen ab. Vergleichsweise oft bestehen die Liedtexte aus hebungsreichen Versen: sechshebig sind *d'pfyffephilosophe* sowie *prolog* (partiell auch dreihebig), sechs- bis siebenhebig *e löu, e blöde siech, e glünggi un e sürmu (...)* sowie *nei säget sölle mir*, wenigstens zum Teil sechshebig *betrachtige über nes sändwitsch, du bisch win e fisch* sowie *ds portmonee* und achthebig *dr alpeflug*. Rund ein Viertel aller Matter-Lieder ist also aus ‚Langversen', einer Verslänge, die sich nicht zur breiten Aneignung eignet (vgl. Pohl 1921; Wiora 1971).

28 Vgl. Frank 1993: 26.

ds lied vo de bahnhöf, heiwäg, mir het dr dings verzellt, nei säget sölle mir, di strass won i drann wone, us emene lääre gygechaschte, warum syt dir so truurig und *wo mir als bueben emal*. Die Metrik orientiert sich weniger an einem fixen Muster als vielmehr an einer je Vers verbindlichen Hebungszahl. Die Zahl an Senkungen ist frei, im Regelfall folgt auf eine Hebung (mindestens) eine Senkung. Die Verse gleichen sich sprachrhythmisch der (volksnäheren) Prosa an,[29] die Textbotschaft ist meist ernst, der Liedvortrag oft mehr gesprochen als gesungen, ja betont sachlich-nüchtern. Die in diesen Liedern mitunter ausgedrückte ratlose Betroffenheit wird also metrisch unterstützt.

Konsequent metrisch regulierte (isostrophische) Lieder sind *es git e bueb mit name fritz, ds nüünitram, dr gottfrid käller* und *novämbernacht*. Das metrische Grundmuster ist durchgängig gleich, es bedarf offenbar keiner die Aussage unterstützenden Metrik. Die poetische Intention wird andersartig, auch aufführungstechnisch, realisiert. Dies kann z.B. eine kühne Pointe am Liedschluss sein (*novämbernacht*) oder ein sehr verknapptes, in Allegro vorgetragenes Nonsens-Ende (*es git e bueb mit name fritz*).

Eine Vielzahl unterschiedlich funktionalisierter metrischer Mittel lenkt und intensiviert die Wirkung der Matter-Lieder, von der Wahl bestimmter metrischer Gedichtmuster bis zum punktuellen oder systematischen Verstoss gegen isometrische Quasi-Normen. Die metrische Regulierung ist also konsequent auf eine optimale Textwirkung ausgerichtet. Matter schöpft aus einem immensen poetischen Fundus, den er vielfältig nutzt. Dabei offenbart sich eine immer wieder erstaunliche poetische Gratwanderung zwischen Tradition und Innovation. Bekannte literarische Muster sind, abgesehen von den frühen Kontrafakturen, durch Abweichungen auf vielerlei Art dem individuellen Lied anpasst.[30] Matter konnte sich wie andere bedeutende Dichter stets dem sicheren Gefühl hingeben, „dass dem einen Gedicht jenes und dem anderen dieses Mass angemessen sei."[31] Ohnehin trifft auf Matter zu, was der junge Heine

---

29 Wie auch im Bänkelsang, im Volkslied und im französischen Chanson der Auteurcompositeur-interprètes (vgl. Weinrich 1960).
30 Matters Strophenformen lassen sich in Franks Untersuchung zu den deutschen Strophenformen so, wie sie Matter einsetzt, nicht finden (Frank 1993). Weitgehend identische Übernahme vorgegebener Strophenformen zeigt sich vor allem bei Kontrafakturen.
31 Wagenknecht 1981: 110.

gesagt haben soll: „Der hat die Metrik los." Ferner gehörte Matter zu jenen wenigen seiner Zeit, für den – in der notwendigen Anpassung – ein weiteres Bonmot Heines gilt: „Fürwahr, die Metrik ist rasend schwer; es gibt vielleicht sechs oder sieben Männer in Deutschland, die ihr Wesen verstehen."[32]

2.5.2 *Matters Reimkunst*

Direkter als die metrisch geregelte Rede nimmt der Rezipient – wenn auch nicht in jedem Fall – den Ausgangsreim wahr. Matters Reimkunst war schon mehrfach Thema der Sekundärliteratur, eine systematische Darstellung liegt indes nicht vor. Das Besondere von Matters Reimarrangements liegt nicht im Gebrauch hergebrachter Reimordnungen an sich. Denn Paarreime (realisiert etwa im Lied *wildweschter*), Kreuzreime (*chue am waldrand*), halbe Kreuzreime (*dr wecker*), Blockreime (partiell in *lob vor fuulheit*) oder Schweifreime (*kennet dir die gschicht*) gehören zum Standard selbst postmoderner Dichtung. Das trifft auch für durchmischte Reimmuster zu, wie sie Matter bevorzugt in sechszeiligen Versmassen einsetzt (*dynamit*; Kreuzreime kombiniert mit Paarreimen). Selbst reimlose Lyrik, wie in *nei säget sölle mir* oder *warum syt dir so truurig*, ist nicht neu.

Matter machte sich, wie andere Lyriker seiner Zeit, das einst brachliegende lautliche Material des Berndeutschen dienstbar. Von Matters intensiver Suche nach treffenden tautophonen Morphemen zeugen die umfassenden Reiminventare in mehreren Entwürfen der nachgelassenen Schriften.[33] Die Reimlisten vereinen zum Teil mehr als 60 Wörter (vgl. *missverständnis*; Reimwörter auf *-ier* und *-ir*, z.T. in dialektaler Gestalt). Matter benutzte dabei offenkundig Reimlexika und andere Wörterbücher.[34] Die poetische Sortierung nach Lauten in den Liedern betrifft aber

---

32 Wagenknecht 1981: 7.
33 Vgl. jene zu *ballade* und *boxmätsch*; Schweizerisches Literaturarchiv SLA, Nachlass Mani Matter, Sign. A-01-b-17 und A-01-a-19.
34 Die Aufzählung der Reimwörter ist in einem Entwurf von *missverständnis* zweigeteilt: Die erste Seite führt 17 Wörter an, von denen einige im nun alphabetisch sortierten, offenkundig auf einem Reimlexikon basierenden Reimkatalog auf der zweiten Seite nochmals erscheinen (u.a. die Wörter *Bier, Gschmier, Kavalier, schier,*

auch Formen wie Konsonanten- und Vokal-Häufungen (vgl. Kap. 2.7.2). Auffällig sind bei Matter die drei Ausgangsreim-Kategorien

(a) nicht konsequent durchgestaltetes Reimmuster,
(b) ungewohnte, komplexe Reimordnungen sowie
(c) Haufenreime.

Die Abweichung von einer Reimordnung (=Kategorie a) steht in der Regel in Verbindung mit dem Einsatz eines zusätzlichen poetischen, meist sprachspielerischen Elements. So kennzeichnet der häufige Gebrauch von *sch*-Lauten die dritte Strophe von *d'türe* (Textabdruck in Kap. 2.7.2.1), aber auch der Verstoss gegen das in den vorangegangenen Strophen verwendete Muster des Paarreims. In der dritten Strophe dominiert der Haufenreim, der aber im dritten Vers durchbrochen wird (Reimmuster e e x e).

Ein komplexes Reimmuster (=Kategorie b) weist der Liedtext *dr gloon* (partieller Textabdruck in Kap. 2.5.1) auf, sind doch gleich mehrere Reimordnungen miteinander verbunden (Kreuz-, Haufen-, Paarreime und zwei Waisen: a b a b x c c c x e e). Zusätzlich besteht der Text aus ausgefeilten metrischen und reimtechnischen Mustern sowie aus den in der deutschsprachigen Literatur raren elfversigen Strophen, wodurch *dr gloon* eines von Matters komplexesten Liedern ist.

Haufenreime (=Kategorie c) treten bei Matter auch mit weiteren Ausgangsreim-Anordnungen auf (z.B. *ds zündhölzli*: x a x a b b b). Allerdings gibt es auch reine Haufenreim-Ordnungen wie im Lied *ds nüünitram*, wo der Haufenreim jeder Strophe durch einen anderen Vokal geprägt ist (a a a a / eh ee eh ee / y y y y / o o o o / ue ue ue ue) – gewiss eine literaturgeschichtliche Rarität. Der Text besteht analog der Anzahl der im Deutschen vorhandenen Vokalarten aus fünf Strophen. Haufenreime prägen auch die Lieder *dr eskimo* und *dr parkingmeter*, wobei in beiden Liedern die Verse pro Liedtext auf dem gleichen Vokal enden, in *dr eskimo* auf *o*, in *dr parkingmeter* auf *a*.

In den wortspielerischen Liedtexten (vgl. Kap. 2.7.2) stehen im Ausgangsreim oft identische Lexeme, es sind also identische Reime innerhalb einer Haufenreimordnung (z.B. *dene wos guet geit, mir hei e verein,*

Stier, *Tier*, *vier* und *Zier*). Matter wies in seinen Tagbüchern ausdrücklich darauf hin, dass er beim Schreiben Wörterbücher zu Hilfe nahm (vgl. Matter 1992b: 110).

dr eint het angscht und *oberi und underi*). Identische Reime gibt es öfter auch in anderen Liedern (z.B. in *farbfoto, ahneforschig, dr gloon, betrachtige über nes sändwitsch* und *missverständnis*). Die Verwendung dieser einfachen Reimart liegt beim sprachsensiblen Matter weniger an Unvermögen als mehr an der Textintention: Die eingesetzten poetischen Mittel korrespondieren mit der Textaussage. Den einfach gezeichneten Figuren bzw. dem Textsubjekt geziemt beim Wortschatz eine schnörkellose Sprache mit der Repetition vieler gleicher Wörter. Das zeigt sich neben den Haufenreimen an weiteren beliebten Reimwörtern (z.B. *mache*) und Reimpaaren (wie *mache/lache*; vgl. die Lieder *ballade, ds lied vom kritisiere* und *dr eint het angscht*). Der Aufruf zum ‚Machen', also zum Handeln, ist im Matter-Werk ohnehin zentral (vgl. etwa das Lied *ballade vom nationalrat hugo sanders*[35]), was auch durch die vielfache Verwendung des Wortes *machen* in der exponierten Ausgangsreim-Position zum Ausdruck kommt.

Zieht der Ausgangsreim bei Matter eher selten die Aufmerksamkeit auf sich, ist dies beim erweiterten Reim, der über mindestens zwei Silben geht, gerade die Absicht. Allerdings bleibt oft nur die Abfolge der Vokale gleich (Vokaläquivalenz), der Reim ist also unrein. Ein Beispiel findet sich im Lied *belsazar im lift*:[36]

> dr lift chunnt a und d'tür geit uf und d'lüt wo dr*inne sy*
> verlöh dr lift und die wo duss hei gwartet st*ygen y*[37]

Über gar drei Hebungen führt das Reimen im Text *karibum*:

> lue die *gschickte chlyne wybli*
> wo hei *gstickt die fine lybli*[38]

---

35 Der Liedtext wurde von aussen angeregt, nach der Erlangung des nationalen Stimm- und Wahlrechts der Schweizer Frauen im Jahr 1971. Stickelberger und Matter verfassten hierauf je ein Lied (laut Mitteilung von J. S. an den Verfasser, Gespräch Sept. 1998).

36 Reimtechnisch relevante Elemente sind in den nachfolgenden Beispielen durch den Verfasser kursiv hervorgehoben.

37 Im Textheft (Matter 1992a: 56) ist das Werk achtzeilig organisiert. Weder Metrik noch Reimordnung legen diese Strophenordnung nahe, weshalb hier eine rekonstruierte Gestalt angeführt wird. Übers.: „Der Lift kommt an, und die Türe geht auf, und die Leute, die drin sind, / verlassen den Lift, und die, die draussen gewartet haben, steigen ein."

Die Verwendung unreiner Reime ist bei Matter weit verbreitet. Dem unreinen Reim wird volksnahe Ausdrucksweise nachgesagt, schon Heine und Goethe, ja gemeinhin die Lyrik der Goethezeit, bedienten sich dieser Form der Rezeptionslenkung.[39]

Daneben offenbart Matter eine Vorliebe für reimtechnische Raritäten, so etwa für den als artifiziell geltenden gespaltenen Reim. Beispiele sind „erkläre"/„här e" (im Lied *ahneforschig*), „muul heit"/„fuulheit" sowie „sing ig"/„bedingig" (in *lob vor fuulheit*) und „im rum"/„di chum" (in *zwo flöige*). Besonders kunstvoll wirkt, durch die Kolongrenze im Reiminnern, der gespaltene Reim „mal, e"/„näbesaal" (in *d'metallplastik*).

Ferner wird der gebrochene Reim mehrfach eingesetzt, wie z.B. in *d'pfyffephilosophe*:

> ou i ha's mit der pfyffe mal probiert, ha *stunde-*
> lang güebt, si het mi gwogen und z'närvös *befunde*[40]

Ein gespaltener Reim findet sich auch in *ds zündhölzli*, das Spicken des Zündholzes verdeutlichend:

> aber ds hölzli isch *dervo-*
> gspickt und uf e teppich *cho*[41]

Hinzuweisen ist weiter auf den als komisch geltenden Fremdwort-Reim[42] wie im Lied *dr heini*:

> doch me weis und es isch haarig
> froue hei so ihri *lüün*
> und s macht bitteri erfahrig
> mänge ma zum *misogyn*[43]

---

38 Übers.: „Schau die geschickten kleinen Weiblein, / die die feinen Leibchen gestickt haben."
39 Vgl. Wagenknecht 1981: 48; Suppan 1966; Pohl 1921.
40 Übers.: „Auch ich versuchte es mal mit der Pfeife, habe stunden- / lang geübt, sie hat mich gewogen und zu nervös befunden."
41 Übers.: „Aber das Hölzchen ist weg- / gesprungen und auf den Teppich gefallen."
42 Vgl. Wagenknecht 1981: 37.
43 Übers.: „Doch man weiss, und es ist haarig, / Frauen haben ihre Launen, / und bittere Erfahrung macht / manchen Mann zum Frauenfeind."

Eine Sonderform des Fremdwort-Reims ist die Kombination intendiert unrichtig ausgesprochener Wörter mit Fremdwörtern (Bsp. *arabisch*; vgl. Kap. 2.7.2). In *boxmätsch* wiederum wird die Wirkung durch die Verbindung knapper Verse – die Ausgangsreime gleichen dadurch Schlagreimen – mit der lautlichen Qualität der Reime akzentuiert (als lautmalerische Wörter; Häufung plosiver Laute, die das ‚staccato' der Hiebe mimen).

Im poetologischen, notabene ironischen Gedicht *mys nächschte lied* schliesslich wird die im Lied selbst umgesetzte seltene Reimart sogar explizit zum Thema, indem das Textsubjekt auf deren Rarität, einen gespaltenen Reim, hindeutet:

> mys nächste lied,[44] das singen ig öich nid
> es isch zwar schad, es hätt uf jede *fall e*
> sehr schöne rym ir erschte strophe gha
> wo öich, als kenner, sicher hätti *gfalle*[45]

Die exakte Kenntnis von Struktur, Morphologie, Semantik und Funktion des Reims erlauben Matter einen auf das Textumfeld stets abgestimmten Einsatz von Reimarten und Reimmustern. Die Funktion ist meist nicht zweckloses Reimspiel, sondern Akzentuierung der Textaussage. Der Einsatz rarer Reimarten dient indes in Matters Autorenliedern unter Umständen nur der Absicht, den Erzählfluss zu fördern: Seine Lieder sind nicht selten gesungene Erzählungen, deren narrativer Gestus möglichst natürlich in die metrisch-reimende Versorganisation eingepasst ist. Die Aufmerksamkeit gilt aber besonders dann dem Ende des Verses, wenn dieses über das Gewöhnliche der Textumgebung hinaus funktionalisiert ist. Reimverwendung und metrisches Arrangement streben nach einer darstellungstechnischen – immer wieder funktionalisiert durchbrochenen – Strenge. Diese wird individuell sowie wirkungsbezogen eingesetzt und soll, neben anderen poetischen Mitteln, Distanz zum Inhalt schaffen.

---

44 Im Liedheft heisst der Titel „nächschte lied", in der Strophe steht „nächste lied".
45 Übers.: „Mein nächstes Lied, das singe ich Euch nicht. / Es ist zwar schade, es hätte jedenfalls einen / sehr schönen Reim in der ersten Strophe gehabt, / der Euch, als Kenner, sicher gefallen hätte."

2.6 Das Philosophische

> Die Grenzsituationen – Tod, Zufall, Schuld und die Unzuverlässigkeit der Welt – zeigen mir das Scheitern. Was tue ich angesichts dieses absoluten Scheiterns, dessen Einsicht ich mich bei redlicher Vergegenwärtigung nicht entziehen kann?
>
> Karl Jaspers: Einführung in die Philosophie

Matter sei Philosoph aus Passion gewesen. Philosophie und Theologie seien „Dreh- und Angelpunkt für das Verständnis des Schriftstellers Hans Peter Matter"[1], und nicht zufällig ist bei Matters Werk immer wieder die Rede von Tiefenwirkung, Tiefsinn, metaphysisch, geistreich, Gedankentiefe, Scharfsinn und Weisheit (vgl. Kap. 2.1.5). In der Literatur kannte sich Matter ebenso aus wie in der Philosophie; in *Sudelhefte/Rumpelbuch*, aber auch in seinen wissenschaftlichen Arbeiten befasst er sich mit Philosophien und notiert hierzu sehr eigene Gedanken.

Auch in der Briefkorrespondenz ist sein gründliches philosophisches Wissen belegt. Der Brief vom 15. Dezember 1967 an Fritz Widmer (vgl. Kap. 2.1.2.1), der während des Studienaufenthalts in Cambridge verfasst wurde, zeigt Matters umfassende Beschäftigung mit der damals in England vorherrschenden Analytischen Philosophie: Schon Kant habe gesagt, dass die Philosophie nie mehr den stolzen Namen einer Ontologie tragen dürfe. Was die Welt sei, wisse man nicht, hielt Matter fest. Vielmehr sei die Frage, wie Kant meine, was man von ihr erkennen könne. Und auch was man erkennen könne, komme nur in Betracht, insoweit man es sagen könne. Demnach reduziere sich die Frage auf die Formel: was man über die Welt aussagen könne. Die Philosophie könne die Sprache in Augenschein nehmen, vermittels derer dies geschehe, und alle philosophischen Fragen seien von daher zu begreifen. Es gelte also, die Bedeutung der Wörter zu erklären. Matter bezieht sich dann auf Platon und Wittgenstein und schliesst damit, dass es erstaunlich sei, wie vieles in der Sprache unklar sei und durch sorgfältige linguistische Analyse klar

---

1 Tobler 2007 (Berner Zeitung).

werden könne. Dies betreffe etwa die Frage, was eine Definition sei und was sie zu leisten imstande sei.

Die fundamentale philosophische Frage: was man über die Welt aussagen könne, und die Folgerung, dass die Bedeutung der Wörter zu klären sei, sind Einsichten, die zum Verständnis von Mani Matters Werk zentral sind. Die Ausführungen Matters zeigen, dass er sich über das schwierigen Verhältnis von Sprache und ‚Welt' bewusst war. Matter nimmt in seinem Werk, wie etwa die Wortspiele zeigen, ohne Frage die Sprache besonders in Augenschein.

Matter also ein Philosoph, seine Lieder Philosophie? Anders: Was an Matters Liedern ist philosophisch? Laut Gottfried Gabriel unterscheidet sich die literarische Darstellungsform von der philosophischen in der „übergreifenden Mitteilungsform der Indirektheit, die beansprucht, mehr (oder anders) zu meinen als sie explizit sagt (sagen darf oder sagen kann)."[2] Urs Meyer leitet davon die binomische Formel „kommunikative Direktheit" vs. „semantische Indirektheit"[3] ab. Die direkte Mitteilung von Wissen dominiert in philosophischen und wissenschaftlichen Texten:

> Auch wenn sich in der Praxis häufig Überschneidungen beobachten lassen, darf insgesamt das Vorherrschen der direkten Mitteilung von Wissen in Philosophie und Wissenschaft gegenüber kunstvollen Formen indirekter Darstellung in literarischen Werken behauptet werden.[4]

Indirektheit beherrscht also die kunstvollen Mitteilungsformen: „Es ist das *Spezifikum* semantischer Indirektheit, dass nicht eine eindeutig identifizierbare ‚Mitteilung' geäussert wird."[5] Auch die Matter-Lieder sind semantisch offen und bergen viele Deutungsmöglichkeiten. So gesehen zählt Matters Dichtung nicht zur Klasse philosophischer Texte. Andere Aspekte seines literarischen Schaffens sind jedoch, wie sich zeigen wird, philosophisch.

Die Gedanken, die Matter in *Sudelhefte/Rumpelbuch* in Worte fasste, das wusste er, waren nicht neu: „Gibt es überhaupt neue Gedanken?"[6]

---

2 Gabriel 1990: 11.
3 Meyer 2001: 45ff.
4 Ebd.: 50.
5 Ebd.: 51.
6 Matter 1992a: 11.

Ein Ausspruch, der sinnigerweise selbst Topos ist und sich von Goethe über Ben Akiba bis auf das alttestamentarische *Nihil novum sub sole*[7] zurückführen lässt. Auch weitere Überlegungen Matters, wie etwa der 1960 niedergeschriebene Befund:

> ‚Erwachsene', wie wir sie uns als Kinder vorstellen, gibt es nicht. Es gibt nur Erstarrte – im schlechteren Fall – und Kinder[8]

sind ähnlich in bereits vorbestandenen Texten formuliert, zum Beispiel in der von Karl Jaspers 1953 – also im Jahr, als Matters sein erstes Lied verfasste (vgl. Kap. 3.1) – erstmals herausgegebenen Schrift *Einführung in die Philosophie*:

> Kinder besitzen oft eine Genialität, die im Erwachsenwerden verlorengeht. Es ist, als ob wir mit den Jahren in das Gefängnis von Konventionen und Meinungen, der Verdeckungen und Unbefragtheiten eintreten, wobei wir die Unbefangenheit des Kindes verlieren. Das Kind ist noch offen im Zustand des sich hervorbringenden Lebens, es fühlt und sieht und fragt, was ihm dann bald entschwindet.[9]

Auch dieser Gedanke rekurriert auf ein biblisches Wort: „Wenn ihr nicht umkehrt und werdet wie die Kinder, so werdet ihr nicht ins Himmelreich kommen" (Mt. 18,3).

Matters Notizen in *Sudelhefte/Rumpelbuch* sind somit oft von anderen Texten inspiriert. Es sind prägnant gefasste, neu- bzw. umformulierte Aussagen, oft fussnotenähnlich kommentierte oder weiterentwickelte Gedanken aus literarischen, religiösen, wissenschaftlichen oder philosophischen Quellen. Die intertextuellen Bezüge sind bereits an Matters Hohl-Rezeption aufgezeigt worden (vgl. Kap. 2.1.4.2). Die Anleihen reichen freilich weit über Hohls Werk hinaus, vornehmlich in philosophische Schriften hinein. Es wäre vermessen, hier einen Anspruch auf die vollständige Darstellung der in Matters Werk literarisch transformierten philosophischen Ansätze erheben zu wollen. Um philosophische Ebenen in Matters Poetik herauszuarbeiten, soll im Folgenden aber Auffälligkeiten nachgespürt werden, die zum verbreiteten Bild Matters als ‚philosophischen' Liedermacher beitragen. Es ist danach zu fragen, wie

---

7 Vgl. Fricke 2000: 58.
8 Matter 1992b: 20.
9 Jaspers 1987: 11f.

und mit welcher Absicht Matter Philosophie in seinen Liedern umsetzt. Dabei beschäftigen folgende Themen: das Fragen (Kap. 2.6.1), die Dialektik (Kap. 2.6.2), das Scheitern (Kap. 2.6.3), das Kontrastieren (Kap. 2.6.4) und das Religiöse (Kap. 2.6.5).

2.6.1 Das Fragen

Das Fragen ist ein zentraler Schritt auf dem Weg zur Erkenntnisgewinnung, es ist der „sprachliche Ausdruck eines Vakuums im Erkenntnisdrang (*horror vacui*), wodurch die Erweiterung des Wissens um einen gegebenen Gegenstandsbereich erstrebt wird"[10]. Am Ursprung des Philosophierens steht, so Karl Jaspers, das Staunen, dann folgen das Fragen, die Erkenntnis, der Zweifel am Erkannten und die kritische Prüfung, endlich die Gewissheit.[11] Und da „Philosophie heißt: auf dem Wege" sein, sind die Fragen „wesentlicher als ihre Antworten, und jede Antwort wird zur neuen Frage."[12] Grundsätzlich verfolgt auch Mani Matter diesen Zugang zum Philosophischen. Bei ihm reicht das stete Fragen weit über das Banale des Alltags hinaus, und dennoch bilden die täglichen Verrichtungen den Ausgangspunkt seines Philosophierens, seines Fragens. Der zentrale Lebenswert bestehe im täglichen Suchen nach Lösungen:

> Das ist, was Wert verleiht, und in jedem Beruf. Es ist ein Nicht-aufhören-zu-fragen; ein Sich-nicht-zufrieden-geben mit der Lösung der Aufgaben, die andere uns stellen; ein Warum-eigentlich?, Wozu?, Können-wir-überhaupt? etc. Da nützt keine Universitätsphilosophie. Das ist eine Arbeit, immer wieder von vorn zu beginnen.[13]

Das „Sich-nicht-zufrieden-geben mit der Lösung der Aufgaben" birgt in sich die tiefe Skepsis gegenüber abschliessenden Wahrheiten. Man kann Matter also einen „Skeptiker" nennen, der sich „einer gewissen Relativität"[14] von Erkenntnis stets bewusst war. Diese Nähe zur philosophischen Tradition des Skeptizismus[15] – was er, soweit bekannt, aber so nie

---

10 Schischkoff 1978: 193.
11 Jaspers 1987: 16.
12 Ebd.: 13.
13 Matter 1992b: 85.
14 Andreas Schärer, in: Hohler 1977: 17.
15 Zum Begriff vgl. Schischkoff 1978: 641.

von sich behauptete –, dürfte auch der Grund für das Verwerfen eines spezifischen philosophischen Standpunkts gewesen sein:

> Ich habe heute versuchsweise den Gedanken aufgenommen, ob meine Unfähigkeit, eine philosophische „Position" zu beziehen, nicht auch eine Stärke sein könnte.[16]

Matters Umgang mit Wissen jeglicher Art war in allen seinen Tätigkeiten, also der Wissenschaft, der Kunst (Literatur, Musik, darstellende Kunst) und der Politik, stets tief skeptisch, wobei im Vordergrund das Bilden eines bestmöglichen Urteils stand.[17] Der Zweifel als Prinzip des Denkens, der Zweifel an einer gesicherten Wahrheit, ist in Matters Œuvre, auch in seinen Liedern, vielfach und in mannigfacher Gestalt umgesetzt.

Wie äussert sich dieses Denkprinzip als Kernkonstante in Matters Liedwerk? Die Folge einer skeptischen Grundhaltung ist das stete weiterführende Fragen. Wie gezeigt, ist ein Element auf dem Weg des philosophischen Denkprozesses bzw. der Erkenntnisgewinnung auch das Staunen. Diese drei Elemente in Matters Werk, der Zweifel, das Fragen und das Staunen, sollen nun näher angeschaut werden.

Bezogen auf Matters Lieder lässt sich kategorial unterscheiden zwischen explizitem und implizitem Vorkommen des Zweifelns, Staunens und Fragens. Wenden wir uns in einem ersten Schritt den expliziten Elementen zu. Neben den eher selten ausdrücklich erwähnten Staunen (etwa im Lied *d'metallplastik*: „i ha *gstuunet* bis am abe")[18] und Zweifeln (z.B. im Lied *dynamit*: „glunge isch nume dass zmonderischt scho / über mi red mir du *zwyfel* si cho")[19] tauchen öfter vom Textsubjekt gestellte Fragen auf. Diese finden sich schon in Matters Frühwerk, so etwa im Lied *d'psyche vo dr frou*, das mit einer Frage beginnt: „liebi lüt wär

---

16 Matter 1992b: 100.
17 Die „skeptische Betrachtungsweise" soll der Urteilsbildung dienen (Matter 1992b: 65).
18 Übers.: „Ich habe gestaunt bis am Abend". Das Staunen soll hier nicht in einem grösseren Rahmen beschäftigen. Hingewiesen sei nur auf das Lied *zwo flöige*, in dem das Textsubjekt staunend die Fliegbewegungen der Fliegen beschreibt (vgl. auch Matters Aussage über Ringelnatz; Matter 1992b: 29).
19 Übers.: „Glücklicherweise sind mir aber schon am nächsten Morgen / Zweifel an meiner Rede aufgekommen" (Hervorhebungen S. H.).

git mer uskunft über d'psyche vo dr frou"[20]. Fragen finden sich in vielen weiteren Werken – etwa im Lied *betrachtige über nes sändwitsch* (auch hier als Eingangsfrage: „was isch es sändwitsch ohni fleisch?") –, besonders aber, und hier gehäuft, in den späten Liedern *wo mir als bueben emal* („mues eig'lech aus geng verhimuheilandtonneret sy"),[21] *nei säget sölle mir* und *warum syt dir so truurig*. In den letzten beiden Liedern ist die Hauptfrage zugleich Liedtitel.

Funktional gibt es ein weites Spektrum an Fragen. Die Fragen des ratsuchenden Mannes, der im Lied *d'psyche vo dr frou* eine potentielle zwischengeschlechtliche Problematik anspricht, sagen mehr aus über den Fragenden selbst als über die (Un-)Lösbarkeit der angesprochenen Thematik. In *si hei dr wilhälm täll ufgfüert* hingegen führt eine unbedachte, „dumme" Frage („wiso fragt dä so tumm het dä / ir schuel de nüt rächts glehrt?"[22]) unvermittelt zu weiterem (provokantem) Fragen und schliesslich zu Tumulten auf der Bühne.

Über diese besonders pragmatisch funktionalisierten, also dem Lachen dienenden Fragetypen hinaus regen andere Fragekategorien intendiert das Nachdenken an und erscheinen philosophisch: Im Lied *warum syt dir so truurig*, das auf eine Inschrift in Paris während den Mai-Unruhen zurückgeht („Regardez-vous, vous êtes tristes")[23], ist die Frage „Warum seid ihr so traurig" an das im Konzert unmittelbar anwesende Publikum gerichtet. Das Lied befasst sich mit einem Kernthema des Lebens, der Frage des Glücks. Im Matter-Lied ist der Blick auf den Zusammenhang von (beruflichem) Erfolg und sozialer Sicherheit gerichtet:

> warum syt dir so truurig?
> s'geit doch so wi der's weit
> frou u chind sy doch zwäg, im
> pruef geit's geng e chly vorwärts
> s'längt doch ou hie und da
> scho für nes chlys drübery
>
> warum syt dir so truurig?
> förchtet der das wo chönnt cho?

---

20 Übers.: „Liebe Leut' wer gibt mir Auskunft über die Psyche der Frauen?"
21 Übers.: *betrachtige über nes sändwitsch*: „Was ist ein Sandwich ohne Fleisch?"; *wo mir als bueben emal*: „Muss eigentlich immer alles zugrunde gerichtet werden?"
22 Übers.: „Wieso fragt der so dumm, hat der / in der Schule nichts Rechtes gelernt?"
23 Vgl. Hohler 1992: 88.

> aber dir syt doch versicheret
> gäge die mügleche zuefäll
> und wenn ds alter de chunnt
> heit der e rächti pension[24]

Zentral ist: Warum ist jemand nicht glücklich, obwohl er ja (fast) alles (sozial) Erreichbare errungen hat? Dieses Schlüsselthema in Matters Werk[25] hat generell bedeutende Teile der einstigen ersten Nachkriegsgeneration beschäftigt. In *Sudelhefte/Rumpelbuch* findet man es in anders gelagertem Zusammenhang: „Sozialer Fortschritt und Zivilisation" seien „einfach zu wenig", Matter hat das Gefühl, „es sollte noch etwas Drittes geben."[26] Das Lied *warum syt dir so truurig* offeriert keine Lösungen, der Adressat ist aufgefordert, die Antwort in sich selbst zu finden:

> warum syt dir de truurig?
> nei, dir wüsset ke grund
> vilicht wenn der e grund hätter
> wäret der weniger truurig
> mänge, wenn ds läben ihm wehtuet
> bsinnt sech derdür wider dra[27]

---

24 Übers.: „Warum seid ihr so traurig? / Es läuft doch so, wie ihr es wollt: / Frau und Kind sind doch wohlauf, im / Beruf geht's stets ein wenig voran, / es reicht doch ab und an / bereits für eine Kleinigkeit extra. // Warum seid ihr so traurig? / Fürchtet ihr euch davor, was kommen könnte? / Aber ihr seid doch versichert / gegen alle möglichen Zufälle, / und wenn das Alter dann kommt, / habt ihr eine ordentliche Rente."

25 Das Gegensatzpaar glücklich/traurig ist ein Kernthema Matters und wird ausdrücklich in verschiedenen Liedern erwähnt. „Truurig" etwa in *ballade*, *dr rägewurm* und *dr eskimo*, „glücklich" bzw. „Glück" in *i will nech es gschichtli verzelle*, *dr rägewurm* und *hemmige*.

26 Matter 1992b: 125.

27 Übers.: „Warum seid ihr also traurig? / Nein, ihr wisst keinen Grund. / Wenn ihr einen Grund hättet, / wärt ihr vielleicht weniger traurig. / Manch einer, wenn das Leben ihn schmerzt, / erinnert sich dadurch wieder daran." Die beiden letzten Verse stammen im Wesentlichen aus Albert Streichs Gedicht *Wehtiends* (diese Information verdanke ich dem Entwurf einer Aufzeichnung von Fritz Widmer über Mani Matter, die später in abgeänderter Form veröffentlicht wurde; vgl. Widmer 2002a). Im Unterschied zur Buchvariante wurden in der Vorführungssituation die jeweils letzten Zeilen wiederholt (vgl. einen Auftritt Fritz Widmers, in: Hohler 1973 [SF DRS]).

Hier ist im Wesentlichen die sokratische Methode der Maieutik umgesetzt: Geschicktes Fragen und Antworten sollen die in einem Menschen liegenden Erkenntnisse an die Oberfläche tragen.

Im Lied *warum syt dir so truurig* schwingt, wie im Lied *nei säget sölle mir*, Resignation mit:

> nei säget sölle mir vo nüt meh andrem tröime
> mir wo müesse läbe i de gottvergässne stedt
> wo men uf em trottoir louft und we men über d'strass wott
> mues warte bis me vomne grüene liecht d'erloubnis het
> und we me's nid so macht de wird men überfahre
> isch das dr ändpunkt vo'r entwicklig vo füftuusig jahre[28]

„Nei säget sölle mir vo nüt meh andrem tröime" ist eine rhetorische Frage, die Quintessenz eines Denkprozesses und nur mit „*Doch*: Wir wollen noch von etwas anderem träumen" zu erwidern. Und auch jene Frage, die jede Strophe beschliesst („isch das dr ändpunkt vo'r entwicklig vo füftuusig jahre"), schliesst zugleich die Replik „Nein" mit ein und deutet über das Lied hinaus. In *nei säget sölle mir* ist die Kernaussage noch hoffnungsloser als in *warum syt dir so truurig*: Letzteres schliesst mit den verhalten positiven Versen „mänge, wenn ds läben ihm wehtuet / bsinnt sech derdür wider dra", während *nei säget sölle mir* ins resignative „nei säget sölle mir vo nüt meh andrem tröime / mir wo müesse läben i de gottvergässne stedt ..." mündet.

Das Philosophische, und hier zugleich Pädagogische, besteht somit aus einer zum Nachdenken auffordernden Appellstruktur, die sich zum guten Teil im Fragen äussert. Das explizite Fragen ist weit mehr als nur ein einfaches Fragen, sondern mehr ein Mittel, dazu anzuregen, über den Kerngehalt der Aussage zu sinnieren, sprich: weiter führende Fragen zu stellen. Matter rührt hier an das Grundlegende des Menschseins, so wie es in den Liedern *warum syt dir so truurig* und *nei säget sölle mir* aufgegriffen wird. Es sind jene Fragen, welche die akademische Philosophie – wenigstens in bestimmten philosophischen Strömungen – ebenso wie

---

28 Übers.: „Nein, sagt, sollen wir von nichts anderem mehr träumen, / wir, die wir in den gottverlassenen Städten leben müssen? / Wo man auf dem Bürgersteig geht, und wenn man über die Strasse will, / warten muss, bis man von einem grünen Licht die Erlaubnis bekommt. / Und wenn man's nicht so macht, dann wird man überfahren. / Ist dies der Endpunkt der Entwicklung von 5000 Jahren?"

jeden einzelnen Menschen interessieren: Was Glück und Trauer ausmacht, was, letztlich, Lebenssinn ist.

Es bedarf aber auch nicht ausformulierter Fragen, die zum weiteren Nachdenken anregen. Selbst ein überraschend plötzliches Liedende kann das Fragen befördern, ein von Matter gern eingesetztes Mittel: Im Lied *ir ysebahn* (Textabdruck in Kap. 1.3.4.2) endet die Zugfahrt unvermittelt mit zwei sich verprügelnden Passagieren im Bahnhof Rorschach. Der Schaffner will weder die Ursache für dieses Gemenge erfahren noch versucht er, den Streit zu schlichten. Er „geht dem Sachverhalt nicht auf den Grund", sondern kündigt nur die nächste Haltestelle an. Die abrupte Beendigung der Erzählung evoziert freilich Fragen: Warum ist der Schaffner an der Auseinandersetzung nicht interessiert? Warum schlichtet er den Streit nicht? Was ist der tiefere Sinn eines solchen Liedendes?

Auch das Lied *är isch vom amt ufbotte gsy* schliesst unversehens. Der Protagonist verirrt sich in einem Verwaltungsgebäude und kehrt nicht wieder:

und dä wo isch ufbotte gsy am frytig vor de nüüne
bi straf im unterlassigsfall im houptgeböid block zwo
im büro hundertsächsevierzg persönlech ga z'erschyne
isch immer wyter gloffen und isch nie meh umecho[29]

Das Lachen bleibt einem im Halse stecken, und man fragt sich: Weshalb findet der Protagonist nie wieder zurück? Die Frage zielt auf ein mehrschichtiges Problem amtlicher Organisation: auf die Komplexität amtlicher Gebäude ebenso wie auf die komplizierte Verwaltungssprache und auf amtliche Irrwege.

Im Weiteren löst das Liedende von *dr mönsch isch wi dä* die zuvor entwickelte vertrackte Situation nicht auf. Es werden sämtliche Züge verpasst:

---

29 Übers.: „Und jener, der bestellt worden war, am Freitag vor neun Uhr / bei Strafe im Unterlassungsfall im Hauptgebäude Block zwei / im Dienstzimmer hundertsechsundvierzig persönlich zu erscheinen, / lief immer weiter und ist nie mehr zurückgekehrt." Einflüsse von Kafkas Werk sind in diesem Lied unverkennbar.

> dr mönsch isch wi dä wo dr zug het verpasst und
> sech d'frag nächär gstellt het: wiso?
> und gseht, dass sy uhr äbe hinder isch gange
> und dänkt: das söll nümme vorcho!
>
> und geit sech, für nid no dr nächscht zug z'verpasse
> e besseri uhr ga erstah
> und won er drmit uf e bahnhof zrüggchunnt
> isch dr nächscht zug halt ou scho nümm da
> […]
>
> so steit er no geng uf em bahnhof desume
> das heisst: wenn er nid gstorben isch
> und während er wartet uf d'züg, won ihm ab sy
> geit ihm dr nächscht scho dür d'büsch[30]

Auch nach diesem Liedschluss drängen sich Fragen auf: Warum ist der Mensch so wie einer, der sämtliche Züge verpasst – ja wofür steht der Vergleich an sich? Schliesslich können auch Darstellungsmittel wie der Nonsens oder das Groteske das Fragen auslösen (vgl. die Kapitel 2.7.4 und 2.7.5).

2.6.2 Die Dialektik

Der Dialektik-Begriff steht für ganz unterschiedliche Phänomene. Im Zusammenhang mit Matters Werk soll vornehmlich die geläufigste Methode der Hegel-Marxschen Dialektik im Vordergrund stehen, also der Dreischritt *These*, *Antithese* und *Synthese*. Zudem soll der Dialektik-Begriff hier in einer spezifischen semantischen Schattierung verstanden werden: als *diskursive Zusammenschau verschiedener Aspekte zur Gewinnung einer höheren Erkenntnisstufe*. Diese Methodik stammt freilich nicht von Matter. Die Einbindung möglichst vieler (gegensätzlicher)

---

30 Abgedruckt sind hier die Strophen 1, 2 und 5. Übers.: „Der Mensch ist wie einer, der den Zug verpasst hat, und / sich nachher die Frage gestellt hat: Wieso? / Und sieht, dass seine Uhr eben nachgegangen ist, / und denkt: Das soll nicht mehr vorkommen. // Und geht sich, um nicht noch den nächsten Zug zu verpassen, / eine bessere Uhr erstehen. / Und als er damit auf den Bahnhof zurückkommt, / ist der nächste Zug auch schon nicht mehr da. // So steht er noch immer auf dem Bahnhof rum, / das heisst: Wenn er noch nicht gestorben ist. / Und während er wartet auf die Züge, die ihm entwischt sind, / geht ihm der nächste wieder durch die Lappen."

Aspekte ist ein auch in der Jurisprudenz gängiges Verfahren zur Urteilsbildung. Hier findet sich fraglos eine Parallele zwischen dem Schriftsteller und dem Juristen Matter. Auch das Mittel der Sachverhaltsdarstellung (vgl. z.B. das Lied *dr hansjakobli und ds babettli* und die Kapitel 2.1.5.2 und 2.7.1), wie dies etwa aus Verwaltungsentscheiden und juristischen Urteilen bekannt ist, weist auf den beruflichen Hintergrund Matters hin. Ohnehin wird das „befundgetreue, unvoreingenommene Aufzeigen und Beschreiben der Phänomene", die Erstellung eines Sachverhalts, als die erste „Stufe der systematischen Denkarbeit"[31] angesehen, was Matter ausdrücklich anstrebte.[32]

Matters Werk ist wesentlich durch die präzise Darlegung von Sachverhalten und das dialektisch-diskursive Abwägen von Argumenten geleitet. Oft erscheint schon die vom Hergebrachten abweichende Sicht auf einen Sachverhalt als Antithese zum Bestehenden. Im Matter-Werk dienen ganz verschiedene Mittel – diese sind Gegenstand der nachfolgenden Abschnitte – und Bezeichnungen dem Ausdruck des dialektischen Prinzips. Mehrfach spricht Matter von „Gesichtspunkten", „Sichtweisen", „Sehweisen" und „Standpunkten". So schreibt er etwa im letzten Aphorismus in der Schrift *Sudelhefte*:

> Dass einer von einem *Standpunkt* aus, den wir nicht teilen, seine Betrachtungen anstellt, heisst nicht, dass diese Betrachtungen für uns wertlos sind. Es ist möglich, dass er von dort aus Dinge sieht, die uns von unserem *Standpunkt* aus entgehen.[33]

Das Lied *d'metallplastik* rückt eine andere Ebene, die man als ‚Sehweise' bezeichnen kann, ins Blickfeld:[34]

> je nachdäm wo men isch gstande
> und wi me dr chopf het gha
> het me vor der wysse wand e-
> s anders bild gseh drinn entstah[35]

---

31 Schischkoff 1978: 527.
32 Matter 1992b: 110.
33 Matter 1992b: 137. Hervorhebungen S.H.
34 Eine Prosavariante findet sich zudem in Matter 1992b (176ff.), die Matter als adäquateren Ausdruck für das Thema empfand (vgl. Hohler 1977: 56).
35 Übers.: „Je nachdem, wo man gestanden ist, / und wie man den Kopf gehalten hat, / hat man vor der weissen Wand ein / anderes Bild darin entstehen gesehen."

Es scheint, als ob Matter einen Standpunkt oft als These verstanden hat, wie im Lied *ir ysebahn* (siehe unten). Die unterschiedlichen philosophischen Richtungen sind dann als Antithesen zu begreifen, denn Matter sieht in einer „Philosophie [...] eine besondere, schöpferische Art, die Welt anzusehen, [...] einen eigenen Gesichtspunkt", eine „Sehweise [...], die einen neuen Aspekt enthüllt", etwas, das „man vorher gar nicht beachtete"[36]. Was dabei gefunden wird, „ist nicht die Wahrheit, sondern ein neuer Gesichtspunkt."[37] Ohnehin erachtete Matter die Schriften vieler Philosophen nicht als philosophische, sondern als schriftstellerische Werke.[38] Matters ausgezeichnete Kenntnisse der verschiedenen philosophischen Strömungen ist als Folie zum Verstehen der Lieder zentral. Ohne Anspruch auf Vollständigkeit und Systematik seien nachfolgend einige Aspekte der Thematisierung bzw. der Transformation philosophischer ‚Standpunkte' in den Liedern beleuchtet.

Eine bedeutende Vorgehensweise ist bei Matter die Neugestaltung bzw. Umdeutung bestehender Werke, etwa beim Stoff und in der Story, was aber in der Literaturgeschichte oft zu finden ist. Matter wendet dies zum Beispiel auf die biblische Geschichte über die Sintflut, im Lied *dr noah*, an:

> lang ischs här da het mal einen öppis afa boue
> öppis win e grosse chaschte d'lüt wos sy cho gschoue
> hei ne gfragt: was söll das gäh? es schiff, het dise gseit
> aber s' isch keis meer gsy und kei see dert wyt und breit
>
>> und me begryfft dass d'lüt hei gseit:
>> däm ma däm spinnts[39]

---

36 Matter 1992b: 79.
37 Matter 1992b: 80.
38 Matter 1992b: 79. Da für Matter Philosophen Schriftsteller sind, also die Disziplinen sich nicht unterscheiden, und Matter annimmt, dass bloss einzelne Erkenntnisse über die Welt möglich sind und keine systematische Theorie, gliedert er auch die *Sudelhefte* nicht spezifisch. Dadurch soll wohl das Unfertige, Fragmentarische jeder Erkenntnistheorie aufscheinen. Die hier unternommene Systematisierungsversuch von Matters Gedankenwelt widerspricht also in gewisser Weise Matters Werkintention. Matter selbst verwarf eine ursprünglich geplante Kategorisierung (vgl. Kap. 2.7.4).
39 Übers.: „Lang ist's her, da hat einer begonnen, etwas zu bauen. / So was wie einen grossen Kasten, die Leute sind gekommen, um es anzuschauen; / haben ihn gefragt: Was soll das werden? Ein Schiff, hat dieser gesagt. / Aber es gab kein Meer und

Geändert ist hier die Perspektive auf die Story. Nicht mehr die Optik des alttestamentarischen (strafenden) Gottes ist hervorgehoben, sondern jene des ‚Volks'. Matter wendet sich, wie so oft in seinen Werken, der Frage zu, was für einen ‚normalen' Betrachter logisch nachvollziehbar ist oder was unverstehbar bleiben muss.

Das Lied *ballade* (Textabdruck der Schlussstrophe in Kap. 2.5.1) seinerseits legt, abweichend zu früheren Darstellungen, den Akzent nicht auf das Humoristische des bernerischen Stadtoriginals Kari Dällenbach, sondern auf die mutmassliche Motivation, die in den Suizid führte. Bei Matter ist Dällenbachs Humor die (bittere) Reaktion auf das allseitige Hänseln des Protagonisten durch seine soziale Umgebung aufgrund einer hasenschartigen Missbildung:[40]

> s'isch einisch eine gsy, dä het vo früech a drunder glitte
> dass ihn die andre geng usglachet hei
> am afang het er grännet het sech mit den andre gstritte
> s'nützt nüt, das isch ja nume was si wei
> [...]
>
> und är isch häreggangen und het afa witze rysse
> dass d'lüt sech jitz hei d'büüch vor lache gha
> het witze gmacht wo chutzele und witze gmacht wo bysse
> und het ke antwort ohni antwort gla[41]

Die grosse modale Spannweite der Perspektivierung zeigt sich an weiteren Beispielen: Das Lied *dr gloon* beschreibt, wie *ballade*, einen gesellschaftlichen clownesk-tragischen Aussenseiter, einen Beamten, der sich an keine Benimmregeln hält. In *dynamit* ändert das Ich unversehens sei-

---

keinen See dort weit und breit. // Und man begreift, dass die Leute gesagt haben: / Mann, der spinnt!"

40 Allerdings bleiben alle übrigen Ursachen unbeachtet: eine gescheiterte Liebesbeziehung, deren Scheitern primär auf dem sozialen Unterschied fusste, die komplexe Persönlichkeitsstruktur Dällenbachs, der Alkoholismus sowie eine schwere Krebserkrankung (vgl. Lerch 2006: 118).

41 Übers: „Da war mal einer, der hat schon früh darunter gelitten, / dass ihn die andern immer ausgelacht haben. / Am Anfang hat er geweint, hat sich mit den andern gestritten, / das bringt doch nichts, genau das wollen sie ja. // Und er ist hingegangen und hat Witze vom Stapel gelassen, / sodass sich die Leute jetzt die Bäuche gehalten haben vor Lachen; / hat Witze gemacht, die kitzeln, und Witze gemacht, die beissen, / und hat keine Antwort ohne Antwort gelassen."

ne Sicht der Dinge. Und in *chue am waldrand* wird der fixierte Blick eines Malers zum Thema: In – nach herkömmlicher Vorgehensweise – evident falscher Abfolge versucht dieser das Abzumalende zu fixieren. Die abschliessende Folgerung greift dann auf eine andere Art und Weise das Thema der Sichtweise auf: Nämlich dass sich, wie so oft im Leben, die Vorstellung von etwas mit der Realität nicht deckt:

> doch d'wält isch so perfid, dass si sech sälten oder nie
> nach bilder, wo mir vo're gmacht hei, richtet[42]

Oft leuchtet Matter ganze Themenfelder aus. Die systematische Fokussierung aus verschiedenen Sehwinkeln zeigt sich etwa an allgemeinen Themen wie Handeln (z.B. *ballade vom nationalrat hugo sanders*; *lob vor fuulheit*), Kommunikation (z.B. *ir ysebahn*; *e löu, e blöde siech, e glünggi un e sürmu...*; *si hei dr wilhälm täll ufgfüert*) und Tod (vgl. nachfolgendes Kapitel). Aus besonders vielen Blickwinkeln wird das Thema Liebe durchgespielt: Die meist früh entstandenen Lieder handeln von Selbstverliebtheit (*dr rägewurm*), unerwiderter Liebe oder Liebestrauer (*mys schätzeli*), erfolgreicher Liebeswerbung (*i will nech es gschichtli verzelle*, *s'isch amene schöne sunntig gsy*), gescheiterter Liebeswerbung (*ds heidi*), Überschwang des Gefühls in einer Verliebtheitssituation (*am samschtig ds nacht*), Bekundung der Zuneigung und Liedzueignung (*es steit e boum*), der Absage (*chasch mer lang ga säge*), der käuflichen Liebe (*ds eisi*), vom Anderssein des weiblichen Geschlechts (*ds lotti schilet*, *d' psyche vo dr frou*) sowie von einer Fehlentwicklung gegenüber dem anderen Geschlecht (*dr heini*, der zum Frauenfeind wird).

Schliesslich kann der stete Perspektivenwechsel in einem Lied gebündelt sein. So etwa im Lied *mir hei e verein*, in dem das Ich positive und negative Seiten einer Vereinsmitgliedschaft erwägt (Abdruck des Liedtextes in Kap. 2.3.3).

Matters Auseinandersetzung mit grundsätzlichen Problemen des menschlichen Erkenntnisvermögens ist gelegentlich nicht nur an der Textoberfläche ablesbar, sondern kann sich bis in tiefere Textlagen hin-

---

42 Übers.: „Doch die Welt ist so perfid, dass sie sich selten oder nie / nach Bildern, die wir uns von ihr gemacht haben, richtet." Matter ironisiert mit dieser Formulierung zugleich die berühmte Wahrheitsdefinition von Thomas von Aquin (*veritas est adaequatio intellectus et rei*).

ein erstrecken und zum Grundgerüst eines Autorenliedes werden. So etwa im Lied *ir ysebahn* (Textabdruck im Kap. 1.3.4.2), in dem die Dialektik die Textstruktur bildet: Die ersten beiden Strophen versinnbildlichen den Beizug zweier gegensätzlicher Betrachtungsweisen, analog These und Gegenthese, wobei die Synthese absichtlich unterbleibt.

Ähnlich verfährt das Lied *betrachtige über nes sändwitsch* (teilweiser Textabdruck in Kap. 2.2.4). In diesem Lied dient die dialektische Frage-Antwort-Abfolge dazu, die notwendigen Bedingungen für den Aufbau eines Sandwichs aufzuzeigen. Doch das mustergültige methodische Verfahren bringt hier gerade keinen Erkenntnisgewinn: Vorgeführt wird der Leerlauf des Denkens, wenn kein tatsächlich relevanter Realitätsbezug vorhanden ist. Der Text ist Nonsens (vgl. Kap. 2.7.4) – notabene auf einem hohen künstlerischem Niveau –, denn aus dem Erzählten lässt sich keineswegs ableiten, dass in einem Sandwich Dialektik steckt:

> du gsehsch: du issisch, du barbar
> und füllsch dy buuch und wirsch nid gwahr
> was im'ne sändwitsch uf dym tisch
> für dialäktik drinnen isch[43]

Anders gesagt, scheitert der Sprechende beim Anwenden der dialektischen Methodik. Mit dem Scheitern als literarische Kategorie in Matters Werk beschäftigt sich das folgende Kapitel.

2.6.3 Das Scheitern

Der Schriftsteller, im Verständnis Mani Matters, ist nicht am Handeln interessiert, sondern „nur am Feststellen", an der „Diagnose":

> Er ist am Handeln nicht interessiert, nur am Feststellen. Die Therapie kümmert ihn wenig, es geht ihm um die Diagnose. Er sieht das Elend der Krankheit: statt aber tätig zu werden, um sie zu bekämpfen, schaut er sie bloss an. Mit grossen, neugierigen Augen. Und dann beschreibt er sie.[44]

---

43 Übers.: „Du siehst: Du isst, du Barbar, / und füllst dir deinen Bauch und wirst nicht gewahr, / was in einem Sandwich auf deinem Tisch / für eine Dialektik drin steckt."
44 Matter 1992b: 15.

Matter spricht in diesem Zitat nicht zufällig metaphorisch vom „Elend der Krankheit", das den Beschäftigungskern eines Schriftstellers bilden soll. Der Schriftsteller soll also das Unzulängliche des Menschseins darstellen. Laut Karl Jaspers wiederum ist das Befassen damit ein Schritt auf einem mehrstufigen philosophischen Weg, wobei die klare Gewissheit über das Bewusstsein der menschlichen Verlorenheit, welche den Menschen erschüttert, am Ende des Erkenntnisprozesses steht. Ins Zentrum philosophischer Beschäftigung rückt so „die Frage nach sich selbst"[45] und das „Gewahrwerden der eigenen Schwäche und Ohnmacht"[46]. Dieser Einsicht würden nach Jaspers das Staunen, das Fragen, die Erkenntnis und der Zweifel am Erkannten sowie dessen stete kritische Prüfung vorangehen. Als fundamentale Schwäche des menschlichen Daseins bezeichnet Jaspers die „Grenzsituationen – Tod, Zufall, Schuld und die Unzuverlässigkeit". Matter seinerseits spricht, allerdings ohne ausdrücklichen Bezug auf Jaspers, von der „Zweifelhaftigkeit der Welt"[47].

Insgesamt kann man hier also von einer „Philosophie des Scheiterns"[48] oder auch einer ‚Philosophie des Unzulänglichen' sprechen. Bei genauem Besehen ist in Matters Werk, wie zu zeigen sein wird, genau diese philosophische Grundhaltung literarisch transformiert. Matter hat sich zu seiner allgemeinen Werkintention gleich mehrfach, öfter auch nur gegenüber seinen Liedermacherkollegen, geäussert, ohne indes explizit auf solche grundlegenden philosophischen Überlegungen hinzuweisen. So sah Matter, wie Widmer festhält, im ‚Missgeschick' des ‚Hel-

---

45 Jaspers 1987: 16.
46 Epiktet, zitiert nach Jaspers 1987: 17.
47 Matter 1992b: 80.
48 Den Begriff wandte Herbert Marcuse auf Karl Jaspers Philosophie an. H. M.: Philosophie des Scheiterns. Karl Jaspers Werk, in: Unterhaltungsblatt der Vossischen Zeitung, Nr. 339 (14.12.1933): 14. Die Philosophie des Scheiterns findet man in bestimmter Ausprägung bei allen Existentialisten, von Kierkegaard über Heidegger und Camus bis zu Jaspers. Camus sieht im Scheitern bzw. im logisch Unvereinbaren das Absurde. Für Matter ist die Darstellung von Absurdem zentral (vgl. Kap. 2.7.4). Die literarische Darstellung des Scheiterns ist im Übrigen in Dürrenmatts Werk leitend (vgl. Paganini 2007). Es wäre lohnenswert, die Bezüge zwischen Matters Werk und weiteren seinerzeit entstandenen Werken der Schweizer Literatur zu untersuchen. Matter wies wiederholt auf Texte von Bichsel, Dürrenmatt und Frisch hin. Manifest ist etwa, dass sich auch Dürrenmatt von existenzialphilosophischen Schriften inspirieren liess (vgl. Mingels 2003).

den' eine Hauptkomponente innerhalb eines guten „Chansons".[49] Und zu Emil Steinbergers Kabarett-Nummern hielt Matter in einer Laudatio fest, was schliesslich auch auf sein eigenes literarisches Werk zutrifft:

> Das herkömmliche Schweizer Cabaret war im Kern immer politisch oder zum mindesten gesellschaftskritisch ausgerichtet. [...] Emil nun [...] macht etwas ganz anderes. Bei ihm soll der Telegrafenbeamte nichts über Telegramme oder Beamte im Allgemeinen aussagen, der Vater im Verkehrshaus nichts über Väter oder Erziehung, der Mann im Buchladen nichts über Literatur. [...] Er zeigt – trotz verschiedener Maske – keine Typen. Er zeigt den Menschen, im Grunde immer denselben, in verschiedenen Situationen; und was da sichtbar wird, ist nicht diese oder jene Schwäche der Gesellschaft, sondern unsere menschliche Schwäche überhaupt.[50]

Anders gesagt, sind Steinbergers Kabarett-Nummern die literarische Umsetzung der Philosophie menschlicher Schwäche.

Besonders häufig und facettenreich eingearbeitet ist ins Matter-Werk die Kernschwäche des Menschseins: der Tod. Dieses Thema ist mitunter direkt angesprochen (etwa in *ballade, dr eskimo, d'nase, alls wo mir id finger chunnt, dr bärnhard matter, dr ferdinand isch gstorbe, oh wi tumm, wildweschter, novämbernacht*), oft auch nur indirekt, meist im Liedschluss, so beispielsweise in den Liedern *dr noah, dr alpeflug* und *är isch vom amt ufbotte gsy*. In *einisch am'ne morge* ist der Blick auf das künftige Ableben des Autors, also die eigene Sterblichkeit, gerichtet; eine Weiterführung der literarischen Tradition von Villon über Shakespeare bis zu Heine, Brassens und Biermann.[51] Ohnehin hat Brassens' Vorliebe für die Todesthematik und das Melancholische Matters Lieder stark geprägt (vgl. etwa die Parallele zwischen Matters *dr ferdinand isch gschtorbe* und Brassens *Brave Margot*, wo jeweils ein Kater bzw. eine Katze erschlagen wird). Auch andere todesthematisch ausgerichtete Werke haben den jungen Matter fasziniert, so z.B. Georg Trakls Lyrik (vgl. Kap. 3.1.2).

Die literarische Auseinandersetzung mit der Todes- bzw. Sterbethematik ist an sich nicht aussergewöhnlich, ist dies doch ein literarhistorisches Kernthema, das ganze Gattungen wie das Epitaph, die threnetische Elegie, den Totentanz, das Totengespräch, die Tragödie und die Morita-

---

49 Widmer 2002a: 29.
50 Matter, in: Hohler 1977: 81f.
51 Vgl. Widmer 2002a: 49f.

tendichtung vereinnahmt. Spezifisch ist aber die Art der literarischen Umsetzung: die Plötzlichkeit des Sterbens, die Matters Liedern etwas Novellistisches verleiht, der Nonsens, die Witzigkeit, und damit verbunden die poetische Leichtigkeit und die literarische Eleganz, mit der Matter seine Figuren scheitern lässt.[52]

Die darstellungstechnische Leichtigkeit des Scheiterns geht allerdings weit über das Moritatenhafte hinaus und umfasst weitere Themen, so etwa das Scheitern an der Technik in den Liedern *dr parkingmeter, i han en uhr erfunde, dr wecker, dr mönsch isch wie dä, d'nase*[53] und *dr alpeflug*. Der Protagonist bzw. das Textsubjekt scheitern hier vorwiegend an einem Aspekt der ‚Zeitlichkeit' (z.B. nicht funktionstüchtige Uhren; eine Uhr, die sich mangels Kleingeld nicht stellen lässt). Künstlerisch verarbeitet haben das Scheitern an der Technik bereits Charly Chaplin und Karl Valentin, deren Werken Matter zugetan war.

Demgegenüber versinnbildlichen die Lieder *alls wo mir id finger chunnt* und *dr bärnhard matter* das Scheitern ganzer Lebensläufe:

> am tag won i uf d'wält bi cho si hei mers speter gseit
> da het my mueter grad daheim es suppegschir verheit
> und sider ischs mys herte los bis a mys läbesänd
> alls wo mir id finger chunnt verbricht mer i de händ
> [...]
>
> i han emal es meitschi gchennt s'isch truurig aber wahr
> es meitschi ganz us porzelan mit rabeschwarze haar
> uf einisch isch es zue mer cho het gseit: jitz isch es z'änd
> alls wo mir id finger chunnt verbricht mer i de händ[54]

---

52 Zum Novellistischen in den Autorenliedern Matters und Widmers vgl. Hammer 1998: 121. Im Scheitern, besonders aber in dessen Plötzlichkeit, schimmert ein fatalistisches Weltbild durch, d.h. der Glaube an ein vorbestimmtes Schicksal. Die Frage nach der Schicksalhaftigkeit hat die Existenzialisten stark beschäftigt.

53 Das Scheitern der Medizin bzw. der Wissenschaftsgläubigkeit scheint nicht bloss in diesem Lied auf, sondern auch im unveröffentlichten Lied *heren im wysse schurz* und im Lied *kennet dir die gschicht* (3. Strophe).

54 Übers.: „Am Tag, als ich auf die Welt gekommen bin, sie haben es mir später gesagt, / da hat meine Mutter eine Suppenschüssel zerbrochen. / Und seitdem ist es mein hartes Los bis an mein Lebensende: / Alles, was mir zwischen die Finger kommt, zerbricht mir in den Händen. // [...] Ich habe mal ein Mädchen gekannt, es ist traurig, aber wahr, / ein Mädchen ganz aus Porzellan mit rabenschwarzem Haar. / Auf einmal ist es zu mir gekommen, hat gesagt: Jetzt ist es zu Ende. / Alles, was mir zwischen die Finger kommt, zerbricht mir in den Händen."

In *chue am waldrand* scheitert ein Maler, weil er den Arbeitslauf völlig falsch organisiert (siehe oben). Matters Liebeslieder behandeln verschiedene Aspekte gescheiterter Liebe. Selbst die Erzählinstanz scheitert am Schildern eines Gegenstands oder eines Sachverhalts, wenn sie sich als unfähig erweist, zur ausreichend verständlichen Darstellung die geeigneten Worte zu finden (besonders schön umgesetzt in den Sprechtexten *ds doppelbett* und *dr eint und dr ander*). Die literarische Einbettung der Philosophie des Scheiterns zeigt sich auch in Liedern wie *ir ysebahn, si hei dr wilhälm täll ufgführt, missverständnis* und *e löu, e blöde siech, e glünggi un e sürmu...*, alles Lieder, die sich hauptsächlich durch verschiedene Spielarten misslungener Kommunikation auszeichnen.

Nicht zuletzt scheitern Protagonisten an ihrem eigenen Umgang mit (philosophischen) Prinzipien. Dies gilt nicht nur für das Lied *betrachtige über nes sändwitsch*, wo die philosophische Conclusio ebenso wie der übrige Text als in sich leicht schief, aber durch die sehr überraschende Wendung im Erzählzusammenhang als witzig erfahren wird (siehe unten). Auch in anderen Liedern führt die (rigoros konsequente) Anwendung einer philosophischen Maxime zum Scheitern: Im Lied *ds trambiliee* macht sich ein Strassenbahnfahrer ein solches Gewissen über seine Strassenbahnbenutzung ohne gültigen Fahrschein, dass er zum Trinker wird und schliesslich Straftaten verübt, die ihn ins Zuchthaus führen. Er scheitert am selbst auferlegten ‚ethischen Konsequentialismus'.

Dieser Art der Übertreibung, des Zu-weit-Gehens, welche die Lage zuspitzt,[55] steht die Form der ‚Inkonsequenz' gegenüber: Hier drückt zum Beispiel ein nicht voll angewendetes philosophisches Denkmuster ein Scheitern aus, wie in der dritten Strophe des Liedes *ir ysebahn* (Textabdruck Kap. 1.3.4.2), welche wie erwähnt die erwartete Synthese nicht aufweist.

Die Poetik des Scheiterns ist oft eine negative Poetik, aber eine sehr wohl behutsame: Nur selten nimmt der Rezipient das Dargestellte als dominant negativ wahr. Dies liegt nicht zuletzt an den verwendeten Darstellungsmitteln (vgl. die Ausführungen zu Nonsens und Dissimulatio, Kap. 2.7).

---

55 Nicht nur in *ds trambiliee*, sondern auch in *ds zündhölzli* wird ein Sachverhalt durch übertrieben genaue Befolgung ad absurdum geführt.

2.6.4 Das Kontrastieren

Das Herausarbeiten optimaler textueller Kontrasteffekte zur Wirkungsintensivierung war für Matter zentral. Matter erläutert dies am Spruch *Es geit e Herr i Garte* (aufgezeichnet von Fritz Widmer): Der Text beschreibt lakonisch, wie ein Herr sich mit Brennnesseln, in Unkenntnis der pflanzlichen Wirkung, seinen Hintern verbrennt. Die Fallhöhe zwischen einem Herrn und dessen Missgeschick sei dabei bedeutend höher als zwischen einem Mann und dem Missgeschick.[56] Franz Hohler wiederum zeigt am Beispiel des Fremdworteinsatzes eine andere Möglichkeit der Entgegensetzung: Ein Wort wie *metaphysisch* hebe „sich aus der übrigen Sprache ab wie ein offensichtlicher Ausländer, der durch unsere Strassen spaziert und das Alltagsbild belebt."[57] Dieser Vergleich bezieht sich auf das Lied *bim coiffeur*:

> bim coiffeur bin i gsässe vor em spiegel, luege dry
> und gseh dert drinn e spiegel wo ar wand isch vis-à-vis
> und dert drinn wider spieglet sech dr spiegel da vor mir
> und i däm spiegel widerum dr spiegel hindefür
> [...]
>
> vor chlupf han i mys muul ufgsperrt, da sy im koridor
> grad hundert müler mit ufggange win e männerchor
> e männerchor us mir alei, es cheibe gspässigs gfüel
> es *metaphysischs* grusle het mi packt im coiffeurgstüel
>
> i ha d'serviette vo mer grissen, ungschore sofort
> das coiffeurgschäft verla mit paar entschuldigende wort
> und wenn dir findet i sött e chly meh zum coiffeur ga
> de chöit dir jitz verstah warum i da e hemmig ha[58]

---

56 Widmer 2002a: 28ff.
57 Hohler 1977: 56.
58 Übers.: „Beim Friseur bin ich gesessen vor dem Spiegel, schaue rein, / und sehe dort drin einen Spiegel, der an der Wand ist gegenüber, / und dort drin widerspiegelt sich der Spiegel da vor mir, / und in diesem Spiegel wiederum der Spiegel dahinter. [...] // Vor Schreck habe ich meinen Mund aufgesperrt, da sind im Korridor / miteinander hundert Münder aufgegangen wie ein Männerchor. / Ein Männerchor aus mir alleine, ein ganz seltsames Gefühl. / Ein metaphysisches Grausen hat mich gepackt im Friseurgestühl. // Ich riss die Serviette von mir, mit ungeschnittenen Haaren, sofort – / verliess das Friseurgeschäft mit ein paar entschuldigenden Worten. / Und wenn ihr denkt, ich sollte ein wenig mehr zum Friseur gehen, / dann könnt ihr jetzt verstehen, warum ich da eine Hemmung habe." Hervorhebung S. H.

Matter arbeitet mit dem Mittel der Kontastierung subtil auf zahlreichen Ebenen (z.B. Kontraste zwischen sachlichem Basiston und punktueller Emotionalisierung; vgl. Kap. 2.2.4). Freilich ist das Herstellen von Entgegensetzungen innerhalb eines Textes nicht schon philosophisch an sich. Beschäftigen soll hier, wie dennoch der Eindruck des Philosophischen entsteht.

Um bei Hohlers Beispiel mit der Fremdwort-Kontrastierung zu bleiben: Die Wirkung der Textstelle gründet nicht einzig auf dem Gegensatz zwischen dialektaler Alltagssprache und Fremdwort. Dies alleine würde noch nicht zum ausgelassenen Lacher führen.[59] Wirkungsintensiv ist vor allem der gesteigerte Kontrast zwischen dem grundsätzlich Banalen (also dem Friseurbesuch) und der dem Anschein nach höchst philosophischen Reaktion des Textsubjekts („es metaphysischs grusle het mi packt im coiffeurgstüel"). Es ist die Übertreibung, die *Kontrast-Optimierung*, die hier wirkt: Die banale Alltagssituation wird in der Gedankenwelt des Textsubjekts zur Existenzbedrohung (als Gefahr der Persönlichkeitsspaltung) und das Textsubjekt vergreift sich absichtlich im gewählten (viel zu akademischen) Vokabular.

Der Kontrasteffekt ist freilich ebenso vor dem funktionalen Hintergrund des Dialekts zu sehen:

> Es gibt viele Dinge, die man auf Berndeutsch nicht sagen kann. Man kann zum Beispiel keine grossen Worte machen, man kann nicht viele abstrakte Begriffe verwenden. Es gibt gewisse Lebensbereiche, die von Vornherein ausgeschlossen sind. Man könnte beispielsweise auf Berndeutsch kein Matrosenlied machen. Man ist von vornherein auf den Lebensbereich, den man mit dem Berndeutschen bewältigt, beschränkt.[60]

Matter spielt gezielt mit dieser literarischen Eingeschränktheit, und zwar um philosophische Gegenpunkte zu setzen. Die Lieder schöpfen ohnehin ihre Wirkung oft aus der Konterdeterminierung des Einfachen, oft Banalen, mit dem Komplexen, nicht selten Philosophischen. Dabei wird letz-

---

59 Vgl. Matter (LP) 1973.
60 Mani Matter, in: Hohler 1992: 19. Grundsätzlich lässt sich wohl auf Berndeutsch literarisch beinahe alles darstellen. Allerdings war zurzeit, als Matters Lieder entstanden, das von Matter beschriebene Verständnis der berndeutschen Literatur vorherrschend, und es brachen mit der *modern mundart* die hergebrachten Formen dialektliterarischer Darstellung auf (vgl. Kap. 2.1.5.1; Frauchiger, in: Kappeler [Film] 1992).

teres häufig auf eine alltägliche, ja banale Ebene heruntergezogen. Die den Liedern innewohnende Spannung, die bis heute fasziniert, speist sich nicht zuletzt aus diesem Kontrast.

2.6.5 Das Religiöse

Die Beschäftigung mit dem Religiösen in Matters Werk gehört zumindest ins erweiterte Umfeld philosophischer Darstellung in literarischen Texten. Auf der Suche nach dem Lebenssinn hat sich Matter auch immer wieder mit religiösen Fragen und Fragen des Glaubens befasst:

> Wir glauben ja alle an etwas, auch wenn wir selbst nicht genau wissen, an was. Und diejenigen, die sagen, sie glaubten an gar nichts, glauben doch an die Wahrheit. Denn ihr wollen sie mit ihrem Satz die Ehre geben. Sie glauben, alle andern machten sich Illusionen, wenn sie sagen, sie glaubten an etwas; und indem sie rundheraus sagen, sie glaubten an nichts, meinen sie der Wahrheit zu dienen, an die sie glauben.[61]

Der Glaube an Gott erschien Matter nicht völlig illusorisch. Aber war Matter ein religiöser Mensch? Auch wenn Matter in seinen Notizen öfter auf die Frage nach der Existenz Gottes eingeht, eine Verteidigung des Christentums entwirft, sich mit buddhistischen Schriften auseinandersetzt und Sympathien für Dorothee Sölles *Atheistisch an Gott glauben* kundtut:[62] Dass Matter ernsthaft religiös war, erscheint kaum wahrscheinlich. In einem Brief vom 1. Mai 1968, nach der Lektüre des jüdischen Religionsphilosophen Martin Buber, hatte er (im Irrealis!) an Fritz Widmer geschrieben: „Wenn einer mich religiös machen könnte, so sicher der."[63] Matter scheint damals nicht religiös gewesen zu sein. Was Matter aber mit „religiös" meint, muss vorerst offen bleiben. Er hatte offenkundig eine weitreichende Vorstellung von Religion:

---

61 Matter 1992b: 123.
62 Aussagen Matters zu Gott, Glauben, Beten, Religion, Buddhismus, Taoismus und Christentum finden sich unter anderem in Matter 1992b: 37f., 76f., 99f., 114, 123, 130–137.
63 Widmer 2002a: 44.

> Was ist der Unterschied zwischen einer Religion und einer Philosophie? Kann ein Philosoph religiös sein? Oder ist im Gegenteil jede Philosophie notwendigerweise eine Individualreligion?[64]

Trotz hier ausbleibender Antworten ist anzunehmen, dass Matter dazu neigte, Religion gewissermassen mit Philosophie gleichzusetzen. Und ausserdem rückte Matter das Schreiben selber in die Nähe bzw. an die Stelle des geistigen Exerzitiums, des Betens, ja der Mystik (siehe unten).[65] Schon allein aufgrund von Matters Vorliebe für religionsphilosophische und religionskritische Texte und seiner Überlegungen zur Integration von Religiösem in die Philosophie bzw. die Schriftstellerei drängt sich die Frage nach Religiösem in Matters Liedwerk auf. Hier gilt es zu unterscheiden zwischen unmittelbaren und impliziten religiösen Bezügen.

Matters Lieder sind nicht im Sinne einer inneren Haltung, sondern in thematischer Hinsicht religiös. Matter macht Anleihen bei religiösen Texten, um einen biblischen Stoff umzudeuten oder ihn neu zu kontextualisieren. So rekurriert Matters Lied *belsazar im lift* auf die biblische Erzählung im 5. Buch Daniel, wo eine geheimnisvolle Inschrift König Belsazar seine Untaten vorhält und dessen bevorstehendes Ende anzeigt. Matter spielt nun in seinem Lied mit dem berühmten ‚Menetekel' („*mene mene tekel u-parsin*"; Dan 5,25) und verwendet auf witzige Weise das „Gewogen, gewogen und zu leicht befunden"[66] nicht im übertragenen, sondern im eigentlichen Sinn, in einem ganz alltäglichen Zusammenhang: der gegenüber dem Jungen deutlich ‚gewichtigere' Mann muss den Lift, damit er nicht mehr überladen ist, verlassen. Das Zu-leicht-Sein ist augenzwinkernd positiv gewendet:

> doch anders als in babylon di ominösi schrift
> cha mängisch ou vo vorteil sy für dä wo si betrifft
> dr ma stygt nämlich us, dr bueb stygt hurti wider y
> und d'tür geit zue dr lift fahrt ab grad wi wenn nüt wär gsy[67]

---

64 Matter 1992b: 74.
65 Ebd.: 100.
66 Ein Bezug auf diese Textstelle findet sich zudem im Lied *d'pfyffephilosophe* (vgl. Kap. 2.5.2).
67 Übers: „Jedoch anders als in Babylon die ominöse Schrift / kann manchmal auch von Vorteil sein, für den, welche sie betrifft. / Der Mann steigt nämlich aus, der

Auch im Lied *dr noah* ist ein biblischer Stoff neu interpretiert (vgl. Kap. 2.6.2).

Matters Werk befasst sich somit selten direkt erkennbar mit Religiösem. Dies hängt, wie angedeutet, mit Matters spezifischem Verständnis von *religio* zusammen. Matter, der institutionalisierten Formen von Religion sehr kritisch gegenüberstand,[68] war überzeugt, dass Wissen und Glauben bzw. Wissenschaft und Religion mehr zusammenhängen, als dies scheinen mag: Jede philosophische oder wissenschaftliche Erkenntnis sei nur „bis zu einem gewissen Grad wahr".[69] Womöglich seien nur „Paradoxe und Antithesen"[70] erkennbar, und die Schlüsselfragen des Lebens, so man sie weit genug denke, führten wohl ins Widersinnige, ins Absurde, also ins „credo, quia absurdum".[71] Matter, der diese Gedanken wenigstens in Teilen schon in seinem Frühwerk, also ab 1958, in starker Anlehnung an Søren Kierkegaard, Karl Jaspers, Albert Camus und andere entwickelte, transformierte diese Einsichten später in literarische Darstellungsmittel: ab 1966 in kurze, an Tardieus Einakter und Samuel Beckett erinnernde Theaterstücke,[72] und ab Mai 1968 in den oft absurden, Fragment gebliebenen Roman *Kinoull Note Book*.

Es überrascht daher nicht, dass Matter, der überzeugt war, dass die wesentlichen Lebensfragen ins Widersinnige münden, und der sich dem Religiösen angenähert hatte, hauptsächlich zu Werken hingezogen fühlte, die Widersinniges literarisch zum Ausdruck bringen und deren Autoren sich zugleich auch mit Religiösem befassen, insbesondere mit der Mystik, also dem Bestreben,

> das Übersinnliche, Transzendente, Göttliche durch Abkehr von der Sinnenwelt und Versenkung in der Tiefe des eigenen Seins (Meditation) zu erfassen, durch Aufge-

---

Knabe steigt schnell wieder ein / und die Türe schliesst, der Fahrstuhl fährt ab, gerade so, als wäre nichts passiert."
68   Matter 1992b: 76f.
69   Kierkegaard, zitiert nach Matter 1992b: 36.
70   Matter 1992b: 11. Diese Überlegung rekurriert auf einen existenzialphilosophischen Grundgedanken. Albert Camus (2008: 40) schreibt etwa: „Ich will entweder alles erklärt haben oder nichts. Und die Vernunft ist vor diesem Schrei des Herzens machtlos. Der von dieser Forderung geweckte Geist sucht und findet nur Widersprüche und Unsinnigkeiten."
71   Ebd.: 37.
72   Hohler 1977: 60; Tobler 2007 (Berner Zeitung).

hen des eigenen Bewusstseins in Gott mit diesem eins zu werden: mystische Einigung (unio mystica).[73]

Matter erstaunte es somit auch nicht, „dass Morgenstern Mystiker war und Nonsens-Verse geschrieben hat", da der Nonsens „der Mystik nahe verwandt"[74] sei. Matter beruft sich im Weiteren auf Gilbert Keith Chesterton, der sich als einer der ersten auch theoretisch mit Nonsens-Dichtung befasst hat.

In der eben umrissenen Mittelbarkeit ist bei Matter das Religiöse oft gegenwärtig. Da der Nonsens aber vieldeutig ist und nicht als philosophisches Darstellungsmittel gelten kann – er ist im oben beschriebenen Sinne Gottfried Gabriels und Urs Meyers mehr eine kunstvolle als philosophische Mitteilungsform –, soll er nicht in diesem, sondern im folgenden Kapitel zu einigen von Matters zentralen literarischen Darstellungsmitteln besprochen werden.

---

73 Schischkoff 1978: 471.
74 Matter 1992b: 126.

2.7 Von der Beschreibung bis zum Grotesken

> Ich bin nur einer von den Epigonen,
> die in dem alten Haus der Sprache wohnen.
>
> Doch hab ich drin mein eigenes Erleben,
> ich breche aus und ich zerstöre Theben.
>
> Karl Kraus: Die Fackel

In Matters Werk ist der Bogen poetischer Darstellung weit gespannt, und eine Typologisierung des Liedwerks ist ebenso schwierig wie problematisch, weil ein Lied meist mehreren Kategorien zugeteilt werden kann. Die literaturkritische und –historische Beschreibung von Matters Werk bleibt durch die Aufzählung einiger Spezifika stets unzulänglich, was selbst Matter von einer Systematisierung abrücken liess (vgl. Kap. 2.7.4).

Dieses Kapitel befasst sich mit bis anhin noch nicht besprochenen literarischen Gestaltungsformen in Matters Liedwerk. Dabei erweist sich die Grundannahme eines Spektrums von Liedern mit wenigen oder schwachen Defiktionalisierungs-Elementen bis hin zu solchen mit vielen bzw. starken als fruchtbar. Auf der einen Seite stehen Lieder, die – zumindest weitgehend – der möglichst genauen Beschreibung einer Stimmung, eines Sachverhalts, eines Gegenstands oder eines ‚philosophischen' Ziels verpflichtet sind. Zugleich weisen sie keine oder nur wenige Mittel uneigentlicher oder anderer distanzierender Darstellung auf. Auf der anderen Seite des Spektrums stehen jene Werke, die demonstrativ widersinnig bis grotesk sind. Freilich ist eine linear-graduelle Abstufung oft nur ansatzweise möglich.

2.7.1 Beschreibende und philosophische Poesie

Wie im Kapitel über die Dialektik angetönt (Kap. 2.6.2), formuliert Matter seine grösste Leidenschaft beim Schreiben so:

> Ich möchte wie ein Maler vor seinem Stilleben am Schreibtisch sitzen und nichtige Gegenstände und Ereignisse auf das genaueste in die Sprache zu holen suchen. Das ist der Beruf, den ich mir wünsche.[1]

Matter lehnt sich hier an das *ut pictura poesis* (wie ein Bild sei das Gedicht) von Horaz an, das seit der Spätantike bis ins 18. Jh. programmatische Formel war.[2] Auch die Lyrik der Neuen Sachlichkeit knüpft in gewisser Weise an diese Tradition an, vor allem aber der lyrische Formtypus des *Dinggedichts*, die poetische Darstellung von Objekten, alltäglichen Gegenständen, Kunstwerken sowie Tieren. So gesehen sind mehrere Lieder Matters Dinggedichte: In auffälliger Weise gleicht *du bisch win e fisch* Rainer Maria Rilkes Gedicht „Der Panther", dem Inbegriff des Dinggedichts. Poetisches Sinnbild tierischer Unfreiheit ist in Matters Lied nicht das Gitterwerk, in dem der Panther gefangen ist, sondern die Glasscheibe des Aquariums:

> du schwümmsch so desume
> schwümmsch hin und här
> dür ds glas gsehsch du das
> was vorusse wär
> u glych chunnsch nid wyter
> du stossisch a[3]

---

1 Matter 1992b: 110.
2 Auch die Existenzialisten erachten das Beschreiben als zentrale Komponente des Kunstwerks. Es scheint sogar, als ob Albert Camus' (2008: 125) Worte Matters Werk skizzieren würden: „Beschreiben – das ist der letzte Ehrgeiz eines absurden Denkens. Am Ende ihrer Paradoxa angekommen, hört auch die Wissenschaft auf, Vorschläge zu machen, und verharrt beim Betrachten und Beschreiben der immer noch jungfräulichen Landschaft der Phänomene. […] Hier wird der Ort des Kunstwerks verständlich."
3 Übers.: „Du schwimmst ziellos umher / schwimmst hin und her / durch das Glas siehst du das / was draussen wär' – / und trotzdem kommst du nicht weiter / du stösst an –".

Die Lieder *s louft e hund* und *zwo flöige* stellen hingegen die grenzenlose Freiheit von Tieren dar.

Matters Lieder reichen jedoch über das Dinggedicht hinaus und sind in mancher Hinsicht ‚neusachlich': durch die thematische Offenheit (z.B. Sport und Technik, vgl. *boxmätsch* und die Ausführungen in Kap. 2.6.3), einen gewissen Gegenwartsbezug, die „Kritik an Interessen, Wirkungsabsichten, Routinen und Sprachregelungen des alltäglichen Lebensbereichs" (z.B. die Lieder *nei säget sölle mir* und *wenn doch nume die*), die „Nützlichkeit und Erkenntnisvermittlung" sowie durch die „Reproduktion einer konkret erfassbaren Alltagswirklichkeit"[4]. Vor allem zu nennen ist die Verwirklichung einer „neorealistischen Stiltendenz", die sich in Gattungen wie Bericht, Reportage und Dokumentation manifestiert. Bei Matter spielen diese Gattungen wohl eine untergeordnete Rolle, allerdings ist in vielen Liedern ein stetes Bemühen um eine authentische Sprache beobachtbar.

Der Begriff der „authentischen Sprache" ist nur schwer bestimmbar. Man hat mit Blick auf das Matter-Werk wiedererholt auf den Einsatz einer einfachen Sprache hingewiesen, ohne aber die stilistische und darstellungstechnische Einfachheit im Einzelnen aufzuzeigen. Die Pauschaleinschätzung des Einfachen betrifft ohnehin nicht alle Matter-Lieder. Dies zeigt etwa die Sprache im Lied *är isch vom amt ufbotte gsy*, welche die komplizierte Amtssprache vorspiegelt. Auch in den sprachspielerischen Liedern herrscht keine einfache Sprache vor, trotz stark eingeschränkter Wortschatz-Auswahl (z.B. *dene wos guet geit*; vgl. Kap. 2.7.2). Und auch der Topos, die Popularität der Lieder gründe wesentlich in der einfachen Sprache, die selbst Kinder ohne weiteres verstehen würden, kann genau besehen nicht überzeugen. Schliesslich vermögen sich Kinder für einen ansehnlichen Teil der Lieder, besonders für viele der frühen Liebeslieder, aber auch politisch deutbare (wie *hie ir schwyz, oberi und underi, ballade vom nationalrat hugo sanders*), nicht zu begeistern. Und Lieder, die erfahrungsgemäss ‚kindgerecht' sind, also von Kindern im Primarschulalter gern gesungen werden und deren Texte sich schnell einprägen lassen, wie z.B. *ds zündhölzli*, werden von Kindern in der Regel nur ansatzweise verstanden: Schlüsselstellen von *ds zündhölzli* wie „d'bundesrät am rednerpult", „d'uno hätt interveniert" und „d'uno-

---

4 Klaus Petersen: Neue Sachlichkeit, in: RLW, Bd. 2: 700.

gägner"⁵ meist gar nicht, oft aber auch die Kernaussage nicht (nämlich wie schnell ein Weltkrieg entstehen könnte, auch wenn die Erzählung absurd ist).

Man könnte sogar noch weiter gehen und ein nicht nur bei Kindern geradezu pauschales ‚Missverstehen' der Matter-Lieder veranschlagen: „Alle" haben, wie Fritz Widmer ernüchtert feststellt, beim Gutteil der Lieder „nicht recht zugehört".⁶ Das kollektive Missverstehen trifft indes vielleicht, um den Befund abzumildern, bloss teilweise zu, ist also nur eine Frage verschiedener Verstehens-Ebenen: Jeder „versteht" die Lieder, und gleichwohl hat sie „noch keiner begriffen"⁷. Doch selbst diejenigen, welche der Machart der Lieder auf den Grund gehen wollen und seit Jahren über deren poetologischen Eigenschaften nachdenken, scheinen ratlos. So stellt Fritz Widmer, der sich neben Franz Hohler bisher am intensivsten mit dieser Frage beschäftigt hat, leicht resigniert fest:

> Es bleibt das Erstaunen über die Lieder, deren Tragfähigkeit und Wirkung nicht nachgelassen haben. Beinahe hätte ich geschrieben: seine unverwüstlichen Lieder, aber das tönt so, wie wenn er sie gebastelt und dann wetterfest lackiert hätte – nein: ihre Festigkeit verdanken sie nicht einer äusseren Imprägnierung, sondern einer viel schwieriger zu definierenden inneren, geistigen Energie. Man kann ihn nicht definieren und erklären. Oder dann käme man auf paradoxe Formulierungen wie: Sprachlich gehen seine Texte schön auf; man lernt sie leicht auswendig, weil sie so logisch aufgebaut sind – aber inhaltlich geht kaum mehr etwas schön auf, oder eben nur scheinbar.⁸

Die Lieder machen also trotz ihrer vermeintlichen Einfachheit noch immer „Mühe" und haben vielfach die Qualität ‚langdauernder Werke' im Brechtschen Sinn:

---

5 Übers.: „die Bundesräte am Rednerpult", „die UNO hat interveniert", „die UNO-Gegner".
6 Widmer 2002a: 12.
7 Matter 1992b: 18.
8 Fritz Widmer, in: Werbeprospekt Mani Matter: Zitate verschiedener Autorinnen und Autoren. Zytglogge-Verlag Bern und Benziger-Verlag Zürich, 1992.

Wie lange
Dauern die Werke? So lange
Als bis sie fertig sind.
Solange sie nämlich Mühe machen
Verfallen sie nicht.

Einladend zur Mühe
Belohnend die Beteiligung
Ist ihr Wesen von Dauer, so lange
Sie einladen und belohnen.[9]

Warum diese Diskrepanz zwischen Volksläufigkeit und kollektivem Missverstehen? Primär basiert diese auf dem Zusammenspiel zwischen einer oft relativ einfach zu verstehenden vordergründigen Textebene und dem Einsatz verschiedener literarischer Gestaltungsformen. Ohne dies hier an Einzelfällen aufzuzeigen – dies ist Aufgabe der nachfolgenden Kapitel – soll nun in einem ersten Schritt, ohne Anspruch auf Systematik und Vollständigkeit, auf verschiedene, im Kontext der Matter-Lieder bedeutsame Ebenen hingewiesen werden, die das Verstehen ‚erleichtern' oder ‚erschweren'. Die Kombination der verschiedenen Ebenen führt zu dem für Matter typischen literarischen Stil.

Hinzuweisen ist vorab auf die Vielschichtigkeit der Lieder, auf den sorgfältigen Einsatz der Sprachmittel sowie das subtile Zusammenwirken von Vorder- und Hintergründigkeit. Oft sind es auch bloss einzelne, eine Disposition zur Zitierfähigkeit aufweisende, kontextisolierbare Formulierungen, welche von einer breiten Hörerschaft geschätzt werden (wie etwa „kunscht isch geng es risiko" in *dr eskimo*). Der Ausprägung von Matters Personalstil ist eine intensive Auseinandersetzung mit den unterschiedlichsten Sprachschichten und dem literarischen Formenreichtum vorangegangen, aber auch zahlreiche literaturkritische und poetologische Überlegungen. So ist der Basisstil in vielen balladesken Liedern Matters durch das einst neue Verständnis dialektliterarischer Verwendung geleitet (*modern mundart*), also durch ein Berndeutsch, das sämtliche Zutaten dialektaler Umgangssprache aufweist. Dazu gehören all jene Elemente, die dem Volksmund entsprungen sind (im Sinne des Lutherischen „dem Volk aufs Maul schauen"[10]). Meist werden also die Redezei-

---

9   Bertolt Brecht: Über die Bauart langdauernder Werke, in: Brecht 1988–2000, Bd. 14 (Gedichte und Gedichtfragmente 1928–1939): 36f.
10 Dieter Fringeli: Agonie und neue Blüte, in: Pezold u.a. 1991.

chen konventionell verwendet; es handelt sich um eine sprachliche, unmittelbar vom Kommunikationsgegenüber decodierbare Direktheit.[11] Schliesslich sei auf die oft natürliche (unerzwungen erscheinende) Einpassung dieses *genus humile dicendi* in das sprachlich-lyrische Gitter eines Lieds hingewiesen (vgl. Kap. 2.5).

Was nun im unmittelbaren Rezeptionsprozess das volle Erfassen eines Liedtextes erschwert – Autorenlieder werden ja mündlich rezipiert –, ist die vielfältige, oft unterschwellige Art der Konterdeterminierung der auf Authentizität ausgerichteten Sprache. Dies vollzieht sich entweder mit textstrukturellen Mitteln oder durch Abweichung vom grundsätzlich einfachen Basisstil, und zwar in einer Weise, die in verschiedenen sprachlichen Schichten möglich, zum Teil in mehreren Schichten auch gleichzeitig realisiert ist. Dieser Befund hat sich in früheren Kapiteln bereits angedeutet (vgl. Kap. 2.2 bis 2.5). Bei der Rezeption, und erst recht in der mündlichen Rezeptionssituation, ist man ohnehin nicht in der Lage, das Zusammenspiel der sprachlichen Ebenen – z.B. Metrik, Reimorganisation, literarhistorische Grundstruktur (etwa Bänkelsang- oder Coupletgliederung), textinterne und -externe Abweichungen – in ihrer Komplexität zu erfassen.

In den vorangegangenen Kapiteln sind bereits mehrere Aspekte von Matters Autorenlied-Kunst analysiert und deren Funktionalisierung aufgezeigt worden. Ausstehend ist noch die Analyse von literarischen Darstellungsmitteln, die zum grossen Teil der uneigentlichen Darstellungsweise zuzurechnen sind. Insbesondere soll das breite Spektrum vor Augen geführt werden, innerhalb dem sich Matters Liedwerk bewegt. Dieses reicht von der einfachen poetischen Beschreibung und Wortspielen über Ironie bis hin zu Nonsens und Groteskem.

Die beschreibende Poesie zeichnet sich besonders dadurch aus, dass die Sprache bzw. der Text weder durch bestimmte, oft die globale Textstruktur betreffende uneigentliche Darstellungsmittel abweicht (z.B. durch Nonsens, Groteskes, Ironie), noch durch Verfahren auf morphologischer Ebene (z.B. durch Wortspiele). Besonders der Nonsens, das Groteske, die Ironie und das Wortspiel wirken stark defiktionalisierend. Lieder aus dem Umkreis der Gattung ‚Dinggedicht' sind in diesem Sinn nicht defiktionalisiert (z.B. *s louft e hund*). Dies gilt auch für die *philosophische Lyrik* (‚Gedankenlyrik', z.B. *warum syt dir so truurig*). Bei

---

11 Vgl. Meyer 2001: 48.

diesen Gattungen in Matters Werk hält sich das ‚Missverstehen' denn auch in Grenzen.

2.7.2 Wortspiele

Matters Affinität für Wortspiele ist evident und schon oft angesprochen worden; gleichwohl liegt dazu noch keine systematische Untersuchung vor. Ein Grund dafür dürfte darin liegen, dass man sich über die Bedeutung bzw. die Reichweite des Begriffs und Begriffsfelds sowie die Funktion des Wortspiels nicht klar war (vgl. Anmerkung zu Wirz 2002 in Kap. 2.1.4.2).

Ein Wortspiel ist eine „Stilfigur des Gebrauchs gleich oder ähnlich lautender Wörter".[12] Nach Christian Wagenknecht „hebt das Wortspiel das Verhältnis der Bedeutungen gleich oder ähnlich lautender Wörter (Homonyme bzw. Paronyme) hervor", sodass das Wortspiel „eine Sinn- und nicht bloss eine Klangfigur" bildet. Zu unterscheiden sind horizontale und vertikale Wortspiele: Typen horizontaler (nebeneinanderstellender) Wortspiele sind die *Traductio* und die *Paronomasie*, eine Form vertikaler Wortspiele die Ambiguität ein- und desselben Satzteils. Auf Unterarten der beiden Wortspiel-Kategorien wird an entsprechender Stelle eingegangen.

Der spielerische Charakter von Matters Umgang mit Sprache tritt im Wortspiel, gelegentlich auch im Reim (vgl. Kap. 2.5), am offensichtlichsten zutage.[13] Das Spiel mit Wörtern ist bei Matter nicht bloss Selbstzweck, sondern steht stets in Bezug zur Globalaussage eines Textes. Dies gilt selbst beim Spiel mit der Morphem-Ähnlichkeit von Wörtern, was die Materialität von Sprache betont und die Aufmerksamkeit des Rezipienten vom Inhaltlichen auf die Machart des Textes zieht. Somit stellt sich die Frage nach der Funktion von Wortspielen:

---

12 Christian Wagenknecht: Wortspiel, in: RLW, Bd. 3: 864.
13 Das *Spiel* in Matters Werk wäre eine eigene Untersuchung wert. Neben dem Wortspiel würde auch das (Kinder-)Spiel in *dr hansjakobli und ds babettli*, das Spiel im Spiel wie in *si hei dr wilhälm täll ufgfüert*, und andere Formen der Thematisierung von Spiel wie in *wo mir als bueben emal* oder in *ds heidi* interessieren (in beiden Liedern ist das Fussballspiel bedeutsam). Zu beachten wäre ferner der spielerische Umgang mit ernsthaften Themen (vgl. etwa das Lied *novämbernacht*; hier wird zudem ein Musikstück vorgespielt).

> Das Moment der unvermuteten Zusammenstellung gleich oder ähnlich lautender Wörter lässt die Figur in den Bereich des ‚Witzes' fallen. Darum wird das Wortspiel gern in solchen Schriften gebraucht, die einem der komischen Genres der Literatur angehören.[14]

Auch wenn das Auslösen von Komik ganz besonders für Wortspiele wie die Kontamination gilt, die Matter aber nicht einsetzt, erzielen Matters Wortspiele oft eine komische Wirkung.

Das Wegziehen der Aufmerksamkeit von der Inhaltsebene auf das Äussere der Sprache wirkt defiktionalisierend und kann deshalb als erste Stufe im Defiktionalisierungsspektrum gelten. Wortspiele sind zudem unter dem Aspekt von Reduktion und Erweiterung zu sehen, wobei sich dieses Gegensatzpaar auch unter zahlreichen anderen Untersuchungsaspekten als heuristisch fruchtbar erweisen dürfte. Durch die Reduktion des Wortschatzes – ein Verfahren, das dem Prinzip ‚authentische Umgangssprache' zuwiderläuft – wird ostentativ auf gleich oder ähnlich klingende Wörter und dadurch auf deren semantische Differenz hingewiesen. Bei Matter reicht aber das Abweichen von sprachlichen bzw. literarischen Normen weit über das Wortspiel hinaus und entfaltet vor allem in den Nonsensliedern seine Wirkung (vgl. Kap. 2.7.4).

Matter sieht in der sprachlichen Reduktion ein Grundprinzip literarischen Schreibens: Das Wesen (guter) Literatur sei, „dass man, sozureden, nur jedes sechste Wort sagt – eine Lücke freilassend für die Phantasie."[15] Freilich gebe es in der

> Lyrik eine Stufe der Sprachzergliederung, die nicht überschritten werden kann. Jenseits dieser Stufe verliert das geschriebene Wort die Fähigkeit, allein, d.h. losgelöst vom Kopf, der es erdacht hat, künstlerische Impulse zu vermitteln.[16]

Weiter sei etwas dann gut geschrieben, „wenn jedes Wort (notwendig ist, d.h.) die Sache sagen hilft und möglichst einfach sagen hilft".[17] Die von Wagenknecht bei Karl Kraus diagnostizierte „lex minimi"[18] ist nur insoweit wirksam, wie die intendierte Textaussage nicht tangiert wird. Matter

---

14 Christian Wagenknecht: Wortspiel, in: RLW, Bd. 3: 865.
15 Matter 1992b: 18.
16 Ebd.: 12.
17 Ebd.: 22.
18 Wagenknecht 1965.

setzt genau jene Menge an Wörtern ein, die notwendig ist, um eine bestimmte Wirkung zu erzielen. Sprachliche Reduktion bzw. Erweiterung stehen somit in einem je Liedtext individuell zu deutenden Bezugsverhältnis.

Wie und zum welchen Zweck setzt Matter Wortspiele in seinen Liedern ein? Es gilt im Folgenden zu unterscheiden zwischen

- einzelnen kürzeren Passagen, in denen Wortspiele vorkommen,
- Wortspiel-Häufungen durch verschiedene Wortspiele und ohne radikale Einschränkung der Wortschatz-Auswahl,
- Wortspiel-Komplexen, deren Kennzeichen die mehrfache, auch variierte Wiederaufnahme des gleichen Wortspiels ist und die sich durch extensive Wortschatz-Ersparnis auszeichnen, und
- dem Ambiguum, der Anspielung sowie dem Spiel mit Redensarten.

2.7.2.1 Wortspiel-Passagen

Unter *Wortspiel-Passagen* werden hier alle Wortspiele verstanden, die auf Morphemähnlichkeit beruhen, einen Liedtext aber nicht vollständig durchdringen. Matter setzt selten, wie sonst üblich,[19] nur zwei Wörter ein. Die morphemische Ähnlichkeit kann über mehrere Wörter führen (wie etwa im Lied *karibum*; vgl. Kap. 2.5) und ganze Verse umfassen. Eine von Matters bekanntesten wortspielerischen Verdichtungen ist der Refrain im Lied *ds heidi* (Abdruck im Kap. 2.3.3). Die beiden Verse heben sich durch ein gedrängt angeordnetes Klanggebilde von den Strophen deutlich ab. Es entsteht ein Kontrast zur *fabula*. Die sehr banale, gefühlsbetonte Aussage („Heidi, wir wollen dich beide, / Heidi, beide haben dich gern") wird durch die Häufung von Minimalpaaren („heidi", „wei di" und „beidi") und Homonymen („heidi", „hei di") ‚getarnt'. Die Wortspiele schaffen also eine Distanz zur Mitteilung. Zudem erscheinen die Verse als Versuch, mit einer minimalen Anzahl an Lexemen ein hohes wortspielerisches Konzentrat zu erzielen.[20] Dennoch bleibt die Aus-

---

19 Vgl. Christian Wagenknecht: Wortspiel, in: RLW, Bd. 3: 865. Ein solches zweigliedriges Wortspiel findet sich auch bei Matter (1992b: 24): „Bien sème qui s'aime".
20 Der Refrain ist allerdings ungereimt, der zweite Vers endet mit *ä*. Auffällig ist weiter, dass im Refrain ausser dem einmaligen Einsatz des *ä* nur die Selbstlaute *i* und *ei*

sage sinnvoll und die poetische Auffälligkeit erlaubt ohne Wirkungseinbusse das mehrmalige Wiederholen des Refrains. Erst nach der fünften Strophe, übereinstimmend mit der Strophenaussage, weicht der Refrain ab (vgl. Kap. 2.3.3). Die Erzählung führt schliesslich in eine Amphibolie.

Ähnlich wie *ds heidi* wird im Lied *ballade vom nationalrat hugo sanders* die Aufmerksamkeit auf den stark eingeschränkten Wortschatz gelenkt, besonders auf das Wortspiel-Paar *sanders/anders*:

> wo als kandidat dr hugo *sanders*
> gredt het vor dr wahl, het jede gmeint
> wenn dä einisch gwählt syg, wärd alls *anders*
> und drum hei e huufe lüt vereint
>   ds losigswort usegäh: wählet dr *sanders*!
>   de wird's i dr schwyz de äntlech *anders*[21]

Die Paronymie *sanders/anders* fällt als Reimkombination, die schon in die erste Strophe und in jeden Refrain eingebaut ist, auf, und ist im Schlussrefrain, verbunden mit der Aufforderung zum Handeln, verdichtet:

> darum machet's *anders* als dr *sanders*
> nämlech machet's, *anders* wird's nid *anders*[22]

Verblüffend an diesem Wortspiel ist die geringfügige Differenz zwischen den beiden Wörtern: Der sprechende Eigenname *Sanders* – in der Tat ‚versandet' das Versprechen im Verlaufe des Liedes – birgt in sich den zweiten Teil des Wortspiels (*anders*). Die morphologische Differenz wird aber an einigen Stellen aufgehoben, indem über die Wortgrenze hinaus, mit dem letzten Buchstaben des unmittelbar vorhergehenden Wortes, Homonymie erzielt wird: „machet's *anders* als der *sanders*". Im zweiten Kehrreim-Vers ist das sprachliche Spiel zwar weitgehend iden-

---

    verwendet werden. Die Auswahl aus dem lautlichen Material ist so stark eingeschränkt.
21 Übers.: „Als Hugo Sanders als Kandidat / vor der Wahl seine Rede gehalten hat, meinte jeder, / wenn der erst einmal gewählt sei, werde alles anders. / Und darum haben viele Leute vereint / den Wahlspruch verbreitet: Wählt den Sanders, / dann wird's in der Schweiz endlich anders." Hervorhebung S. H.
22 Übers.: „Drum macht's anders als Sanders, / nämlich: Macht's! Anders wird's nicht anders." Hervorhebung S. H.

tisch. Es wird allerdings ein Homonym zu *Sanders* über die Kolongrenze im Versinnern hinweg gebildet: „machet'*s*, *anders* wird's nid anders". Bemerkenswert ist zudem die geringe Abweichung der Wortzusammenstellung in den beiden Versen. Der imperative Aussagegehalt ist indes ein anderer: Ist es im ersten Fall die Aufforderung, es anders zu tun als Hugo Sanders, ist es im zweiten die Aufforderung, überhaupt etwas zu tun, um eine Änderung herbeizuführen.

Im Weiteren weisen die Lieder *betrachtige über nes sändwitsch* (Textabdruck in Kap. 2.2.4) und *d'türe* Wortspiel-Passagen auf. In *betrachtige über nes sändwitsch* häufen sich in einzelnen Versen identische oder ähnliche Lautabfolgen: „ersch wenn d'mit f*leisch* dys brot be*leisch*" (Strophe I, Zeile 3), „under*leisch* em f*leisch*" (II, 2) und „*eis* mit f*leisch*" (II, 6).[23] Allerdings ist der Auslaut *sch* über das ganze Lied hinweg auffällig, im Berndeutschen häufig vorkommend in der 2. Person Singular (etwa „umgisch", „berchunnsch", „treisch"), aber auch in anderen Wörtern („sändwitsch", „isch", „fleisch", „ersch")[24]. Auch im Lied *d'türe*[25] kommt der Sch-Laut häufig vor:

> e tür i*sch* drum entweder off oder zue
> wenn off i*sch* i*sch* offe, wenn zue i*sch* i*sch*e zue
> wenn off i*sch* cha*sch* yne, wenn off i*sch* cha*sch* use
> wenn zue i*sch* i*sch* zue i*sch* i*sch* zue i*sch* i*sch* zue[26]

Bemerkenswerter ist hier auch das Spiel mit der Homonymie (*isch offe*). *Isch offe* weist drei Bedeutungen auf: 1. offen stehen; 2. nicht abge-

---

23 Übers.: „Erst wenn du mit Fleisch dein Brot belegst"; „dem Fleisch unterlegst"; „eines mit Fleisch".
24 Übers.: „umgibst", „bekommst", „trägst"; „Sandwich", „ist", „Fleisch", „erst".
25 Das Lied *d'türe* gleicht in vielem dem Lied *betrachtige über nes sändwitsch*. Auch in *d'türe* beschreibt das Textsubjekt auf ungewohnte Weise einen Gegenstand. Im Unterschied zu *betrachtige über nes sändwitsch* gelangte das Lied *d'türe* indes kaum zur Aufführung. Das Wortspiel ist für die simultane Rezeption offenbar zu komplex.
26 Wesentliche Übersetzungshinweise verdankt der Verfasser Walter Haas. Übers.: „Eine Tür ist daher entweder offen oder zu. / Wenn geöffnet ist, ist's offen, wenn [das Geschäft] geschlossen ist, ist sie zu. / Wenn offen ist, kannst du hinein, wenn offen ist, kannst du hinaus. / Wenn zu ist, ist sie geschlossen, ist sie abgeschlossen, ist es zu." (Hervorhebung S. H.). Auf die Besonderheiten zwischen dialektaler Schreibweise und gesprochenem Text soll hier nicht eingegangen werden (Homographie bedeutet nicht zwingend Homophonie).

schlossen sein; 3. geöffnet sein (während Geschäftszeiten). Das Wortspielerische ist besonders im letzten Vers verdichtet und zeigt die zunehmende Verwirrung des Textsubjekts.

2.7.2.2 Wortspiel-Häufung

Im Unterschied zum punktuellen Einsatz von Wortspielen ist bei der *Wortspiel-Häufung* ein Text weitgehend wortspielerisch geprägt. Der Wortschatz ist aber nicht, abweichend zum Wortspiel-Komplex (vgl. Kap. 2.7.2.3), radikal eingeschränkt. Bei Wortspiel-Häufungen ist die Aufmerksamkeit nicht hauptsächlich auf die Materialität der Sprache gerichtet, sondern auf die *fabula*. So im Lied *dr her zehnder I*:

> geng wenn der
> her zehnder
> sy zahltag het
> de trinkt er no mit em her meier
> e dreier
> im chrüz[27]

Auffällig ist das schlagreimähnliche Wortspiel. Ähnlich wie das Minimalpaar bildet der Schlagreim, also die „Endreim-Bindung zweier aufeinander folgender Wörter in einer Verszeile (oder einem Prosasatz)"[28], lautlichen Gleichklang. In Matters Texten handelt es sich aber nur ansatzweise um Schlagreime, ist doch zwischen die Reimwörter öfter ein Lexem geschoben. Auch stehen die Reimwörter in verschiedenen Versen; der Eindruck von Schlagreimen entsteht durch die Verskürze. Ohnehin zeigt sich bei der Analyse von Matters Werk oft, vor allem bei seinen Schlagreimen, dass das herkömmliche literaturwissenschaftliche Beschreibungsinstrumentarium nur mit differenzierender Anpassung anwendbar ist.

An manchen Stellen weisen die Matter-Lieder eine hohe Dichte an gleichen oder ähnlichen Morphemen über zwei Verse hinweg auf. Dabei bilden sich schlagreim- und schachtelwortähnliche Anordnungen, aber auch vokalischer Gleichklang (in den ersten beiden Versen von *dr her zehnder I* sind es E-Laute). Die Häufung von Wortspielen in Kombinati-

---

27 Übers.: „Stets wenn der / Herr Zehnder / seinen Zahltag hat, / dann trinkt er noch mit dem Herrn Meier / einen Dreier / im Kreuz."
28 Fricke/Zymner 1991: 100.

on mit gespaltenen Reimen – „wenn der"/„her zehnder" (I, 1/2); „speter"/„het er" (II, 4/5); „lat er"/„kater" (III, 4/5); „all tag"/„zahltag" (IV, 4/5) – mimt die Bewusstseinstrübung des betrunkenen Herrn Zehnder. Die schachtelwortähnliche Konstitution ist von der Brassens-Vorlage *La cane de Jeanne* übernommen:

> La cane
> De Jeanne
> Est morte au gui l'an neuf ...
> L'avait pondu, la veille,
> Merveilllle!
> Un oeuf.²⁹

Allerdings ist Matters Lied, wie gezeigt, bedeutend stärker als Brassens' Text wortspielerisch, vor allem durch den Einbau zusätzlicher Wortspiel-Typen.

Auch das Lied *arabisch* spielt über den ganzen Text mit Morphemähnlichkeiten. Die Wirkung entsteht primär durch die ‚Arabisierung' einzelner deutschsprachiger bzw. eingedeutschter Wörter in Reimstellung:

> dr sidi abdel assar vo el hama
> het mal am morge früe no im *pijàma*
>   ir strass vor dr moschee
>   zwöi schöni ouge gseh
> das isch dr afang worde vo sym *drăma*³⁰

Die Aufmerksamkeit fällt auf die abweichende Aussprache bzw. die morphemische Abänderung der Reimwörter: So ist im Wort *Pyjama* die Betonung der zweiten Silbe kurz, ebenso im Lexem *Drama*. Und in „spara" weicht sowohl die Art der Betonung (kurz) wie auch der Auslaut

---

29 Brassens 1996: 68f. Übers.: „Die Ente / von Jeanne / ist, ach, gestorben an Neujahr ... / Am Vorabend hatte sie gelegt, / Oh Wunder! / ein Ei." Ohnehin haben auch bei den Wortspielen die frankophonen Auteur-compositeur-interprètes einen bedeutenden Einfluss auf Matter: Von Guy Béarts *Laura* leiht Matter sich nicht nur die Melodie für *ds eisi*, sondern auch das homonymische Wortspiel („Laura l'aura"; für *ds heidi*: „hei di heidi").

30 Übers.: „Der Sidi Abdel Assar von El Hama / hat mal am Morgen in der Früh noch im Pyjama / in der Strasse vor der Moschee / zwei schöne Augen gesehen / das war der Anfang seines Dramas." Hervorhebung S. H.

ab (eigtl. *spare*, bei Matter auslautend ein *a*).[31] Auch die Nachahmung von Lautabfolgen, nicht nur in den hergebrachten arabischen Wörtern wie *sidi abdel assar vo el hama* und *moschee*, soll den Eindruck des Arabisch-Exotischen erwecken: Die Häufung des Vokals *i* in Wörtern und Wortgruppen, wie z.B. in „i biete", „isch si, my", „i dir", „i nid y", „billigeri", „isch gsy" und „gschydi", ahmt etwa das Wort „sidi" nach. Dasselbe gilt für die Häufung des Vokals *a* wie auch anderer ‚Arabismen', auf die hier aber nicht im Einzelnen eingegangen werden soll.

2.7.2.3 Wortspiel-Komplexe

Ausgeprägt ist bei Matter die – oft variierte, mehrfache, – Wiederaufnahme des gleichen Wortspiels. Diese erfolgt nahe dem Referenzwortspiel. Für diese poetische Darstellungsform gibt es keine eigene Bezeichnung. Vorgeschlagen wird hier, analog zum Begriff Metaphernkomplex, die Wortschöpfung *Wortspiel-Komplex*. ‚Wortspiel-Komplex' soll für die Verbindung von mindestens zwei Wortspielen stehen. Öfter werden die Wortspiel-Komplexe durch weitere Wortspieltypen angereichert.

Ganze schriftstellerische Werke sind wortspielerisch gesättigt (z.B. Karl Valentin), literaturgeschichtliche Phasen mit Trend zum Wortspiel finden sich wiederholt. Gerade in den Dezennien der 1950/60er Jahren, in die Matters schriftstellerisches Schaffen fällt, blühte das Wortspiel auf; so bei den Vertretern der Wiener Gruppe (den ‚Konkreten' Achleitner, Artmann, Rühm, Bayer, Wiener), aber auch in Ernst Jandls Texten, in der *modern mundart* (Marti, Eggimann, Burren) und bei Wolf Biermann (vgl. z.B. das Lied *Ermutigung*, das mit den Wörtern *hart* bzw. *brechen*, als Polyptota, spielt; Biermann 1991: 77).

Wortspiel-Komplexe durchdringen bei Matter sowohl einzelne Verse (wie etwa den Refrain in *ds heidi*; vgl. oben), als auch ganze Strophen (wie etwa in *d'türe*; vgl. oben) bis hin zu vollständigen Liedtexten. Wortspiel-Komplexe erscheinen bei Matter als spielerischer Versuch, mit einer möglichst geringen Anzahl an Lexemen eine hohe wortspielerische Dichte zu erzielen. Oft zeichnet die Lieder eine extensive Wortschatzersparnis aus. Die Auswahl aus den Möglichkeiten der *langue* (Ferdinand de Saussure) wird in der konkreten Realisierung, der *parole*,

---

31 Die Behauptung, es handle sich bei den Abweichungen stets um „das Verschieben der Betonung" (Wirz 2002: 71) trifft freilich nicht zu.

so sehr reduziert, dass die Aufmerksamkeit auf die unterschiedliche semantische Füllung des morphemisch Gleichen, oder zumindest Ähnlichen, fällt.

Mani Matters wohl am meisten zitierter Wortspiel-Komplex ist das Lied *dene wos guet geit*:

> dene wos guet geit
> giengs besser
> giengs dene besser
> wos weniger guet geit
> was aber nid geit
> ohni dass's dene
> weniger guet geit
>   wos guet geit
>
> drum geit weni
> für dass es dene
> besser geit
> wos weniger guet geit
> und drum geits o
> dene nid besser
>   wos guet geit[32]

Auffällig ist die geringe Anzahl an verwendeten Lexemen. Unbesehen ihrer grammatischen Struktur setzt Matter 18 unterschiedliche Signifikanten ein. Vier davon leiten sich vom gleichen Ursprungswort ab und unterscheiden sich nur durch Konjugation bzw. Steigerung („geit", „giengs" abstammend von *gehen*; „besser" von *gut*). Im Vordergrund steht die Wendung *gut gehen*, mit der Matter auf unterschiedliche Art spielt: Sie wird im zweiten Vers chiastisch, und zwar abweichend, im

---

32 Übers.: „Wem's gut geht, / ginge es besser, / ginge es denen besser, / denen es weniger gut geht, / was aber nicht geht, / ohne dass es denen / weniger gut geht, / denen es gut geht. // Darum tut man wenig, / damit es denen / besser geht, / denen es weniger gut geht. / Und darum geht es auch / denen nicht besser, / denen es gut geht." Der Text steht erstmals in einem Brief an Fritz Widmer (Dezember 1967; vgl. Kap. 2.1.2.1) und ist dort bis auf abweichende Orthographie bereits fertig. In einer Fernsehvariante, auf Hohler 1973 (SF DRS), singt Matter den Text zweimal – eine Wirkungssteigerung, wie mehrere durch den Verfasser veranlasste Vorführungen ergaben (Gymnasium, Kantonsschule Solothurn, November 1997). Matter weist auch im Liedheft auf das zweimalige Absingen hin (Matter 1993: 18): „Das Ganze kann wiederholt werden."

Irrealis, wieder aufgenommen. Im Anschluss daran entsteht durch Spiegelung der ersten beiden Verse ein weiteres Wiederholungsmuster. Zum komplexen Repetitionsmuster kommt das Mehrsinnige von *gut* bzw. *weniger gut gehen* dazu: Gemeint ist, je nach Verwendungskontext, das materielle oder psychische Wohlergehen. Im Übrigen wird *geit* in den Bedeutungen *etwas funktioniert* (I, 5) bzw. *geschieht* (II, 1) gebraucht.

Die permutationsähnliche Sprachartistik wirkt in der mündlichen Rezeptionssituation fraglos verwirrend.[33] Matter arbeitet mit dem Darstellungsmittel Wortspiel-Komplex insbesondere dann, wie die Analyse des Liedes *ds heidi* gezeigt hat, wenn ihm die Aussage, die sich hinter dem Wortspielerischen verbirgt, als etwas gar banal erscheint. In einem Brief an Fritz Widmer vom 15. Dezember 1967, in dem er sich zum Lied *dene wos guet geit* äussert, schreibt Matter, dass man eine so lapidare bzw. triviale Aussage, wenn überhaupt, nur in wortspielerischer oder anders verschlüsselter Art sagen könne.

In Matters Wortspiel-Komplexen lässt sich kein einheitliches Prinzip der Gliederung bzw. Funktionalisierung erkennen: Im Lied *dialog im strandbad* (Textabdruck Kap. 2.2.4) stellt Matter das ausartende „Gezänk"[34] zweier Frauen mit der Anhäufung von Minimalpaaren (m*yni*, d*yni*, bik*ini*, st*ini*; g*seh ni*, vr*eni*, k*eni*, w*eni*), dem Vokalismus *i* und *ei* sowie der Homonymie dar (*myni* als ‚meine' und *mini* als ‚klein'). Das Lied *dr eint het angscht* konzentriert sich auf einige wenige, zum Teil paronyme Lexeme, vorab auf *machen, lachen* und *Angst*:

> dr eint het *angscht* dass
> dr ander chönnt *lache*
> dr ander het *angscht* dass
> dr eint chönnt *lache*
> und alli *mache* si
> alls was si *mache*
> us *angscht* dervor dass
> öpper chönnt *lache*[35]

---

33 Das Lied war als Lesegedicht konzipiert (vgl. Brief Matters an Widmer, 15. Dezember 1967), und Matter war anfänglich der Ansicht, dass selbst ein zweimaliges Absingen des Liedes nicht zu einer besseren Verständlichkeit des Textinhaltes beitragen würde.
34 Wirz 2002: 72.
35 Übers.: „Der eine hat Angst, dass / der andere lachen könnte. / Der andere hat Angst, dass / der eine lachen könnte. / Und alle machen sie / alles, was sie machen, / aus Angst davor, dass / jemand lachen könnte." Hervorhebung S. H.

Das Minimalpaar „lache"/„mache" tritt im Fortgang des Textes in verschiedenen Textzusammenhängen und meist als Endreim auf. Es geht um die Angst, ausgelacht zu werden, was das Machen verhindert.[36] Im Lied *oberi und underi* wiederum führt der spielerische Umgang mit Worten, gebündelt in der Mittelstrophe, zu einer permutationsähnlichen Anordnung:

    teil *oberi sy bsunderi*
    teil *gwöhnlechi sy underi*
    teil *oberi sy gwöhnlechi*
    teil *underi sy bsunderi* [37]

Auch hier wird mit übereinstimmenden bzw. ähnlichen Morphemen gespielt (vgl. *eri* in „ob*eri*", „und*eri*" und „bsund*eri*", zusätzlich lautliche Kongruenz in den beiden letztgenannten Wörtern ab dem *u*; zudem teilweise lautlicher Gleichklang mit anderen Wörtern in „gwöhnlech*i*").

Die Lieder *dr eint het angscht* und *oberi und underi* zeigen, dass Matter Wortspiel-Komplexe in Liedern mit einem wiederholt-raschen Perspektivenwechsel bevorzugt (vgl. Kap. 2.6.2). Weitere Beispiele für Wortspiel-Komplexe sind die Lieder *mir hei verein, betrachtige über nes sändwitsch* und das Rätsellied *mir het dr dings verzellt*.[38]

Allerdings gibt es für den mündlichen Liedvortrag Grenzen sprachlicher Zergliederung. Schon beim Lied *dene wos guet geit* hatte Matter, wie angemerkt, Bedenken, ob in der Aufführungssituation die Textaussage nachvollziehbar ist. Ihm schienen Texte, wegen zu starker Wir-

---

36 Das Lachen ist ein weiteres Kernthema in Matters Werk und wird unterschiedlich abgehandelt. Im Lied *ballade* ist es das Auslachen, das Kari Dällebach zum Witzemachen bewegt, um nicht selbst ausgelacht zu werden. In *dr gloon* ist es der clowneske Beamte, dessen Benehmen tragikomisch ist, und der, ähnlich wie in *ballade*, mit seinen Witzen eine tiefe Traurigkeit verbirgt. Auch das Thema Angst ist in Matters Liedern, etwa in *ballade vom nationalrat hugo sanders*, zentral.

37 Übers.: „Manche der Oberen sind Besondere, / manche der Gewöhnlichen sind Untere, / manche der Oberen sind Gewöhnliche, / manche der Unteren sind Besondere." Hervorhebung S. H.

38 Das Lied dreht sich um das Wort *dings* (Dingsbums), das – entgegen dem alltagssprachlichen Gebrauch als (temporärem) Platzhalter für Nomen, die einem Sprechenden nicht unmittelbar einfallen – bis zum Schluss nicht spezifiziert wird. Unter Dingsbums könnte man sich in diesem Lied, wie Matter in einem Interview äusserte, ein Abhörgerät vorstellen (vgl. Matter, in: „Angefangen hat es so…", Schwyzer Zeitung, 13.3.1970, abgedruckt im Anhang).

kungseinbusse, denfinitiv nicht mehr vortragbar, in denen selbst die lexikalischen Morphemabfolgen sich auflösen, wie beim permutierenden Lesegedicht „ein prokomes plexblem":

> ein prokomes plexblem
> ein blemplexes komprox
> ein komblemes proplex
> ein proplexes komblem
> ein komplexes problem[39]

Bleibt festzuhalten, dass in manchem Matter-Lied geradezu exzessiv mit der Sprache gespielt wird. Dies wirkt ausgesprochen kunstvoll: Je unmittelbarer die Wortspiele aufeinander folgen, je mehr die Wortspieltypen sich in einem Lied überschneiden (etwa Minimalpaare und Homonyme), je mehr lautliche Äquivalenzen sich bilden und je geringer die Anzahl Morpheme in den Wortspielen ist, umso artistischer und ästhetisch anspruchsvoller erscheinen die Wortspiele.

2.7.2.4 Ambiguum, Allusion, Spiel mit Phrasen

Ambiguum und *Allusion* (Anspielung) kommen in Matters Werk nicht so oft vor wie Wortspiele mit Homonymen, Homophonen, Paronymen, lautlicher Äquivalenz und Permutation. Als *Amphibolie* ist die Schlussfolgerung im Lied *ds heidi* zu sehen (Textabdruck in Kap. 2.3.3). Die Textstelle zielt auf zwei unterschiedliche Sachverhalte in der vorangegangenen Erzählung. „Wär a ds rächten ort hi stüpft" bedeutet nicht bloss die fussballerische Handlung im Sinne von ‚wer Tore erzielt', sondern auch ‚wer beim Werben um eine Frau (psychisch) an den richtigen Ort tritt'. Auch das Lied *ir ysebahn* endet mehrdeutig (Textabdruck Kap. 1.3.4.2; zur Doppeldeutigkeit von *Rorschach* vgl. Kap. 2.4.2).

Gelegentlich finden sich in Matters Werk auch Anspielungen; so etwa im Lied *d'nase* (Textabdruck Kap. 1.3.4.5), das die Phrase *immer der Nase nach* (also: immer geradeaus) als absurde Schlussfolgerung in Zusammenhang zur Narratio stellt (vgl. Kap. 2.7.4.1). *Ds lied vo de bahnhöf* wiederum spielt mit dem Phraseolexem *der Zug ist abgefahren* (also: es ist zu spät, man kann nichts mehr ändern). Die Phrase ist hier aber nicht im idiomatischen, sondern im wörtlichen Sinn zu verstehen.

---

39 Matter 1992b: 122.

Die phraseologische Bedeutung schwingt freilich mit und erzielt so eine spezifische Mehrsinnigkeit der Textaussage:

> das isch ds lied
> vo de bahnhöf wo *dr zug*
> geng scho *abgfahren isch*
> oder no nid isch cho
> und es stöh
> lüt im rägemantel dert
> und tüe warte[40]

Im Lied *dr ferdinand isch gstorbe* bringt Matter die wörtliche mit der phraseologischen Lesart zusammen: „är het für d'chatze gsunge / doch nid für d'chatz"[41]. Und im Lied *d'pfyffephilosophe* spielt Matter mit dem dialektalen Idiom *e rouch ha*, das ‚eingebildet sein' bedeutet: „s git mänge won e rouch het / aber s isch kes füür".[42] Das Rauchen der (Schein-) Philosophen ist hier dem Idiom gegenübergestellt, das eine ganz andere Bedeutung von Rauch einschliesst.

Das Lied *wenn doch nume die* reiht, losgelöst von jeglicher Texteinbettung, oft verwendete Phrasen aneinander – offenkundig zur Vorspiegelung der Leere solcher Formulierungen:

> wenn doch nume die wo da
> und gsächen äntlech y
> dass me doch jitz sött für dass es
> und zwar müglechscht gly
>
>> aber statt im gägeteil
>> tüe si no gäng[43]

---

40 Übers.: „Das ist das Lied / von den Bahnhöfen, in denen der Zug / immer schon abgefahren ist / oder noch nicht gekommen ist. / Und es stehen / Leute im Regenmantel dort / und warten." Hervorhebung S. H.
41 Übers.: „Er sang für die Katzen, / doch nicht für die Katz." Also: nicht vergeblich. Interpretationshinweise verdankt der Verfasser Walter Haas.
42 Übers.: „Es gibt viele, die eingebildet sind, aber dahinter steckt nichts."
43 Übers.: „Wenn die doch nur mal / und endlich einsehen würden / dass man jetzt sollte damit es / und zwar möglichst bald // stattdessen ganz im Gegenteil / tun sie noch immer".

Matter spielt auch ausserhalb des Liedwerks mit Redensarten[44] und passt Phrasen in den Argumentationszusammenhang ein, wie etwa das Idiom *das Kind mit dem Bade ausschütten* im Artikel „Die Schweiz seit 1945 aus der Sicht der jungen Generation":

> Manche von uns glauben wohl zu wissen, in welcher Richtung nun der Weg weitergehen muss. Aber wer nicht allzu naiv an Patentlösungen glaubt, wird einräumen müssen, dass die Probleme zum Verzweifeln komplex sind. Und es ist lästig, beim *Ausschütten des Bades* immer aufpassen zu müssen, dass *das Kind* nicht mit herausfällt.[45]

Matter greift hier auf eine in der politischen Rhetorik der Schweiz oft eingesetzte Redensart zurück. Die Matter-Texte fügen sich durch den spielerischen Umgang mit Redensarten nahtlos in eine besonders bei Aphoristikern bevorzugte Tradition ein[46]; eine Tradition, die besonders in den 1960er/70er Jahren aufblühte (z.B. bei Dieter Fringeli).

2.7.3 Die Ironie

Weder über die Beschreibung der Kriterien von Ironie noch über deren Grundstruktur herrscht Einigkeit.[47] Eine lange Tradition weist vor allem der durch die Rhetoriktheorie geprägte Ironie-Begriff auf: Nach dieser Definition ersetzt ein Ausdruck einen semantisch entgegengesetzten in solcher Weise, dass (Text-)Signale den eigentlichen Textsinn anzeigen.[48] Andere Bestimmungsversuche gehen davon aus, dass Ironie etwas anderes meint, als sie sagt, wobei nicht bloss mikrostrukturelle sprachliche Aspekte (etwa mit dem Mittel der Wortironie) gemeint sind. Nach Wolfgang G. Müller kann ‚Ironie' für (1) eine Redeweise bzw. einen rhetorischen Tropus, (2) eine Figur, die das gesamte Leben eines Menschen prägt, oder (3) schlechthin für das „Seiende in der Gesamtheit" stehen.[49]

---

44 Vgl. auch Matter 1992b: 35: „‚Die Hunde bellen; die Karawane schreitet weiter.' – Vielleicht ist es doch besser, zu den Hunden zu gehören; sie haben wenigstens noch gebellt."
45 Matter 1971: 343 (Hervorhebung S. H.).
46 Vgl. Fricke 1984: 147.
47 Vgl. Plett 1991: 97.
48 Vgl. Wolfgang G. Müller: Ironie, in: RLW, Bd. 2: 185–189.
49 Ebd.

Es gibt zwei Strategien, Ironie zu erzeugen: die üblichere, jene des Vortäuschens, die *simulatio*, und die seltenere, jene des Verbergens, die *dissimulatio*. Die *simulatio* ist die offenere Form der Ironie: Der Rezipient erkennt die Intention des Sprechenden. Die *dissimulatio* hingegen verbirgt die Haltung des Sprechenden, „der Gegenspieler des Sprechers wird über dessen wahre Intentionen getäuscht"[50].

Wenn von Ironie gesprochen wird, ist meist die simulative Ironie gemeint. Die *simulatio* ist bei Matter aber von untergeordneter Bedeutung und betrifft nur wenige Werke, so die Lieder *dr gottfrid käller* (der Text verhöhnt das übertriebene Sammeln von Belegen durch bestimmte germanistische Kreise) und *farbfoto*. *Farbfoto* beschreibt in der ersten Strophe die idyllisch-kitschige Bild-Text-Komposition einer illustrierten Werbung, die zum Konsum eines bestimmten Likörs verleiten soll. Im Liedtext wird das Bild einer Kutsche beschrieben, die am Meer unter freiem Sternenhimmel dahinzieht und in der ein ausnehmend hübsches Model mit einem Mann eng umschlungen ist. In der zweiten Strophe prüft der Sprechende – in nicht ernst gemeinter Manier –, ob sich diese Werbung tatsächlich auch an ihn persönlich richtet. Zum Schluss rät er, der mit keinem Model bekannt ist und zudem ungern Likör trinkt, dem – mit Models befreundeten – Adressaten, der Aufforderung der Werbung nachzukommen:

> mietet drum dir wo mit mannequins bekannt syt e ggutsche am beschte no hütt
> fahret a ds meer wenn es abe wird, nämet dä liqueur und ds liqueurglas mit
> denn üses mönschleche läben uf ärde, das müesst dir doch zuegä, isch mys
> und we me weis, wo me ds glück cha ga finde de fragt me doch nit nach em prys[51]

Die Ironie in der zweiten Strophehälfte ist augenfällig: Die Werbung suggeriere, das menschliche Leben auf Erden sei mies, wofür der besagte Likör Abhilfe verschaffe – dessen Preis selbstverständlich Nebensache zu sein hat. Der Rezipient durchschaut, dass das Textsubjekt das Gegen-

---

50 Plett 1991: 96.
51 Übers.: „Mietet also, die ihr mit Models befreundet seid, eine Kutsche, am besten noch heute. / Fährt an die See, wenn es Abend wird, nehmet den Likör und das Likörglas mit. / Denn unser menschliches Leben auf Erden, das müsst ihr doch zugeben, ist mies. / Und wenn man weiss, wo man das Glück finden kann, dann fragt man doch nicht nach dem Preis."

teil meint, nämlich dass sich auf diese Art das Glück nicht (zwingend) finden lässt.

Öfter als die *simulatio* verfolgen Matters Lieder die Strategie der *dissimulatio*. Bei vielen Texten lässt sich das dissimulativ-ironische Textverfahren „intuitiv"[52] erspüren. Heinrich F. Plett nennt vier Typen von Ironiesignalen, anhand derer sich diese Art der Ironie präziser beschreiben lässt: Actio, Ethos, Zitat und textlicher Widerspruch. In Matters Liedkunst finden sich, auch durch die Aufführungssituation bedingt, alle vier Typen. Sie kommen jedoch unterschiedlich oft vor; besonders Actio- und Zitat-Signale sind deutlich untervertreten. Actio-Signale, also der Widerspruch zur Textaussage durch Mimik, Gestik und Sprechtechnik, sind im Wesentlichen – wie die Tonträger und die (wenigen) Filmaufnahmen von Matters Liedern zeigen – auf punktuelle Abweichungen in der Aussprache und Mimik beschränkt.[53] Zitat-Signale hingegen findet man in Matters Liedtexten kaum, ausser man erweitert Pletts Zitat-Begriff um die Zitation literarhistorischer Strukturen. Doch dazu später.

Ethos-Signale und Signale des textlichen Widerspruchs prägen grosse Teile von Matters Liedwerk. Das Ethos-Signal – die gespielte Rolle des Sprechers steht in Kontrast zu seiner tatsächlichen Einstellung – dominiert die clownesken Liedtexte (vgl. Kap. 2.2). In der textuellen Oberflächenstruktur scheint dies vor allem in Form von Widersprüchen und sonstigen Unvereinbarkeiten im Gesamtgefüge eines Liedes auf, wie etwa im Entgegensetzen von naiver Vorstellung und intellektueller Höhe des Dargestellten (vgl. Kap. 2.6.4). Das Signal des textlichen Widerspruchs, in Matters Werk zentral, ist somit eng mit dem Ethos-Signal verknüpft. Das bei Matter oft enge Geflecht von Unvereinbarem ist nicht selten Ursache der als raffiniert empfundenen Pointen.

Eine weitere Eigenschaft der *dissimulatio* ist die Selbstverkleinerung des Textsubjekts, das Understatement[54] – ein Verfahren, dessen auch Matter sich ausgiebig bedient und das bei Matters Nonsens-Texten zentral ist (vgl. Kapitel 2.1.4, 2.2.3, 2.2.4, 2.3.3 und 2.7.4). Das Verbergen der Autorintention ist nicht nur ein Kernelement der dissimulativen Iro-

---

52 Plett 1991: 97.
53 Verschiedene Liedermacher wie Georg Kreisler, Dieter Süverkrüp, Bernhard Stirnemann und Markus Traber, und freilich die meisten Kabarettisten, setzen verstärkt auf dieses Ironiesignal.
54 Vgl. Plett 1991: 96; auch Georg Michel: Emphase, in: RLW, Bd. 2: 441–443.

nie, sondern allgemeines Merkmal des Nonsens. Ohnehin überschneiden sich die Kennzeichen von literarischem Nonsens und dissimulativer Ironie in vielem (vgl. unten Kap. 2.7.4). Letztere durchdringt den literarischen Nonsens und ist in erster Linie ein darstellungstechnisches Verfahren, während der Begriff *Nonsens* für eine Gattung[55] steht. Der Umgang Matters mit der dissimulativen Ironie soll im nachfolgenden Kapitel zur Sprache kommen.

2.7.4 Der Nonsens

Manche Matter-Lieder sind wiederholt als Nonsens- und Unsinnspoesie betrachtet worden, und oft hat man auch das Absurde und Surreale betont (vgl. Kap. 2.1.4.1 und 2.1.5). In der Tat hat sich Matter auch theoretisch intensiv mit dem Nonsens befasst (vgl. auch Kap. 2.6.5): Er nennt in seinen Aufzeichnungen Namen wie Chesterton und Morgenstern, ja ordnet einen Teil seiner Lieder dem Nonsens zu. Eine anfängliche Unterteilung des ersten Liederbüchleins *Us emene lääre Gygechaschte* – in „Politisch, Balladen, Nonsens, Übriges"[56] – liess er später aber wieder fallen. Man weiss dadurch, dass Matter mindestens die folgenden Lieder als literarischen Nonsens erachtete: *i han en uhr erfunde, es git e bueb mit name fritz, mir het dr dings verzellt, boxmätsch, ds portmonee, dr parkingmeter, oh wi tumm* und *ds nüünitram*.

Franz Hohler bezeichnet Matters Liedwerk als „Welt von Gegenbildern"[57] und kategorisiert die Lieder in Nonsens und poetische „Chansons".[58] Unter „poetischen Chansons" versteht er die nicht komischen Lieder *us emene lääre gygechaschte, heiwäg, di strass won i drann wone* und *nei säget sölle mir*. Die Bezeichnung *Nonsens* steht bei Hohler synonym zum Wort *Clowneskes*, und er weist auf Matters englische Nonsensvorbilder Edward Lear, das Kabarett-Ensemble *Beyond the Fringe* und „seinen Liebling Spike Milligan" hin. Zudem verweist Hohler auf Anleihen bei den Werken von Karl Valentin, Christian Morgenstern sowie Rolf Harris und betont, in Anlehnung an eine

---

55 Köhler 1990: 333.
56 Hohler 1977: 57; 1992: 90.
57 Hohler 1992: 81.
58 Gestützt auf Matters oben genannte Aussage; vgl. Matter, in: Hohler 1992: 90.

Aussage Matters zum Kernmerkmal eines Clowns, die „äusserst vereinfachte menschliche Grundsituation"[59] in Matters Liedern. Auch seien sie „in ihrer Einfachheit stellvertretend [...] für so und so viele andere Situationen, die darauf reduziert werden können".[60] Im Weiteren sei es eine spezifische Technik des Nonsens, „den Blick starr auf ein einziges Motiv zu richten und dieses Motiv zu strapazieren"[61]. Fritz Widmer wiederum hält fest, dass Matter von einem guten „Chanson" den Einsatz von Nonsens forderte (vgl. Kap. 2.7.4.3), und Harald Fricke zitiert in seiner *Philosophie der Kunst* ganze Matter-Lieder als Musterbeispiele paradoxer Wiederholung (*i han en uhr erfunde, us emene lääre gygechaschte*).[62]

Seit Edmund Strachey gilt als wesentliches Kriterium des Nonsens die Tendenzfreiheit. In den Worten Peter Köhlers ist der Nonsens „eine Gattung des Komischen", die auf „empirischen, logischen oder sprachlichen Regelverletzungen" gründet. Auch ist „ein Nonsens-Text zwar in seiner Beziehung zur Aussenwelt relativ sinnlos, in sich aber sinnvoll; seine Abweichungen sind textintern fundiert."[63] Die genannten Merkmale des Nonsens finden sich in vielen Liedern Matters. Nachfolgend soll es um die Festlegung der Spezifika von Matters Nonsens gehen.

2.7.4.1 Unmögliches und Understatement

Ein beträchtlicher Teil der Matter-Lieder verletzt Regeln der Logik und in minderem Umfang jene der Erfahrung. Mitunter zeigen sich in einem Lied beide Formen der Regelverletzung, so in *dr eskimo*:

    kennet dir das gschichtli scho
    vo däm armen eskimo
    wo in grönland einisch so
    truurig isch um ds läbe cho

    är het dank em radio
    fröid ar musig übercho
    und het dänkt das chan i o
    so isch är i ds unglück cho

---

59 Hohler 1992: 81.
60 Ebd.: 82
61 Ebd.
62 Fricke 2000: 102, 105.
63 Peter Köhler: Nonsens, in: RLW, Bd. 2: 718.

> nämlech är het sech für zwo
> fläsche läbertran es no
> guet erhaltes cembalo
> gchouft und hets i d'höli gno
>
> doch won är fortissimo
> gspilt het uf sym cembalo
> isch en ysbär ynecho
> het ne zwüsche d'chralle gno
>
> kunscht isch geng es risiko
> so isch är um ds läbe cho
> und dir gseht d'moral dervo
> choufet nie es cembalo
> süsch geits öich grad äbeso
> wi däm armen eskimo
> wo in grönland einisch so
> truurig isch um ds läbe chooooo[64]

Das Eskimo-Lied steht in der Tradition von Nonsens-Eskimo-Texten wie der Eskimojade[65] oder dem Lied „Der Eskimo lebt irgendwo"[66]. Neben den lautlichen Mitteln wie den O- und Fremdwort-Reimen (vgl. Kap. 2.5.2) sowie der Schilderung von Entgegengesetzem (‚Zivilisiertes' wie Radio und das historische Instrument stehen ‚Unzivilisiertem' wie Tauschhandel und Höhle gegenüber), welche die einfache Sprache konterdeterminieren, setzt Matter den Nonsens ein. Dieser besteht aus Widersprüchen zur Alltagserfahrung/-logik: Das Cembalospiel zeichnet sich dadurch aus, dass die Lautstärke nur bedingt variierbar und ein Fortissi-

---

64 Übers.: „Kennt ihr die Geschichte schon / von dem armen Eskimo, / der in Grönland einst so / traurig um sein Leben gekommen ist. // Er hat dank eines Radios / Freude an der Musik bekommen / und hat gedacht: ‚Das kann ich auch.' / So ist er ins Unglück gekommen. // Denn er hat sich für zwei / Flaschen Lebertran ein noch / gut erhaltenes Cembalo / gekauft und hat es in die Höhle mitgenommen. // Doch als er Fortissimo / gespielt hat auf dem Cembalo, / ist ein Eisbär hereingekommen / und hat ihn zwischen die Krallen genommen. // Kunst ist stets ein Risiko, / so ist er um das Leben gekommen, / und ihr seht die Moral davon: / Kauft nie ein Cembalo! / sonst geht es euch grad ebenso / wie dem armen Eskimo, / der in Grönland einst so / traurig um sein Leben gekommen ist."
65 Köhler 1990: 161.
66 In: Pfadfinderlieder, hg. vom Schweizerischen Pfadfinderbund. Bd. 2. Bern 1957: 92f.; vgl. auch Schweizerisches Literaturarchiv (SLA), Nachlass Mani Matter, Sign. A-03-d/03.

mo nicht spielbar ist. Auch werden hungrige Eisbären primär anders als durch Akustisches angelockt – etwa durch den Geruch. Die Schilderung ist also mehrfach erfahrungswidrig.

Auch logische Prinzipien werden in *dr eskimo* nicht eingehalten. Auf den balladesken (Nonsens-)Teil folgt die Schlussfolgerung „Kunst ist stets ein Risiko". Der Topos ‚Kunst ist riskant' kann sich auf die Gefahr der Brotlosigkeit von Kunst beziehen, oder, bei unerwünschter (politischer) Kunst, auf die Möglichkeit der Ächtung bis hin zur Vernichtung des Kunstwerks und der Verfolgung des Künstlers. Matters Aussage bezieht sich mitnichten auf dieses Gefahrenpotential, sondern auf ein als Nonsens gezeichnetes Ereignis. Zudem wirkt die Intellektualität der Conclusio angesichts der Trivialität der thematisierten Kunst (also das blosse Üben auf einem Instrument) überzeichnet und schafft einen erheiternden Kontrast. Die Komik entsteht also auch durch das Auseinanderklaffen zwischen der Ernsthaftigkeit der durch den Sprecher eingenommenen Rolle und der Unbedarftheit seiner Darlegungen. Das Risiko, mit Kunst zu scheitern, wird so auf der narrativen Ebene des Textes abgebildet, als ein Scheitern der Erzählung gemessen an der empirischen Alltagslogik und an empirischen Realitäten.

Unmittelbar auf die erste Conclusio („kunscht isch geng es risiko") folgt eine weitere, logisch nicht nachvollziehbare Lehre: Man solle kein Cembalo kaufen, ansonsten es einem wie jenem Eskimo ergehe. Auch hier entsteht der literarische Nonsens durch das Zusammenspiel mehrerer Elemente: Auf der einen Seite steht das Ableiten einer Moral aus einer Nonsens-Fabula, auf der anderen die Verknüpfung von kausal nicht zusammengehörenden Umständen (die überdies unwahrscheinlich sind). So werden die in der letzten Strophe angesprochenen Rezipienten kaum der Volksgruppe der Eskimos angehören, die in einer Höhle wohnen, und auch die latente Gefahr tierischer Übergriffe beim instrumentalen Spiel besteht bei den Adressaten nicht.

Matter setzt die logische Schieflage zwischen Narratio und Conclusio bewusst ein. Der Singende nimmt dabei die Rolle eines Naiven an. Fritz Widmer erinnert sich an Aussagen Mani Matters:

> Die Witze, die er am liebsten erzählte, haben eines gemeinsam: Der Sprecher der Pointe *weiss gar nicht*, dass er eine Pointe setzt – wie ein Kind, das einen dieser wunderbaren Aussprüche tut, die in uns vor lauter Staunen und Verblüffung als erste Reaktion ein Lachen erzeugen. Ein solcher Witz entsteht ja immer dort, wo ein

Mensch in einem Gespräch die Optik oder Weltanschauung des andern nur knapp begreift und dann aus *seiner* Optik (oder Weltanschauung) eine Antwort oder einen Kommentar darauf gibt, einen Kommentar, der in den besten Fällen so weit daneben [geraten] ist, dass er schon fast wieder stimmt. Oder, wie Mani es einmal formulierte, der Nonsens schon wieder zur Weisheit wird.[67]

Widmer benennt hier vier Ebenen von (Matters) Nonsens: 1. die Komik, 2. das Abweichen von Prinzipien der Logik, 3. die spezifische Haltung des Sprechenden und 4. die mögliche philosophische Hermeneutik – also das, was über den Nonsens hinausweist. Die Ebenen ‚Komik' und ‚Regelverletzung' sind, wie gezeigt, für die Bestimmung des literarischen Nonsens notwendig. Die Haltung des Sprechenden ist indes vornehmlich eine wertästhetische Einordnung und für Matters individuellen Pointenaufbau massgebend (siehe unten). Die vierte Ebene ist eine philosophisch-systematischen Einbettung des literarischen Nonsens (vgl. Kap. 2.6 und Kap. 2.7.4.3).

Nachfolgend soll zuerst die Haltung des Sprechenden beschäftigen. Danach wird auf weitere Beispiele von Regelverletzungen und abschliessend auf das Verhältnis zwischen literarhistorischer Tradition und Nonsens im Werk Matters eingegangen.

In Matters Liedern ist oft das Einfache, das ‚Kindliche', das Staunen über das Kleine, das Nichtige dargestellt. Matters schriftstellerisches Schaffen, und damit die Haltung des Schreibenden, ist unter anderem von Ringelnatz inspiriert:

> Wieviel verdanke ich Ringelnatz, dem einfachen Mann! Weil er so ehrlich war, wenn er schrieb. Weil er noch staunen konnte über die kleinsten Dinge [...]. Und weil er eine Kinderweisheit und -innigkeit besass, die das Einfache noch sagen konnte, ohne sich schämen zu müssen. Und ich, wenn ich das schreibe, muss mich schon schämen.[68]

---

67 Widmer 2002a: 41.
68 Matter 1992b: 29. Anzunehmen ist, dass Matter bei der Darstellung des Kleinen und Alltäglichen auch durch existenzialphilosophisches Gedankengut angeregt worden ist. Albert Camus (2008: 39) schreibt: „Denken heisst nicht mehr vereinen oder die Erscheinungen unter einem grossen Prinzip vertraut machen. Denken heisst wieder lernen, zu sehen und aufmerksam zu sein, heisst sein Bewusstsein lenken und jeden Gedanken und jedes Bild (wie bei Proust) zu einem privilegierten Ort machen. Paradoxerweise ist alles privilegiert."

Das Streben nach Grossem trägt nach Matter das Scheitern in sich, wie das Lied *dr kolumbus* festhält:

> me isch für die grosse tate
> eifach immer e chly z'gschyd
> lang tuesch hin und här berate
> und drum machsch se zletscht halt nid
> geng we me sech's richtig überleit
> merkt me dass's nid geit[69]

Das ‚Kleine' ist in Matters Werk unterschiedlich repräsentiert. Es zeigt sich etwa im Streben nach einer einfachen, ungezwungenen, authentisch wirkenden Sprache, in der Beschreibung ‚nichtiger' (alltäglicher) Gegenstände und Sachverhalte oder im Vermeiden grosser Gesten in der literarischen Darstellung (vgl. u.a. Kap. 2.7.1, Kap. 2.7.2). Der Darstellung des ‚Kleinen' sind alle Textschichten untergeordnet. Dies zeigt sich selbst auf der Ebene des Textsubjekts, das oft von Understatement geprägt ist. Dabei kann das Clowneske als Ausdruck des Understatements gedeutet werden, ja ist Sinnbild des Understatements schlechthin. Matter betrachtete seine Lieder in jeder Beziehung als ‚kleine Form', sprach von ihnen im Diminutiv („liedli", in *einisch am'ne morge*).

Der in jedem Lehrbuch der Rhetorik empfohlene rhetorische Trick des Understatements („sokratische Ironie"[70]) ist im Autorenliedprogramm, das auch von der Fiktionskulisse geprägt ist, durch die Überlagerung der verschiedenen Merkmalssätze von Bühnensprecher und Darstellerfigur geleitet. Zu Beginn eines Liedes bleibt meist unklar, ob das Textsubjekt ein Autor- oder ein Figuren-Ich ist und wie das Ausgesagte zu werten ist: Ist der Erfinder einer alle zwei Stunden stehenbleibenden Uhr (*i han en uhr erfunde*) eine positiv oder negativ einzuordnende Figur? Unklar bleibt dies auch bei jener Figur, welche die Sprengung des helvetischen Regierungsgebäudes verhindert (*dynamit*). Die Form des Understatements findet sich überdies in komikfremden Werken, z.B. in den philosophischen Liedern (vgl. Kap. 2.7.4).

---

69 Übers.: „Man ist für die grossen Taten / einfach immer ein wenig zu klug. / Lange berätst du hin und her / und deshalb machst du sie am Ende eben nicht. / Stets wenn man sich's richtig überlegt, / merkt man, dass es nicht geht."
70 Plett 1991: 97.

Schon Geoffrey Chaucer hat den Trick des Understatements literarisch eingesetzt: da versteckt sich etwa der Sprechende hinter einer Maske – so, als ob er von der Liebe und von anderem nichts verstünde.[71] Dies erinnert unweigerlich an verschiedene Matter-Lieder, insbesondere an das Lied *d'psyche vo dr frou*, in dem das Publikum um Rat in Liebesdingen erfragt wird (vgl. Kap. 2.2.4; Kap. 2.5.2).

Wenden wir uns im Weiteren dem Abweichen von Prinzipien der Logik zu. Die logischen Regeln werden ausnehmend oft zwischen Narratio und Conclusio verletzt, also gegen das Textende hin. In *chue am waldrand* folgt etwa, ähnlich wie in *dr eskimo*, auf die Fabula eine doppelte Deutung, wobei gleich beide Interpretationen schief zur Narratio stehen: Beschrieben wird, wie ein Kunstmaler eine Kuh abmalen will. Der Maler beginnt beim Hintergrund. Beim Tier angekommen, hat sich dieses indes aus dem abgemalten Landschaftsausschnitt bereits herausbegeben. Schon das Erzählte ist Nonsens, widerspricht der skizzierte zeitliche Ablauf doch dem *common sense* (erwartungsgemäss würde man als erstes das Tier malen). Die Lehre aus der Geschichte kann dann selbstverständlich nicht mehr einem ernstgemeinten Erkenntnisgewinn dienen:

> doch d'wält isch so perfid, dass si sech sälten oder nie
> nach bilder, wo mir vo're gmacht hei, richtet
> so hei uf dere matte die banausehafte chüe
> dä asatz zum'ne meischterwerk vernichtet[72]

Aus dem Beispiel lässt sich mitnichten ableiten, dass, wie der Volksmund sagt, „es oft anders kommt, als man denkt", selbst wenn dieser Gemeinplatz für sich genommen im Alltag oft zutrifft. Und natürlich liegt die Schuld für das Scheitern nicht bei den Kühen, sondern in der Herangehensweise des Malers. Der Rezipient lacht über die fehlerhafte, empörte Schlussfolgerung des Textsubjekts, das schon zuvor zum Teil komisch gezeichnet war.

Auch im Lied *d'nase* (Textabdruck in Kap. 1.3.4.5) passt die Schlusswendung nicht recht zum Erzählten: Die Redensart „immer der

---

71 Vgl. Plett 1991: 96.
72 Übers.: „Doch die Welt ist so perfid, dass sie sich selten oder nie / nach Bildern, die wir uns von ihr gemacht haben, richtet. / So haben auf dieser Wiese die banausenhaften Kühe / diesen Ansatz zu einem Meisterwerk vernichtet."

Nase nach" wird im wörtlichen Sinn gebraucht. Es wird so getan, als ob dem Protagonisten durch den medizinischen Eingriff, das Verkürzen der Nase, die empirisch-sinnliche Orientierung genommen worden wäre. Dies ist purer Unsinn. Und das Lied *ahneforschig* endet mit der scheinlogischen Gleichsetzung von erblicher Veranlagung mit der sprichwörtlichen ‚kriminellen Veranlagung':

> drum chan i nüt garantiere
> was's us mir no alles git
> s'cha no mängs mit mir passiere
> denn da spilt d'vererbig mit
> und we dir ds gfüel heit dertdüre
> chönn nech sicher nüt ebcho
> s'chunnt uf ds mal en unggle füre
> wo dir nüt heit gwüsst dervo[73]

Kriminelles Verhalten lässt sich natürlich nicht unmittelbar auf Vererbung zurückführen. Logische Regelverletzungen lassen sich in vielen weiteren Liedern beobachten, so etwa in *betrachtige über nes sändwitsch, dr wecker, alls wo mir id finger chunnt, es git e bueb mit name fritz, bim coiffeur, dr rägewurm, ds lotti schilet, novämbernacht, ds gspängscht* und *ds trambiliee*.

Matters Lieder verletzen verschiedentlich empirische Regeln, d.h. die bekannte Realität wird zugunsten einer Fantasiewelt verlassen. Im Lied *ds nüünitram* beispielsweise verlässt die Strassenbahn die Schienen, fliegt hoch zum Himmel und verschwindet in der Nacht; später legt ein Polizist ein Ei, welches eine Frau solange brät, bis es ein Spiegelei ist. Daraufhin türmt ein Stier aus dem Tiegel und verwandelt sich in eine Strassenbahn. Auch das Lied *är het uf sym chopf e chopf gha* ist mit empirisch Unmöglichem gesättigt:

> är het uf sym chopf e chopf gha
> und uf däm chopf wider e chopf
> und uf däm chopf isch e huet gsy
> und uf däm huet wider e huet

---

73 Übers.: „Deshalb kann ich für nichts garantieren, / was aus mir noch alles wird, / es kann mit mir noch viel passieren, / denn da spielt Vererbung mit. / Und wenn ihr glaubt, diesbezüglich / werdet ihr sicher nichts abbekommen: / plötzlich taucht ein Onkel auf, / von dem ihr nichts gewusst habt."

> dert aber ganz z'oberischt obe
> anstatt em'ne dritte huet
> dert het es vögeli gsunge
> so öppis chunnt sälte guet
>
> das vögeli isch ihm entfloge
> s'het gseit: für ne stund oder so
> das vögeli aber het gloge
> s'isch nie meh umecho
> jitz stellet nech vor, dä ablick:
> drei chöpf und nume zwee hüet
> kes wunder, dass er isch gstorbe
> vorzytig läbesmüed[74]

Nicht nur im empirisch Unmöglichen, der Existenz gestapelter Köpfe und Hüte, nimmt der Nonsens hier Gestalt an, sondern auch in der logisch nicht nachvollziehbaren Folgerung: dass zuoberst ein Vogel singe und dies selten erfolgreich sei; und auch, dass angesichts der geschilderten Umstände das vorzeitige Ableben des Protagonisten nicht erstaune. Über die angeführten Beispiele hinaus finden sich weitere Formen empirischer Regelverletzung, unter anderem in Werken wie *oh wi tumm* und *missverständnis*. Rein sprachlicher Nonsens ist bei Matter hingegen untergeordnet. Er zeigt sich etwa im Lied *arabisch*, wo einige Reime morphologisch-lexikalische Regeln verletzen (vgl. Kap. 2.5.2).

2.7.4.2 Potenzierung

In Matters Liedern kommt Nonsens öfter auf mehreren Ebenen gleichzeitig vor. In den Liedern *dr eskimo* und *är het uf sym chopf e chopf gha* wird eine ‚Moral' aus der Nonsens-Fabula gewonnen, die zudem selbst widersinnig ist (siehe oben Kap. 2.7.4.1). Der Nonsens wird so nicht bloss verdoppelt, sondern ‚potenziert', als Nonsens im Nonsens. Dieses künstlerische Darstellungsmittel reicht weit über Matters Werk hinaus: Bekannt ist das Buch im Buch, der Film im Film, die Oper in der Oper

---

74 Übers.: „Er hatte auf seinem Kopf einen Kopf / und auf diesem Kopf noch einen Kopf / und auf diesem Kopf war ein Hut / und auf diesem Hut noch ein Hut. / Dort ganz zuoberst aber, / anstelle eines dritten Hutes, / dort sang ein kleiner Vogel. / So etwas geht selten gut. / Der kleine Vogel flog von ihm weg, / er sagte „für eine Stunde oder so." / Der kleine Vogel aber log, / er kam nie wieder zurück. / Nun stellen Sie sich das vor, dieses Bild: / drei Köpfe und nur zwei Hüte. / Was wundert's, dass er starb: / vorzeitig, lebensmüde."

usw. Harald Fricke hat auf dieses Verfahren, die *Mise en abyme* oder *Potenzierung*, in Matters Werk am Beispiel von *bim coiffeur* hingewiesen: Ein „‚metaphysischs grusle' packt noch Mani Matters Kunden im Friseurstuhl, wenn er durch mehrfache Spiegelung plötzlich ‚e männerchor us mir alei' vor sich sieht."[75] Die ‚Selbstreferenz', das „in den Abgrund schicken"[76], ist ein wesentliches literarisches Prinzip in Matters Liedern. Im *lied vom diabelli* singt der ‚Troubadour' Matter von einem „trubaduur", der ein Lied im Lied singt; im ‚poetologischen' Lied *mys nächschte lied*, einem Lied über das Liedermachen, wird über ein Lied nachgedacht, das nicht vorgetragen wird; in *won i bi dranne gsy* spricht das Textsubjekt über das verhinderte Entstehen eines Liedes; und der Text *französisches volkslied* sinniert über ein Lied, das letztlich, angesichts zahlreicher poetischer Schwächen, nicht aufgeführt wird. Aber auch andere Gattungen kommen zum Zug, so im Lied *si hei dr wilhälm täll ufgfüert* das Theater im Theater.

2.7.4.3 Nonsens und Gattungsformen

Wie angesprochen, stehen die Matter-Lieder über das Autorenlied hinaus in der Tradition etlicher weiterer Gattungen. Die Vielfalt umfasst thematische und nach klar vorgegebenen formalen Strukturen aufgebaute Gattungen. *Thematische Gattungen* sind Gattungen wie Liebeslieder (vgl. Kap. 2.6.2), Gespensterlieder (etwa *ds gspängscht, dr grichtschryber joss, kennet dir die gschicht*)[77] und Grossstadtlieder (z.B. *heiwäg, nei säget sölle mir*). Weitgehend fix gegliedert sind Gattungen wie Bänkelsang-Lied bzw. Moritat (z.B. *dr eskimo, d'nase, ahneforschig*) und Couplet (z.B. *hemmige, wo mir als bueben emal*). Nachfolgend soll Matters Umgang mit Gattungstraditionen beschäftigen.

Matter sah als Kern eines guten Autorenliedes („Chanson") ein Konglomerat an Elementen, wie er Fritz Widmer gegenüber geäussert hat:

---

75   Fricke 2000: 106. Dort auch ausgreifende Ausführungen zum Darstellungsmittel *Mise en abyme* allgemein.
76   Ebd.
77   Matter steht mit den Gespensterliedern in einer im Bernischen besonders reichen Tradition an Gespenstergeschichten. Das Lied *dr grichtschryber joss* geht auf eine alte Sage zurück (vgl. Hohler 1992: 81–98).

> Es ist knapp, banal, grotesk, absurd, zugleich Realität und Nonsens, enthält eine der vielen Widersprüchlichkeiten unseres Daseins, spricht sie in eindeutiger, wenn auch unnötige Details vermeidender Weise aus, parodiert den Bänkelsang in der Dreischritt-Folge 1. Vorstellung des Helden, 2. Sein Missgeschick, 3. Lehre daraus, widerlegt den gängigen Moritaten-Typ [...] durch die unglaubliche Kürze und prägnante Moral.[78]

Die Merkmalliste trifft auf viele Matter-Lieder in der geforderten Totalität freilich nicht zu. Auch kommen, je nach Liedtyp, andere poetische Mittel zum Tragen. Die Aufzählung verdeutlicht indes Matters bemerkenswerte Reflexion über den Zugriff auf die Tradition. Zudem benennt sie viele der von Matter bewusst eingesetzten literarischen Mittel und weist auf die Zentralität des Bänkelsangs in Matters Liedwerk hin. Zugleich behauptet Matter an anderer Stelle – in dem für ihn typischen Understatement –, dass seine Lieder einzig in der Tradition des schweizerischen ‚Gassenhauers' stehen würden: „Die einzigi Tradition, wo's mir isch glunge, dra azchnüpfe, isch ds Lumpeliedli, Genre: Es wott es Fraueli z Märit gah."[79]

Die formalen Merkmale des Bänkelsangs sind in Matters Liedern oft nur ansatzweise verwirklicht.[80] Matter übernimmt vom Bänkelsang den Aufbau „baladeskes Lied mit abschliessender Moralstrophe"[81], oder allgemeiner: die Abfolge *Narratio–Conclusio* (*fabula docet*) bzw. *Promythion–Epimythion*. Feinere bänkelsängerische Strukturelemente wie die Einleitung mit direkter Publikumsanrede (wie etwa in *d'nase* oder *dr eskimo*) und das *Prooimion* als vorgängige Zusammenfassung des Erzählten – zum Zweck der Erweckung von Neugier (wie in *ahneforschig*) – finden sich vereinzelt.

---

78 Widmer 2002a: 29f.
79 Hohler 1977: 57. Übers.: „Die einzige Tradition, an die es mir gelungen ist, anzuknüpfen, ist das Lumpenliedchen, Genre: Ein Frauchen will auf den Markt gehen." Unter „Lumpenliedchen" versteht man in der Schweiz ein kurzes, anspruchsloses, witziges und oft durch Nonsens geprägtes Lied. Schweizer Kinder lernen den Liedtyp (und auch das erwähnte Marktfrauen-Lied) spätestens im Kindergarten, besonders aber in der Schule und der Pfadfinder-Bewegung kennen.
80 Die Gattungs-Kriterien beschreibt Wolfgang Braungart: Bänkelsang, in: RLW, Bd. 1: 190. Laut Braungart akzentuiert „Bänkelsang [...] eher den szenischen und audiovisuellen Charakter des Phänomens, Moritat dagegen eher den textuellen".
81 Wolfgang Braungart: Bänkelsang, in: RLW, Bd. 1: 190.

Abweichend zum Bänkelsang ist bei Matter vor allem das Verhältnis zwischen Promythion und Epimythion: Nur selten findet sich eine Strophe, die als Ganzes eine Moralstrophe ist, und dann erstreckt sich die moralähnliche Schlussfolgerung wie im Lied *farbfoto* (Textabdruck Kap. 2.7.3) oft gleich über mehrere Strophen hinweg, wodurch das Epimythion länger ist als das Promythion. Ferner richtet das Textsubjekt die ‚Moral' öfter nicht, wie im Bänkelsang üblich, an ein Gegenüber, sondern an sich selber (wie im Lied *ds heidi*; vgl. Textabdruck in Kap. 2.3.3). Und schliesslich ist die Schlussfolgerung meist nicht eine Lehre oder gar eine Belehrung im eigentlichen Sinn (Ausnahmen: *ds heidi* und *dr hansjakobli und ds babettli*), auch wenn in den Liedern gelegentlich ausdrücklich von „Moral" die Rede ist (vgl. die je letzte Strophe der Lieder *dr eskimo* und *ds trambiliee*): Meist handelt es sich um eine Scheinlehre (da Nonsens; vgl. Kap. 2.7.4.1), einen nicht ernst gemeinten Ratschlag (wie in *farbfoto*), scheinlogische Erkenntnisse (wie in *betrachtige über nes sändwitsch* und *d'pfyffephilosophe*) oder um eine Überprüfung der balladesken Behauptung (wie im Lied *farbfoto*).

Das zweite Erzählmuster, das Matter bevorzugt, ist das Couplet, ein „humorvolles Bühnenlied mit Refrain", dessen Wirkungsprinzip auf „der unerwarteten und komischen Verbindung zweier Aussageebenen liegt", wobei eine Aussageebene im Kehrreim oder Refrain, die andere in der Vorstrophe angesiedelt ist.[82] Matter hat viele Lieder mit Refrains oder Kehrreimen geschrieben: *alls wo mir id finger chunnt, ballade vom nationalrat hugo sanders, dr gloon, ds heidi, hemmige, ir ysebahn, mir hei e verein, mir het dr dings verzellt, missverständnis, dr noah, oh wi tumm, d'psyche vo dr frou, warum syt dir so truurig* und *wo mir als bueben emal*. Indes ist keines dieser Lieder ein reines Couplet, sei es, weil der Kehrreim bzw. Refrain nicht (durchgängig) komisch funktionalisiert ist (siehe nachfolgend); sei es, weil die Wiederholung des Refrains bzw. Kehrreims bisweilen ausbleibt. Ohnehin schwanken die Refrains bzw. Kehrreime in Bezug auf die Länge stark. Der innovative Umgang mit der Gattungsform ‚Couplet' soll kurz am Liedtext *hemmige* erläutert werden:

> s'git lüt die würden alletwäge nie
> es lied vorsinge so win ig jitz hie
> eis singen um kei prys nei bhüetis nei
> wil si hemmige hei

---

82 Wolfgang Ruttkowski: Couplet, in: RLW, Bd. 1: 322.

si wäre vilicht gärn im grund gno fräch
und dänke das syg ires grosse päch
und s'laschtet uf ne win e schwäre stei
dass si hemmige hei

i weis das macht eim heiss verschlat eim d'stimm
doch dünkts eim mängisch o s'syg nüt so schlimm
s'isch glych es glück o we mirs gar nid wei
dass mir hemmige hei

was unterscheidet d'mönsche vom schimpans
s'isch nid di glatti hut dr fählend schwanz
nid dass mir schlächter d'böim ufchöme nei
dass mir hemmige hei

me stell sech d'manne vor wenns anders wär
und s'chäm es hübsches meiteli derhär
jitz luege mir doch höchschtens chly uf d'bei
wil mir hemmige hei

und wenn me gseht was hüt dr mönschheit droht
so gseht me würklech schwarz nid nume rot
und was me no cha hoffen isch alei
dass si hemmige hei[83]

Das Kernmerkmal des Couplets ist, wie gesagt, die unerwartete und komische Verbindung zwischen Kehrreim (oder Refrain) und Vorstrophe, wobei die Komik im Regelfall erst ab der zweiten Strophe einsetzt. Matters Lied *hemmige* weicht aber von diesem Kernprinzip des Couplets massgeblich ab. Das Lied ist keine permanente ‚Pointen-Schmiede',

---

83 Übers.: „Es gibt Leute, die würden wohl nie / ein Lied vorsingen, so wie ich jetzt hier, / eins singen, um keinen Preis, Gott bewahre, nein, / weil sie Hemmungen haben. // Sie wären im Grunde genommen vielleicht gerne frech, / und denken, dies sei ihr grosses Pech, / und es lastet auf ihnen wie ein schwerer Stein, / dass sie Hemmungen haben. // Ich weiss, das macht einen heiss, verschlägt einem die Stimme, / doch dann scheint's manchmal auch, es sei nichts so schlimm, / es ist gleichwohl ein Glück, auch wenn wir es gar nicht wollen, / dass wir Hemmungen haben. // Was unterscheidet den Menschen vom Schimpansen? Es ist nicht die glatte Haut, der fehlende Schwanz, / nicht, dass wir schlechter die Bäume raufklettern, nein, / dass wir Hemmungen haben. // Man stelle sich die Männer vor, wenn es anders wäre / und es käme ein hübsches Mädchen daher – / jetzt schielen wir doch bestenfalls ein wenig auf die Beine, / weil wir Hemmungen haben. // Und wenn man sieht, was heute der Menschheit droht, / so sieht man wirklich schwarz und nicht nur rot, / und was man noch hoffen kann, ist einzig, / dass sie Hemmungen haben."

Ernsthaftes und Komisches sind gezielt vermischt. In den ersten drei Strophen führt die zwischen Strophe und Refrain erzeugte Komik allenfalls zu verhaltenem Lachen.[84] In den beiden folgenden Strophen entfaltet diese Verbindung die volle Couplet-typische Wirkung; das Publikum reagiert mit schallendem Gelächter. Die abschliessende Strophe steht dazu radikal in Kontrast: In den Vordergrund rückt nun die – allerdings nicht an konkreten Begebenheiten festgemachte – ernsthafte Sorge über den Lauf der Welt. Der pragmatische Funktionswechsel vom Erheitern zur Betroffenheit hebt die Schlussstrophe deutlich von der vorangegangenen Erzählung ab. Es findet ein grundlegender Abbau der Distanzierung zum Inhalt, eine ‚Ent-Ironisierung', statt.

Matter spielt also mit bereits erprobten literarischen Strukturen und passt sie situativ der übergeordneten Liedbotschaft an. Die Gattungen Bänkelsang-Lied und Couplet stehen zugleich exemplarisch für die beiden Kernprinzipien, mit denen sich Songs, Chansons, Autorenlieder und viele weitere Formen strophisch geordneter Lyrik beschreiben lassen. Wolfgang Ruttkowski unterscheidet zwischen *vertikalen*, d.h. auf die jeweiligen Strophenschlüsse hin angelegten Verlaufstrukturen (entspricht dem Couplet) und *horizontalen* Gliederungen, die auf das Gesamt-Ende hin konzipiert sind (wie beim Bänkelsang).[85] Michael Hornig verweist mit Recht auf die *diagonale Konzeption*, bei denen vertikale und horizontale Gliederungen parallel auftreten.[86] In einem Lied können demnach die einzelnen Strophen als abgeschlossene Einheiten bestimmte Wirkungen erzielen, während gleichzeitig der Gesamttext auf einen bestimmten Liedausgang angelegt ist. Diese Mischform ist im Lied *hemmige* umgesetzt, aber auch in weiteren Liedern wie in *ir ysebahn* und *ds lotti schilet*.

Kennzeichen von vertikal ausgerichteten Texten ist die Möglichkeit, einzelne Strophen zu vertauschen oder wegzulassen, ohne die Kernaussage des Gesamtgefüges zu gefährden (*mögliche Kohärenz*; vgl. Kap. 2.4.4). In Matters Lied *missverständnis* liessen sich etwa die Strophen 2 bis 5 weitgehend willkürlich neu sortieren oder einzeln weglassen, da weder ein Erzählstrang (wie im Lied *dynamit*) noch eine andere erzähle-

---

84 Vgl. Matter (LP) 1973.
85 Ruttkowski 1966: 13.
86 Hornig 1974: 13.

rische Struktur (wie im Lied *ir ysebahn*; vgl. Kap. 2.6.2) zwingend eine bestimmte Abfolge verlangen:

> wi me sech doch mängisch missversteit
> i ha gmeint, i heig ihm dütlech gseit
> was i well, dass är
> mir i ds hus spedier
> jitz schickt dä statt e bratwurscht es klavier
>
> nid dass gäg klavier ig öppis hätt
> nei, ou es klavier isch an sich nätt
> aber zu salat
> röschti u'mne bier
> nimmt me doch e bratwurscht, kes klavier
>
> i wott gwüss nid stur sy, s'ligt mer färn
> teil hei vilicht bratwürscht gar nid gärn
> trotzdäm wär e mönsch
> vo're sältne gier
> nähmt er statt e bratwurscht es klavier
>
> zueggä, dass sech d'bratwurscht nid empfilt
> wenn me gärn e chopin-walzer spilt
> ja vilicht für das
> nähmt i allwäg schier
> lieber als e bratwurscht es klavier
>
> aber i ha hunger, wär gärn satt
> sitze vor myr röschti mit salat
> chätsche da drzue
> zwüsche zwee schlück bier
> luschtlos a're taschte vom klavier[87]

---

87 Übers.: „Wie man sich doch manchmal missversteht! / Ich dachte, ich hätte es ihm klar gesagt, / was ich möchte, dass er / mir ins Haus spediere. / Jetzt bringt der anstatt einer Bratwurst ein Klavier. // Nicht dass gegen Klaviere ich etwas hätte! / Nein, auch ein Klavier ist an sich nett – / aber zu Salat, / Rösti und einem Bier, / nimmt man doch eine Bratwurst, kein Klavier. // Ich will gewiss nicht stur sein, das liegt mir fern! / Manche haben vielleicht Bratwürste gar nicht gerne. / Doch wäre ein Mensch / von einer seltenen Gier, / nähme er anstatt einer Bratwurst ein Klavier. // Einverstanden, dass sich die Bratwurst nicht empfiehlt, / wenn man gerne einen Chopin-Walzer spielt. / Ja vielleicht dafür / nähme ich wohl schier / besser als eine Bratwurst ein Klavier. // Aber ich habe Hunger, wäre gerne satt, / sitze vor meiner Rösti mit Salat, / kaue nun dazu / zwischen zwei Schlücken Bier / lustlos an einer Taste vom Klavier." Fritz Widmer sieht sprachliche Parallelen zwischen diesem Lied und dem Beatles-Song *Maxwell's Silver Hammer* (vgl. Widmer 2002a: 23).

Neben den Strukturmustern von Bänkelsang-Lied und Couplet setzt Matter in seinen Liedern alle erdenklichen Formen literarischer Gestaltung ein. Angedeutet ist dies etwa in der Zitation gattungsspezifischer Erzählformeln und anderer Gattungssignale: „kennet dir das gschichtli scho" (*dr eskimo*)[88], „loset" (*d'nase*), „s'isch einisch eine gsy" (*ballade*), „e ma namens" (*wildweschter*) sowie „es git e bueb mit name" (*es git e bueb mit name fritz*)[89]. Ausserdem werden Gattungen wie Ballade, Volkslied und Lied in den Liedtiteln ausdrücklich genannt: *ballade, ballade vom nationalrat hugo sanders, französisches volkslied, ds lied vo de bahnhöf, ds lied vom diabelli* und *ds lied vom kritisiere*.

Eine Affinität zu Gattungen der Lehrdichtung ist unverkennbar, was sich bereits in der Bevorzugung des Bänkelsangs zeigt. Oft verfahren die Lieder uneigentlich, d.h. innerhalb des Textes kommt es, mit Zymner gesprochen, durch nachweisbare „Transfersignale" zu einer „Richtungsänderung der semantischen Kohärenzbildung" und damit zur „Aufforderung, eine eigene und vom Wortlaut des Textes unterschiedene Text-Semantik herzustellen"[90]. Die Richtung des semantischen Transfers ist innerhalb eines bestimmten Rahmens gegeben. Zu unterscheiden ist zwischen *impliziten* und *expliziten* Transfersignalen. Letztere finden sich etwa im ausdrücklichen Nennen einer *Moral der Geschichte*. In Matters Liedern überlagern sich dann aber nicht selten gleichzeitig zwei Prinzipien: Im oben diskutierten Beispiel *dr eskimo* (vgl. Kap. 2.7.4.1) wird das explizite Transfersignal „und dir gseht d'moral dervo" durch die logisch nicht nachvollziehbare Conclusio überlagert. Und im Lied *är isch vom amt ufbotte gsy* endet die beschriebene Handlung ebenso abrupt wie überraschend (vgl. Kap. 2.6.1). Die Appellstruktur weist über den Text hinaus, allerdings ist der Schluss reichlich abwegig, unwahrscheinlich, ja empirisch widersinnig. Die Suche nach einer eigenen, vom eigentlichen Wortlaut abweichenden Textsemantik ist in diesem Lied durch die Textebene des Nonsens konterdeterminiert.[91]

---

88 Im Liedtitel *kennet dir die gschicht* ist die Formel leicht abgeändert.
89 Übers.: „Kennt ihr das Geschichtchen schon"; „Hört"; ungefähr „Es war einmal (einer)"; „Ein Mann namens"; „Es gibt einen Jungen namens".
90 Zymner 1991: 51, 99.
91 Hier können freilich nicht alle Elemente dargelegt werden, durch die Matters Lieder vom Bänkelsang abweichen. Zwei weitere wichtige Ebenen sollen hier noch kurz beschäftigen: Die Conclusio ist oft durch die Abweichung von einer gewohnten Form überraschend. Der Kommentar zieht nicht im Sinne des Bänkelsangs aus einer

Matter führt die Tradition bestimmter Gattungen insgesamt nicht im ursprünglichen Gattungssinn weiter.[92] Im Vordergrund steht das Ironisieren literarhistorischer Strukturen, wobei das Parodistische bei Matter nicht zum Selbstzweck geschieht: vielmehr wird so Distanz zum Inhalt geschaffen.[93] Das Objektivieren wird aber nicht ausschliesslich, wenn auch überwiegend, durch Ironie und Nonsens erreicht, sondern auch durch weitere literarische Mittel (etwa Wortspiele und Groteskes).

Weitere Gattungen sind in Matters Liedern oft nur bruchstückhaft umgesetzt, wie etwa das *Gleichnis* bzw. der *Vergleich*, also die „hypothetisch vorgestellten Handlungszusammenhänge"[94], im Lied *dr eskimo* („süsch geits öich grad äbeso / wi däm armen eskimo"[95]). Das *Exempel*, das einen Sachverhalt beschreibt und an dem sich der Rezipient ein Beispiel nehmen soll, ist im Lied *novämbernacht* erkennbar: „das byspil lehrt: pass uf (das lehrt es eim) / gang früech i ds bett und d'liebi mach deheim".[96] *Beispielgeschichten* sind bis zu einem gewissen Grad alle Lieder mit Anleihen beim Bänkelsang, wie *ds heidi*, *dr hansjakobli* und

---

Geschichte einen allgemeingültigen, logisch-normativen Schluss: Im Lied *alls wo mir id finger chunnt* dient die Narratio dem Textsubjekt als Erklärung, weshalb es um eine „mildi spänd" bittet; im Lied *bim coiffeur* wird das Erzählte als Rechtfertigung für die zu langen Haare des Bühnensprechers benutzt und im Lied *wildweschter* geht das Publikum nach der Erschiessung des Kriminellen kommentarlos „zfride zum chino us" (Übers.: „zufrieden aus dem Kino"). Zudem ist nicht bloss die Art der Moral unerwartet, sondern auch ihr oft plötzliches Auftreten. Öfter findet sich der abschliessende Erzählerkommentar erst ganz am Liedende, und zudem sehr konzis, in wenige, nicht selten nur zwei Verse verpackt. Durch das überraschend schnelle Liedende hallen die letzten Verse echohaft nach, so etwa im Lied *si hei dr wilhälm täll ufgfüert*, in dem die beiden Schlusszeilen wiederholt werden, oder in den Liedern *bim coiffeur*, *dr her zehnder*, *dr wecker*, *mys nächste lied* und *chue am waldrand*.

92 Eine Ausnahme bildet freilich das Autorenlied.
93 Matter ironisiert in einzelnen Liedern ganze künstlerische Werke. Im Lied *ds lied vom diabelli* ist dies, wie schon aus dem Titel hervorgeht, das Werk des Komponisten Diabelli. Matters Lied bezieht sich aber auch auf Heines Werk, wie aus einem Autograph Matters hervorgeht, in dem notiert ist, dass das Diabelli-Lied eine Hommage an Heinrich Heine sei.
94 Zymner 1991: 128.
95 Übers. s. Kap. 2.7.4.1.
96 Übers.: „Das Beispiel lehrt: Pass auf (das lehrt es einem), / Geh früh ins Bett, und die Liebe mach' daheim." Zum Begriff *Exempel* vgl. Immanuel Kant: Metaphysik der Sitten, hier nach: Zymner 1991: 137ff.

ds babettli und *ds trambiliee*. Und die Gattung ‚Fabel', die globale Anthropomorphisierung des tierischen Figurals, findet sich bei Matter im Lied *dr rägewurm* (Textabdruck im Kap. 3.1). Die Gattung der Fabel spielt ausser bei den ‚sozialistischen Liedermachern' kaum eine Rolle. Sie bot im zensurstrengen Sozialismus vielfältige Möglichkeiten der indirekten Kritik:[97] Durch ungesättigte Konstanten (Aussparung von Konkret-Aktuellem) und Uneigentlichkeit schützt der Autor sich vor Sanktionen (‚*Analogie-Interpretation'*).[98]

Matters Werk aktiviert also hinlänglich erprobte literarische Wirkungsstrategien, oft aber nur sehr bruchstückhaft. Die Muster sind in grossen Teilen der Lehrdichtung entnommen, wobei das Pädagogische durch den Einsatz verfremdender Mittel, besonders durch den Nonsens, in Frage gestellt wird. Matter erteilt so in uneigentlicher Art eine Absage an ein (allzu) ernstes Erzählen, das ostentativ Lehrpoesie sein will. Belehrung findet sich bei Matter vor allem in Werken mit halböffentlichem Charakter (besonders im pfadfinderischen Textgut; vgl. Kap. 3.1).

2.7.5 Das Groteske

Das Groteske ist dem Nonsens verwandt. Nonsens weicht vom Grotesken „durch die durchgängige Komik" ab, während Groteskes „allenfalls partiell komisch wirkt und insgesamt textexternen Funktionen dient"[99]. Im Grotesken tritt der Fiktions-Charakter von Matters Liedern wohl am deutlichsten zutage. Die durchgängige Verfremdung weist ständig auf das Erfundensein des Textes hin.[100] Allerdings findet sich Groteskes bei Matter nur selten. Zu nennen sind in erster Linie die Lieder *us emene lääre gygechaschte* und *es git e bueb mit name fritz*:

---

97 Vgl. z.B. das Lied *Die Giraffe*, Vissotski (CD) 1988.
98 Auf weitere Gattungen sei nicht umfassend eingegangen. Zu nennen wäre unter anderem der Witz, der nicht notwendig eine eigenständige Gattung ist (*dr rägewurm* z.B. ist zugleich Fabel und Witz), das Märchen (vgl. Zymner 1991: 153ff.), das durch die Erzählformel „Es war einmal" (z.B. in *ballade*, siehe oben) angedeutet wird, und das Rätsel (*mir het dr dings verzellt*).
99 Peter Köhler: Nonsens, in: RLW, Bd. 2: 718.
100 Die Modi der grotesken Verfremdungseffekte sollen hier nicht weiter beschäftigen, da das Groteske bei Matter dem Nonsens sehr ähnlich ist (zur grotesken Verfremdung vgl. Rolf Haaser und Günter Oesterle: Grotesk, in: RLW, Bd. 1: 746).

> es git e bueb mit name fritz
> und dä cha renne wi dr blitz
>
> är rennt dä unerhört athlet
> so schnäll das me ne gar nid gseht
>
> und wil er geng isch grennt bis jitz
> het ne no niemer gseh dr fritz
>
> und ig sogar dr värslischmid
> mues zuegäh: vilicht gits ne nid[101]

Der sehr kurze Liedtext – jeder Vers wird beim Aufführen jedoch wiederholt – ist durchgehend paradox. Auf die Behauptung, dass etwas existiert („es git e bueb mit name fritz"), folgt die Beweisführung, weshalb es dieses, wie in der Schlussstrophe ausgeführt, womöglich gar nicht gibt. Durch die teilweise komische Wirkung ist der Text wohl eher dem Nonsens zuzurechnen.

Ohne Frage grotesk ist das – zu *es git e bueb mit name fritz* manche Parallele aufweisende – Lied *us emene lääre gygechaschte*:

> us emene lääre gygechaschte
> ziet er sys inschtrumänt
> und dr chaschte verschwindet
>
> und er spilt ohni bogen
> es lied ohni wort
> und er treit e zilinder
> doch drunder ke chopf
> und ke hals und ke lyb
> keni arme no bei
> das het er alles verloren im chrieg
>
> und so blybt no sys lied
> nume das isch no da
> denn ou e zilinder
> het er nie kene gha[102]

---

101 Übers.: „Es gibt einen Knaben namens Fritz / und der kann rennen wie der Blitz. // Er rennt, dieser unerhörte Athlet, / so schnell, dass man ihn gar nicht sieht. // Und weil er bis jetzt stets gerannt ist, / hat ihn noch niemand gesehen, den Fritz. // Und sogar ich, der Verseschmied, / muss zugeben: Vielleicht gibt's ihn gar nicht."
102 Übers.: „Aus einem leeren Geigenkasten / Zieht er sein Instrument hervor / Und der Kasten verschwindet // Und er spielt ohne Bogen / Ein Lied ohne Worte / Und er trägt einen Zylinder / Doch darunter keinen Kopf / Und keinen Hals und keinen Leib

Auch hier herrschen Paradoxa vor: Aus einem leeren Geigenkasten lässt sich selbstredend kein Instrument hervorziehen, ohne Bogen lässt sich kein Lied auf einer Geige spielen, und das handelnde Subjekt, das sich später als Soldat entpuppt, erweist sich mit fortschreitender Beschreibung als nicht existent: Ein Er ohne Kopf, Hals, Leib, Arme und Beine. Selbst die Existenz des Zylinders wird in der 3. Strophe bestritten. Im ‚Lied des toten Soldaten' ist die Paradoxie des Krieges, oder besser: dessen Folge, poetisch ‚demonstriert' (vgl. auch Kap. 2.1.4.2). Das Lied aus dem Jahr 1967 wird so neben Wolf Biermanns *Soldat Soldat* (entstanden 1963) zum ästhetisch wertvollsten Sinnbild der Anti-Kriegs-Stimmung der 1960er Jahre. Zugleich vereinigt das Lied *us emene lääre gygechaschte* wesentliche Parameter von Matters Poetik: das Scheitern (in der Figur des im Krieg gefallenen Soldaten; vgl. Kap. 2.6.3) und das Paradoxe (wie erwähnt ist nach Matter mutmasslich überhaupt nur Paradoxes und Antithetisches erkennbar; vgl. Kap. 2.6.5)

Das Lied *us emene lääre gygechaschte* ist der Inbegriff von Matters Poetik und literarischem Vermögen. Auch für Mani Matter selbst war dieses Lied innerhalb seines Repertoires zentral: Das Lied gibt dem Liedheft *Us emene lääre Gygechaschte* programmatisch den Namen und rahmt die Liedersammlung ein, indem das Lied den Abschluss bildet. Manches Matter-Lied mag populärer sein (etwa *dr hansjakobli und ds babettli*, *dene wos guet geit*, *hemmige* und *dr eskimo*), im literarischen und literaturwissenschaftlichen Betrieb steht es aber oft ganz vorne, von den Abhandlungen Franz Hohlers über Wolf Biermanns Nachdichtung bis hin zu Harald Frickes *Philosophie der Kunst*.

Die andere Seite des weiten Spektrums, dessen Beschreibung bei den Dinggedichten einsetzte, ist somit erreicht. Nachfolgend soll die Aufmerksamkeit einigen wichtigen historischen Aspekten von Matters Liedschaffen gelten.

/ Keine Arme oder Beine / Das hat er alles verloren im Krieg // Und so bleibt nur sein Lied / nur das Lied ist noch da / Denn auch einen Zylinder / Hat man niemals geseh'n". Standarddeutsche Version von Harald Fricke, in: Fricke 2000: 105; einige kleinere Abänderungen durch den Verfasser. Eine leicht andere Nachdichtung in Biermann 1991: 306.

3 Zur Geschichte von Matters Kunst des Autorenliedes

> kunscht isch geng es risiko[1]
> Mani Matter: *dr eskimo*

3.1 Die frühe Phase (1953–1964)

> Man kommt ja nicht von nirgendwo.
> Bernhard Stirnemann

3.1.1 Zeitliche Abgrenzung der frühen Phase

Das erste Lied Mani Matters, *dr rägewurm*, stammt aus dem Jahr 1953.[2] Die meisten Werke der frühen Phase entstanden Ende der 1950er Jahre (rund 20 Lieder) und lassen sich primär durch datierte Schallplatten zeitlich einordnen.[3] In der ersten Hälfte der 1960er Jahre schrieb Matter kaum Lieder, eine verstärkte Produktion setzte nach dem ersten grossen Autorenlied-Programm Ende 1964 ein. Bei den ersten Autorenliederveranstaltungen der Jahre 1963/64 wurden Matters Werke fremdinterpretiert (vgl. Kap. 3.2), ab 1965 sang er die Lieder an den Aufführungen der Berner Troubadours selber. Matters Liedgut stand damit verstärkt in der Öffentlichkeit und dürfte darauf ausgerichtet worden sein. Gefragt waren nun Lieder, die Distanz zur Biographie des Bühnensprechers schafften.

---

1 Übers: „Kunst ist stets ein Risiko."
2 Vgl. Hohler 1977: 44f. Die Melodie des Liedes ist Brassens' Chanson *Ballade des dames du temps jadis* entliehen (vgl. Kap. 2.5.1). Brassens' Chanson wurde erstmals auf der Schallplatte *Georges Brassens et sa guitare, récital No. 2* von 1953 (vgl. Brassens 1996: 790ff.) ediert. Es besteht also ein hoher zeitlicher Entstehungszusammenhang zwischen den beiden Liedern.
3 Vgl. Kap. 2.1.2.1 und das *Chronologische Liederverzeichnis* im Anhang.

Dies, aber auch biographische Begebenheiten (z.B. Heirat 1963; vgl. Kap. 2.1.1) dürften Ursache für die seltenere Thematisierung der Liebe und der Selbstfindung in der mittleren Werkphase gewesen sein.

3.1.2 Förderer, Vorbilder, frühe Formen

Die Entwicklungslinien der frühen Phase lassen sich aufgrund der oft ungenügenden Datierungslage nur grob nachzeichnen. Es sollen daher im Folgenden nur einige Hauptaspekte interessieren.

Mani Matter bewegte sich von Kindheit an in einem gesellschaftlichen Umfeld, das seine Laufbahn als Schriftsteller, Liedermacher, Jurist und Politiker begünstigte: Der Vater, ein Jurist, förderte seinen Sohn sprachlich und literarisch (vgl. Kap. 2.1.1); der Grossvater väterlicherseits bekleidete bei den Schweizerischen Bundesbahnen ein hohes Amt.[4] Mit acht Jahren besuchte Mani Matter die Pfadfinderabteilung der Bernburger, die *Patria* – eine gut vernetzte und einflussreiche Organisation des einstigen Patriziats der Stadt Bern. In dieser Umgebung lernte Matter viele seiner späteren Weggefährten kennen. Die Patria war aber für Matters literarischen Weg auch aus anderen Gründen bedeutsam (vgl. nachfolgend). Ein ebenfalls wichtiger Bezugspunkt war das von Matter absolvierte renommierte Gymnasium Kirchenfeld. Dort ergaben sich weitere bedeutende Bekanntschaften für seinen künstlerischen Werdegang.[5]

Die Zugehörigkeit zur Pfadfinderabteilung *Patria* veranlasste Matter zum ersten literarischen Wirken: Ab 1953 veröffentlichte Matter im hauseigenen Mitteilungsblatt *Hallo* literarische Beiträge, u.a. den Liedtext eines seiner frühesten Lieder, *ds lied vom pfaderhuet*. Es huldigt dem Hut des Pfadfinders:

> Em Pfader syni schönschti Zierde,
> Sy Schmuck, sy Schtolz und syni Pracht,

---

4 Vgl. Matter, in: Hohler 1977: 8.
5 Zur Biographie Matters ist wenig bekannt, was eine detaillierte Darstellung des Zusammenhangs zwischen Leben und Werk erschwert. Die meisten bislang bekannten Angaben finden sich in Hohler 1977/92. Die umfassende Aufarbeitung der Biographie wäre wünschenswert und dringend angezeigt, solange es noch Zeitzeugen gibt.

Das, wo us gwöhnleche Zivilischte
Eigentlech ersch der Pfader macht,
   Isch üse Pfaderhuet.

Als Coboihuet und als Südweschter
Oder à la Napoleon
Als Wällbläch oder Chuecheschachtle
Het jede ganz nach syr Façon
   E schöne Pfaderhuet.[6]

In der Patria fand Matter die Bühne, die er für seine künstlerische Entwicklung benötigte. Er verfasste für einen Patria-Unterhaltungsabend sein erstes Lied *dr rägewurm* und schrieb nach dessen unerwartet grossem Erfolg vier bis fünf weitere, am 12. Juni 1954 an einer gymnasialen Veranstaltung aufgeführte Lieder.[7]

Zwischen März 1959 und März 1965 war in den meisten der vierteljährlich herausgegebenen *Hallo*-Ausgaben ein „Mani"-Gedicht abgedruckt, wovon bis anhin nur wenige bekannt sind.[8] Einige dieser Texte sind auch ausserhalb des pfadfinderischen Zusammenhangs lesenswert, so etwa das permutationsähnliche „Wie man gaukelt / (zum Selbermachen)":

Kauf dir ein Kelgau-Ei.
Geh in den Eikel-Gau.
Leg's auf die Ei-Gaukel
unter der Gau-Eikel.
Ruf dreimal: Keleigau!
Und schon sind Gau, Kel, Ei
fertig zur Gaukelei.[9]

---

6 Matter, in: Hallo 30.4 (Okt. 1954): 119. Hier sind die ersten beiden von insgesamt sieben Strophen abgedruckt. Übers.: „Des Pfadfinders schönste Zierde, / sein Schmuck, sein Stolz und seine Pracht, / das, was aus gewöhnlichen Zivilisten / eigentlich erst den Pfadfinder macht, / ist unser Pfadfinderhut. // Als Cowboyhut und als Südwester / oder à la Napoleon, / als Wellblech oder Kuchenschachtel / hat jeder ganz nach seiner Façon / einen schönen Pfadfinderhut."
7 Es handelt sich wohl um die vier Lieder *dr rägewurm, ds rohr, am samschtig ds nacht* und *ds lied vom pfaderhuet*, die auf der (mutmasslich allerersten) Schallplatte mit Liedern Matters (Matter [Single] ca. 1954) enthalten sind.
8 Zu den Gedichten i.E. vgl. Kap. 2.1.2.1. „Der Schnipp" findet sich im *Rumpelbuch* (Matter 1992b: 202f.) und „Brief aus dem Lager" in Hohler 1977: 14.
9 Matter, in: Hallo 40.4 (Dez.1964): 1.

Die in den *Hallo*-Heften erschienen Gedichte und Lieder richten sich an die Pfadfinder und unterscheiden sich von den meisten übrigen Matter-Liedern primär durch den belehrenden Gestus. In den hochdeutschen Pfadfindertexten – nur wenige sind im Dialekt verfasst – werden öfter berndeutsche Wörter verwendet (wie im Übrigen auch in seinen Briefen, vorzugsweise in emotionalen Textstellen). Eine solche Passage findet sich z.B. in der letzten Strophe des Gedichts „Moralin":

> Nicht zu großen, kühnen Taten
> will ich raten, *bhüetis*, nein;
> nur dazu, ein wenig kritisch
> und nicht gar so faul zu sein.[10]

Matter war in der Pfadfinderbewegung überaus aktiv: Neben den *Hallo*-Texten verfasste er kabarettistische Programme sowie drei Bühnenstücke[11] und betätigte sich als Kabarettist, ‚Bänkelsänger' und Schauspieler (vgl. Kap. 2.1.2.1). Sein schauspielerisches Auftreten ist im Stück *Vo Gschicht u Troum*[12] dokumentiert, das an einem der alle zwei Jahre durchgeführten Patria-Unterhaltungsabenden aufgeführt wurde. Unter den *Dramatis Personae* ist neben den historischen Figuren „Diogenes", „Caesar", „Kolumbus", „Napoleon" und „Gouverneur vo St. Helena" nicht nur „der Grüne Trupp", dem Matter innerhalb der Patria angehörte, sondern auch dessen Pfadfinder-Name „Mani" erwähnt. Im Stück sind auf subtile Art historische Figuren und Ereignisse ironisiert, nicht zuletzt durch den Kontrast des Alltäglichen mit dem als gemeinhin als besonders wichtig eingestuften Historischen. Diese Form des Kontrasts findet sich auch in Matters Liedern (vgl. Kap. 2.6.4). Die Parallele zwischen dem Pfadfinder-Stück und Matters Poetik ist augenfällig, ja ganze Lieder dürften durch die Inszenierung angeregt worden zu sein, vor allem das

---

10 Matter, in: Hallo 37.4 (Sept. 1961): 1, Hervorhebung S. H. *Bhüetis* bedeutet ‚behüte uns'.
11 Bühnenstücke ausserhalb der Patria wurden für Matter vor allem ab 1967/68 wichtig (vgl. Matters Brief an Fritz Widmer, 1. Mai 1968).
12 Typoskript im Archiv der Pfadfinderabteilung Patria, Bern; Autor, Datierung und Signatur unbekannt. Im Stück wird an einer Textstelle auf das Jahr 1956 hingewiesen. Das Stück stammt nicht vom damaligen Hausautor der Patria, Guido Schmezer – er schrieb zwischen 1945 und 1955 sämtliche fünf Patria-Stücke –, wie er dem Verfasser in einem Brief vom 22.12.1998 mitteilte. *Vo Gschicht u Troum* erinnert in vielem an Max Frischs Stück *Die Chinesische Mauer*.

Lied *dr kolumbus*, das sowohl die Kolumbus- als auch die Napoleon-Figur anführt und die ‚kleinen Taten' den ‚grossen Taten' gegenüberstellt. Ein Kerngedanke, der im Übrigen das oben zitierte Gedicht „Moralin" prägt. Die Affinität für die kleinen Taten ist ein wesentliches Kennzeichen des Selbstverständnisses und der Pädagogik der Pfadfinderbewegung: Das Ego des Einzelnen soll zugunsten der Gemeinschaft, der pfadfinderischen Bewegung, zurückstehen. Hier findet sich das Understatement, das Matter auch in seinen Liedern oft einsetzt.

Auch das Verfahren der ironischen Kontrastierung von Heimischem mit Exotischem, das im Lied *dr eskimo* zum Tragen kommt, steht im Zusammenhang mit der Patria. Im „Schlager" des Unterhaltungsabends von 1959, dem Lied *warum isch's am äquator*, wird die pfadfinderische Stimmungslage gewürdigt:

> Warum isch's am Äquator eso heiß und schwüel?
> Mir wüss's alli nid, doch hei mir eifach ds Gfüehl,
> Me chönnt's sogar dert unde-n-ou no luschtig ha,
> Wenn's im Süde Pfader hätt vor Patria.[13]

Viele Patria-Bekanntschaften sollten zu wichtigen Weggefährten Matters werden, vor allem jene Mitglieder, die sich mit Kunst auseinandersetzten und selber Texte bzw. Musik verfassten. Zu nennen ist etwa der Hausautor der Patria, der promovierte Literatur- und Sprachwissenschaftler Guido Schmezer (geb. 1924; Pseudonym: Ueli der Schreiber), dessen Funktion Matter später übernommen hat. In späteren Jahren arbeitete Matter ebenso wie Schmezer – auf dessen Fürsprache hin? – in der städtischen Verwaltung.[14] Schmezer schrieb nicht nur für die Patria, sondern auch für die bedeutendste schweizerische Satirezeitschrift, den *Nebelspalter*, und verfasste die erfolgreiche Publikation *Bern für Anfänger*[15]. Schmezers berühmte, bevorzugt in den Nebelspalter-Texten eingesetzte

---

13 Hallo 39.4 (1963): 87. Hier ist die erste Strophe des Liedes abgedruckt. Übers.: „Warum ist es am Äquator so heiss und schwül? / Wir wissen es alle nicht, doch haben wir einfach das Gefühl, / es wäre sogar dort unten noch lustig, / wenn's im Süden Pfadfinder hätte von der Patria."
14 Matter arbeitete im gleichen Gebäude wie Schmezer. Schmezer war während 22 Jahren Stadtarchivar und Beauftragter für Information der Stadt Bern.
15 Schmezer 1987.

Erzählschablone „Ein(e) … namens …"[16] regte mehrmals Matters Schreiben an; so ein erstes Mal 1962 im folgenden Text:

> Ein Pfader namens Köbi Walter
> las oft und gern den *Nebelspalter*,
> in dem er doch stets allerhand
> (nebst anderem) zum Lachen fand.
>
> Besonders in die Augen stachen
> ihm Verse, die von Bernern sprachen,
> von Bernern namens dies und das;
> die Verse machten ihm viel Spass.
>
> Es schien ihm auch, und mehr und mehr,
> im *Hallo*, es sei lange her,
> hab einer ähnlich einst gesungen,
> gleich sichern Verses, gleich gelungen.
> „Hiess er nicht Schnigg? – Nein! – Oder Schnugg?"
> Die Ahnung liess ihn nicht mehr lugg …
>
> Ihr wisst, der Köbi hatte recht.
> Und ihr, o Patrianer, sprecht,
> freut es euch nicht auch, wenn ihr seht,
> dass unser Patria-Poet
> mit seiner Feder heiterm Reiz
> jetzt ausstrahlt in die ganze Schweiz?[17]

Ein gutes Jahr nach der Veröffentlichung dieser Zeilen erschien in einem weiteren *Hallo*-Heft das Gedicht „Unbekannti Patrianer". Dessen erster Abschnitt (von insgesamt drei Teilen) ist bis auf wenige Abweichungen mit dem Lied *es git e bueb mit name fritz* identisch (Textabdruck im Kap. 2.7.5).[18] Der Abgesang des belehrenden Liedes lautet:

> De git's e Pfader namens Wale.
> Däm syni Fuulheit isch nid z'zale.

---

16 Viele Schmezer-Gedichte sind als Sammlungen in mehreren selbstständigen Buchpublikationen erschienen, so letztmals in Schmezer 2008.

17 Matter, in: Hallo 38.2 (März 1962): 1. Hervorhebungen im Original. Guido Schmezer trug in der Patria das Pseudonym *Schnägg*. Die Redensart „liess ihn nicht […] lugg" bedeutet in diesem Zusammenhang „liess ihm keine Ruhe".

18 In der *Hallo*-Fassung ist die Rede von einem „Pfader namens Fritz", und zudem lautet die sechste Zeile „Weis niemer, das's ne git, der Fritz."

Zwar zu de Pfader isch er scho,
Doch nie wär är a d'Üebig cho.

U leider stimmt's: der Wale git's.
Doch öppis anders dünkt my jitz:

Der Ändeffäkt isch nämlech, mein i,
Grad glych bi Wale, Fritz und Heini.[19]

Im Unterschied zum Pfadfinder-Text meidet das Lied *es git e bueb mit name fritz* all jene Textelemente, die auf das pfadfinderische Zielpublikum und die pädagogische Textfunktion hinweisen.

Eine für Matter weitere wichtige Bekanntschaft aus dem Patria-Umfeld war Klaus Schädelin (1918–1987). Matter war ab 1957/58 regelmässiger Gast bei der Pfarrers-Familie, die nach dem Tod von Matters Mutter zu seiner vorübergehenden Ersatzfamilie wurde.[20] Klaus Schädelin war seinerzeit eine der schillerndsten Persönlichkeiten der Stadt Bern: Als Kopf der aufstrebenden politischen Gruppierung *Junges Bern* wurde er 1958 in den Gemeinderat der Stadt Bern gewählt, dessen Amt er bis 1973 ausübte. Über die bernischen Kantonsgrenzen hinaus erlangte Schädelin durch seinen Jugendbuchklassiker *Mein Name ist Eugen* Berühmtheit (Erstpublikation 1955; 29. Auflage im Jahr 2005). Schliesslich war das Haus Schädelin in den 1950/60er Jahren Kristallisationspunkt der Berner Kleinkunstszene: Vertreter unterschiedlicher Künste trafen sich im Pfarrhaus, besonders Kabarettisten wie Voli Geiler und Walter Morath, aber auch die bernische Szene des sich neu entfaltenden Autorenliedes, die später als Berner Troubadours bekannt gewordenen Ruedi Krebs, Bernhard Stirnemann, Mani Matter, Fritz Widmer und Jacob Stickelberger.[21] Wichtig für die jungen Liedermacher war

---

19 Matter, in: Hallo 39.3 (Juni 1963): 1. Übers.: „Dann gibt's einen Pfadfinder namens Wale. / Dessen Faulheit ist nicht zu bezahlen. // Zu den Pfadfindern gehörte zwar er schon, / doch nie hätte er an den Übungen teilgenommen. // Und leider stimmt's: den Wale gibt's, / doch etwas Anderes scheint mir jetzt: // Der Endeffekt ist nämlich, meine ich, / genau der gleiche bei Wale, Fritz und Heini."
20 Vgl. Kap. 2.1.1. Die Aussagen über Klaus Schädelin stammen grösstenteils von Änni Krebs-Schädelin, einer Tochter von Klaus Schädelin (Gespräch mit S. H., Februar 1998). Weitere Angaben zu Klaus Schädelin, dem *Jungen Bern* und Mani Matter auf Hugi/Stettler (MC) 1996.
21 Ruedi Krebs (geb. 1938) war Sekundarlehrer und Erwachsenenbildner. Verheiratet ist er mit Änni Krebs-Schädelin. Bernhard Stirnemann (geb. 1936) war Primarschul-

neben der Gastfreundschaft der Pfarrersfamilie die Möglichkeit, Tonbandaufnahmen zu machen (jene Geräte waren damals rar), was den Sängern die kritische Begutachtung ihrer eigenen Elaborate in Tonform erlaubte.

Die Freundschaft Matters mit der Familie Schädelin führte dazu, dass Matter 1959 eigens für die beiden Schädelin-Töchter das Lied *ds gspängscht* verfasste, das ihnen die Angst vor Gespenstern nehmen sollte.[22] Das Lied handelt von der allnächtlichen Störung des Textsubjekts durch ein Gespenst. Angesprochen vom völlig Verängstigten, äussert das verwirrte Gespenst, dass die Zeiten für Gespenster schwierig seien, die Leute hätten den Glauben an Gespensterwesen verloren. Von nun an bleibt das Gespenst fern. Das Textsubjekt folgert, dass alles nur eine Frage des Glaubens sei:

> doch dir gseht was da d'moral isch:
> we's bi öich es gspängscht sött ha
> schlafet nume ruehig wyter
> u gloubet nid dra[23]

Ausserdem waren bei Schädelins die auf dem Grammophon abgespielten Schallplatten von Karl Valentin beliebt. Die Valentin-Rezeption hat Matters Liedermachen nachhaltig geprägt, schafft er doch in späteren Liedern ähnlich wie Valentin öfter ausweglose Situationen, in denen die Figuren nonsenshaft an der Technik scheitern,[24] so z.B. im Lied *dr al-*

---

lehrer sowie Gründer und Leiter des Theaters *Die Rampe* (1961–1982), Leiter des Theaters am Käfigturm sowie Regisseur und Schauspieler. Auch ist er ehemaliger Stadtrat (Bern) und Grossrat (Kanton Bern) sowie Mitbegründer des Kulturrestaurants Monbijou (Gründungsjahr 1992). Fritz Widmer (geb. 1938) ist ehemaliger Seminarlehrer und (Dialekt-) Schriftsteller. Er ist verheiratet mit Christina Widmer-Hesse, einer Enkelin Hermann Hesses. Jacob Stickelberger (geb. 1940) ist Rechtsanwalt.

22 Die Thematik des Angsthabens, Erschauerns, ja des Schaurigen an sich, ist in Matters Werk also früh präsent. Momente des Schaurigen sind über Matters ganzes Werk verstreut und gipfeln im ‚metaphischen Gruseln' beim Friseur (*bim coiffeur*).

23 Vgl. zum Glauben Kap. 2.6.5. Übers.: „Ihr seht, was da die Moral ist, / wenn es bei euch ein Gespenst geben sollte: / Schlaft nur ruhig weiter / und glaubt nicht daran!"

24 Zum Scheitern vgl. Kap. 2.6.3, zum Nonsens vgl. Kap. 2.7.4; dies betrifft etwa die Lieder *dr parkingmeter, dr wecker, dr mönsch isch wie dä* und *dr her zehnder und sy teetasse*. Auch weitere technikkritische Werke faszinierten Matter, wie etwa Charly Chaplins Film *Modern Times* (vgl. Widmer 2002a: 21).

peflug, wo Motorenlärm die zum Überleben notwendige Kommunikation verhindert:

> s'sy zwee fründe im ne sportflugzüg en alpeflug ga mache
> flügen ufe zu de gipflen und z'dürab de gletscher nache
> hinde sitzt dr passagier, dä wo stüüret, dä sitzt vor
> und es ratteret und brummet um sen ume dr motor
>
> da rüeft dä, wo hinde sitzt: lue, ds bänzin geit us, muesch lande!
> wie? was seisch? rüeft dr pilot, los, i ha di nid verstande
> wie? was hesch gseit? rüeft dä hinde, warum landisch nid sofort?
> red doch lüter, rüeft dä vorne, bi däm krach ghör i kes wort
> [...]
>
> so het im motorelärme dr pilot halt nid verstande
> dass ihm jitz ds bänzin chönnt usga und dass är sofort sött lande
> da uf ds mal wird's plötzlech still, nämlech wil ds bänzin usgeit
> und jitz wo me's hätt verstande, hei si beidi nüt meh gseit[25]

Die Beschäftigung mit Karl Valentin führte Matter in eine weit zurückreichende Traditionslinie des Volkssänger- und Volkstheatertums, die über die Münchner Szene um Karl Maxstadt, Papa Geis, Papa Kern und Carl Helmstädt (vgl. die Dauerausstellung im *Valentin-Musäum* in München), die Wiener Komödie des 19. Jh.[26] und die komischen Einakter im Mittelalter (Rosenplüt, Hans Sachs, Hans Folz) bis ins Possenspiel der Antike zurückgeht.

---

25 Hier sind die Strophen 1, 2 und 5 abgedruckt. Übers.: „Es haben mal zwei Freunde in einem Sportflugzeug einen Alpenflug gemacht, / fliegen hoch zu den Gipfeln und hinab, den Gletschern entlang. / Hinten sitzt der Passagier, der, der steuert, der sitzt vorne, / und es rattert und brummt um sie herum der Motor. // Da ruft der, der hinten sitzt: „Schau, das Benzin geht aus, du musst landen!" / „Wie? Was sagst du?" schreit der Pilot, „Hör mal, ich hab' dich nicht verstanden!" / „Wie? Was hast du gesagt?" schreit der hinten, „warum landest du nicht sofort?" / „Sprich doch lauter!" schreit der vorne, „bei dem Krach hör' ich kein Wort!" // [...] So hat im Motorenlärm der Pilot eben nicht verstanden, / dass ihm jetzt das Benzin ausgeht und dass er sofort landen sollte. / Da, mit einem Mal, wird's plötzlich still – nämlich weil das Benzin ausgeht, / und jetzt, da man's verstanden hätt', haben sie beide nichts mehr gesagt." Hier wie im nachfolgend zitierten Lied *hie ir schwyz* wird – anders als in den Liederbüchern – angenommen, dass es sich um vierzeilige Strophen handelt, weshalb in der Versmitte öfter ein Komma eingefügt worden ist (zu editorischen Fragen vgl. Kap. 2.1.2.2).

26 Wie Raimund und Nestroy; vgl. Köhl 1990: 90

Klaus Schädelins Name war wie erwähnt wesentlich mit der Geschichte der politischen Gruppe *Junges Bern* verbunden, und damit auch mit Matters politischem Weg. Matter setzte sich als Propagandadichter und als kritischer Diskussionspartner für die Gruppierung ein und wurde 1964 für drei Jahre zu deren Präsident.[27] In diesem politischen Umfeld erreichten Matters Lieder erstmals eine breite Öffentlichkeit; an den Feierlichkeiten des wider erwarten als Vertreter des *Jungen Bern* in den stadtbernischen Gemeinderat gewählten Klaus Schädelin trug er einige seiner Lieder vor. Einige Zeit später, am 28. Februar 1960, waren dank dem Kontakt zwischen Klaus Schädelin und Guido Schmezer, dem damaligen Ressortchef von Radio Bern, einige von Matters Liedern am Radio zu hören (*ds lotti schilet, am samschtig ds nacht, i han en uhr erfunde*).[28]

In jener Zeit, Ende der 1950er, Anfang der 1960er Jahre, befasste Matter sich zwar intensiv mit Politik, politische Lieder entstanden aber, soweit bekannt, keine. Erst viele Jahre später arbeitete Matter das bereits damals für das *Junge Bern* zentrale Gedankengut in Liedtexte ein, so etwa ins Lied *oberi und underi* (1971; Textabdruck Kap. 2.7.2.3), das sich mit gesellschaftlichen Strukturen befasst, die nichts über das Spezifische eines Menschen aussagen würden. Im Lied *hie ir schwyz* (1972) wird das allzu loyale (parteipolitische) und dadurch oft unkritische Politisieren des einzelnen Politikers angeprangert:

---

27 Vgl. Kap. 2.1.1. Was Matter zum Rücktritt bewogen hat, ist nicht bekannt. Manches Mitglied des *Jungen Bern* war über den Abgang allerdings nicht unfroh. Laut Klaus Schädelin war Matter einerseits ausgesprochen liebenswürdig, andererseits konnte er in Diskussionen „brutal" und verletzend sein (vgl. Hugi/Stettler [MC] 1996).

28 Vgl. Kap. 2.1.3. Schädelin, Schmezer und Matter waren in der Patria aktiv. Dadurch bestanden die Bekanntschaften bereits. Vor allem Schädelin, der eine Generation älter war als Matter, förderte Matter, aber auch das bernische Autorenlied generell. Laut Hohler (1977: 46) soll Schädelin Schmezer zum Abspielen der Lieder angeregt haben. Da Matter mit Schmezer auch sonst bekannt war und dieser Matters künstlerische Begabung durch die Patria kannte, sei dahingestellt, ob es der Fürsprache durch Schädelin bedurfte. Bemerkenswert ist jedoch, dass Matter durch die Beziehungen in der Patria nicht nur mit dem politischen, sondern auch mit dem medialen Machtzentrum Berns verbunden war.

hie ir schwyz da hei d'politiker fasch geng e gsunde schlaf
s isch dr lohn vom guete gwüsse, si sy würklech alli brav
denn si glouben a d'regierig, wo alls weis und alles cha
    und drum säge si zu allem, was da chunnt geng nume ja

doch vereinzelt git's o settig, wett fasch säge schwarzi schaf
wo uf alls e grossi wuet hei, die sy gar nid öppe brav
gloube gar nüt dr regierig, wo nüt macht so wi si's wei
    und drum säge si zu allem, was da chunnt geng nume nei
[…]
wivil schöner wär's, die vile hätte nid so gsunde schlaf
und si wären e chly kritisch, glychs gilt für die schwarze schaf
nume däwäg isch es müglech, dass mir mal dä zuestand hei
    wo me je nachdäm, was chunnt ou mängisch ja seit, mängisch nei[29]

Neben dem Engagement für die Patria und das *Junge Bern* widmete sich der jugendliche Matter typisch adoleszenten Themen. Bereits das erste Lied, *dr rägewurm*, wendet sich einem jener phasenspezifischen Themen zu, der Liebe. Ein Wurm verliebt sich im Überschwang der Frühlingsgefühle wie ein Narziss in sein eigenes Hinterteil:

einisch nach emne grosse gwitter
einisch nach emne grosse sturm
isch zum bode cho use z'graagge
ganz vergnüegt e rägewurm
är het blinzlet froh und glücklich
u het sech gfröit am sunneliecht
doch da gseht er, dass grad ir nechi
non e zwöite usekriecht

---

29 Übers.: „Hier in der Schweiz haben die Politiker fast immer einen gesunden Schlaf. / Es ist der Lohn des guten Gewissens: Sie sind wirklich alle brav. / Denn sie glauben an die Regierung, die alles weiss und alles kann. / Und deshalb sagen sie zu allem, was da kommt, immer nur ja. // Doch vereinzelt gibt es auch solche, ich würde fast sagen schwarze Schafe, / die auf alles eine grosse Wut haben. Die sind überhaupt nicht brav, / glauben gar nichts der Regierung, die nichts so macht, wie sie es wollen. / Und deshalb sagen sie zu allem, was da kommt, immer nur nein. // […] Um wie viel schöner wäre es da, all jene hätten nicht einen derart gesunden Schlaf, / und sie wären ein bisschen kritisch. Das Gleiche gilt für die schwarzen Schafe. / Nur so ist es möglich, dass wir irgendwann mal diesen Zustand haben: / Dass man, je nach dem, was kommt, manchmal ja sagt, manchmal nein."

> är seit grüessech, seit grüessech wou
> oh wie schön isch es doch uf ärde
> dir syt hübsch weit dir nid my frou
> myni frou gemahlin wärde?
> doch dr ander statt dass er ja seit
> und dass er an ihm gfalle fänd
> seit: i bi ja, du dumme kärli,
> nur dys eigete hinteränd[30]

Für die frühen Lieder ist neben der Liebesthematik der Einsatz von Ironie und Nonsens typisch. Sie prägen in *dr rägewurm* neben der Narratio die Conclusio:

> das gschichtli isch zwar truurig doch
> es zeigt der früelig macht eim sturm
> so geit's jedem rägewürmli
> geit's em hingerschte rägewurm[31]

Das Liebesthema nimmt in Matters Liedwerk über die ganze frühe Phase breiten Raum ein (u.a. in *ds lotti schilet, ds eisi, i will nech es gschichtli verzelle, ds kiöskli, ds rohr*[32], *dr her zehnder*[33]), und es werden systematisch unterschiedliche Blickwinkel auf das Thema eingenommen (vgl. Kap. 2.6.2). In den späteren Liedern spielt die Liebes-Thematik nur noch eine marginale Rolle (z.B. *hemmige, ds lied vom diabelli*). Ausserdem bevorzugte der junge Matter in der frühen Schaffensphase das Thema

---

30 Übers.: „Einst nach einem grossen Gewitter, / einst nach einem grossen Sturm, / kam aus dem Boden gekrabbelt / ganz vergnügt ein Regenwurm. / Er hat geblinzelt, froh und glücklich / und hat sich gefreut am Sonnenlicht, / doch da sieht er, dass ganz in der Nähe / noch ein zweiter herauskriecht. // Er sagt: ‚Guten Tag, grüss Gott! / Ach, wie schön ist es doch auf Erden. / Schön sind Sie – wollen Sie nicht meine Frau, / meine Frau Gemahlin werden?' / Doch der andere, statt dass er ‚ja' sagt / und dass er an ihm Gefallen fände, / sagt: ‚Ich bin ja, du dummer Kerl, / nur dein eigenes Hinterende'."

31 Übers.: „Dieses Geschichtchen ist zwar traurig, doch / es zeigt, der Frühling verwirrt uns, / so geht's jedem Regenwürmchen, / geht es selbst dem allerletzten Regenwurm."

32 Mit „Rohr" bezeichnete man früher die ‚Flaniermeile' unter den Lauben Berns (zwischen Spitalgasse und Kramgasse). Im Lied wird zum gemeinsamen Beobachten gleichaltriger Mädchen aufgefordert; zudem wird Bern gehuldigt.

33 *Dr her zehnder* ist als Endloslied konzipiert, in der Erstvariante mit der expliziten Nennung der Endlosfunktion; vgl. Matters 78-tourige Schallplatte (ca. 1954).

,Selbstfindung' (u.a. in *ds rote hemmli, am samschtig ds nacht*) und als literarisches Verfahren den Nonsens (z.B. *i han en uhr erfunde, alls wo mir id finger chunnt*).

In den frühen Liedern werden, wie angemerkt, Matters künstlerische Wurzeln sichtbar: Einen grossen Einfluss auf Matter übten die Chansons von Georges Brassens aus, Matter hat mehreren seiner Lieder Brassens-Melodien unterlegt.[34] Auch interpretierte Matter in jener Zeit viele fremde Lieder, darunter etliche Chansons von Brassens, die er gelegentlich durch Stimmeinfärbung verspottete – so ein erstes Mal an einem gymnasialen Unterhaltungsabend im Jahr 1955. Einige wenige, ab 1957/58 von Klaus Schädelin tonfixierte Interpretationen sind überliefert.[35]

Neben dem Chanson, dem populären Liedgut allgemein und dem Kabarett beschäftigte Matter sich schon seit der Kindheit mit der „feinsinnigen Literatur", u.a. mit Rilkes und Morgensterns Lyrik[36], ab Mitte der 1950er Jahre, nach Aussagen Jürg Wyttenbachs[37], auch intensiv mit

---

34 Vgl. Kap. 2.5.1. Verglichen mit den Vorbildern Georges Brassens, François Villon und Wolf Biermann fehlt bei Matter die Deftigkeit im Ausdruck weitgehend: Vulgarismen finden sich kaum, erotische Sprechweisen sind meist ausgespart; allenfalls werden sie angespielt, wie etwa in *ds eisi* oder *s'isch amene schöne sunntig gsy*. Ohnehin meidet Matter den direkt-provokativen Sprechgestus.

35 Öffentlich greifbar ist heute ein Beispiel, vgl. Hugi/Stettler (MC) 1996. Matter persifliert hier einen Schlager von Hans Albers. Weitere Beispiele befinden sich im Privatbesitz von Beat Hugi. Die legendären Tonbänder von Klaus Schädelin mit den Liedern von Matter, Krebs, Stickelberger, Widmer u.a. gelten laut Änni Krebs-Schädelin als verschollen. Matter hat auch während der Maturareise (1955) Brassens-Chansons vorgesungen (vgl. Hohler 1977: 15).

36 Thematische Nähe besteht beispielsweise zwischen Morgensterns *Das Knie* und Matters *us emene lääre gygechaschte* (vgl. Hohler 1977).

37 Das Gespräch mit Jürg Wyttenbach fand am 27.4.1998 statt. Auch die Freundschaft zwischen Matter und Wyttenbach hängt mit der Patria zusammen. Sie besuchten zudem die gleiche Schule (ab ca. 5. Primarklasse, Parallelklassen). Jürg Wyttenbach (geb. 2.12.1935) ist Komponist, Dirigent, Pianist und war Musiklehrer für die Interpretation zeitgenössischer Musik an der Musik-Akademie Basel. Für Matter war Wyttenbach ein geschätzter Kritiker seiner Werke. Im Weiteren entwickelten sich in der Patria Beziehungen zu den Musiklehrern und Musikern Urs Frauchiger und Adolf Burkhardt. Urs Frauchiger (geb. 1936) war Generalsekretär der europäischen Musikhochschulen, Honorarprofessor an der Universität Bern, Leiter der Musikabteilung des Deutschschweizer Rundfunks und Direktor der Schweizer Kulturstiftung *Pro Helvetia*. Adolf Burkhardt (1934–2002) war Lehrer am Gymnasium Neufeld in Bern, Chor- und Orchesterdirigent und künstlerischer Leiter des Schweizer Pavillons bei der Weltausstellung in Sevilla von 1992.

Georg Trakls Gedichten. Der 21-Jährige schrieb hierauf den 1957/58 durch Jürg Wyttenbach vertonten Liedzyklus *Vier Lieder für Bass* mit den Liedern *Warnung*, *Ist ein Haus*, *Der Troubadour* und *Gesang zur Nacht*.[38] Der Text befasst sich, wie seinerzeit Matters Autorenlieder, mit der Liebe, allerdings fehlt die (dissimulative) Ironie. Hingegen wird die Trakel-typische Diktion mit vielen Wörtern, die eine ‚dunkle', also tendenziell negative, Semantik aufweisen, nachgeahmt (Nacht, Schatten, schwarzer Wind, Schlaf, Traum, Tod, Taumel etc.).

Matter setzte sich ferner zu jener Zeit intensiv mit klassischer Musik auseinander und verehrte laut Jürg Wyttenbach allen voran Igor Strawinsky (vgl. Kap. 2.1.2.1). Auch weiss Wyttenbach für die Zeit Anfang der 1960er Jahre (ca. 1960–63) von mehreren gemeinsamen Konzert-, Theater- und Musiktheaterbesuchen in Zürich, Basel, Bern und Lausane zu berichten. Sie besuchten zusammen etwa Débussys *Prélude*, den vom Béjart-Ballet inszenierten *Sacre du printemps* und den *Boléro*, Strawinskys in Zürich aufgeführtes Stück *Die Geschichte vom Soldaten* und etliche Aufführungen von Werken Anton von Weberns.[39]

In der frühen Werkphase beschäftigte sich Matter also sowohl mit populärer als auch mit kanonisierter Kunst. Über das geringe Ansehen der populären Kleinkunst (Kabarett und Autorenlied) war er sich bewusst und äusserte sich dazu wiederholt ironisch („billiger Beifall der Menge"; „rauhe Berner Mundart"; „einfältige Melodien"; „grobschlächtige Lieder", „primitive Volkskunst"; „leichtfertiger Dilettantismus"; „Jugendsünden"[40]).

Mit Beginn des Jahres 1960 neigte sich bei Matter eine erste intensive Phase des textmusikalischen Erprobens von Autorenliedern dem Ende

---

38 Die Texte des Liedzyklus können aus rechtlichen Gründen nicht abgedruckt werden. Jürg Wyttenbach stellte dankenswerterweise die handschriftliche Partitur zur Verfügung. Die Partitur trägt auf der ersten Umschlagseite die Angaben „Paris, Herbst 1957" sowie „Bern, Sommer 58". Das erste Gedicht wurde am 15.9.1957 zu Ende vertont, das dritte am 11.10.1957. Zu den anderen Gedichten liegen keine Angaben vor.

39 Vgl. ergänzend dazu Frauchiger, in: Hohler 1977: 62. Frauchiger erwähnt zusätzlich die Jazz-Rezeption sowie das anhaltende Interesse für die Neue Musik.

40 Matter, in: Fahrer u.a. 1965: 46; Matter, auf: Berner Troubadours (LP) 1971 (Plattenhülle, 3. Umschlagseite). Matter notierte zum Kabarett: „Die Form des Cabarets, die mir (für mich) steril zu werden schien, in einem neuen Lichte zeigend, lese ich bei Hohl (Notizen X. 28): / ‚nur bizarrer, lächerlicher noch, womit man ja eben mehr das Wesen der Welt trifft.'" (Matter 1992b: 25).

zu. Zwischen 1960 und 1964 entstanden nur noch wenige Lieder. Anfang der 1960er Jahre wandte sich Matter offenkundig anderem zu, sein privates und berufliches Umfeld erfuhr einschneidende Veränderungen. Anfang 1960 befreundete Matter sich mit seiner späteren Frau Joy Doebeli[41], 1961 schloss er sein juristisches Studium mit dem bernischen Fürsprechpatent ab, 1964 folgte die erste Vaterschaft und in den Jahren 1963–65 zogen die Matters mehrfach um[42]. Zudem forschte er in dieser Zeit für seine 1965 publizierte Dissertation und schrieb vermehrt am literarischen Tagebuch *Sudelhefte* (1960: 77 Einträge), das er 1956 begonnen hatte (mit dem Text „Bedenken zum ‚Niemals vergessen!'").

Die Tagebucheinträge von 1960 zeigen Matters umfassende Beschäftigung mit der Frage nach der besten Poesie. Seine Ansichten über das Denken, Schreiben, Dichten und Politisieren (vgl. z.B. Kap. 2.1.5; 2.6) bildeten sich also Anfang der 1960er Jahre aus, parallel zum neu ausgerichteten und sich konkretisierenden privaten und beruflichen Umfeld. Schliesslich spricht Matter in dieser Werkphase öfter Themen an, die spätere Liedtexte bestimmen, wie etwa die Themen *Portemonnaie* (vgl. Matter 1992b, S. 35, 55), *Hemmungen* (S. 38) und *Müssiggang* (S. 33, 66, 101). Matter schrieb am Ende dieser ersten Werkphase zwar kaum mehr Lieder, allerdings sind in seinen poetologischen, philosophischen und politischen Reflexionen die wesentlichen Linien der späteren Phasen vorgezeichnet.

---

41 Joy Matter (geb. 1935) war Sekundarlehrerin und später Gemeinderätin der Stadt Bern.
42 Am 30.3.1963 nach Münchenbuchsee; am 15.1.1964 nach Bern; am 5.3.1965 nach Wabern.

3.2 Die mittlere Phase (1965–1969)

> Ich bin sehr dagegen,
> Dass sich ungelegen
> jemand aufdrängt.
> Aber meinen Segen
> Hat, wer eines Wortspiels wegen
> Sich zum Beispiel aufhängt.
>
> Joachim Ringelnatz: Das Original

Die Voraussetzungen für die Rekonstruktion von Matters Autorenlied-Entwicklung verbessern sich mit den ab 1965 überlieferten Aufnahmen ganzer Programme und den ab 1966 im Heft „Chanson Programme" festgehaltenen Programmabläufen.

3.2.1 Zeitliche Abgrenzung der mittleren Phase

Zwischen 1965 und 1969 war Mani Matter mit unterschiedlicher Intensität Mitglied der Liedermacher-Gruppe *Berner Troubadours*. Als Beginn dieses Zeitabschnitts kann die Premiere des ersten Berner-Troubadours-Programms *Ballade, Lumpeliedli, Chansons auf Berner Art* vom 30. Dezember 1964 gelten. Die personelle Besetzung der Gruppe veränderte sich in den ersten Jahren mehrfach, im Herbst 1968 hat sie sich – nun traten alle als Interpreten der eigenen Lieder auf – zur später bekannt gewordenen Einheit mit Ruedi Krebs, Mani Matter, Jacob Stickelberger, Bernhard Stirnemann, Markus Traber[1] und Fritz Widmer zusammengefügt. Die Sechser-Formation blieb indessen nur bis Anfang 1970 bestehen; einzelne Gruppenmitglieder, allen voran Mani Matter, bevorzugten zunehmend den Auftritt in Kleinformationen bzw. als Solisten. In der Grossgruppe traf man sich noch vornehmlich bei den traditionellen Jahres-Auftritten (jeweils im Januar/Februar).

---

1 Markus Traber (geb. 1946) ist ausgebildeter Buchhändler, Journalist, bildender Künstler und Mitbegründer sowie Leiter des Kleintheaters *Braui* in Worb.

3.2.2 Vom Einzellied zum Gruppenprogramm

In der zweiten Werkphase griff Matter – er verfasste nun regelmässig Lieder, die im Hinblick auf eine öffentliche Aufführung entstanden – verstärkt auf Freunde als erste Kritiker seiner Lieder zurück; dies hat sein Liedermachen mitgeprägt. Dazu gehörten sowohl seine Ehefrau Joy Matter („Erst-Publikum"[2]) als auch Adolf Burkhardt, Urs Frauchiger und Jürg Wyttenbach[3]. Künstlerisch arbeitete Matter auch eng mit seinen Liedermacherfreunden Fritz Widmer und Jacob Stickelberger zusammen. Die gegenseitige Textkritik – zwischen Matter und Widmer ab 1966, zwischen Matter und Stickelberger ab 1967/68 – ist in verschiedenen Briefwechseln dokumentiert.[4] Matter annotierte die Lieder seiner Kollegen um einiges ausgreifender als umgekehrt. Unkritisch übernommene Textvorschläge erwiderte Matter pointiert,[5] und Selbstkritik, die ihm ungerechtfertigt erschien, versuchte er zu widerlegen.[6] Die übrigen

---

2   Matter, in: „In die Zange genommen", Femina, 19.9.1972. Joy Matter teilte mir anlässlich eines Gesprächs im Jahr 1998 mit, dass Mani Matter ihr seine Textentwürfe in der Regel zur Beurteilung vorgetragen habe. Die Zusammenarbeit setzte ein, als ihre Kinder noch sehr klein waren (ca. 1964/65). Belegt ist der folgende Einfluss auf Matters Werk: Das Lied *farbfoto* wurde durch eine Werbung in einer von Joy Matter gelesenen amerikanischen Zeitschrift angeregt. Das Bild hing noch im Jahr 1998 in Joy Matters Haus an der Tür, die in den Keller führt (vgl. auch Conférence Matters, in: Berner Troubadours (MC) 1970/71; die Werbeanzeige befindet sich heute im Schweizerischen Literaturarchiv (SLA), Nachlass Mani Matter, Sign. A-01-b-19). Zudem führten Einwände Joy Matters beim Lied *ballade* dazu, dass Matter die Melodie nicht abänderte (vgl. die erwähnte Conférence, Berner Troubadours [MC] 1970/71).
3   In einem Brief an Fritz Widmer (7.1.1966) hat Mani Matter seine Hochschätzung für Jürg Wyttenbach ausdrücklich bekundet.
4   Die Briefe an Widmer (vgl. Kap. 2.1.2.1) entstanden primär während Matters Studienaufenthalt in England, jene an Stickelberger nach dessen Wegzug nach Zürich. Die Briefe an Stickelberger sind nur noch vereinzelt und zum Teil fragmentarisch erhalten.
5   So schrieb Matter in einem Brief an Stickelberger (undatiert, ca. Juli/August 1970), dass er, Matter, nun seinen, also Stickelbergers, Text wohl selber verbessern müsse, da Stickelberger diesen ohne Verbesserungsvorschläge einfach faul übernommen habe.
6   In einem Brief vom 15. Dezember 1967 erinnert Matter Fritz Widmer daran, dass dieser sich schon im letzten Brief schlecht gemacht hatte wegen seinen Sachen; nun äussere er sich schon wieder selbstzerfleischend zynisch. Vgl. dazu auch Widmer 2002a: 18.

Mitglieder der Berner Troubadours – Bernhard Stirnemann, Ruedi Krebs und Markus Traber – lehnten die liedkritische Zusammenarbeit ab.

Die intensive Arbeit am literarischen Text befriedigte Matter zutiefst. Er bezeichnete sie mit dem der Schmiedekunst entlehnten und im Norddeutschen üblichen Ausdruck *bosseln*[7]: „Wörter suchen, wenn nötig mit Synonym-Lexikon und etymologischen Wörterbüchern, ist meine Leidenschaft."[8] Matter blieb unbeirrt, wenn Widmer ein Autorenlied missfiel (etwa *dr noah*)[9] oder Jürg Wyttenbach die Texte pointiert kritisierte.[10] Der ‚Skeptiker' Matter (vgl. Kap. 2.6.1) hat seine Texte immer erst anderen zur kritischen Begutachtung vorgelegt, wenn sie hinreichend ausgearbeitet waren und seinem ausnehmend hohen Qualitätsanspruch entsprachen. Es erstaunt daher nicht, dass ihn nur selten Kritik zur Abänderung seiner Texte bewog. Eine Ausnahme bildete etwa das Lied *heren im wysse schurz*, das Matter nach Einwänden Jürg Wyttenbachs nicht veröffentlichte[11], und beim Lied *dr alpeflug* führten Anmerkungen Jacob Stickelbergers zu Korrekturen.[12] Manchmal berücksichtigte Matter Vorschläge seiner ‚Kritiker', wie etwa beim Lied *hie ir schwyz*, dessen Melodie von Jacob Stickelberger stammt.[13]

In der zweiten Werkphase entwickelte sich in erster Linie die Auftrittspraxis Matters, wobei hauptsächlich die Arbeitsteilung in der

---

7 Vgl. das Interview mit Stickelberger im Anhang.
8 Matter 1992b: 110. Einige der von Matter benutzten Nachschlagewerke befinden sich im Schweizerischen Literaturarchiv (SLA), Bern, unter der Signatur D-07-a: Hans Harbeck: Reim dich oder ich fress dich. Neues deutsches Reimlexikon, München 1953; Willy Steputat: Reimlexikon, Stuttgart 1963; Karl Peltzer: Das treffende Wort. Wörterbuch sinnverwandter Ausdrücke. Thun/München [8]1964; Karl Peltzer: Das treffende Zitat. Gedankengut aus drei Jahrtausenden. Thun/München 1957.
9 Vgl. das Interview mit Widmer im Anhang.
10 Vgl. unten Abschnitt (e), *1967 bis 1969: Die Wortspiel-Komplexe in den Cambridge-Liedern*.
11 Schliesslich verfasste Matter zu diesem Thema einen lateinisch-deutschen Vierzeiler als Lesegedicht, das in *Sudelhefte/Rumpelbuch* aufgenommen ist (Matter 1992b: 201). Der Text ist im Brief allerdings anders dargestellt als in der gedruckten Fassung.
12 Matter in einem Brief an Stickelberger (undatiert, ca. August 1970); vgl. auch Kap. 2.1.2.1.
13 Auch die Melodie von *dr alpeflug* stammt mit einiger Wahrscheinlichkeit von Stickelberger. Matter ersuchte Stickelberger in einem Brief vom 10.8.1970 um eine Melodie für das Lied.

Liedproduktion zurückging, wie die folgende Analyse der einzelnen Programme zeigt.

(a) September 1963: „Chanson-Abend mit bernischen Gesängen"

Im ersten Autorenlied-Programm in Bern, jenem vom September 1963 im Theater am Zytglogge, interpretierten Susi Aeberhard, Hugo Ramseyer[14] und Bernhard Stirnemann Texte von Rosmarie Fahrer, Martin Gerber, Mani Matter, Hans Rudolf Hubler, Hugo Ramseyer sowie Bernhard Stirnemann (Abb. 1)[15].

Die meisten Lieder wurden von Rolf Attenhofer[16] mit dem Piano begleitet. Nur Bernhard Stirnemann trug eigene Lieder vor und begleitete sie selber mit Instrumentalmusik, wodurch nicht einmal ein Drittel des Programms als Autorenlied-Kunst im engeren Sinn bezeichnet werden kann (also 10 der 34 aufgeführten Lieder). Auch Matter liess seine Lieder fremdinterpretieren, zudem handelt es sich bei fünf seiner vierzehn Lieder um Kontrafakturen.[17]

Die Abfolge der Lieder wies in diesem Programm noch nicht die typische Ordnung des Tour-de-Chant auf, gliederte sich also nicht so, dass ein Interpret alle seine Lieder als einen einzigen Liederblock aufführte. Die Lieder eines Liedverfassers verteilten sich in – meist kurzen – Blöcken über das gesamte Liedprogramm. Die Liederblocks waren zumeist thematisch orientiert; so ist etwa der dritte Block nach der Pause durch das Thema Liebe geprägt.

---

14 Hugo Ramseyer (geb. 1937) ist Mitbegründer und Leiter des Zytglogge Verlags (Gründungsjahr 1965). Ramseyer war oft der Entdecker der neuen Liedermacher und ermöglichte ihnen die Herausgabe von Tonträgern. Er war es auch, der die Berner Troubadours zusammenführte.

15 Ein Exemplar des Programmblatts befindet sich z.B. im Heft „Mani Kritiken" (Schweizerisches Literaturarchiv SLA, Nachlass Mani Matter, Sign. D-04-a). Die (wohl von Matter) durchgestrichenen Namensnennungen sind ein Hinweis darauf, dass die Melodien nicht von Matter stammen (zu den Kontrafakturen in Matters Werk vgl. Kap. 2.5.1).

16 Rolf Attenhofer (geb. 1940) war Mitbegründer des Zytglogge Verlags.

17 Die Abfolge der fremdinterpretierten Lieder wurde nicht von Matter festgelegt, wie er in einem Brief an Widmer vom 13. Mai 1968 festhält.

Theater am Zytglogge
Kramgasse 70 Bern   Das Gastspiel am Sonntag

C H A N S O N - A B E N D

mit Bernischen Gesängen von Rosmarie Fahrer, Martin Gerber, Mani Matter,
Hans Rudolf Hubler, Hugo Ramseyer und Bernhard Stirnemann.

Es singen: Susi Aeberhard, Hugo Ramseyer und Bernhard Stirnemann.

Am Klavier: Rolf Attenhofer.

Unverbindliche Reihenfolge	Text	Musik
Der Ferdinand isch gstorbe	Matter	Matter 1
Der Kolumbus	Matter	Matter 2
I han en Uhr erfunde	Matter	Matter 3
Der Herr Zehnder	Matter	~~Matter~~ 4
Der Adrian	Stirnemann	Stirnemann
Der Falschmünzer	Stirnemann	Stirnemann
Es geit	Stirnemann	Stirnemann
Was geit das üs a?	Hubler	Attenhofer
Rieselräge	Ramseyer	Attenhofer
Katja	Hubler	Attenhofer
Der Sex Appeal vom Emil	Stirnemann	Stirnemann
S' isch am ene schöne Sunndig gsy	Matter	Matter 5
Ds Rägewürmli	Matter	~~Matter~~ 6
Vo wäg myr Fuul-	Ramseyer	Attenhofer
Brumm, brumm, Bärnerbär	Fahrer	Attenhofer
Alls wo mir i d' Finger chunnt	Matter	Matter 7
Pause		
Eskimo	Matter	~~Matter~~ 8
Ds Gschpänscht	Matter	Matter 9
Ds Nünitram	Matter	Matter 16
I wett i hätt	Fahrer	Attenhofer
Problem	Stirnemann	Stirnemann
Schöre	Stirnemann	Stirnemann
Chanson ohni Titel	Stirnemann	Stirnemann
Ds Lotti schilet	Matter	Matter 11
D' Psyche vo der Frou	Matter	Matter 12
De Eisi	Matter	~~Matter~~ 13
I will nech es Gschichtli verzelle	Matter	~~Matter~~ 14
Grossi Schanz	Stirnemann	Stirnemann
Regierigshuet	Stirnemann	Stirnemann
Vor em Grotto	Stirnemann	Stirnemann 10
Mir hei di schönschte Brünne z' Bärn	Fahrer	Attenhofer
I warte vor em Fremo uf e Remo	Ramseyer	Attenhofer
Drum gahn i i ds Rohr	Fahrer	Attenhofer
Schlafliedli	Gerber	Attenhofer

Abbildung 1: Programmblatt des Chansonabends vom September 1963.

(b) 1964/65: „Ballade, Lumpeliedli, Chansons auf Berner Art"

Im Programm *Ballade, Lumpeliedli, Chansons auf Berner Art*[18] vom 30. Dezember 1964, das im Rahmen einer Produktion des Kabaretts *Schifertafele* unter der Regie von Hugo Ramseyer aufgeführt wurde, war der Anteil an Autorenliedern bereits bedeutend höher (Abb. 2)[19].

Das Programm enthielt erstmals auch Lieder von Ruedi Krebs und Fritz Widmer, welche diese selber vortrugen. Damit stammten um die zwei Drittel der Lieder[20] von Krebs, Widmer, Matter und Stirnemann, von jenen Liedermachern also, die ab diesem Zeitpunkt den Kern der Berner Troubadours bildeten. In dieser Aufführung fanden sich im Unterschied zum Programm von 1963 nur noch wenige Lieder (fünf) von Matter.

Das Thema Liebe spielte bei Matter nun eine untergeordnete Rolle. Ein Liebeslied war aber neu (*dr heini*). Einen breiteren Raum nahmen Lieder ein, bei denen das Understatement dominiert (*ds kiöskli, i han en uhr erfunde* und *alls wo mir id finger chunnt*). Aus dem 1963er-Programm verblieben einzig die Lieder *dr ferdinand isch gstorbe* sowie *i han en uhr erfunde*, zwei zentrale Lieder der frühen Werkphase: *i han en uhr erfunde* ist zugleich der Titel der ersten veröffentlichten Schallplatte, und *dr ferdinand isch gstorbe* blieb bis 1970 im Liedrepertoire Matters.

In diesem Programm setzte Bernhard Stirnemann erstmals die Anordnung des Tour-de-Chant um, zusätzlich wurden beide Programmteile durch ein instrumentalmusikalisches Stück eingeleitet („Ouvertüre"; die allerdings bei späteren Programmen wegfiel). Ferner wurden verschiedene Lieder durch mehrere Interpreten vorgetragen (vier Lieder im Duett von Krebs/Widmer und die beiden Ensemble-Nummern *Bärnlied* bzw. *Padang*).

---

18 Dieses Programm führte zur Gruppenbezeichnung *Berner Troubadours*; vgl. Grünigen 1964 (Der Bund); Kap. 1.1.2.1.

19 Das Programmblatt hat Ruedi Krebs dankenswerterweise zur Verfügung gestellt. Die Vornamen beziehen sich auf die folgenden Personen: Rolf Attenhofer; Urs Kräuchi; Ruedi Krebs; Susi Aeberhard; Fritz Widmer; Bernhard Stirnemann.

20 Die genaue Anzahl vorgesungener Lieder lässt sich nicht mehr bestimmen, fehlen doch detaillierte Angaben zu Stirnemanns Auftritt. Stirnemann trug in der Regel sechs bis neun Lieder vor.

BALLADEN, LUMPELIEDLI, CHANSONS AUF BERNER ART

Produktion: "Schifertafele" Regie: Hugo Ramseyer

P R O G R A M M
Reihenfolge unverbindlich

Interpret	Titel	Text	Musik
Rolf	Ouvertüre I		Attenhofer
Ensemble	Bärnlied	Krebs	Krebs
Urs	Kiöskli	Matter	Matter
Ruedi	Was me doch alls nid darf	Krebs	Krebs
Susi	Unbärnisch	Gerber	Attenhofer
Fritz	I wett	Widmer	Widmer
Ruedi	Einisch am ne schönen Abe	Krebs	Krebs
	Der Housi im Konsum	Krebs	Krebs
	My Schatz	Krebs	Krebs
	Mus eis u zwo	Krebs	Krebs
Urs	Ds Marieli	Jaggi	Attenhofer
	Der Bienestaat	Jaggi	Attenhofer
	Wäge däm	Jaggi	Attenhofer
	Fulesee	Fahrer	Attenhofer
Fritz	Josephine	Widmer	Volkslied
	Ds Fischerliedli	Widmer	Volkslied
	Vati, chumm hei	Widmer	Volkslied
	Heidi	Widmer	Volkslied
Susi	My Ma	Stebler	Attenhofer
	Ds Ballönli	Ramseyer	Attenhofer
	I ha doch son es höchs Niveau	Fahrer	Attenhofer
	Picassobruscht	Ramseyer	Attenhofer
Rolf	Ouvertüre II		Attenhofer
Urs	Der Heini	Matter	Matter
	Der Ferdinand	Matter	Matter
	I han en Uhr erfunde	Matter	Matter
	Am Tag, won i uf d'Wält bi cho	Matter	Matter
Fritz/Ruedi	Pass uf, liebs Mädeli	Widmer	Volkslied
	Servela	Widmer	Volkslied
	Füf Brüetsche	Krebs	Volkslied
	I der Länk het e Ma mal	Widmer	Volkslied
Susi	D' Litanei vom Papagei	Fahrer	Attenhofer
	D' Bundesratte	Fahrer	Attenhofer
	Ziemli sicher gstört	Fahrer	Attenhofer
	Katja	Hubler	Attenhofer
Bernhard	Tour de Chant	Stirnemann	Stirnemann
Ensemble	Padang	Krebs	Krebs

Première: Mittwoch 30. Dezember 1964
Spieltage: ab 31.12.1964 - 16.1.1965, Donnerstag, Freitag, Samstag je 20.

Abbildung 2: Programmblatt *Ballade, Lumpeliedli, Chansons auf Berner Art*.

Die Auftrittsmodi der deutschen Liedermacher bei den Lieder-Festivals auf der Burg Waldeck (vgl. Kap. 2.1.5.3) waren zu dieser Zeit ähnlich vielfältig. Das neue deutsche Autorenlied fand damals im Rahmen der aufstrebenden Folklore eine erste breite Öffentlichkeit, während das neue Schweizer Autorenlied im Zusammenhang mit dem Kabarett *Schifertafele* erstmals bekannt wurde. Mit der räumlichen und personellen Trennung vom Kabarett-Ensemble schieden später zunehmend die arbeitsteiligen (,kabarettistischen') Elemente aus den Liedermacher-Programmen aus.

(c) 1965/66: "Neues von den Berner Troubadours"

Mit der Aufnahme einer Aufführung des erneut im Theater am Zytglogge dargebotenen Programms *Neues von den Berner Troubadours* liegt der früheste bis anhin bekannte Mitschnitt eines kompletten Autorenliedprogramms vor:[21]

Urs Kräuchi	3 Lieder von Rosmarie Fahrer
Urs Kräuchi	2 Lieder von Mani Matter
	novämbernacht, es git e bueb mit name fritz
Markus Traber	4 Lieder
Kerstin Heimann	4 Lieder
	fremde Autorenschaft; begleitet von Ruedi Krebs; teilweise im Duett
Ruedi Krebs	6 Lieder
Pause	
Mani Matter	7 Lieder
	d'nase, d'meierysli, dr eskimo, bim coiffeur, ds heidi, dr ferdinand isch gstorbe, i han en uhr erfunde
Fritz Widmer	5 Lieder
Bernhard Stirnemann	6 Lieder
Bernhard Stirnemann	1 Zugabe
	dr rägewurm von Mani Matter

Zum ersten Mal wurde ein Live-Auftritt Mani Matters aufgezeichnet. Matter trug in jener Spielsaison seine Lieder nicht immer alle selber vor,

---

21 Die Rekonstruktion der Liedtitel wird durch intensives Hintergrundrauschen auf den Kassetten erschwert (davon betroffen sind sämtliche Tonträger von Berner Troubadours [MCs] 1965–1973). Daher werden hier nur Matters Liedtitel erwähnt.

wie Krebs conférierte[22]. Seinerzeit waren Matter und Widmer nur bei jeder zweiten Aufführung aufgetreten, hatten sich also abgewechselt.[23] Kräuchi und Stirnemann trugen bei jener Aufführung auch Matter-Lieder vor, Kräuchi sang *novämbernacht* sowie *es git en bueb mit name fritz* und Stirnemann *dr rägewurm*. Im Übrigen wirkten in diesem Programm die Interpreten Kerstin Heimann, Fred Zedi und Hugo Ramseyer mit[24], und erstmals trat der Liedermacher Markus Traber auf. Der gesangssolistische Vortrag dominierte nun, einzige Ausnahme war das Duett *am zischtig und am samschtig isch immer märit z'bärn*.

Auf der Aufnahme ist zu hören, wie das Publikum in den Gesang der Auftretenden einstimmte, ähnlich wie bei Veranstaltungen der Hootenannys; so beim Kehrreim der Parodie auf das bekannte Schweizer Volkslied *es buurebüebi* (aufgeführt von Heimann/Krebs). In dieser Aufnahme ist auch die erheiternde Wirkung der Conférencen dokumentiert, so z.B. die Begrüssungsconférence von Krebs: „Als erschts fö mer grad mit ere Überraschig a: Es geit nämlich genau nach Programm."[25] Ferner ahmte Krebs in seinem Lied *Erna*, wie er einräumte, das Reimmuster von Matters Lied *ds nüünitram* nach.[26] In *ds nüünitram* sind die Reime durch die fünf deutschen Vokale geprägt (vgl. Kap. 2.5.2), in *Erna* durch „asse", „esse" usw.

Matters Auftreten wirkte sehr distanziert: Er richtete sich nur mit einer einzigen Ankündigung an das Publikum (mit der Titelconférence „Mys nächschte Lied heisst: Ds Meierysli im Wald") und trug die Lieder sehr schnell vor (allegro). Von einer subtilen Rezeptionssteuerung durch Vortragsmodulierung kann also damals noch nicht die Rede sein. Auch erscheint die Abfolge der Lieder willkürlich, nicht einmal die beiden Liebeslieder folgten unmittelbar aufeinander. Die neuen Lieder waren

---

22 Nach der Einleitungsconférence von Ruedi Krebs, die mit Klaviermusik untermalt war – was sich in späteren Programmen kaum mehr findet–, trug Urs Kräuchi Lieder von Rosmarie Fahrer vor. Später kündigte Kräuchi Matters – offenbar ungeplanten – Auftritt an.

23 Vgl. die „Chronologie der ‚Berner Troubadours'" (Programmheft *30 Jahre Berner Troubadours*, Stadttheater Bern, 19.11.1995).

24 Vgl. „Chronologie der ‚Berner Troubadours'" (Programmheft *30 Jahre Berner Troubadours*, Stadttheater Bern, 19.11.1995).

25 Übers.: „Zunächst beginnen wir gleich mit einer Überraschung: Es verläuft nämlich genau nach Programm"; vgl. Kap. 2.4.5.

26 *Ds nüünitram* war im Programm von 1963 aufgeführt worden.

zudem unfertig, besonders *d'nase* und *d'meierysli*,[27] und boten darstellungstechnisch kaum Neues; geprägt sind sie vor allem durch Nonsens (z.B. *bim coiffeur, d'nase, novämbernacht*). Matters Tour-de-Chant wurde durch die bereits erprobten Lieder *dr ferdinand isch gstorbe* und *i han en uhr erfunde* beendet, das Gesamtprogramm durch *dr rägewurm*.

(d) 1966/67: „Die Berner Troubadours"

Das Programm der Saison 1966/67 mit dem Titel „Die Berner Troubadours" wies mit den Liedermachern Krebs, Matter, Stickelberger – der erstmals auftrat –, Stirnemann, Traber und Widmer zum ersten Mal jene personelle Besetzung auf, die über Jahre als die typische Berner-Troubadours-Formation gelten sollte. Die Liedermacher-Gruppe trat erstmals in ihrem eigenen Aufführungsraum *Die Rampe* auf, und bei jedem der sechs Auteur-compositeur-interprètes war die Liedanordnung als Tour-de-Chant organisiert. Nur François Lilienfeld sang keine eigenen, sondern traditionelle jiddische Lieder. Das Programm war wie folgt gegliedert:

Jacob Stickelberger	6 Lieder
François Lilienfeld	5 Lieder
Markus Traber	6 Lieder
Fritz Widmer	7 Lieder
Pause	
Bernhard Stirnemann	7 Lieder
Ruedi Krebs	7 Lieder
Mani Matter	9 Lieder

ds zündhölzli, dr noah, di strass won i drann wohne, dr hansjakobli und ds babettli, ds lied vo de bahnhöf, dr bärnhard matter (1821–1854), bim coiffeur, si hei dr wilhälm täll ufgfüert, dr eskimo (Zugabe)[28]

Marianne Berger kündigte als Conférencière jeden Auftretenden unmittelbar vor dessen Aufführung an.[29] Zu Programmbeginn führte Berger

---

27 Vgl. Kap. 1.3.4.5 (siehe dort auch Textabdruck von *d'nase*, Fassung 1965).
28 Im Liedheft „Chanson Programme" ist die Reihenfolge leicht anders: *dr noah* und *di strass won i drann wohne* sind vertauscht, *ahneforschig* steht vor *ds lied vo de bahnhöf* und die Lieder *dr hansjakobli und ds babettli* und *dr eskimo* fehlen.
29 Vgl. „Schalk und verhaltene Poesie", Berner Tagblatt, 4.1.1967.

aus, dass die Berner Troubadours lokal bereits sehr bekannt seien und dass Mani Matter als „Vater vo dr Berner Chansons" gelte (vgl. Kap. 2.1.3). Ausserdem seien Fritz Widmers *Josephine* (in Anlehnung an ein schwedisches Lied) und Bernhard Stirnemanns *Käthi* beinahe Volksgut geworden:

> Wen ig am sächsi im Verchehr
> bim Loeb am Egge stah,
> de chunt am zäh ab dür dä Stoub
> e Duft vo Schoggola.
>
> [Kehrreim:]
> Mys Käthi schmöckt nach Schoggola,
> es schafft bim Tobler ds Bärn;
> u mängisch byssen is grad a,
> so han i ds Käthi gärn.
> Es isch my Toblerone,
> und eis möcht i betone:
> I liebe ds Käthi no vil meh
> als tüüri Praline.
>
> Nach „Chanel 5" schmöckt mängi Frou,
> nach „Tabou" und „Arpège".
> Mys Kätheli, das schmöcksch den ou,
> scho lang bevor des gsehsch.
>
> Mys Käthi isch e Sonderfall,
> wis gar ke zwöite git:
> Bi ihm gnüegt schon en Atemzug,
> de het men Appetit.
>
> U ds schönschte, loset, chunt jetz no:
> Am Samschtig znacht im Bett –
> tröim i vo heissem Cacao,
> wo sys Aroma het[30]

---

30 Die Schreibweise orientiert sich an einem Textblatt aus dem Heft „Mani: Kritiken" (Schweizerisches Literaturarchiv SLA, Nachlass Mani Matter, Sign. D-04-a). Der Kehrreim ist nach jeder Strophe wiederholt. Übers.: „Wenn ich um sechs im Verkehr / bei Loeb an der Ecke stehe, / dann kommt um zehn nach durch den Staub / ein Duft von Schokolade. // Meine Käthe riecht nach Schokolade, / sie arbeitet bei Tobler in Bern; / und manchmal beisse ich sie gleich an, / so habe ich die Käthe gern. / Sie ist meine Toblerone, / und eines möchte ich betonen: / Ich liebe die Käthe noch viel mehr / als teure Pralinen. // Nach „Chanel 5" riecht manche Frau, / nach „Tabou" und „Arpège". / Mein Käthchen, / das riechst du denn auch, / schon lange

Wie in den frühen Werken Matters steht in den Liedern *Käthi* und *Josephine* die Liebe im Mittelpunkt, und wie bei Matter ist auch hier die Thematik dissimulativ ironisiert bzw. von Nonsens geprägt. In *Käthi* ist die Frau ein süsses, alltägliches Nahrungsmittel, und in Fritz Widmers *Josephine* entledigt sich der männliche Protagonist bei einem Schiffbruch seiner Geliebten mitsamt derer Nähmaschine, was die Geliebte nicht daran hindert, die (mechanische) Maschine auf dem Seegrund weiterhin zu bedienen.

Im Unterschied zu Matters Liedern sind jene von Stirnemann öfter politisch engagiert (z.B. zu den Themen Autofahren und Vietnamkrieg) und verfahren nach dem Prinzip der Simulatio. Die Lieder von Ruedi Krebs sind zum Teil belehrend, etwa durch Analogieschluss, so in seinem dazumal bekanntesten Lied *Muus eis u Muus zwo*:

> es syn emal zwöi müüsli gsy
> eis grou und ds andere o
> mir wei ne eifach säge
> muus eis und muus zwo
> die sy wie wild umenangergrennt
> und hei nüt gwüsst vor wält
> [...]
>
> sie hei nüt gwüsst vom grüene gift
> wo me ne het gstreut
> sie hei nüt vo dr falle gwüsst
> wo me ne het gleit
> sie sy wi wild umenanger grennt
> und hei nid gwüsst wiso
> [...]
>
> ja so geit's im muuseläbe,
> wie im andere o
> [...][31]

---

bevor du es siehst. // Meine Käthe ist ein Sonderfall, / wie es gar keinen zweiten gibt: / Bei ihr genügt schon ein Atemzug, / dann hat man Appetit. // Und das Schönste, hört, kommt erst noch: / Am Samstagabend im Bett - / träume ich von heissem Kakao, / der ihr Aroma hat."

31 Transkription vom Tonträger Berner Troubadours 1990. Übers. des Titels: „Maus eins und Maus zwei". Übers. des Liedtextes: „Es waren mal zwei Mäuse, / die eine Maus war grau, die andere auch. / Wir wollen sie einfach so bezeichnen: / Maus eins und Maus zwei. / Die sind ganz wild herumgerannt / und wussten nichts von der Welt. // Sie wussten nichts vom grünen Gift, / das man ihnen gestreut hatte. / Sie

Krebs thematisiert in seinen Liedern aber auch Alltägliches, und sein Liedwerk weist teilweise grosse thematische Nähe zu Christof Stählin auf (vgl. etwa das Krebs-Lied *Es schneit* und Stählins *Der Schneeflockentanz*).[32] Daneben finden sich bei Krebs Wortspiel-Häufungen (vgl. etwa *D'Chüe schtöh im Stall*[33]), aber auch die Tendenz zu gefühlsbetonten Texten.

Abbildung 3: Cover der CD Berner Troubadours 1996; .v.l.n.r.:
M. Traber, B. Stirnemann, F. Widmer, R. Krebs; J. Stickelberger.

---

wussten nichts von der Falle, / die man für sie hingelegt hatte. / Sie rannten wie wild umher / und wussten nicht wieso. // Ja so geht's im Mauseleben / wie im anderen auch."

32 Die hier und in den folgenden Abschnitten erwähnten Lieder von Krebs, Stickelberger und Traber finden sich auf den Tonträgern Berner Troubadours 1990 und Berner Troubadours 1996.
33 Übers.: „Die Kühe stehen im Stall".

In den Liedern Jacob Stickelbergers sind oft die gleichen literarischen Mittel wie in Matters Liedern eingesetzt. Die balladenhaften Lieder sind nicht selten witzig-novellistisch und auf eine satte Schlusspointe ausgerichtet (z.B. *Pfarrer Pfeuti*). Auch bevorzugt Stickelberger Sprachspielerisches (etwa *Späck-Bsteck*) und permutationsähnlich Vertracktes (etwa *Die schwyzerischi Ärzteschaft*). Das Werk Markus Trabers wiederum ist grösstenteils gekennzeichnet durch simulative Ironie, die mehr durch paralinguistische Zeichen beim Vortrag als durch andere Textsignale hervorgerufen wird.

Im Programm von 1966/67 trat Matter als letzter auf und sang am meisten Lieder. Viele davon waren neu, wieder aufgenommen wurden lediglich *bim coiffeur* und *dr eskimo*. Die neu dazugekommenen Lieder zeigen einen hohen Fertigkeitsgrad; mehrfach abweichend von der später edierten Fassung ist vor allem *dr noah*.[34] Als Hauptthema der neuen Lieder kann die spezifische Sichtweise auf einen Sachverhalt gelten (vgl. Kap. 2.6.2), sei es die Optik des Textsubjekts, das an einer Friedhofsstrasse wohnt und sich daher regelmässig mit Trauerzügen konfrontiert sieht (*di strass won i drann wone*), sei es, dass der Blickwinkel Nichtsahnender ins Zentrum der literarischen Darstellung rückt (*dr noah*), oder sei es, dass in einem Rollenspiel unterschiedliche Standpunkte, auch in gegenseitig vertauschten Rollen, dargelegt werden (*dr hansjakobli und ds babettli*).

Matter befasste sich nun vermehrt mit dem Theater und schrieb um 1966/67 mehrere Minidramen.[35] Das Theaterthema widerspiegelt sich auch im Lied *si hei dr wilhälm täll ufgfüert*, ein Beitrag zur damals aufblühenden öffentlichen Diskussion über den Tell-Mythos[36]. Auch *dr hansjakobli und ds babettli* hat einen Bezug zum Theater. In einem Brief an Fritz Widmer vom 1.5.1968 führt Matter aus, dass er sich das Theater so vorstelle, wie es in jenem Lied beschrieben ist: der Bühnenraum dürfe auf keinen Fall wie ein naturalistisch ausgestattetes bürgerliches Wohnzimmer gestaltet sein.

---

34 Die Änderungen erfolgten später an wichtigen Stellen, im Refrain und in der Schlussstrophe; vgl. Textabdruck der Schlussfassung in Kap. 2.6.2.
35 Sie sind in Matter (1992b: 217–276) abgedruckt; vgl. Matters Äusserungen zum Theater im Brief an Fritz Widmer, 19.3.1968 (vgl. Kap. 2.1.2.1).
36 Vgl. etwa Max Frischs später verfasste Abhandlung *Wilhelm Tell für die Schule*.

Auch in diesem Programm war Matter kein gesprächiger Conférencier, er hatte aber den Dialog mit dem Publikum bereits weiter entwickelt. Das Lied *dr noah* kündigte er wie folgt an: „Mys nächschte Lied isch d'Gschicht vom Noah, wo dir alli kennet us dr Bibel. D'Gschicht vom Noah und syne Mitmönsche."[37] Bei anderen Liedern beschränkte Matter sich auf Titelansagen. Auch passte er sein Zugabenlied *dr eskimo* der Aufführungssituation an und änderte den Eingangsvers, da das Lied nun als Schlusspunktlied diente, von der später publizierten Fassung so ab: „jetzt das letschte gschichtli no"[38].

(e) 1967 bis 1969: Die Wortspiel-Komplexe in den Cambridge-Liedern

Matter begab sich im Herbst 1967 studienhalber nach Cambridge (vgl. Kap. 2.1.1) und trat vorübergehend nicht mehr mit den Berner Troubadours auf. Aus der Spielzeit 1967/68 liegt auch sonst keine Tonfixierung einer Berner-Troubadours-Aufführung vor. Die überlieferten Briefe lassen eine Nachzeichnung der Entwicklung von Matters Liedschaffen dennoch in Teilen zu (vgl. Kap. 2.1.2.1). Während Matters Aufenthalt in England wurden die Berner Troubadours durch das Gastspiel im Theater Fauteuil in Basel (Dezember 1967) auch ausserhalb Berns bekannt.

Im Programm der Spielsaison 1968/69 wirkte Matter bei den Berner Troubadours wieder mit:

Fritz Widmer	6 Lieder
Markus Traber	4 Lieder
Jacob Stickelberger	7 Lieder
Pause	
Mani Matter	9 Lieder
	hemmige, mir hei e verein, mir het dr dings verzellt, dynamit, wenn doch nume die, us emene lääre gygechaschte, ds portmonee, dr parkingmeter, boxmätsch (Zugabe)
Ruedi Krebs	8 Lieder
Bernhard Stirnemann	5 Lieder

---

37 Übers: „Mein nächstes Lied ist die Geschichte von Noah, die ihr alle aus der Bibel kennt. Die Geschichte von Noah und seinen Mitmenschen."

38 Übers.: „Jetzt dieses letzte Geschichtchen noch".

In dieser mittleren Werkphase (1967–1969) änderte sich die Auftrittsabfolge der Sänger von Programm zu Programm; sie blieb aber bei späteren Programmen und bis in die Gegenwart hinein weitgehend konstant: Traber, Widmer, Stickelberger, Matter, Krebs, Stirnemann.[39] Die Auftritte im Programm 1968/69 waren professionell: die Liedabfolge war genau geplant, Liedarrangements und Zwischentexte waren ausgereift und die Darbietungen offenkundig intensiv eingeübt worden. Dies zeigte sich etwa an Fritz Widmers Lied *ballade vo däm wo nie zueglost het*, das durch subtile Ironisierung das Publikum gleich zu Konzertbeginn erheiterte und eine positive Stimmung schaffte. Nicht nur dieses, sondern auch andere Lieder Widmers waren nun Matters Autorenliedern sehr ähnlich.[40]

Bernhard Stirnemanns Auftritt war in dieser Spielsaison – Wolf Biermann gleich[41] – durch ausgedehnte und nummernhaft-kabarettistische Züge annehmende Zwischentexte geprägt. Stirnemanns Aufführung wirkte nicht zuletzt durch dessen Qualität als Alleinunterhalter.[42] Demgegenüber war Matters Auftritt schmucklos: In seinem Programm fand sich keine einzige Conférence, und Matter trug seine Lieder mechanisch und oft zu schnell vor. Matter wirkte generell distanziert. Lag dies am Unbehagen Matters gegenüber der damaligen Berner-Troubadours-Formation, wie er es in einem Brief an Widmer vom 13. Mai 1968 ausgedrückt hatte?

Matter führte in diesem Programm viele neue Lieder auf und gewichtete die eingesetzten literarischen Mittel neu. In den Vordergrund trat das ausgedehnte Spiel mit der Sprache (Wortspiel-Häufung und Wortspiel-

---

39 Die Reihenfolge ist über Matters Tod hinaus beibehalten worden. In den 1970er Jahren, nach der Trennung der Berner Troubadours in zwei Gruppen, erweiterte sich die Dreiergruppe Traber-Krebs-Stirnemann um Ruedi Stuber und Margrit Pfister. Pfister schied bald wieder, Stuber blieb bis 1978/79.

40 Zu den weit reichenden Parallelen zwischen Matter und Widmer vgl. Hammer 1998 (dort findet sich auch ein Abdruck von Widmers Lied *ballade vo däm wo nie zueglost het*). Anfänglich war Matter vor allem von Widmers Wortschatz-Reichtum begeistert. In einem Brief vom 15.12.1967 erinnert sich Matter daran, wie sehr er Widmer um die Fülle seines Vokabulars und die konkrete Anschaulichkeit seiner Lieder beneidet hatte, als er diesen zum ersten Mal im Theater am Zytglogge hörte.

41 Stirnemann wurde von Biermanns Liedern angeregt. Allerdings war der Einfluss Brassens' auf Stirnemann grösser (vgl. Interview mit Stirnemann im Anhang).

42 Stickelberger spricht im Interview (siehe Anhang) von „amerikanischer" Selbstdarstellung.

Komplex; vgl. Kap. 2.7.2). Etliche der in Cambridge entstandenen Lieder, die er im Programm 1968/69 aufführte (z.B. *dr parkingmeter*, *mir hei e verein*, *mir het dr dings verzellt*), hatte Matter in Briefen aus Cambridge Fritz Widmer übermittelt. Matter experimentierte in diesen Liedern mit den Grenzen des Aufführbaren. Im brieflichen Austausch mit Fritz Widmer über das Lied *dene wos guet geit* (das er im Programm von 1968/69 allerdings nicht sang) äussert Matter sich befriedigt über dessen positive Rückmeldung, bezweifelt jedoch, dass man das Lied singen könne – schliesslich habe er es ursprünglich als Lesegedicht geschrieben –, denn beim ersten Hören ginge es den Leuten zu schnell, und die ursprüngliche Idee, das Ganze einfach mehrmals zu wiederholen, gehe auch nicht.[43]

Matters Bedenken zum Trotz sollte *dene wos guet geit* zu einem seiner erfolgreichsten Lieder werden. Die sprachspielerischen Cambridge-Lieder sind aber anfänglich nicht überall begeistert aufgenommen worden und führten bei einigen zu pointierter Kritik; Jürg Wyttenbach spricht vom „spröden Altersstil"[44].

Matter hat in dieser Phase verstärkt und auf unterschiedliche Art Humor und Ernst miteinander verknüpft, sowohl in sprachspielerischen (z.B. *dene wos guet geit*) als auch in weiteren Liedern: In *hemmige* weicht die witzig-pointierte Erzählung am Ende purem Ernst (vgl. Kap. 2.7.4.3), in *dynamit* ist die ernste Handlung dissimulativ ironisiert und das ernste Lied *us emene lääre gygechaschte* wurde zwischen den beiden humoristischen Werken *wenn doch nume die* und *ds portmonee* vorgetragen.

---

43 Brief an Fritz Widmer, 15.12.1967. Festzulegen, was als Liedkunst aufführbar ist, erscheint kaum möglich. Verschiedene Experimente von Gerhard Rühm, Nancy van de Vate und Ruedi Krebs zeigen viele Möglichkeiten auf; vgl. Rühms Zyklus *Sprechquartette* mit den Werken *Frühlingsbotschaft*, *Weihnachtslied* und *Kuchenbacken* (sie spielen mit traditionellem Liedgut, vgl. die CD-Aufnahme Ensemble Belcanto 1994), Nancy van de Vates *Cocaine Lil – American Folk Poem* (auf derselben Aufnahme) sowie Krebs' *Karawane* (Vertonung des Gedichts von Hugo Ball, auf der CD Berner Troubadours 1996).

44 Vgl. Interview mit Fritz Widmer im Anhang.

(f) 1969/70: „Programm Zürich Bernhard-Theater"

Das Programm der Spielsaison 1969/70 ist, soweit bekannt, nur in Matters Notizheft „Chanson Programme" dokumentiert. Bezeichnet ist die Aufführung mit „Programm Zürich Bernhard-Theater 1969/70"; als Klammerbemerkung beigefügt ist „wie auch bei den meisten Gastspielen zu sechst". Matter sang die Lieder *i han es zündhölzli azündt, hemmige, mir hei e verein, ds portmonee, bim coiffeur, ds lied vo de bahnhöf, dr parkingmeter* und *si hei dr wilhälm täll ufgfüert*. Zwischen den letzten beiden Liedern trug Matter oft auch das Lied *boxmätsch* vor. Die Zugaben waren *dr hansjakobli und ds babettli* sowie *dr eskimo*, seltener *ds heidi*. Es wurden ausschliesslich Lieder aus den beiden vorangegangen Programmen von 1966/67 und 1968/69 aufgeführt. Die in dieser Zeit neu verfassten, aber noch nicht in den Programmen aufgeführten Lieder sollten wohl erst in den Programmen nach der Aufteilung der Gruppe vorgetragen werden (vgl. Kap. 3.3.1).

Die mittlere Phase von Mani Matters Liedermachen ist somit im Wesentlichen geprägt durch eine zunehmend verfeinerte Auftrittspraxis, besonders durch die Gliederung der Programme und die Entwicklung der Conférence-Technik.

3.3 Die späte Phase (1970–1972)

> Nur wer sich ändert, bleibt sich treu.
>
> Wolf Biermann

In dieser, sehr kurzen, Phase von weniger als drei Jahren lösten verschiedene Auftrittsformen die herkömmliche Berner-Troubadours-Formation ab. Matter, Stickelberger und Widmer befassten sich nun unter anderem mit dem zusammenhängenden Liedprogramm *Kriminalgschicht*. Matter erarbeitete am Anfang der 1970 Jahre einen umfangreichen Textkorpus von rund 30 Liedern, der erst eine differenzierte Darstellung seiner Liedkunst erlaubt.

3.3.1 Von der Sechsergruppe zur Kleinformation

Am 13. Mai 1968 hatte Matter aus Cambridge an Fritz Widmer geschrieben, dass er sich längere Auftritte wünsche; ein Begehren, das sich 1970 erfüllte.

(a) Gastspiele zu Dritt: Matter, Stickelberger und Widmer

Die ersten Einträge für die späte Phase im Heft „Chanson Programme" sind nicht genau datiert. Bei den Auftritten in Altdorf, Winterthur und anderswo sang Mani Matter jeweils um die 16 Lieder. Vor der Pause führte er folgende Lieder auf:

> *ds zündhölzli, hemmige, mir hei e verein, ds portmonee, bim coiffeur, dr parkingmeter, ds heidi* und *dr hansjakobli und ds babettli*;

und nach der Pause:

> *d'nase, di strass won i drann wohne, är isch vom amt ufbotte gsy, dr bärnhard matter (1821–1854), ds lied vo de bahnhöf, boxmätsch, mir het dr dings verzellt* und *si hei dr wilhälm täll ufgfüert*.

Die personell nun halb so grosse Auftrittsformation erlaubte das Vortragen rund doppelt so vieler Lieder. Die Liederauswahl bewegte sich im Rahmen der vorangegangenen Programme. Es waren, bis auf eine Ausnahme, bereits früher vorgetragene Lieder. Auch hielt Matter öfter an der Abfolge früherer Programme fest, so etwa am Programmbeginn des Auftritts im Bernhard-Theater (bis und mit dem Lied *bim coiffeur*). Neu war einzig das vormals kaum gesungene *är isch vom amt ufbotte gsy*.[1]

(b) Gastspiel zu zweit: Matter und Stickelberger

Nur kurze Zeit nach dem ersten Auftritt in der Dreierbesetzung trat Matter zusammen mit Jacob Stickelberger in St. Gallen auf. Im ersten Teil sang Matter die Lieder

---

1   Dieses Lied war aber durch das Liedheft *Us emene lääre Gygechaschte* (Erstauflage 1969; vgl. Matter 1993: 61) bereits bekannt.

dr ferdinand isch gstorbe, dr noah, d'nase, är isch vom amt ufbotte gsy, ds portmonee, mir hei e verein, ds heidi, ds zündhölzli, hemmige, mir het dr dings verzellt, bim coiffeur, farbfoto, es git e bueb mit name fritz und *dr gottfrid käller*,[2]

und nach der Pause

dr bärnhard matter (1821–1854), di strass won i drann wohne, ds lied vo de bahnhöf, dr mönsch isch wi dä, ir ysebahn, si hei dr wilhälm täll ufgfüert, dr hansjakobli und ds babetti, dr parkingmeter, boxmätsch, betrachtige über nes sändwitsch, dr alpeflug und *dialog im strandbad*.

Matter sang in diesem Programm, erstmals seit langem wieder, die beiden Werke *dr ferdinand isch gstorbe* und *es git e bueb mit name fritz*, aber auch die neu entstandenen Lieder *farbfoto, ir ysebahn, betrachtige über nes sändwitsch, dialog im strandbad* und *dr alpeflug*.

Die neuen Lieder weisen kaum literarische Mittel auf, die nicht schon bei früheren Liedern eingesetzt worden sind. Auffällig ist, dass die beiden neuen Liedern *ir ysebahn* und *betrachtige über nes sändwitsch* durch dialektische Strukturen geprägt sind (vgl. Kap. 2.6.2). In einigen neuen Liedern dominiert zudem – in unterschiedlicher Ausprägung – das Scheitern, besonders auch das Scheitern der Kommunikation (so z.B. in *ir ysebahn, dialog im strandbad* und *dr alpeflug*; vgl. Kap. 2.6.3). Die dialektisch verfahrenden Lieder waren ein – erheiternder – Beitrag zur damals heftig geführten öffentlichen Debatte zur Dialektik (etwa über den dialektischen Materialismus von Marx/Engels).

(c) Programm zu zweit: Matter und Hohler

Mit der gemeinsam mit dem Kabarettisten Franz Hohler gestalteten Aufführung im Theater am Hechtplatz in Zürich lässt sich erstmals ein Auftritt der Spätphase genau datieren (25.10.1970). Matter sang folgendes Programm:

---

2   *Dr ferdinand isch gstorbe* und *farbfoto* sind im Progammheft eingeklammert, ein Hinweis auf die Unfertigkeit der Programmplanung (vgl. Kap. 2.4.2). Auf Gedankenstriche, die im Heft „Chanson Programme" zwischen einzelnen Liedtiteln eingefügt sind und die offenbar längere Conférencen oder Sprechtexte anzeigen, soll hier, wie in den nachfolgend angesprochenen Programmen, nicht eingegangen werden (vgl. dazu Kap. 2.4.2).

bim coiffeur, dene wos guet geit, ds zündhölzli, ds portmonee, dr parkingmeter, hemmige, farbfoto, mir hei e verein, är isch vom amt ufbotte gsy, dr gottfrid käller, mir het dr dings verzellt, dr parkingmeter, dr hansjakobli und ds babettli, missverständnis, dr bärnhard matter (1821–1854), ds lied vo de bahnhöf, dr mönsch isch wi dä, si hei dr wilhälm täll ufgfüert, ir ysebahn, di strass won i drann wohne, ds heidi, betrachtige über nes sändwitsch, dr wecker, boxmätsch und *dr alpeflug*.

Neu waren hier die Lieder *dr gottfrid käller*, *missverständnis* und *dr mönsch isch wi dä*. Sie sind gekennzeichnet durch die simulative Ironie (*dr gottfrid käller*), den Nonsens (*missverständnis*; *dr mönsch isch wi dä*) sowie durch Wortspiele (*dr mönsch isch wi dä*). Augenfällig ist zudem die mancherorts binnengliedernde Programmorganisation (z.B. die Eisenbahnlieder *ds lied vo de bahnhöf*, *dr mönsch isch wi dä* und *ir ysebahn*).

Abbildung 4: Franz Hohler und Mani Matter, Theater am Hechtplatz, 25.10.1970.

(d) Das letzte Programm zu sechst: der Conférencier Matter

1971 sind die Berner Troubadours letztmals in der hergebrachten Formation aufgetreten.³ Das Programm ist ausgesprochen gut dokumentiert: Der Mitschnitt von einer Aufführung wurde auf der Langspielplatte *Berner Troubadours* (1971) veröffentlicht⁴. Es handelt sich zugleich um die einzige publizierte Aufnahme einer Darbietung in der traditionellen Berner-Troubadours-Besetzung. Zudem ist der Ablauf von Matters Tour-de-Chant im Heft „Chanson Programme" (Datierung: 12. Januar 1971) eingetragen:

> *chue am waldrand, dr mönsch isch wi dä, ir ysebahn, ballade (lied zum film „dällebach kari"), farbfoto, betrachtige über nes sändwitsch, e löu, e blöde siech, e glünggi un e sürmu (...), missverständnis, dr gottfrid käller, dr alpeflug* und *boxmätsch*.

Dazu kommt eine private Aufnahme einer Aufführung⁵ mit der Abfolge:

> *chue am waldrand, ds lied vo de bahnhöf, dr mönsch isch wi dä, ir ysebahn, ballade, farbfoto, betrachtige über nes sändwitsch, e löu, e blöde siech, e glünggi un e sürmu (...), missverständnis, dr alpeflug, won i bi dranne gsy* und die Zugaben *ds heidi* und *oh wi tumm*.

Beim diesem Konzert waren zahlreiche Verwandte und Bekannte Matters anwesend.⁶ Ein beträchtlicher Teil davon war beim damaligen Neubau des Berner Bahnhofs engagiert. Deshalb sang Matter, so seine Ansage, zusätzlich das Eisenbahnlied *ds lied vo de bahnhöf*. Ferner trug Matter das eigens für seine Töchter verfasste *oh wi tumm* vor.

Mehrere Lieder dieses Programms waren neu: *ballade, e löu, e blöde siech, e glünggi un e sürmu (...), won i bi dranne gsy* und *oh wi tumm*. Mit *won i bi dranne gsy* ist erstmals bei einer Aufführung Matters der Liedtypus *Schlusspunktlied* dokumentiert. In dieser Werkphase entstanden die Lieder offenkundig vermehrt im Hinblick auf die Programmstruktur. Kaum mehr zu finden sind die wortspielerischen Lieder der Cambridge-Zeit.

---

3 Vgl. Hohler 1977: 50.
4 Die Vorführung ist nur ausschnittweise wiedergegeben.
5 Berner Troubadours (MC) 1971.
6 Matter berücksichtigte, laut Conférence, mehrere ihrer Liedwünsche.

Bemerkenswert ist zudem, in Kontrast zu sämtlichen früheren Programmen, Matters Gesprächigkeit. Mit vielen Zwischentexten wendet er sich ans Publikum, erklärt Lieder, begründet die Liedauswahl, informiert über die Entstehung der Lieder und weist auf fremde Einflüsse in den Liedmelodien hin. Im nachmaligen Basler Fauteuil-Programm griff Matter Elemente jener Conférencen wieder auf, so etwa die Begründung zur thematischen Reihung der Eisenbahnlieder:

> Und es trifft sech so, dass myn Grossvatter isch by dr SBB gsy. Und das isch vilicht dr Grund, warum i verschideni Lieder gmacht ha, wo mit dr Ysebahn z'tüe hei. Zwöi hätt i hüt am Abe sowiso gsunge.[7]

Die Conférencen waren wohl ex tempore gesprochen oder zumindest nicht vollauf vorbereitet; an vielen Stellen ist der Satzbau, im Gegensatz zum späteren Basel-Programm, nicht ausgearbeitet. Auch reicht die Darbietung qualitativ nicht an frühere Auftritte heran: Die Stimme ist heiser, die Intonation deutlich zu tief, und Matter versingt sich beim Vortrag von *ballade (lied zum film „dällebach kari")* im vierten Vers der ersten Strophe und trägt den Vers ein zweites Mal vor. Eine solche Unkonzentriertheit zeigt Matter in keinem weiteren Mitschnitt.

Das hier besprochene Programm führte Matter ohne nennenswerte Änderungen auch in Bätterkinden, Strengelbach, Olten (5.6.1971) sowie Würenlingen (17.3.1971) auf.

---

7 Übers: „Und es trifft sich so, dass mein Grossvater bei der SBB [Schweizerische Bundesbahnen] war. Und das ist vielleicht der Grund, weshalb ich verschiedene Lieder gemacht habe, die mit der Eisenbahn zu tun haben. Zwei hätte ich heute Abend sowieso gesungen."

3.3.2 Die Soloprogramme

(a) Das Bülach-Programm

Ein wichtiger Schritt bei der Entwicklung von Matters Aufführungspraxis war das erste Soloprogramm in Bülach vom 12. Juni 1971.[8] Dort sang Matter Lieder aus allen Schaffensphasen, also auch Werke, die längere Zeit nicht mehr aufgeführt worden waren, so *d'psyche vo dr frou, ds lotti schilet, ds eisi, dr ferdinand isch gstorbe* und *i han en uhr erfunde*. Nennenswert ist zudem – neben den bereits aufgezeigten kohärenzstiftenden thematischen und rezeptionslenkenden Ordnungsprinzipien – die Anordnung der Lieder nach ihrer Entstehungszeit. Dies zeigt sich etwa an den acht vornehmlich sprachspielerischen Liedern *hemmige, mir hei e verein, mir het dr dings verzellt, ds portmonee, dr eint het angscht, us emene lääre gygechaschte, dynamit* und *dr parkingmeter* aus der Cambridge-Zeit und an vier Liedern aus dem Jahr 1966, *di strass won i drann wone, dr noah, dr bärnhard matter (1821–1854)* und *ds lied vo de bahnhöf*. Oft ordnete Matter die Lieder nicht neu, sondern übernahm, bisweilen lückenlos, die Gliederungen aus früheren Programmen. So borgte er sich für den ersten Teil eine Kombination der Liederabfolge aus den Programmen von 1968/69 und 1970 (*i han es zündhölzli azündt, hemmige, mir hei e verein, mir het dr dings verzellt, ds portmonee*). Des Weiteren wurde die Auswahl durch jene Lieder beeinflusst, die bereits auf Schallplatte veröffentlicht waren: mit Ausnahme von *ds nüünitram* finden sich im Bülach-Programm sämtliche Autorenlieder von den drei frühesten Tonträgern.[9]

Neu waren in diesem Programm die Sprechtexte *Gschicht vom Polizischt, Das isch doch also würklich* und *Händespiel* und das Nonsenslied *är het uf sym chopf e chopf gha*. Die auf die Bülach-Aufführung folgenden Auftritte in Oberengstringen (14. Juni 1971) und in Burgdorf (28. August 1971) enthielten keine neuen Lieder.

---

8   Als erstes Soloprogramm galt bislang das nachfolgend besprochene Luzern-Engagement (vgl. Hohler 1977: 50). Joy Matter sieht das Bülach-Programm laut einer Aussage im Jahr 2003 dem Verfasser gegenüber als erstes solistisches Experiment. Hier wie auch in der Besprechung des Luzern-Programms wird nur auf Aspekte eingegangen, die nicht bereits Gegenstand von Kap. 2.4 sind. Zur Liederabfolge siehe dort.
9   Vgl. Matter (EP) 1966, 1967, 1970 und das *Chronologische Liederverzeichnis* im Anhang.

(b) Das Luzern-Programm

Das erste längere Gastspiel mit einem Soloprogramm („Gesammelte Werke") fand vom 9. bis 16. Oktober 1971 in Luzern statt.[10] Gegenüber der Bülach-Aufführung ist das Programm stark reduziert (auf rund 30 statt 40 Lieder). Das gestraffte Arrangement hält zum Teil an den früheren Binnengliederungen fest, so etwa an den Eisenbahn- und Liebesliedern; teilweise ist die Abfolge reorganisiert, so z.B. der Programm-Beginn.[11] Auch sind einzelne Abfolgen neu geordnet, etwa einige Cambridge-Lieder. Zugaben sind im Heft „Chanson Programme" keine angeführt; allenfalls war der letzte Titel, *dr wecker*, eine Zugabe. Drei von vier Sprechtexten hat Matter beibehalten.

Die Programmabänderungen in Luzern waren offenbar rezeptionspsychologische bedingt, sowohl die Kürzung des Programms als auch die Neupositionierung von *är isch vom amt ufbotte gsy* am Beginn der Vorführung: Das pointenarme Lied führte offenbar nicht zu jener ausgelassenen Stimmung wie in Bülach (durch die Ansammlung der allesamt humoristischen Lieder *d'nase, ds zündhölzli, hemmige, mir hei e verein, mir het dr dings verzellt* und *ds portmonee*). Die Bülach-Anordnung dürfte auf die Rezeption der danach folgenden ernsten Lieder unerwünscht eingewirkt haben.

(c) Gruppenprogramme und Auftrittshäufigkeit im Jahr 1971

Für das Jahr 1971 sind kaum Gruppenprogramme verzeichnet. In diesen Programmen hat Matter nur wenige neu verfasste Lieder vorgetragen. So das Lied *arabisch* (im Programm zu Dritt vom 22.10.1971 in Bolligen und am 28.10.1971 in Schaffhausen) und die *ballade vom nationalrat hugo sanders* (im Programm zu zweit mit Fritz Widmer in Herzogenbuchsee vom 17.11.1971).

1971 dürfte (nach 1970) Matters intensivstes Aufführungsjahr gewesen sein. Folgende Auftritte sind verbürgt[12]:

---

10 Zur Abfolge der Lieder vgl. Kap. 2.4.2.
11 *Ds zündhölzli* hatte sich als Eröffnungslied schon in früheren Programmen bewährt.
12 Die Auftrittshäufigkeit ist auf einem losen Blatt notiert und diente wohl Steuerzwecken (aufgelistet sind auch die Gagen). Wer die Liste erstellt hat, ist nicht geklärt. Jacob Stickelberger stellte sie dem Verfasser freundlicherweise zur Verfügung. Eine weitergehende (unvollständige) Liste mit den Auftritten zwischen 1959 und 1974

1.2. Luzern, Kleintheater, BT[13]; 31.1.–13.2. Bern, Rampe, BT; 16.2. Thorberg, Strafanstalt, J u. F; 19.2. Burgdorf, BT; 3.3. Bätterkinden, J u. F; 5.3./6.3. Olten, Theater am Zilemp, J u. F; 11.3. Uster, J u. F; 13.3. Wolhusen, BT; 17.3. Würenlingen, J u. F; 20.3. Greifensee, J u. F; 24.3. Biel, Théâtre de Poche, BT; 2.4. Solothurn, Stadttheater, J; 15.4.–24.4. Luzern, Kleintheater, BT; 29.4. Niederhasli, J u. F; 3.5.–12.5. Zürich, Bernhardtheater, BT; 7.5. Aarburg, J u. F; 24.5.–11.6 Basel, Theater Fauteuil, BT; 14.6. Oberengstringen, J u. F; 19.6. Glarus, J u. F; 27.6. Lenzburg, Strafanstalt, J u. F; 27.8. Oberentfelden, J u. F; 28.8. Wangen, J u. F; 4.9. Zug, Burgbachkeller, J u. F; 6.9. Kilchberg, Leseverein, J; 17.9 Binningen, J; 21.9. Solothurn, Kantonsschule, J; 22.10. Bolligen, J u. F; 23.10./27.10. Bern, Radio Bern, J; 28.10. Schaffhausen, J u. F; 9.11.–11.11 Zofingen, J u. F; 19.11. Weinfelden, J u. F; 25.11. Olten, J u. F; 26.11. Laufenburg, J; 11.12. Bolligen, J u. F.

(d) Das legendäre Basel-Programm

Die Vorführungen des Jahres 1972 sind kaum dokumentiert. Einer der wenigen Belege aus der letzten Schaffensphase ist der Tonträger *Ir Ysebahn*[14], der aus zwei Aufführungen im Theater Fauteuil in Basel zusammengestellt wurde. Überliefert sind die (zerschnittenen) Spulentonbänder, auf denen die beiden Konzerte, welche am 2./3. Juni 1972 stattfanden, festgehalten sind.[15] Die Liederabfolge war:

ds zündhölzli, är isch vom amt ufbotte gsy, farbfoto, mir het dr dings verzellt, hemmige, ds portmonee, us emene lääre gygechaschte, dynamit, d'psyche vo dr frou, ds heidi, ds lotti schilet, boxmätsch, di strass won i drann wone, ahneforschig, ds lied vo de bahnhöf, dr mönsch isch wi dä, ir ysebahn, chue am waldrand, bim coiffeur, dene wos guet geit, ballade (lied zum film „dällebach kari"), dr hansjakobli und ds babettli, mir hei e verein, dr noah, betrachtige über nes sändwitsch, d'nase, e löu, e blöde siech, e glünggi un e sürmu (...), missverständnis, dr gottfrid käller, dr alpeflug, dr wecker, dr sidi abdel assar vo el hama, si hei dr wilhälm täll ufgfüert und *dialog im strandbad.*[16]

Sämtliche in diesem Programm aufgeführten Lieder waren bereits Bestandteil früherer Programme; die Programmgliederung ist mit jener von

---

befindet sich im Schweizerischen Literaturarchiv (SLA), Nachlass Mani Matter, Sign. C-03.
13 Matter sang in verschiedenen Formationen. Die Siglen bedeuten: BT = Berner Troubadours; J = Jacob Stickelberger; F = Fritz Widmer.
14 Matter (LP) 1973.
15 Das Tonmaterial befindet sich im Zytglogge-Verlag.
16 Rolf Attenhofer stellte dankenswerterweise das Konzeptblatt zur Verfügung.

Luzern weitgehend identisch. Veränderungen betreffen vorwiegend den Schluss, der um einige, schon in frühere Programme integrierte, Lieder erweitert wurde. Matter hat die Konzeption des Tonträgers *Ir Ysebahn* selbst bestimmt. Nach den Aussagen Hugo Ramseyers hätte es keiner Zweitaufnahme bedurft, da Matters Vortrag qualitativ weit überdurchschnittlich war.

3.3.3 Das kohärente Gruppenprogramm: Kriminalgschicht

Die Idee der Kriminalgeschichte stammte von Mani Matter. Die *Kriminalgschicht* entstand ab Februar 1972 zusammen mit Jacob Stickelberger und Fritz Widmer, die Uraufführung war für 1973 geplant. Beim Tod Mani Matters im November 1972 war das Werk noch nicht ganz fertig ausgeführt.[17] Es weist den folgenden Verlauf auf:

Matter	*Prolog*
Matter	*Ds Lied vo den arme Polizeiorgan*
Stickelberger	*Tatort*
Widmer	*Ds Annemeieli vom Längebüel*
Stickelberger	*Ds Motiv*
Widmer	*Verfolgigsjagd*
Matter	*Dr Kommissär vo May*
Widmer	*Ballade vom Bohnebedli*
Matter	*Wär het das Meitschi umbracht[18], wär?*
Widmer	*Di Verdächtige*
Matter	*Unuffällig*
Widmer	*Geständnis*
Stickelberger	*Steckbrief*
Matter	*Schlusslied*

Die Lieder sind durch Zwischentexte miteinander verbunden. Die durch den Titel aufgebaute Erwartung, dass es sich um eine Kriminalgeschichte handelt, wird mitnichten eingelöst. Die Autoren behandeln je Liedtext einen spezifischen, ironisch abgehandelten Aspekt der Gattung ‚Krimi-

---

17 Die meisten Angaben sind dem CD-Booklet der *Kriminalgschicht* entnommen (Matter/Stickelberger/Widmer 1990).
18 Die alternative Schreibweise im Liedheft ist „umpracht" (Matter 1992a: 48).

nalgeschichte'. So ironisiert das von Matter verfasste Eröffnungslied *prolog* die Erwartungshaltung des Publikums:

> dir sitzet alli ahnigslos i öine stüel
> dänket a gar nüt böses, heit vilicht no ds gfüel
> jitz chöm es luschtigs lied, am änd sogar e witz
> nei mir verzelle jitz
>   e kriminaaaalgschicht […]
>
> drum rat i allne froue: gät de manne d'hand
> die wo gärn angscht hei: rücket necher zunenand
> wär schwachi närve het, söll gschyder jitz no gah
> jitz fat de nämlech a
>   e kriminaaaalgschicht […][19]

Der zentrale Unterschied zu anderen Liedprogrammen ist bei der *Kriminalgschicht* die zwingende Kohärenz zwischen den Liedern (vgl. Kap. 2.4.4). Das erste Lied *prolog*, das Prooimion der Liedergeschichte, weist auf die folgenden Lieder hin:

> dir wärdet gseh, wie's geit wenn dr revolver schiesst
> wenn ds mässer sticht und ds bluet uf perserteppich fliesst
> we men en unterdrückte schrei ghört i dr nacht
> drum gäbet alli acht
>   uf d'kriminaaaalgschicht […][20]

Schliesslich thematisiert *prolog* die besonders in literaturkritischen Kreisen verbreitete Geringschätzung der Gattung[21]:

---

19 Übers.: „Ihr sitzt alle ahnungslos auf euren Stühlen, / denkt an gar nichts Böses, habt vielleicht noch das Gefühl, / jetzt komme ein lustiges Lied, am Ende sogar ein Witz – Nein! Wir erzählen jetzt: / eine Kriminaaaalgeschichte […] // Deshalb rate ich allen Frauen: Gebt euren Männern die Hand; // Jenen, die gerne Angst haben: Rückt näher zusammen! / Wer schwache Nerven hat, soll besser jetzt noch gehen. / Jetzt beginnt nämlich / eine Kriminaaaalgeschichte […]".

20 Übers.: „Ihr werdet sehen, wie's geht, wenn der Revolver schiesst, / wenn das Messer sticht und das Blut auf Perserteppiche fliesst, / wenn man einen unterdrückten Schrei hört in der Nacht – / deshalb gebt alle Acht / auf die Kriminaaaalgeschichte […]".

21 Vgl. dazu z.B. Volker Ott, in: Knörrich (Hg.) 1981: 217ff.; Thomas Wörtche: Kriminalroman, in: RLW, Bd. 2: 343.

> und tüechti öich die kriminalgschicht vilich tumm
> de miech drum das de nämlech ou no nüt, warum?
> es isch im grund gno ja ou d'tummheit kriminell
> drum git's uf alli fäll
>   e kriminaaalgschicht [...][22]

Die Ironie besteht hier primär im Widerspruch zum Angekündigten und zeigt sich aus der Rückschau des später Aufgeführten: Es fehlt an der Stringenz zwischen einem Verbrechen und dessen sukzessiven, ernsthaften Aufdeckung; aber auch, als Folge davon, an der typischen kriminalgeschichtlichen Rätselspannung.[23] *Kriminalgschicht* verbindet mindestens fünf narratologisch unterschiedliche Traditionen:

- als aufgeführte Kunstform Elemente des ‚Detektivspiels';
- als Gedichtvortrag Elemente der Balladen- und Moritatendichtung;
- als Nummernaufführung mit nummernverbindenden Conférencen Aspekte des Kabaretts;
- als zum Teil simulationsironische Darstellungsform Merkmale der Satire; und
- als zum Teil dissimulationsironische Darstellungsform Mittel des Nonsens.

Eines der witzigsten Lieder dieses Zyklus, *wär het das meitschi umpracht, wär?*, vereinigt mehrere dieser Elemente. Auffällig ist die Form der Ironie: Das Textsubjekt gibt vor, eine logische Kette aus unterschiedlichen Sachverhaltselementen aufgebaut zu haben. In der Tat handelt es sich aber um eine Häufung logischer Redundanzen:

> wär het das meitschi umpracht, wär?
> s'isch ganz eifach, seit dr kommissär:
>
> wenn men animmt, dass dr mörder und das nimen i doch a
> vor dr tat dr mord vermuetlech no nid het begange gha
> wenn me das jitz also animmt was ergit sech drus sofort?
> es ergit sech drus, dass ds meitschi no mues gläbt ha vor em mord

---

22 Übers.: „Und erschiene euch die Kriminalgeschichte vielleicht dumm, / dann würde dies immer noch nichts machen; warum? / Es ist im Grunde genommen ja auch die Dummheit kriminell, / darum gibt's auf alle Fälle / eine Kriminaaalgeschichte [...]".

23 Beide Elemente sind Kernmerkmale einer Kriminalgeschichte (vgl. Thomas Wörtche: Kriminalroman, in: RLW, Bd. 2: 342).

> das isch logisch, seit dr kommissär
> dr inspäkter nickt und seit, das gloub ou är[24]

Matter schrieb für *Kriminalgschicht* die exponierten Lieder: das Eröffnungs- und das Schlusslied. Das in den Liedheften nicht veröffentlichte *Schlusslied* ist eine gemeinsam aufgeführte Nummer.

Kennzeichen der *Kriminalgschicht* sind die arbeitsteilige Werkproduktion, der gemeinsame Auftritt sowie die zwingende Kohärenz zwischen den Liedern. Das arbeitsteilige Verfassen von Liedern verstärkte sich bei Matter 1972, nachdem er schon 1971 gemeinsam mit Fritz Widmer das Lied *karibum* geschrieben hatte. Zudem trat Matter 1972 seltener auf.[25] *Kriminalgschicht* ist aber auch eines der letzten beredten Zeugnisse von Matters (potenziertem) Nonsens (vgl. Kap. 2.7.4). Kotextisoliert können einzelne Passagen der *Kriminalgschicht* aber durchaus ernsthaft sein. So etwa eine Strophe aus dem *Schlusslied*, die die Anteilname an den Nöten und Sorgen des Gegenübers zeigt. Die Textstelle äussert Zuversicht und gibt eine andere Sicht auf Matters Werk frei:

> da dra müesset dir geng dänke
> wenn dir stöht im läben uss
> das söll zueversicht öich schänke
> und söll öije schritte länke
> das erhoffe mir zum schluss[26]

In dieser – an vielen Stellen seines Werks aufscheinenden – Anteilnahme am menschlichen Schicksal (vgl. Kap. 2.6.1) liegt, neben dem Spielerisch-Künstlerischen, der Wirkungskern von Matters Werk.

---

24 Übers.: „Wer hat dieses Mädchen umgebracht, wer? / Es ist ganz einfach, sagt der Kommissär: // Wenn man annimmt, dass der Mörder, und das nehme ich doch an, / vor der Tat den Mord vermutlich noch nicht begangen hatte. / Wenn man das jetzt also annimmt, was ergibt sich daraus sofort? / Es ergibt sich daraus, dass das Mädchen noch gelebt haben muss vor dem Mord. // Das ist logisch, sagt der Kommissär; / der Inspektor nickt und sagt, das glaube auch er."
25 Vgl. Hohler 1977: 50.
26 Übers.: „Daran sollt ihr stets denken, / wenn ihr im Leben draussen steht. / Das soll Zuversicht euch schenken / und soll eure Schritte lenken. / Das erhoffen wir zum Schluss."

4 Schluss

> Sicher ist,
> dass nichts sicher ist.
> Selbst das nicht.
>
> Joachim Ringelnatz

Unter dem eingangs explizierten Begriff ‚Liedermacher' sollte in dieser Untersuchung im Wesentlichen der Urheber einer plurimedial vermittelten und in Programmen organisierten, mehrheitlich von Autorenliedern geprägten Kunstform verstanden werden. Eine solche Definition von Autorenlied-Kunst bedingt, dass bei der Beschreibung, Analyse und Interpretation nicht nur Texte und textmusikalische Arrangements einbezogen werden, sondern auch die Aufführungssituation. Die vorliegende Analyse hat diese Vorgehensweise exemplarisch am Werk Mani Matters aufgezeigt: *der* Liedermacher der Schweiz und einer der namhaftesten helvetischen Literaten des 20. Jahrhunderts. Im Unterschied zu bisherigen Darstellungen zu Mani Matter, die sich öfter auf eine dialektliterarische Sicht beschränken, wurde in dieser Studie eine möglichst breite Optik angestrebt. Dazu gehören auch die in dieser Untersuchung erstmals erarbeiteten systematischen Überblicksdarstellungen zu Quellenlage, biographischen Daten und bisherigen Forschungsergebnissen.

Die Poetik in Matters Werken ist durch seinen breiten Bildungshorizont wesentlich mitbestimmt. Augenfällig sind nicht nur die Bezüge seiner Werke zu verschiedenen literarischen Strömungen, sondern auch die spezifische Funktionalisierung unterschiedlichster formal oder thematisch bestimmter Gattungen und der Einfluss von philosophischen Diskursen auf Matters Liedschaffen. Der breite Wissensfundus erlaubte Matter den präzisen und dem jeweiligen Textgeschehen angepassten Einsatz vielfältiger literarischer Mittel.

Matter hat durch seine Beschäftigung mit philosophischen Fragen und Traditionen offenkundig einen eigenen (literarischen) Standpunkt erarbeitet, der im Kern am Existenzialismus, an der sokratischen Philosophie, der Analytischen Philosophie, der Dialektik und dem Skeptizismus orientiert ist. Matter beschäftigte sich aber auch immer wieder mit den Fragen, was Literatur kann und was gute Literatur sei. Diese Metakognition scheint an manchen Stellen seines Tagebuchs auf. Matter war überzeugt, dass Erkenntnis stets vorläufig, zur Urteilsbildung ein weitreichendes Wissen unabdingbar und die ‚Realität' relativ ist. Diese Standpunkte widerspiegeln sich nicht nur in Matters Liedern; sie manifestieren sich über den einzelnen Liedtext hinaus auf sämtlichen Ebenen einer Aufführung.

Matters Lieder zeigen, seiner Vorstellung von einer ‚besten Poesie' folgend, eine Affinität zu semantisch offenen Textformen. Obwohl Matter in seinen Liedern bevorzugt Elemente der Lehrdichtung verarbeitet, besonders des Bänkelsangs, ja der Beispielgeschichte an sich, sind seine Texte kaum je belehrend. Die literarhistorischen Formen stehen in einer Textumgebung, welche die traditionellen Formen relativieren und sie in einem neuen Licht zeigen.

Das Spektrum der in Matters Werk eingesetzten literarischen Formen lässt sich auf einer Skala zunehmender Defiktionalisierung beschreiben, von beschreibend-sachlichen Liedern über philosophische, wortspielerische, ironische und nonsenshafte bis zu grotesken Werken. Die beschreibend-sachlichen Lieder orientieren sich zumindest in Teilen an der literarischen Strömung der Neuen Sachlichkeit und an der Gattung des Dinggedichts. Bei den wortspielerischen Liedern reicht die Formenvielfalt von punktuellen Wortspielen (Amphibolien, Allusionen und Spielen mit Phrasen) bis hin zu Wortspiel-Häufungen und Wortspiel-Komplexen (aus Minimalpaaren, Homonymen, Paronymen, Permutationen), die zum Teil das Gerüst ganzer Lieder prägen. Ausnehmend elaborierten Konstruktionen steht dabei oft eine eher banale Aussage gegenüber; hier wird der Inhalt durch die Form gleichsam ‚getarnt', und der Rezipient erfreut sich am sprachartistischen Vermögen.

Rarer als das Wortspiel ist in Matters Liedern jene Form von Ironie, bei der die distanzierende Attitüde dem Dargestellten gegenüber offen zu Tage tritt (simulative Ironie). Häufig lässt sich hingegen die tendenzfreie Art der Ironie, die Dissimulation, nachweisen, etwa in Form des – oft potenzierten – Nonsens, oder auf der Ebene der Programmgliederung, z.B. in den Begrüssungsconférencen. Matter setzt aber ebenso, wenn auch selten, die komikfreie Darstellungsform des textlichen Widerspruchs, das Groteske, ein.

Dass Matters Lieder bis heute kaum an Aktualität und Attraktivität eingebüsst haben, hängt zwar gewiss mit der angesprochenen literarischen Formenvielfalt zusammen. Der Hauptgrund für die Langlebigkeit der Lieder dürfte jedoch in Matters philosophischer Grundhaltung liegen, die das Fragen bei der Erkenntnisgewinnung als zentraler erachtet denn die Antwort selbst. In Matters Werken geht es keineswegs um die Vermittlung eines abschliessenden Weltbildes, vielmehr sind die Lieder so disponiert, dass sie zum weiter führenden Fragen anregen. Dementsprechend sind Matters Figuren häufig Fragende oder handeln auf fragwürdige Weise, und stellen vieles in Frage, d.h. das Fragen kommt immer wieder und in unterschiedlicher Ausformung und Funktion vor (z.B. rhetorisches und maieutisches Fragen).

Ebenfalls zur semantischen Offenheit von Matters Liedern tragen verschiedene Verfahren des Kontrastierens bei. Augenfällig ist das – oft leichsinnig dargestellte – Scheitern (etwa an der Technik) in Kombination mit einer erheiternden Wirkung. Die Lieder schöpfen ihre Wirkung nicht selten aus der Konterdeterminierung des Einfachen, oft Banalen, mit dem Komplexen, nicht selten Philosophischen. Dabei wird Philosophisches häufig auf eine alltägliche Ebene heruntergezogen. Die den Liedern innewohnende, bis heute faszinierende Spannung speist sich nicht zuletzt aus der durch Kontrastierung hervorgerufenen Ironie. Ab und an tritt als Gegensatz dazu – so, als ob Matter seine literarisch objektivierende Maske abnähme – die unmittelbare Anteilnahme am Schicksal des Menschseins zutage.

Eine weitere Form des Kontrasts ist das dialektische Verfahren (These, Antithese, Synthese), das bisweilen, auch durch Übersteigerung, ad absurdum getrieben wird. Das dialektische Prinzip, hier verstanden als Einnehmen verschiedener „Sehweisen" auf einen Sachverhalt, weist zugleich auf Matters Affinität für den Skeptizismus hin. Die Betrachtung aus verschiedenen Perspektiven diente Matter mitunter dem Abwägen unterschiedlicher Standpunkte zum Finden des bestmöglichen Urteils.

Matters Lieder befassen sich zwar in vielerlei Hinsicht mit dem Zeitgeschehen, wobei aber nicht am Text unmittelbar ablesbare konkrete Zeitereignisse im Vordergrund stehen – wenn auch solche am Ursprung der Reflexion gestanden haben mögen –, sondern Grundsätzliches. Matter nimmt auf die damalige Neugestaltung der Gesellschaft Bezug, indem er die Befindlichkeit einzelner Individuen darstellt. Dies erscheint aber von der Zeit weitgehend unabhängig. Die Subjekte in Matters Liedern sind nicht individualisiert; bei Babettli, Hansjakobli, Frau Meier, Häri Meier, Grichtschryber Joss, Heidi, Eisi, Lotti, Heini und Herr Zehnder handelt es sich um Pseudo-Kontretisierungen.[1] Die innerhalb eines gewissen Rahmens durchaus austauschbaren Prädikatoren dienen der Veranschaulichung von (philosophischen) Grundproblemen.

In gewisser Weise wird dabei das Dargestellte, und damit indirekt die Realität, verworfen. Matters in der Textsammlung *Sudelhefte/Rumpelbuch* ausformulierter (politischer) Standpunkt schlägt sich in seinen Liedern solcher Gestalt als ‚radikaler Standpunkt' nieder, als der Nonsens, der viele von Matters Liedern durchdringt, wohl nicht zur Flucht vor der Welt auffordert, aber eine Form „radikalen Widerstands gegen die Macht der äusseren Verhältnisse"[2] ist. Aufgrund dessen ist Matters Werk aber nicht insgesamt als politische Literatur zu verorten.

Weitere Gründe für die Dauerhaftigkeit der Lieder liegen im Understatement des Textsubjekts, das sich oft wie ein Clown, also nonsenshaft, mit den Sachverhalten auseinandersetzt und sich dem Kleinen, Alltäglichen zuwendet. Diese thematische Ausgangslage, zusammen mit der mündlichen Rezeptionssituation, verlangt nach einer vordergründig unmittelbar verstehbaren Textebene. Matter setzt in seinen Liedern eine Sprache ein, die oft reichlich einfach ist, sich an der Alltagssprache orientiert und die dialektliterarischen Prinzipien der *modern mundart* umsetzt. An der poetischen Maxime des Einfachen orientiert sich auch die Wahl der eingesetzten Gattungen. Matter leiht sich gern Elemente aus sogenannt einfachen, hinlänglich erprobten, oft mündlich vorgetragenen literarhistorischen Formen: aus dem Volkslied, dem Bänkelsang, der Ballade, dem Exempel, der Fabel etc.

Die Lieder würden indes nicht von allen gesellschaftlichen Schichten als gelungene literarische Werke empfunden, wenn man sie nur als radikale Ablehnung der bestehenden Verhältnisse, als Anleitung zur ‚Widerspenstigkeit', erführe. Die innere Energie der Lieder entsteht aus der Gesamtheit der je Lied eingesetzten literarischen Verfahren. Hinzu kommt die selten in dieser Präzision beobachtbare sprachlich-

---

1 Die Lieder letzter Hand sind stets in jener Fassung publiziert, die allzu Konkretes meidet; vgl. etwa die Lieder *e löu, e blöde siech, e glünggi (...)*, wo die Eigennamen Hans, Fritz, Sepp und Walther metonymisch durch Schimpfwörter ersetzt wurden, und *dr grichtschryber joss*, wo Matter eine zu konkrete Strophe wegliess (vgl. Widmer 2002a: 37).
2 Kröher 1990: 350f.

musikalische ‚Detailpflege'; d.h. der Einsatz eines jeden Worts, ja jeden Morphems und jeden Tons ist wohldurchdacht. Man muss also, will man nachweisen, was einen Liedtext Mani Matters gegen künstlerisch-modische Witterungen resistent macht, die sprachliche Gestaltung eines Liedes sorgfältig, praktisch Wort für Wort, rekonstruieren, so wie es etwa Franz Hohler zum Teil am Lied *warum syt dir so truurig* oder Mani Matter in seinen kritischen Kommentaren zu den Texten befreundeter Liedermacher vorgeführt haben.

Matter ordnet in jedem seiner Lieder sämtliche textuellen und musikalischen Ebenen der jeweiligen Kernaussage unter: die Konstitution des Textsubjekts, die Publikumsanrede, die Metrik und die Reime, die Wortspiele, die Auswahl von Wortschatz und Gattung etc. Es überrascht daher nicht, dass Matter auf die Frage eines Journalisten, was ein „gutes Chanson" ausmache, lapidar erwiderte: „Dass alles stimmt und aufeinanderpasst, Thema zur Form, das Ganze zur Musik, der Anfang zum Schluss usw."[3] Auf Matters Werk zugeschnitten scheint aber auch eine weitere Reflexion:

> Wenn wir [...] in allen Teilen sagen können: Es muss so sein, sonst ginge etwas, ein Stück der Aussage gewissermassen, verloren, so können wir annehmen, dass es gut ist. Natürlich erkennt man diese innere Notwendigkeit des Werkes oft nicht beim ersten Anhören. Je mehr aber die feste Fügung sich bei genauerer Prüfung zeigt und bestätigt, je mehr wir sehen, dass jene Frage: „Warum ist das so?" überall die Antwort: „Das muss so sein!" erfordert, dass also die genaue Prüfung sich lohnt und immer mehr zutage bringt, die Persönlichkeit des Künstlers aus seiner Aussage rein sichtbar wird und wir sie als der unsrigen verwandt erkennen können, desto mehr enthüllt sich die Grösse des Werks.[4]

Matter war, so Jacob Stickelberger, beim Schreiben völlig inkonsequent. Er verfällt keinem Schematismus und ist künstlerisch in jedem Moment höchst kreativ. Der Rezipient weiss nie, was kommt, und lässt sich von der sprachlichen und darstellungstechnischen Innovation stets von Neuem überraschen. Dies gründet in der Absicht von Matters Poetik, die keine letztgültige Erkenntnis beansprucht, sondern Denk- und Handlungsschemata durch subtiles Konterkarieren in Frage stellt.

---

3 Matter, in: „In die Zange genommen: Mani Matter", Femina 19 (September 1972), Interview abgedruckt im Anhang.
4 Matter 1992b: 89.

Matter hat für seine Zwecke (Biermann und vieler weiterer Schriftsteller gleich) die Weltliteratur ‚geplündert', war also ein im besten Sinne postmoderner Schriftsteller. Matters ausgreifendes literarisches Wissen und poetisches Gespür erlaubten ihm, seine Textmusik stets so zu arrangieren, dass die angestrebte Wirkung eintritt. Er hat von den „Trümmern der Sprache [...] einige aufgelesen", sie neuartig zusammengesetzt und so den literarischen „Ast"[5], auf dem er sass, verlassen, etwas Neues geschaffen. Er ist dem Anspruch, den er an sich und seine Generation stellte, literarisch gerecht geworden:

tradition[6]

was unsere väter schufen
war
da sie es schufen neu

bleiben wir später
den vätern
treu

schaffen wir neu

---

5   Matter 1992b: 10 und 22.
6   Matter 1992b: 200.

Anhang

Interviews

Mani Matter

Von den Interviews, die Mani Matter gegeben hat und die in transkribierter Form vorliegen, ist einzig jenes von Franz Hohler ohne weiteres greifbar (Hohler 1973, 1992). Die übrigen Interviews sind fast nur noch archivarisch zugänglich. Um die künftige Matter-Forschung zu erleichtern, werden sämtliche dem Verfasser bekannt gewordenen Interviews hier erneut abgedruckt.

Interview in der Schwyzer Zeitung, 13. März 1970

„Angefangen hat es so… Nichtigkeiten und Wichtigkeiten über die Schweizer Sänger, die am letzten Samstag im Lehrerseminar Rickenbach auftraten" (Interviewer: H.).

Herr Matter, woher stammt Ihr Vorname?

Mani Matter: Meine Mutter ist Holländerin und wollte mir eigentlich Jan sagen. Da meine Schwester noch nicht richtig sprechen konnte, gab es aus dem Jan ein Nan, dann ein Nani, und zuletzt war ich der Mani.

Wurde Mani noch nie mit Mäni verwechselt?

Ja, es ist schon vorgekommen, dass mir Leute Mäni sagen, aber „da pflege ich mich albe z'verwahre drgäge!"

Heute Abend haben Sie das Chanson „mir het dr dings verzellt" gesungen. Ist dieses Dings etwas Bestimmtes?

Nein. Vielleicht irgendetwas, das man kaufen kann. Man könnte sich darunter zum Beispiel ein Abhörgerät vorstellen.

Wie lange spielen Sie jetzt schon Guitarre?

Das habe ich bis heute noch nicht gelernt.

Aber wann fingen Sie an damit?

Erst etwa mit 17 Jahren. Ich habe nie Stunden genommen, darum kann ich es auch nicht recht.

Kann man Ihre Lieder auch in einem anderen Dialekt singen?

Es kommt darauf an, ob der Reim beibehalten wird. An und für sich hätte ich nichts dagegen. Ich finde nicht, dass es unbedingt berndeutsch sein müsse. Ich singe berndeutsche Chansons, weil das die einzige Sprache ist, die ich sprechen kann.

Wie kommen Sie auf Ihre Lieder? Haben Sie das Gefühl, es sei wieder einmal etwas nötig, oder kommt Ihnen ein Blitzgedanke, den Sie verarbeiten?

Das ist sehr verschieden. Es gibt beides. Manchmal habe ich das Gefühl, es sollte wieder einmal etwas gemacht werden. Dann fange ich irgendwo an; manchmal gibt es etwas, manchmal nicht. Es kommt auch vor, dass ich von einer Idee, einem Reim oder einer Geschichte ausgehe.

Nun möchte ich Sie gerne etwas über das folgende Gedicht [dr hansjakobli und ds babettli] fragen. Ich finde dieses Lied so anschaulich, so bildlich. Wie sind Sie darauf gekommen?

Das kann ich Ihnen ganz genau sagen. In der Biographie von Joachim Ringelnatz beschreibt er, wie er jeweils dieses Spiel mit seiner Schwester spielte. Diese Geschichte empfand ich immer als das Urtheater. Man nimmt einen Stuhl, und schon kann das Spiel beginnen.

Haben Sie nicht manchmal Angst, dass Sie am Schluss etwas zu stark moralisieren?

Ja, das „Babettli" zum Beispiel hat den Fehler, dass es zwei Strophen Moral hat. Eine Strophe ist zuviel. In der Radiozeitung habe ich mich schon dazu geäussert. (Was ich bisher machte, ist mir manchmal noch etwas zu tantenhaft, oder zu lehrerhaft oder zu moralisch auch; zu eindeutig auf eine bestimmte Aussage bezogen.) Die neuen Lieder, die ich mache, haben nicht mehr so viel Moral, oder dann ist es eine pervertierte Moral oder eine Witzmoral.

Spielen Sie noch ein Instrument ausser Guitarre?

Ich habe früher einmal Klavier gespielt, aber ich habe auch das nie richtig gelernt.

Welches ist Ihre Lieblingsmusik?

Die Musik, die ich gerne habe, ist nicht die, die ich singe. Ich höre gerne serielle Musik (gesetzmässig in Reihen aufgebaute 12-Ton-Musik). Kurz gesagt: Ganz neue und ganz alte Musik habe ich am liebsten.

Interview im Bieler Tagblatt, 19. März 1971

Erich Leuthold: Mani Matter: Ratlosigkeit. Ein Sonntagsgespräch mit dem bekannten Berner Troubadour.

Es erübrigt sich, Mani Matter noch vorzustellen. Der schwarzhaarige Berner Jurist, der mit seiner vierköpfigen [sic!] Familie in einem unauffälligen Reihenhaus in Wabern lebt, wurde in der Presse, am Radio und am Fernsehen bereits ausführlich „besprochen". Uns interessierte, was Mani Matter, hauptberuflich Rechtskonsulent in der Berner Stadtverwaltung und freiberuflich Mitglied der Berner Troubadours, über Krieg, Rauschmittel und Popmusik zu sagen hat.

Im Verlauf unseres zweistündigen Gesprächs wurde deutlich, dass selbst ein Mann mit breitem Wissen viel Mühe hat, zu diesen drei Themen Stellung zu beziehen. Matter zögerte immer wieder, bevor er antwortete; oft berichtigte oder ergänzte er seine Antworten, oft verwarf er sie sofort wieder. Die Kriegswirren in vielen Teilen der Welt, sagte er, hätten schon einen gewissen Einfluss auf seine Liedertexte. Nur wisse er selber nicht, wie dieses schlimme Problem in seinen Liedern zum Ausdruck komme. Es bewirkt bei ihm vorab grosse Ratlosigkeit. Konkret zu Konflikten Stellung beziehen, kritisieren, könne er ja mit seinen simplifizierten Texten überhaupt nicht, deshalb möchte er sie auch nicht als „zu politisch" aufgefasst wissen. Seine Liedform dünkt ihn denkbar ungeeignet, individuelle Kritik an einzelnen Kriegshandlungen zu üben. „Das bleibt Journalisten vorbehalten, Berichterstattern, die einfach genau aufschreiben, was sie an Kriegsschauplätzen zu Gesicht bekommen." In seinen Chansons versucht er, Modelle zu entwickeln und ein gewisses „Grundlebensgefühl" zu vermitteln. Matter gab zu bedenken, dass man im Dialekt, insbesondere im berndeutschen, schnell pathetisch, grossgekotzt wirkt, wenn man sich vom Alltäglichen entfernt und grosse Worte machen will. „Man sollte meine Lieder wörtlich nehmen, sollte dahinter aber auch etwas sehen können. Beispielsweise die Ratlosigkeit erkennen, die gewisse Ereignisse bei mir auslösen." Man müsse aber – bei allem guten Willen für eine heilere Welt – auch nicht vergessen, dass man die Leute nicht ins Theater locken und ihnen einen Abend lang Vorwürfe an den Kopf werfen könne. „Ich wirke nicht als rotes Tuch für das Publikum. Das ist ein Vorteil. Die Leute haben mir gegenüber vielleicht weniger Vorurteile als andern gegenüber, die ihr ‚Engagement' mit dem Holzhammer zum Ausdruck bringen. Wenn ich vor denjenigen Leuten auftreten kann, für die alles in bester Ordnung ist, und bei ihnen Zweifel aufkommen, ob wirklich alles in bester Ordnung ist, so kann ich doch annehmen, zumindest an ihrer Lethargie gerüttelt zu haben. Ich bin mir bewusst, dass dies wenig ist, meine aber, dass es doch besser ist, als überhaupt nicht Gelegenheit zu haben, von ihnen angehört zu werden und sich von vornehrein nur an Gleichgesinnte zu richten." Vielleicht, sagte Matter, seien seine Chansons verwandt mit jener neuen Schweizer Literatur, die einer als „Neo-Biedermeier" bezeichnet hat. Sie befasst sich vordergründig mit dem kleinbürgerlichen Alltag, will aber dahinter etwas anderes sichtbar machen. Neo-Biedermeier: Jemand, der zwar eher kleinbürgerlich scheint, dessen politische Grundhaltung jedoch keineswegs so kleinkariert und verbohrt sein muss.

Über seine politische Haltung spricht Matter ungern. Früher hat er sich aktiv politisch betätigt. Wenn er die heutige Junge Linke und ihre Aktionen mit derjenigen zu seiner Studienzeit vergleicht, so seien die damaligen Linken und ihre Aktionen gegen die stabilisierte Gesellschaft „harmlos" gewesen.

Rauschgift

Ich erzähle Mani Matter von jener amerikanischen These, wonach das Rauschgift bewusst von China in die Hände der westlichen Jugend geschleust werde, um sie zu unterwandern, sie abhängig zu machen, ihre Aggressionstriebe zu zerstören, damit sie kampfunfähig und wehrlos werde. Matter lachte über diese Theorie und sagte mit Bestimmtheit: „Das isch Chabis." Ihn interessiert das Problem Rauschgift nicht sonderlich. „Ich bin ein rationaler Mensch." Seiner Überzeugung nach wird die ganze Sache hochgespielt. Er vergleicht die Rauschmittel mit der Pornographie, als eines der letzten Tabus, auf die das Bürgertum überhaupt noch reagiert. Für ihn lagern Rauschmittel und Pornographie hinter verschlossenen Türen, gegen die man anrennt, um die Gesellschaft dort anzugreifen, wo sie sich noch zur Wehr setzt. Ferner sieht er im Drogengenuss den Versuch, aus der nur noch zweckrationalen, verwalteten und technisierten Welt auszubrechen. Er meinte, die jungen Leute würden Rauschmittel einnehmen, um damit die Gesellschaft zu schikanieren; sie würden aber völlig übersehen, dass sie letztlich nur ihrer psychischen und physischen Verfassung ernsthaft schaden. Immerhin, erklärte er, würden die Drogen wahrscheinlich oft selbst weniger schaden als die Tatsache, dass dadurch junge Leute in die Illegalität abgetrieben werden. Es sei nötig, zwischen den einzelnen Arten von Rauschmitteln zu unterscheiden.

Popmusik

Matter mag Popmusik. Er fügt hinzu, dass er von ihr wenig verstehe und nur eine sehr unverbindliche Beziehung zu ihr habe. In seiner Plattensammlung finden sich Aufnahmen der Beatles, Rolling Stones, Frank Zappa und einiger anderer Gruppen. Matter selbst dient Musik nur als festgelegter Vorwand zum Singen. Musik benützt er, um einen Text zum Ausdruck zu bringen. „Ich kann ja nicht auf die Bühne stehen und zwei, drei Stunden lang rezitieren. Das würde kein Mensch aushalten." Seinen und den Erfolg der Berner Troubadours kann sich Matter nicht erklären. Das Gastspiel der Berner Troubadours im Februar in der Berner „Rampe" war drei Wochen zum voraus ausverkauft. Lampenfieber verspürt er, wenn Leute im Parkett sitzen, die er kennt und deren Kritik er fürchtet. Vor ihm unbekannten Besuchern aufzuspielen, macht ihm nichts aus.

Interview in Femina, Nr. 19, September 1972

In die Zange genommen: Mani Matter.[1]

Welches sind für Sie die Kriterien eines guten Chansons?

Dass alles stimmt und aufeinanderpasst, Thema zur Form, das Ganze zur Musik, der Anfang zum Schluss usw.

Wie reagieren Sie auf den Vorwurf, sich politisch nicht zu engagieren?

Das habe ich schon oft gehört, möchte es aber bestreiten, denn sowohl meine private als auch meine berufliche Tätigkeit hat immer mit Politik zu tun. Auch sind einige meiner Chansons als Modelle für politische Sachverhalte zu verstehen.

Wo ist es für Sie am schönsten? a) Bern; b) die Schweiz; c) Europa; d) die Welt

a) wo es inoffiziell ist; b) im Malcantone; c) im Süden; d) so weit bin ich noch nicht herumgekommen.

Was müsste geschehen, damit Sie einen Protestsong verfassen würden?

Was auch immer passiert, ich glaube nicht, dass der Song der wirksamste Protest wäre. Wenn es so schlimm ist, warum singt er denn? möchte man fragen. Die Tatsache, dass einer singt, tut der Ernsthaftigkeit seines Protests immer etwas Abbruch.

Wie hat man sich das Entstehen Ihrer Chansons vorzustellen?

Ganz verschieden. Selten sind es konkrete Erlebnisse, sondern viel eher abstrakte Ideen, die ich nachher darzustellen versuche, oft auch rein formale Einfälle oder zum Beispiel der Entschluss, einen Dialog zu machen.

Welches der zahlreichen Attribute, die man Ihren Chansons zollt[,] kommt Ihrer Meinung nach der Wahrheit am nächsten?

Das weiss ich nicht: Aber betroffen hat mich, was einmal eine Luzerner Zeitung geschrieben hat: sie seien eine Mischung von Leichtsinn, Scharfsinn und Resignation.

„Heimeliges und Unheimeliges" – wie würden Sie das mit je einem Beispiel erklären?

Ich probiere in meinen Chansons immer, Heimeliges mit Unheimeligem zu verbinden.

Welche Rolle spielt Ihre Frau in Ihrem Nebenleben als Troubadour?

Sie ist immer mein erstes Publikum.

---

1 Wichtige biographische Angaben aus dem „Steckbrief", der das Interview einleitet: „Grossvater Oberbetriebschef bei den SBB; [...] *Lieblingsgericht:* Ratatouille; *Lieblingsgetränk:* Rotwein; *Lieblingsfarbe:* blau und grün; *Lieblingsmaler:* Kurt Schwitters – „der mich dazu brachte, selber zu malen."

Wo sehen Sie die grösste Gefahr Ihrer gegenwärtigen Situation als Künstler?
Dass musikalisch nicht viel drin liegt.

Wenn ein Chanson „sitzt", – was pflegen Sie in den ersten Minuten der Entspannung zu tun?
Daran zu zweifeln.

Ruedi Krebs

Interview mit Stephan Hammer, Februar 1998.

S. H: Warum hast du begonnen, eigene Lieder zu verfassen?
Ruedi Krebs: Das weiss ich nicht, das kam einfach so. Begonnen hat es damit, dass ich eine Gitarre gekauft habe, weil ich Fritz Widmer einmal in einem Skilager habe Gitarre spielen hören. Das hat mir so gefallen. Ich habe dann gemerkt, dass es nur ein paar Griffe braucht. So habe ich begonnen, Lieder, die mir gefallen haben, zu singen. Das war nicht bewusst, das ist einfach passiert.

Gab es einen besonderen Anlass, der dich dazu bewogen hat, eigene Lieder zu verfassen?
Mit 24 habe ich mir eine Gitarre gekauft. Ein Jahr später bin ich dann schon mit Fritz Widmer aufgetreten. Es war eigentlich die Begegnung mit Fritz Widmer in diesem Lager. Mani Matter habe ich übrigens gar nicht gekannt. Ich hatte schon eigene Lieder und habe seine noch gar nicht gekannt. Denn in diesen Pfadikreisen, in denen er aufgetreten ist, bin ich gar nicht verkehrt, und Platten gab es ja noch keine. Aber einen eigentlichen Anlass gab es keinen, einfach die Freude, dass man das kann. Für mich waren dann vor allem englische und amerikanische Lieder wichtig. Ich habe damals meine erste Gitarre nach Amerika mitgenommen und mit meinen drei Griffen Volkslieder gespielt. Ich habe auch begonnen, Lieder, die ich gesungen habe, in ein Buch zu schreiben. So hat das begonnen, mit Volksliedern auf Französisch, Englisch. In Amerika habe ich dann Josh Whites Platte kennen gelernt. Auf einer seiner Platten hatte es einen Song, der für Fritz Widmer und für mich zum Urvater der Housi-Lieder geworden ist. Das war das Lied *Cervelat*. Bei Josh White hiess es *One Meat Ball*, was ‚Fleischkugel' bedeutet. Mein Vater hatte ja eine Metzgerei, da war der Cervelat nahe liegend. Das war eigentlich der Anfang von Fritz und mir. Wir waren in der Studentenzeit eine Art Symbiose. Wir haben ständig miteinander gesungen, diskutiert und gelernt, denn wir haben das Gleiche studiert. So bin ich dann ins Übersetzen hineingekommen. Da kamen wir dann auf die Idee, dass wir das eigentlich auch selber machen könnten.

In welchem Jahr war das ungefähr?

Im Jahre 62 habe ich eine Gitarre gekauft. Unsere Entdeckung passierte bei einem komischen Anlass, nämlich an einem Wettbewerb für Schnitzelbänke des Berner Sprachvereins. Das war am 10.12.63 im Hotel Bellevue Palace. Da sind Fritz, ich, Alex Heimann und Mario Barisi als Quartett aufgetreten. Wir haben noch nicht einmal einen Namen für unsere Gruppe gehabt. Wir haben den ersten Preis gewonnen und kamen danach sogar in der Zeitung. Als wir dort lange auf die Entscheidung der Jury warten mussten, sagte ich zu Fritz: „Du, das ist doch unsere Chance." Wir hatten doch jeder ein paar Lieder, die wir nur uns vorgesungen haben und die noch kein Mensch kannte. So sind wir einfach, ohne jemanden zu fragen, auf die Bühne und haben gesungen. Da hat uns Hugo Ramseyer gehört. 14 Tage später haben wir diese Lieder im Radio gesungen. Beim Kabarett *Schifertafele* habe ich dann die ersten Mani-Matter-Lieder gehört, gesungen von Urs Kräuchi. Das waren tolle Zeiten. So sind wir zweimal da aufgetreten und Bernhard Stirnemann kam immer als Stargast am Schluss. In der ersten Kritik kam dann: „Berner Troubadours". Auf den Namen wären wir gar nicht gekommen. So bin ich in die Berner Troubadours hineingerutscht. Und jedes Jahr kamen Auftritte mit immer neuen Liedern. Dann kam Mani noch dazu. Ich war wahnsinnig aufgeregt, als es in der Garderobe hiess, Mani Matter sei im Publikum. Ich habe den vorher noch nie gesehen.

War er damals schon bekannt?

Ja, weil andere auf der Bühne seine Lieder gesungen haben. Dann sind wir bald zusammen aufgetreten. Für mich war es dann immer sehr heikel, denn Mani hat vor mir gesungen, und ich kam unmittelbar nach ihm auf die Bühne. Aber es ging, denn wir hatten einen total anderen Stil. Wir haben uns sehr schnell befreundet. Jedes meiner Lieder habe ich jemandem gewidmet. Und von jedem habe ich auch das genaue Geburtsdatum, wann es fertig wurde. Das ist wie eine Geburt. Und die Schwangerschaft geht manchmal sehr lange. Deshalb habe ich auch etwas Mühe mit gewissen Liedermachern: Wenn heute etwas passiert, haben sie morgen schon ein Lied darüber. Ich habe Mani den Text zum Lied *Erna* gewidmet, weil ich das Gefühl hatte, dass ich da sprachlich am meisten gebastelt habe. Mani ist ja der Sprachbastler von uns. Ausser eben diesem Lied wusste keiner vor einem Auftritt, was der andere singt. Jeder hatte einfach seine Viertelstunde oder 20 Minuten. Und das ist das Geheimnis des Erfolgs, dass jeder so verschieden geblieben ist.

Welches waren die ersten Lieder, die du verfasst hast?

Die ersten habe ich auf Französisch und auf Englisch geschrieben. Aber das war eine Jugendsünde. Das waren ausländische Volkslieder. Ich hatte übrigens eine seltsame Manie, die ich heute zum Glück überwunden habe. Das würde heute nicht mehr gehen. Ich glaubte, dass ein Lied lebt, wenn es gesungen wird. Eine Zeitlang habe ich jedes Lied, das ich kannte, jeden Tag gesungen. Ich habe ständig gesungen. Das war wie ein Ritual. Heute wäre der Tag zu kurz dafür. Mein erstes Lied war *Einisch amene schöne Abe*. Dann *Dr Housi im Konsum*. Die übersetzten Lieder, die ich mit Fritz Widmer zusammen gemacht habe, habe ich nicht gezählt. Nachher kamen: *Was me doch alles nid darf*, *Muus eis u Muus zwo*, *Dr Untergang vo Bärn*.

Mit Muus eis u Muus zwo *bist du bekannt geworden. Wann hast du das verfasst?*
Am 10.12.64. Das ist ein Schicksalstag. Das war der Tag des Wettbewerbs. Dieses Lied war in zehn Minuten fertig. Die Melodie ist bei mir meistens vorher da. Und bei *Muus eis u Muus zwo* war es eigentlich nur ein Akkord. Aber sonst bastle ich eigentlich lange.

Wie hat sich die Rolle von Hugo Ramseyer entwickelt? Ihr seid 1964 aufgetreten, ich glaube, ihr wart damals noch sechs Leute?
Ja, da waren noch Susi Aeberhard, der Rolf Attenhofer am Klavier und Urs Kräuchi, der leider vor kurzem gestorben ist. Da gab es bald eine Spaltung. Man sagt dem ‚auteur, chanteur et compositeur'. Das heisst derjenige, der das Lied selber bastelt, von der Sprache und der Musik her. Urs Kräuchi hat zum Beispiel nur gesungen, Mani Matter hat Text und Melodie dazu gemacht und ein anderer hat Klavier dazu gespielt. Und dann kam Mani eben auch noch. So gab es fast eine logische Trennung. Beim dritten Mal in der Rampe war erstmals Mani Matter dabei. Da kam auch noch Jacob Stickelberger dazu, der bei Mani Matter studierte. Und auch Markus Traber. Ich weiss nicht, wie weit das im Interesse von Bernhard Stirnemann war. Es war eigentlich eine logische Weiterentwicklung: Diejenigen, die alles selber machen und selber singen. Aber wichtig war schon der Zufall vom Wettbewerb, und dass die Jury nicht schon nach fünf Minuten den Sieger erkoren hatte. Denn sonst wäre alles anders verlaufen. Ich glaube an Zufälle. Ein weiterer wichtiger Zufall in meinem Leben ist die erste kleine Platte. Hugo Ramseyer hat dann mit diesen Sachen seinen Verlag aufgebaut. Ohne das wäre dieser Verlag wohl auch nicht entstanden.

Wann entstand diese Platte?
Weiss ich nicht mehr. Wichtig war, dass es eine Vernissage dazu gab. Dort war Klaus Schädelin im Publikum. Er war damals schon Gemeinderat. Ich kannte ihn noch nicht persönlich. Er zeigte seine helle Freude und hat mein Leben total verändert. Denn als er merkte, dass wir noch mehr Lieder haben, fragte er, ob wir noch zu ihm nach Hause kämen. Fritz Widmer und ich sind noch zu ihm nach Hause gegangen. Da durften wir dann singen. Wir hatten schon zusammen vor Publikum gesungen, doch die klatschen und gehen dann nach Hause. Klaus Schädelin aber hat die Lieder gedeutet und seine Begeisterung gezeigt. Er fragte immer: „Hast Du noch eines? Und noch eines?" Wir zwei sangen immer abwechslungsweise, haben dazu gegessen und getrunken. Auch seine Frau und seine Töchter waren da. Das hatte ich noch nie erlebt. So wurde es zwei Uhr morgens. Ich ging dann regelmässig jeden Samstag, und dann jeden Mittwoch und jeden Samstag zum Essen. Mit der Zeit war ich dort so zu Hause, dass ich sogar ein Zimmer bekam. Ich war dort als Student in der Mansarde. Eine seiner Töchter ist heute meine Frau.

Als ihr Klaus Schädelin kennengelernt habt, kannte er da schon Mani Matter?
Ja, er hatte alles von Mani Matter auf Tonband. Er hatte bei ihnen auch ein Zuhause gefunden, denn er hat ja früh seine Mutter verloren. Er ging dort lange vor mir ein und aus und war ja auch im *Jungen Bern*. Er war eigentlich der spiritus rector des *Jungen*

Bern. Die haben Klaus Schädelin gefragt, ob er in die Politik einsteige als Sprengkandidat. Ich hatte damals als Gymnasiast in den Läden von Bern Flugblätter verteilt. Auch Bernhard Stirnemann ist bei Schädelins ein und aus gegangen. In all den Jahren hat jeder von uns seine Lieder vor einem öffentlichen Auftritt bei Klaus Schädelin gesungen. Keiner kannte die Lieder der anderen, aber Klaus kannte alle. Er war eigentlich die wichtigste Figur für die Berner Troubadours. Er hat uns immer zusammengehalten.

Weisst du, ob von diesen Tonbändern noch irgendetwas erhalten ist?

Beim Radio gibt es sicher viele. Vielleicht hat Adolf Burkhardt noch welche. Joy hat sicher.

Hast du Mani Matter oder hat Mani Matter dich beeinflusst?

Mani Matter kann man als grosses Vorbild sehen. Doch meine Art ist anders. Mani Matter hat am Anfang immer Brassens-Melodien genommen und dann dazu getextet. Bei mir ging es anders. Ich habe leidenschaftlich gern Gitarre gespielt, und jedes Mal kam dabei eine Melodie heraus. Der Text ist dann einfach hineingewachsen und war mir am Anfang nicht so wichtig.

Kannst du dich noch an die ersten Chansons erinnern, die du von Mani Matter gehört hast?

Das war im *Schifertafele*, es gab ja noch keine Platten. Damals war es Brauch, am Anfang und am Ende des Programms ein Chorlied zu singen. Die meisten davon waren von mir. Wir machen das heute noch ein wenig so, zum Beispiel das Lied *karibum*.

Mani Matter ging dann nach England und hat verschiedenen Leuten Briefe geschrieben. Hast du Briefe von ihm?

So eng waren wir nie befreundet. Nein.

Wie hast du die Trennung der Gruppe empfunden? War das eine Spaltung mit Getöse?

Nein. Aber es war schmerzhaft für mich, obwohl ich es schon vorher gespürt hatte. Unsere erste gemeinsame Platte, die zu dieser Zeit herauskam, war ganz schwarz. Ich wusste noch nicht, dass Mani Matter sich bereits zum Weggang entschlossen hatte. Doch ich sagte, als ich die Platte sah: „Das ist unsere Grabplatte." Ein paar Tage später hat Mani uns mitgeteilt, dass er nicht mehr mit uns singen wolle. Im Nachhinein kann man sagen, dass das eine normale Trennung war. Wir waren damals ja zu sechst. Wenn nun jeder 20 Minuten singt, ergibt das zwei Stunden. Ohne Pause ist das eine Zumutung. Heute singen wir jeder eine halbe Stunde. Wir haben damals sofort neue Junge gesucht. So kamen Margrit Pfister und Ruedi Stuber dazu. Ich habe gespürt, dass eine Trennung kommen würde. Mani war sehr abgetrennt, für sich, hat kaum gesprochen. Wir haben danach alleine weiter gesungen und es ging gut. Wir sind dann zu dritt nach Basel, was wir vorher nie machten. Und waren 14 Tage ausverkauft. Meine Schulung war, dass ich jahrelang unmittelbar nach Mani Matter auf die Bühne trat.

Deine Lieder waren mindestens am Anfang auch von amerikanischen Liedern beeinflusst. Welche Literatur hat dich am nachhaltigsten geprägt?

Literatur keine. Das war bei mir immer live, mit Musik. Der Wichtigste war sicher Brassens. Dann auch die amerikanische Folksong-Bewegung, Joan Baez, Bob Dylan. Dann kam das Deutsche: Degenhardt vor allem wegen dem Musikalischen; Wolf Biermann.

Gibt es eine Liedentwicklung bei dir?

Ich weiss es nicht. Es interessiert mich auch nicht so.

Was braucht es, damit bei dir ein Lied zu einem Langzeitlied wird?

Eigentlich fast jedes ist das bei mir. Ich singe zum Beispiel Lieder, die über 30-jährig sind. Die Leute kennen sie ja nicht so gut, denn die meisten sind ja auch nicht auf Platte. Ich habe am letzten Silvester alles uralte Lieder gesungen. Es ging phantastisch. Vielleicht dadurch, dass sie gewachsen sind. Und Lieder dürfen auch sterben. Aber ich pflege sie. Es sind Kinder.

Jacob Stickelberger

Interview mit Stephan Hammer, September 1998.

S. H: Wie kamen Sie darauf, eigene Chansons in berndeutscher Mundart zu verfassen?

Jacob Stickelberger: Es war ein separater Weg. Ich stamme ja aus einer literarischen Familie. Mein Grossvater, Emmanuel Stickelberger, war seinerzeit ein berühmter Schriftsteller. Das war in den 20er, 30er Jahren. Literatur und Sprache war bei uns wie bei Piloten die Flugzeuge. Die 6-Jährigen beschäftigen sich schon mit Flugzeugen, und bei uns war es das Versemachen, quasi mit der Muttermilch kann man sagen. Das war übrigens genauso wie bei Mani auch. Manis Vater hat schon sehr stark geverst, sicher ist Mani durch seinen Vater beeinflusst worden. Sprachlich hatte er es sicher zum Teil von seinem Vater. Der war ein berühmter Anwalt, er war wissenschaftlich tätig. Es handelte sich um Markenrecht. Mani hat z.B. einmal von seinem Vater gesagt, sein Vater habe mal einen Vortrag halten müssen in irgendeinem Saal, für Lehrer. Dann sei der Vater hineingegangen, dann sei er vor die Lehrer getreten und dann habe er gesagt: „Ich habe diesen Saal schon voller gesehen, ich habe ihn aber auch schon leerer gesehen, aber ich habe ihn noch nie so voller Lehrer gesehen." Das hätte auch Mani sagen können. Also item. Ich bin ihm begegnet via Klaus Schädelin. Das hat eigentlich schon in mir das Talent geweckt. Die Form des Chansons hat mich schon beeindruckt. Als ich ganz jung war, habe ich zuerst Kabarett-Texte gemacht und solche Dinge. Die Form des Chansons hat es so damals noch nicht gegeben.

Wann haben Sie via Klaus Schädelin Mani Matter kennengelernt?

Das muss so 57/58 gewesen sein.

Wann haben Sie dann Ihr erstes Chanson geschrieben?
Das wird 1965 gewesen sein.

Wissen Sie noch, was das war?
Verschiedene Chansons. Ich weiss es nicht mehr genau. Eines der ersten war *Myn Duume*, eine komische Geschichte. Ich glaube, als er das hörte, hat ihn das sehr belustigt. Also das war: Zwei Freunde treffen sich. Verkürzt gesagt: Der eine sagt: „Wenn ich dir den Daumen hinhielte, würdest du's nicht wagen zuzuschlagen." Und der andere sagt: „Du würdest den Daumen nicht hinhalten, wenn ich das Beil hätte." Und dann hält er ihn hin – und beide gewinnen die Wette. Dieses Lied hat Mani Matter vermutlich bei Klaus Schädelin als erstes von mir gehört. Wahrscheinlich bin ich via dieses Lied bei Klaus Schädelin auf Mani Matter gestossen.

Wie stark hat Mani Matter Ihr Liedermachen beeinflusst?
Schon sehr. Wir sind beide Juristen. Das habe ich eigentlich immer sehr geschätzt, das Skurrile, und doch sehr Vereinfachte und Trockene und klar Gesagte. Das kommt natürlich auch vom Studium her, das Schnörkellose von Mani Matter. Das war ja fast Manis Leitmotiv, schon Fritz Widmer hat es geschrieben, *soyez banal*. Das stimmt wirklich. Das hat mir schon sehr imponiert. Das hatte er auch als Jurist gemacht, weder komplizierte Sätze noch komplizierte Gedankengänge. Das Reduzieren von den kompliziertesten Gedankengängen auf das Allereinfachste, bis jeder sagt, das hätte ich auch gesagt, oder: hätte ich auch gekonnt, und das entspricht meinen Vorstellungen. Das ist das Schöne, das Geheimnisvolle. Er bringt es also fertig, das Komplizierteste in ein paar Sätzen auf den Punkt zu bringen, und das dann erst noch in Dialekt. Ich habe noch nie jemanden getroffen, einen klügeren Menschen, der das so reduzieren konnte.

Und das haben Sie ihm auch so ein bisschen abgeschaut?
Das habe ich mir sehr zu Herzen genommen. Ich nehme es mir nicht nur bei den Liedern zu Herzen. Ich nehm's mir auch im Alltag zu Herzen, in jedem Satz. Ich höre immer Mani im Hintergrund: „Dieses Wort, das ist ein Füllwort zuviel." Die Sprache besteht ja darin, dass man streicht. Wenn Sie wollen, jedes Adjektiv ist eigentlich zuviel. Ein Adjektiv ist ja immer eine Umschreibung. Es ist oft nicht nötig zu sagen z.B. „das ist eine schöne Frau". Durch die Umstände, die man beschreibt, sieht man dann, ob sie schön ist. Z.B. Manis *wilhälm täll* ist voll von solchen Dingen. Es gibt Leute, die würden drei Seiten schreiben – „mit helebarde cartonschwärt gulisse schlöh si dry" – alles ganz genau, was sie machen.

Dieses Reduktionsprinzip – Sie haben auch versucht, es anzuwenden?
Ja, versucht. – Es ist sehr, sehr schwierig. Es ist geradezu ein Muss.

Gibt es auch Lieder, bei denen Sie sagen können, die wurden durch Mani Matter angeregt?

Ich hätte es gerne gewollt. Aber dann habe ich mir gedacht, er hat es ja schon gemacht. Dann kann man's nicht noch einmal machen. Ich weiss es noch beim *zündhölzli*. Ich hab's dann nicht gemacht, meines war einfach komplizierter; so wie sich Mani ausgedrückt hat: etwas barocker. Er hat mir immer gesagt: „Ich habe das gern, wie du's machst. Diese Reduktion, das musst du nicht machen. Du bist ein anderer Typ." Das hat ihn auch immer gefreut. Z.B. beim *Duume*, das hat eine lange Einleitung. Er, Mani, ist der, der immer sehr kurze Lieder gemacht hat. Ich habe gesagt: „Das ist zu lange." Er hat gesagt: „Nein, das musst du so machen." Ich muss zugeben, es ist lustig. Aber ich hätte es gerne gewollt, aber ich konnte es nicht. Ich weiss noch, beim *zündhölzli* habe ich mal ein Parallel-Lied gemacht, aber das war so schlecht, ich habe es nie gesungen.

Also über das Liedermachen hat sich die Freundschaft erst richtig entwickelt?

Das war schon früher so, das war eigentlich umgekehrt. Er war vier Jahre älter, er war Oberassistent. Ich war Student, da habe ich ihn eigentlich näher kennen gelernt. Ich weiss gar nicht mehr genau, war es das, oder waren die Lieder zuerst. Jetzt kommt es mir in den Sinn: Es war bei Klaus Schädelin, der hatte die Dinge gesammelt. Da habe ich einmal dieses Lied vom *Duume* gesungen. Das hat er aufgenommen, das hat dann Mani gehört. Ich habe diese Berner Troubadours gekannt.

Gibt es noch andere Einflüsse? Mani Matter wurde ja zuerst angeregt durch das französische Chanson. Morgenstern, Ringelnatz, Rilke usw. hatten dann auch ihre Bedeutung. War für Sie das französische Chanson nicht so zentral?

Doch schon, das ist ja parallel. Da kommt man ja fast nicht darum herum. Mani war ja sehr belesen, kein Vergleich mit mir. Da war z.B. die grosse Figur Brassens. Das ist dann unabhängig. Der Brassens war für unsere Zeit, wahrscheinlich für alle, eine sehr, sehr wichtige Figur. Ich weiss noch, in der Rekrutenschule habe ich immer Brassens gehört. Er ging in Fleisch und Blut über. Und dann die Begegnung mit Mani, der ihn viel besser verstanden hat als ich. Und dann kommt dieses Aha-Erlebnis, dann kommt's zusammen. Brassens war für mich schon sehr beeinflussend, wahrscheinlich für die anderen auch, die auftraten. Und dann das Auftreten von Mani.

Wann haben Sie dieses erste Lied gemacht?

64 oder 65.

Gab es noch andere Einflüsse bei Ihnen?

Das ist dann familiär. Mein Grossvater war für mich sehr zentral, er war Schriftsteller. Ich habe lange mit ihm geredet. Er hat mir Geschichten erzählt, da habe ich sehr, sehr viel gelernt.

Mani Matter hat sich schon sehr früh, um 1960, sein poetisches Verständnis erarbeitet. Haben Sie sich auch so tiefgreifende poetische Überlegungen gemacht?

Nein, nein. Mani war viel bewusster und systematischer als ich.

Etwas zur Musik: Gibt es bei Ihren Chansons spezielle Einflüsse?

Das sind die Chansons von Brassens. Bei Mani ist es auch Brassens, es sind die Brassens-Harmonien, nur bei Brassens ist es komplizierter. Das hat dann Mani nie hingekriegt. Die schwierigeren Passagen hat er weggelassen. Bei mir selber ist es auch Brassens.

Zur Liedermacher-Szene in Deutschland: Mani Matter hat sich auch damit auseinandergesetzt, aber soweit ich sehe, hatte sie keinen unmittelbaren Einfluss auf sein Liedwerk.

Ich habe sie natürlich in jener Zeit zur Kenntnis genommen, aber es war eine andere Szene, eine politische Szene. Aber die ging vorüber. Mani Matter hat Biermann sehr bewundert. Aber Biermann ist nicht aus demselben Milieu, Mani ist aus einem sehr bürgerlichen Milieu. Die Umfelder sind völlig unterschiedlich. Die klassischen politischen Lieder sind anders, die Lieder, die auf der Strasse gesungen werden. Natürlich sind Manis Lieder letztlich auch sehr politisch; das Äusserliche ist anders. Biermann ist es, der Politisches singt, oder Degenhardt macht Politisches.

Dem Wort ‚Liedermacher' haftet ja noch heute etwas Politisches an. Sträubt sich bei Ihnen etwas gegen diesen Begriff?

Ja. Es ist ein zu deutscher Ausdruck. Ich habe nichts gegen den Ausdruck, er ist eigentlich ziemlich präzis, fast zu präzis. Es ist doch ein bisschen etwas anderes, das typisch Deutsche, das Radikale. Der Deutsche sagt „ein Schuhmacher", der macht nichts anderes als Schuhe. Beim Schuhmacher und beim Liedermacher kommt es auf das Gleiche heraus. Vielleicht haben sie Recht, aber der Begriff widerspricht mir ein bisschen.

Stimmt für Sie eher der Begriff ‚Chansonnier', im Sinne eines Auteur-compositeur-interprète?

Ja, ja. Darum nennen wir unsere Lieder ‚Chansons'.

Denken Sie, dass es in Ihren Liedern zwischen 1964 und 1972 eine Liedentwicklung gibt, oder auch später, als Mani Matter nicht mehr dabei war?

Es gibt fast zwangsläufig eine Veränderung. Ich kann nicht pars pro toto reden, wie bei den meisten. Am Anfang lief das sehr unbeschwert. Da schreibt man oft Lieder, die vielleicht am besten sind. Wenn sich die Anzahl der Lieder häuft, hat man immer mehr Hemmungen. Dann sagt man sich: Das hab' ich ja schon gemacht. Es wird dann vielleicht ein bisschen langweilig, man wird ein bisschen selbstkritischer. Mani hat einmal selber gesagt, es sei ihm vorgeworfen worden, er bekäme jetzt einen spröden Altersstil. Das schleicht sich mit der Zeit ein, man wird immer selbstkritischer. Ich habe mir dann auch immer mehr gesagt: „Das kannst du doch nicht machen, das geht doch nicht." Es kommt dann soweit, dass die Leute sagen: „Das ist ein kluges Lied."

Zur Geschichte der Berner Troubadours: Jeder der Berner Troubadours sieht sie ein bisschen anders. Sie sind 1966/67 dazu gestossen. 1969/70 war eine entscheidende Phase, als sich die Gruppe aufteilte. Wie sieht das aus Ihrer Sicht aus?

Ganz direkt gesagt: Ich hätte nie mit zwei oder drei Kollegen gesungen, wenn nicht Mani gewesen wäre. Was typisch Mani war, er war viel grosszügiger als ich. Ich habe mich bei zweien immer geschämt, ausser bei Stirnemann, der war auf der Bühne unheimlich souverän. [...].[2] Dieser Name „Berner Troubadours", der ein einheitliches Bild macht, quasi wie ein Gruppenname oder auch Orchestername, dieses Vereinheitlichende, ist völlig unterschiedlich, auch in der Qualität. [...]. Die Art aufzutreten [...], das ist bei Stirnemann ein einmaliges Erlebnis.

Zu den Komponenten des Chansons: Welche erachten Sie als besonders wichtig?

Das ist natürlich schon das Inhaltliche. Den Namen Chanson darf man nicht überladen, die Franzosen haben das richtig gemacht. Die Deutschen wollen mit dem Lied zuviel, das ganze Völkergeschichtliche kommt hinein. Der Schlager ist allzu leicht. Im Chanson ist es letztlich eine Geschichte, das Geschichtenerzählen, das Leichte, eine etwas anspruchsvollere Geschichte, das musikalisch auch nicht zu Anspruchsvolle.

Ich denke, mit dem Tod Mani Matters, bzw. in jener Zeit kurz zuvor, verändert sich im Liedermachen der Dreiergruppe Matter-Stickelberger-Widmer etwas sehr stark. Ich denke da vor allem an die Kriminalgschicht. *Das ist ja etwas ganz Neues. Sehen Sie es auch so, dass das Einzelchanson in jener Zeit bereits am auslaufen war?*

Ich glaube schon. Es gibt jetzt 30 Jahre Berner Chansons. Die Gruppe besteht immer noch. Ich bin der Einzige, der in die Hitparade kam, immerhin. Dorthin kam keiner von den anderen, aber das ist kein Kriterium. Das zeigt sich schon an Äusserlichkeiten. Nach 30 Jahren sind wir noch immer in der gleichen Reihenfolge aufgetreten wie 30 Jahre zuvor, und wir haben noch genau die gleichen Ansagen gemacht. Es hat sich eigentlich nichts verändert, das ist das Statische, es ist immer dasselbe, das Chanson. Das kann man doch irgendwann nicht mehr, wir sind jetzt dann bald 60-jährige Männer. Der Stirnemann ist eigentlich der Konservativste. Die *kriminalgschicht* wäre schon damals etwas gewesen, was aus dieser Starrheit hinausgeführt hätte. Eine neue Form, das wäre eigentlich der Ausweg gewesen.

Kamen von den anderen Berner Troubadours auch Anstösse?

Von Fritz Widmer schon. Von Bernhard Stirnemann so ein bisschen äusserliche, Showelemente, man kann sagen das Amerikanische, aber das muss auch gekonnt sein. Das kann er sehr gut. [...][3] Ich habe den Stirnemann eigentlich lieber gehabt. [...] Seine Showauftritte mag ich ganz gut. Und was ich ihm hoch anrechne, ist, dass er sauber textet. Gut stehlen ist auch gut. Man muss es dann auch umsetzen. Er hat es nicht wörtlich übernommen. [...]

Der Eigenwilligste war nicht Mani, sondern Fritz Widmer. Mani hat Fritz' Lieder kaum wirklich beeinflusst. Mani hat ihn nur soweit beeinflusst, als er in die Rolle von Fritz hineingeschlüpft ist. Das von Fritz ist geblieben, seine grossen Dimensionen. Das

---

2 Einige Passagen dürfen aus rechtlichen Gründen nicht abgedruckt werden.
3 Einige Passagen dürfen aus rechtlichen Gründen nicht abgedruckt werden.

ist übrigens die grosse Stärke von Mani. Er hat sich nie selber eingebracht. Er hat einen von der Person ausgehend gefördert, falls ihn die Person interessiert hat. Auch bei mir war das so. Er hat eigentlich mit mir, mit meinen Worten gedacht. Wenn er Vorschläge gemacht hat, dann hat er eigentlich meine Terminologie, die ich brauche, genommen, und nicht diejenige, die er für sich gebraucht hätte. Er hat nie gesagt: „So würde ich es machen." Sondern er hat gesagt: „So würdest du es schreiben, wenn du es wirklich gut möchtest."

Gibt es in Ihren Liedern grössere Passagen oder auch ganze Strophen, die von Mani Matter stammen?

Ja schon. Das ist das, was ich noch schriftlich habe. Da kann ich es noch sagen. Er ging ja sehr ins Detail, er kritisierte oft auch nur einzelne Worte: „Du, das Wort oder jenes musst du nehmen und nicht das." Beim Bosseln war er gross, die Feinarbeit, die Kleinarbeit machte er sehr gern. Ich habe jeweils gesagt: „Geschrieben ist geschrieben." Dann hat er gesagt: „Nein! Das ist nichts, jetzt musst du bosseln." Das war für ihn sehr wichtig, und er hatte Recht.

Was ist der Unterschied zwischen dem Auftreten vor Publikum und den Studioaufnahmen?

Da bin ich andere Wege gegangen als Mani. Ich habe meine Lieder später mit Musikern zusammen arrangiert. Beim Auftreten auf der Bühne strahlt die ganze Person aus, das ist ein grosser Unterschied. Da gibt es den Kellertheater-Geruch, einen Typ, der auftritt – ob er gut oder schlecht auftritt, da strahlt die ganze Persönlichkeit aus. Das kann man live aufnehmen, und wenn man dort war, kann man sich das alles vorstellen. Aber wenn die Leute es nur hören wollen, junge Leute, wenn sie diesen Kellertheater-Geruch nicht kennen, wenn sie etwas spontan wollen, dann geht das nicht. Das halte ich für eine Zumutung. Dann muss man etwas mehr machen, wenn man es auf den Plattenteller legen will. Das war ja bei Mani überhaupt nicht der Fall. Ich glaube auch nicht, dass er's gemacht hätte. Bei seinen Liedern ginge es vielleicht auch nicht so gut. Ich habe es später orchestraler gemacht. Meine Lieder waren besser zu arrangieren.

Mani hat Georges Brassens immer geliebt. Wie dieser hat Mani sich nie bewegen lassen, die Musik orchestraler zu machen. Bei meinen Liedern muss ich schon sagen, dass die Lieder so übers Radio unter die Leute kamen. Die Leute, die oberflächlich Radio hören, die dann sagen: „*Momol*, das gefällt mir noch", kaufen dann das.

Warum machen Sie Lieder für die Öffentlichkeit? Sehen Sie sich in einer speziellen gesellschaflichen Rolle?

Es ist so, wie wenn ein Schriftsteller Bücher schreibt. Nur kommt beim Chanson noch das musikalische Element hinzu, es macht es schöner. Ein Chanson halte ich für die schwierigste Form von Schriftstellerei: Da müssen Sie innerhalb von drei Minuten die Zuhörerschaft interessieren, dann ist es vorbei. Die müssen sehr, sehr konzentriert sein. Ich weiss noch, Mani hat gesagt, wir sind eigentlich in einer privilegierten Situation. Da geht man so auf die Literaturtage, wo jeder liest. Auch wenn das noch so gute Texte sind, dann kommt einer mit Gitarre. Das gibt sofort ein Aufatmen bei den Leuten. Die Musik, das ist das Element, das trägt. Das ist ein weiteres tragendes Element beim Chanson. Ich meine: Das Buch ... der Schriftsteller liest vor. Dann kommt als erleichterndes Element das Musikalische hinzu, dann der Reim; es ist meistens alles gereimt. Das ist auch ein musikalisches Element. Der Reim ist auch eine Erleichterung, es muss aber nicht sein. Dann kommt noch das disziplinierende Element, es darf nicht mehr als drei Minuten sein. Und schliesslich noch musikalisch vorgetragen.

Haben Sie auch andere Literatur verfasst?

Eigentlich nur Chansons. Ich glaube, ich könnte es, ich habe juristische Beiträge verfasst, auf meine Art. Sie sind in Juristenkreisen immer sehr dankbar aufgenommen worden. Wenn ich etwas geschrieben habe, dann hat's immer geheissen: Ah, das ist der Chansonnier. Aber ich habe irgendeine Aversion gegen das Schreiben, was Mani gar nicht hatte, zu Recht nicht hatte. Es werden zu viele Bücher geschrieben. Noch ein Buch! Ich glaube, ich könnte es durchaus. Ich kann Ihnen etwas im Rahmen des Juristischen zeigen [J. S. überreicht S. H. den Artikel „Der Gerichtshof-Narr"[4]]. Ich könnte schon schreiben, aber ich singe lieber.

Das Chansonschreiben: War der Höhepunkt die Zeit mit Mani Matter?

Ja, ja. Auch persönlich. Das Chanson war das eine, Mani Matter das andere.

Haben Sie danach nie mehr so viele Chansons geschrieben wie in dieser Zeit?

Danach eigentlich schon noch. Vielleicht war es für mich gar nicht schlecht, da bin ich noch froh. Ich bin dann nach Zürich gekommen, vielleicht hätte mich da Mani abgehalten, da bin ich nicht ganz undankbar. Ich war viel im Fernsehen, in der so genannten Unterhaltungsmafia, dieser so genannten. Die Leute, das muss ich ihnen zugute halten, die hatten spontan Freude, und haben gesagt: „Komm du zu uns." Und da kam ein Trio Eugster, und die haben gesagt, das sind gute Lieder, das gefällt uns. Die haben dann viel Geld in meine Plattenproduktionen reingeworfen, in das musikalische Arrangement. So kommt das auch irgendwie rüber. Warum nicht? Die haben mir die besten Arrangeure hingepflanzt. Der Mani hätte das sicher nicht gemacht, der hätte mich sicher gebremst. Das wäre vielleicht ganz schade gewesen. Mani war irrsinnig anregend, aber vielleicht wäre er durch seine Person auch hindernd gewesen.

Wieviele Lieder haben Sie insgesamt gemacht?

Ich habe ca. 200 Lieder gemacht.

Und die haben Sie alle aufgeführt?

Nein, nein, nur ca. 70 Titel meiner Lieder sind singbar. Alles andere ist unbrauchbar bis peinlich.

---

4 In: Recht, Macht und Gesellschaft, hg. von Hans Baumgartner und René Schuhmacher. Zürich 1995. 21–31.

Bernhard Stirnemann

Interview mit Stephan Hammer, Januar 1998.

S.H: Wie kamen Sie darauf, eigene Chansons in berndeutscher Mundart zu verfassen?

Bernhard Stirnemann: Bei mir war das ganz klar eine Folge meiner – damals in den Kreisen, in denen ich verkehrte – Frankophilität. Ich kannte einfach französische Chansons. Ich ging sehr oft nach Paris. Ich habe mich dort in diesen Kreisen bewegt, bin in diesen Lokalen gewesen und war vom französischen Chanson fasziniert. Ich wollte eigentlich auch gar nicht Dialektchansons machen, ich wollte französische Chansons machen. Die ersten drei Chansons, die ich geschrieben habe, sind auch Französisch. Aber ich war immerhin schlau genug zu merken, dass die im Vergleich zu meinen Vorbildern einfach nirgendwo ausreichend waren. Dann bin ich plötzlich mal auf die Idee gekommen, dass ich ja mal versuchen könnte, in meiner eigenen Sprache etwas zu machen. Ich habe es dann auch versucht. Und dann haben es die Leute sich angehört aus meiner direkten Umgebung. Ich hatte nie beschlossen, dass ich jetzt eine Kunstform erfinden will und damit vor ein Publikum gehe. Ich habe einfach versucht, mit meiner Sprache etwas zu machen, und dann haben die Leute das hören wollen; und weil sie es hören wollten, habe ich wieder neue Lieder gemacht und wieder neue. Das ist bis heute so. Und wenn heute manchmal die Presse kommt und in Interviews fragt: „Wie lange wollen Sie das eigentlich noch machen?", dann sage ich: Genau so lange, wie die Leute immer wieder kommen und das immer wieder hören wollen. Und so lange wie das Publikum nicht gleichzeitig mit mir älter wird, d.h. so lange auch junge Leute im Saal sitzen und sich das anhören. Inzwischen ist es so, dass ich wieder meine ganz alten Chansons singen kann. Aus den Reaktionen des Publikums merke ich, dass das Publikum die überhaupt nicht kennt. Entweder weil es schon so alzheimerkrank ist, dass es sie schon vergessen hat, oder, was viel öfter der Fall ist, dass es eben Leute sind, die damals nicht dabei waren und für die diese Lieder jetzt neu sind. Ich habe dies kürzlich ausprobiert mit ganz alten Chansons, die ich extra wieder üben musste, um sie überhaupt singen zu können. Und es war verblüffend.

Wann schrieben Sie Ihr erstes Chanson?

Ich kann das nicht aufs Jahr genau sagen. Aber es sind die frühen fünfziger Jahre, also 53/54. Während der Seminarzeit war ich bei jeder möglichen Gelegenheit in Paris, war in jenen Lokalen, vor allem in jenem Lokal, das wir ja oft zitieren, wo alle von uns später dann gesessen sind: in der *Colombe*, auf der Ile de la Cité. Die Colombe, die muss man sich vorstellen als ein Lokal, wie wir das jetzt auch in Bern durchzuführen versuchen; ein Lokal, das geführt wurde durch jemanden, der die Chansons eben liebte und der die Chansonniers liebte. Wobei ‚Chansonnier' eigentlich eine andere Bedeutung hat. Es gibt auf Deutsch kein Wort dafür. ‚Liedermacher' ist ein sehr schlechtes Wort dafür. Und dort kamen, meistens sehr spät in der Nacht, Leute wie Anne Sylvestre, Jean Ferrat; Georges Brassens war auch dort. Ich hatte ihn, glaube ich, nie dort singen gehört. Aber er sass auch dort. Colette Chevreau, also eine ganze Menge Leute, die später berühmt geworden sind; die sassen dort und haben in einer Ecke unter der Treppe die Gitarre genommen.

347

Das dauerte dann oft sehr lange; die haben dort ihre Lieder gesungen. Das war sehr faszinierend für mich. Wie gesagt, zuerst habe ich das zu kopieren versucht; aber das führte nun wirklich zu nichts.

Haben Sie die französischen Lieder, die Sie geschrieben haben, auch öffentlich gesungen?

Öffentlich eigentlich nicht. Ich hatte damals Freunde, die ihre Partys machten und die mich auch eingeladen haben. Damals konnte man zu mir noch sagen: „Komm ans Fest, es gibt etwas zum Essen und Trinken, und nimm doch die Gitarre mit." Dann habe ich die mitgenommen und habe das auch ausprobiert. Das hat einigermassen funktioniert, aber eben nur im intimen Kreis, auf der Basis gegenseitiger Sympathien. Ich bestand einfach vor mir selber nicht. Ich wusste, was die anderen machten und welche Atmosphäre sie kreierten. Das konnte ich auf Französisch nicht machen.

Welche Themen behandelten Ihre ersten drei Chansons?

[Lacht] ... Das muss ich mir überlegen, ich weiss es wirklich nicht mehr. Ich weiss nur, es waren französische Chansons. Ich habe die nie mehr gesungen.

Und welches war Ihr erstes deutsches Chanson? Singen Sie es heute noch?

Nein, die allerersten Chansons singe ich nicht mehr. Es waren Chansons, die auf Ideen zurückgingen, die ich in Frankreich gehört habe. Meine ersten Chansons waren schon ganz klar von französischen Chansons inspiriert. Ich bin auch ein bisschen dabei geblieben. Ein gewisser Anteil meiner Chansons sind ja Übersetzungen. Und die Übersetzungen sind nicht Übersetzungen, sondern sehr freie Bearbeitungen. Wobei ich jetzt die Melodien beibehalte. Die habe ich aber damals auch nicht beibehalten, sondern ich habe mich einfach bedient. Aber das dauerte nur kurze Zeit. Ich habe die auch nicht lange gesungen. Dann kamen schnell Dinge wie das Lied *Käthi*. Oder es kamen am Anfang auch Chansons, die eigentlich gesungene Witze sind. Das hat vor allem Fritz Widmer meisterhaft gekonnt. Ich habe auch solche gemacht. Es waren aber nie die Chansons, an denen mir besonders gelegen war. Ich habe festgestellt: Wenn man auf einer Bühne steht, ist es klug, wenn man vor allem Inhalte versucht rüberzubringen. Man muss aber dazwischen auch versuchen, die Leute zu entspannen; und entspannen können sie sich am besten, wenn sie lachen. Also, sozusagen um das Dekor zu wechseln, habe ich immer wieder versucht, einen Blödsinn zu machen. Das habe ich lange, eigentlich fast wie ein System, beibehalten. Das mache ich heute nicht mehr. Das hängt einfach damit zusammen, dass ich heute, weil ich alt bin, Inhalte rüberbringen kann, die ich mit 18 noch nicht so gut rüberbringen konnte. Es gibt zum Beispiel ein ewiges Thema bei mir: das Älterwerden. Wenn ein 18-Jähriger vom Alter und vom Tod singt, dann glauben ihm die Leute das einfach nicht – oder sie haben Mühe, es zu glauben. Heute bin ich einfach glaubwürdiger in diesen Dingen. Das erinnert mich im Übrigen an eine interessante Sache: Ich habe z.B. festgestellt, dass im Flamenco, im Fado, bei Leuten, die sich damit intensiver befassen, die älteren Sänger und Sängerinnen die Stars sind. Die Jungen kommen im ersten Teil des Abends. Im Fado ist das unglaublich: wunderschöne Mädchen, die toll singen; aber irgendwann später am Abend kommt eine alte Frau oder ein alter

Mann, und dann geht plötzlich die Post ab. Und die Jungen von vorher sitzen da und hören genau zu, weil sie schon wissen, dass da noch eine andere Dimension dabei ist – weil ältere Leute bei gewissen Dingen einfach besser wissen, von was sie singen.

Wann war die Entstehungszeit der heute teilweise noch bekannten Lieder wie Käthi*?*

Also ich bin 36 geboren. Mit 10 Jahren habe ich noch keine Chansons gemacht. Im Jahr 56 hatte ich schon eigene Chansons. Ich hatte damals schon am Seminar – das durfte man dort nicht so sagen, das war unseriös – meine Texte und Chansons gemacht und habe sie einfach im Bekanntenkreis gesungen. Mir sagte dann jemand, es gebe noch jemanden, der singt; ich müsse mir das mal anhören, ich müsse mal an einen Patria-Abend gehen. Mani Matter war ja motiviert durch diese Patria-Unterhaltungsabende, wo immer etwas vom Attraktivsten das Patria-Kabarett war. Das waren junge Leute, die machten eben Kabarett. Da gehörten auch andere dazu, die heute bekannt sind, z.B. der Musiker Jürg Wyttenbach, oder Adolf Burkhardt, der in Bern mit seinem Gymnasiums-Chor grosse Erfolge hat. Dort musste man immer etwas produzieren. Dort hat Matter z.B. aus dem *La cane de Jeanne* von Brassens sein *her zehnder* gemacht. Auch er hat von Anfang an gemerkt, dass man Brassens nicht eins zu eins ins Berndeutsche übersetzen kann – und hat dann eigene Texte gemacht. Aber die Melodien hat er beibehalten, denn er konnte, wie ich, am Anfang nur drei Griffe auf der Gitarre. Erst später hat sich das ein bisschen entwickelt. Wobei es uns nie wirklich wichtig war – was uns spätere Generationen von Musikern manchmal vorwerfen, dass wir musikalisch unbedarft seien. Ich denke, das sind wir auch, wenn wir es vom Standpunkt dieser Leute anschauen. Die Musik war das Mittel, um die Texte hinüberzubringen. Das ist bei den französischen Chansons sehr oft auch der Fall.

Wann waren Sie erstmals an einem Patria-Unterhaltungsabend?

Ich war nie dort, ich gehörte nicht zu diesen Kreisen. Ich gehörte wirklich nicht zu diesen Kreisen. Ich bin der Sohn eines Schreiners aus der Matte. Und die Matte war damals das Quartier, wo man versuchen musste wegzukommen. Das bedeutete, dass man es gesellschaftlich geschafft hatte. Meine ganzen Verwandten sind aus der Matte weggezogen in den Breitenrain oder wo auch immer hin. Mein Vater hat es noch erlebt, als ich wieder in die Matte runter ging, aber er hat das nie verstanden. Das kann man heute kaum mehr nachvollziehen. Heute ist das ein einigermassen schickes Quartier. Ich denke, Mani Matter und ich wären uns sonst auch gar nie begegnet. Die Patrias galten auch ein bisschen als die Pfadfinder der Vornehmen, jedenfalls empfand ich das so. Es gab damals einen Sprachverein in Bern; es muss irgendwann mal zwischen 54 und 58 gewesen sein, als gewisse Leute kamen und uns zusammengebracht haben. Der Sprachverein hatte dann einen Link zu Hugo Ramseyer. Es wurden schliesslich Veranstaltungen organisiert, wo Leute ihre eigenen Dialektchansons sangen. Aber wenn Mani Matter und ich dort sangen, dann waren wir schon damals diejenigen, welche das Beispiel gaben, wie man's machen konnte. Die anderen haben sich dort quasi dem Publikum erstmals vorgestellt. Die Vertreter vom Sprachverein haben das toll gefunden und wollten das fördern. Der erste, der uns zusammengebracht hat, war Hugo Ramseyer – am Theater am Zytglogge, das damals noch ‚Theater der unteren Stadt' hiess, wenn ich mich nicht täusche. Auf jeden Fall hat er dort versucht, die bekanntesten Leute zusammenzubringen und Dialektabende zu machen. Dort waren wir auch ab und zu dabei. Dann sind schon bald neue aufgetaucht; das waren Leute wie Widmer und Krebs. Das ist bereits die zweite Generation. Das ist schon fast 10 Jahre nach meinen ersten Chansons. Kürzlich hat mir Fritz Widmer zu meinem grossen Erstaunen erzählt, er hätte mich irgendwo gehört und hätte sich gedacht: *Gopfridschtutz*, so etwas möchte er auch machen können. Das sei eine der Motivationen für ihn gewesen. Die waren in diesem Sammelsurium von Leuten, die bei Ramseyer aufgetreten sind, dabei.

Dann hat sich gezeigt, dass wir ein schlechtes Gefühl hatten, mit Leuten aufzutreten, die nicht Chansons machten, sondern Chansons von anderen gesungen haben. Denn es gab auch eine Kabarett-Szene, wo auch Hugo Ramseyer drin war, das Kabarett *Schifertafele* etwa. Dort gab es Textautoren und Musiker. Attenhofer z.B., der heute noch im Zytglogge-Verlag eine wichtige Rolle spielt, war Pianist und hat gewissen Leuten ihre Texte vertont. Dritte haben sie dann gesungen. Uns hat das mit der Zeit genervt, also Mani und mich und Krebs und Widmer. Wir haben uns zusammengehörig gefühlt, aber nur in einer Hinsicht. Wir fanden, dass uns stilistisch das Auteur-compositeur-interprète aneinander bindet. So haben wir eines Tages gesagt, wir wollen nur noch mit Leuten zusammen singen, die Auteur-compositeur-interprète sind. Dann geht man auch von den gleichen Voraussetzungen aus.

Zudem haben wir uns nie irgendwo um einen Auftritt beworben. Wir haben gewartet, bis man uns etwas anbot. Im Übrigen war Mani – zumindest im Anfang – nicht sehr daran interessiert aufzutreten. Ich weiss nicht, ob das mit seiner Herkunft zu tun hatte. Er hatte nicht die Faszination, vor Leuten aufzutreten. Er schrieb gerne, aber ich kann mich gut daran erinnern, wie er sagte, er würde die Lieder lieber andern Leuten geben, um sie auf die Bühne zu bringen. Ich habe oft mit ihm darüber diskutiert und ihm gesagt: „Du musst die selber singen, damit die voll rüberkommen." Diese Formel Auteur-compositeur-interprète war für mich wichtiger als für Mani Matter. Aber später ist er auf den Geschmack gekommen. Es ist eine Droge, das Auftreten. Später hat er es dann sehr gerne gemacht.

Können Sie sich noch an die ersten öffentlichen Auftritte erinnern?

Woran ich mich noch sicher erinnern kann, war damals, als der heutige Radio-Direktor von Grünigen diese Kritik geschrieben hat.[5] Das war noch organisiert im Theater am Zytglogge, durch Hugo Ramseyer.

Erst nachher, als ich dann *Die Rampe* hatte, das Theater, kamen regelmässig die Programme. Vorher kam ja nichts regelmässig. Das habe ich organisiert, dass die Troubadours in der Rampe immer wieder aufgetreten sind. Das war auch einer der sichersten Erfolge der Rampe, wenn die Troubadours dort aufgetreten sind. Die Rampe war ein Experimentier-Theater, und es ging auch darum, einige Dinge drin zu haben, die sichere Erfolge waren. Und die Troubadours waren das. Ich habe immer ein bisschen getrieben, dass wieder neue Programme entstanden sind, und habe auch mich selbst immer wieder unter Zugzwang gesetzt.

---

5   Grünigen 1964 (Der Bund).

Und früher sind Sie auch schon vor öffentlichem Publikum aufgetreten?

Doch, es gab so Clubs von Freunden. Ich weiss, dass ich mehrmals aufgetreten bin an Veranstaltungen von Freunden. Die Clubs hiessen nicht ‚Soldatenstuben', aber so ähnlich. Die Clubs kümmerten sich irgendwie um Soldaten und ihre Freizeit. Oder dann hatte irgendjemand wieder Geburtstag. Das ist bis heute so. Dann sehen die Leute das und sagen, das könnte ich auch bei mir gebrauchen. So geht das immer weiter. Das erste Theater, in dem wir aufgetreten sind, muss schon das Theater am Zytglogge gewesen sein. An etwas zuvor kann ich mich nicht erinnern. Es war auch nicht so geplant. Theater wollte ich schon immer machen. Aber ich wollte eigentlich Theater machen, Experimentier-Theater. Die Sache mit den Chansons und mit der Gitarre war meine Art, mich persönlich auszudrücken. Ich habe eigentlich nicht daran gedacht, so etwas wie eine Karriere darauf aufzubauen. Wenn schon Karriere, dann wollte ich eigentlich Regie machen und Theater – und Schauspielern, bis zu einem gewissen Grad.

Haben Sie vor der Troubadours-Zeit auch Theater gespielt und waren Regisseur?

Ja, das habe ich beides gemacht. Ich habe schon Studententheater gemacht. Ich war bei der Berner Studentenbühne, die damals sehr erfolgreich war. Wir wurden sogar nach Parma an ein internationales Festival eingeladen. Ich habe den Andreas von Bleichenwang gespielt in *Was ihr wollt*, den Wagner im *Urfaust* und solche Sachen. Dort hat sich sehr rasch bei mir etwas geändert. Die Studentenbühne spielte vor allem Stücke aus dem klassischen Repertoire und versuchte, frische Interpretationen von ihnen zu machen – und versuchte einfach, Erfolg zu haben, also möglichst viele Leute zu interessieren.

Ich habe aber dann sehr schnell mit der Umsetzung meiner eigenen Ideen angefangen, das hing auch mit Paris zusammen. Ich habe Jean Tardieu, Ionesco und solche Sachen gelesen und wollte die aufführen. Ich habe den Leuten gesagt: "Hört mal, wir könnten doch auch eine kleine Gruppe bilden in der Studentenbühne, die experimentiert. So habe ich die Experimentierbühne der Berner Studentenbühne im heutigen Kleintheater an der Kramgasse 6 gegründet. Dort haben wir zum Beispiel den Einakter von Jean Tardieu inszeniert. Im Kleintheater spielten damals ganz verschiedene Gruppen. Weil ich mich dort an Termine halten musste, habe ich rasch gesehen, dass ich mindestens einen Teil professionelle Schauspieler brauchte. Auch habe ich gemerkt, dass ich das eigentlich nur in einem eigenen Theater machen kann. Zuerst habe ich dann versucht, dieses Kleintheater an der Kramgasse 6 zu übernehmen. Und als das nicht möglich war, habe ich einen eigenen Keller gesucht und den mit ein paar Freunden ausgebaut. Das war eben *Die Rampe*.

Können Sie sich noch erinnern, als Sie zum ersten Mal ein Lied von Mani Matter gehört haben oder ihn selber gesehen haben? Haben Sie ihn vor der Rampe überhaupt schon einmal gesehen?

Wir sind ja vor der Zeit in der Rampe schon zusammen aufgetreten, im Rahmen mit diesen Sprachverein-Sachen. Das waren eben Dinge wie *geng wenn dr her zehnder* [*dr her zehnder I*] oder auch *dr rägewurm*. Ich glaube, er hatte damals auch schon *ds lotti schilet* geschrieben. Es sind alle diese Dinge, die er eigentlich später nicht mehr gesungen hat. Vor allem die Sachen, bei denen fremde Melodien dabei waren. Dem Mani passierte

351

genau das gleiche, das mir auch dauernd passiert. Ich habe mich jetzt daran gewöhnt und kann damit umgehen. Er sang zum Beispiel *ds lied vo de bahnhöf*, das ein Meisterwerk ist. Und dann sagt irgendjemand im Publikum „ds lotti schilet". Wenn man noch jung ist, kann man mit diesen Dingen nicht so gut umgehen – und das ärgert einen dann. Wenn die Leute immer wieder *Käthi* hören wollen, finde ich das heute eigentlich lustig. Ich bringe das dann gerade am Anfang, dann habe ich das schon gesungen. Und dann sage ich: „So, und jetzt hört einmal zu." – Es ist doch auch schön, wenn es ein Chanson gibt, das fast zu einem Volkslied geworden ist. Dagegen ist nichts einzuwenden. Ich glaube, Mani Matter hat seine frühesten Lieder in diesem Patria-Kabarett gesungen.

War das eine Veranstaltung der Pfadfinder?

Ja, das war eine Veranstaltung der Pfadfinder. Die Pfadfinder waren auch eine Frage des gesellschaftlichen Umfeldes. Wenn ich zum Beispiel Pfadfinder gewesen wäre, dann wäre ich, weil ich von Haus aus katholisch bin, was auch ein Unterschied ist, weil damals waren das Unterschiede ... Als ich zum Beispiel damals ans Lehrerseminar wollte, sagten mir gute Ratgeber, auch aus Kreisen der Lehrer: „Bist du verrückt, Lehrer zu werden? Da findest du nie eine Stelle." Ich bin dann aber tatsächlich sofort nach dem Seminar nach Bern gewählt worden. Das war eine kleine Sensation. Es gab damals nur zwei katholische Lehrer in Bern. Und den Kommissionen musste man dann beantworten, wie man eigentlich den Religionsunterricht erteilen wollte. Man kann sich das heute kaum mehr vorstellen. Es gab keine Verfolgungen, aber das waren ganz enge Kreise. Die katholischen jungen Leute gingen zu den ‚Windrösli'. So hiessen die katholischen Pfadfinder. Die besseren Kreise waren offenbar die ‚Patria'. Zum Teil haben sich diese Seilschaften von damals bis auf den heutigen Tag gehalten. Die gleichen Leute, die damals in der Patria waren, sitzen heute an gewissen Tagen in gewissen Beizen um einen Tisch herum und treffen sich noch heute regelmässig. Es ist immer noch gleich exklusiv. Das sind zum Teil meine Freunde, aber dort wäre ich nie dabei.

Zu Beginn hat Mani Matter, wie Sie gesagt haben, nicht selber gesungen. Wie wurden die fremden Lieder verteilt?

Es gab zum Beispiel Rosmarie Fahrer, die viel für das Kabarett schrieb und zum Teil auch sehr schöne Sachen gesungen hat. Es gab auch Leute, die sehr gut gesungen haben. Zum Beispiel die Susi Aeberhard. Die gibt es noch, aber sie tritt heute nicht mehr auf. Sie war eine hochbegabte Kabarettistin; die konnte Dinge rüberbringen. Im Kabarett braucht man ja auch Chansons. Es stellte sich sehr rasch heraus, dass die Leute das wirklich mochten. Dies schrieb auch die Presse entsprechend. Es gab eine ganze Anzahl Leute aus der Kabarett-Szene, die Lust hatte, so etwas zu machen. Wir mit den selbstgemachten Chansons fanden einfach eines Tages, wir wollen alle die gleichen Voraussetzungen. Abgesehen davon, dass es bei den anderen immer noch einen Pianisten haben musste oder noch einen Bassisten und so weiter. Das ist ein zusätzlicher Aufwand, der auch die Auftrittsmöglichkeiten erschwerte. Ich kann heute meine Gitarre nehmen und kann zu Gagen singen gehen, die den Möglichkeiten der Leute entsprechen, die mich engagieren. Das ist eine hervorragende Voraussetzung. Wenn ich einen Bassisten und einen zweiten Gitarristen und vielleicht noch ein Akkordeon dabei habe – das müssen ja gute Leute sein, ich kann keine Amateure brauchen, da ich ja selber ein Amateur bin, also brauche ich gute Musiker –, dann muss ich die bezahlen. Dann geht das sofort in Gagen, wo ich das Publikum über die Kosten der Veranstaltung selektionieren muss. Mit anderen Worten: Ich kann nicht mehr in Kleintheatern spielen, also in ganz kleinen. Die haben schlicht das Geld nicht dazu. Heute kann ich sagen: „Ich komme." Ich verlange eine kleine Garantie, um sicher zu gehen, dass sie auch sicher Reklame machen. Aber die ist nicht allzu gross. So weiss ich, dass der Saal auf jeden Fall gut besetzt ist. So sind wir alle zufrieden.

Nochmals zum Kabarett Schifertafele Anfang der Sechzigerjahre. Was war das für eine Form?

Das war Nummern-Kabarett. Es war das, was es heute nicht mehr gibt. Das ist eine interessante Frage, weil das damals selbstverständlich war. Die Kabaretts waren alle gleich. Es waren Nummern-Kabaretts. Das *Schifertafele* heisst Schifertafele, weil die meisten dort Lehrer waren. Lehrer bringen schon von ihrer Ausbildung her einiges mit, was man für solche Sachen braucht. Abwechslungsweise waren das kleine Dialoge, kleine Szenen, die man spielte. Oft auch mit einem politischen oder tagesaktuellen Inhalt; also Themen aus der Politik und aus dem Alltag. Und dann auch immer gewisse Figuren oder Personen. ‚Das kleine Mädchen' zum Beispiel. Eine Art Kasperletheater. Oder auch Typen. Da war zum Beispiel ein Marroniverkäufer. Und es war praktisch immer ein Pianist dabei. Oder, wenn man es sich leisten konnte, vielleicht ein Trio. Zwischen den Nummern gab es immer ein bisschen Musik. Normalerweise wurde eine erste Nummer aufgeführt, bei der das ganze Ensemble musikalisch etwas vortrug, damit es ein bisschen knallte. Dann kamen die einzelnen Nummern, ein oder zwei Solonummern. Das waren dann eigentlich schon Chansons. Das gab es in den Kabaretts überall, auch in den berühmten Kabaretts der damaligen Zeit. Ich erinnere mich da zum Beispiel ans *Cornichon*, ans *Fédéral*, an Voli Geiler und Walter Morath, die damals die Topstars waren. Sie haben aber praktisch nie die Texte selber geschrieben. Und nie haben sie die Musik selber gemacht. Das ist wahrscheinlich auch der Grund, warum diese Art Kabarett ausgestorben ist. Denn es brauchte sehr gute Autoren. Es gab z.B. den Werner Wollenberger. Also ich rede jetzt vom Berufs-Kabarett und nicht von der Berner Szene. Früher gab es auch den Max Werner Lenz. Das waren ausgezeichnete Leute. Aber erstens haben sie am Erfolg, am äusseren Erfolg, kaum teilgehabt, weil die Leute nur die Interpreten gefeiert haben. – Das ist noch heute so. – Und zweitens war es auch finanziell nicht interessant für sie. Eines Tages haben die guten Leute nicht mehr für die Interpreten geschrieben, und es war mit dieser Art von Kabarett vorbei. Das ist Autoren-Kabarett. Es brauchte auch Musiker, die imstande waren, die Texte zu vertonen. Es gibt wunderschöne Chansons, die so entstanden sind.

Wie war im Kabarett Schifertafele das Verhältnis zwischen den Chansonniers und den Kabarettisten? Sind Sie dort selber auch aufgetreten?

Nein, ich habe diese Leute einfach gekannt. Ich habe auch nie für andere geschrieben. Ich habe auch nie meine Texte jemand anderem zur Verfügung gestellt. Urs Kräuchi hat die Mani-Matter-Lieder in diesen Chanson-Veranstaltungen, eben zum Beispiel im Theater am Zytglogge, gesungen. Aber in einem Schifertafele-Programm sassen die Autoren mit den Interpreten zusammen. Sie haben miteinander diskutiert, was man machen könnte. Dass sie eine fertige Sache von Mani Matter, von mir oder von irgendjemandem einfach genommen und eingebaut hätten, war fast nicht möglich. Das hätte schon sehr genau in ihr Konzept hineinpassen müssen, weil es bei der *Schifertafele* oft einen roten Faden durch das ganze Programm gab.

Das Kabarett Schifertafele hatte nur indirekt mit Euch zu tun?
Ja. Es waren zwar Leute von dort dabei, aber wir haben im *Schifertafele* nicht mitgemacht. Dieser Sprachverein war vor allem wichtig. Die haben richtige Wettbewerbe gemacht. Ich habe mit denen [vom Sprachverein] nie eine besondere Beziehung gehabt; die gingen mir auch ein bisschen auf die Nerven. Sie waren ein bisschen Fundamentalisten, das habe ich nie so gern. Ich bin nie gerne in einem Verein, ich bin nie gern eingebunden. Schon damals nicht. Die haben einfach den Mani und mich bei irgendwelchen Gelegenheiten gehört und fanden, das ist eine Möglichkeit. Das ist ja auch ein Verdienst von denen. Als wir damit angefangen haben, war das für viele Leute total verblüffend. Denn Berndeutsch war damals eine Sache des „bluemete Trögli". Das hatte so die Aura des Heimatschützerischen und auch der geistigen Landesverteidigung. Davon haben wir uns von Anfang an ganz entschieden abgesetzt. Für viele Leute war verblüffend, dass das nichts mit jenem Volkstümlichen zu tun hatte, sondern dass man das mit dem gleichen Sprachmaterial machte, das sozial nicht so eng festgelegt war wie die anderen Dialektsachen. Es hatte mit dem [Ernst] Balzli[6] nichts zu tun, oder mit den Berndeutsch-Hörspielen; und eben auch nicht mit dem „bluemete Trögli", das damals sehr populär war. Das war auch das, was die ersten Kritiker in Basel oder Zürich anschauten und sagten: „Das gibt's ja nicht." Die waren vor allem völlig verblüfft, dass man auf Berndeutsch so etwas machte.

Bezieht sich das auf die Gruppe, die dann später Heinrich von Grünigen in jener berühmten Kritik vom 31. Dezember 1964 als „Berner Troubadours" bezeichnet hat?
Ja. So viel ich weiss, war das der erste Auftritt. Der ist der erste, der unter diesem Namen lief. Es hat ganz sicher vorher andere Auftritte gegeben. Man könnte einmal nachschauen, wann der erste Auftritt in der Rampe war. Ich hatte in der Rampe lange schmale Plakate. Wir waren sechs. Und jetzt bringen Sie einmal auf ein langes, schmales Plakat sechs Namen. Wobei der eine, Mani Matter, geht ja noch. Aber Bernhard Stirnemann, Jakob Stickelberger, wie bringt man das auf ein schmales Plakat? Und da ging es einfach darum, irgendeinen Oberbegriff zu finden, den man gross auf das Plakat schreiben konnte. Die Namen haben wir einfach klein darunter geschrieben. Berner Troubadours – das bringt man auf drei Zeilen. Das war eigentlich der Grund, weshalb wir den Namen übernommen haben.

Und von da an war es das, was oft eine Gruppe genannt wird. Ich möchte aber das relativieren, jeder von uns würde das relativieren. Vorher waren wir bei Veranstaltungen

---

6   Ernst Balzli (1902–1959), Lehrer und Schriftsteller, arbeitete zwischen 1946–1954 bei Radio Bern, schrieb im berndeutschen Dialekt. Er machte sich in erster Linie einen Namen durch Dialekthörspiele nach Werken von Jeremias Gotthelf.

vom Sprachverein, vom Kabarett Schifertafele, usw. Aber eine Gruppe waren wir nicht. Und das mit der Gruppe war ein ewiger Diskussionspunkt; vor allem zwischen Mani Matter und mir. Mani war interessiert daran, zum Teil durchaus aus qualitativen Gründen. Denn er sagte, wenn man zusammen etwas macht, dann merkt man etwas viel schneller, dann ist das wie ein Spiegel. Jemand sagt einem dann etwas, sagt: „Du, so geht das also nicht. Probier's doch so." Er hatte die Idee, wir könnten uns zusammensetzen und die Dinge miteinander vergleichen. Ich habe eigentlich nichts gegen Zusammenarbeit. Im Theater muss man das ja sowieso auch machen. Aber ich habe mich von Anfang an strikte geweigert, bei den Chansons so etwas zu akzeptieren. Es ist mir schon klar, dass vielleicht einer, weil man ja doch zu einem Zeitpunkt eine Premiere machen musste, noch nicht so weit war, noch nicht genügend Chansons hatte, um auswählen zu können usw. Man kann nicht sechs Chansons machen und die dann singen. Man muss mindestens das Doppelte machen und dann auswählen – und die anderen vergessen. Dass die Qualität so nicht unbedingt garantiert war, war mir auch klar. Aber mir war das Individuelle viel wichtiger, auch heute bin ich noch dieser Ansicht. Es würde mich interessieren, was Mani heute dazu sagen würde.

Es ist für mich ganz uninteressant, einen Showblock zu haben mit ungefähr derselben Qualität wie Mani Matter – und zugleich ist alles beeinflusst durch Mani Matter. Es ist viel interessanter, sechs verschiedene Einzelfighter zu haben, die sich stilistisch möglichst voneinander unterschieden. Das war mir immer viel wichtiger. Ich habe das auch in Paris so erlebt. Da kamen die verschiedensten Leute auf die Bühne. Es war vom Stil, von der Art, von der Persönlichkeit her etwas völlig anderes. Und ich fand immer, ein Chanson-Abend muss so sein, dass die, welche auftreten – und das halten wir bis heute so –, bei der Premiere nicht wissen, was die anderen machen. Das Publikum hat immer gewisse Vorlieben. Die einen mögen den lieber, die anderen den andern. Aber alle sagen: „Ich habe den weniger gern, aber nachher kommt ja der und der." Das Verheerendste, was uns hätte passieren können – meiner Meinung nach –, wäre ein Angleichen auf einen ungefähr übereinstimmenden Level gewesen. Das wäre einfach langweilig geworden. Ich warte noch immer darauf, dass ich eine Premiere habe und dann singt ein anderer genau das gleiche Chanson wie ich. Es gab nie Kollisionen, wirklich eigenartig. Es spricht aber auch für die Verschiedenheit der Leute. Es hat auch nie jemand das gleiche Thema aufgegriffen. Das würde mich auch gar nicht stören. Das würde ich sogar sehr spannend finden – und die Leute wahrscheinlich auch.

Es gibt gewisse Parallelen bei Markus Traber, Mani Matter und Jacob Stickelberger. Drei Chansons von ihnen sind ganz ähnlich (Beobachtungen beim Zugfahren), die aber teilweise ganz anders abgehandelt werden.

Stickelberger ist eben von Anfang an ein Schüler von Mani Matter gewesen. Da ist genau das Problem, dass er ihn kennen lernte, fasziniert war und sich auch die Texte von Mani Matter visionieren liess. Und dann fängt es an, sich zu gleichen. Aber dort ist es eben für mich nicht mehr so spannend. Dann finde ich den Mani Matter original schon interessanter als den Stickelberger, der wie Mani Matter tönt. Da ist es mir lieber, dass der Stickelberger so ist, wie er eben ist – und sein Zeug rausrotzt.

Sehen Sie eine unmittelbare Beeinflussung Ihres Chanson-Werkes durch andere Berner Troubadours?

Nein. Ich denke, dass gewisse Kollegen von anderen beeinflusst sind. Mani Matter und ich sind beide sehr stark von Brassens beeinflusst. Wir haben auch beide dauernd versucht, Brassens zu übersetzen. Ich habe ein paar Übersetzungen gemacht, zu denen ich stehen kann, die ich auch gerne singe, bei denen auch Brassens-Kenner sagen: „Ah, das ist aber interessant." Und die das hören können, ohne dass es ihnen peinlich ist. Ich wurde von vielen beeinflusst. Das kommt davon, dass ich ein Theatermann bin. Ich habe auch eine Theaterausbildung durchlaufen. Das ist vor allem wichtig für die Art, wie ich auf die Leute zugehe; Leute wie Jacques Brel und Léo Ferré waren für mich viel wichtiger als Brassens. Aber der Auslöser und der Vater von allem war Brassens. Ich habe mit 16 Jahren ein Tonbandgerät gehabt. Ich konnte alles hören, was erreichbar war. Mani Matter selbstverständlich auch. Über Brassens sind wir dazu gekommen, was man so machen kann in dieser Form. Auch haben wir zum Beispiel Aristide Bruant genau gekannt. Die französischen Chansons haben uns darauf gebracht, was man mit dieser kleinen Form alles machen kann in einer Sprache, über die man einigermassen verfügt. Es hatte schon etwas Anarchistisches und Aufrührerisches, denn wir hatten das Material genommen, das in unserem Umfeld einen schlechten Ruf hatte: das Volkstümliche, das Berndeutsche, dem man nichts zutraute. Damit etwas zu machen, das war ein Riesenspass.

 Es war uns allen eigentlich egal, was zum Beispiel die Deutschen oder die Franzosen über uns dachten. Uns genügte dieses Umfeld und diese Szene. Es war uns auch gar nicht so wichtig. Basel schon, weil Basel mochten wir sehr. Aber Zürich war uns schon eher egal, ob die uns engagierten oder nicht. Wir haben uns wirklich nie um Engagements beworben. Wenn wir hier einigermassen regelmässig Zuhörer und Zuschauer fanden, dann reichte uns das durchaus. Wir hatten daneben ja auch noch ein paar andere Sachen zu tun. Ich habe auch immer politische Inhalte rübergebracht. Es war somit klar, was ich vertreten habe. Ich wollte nie abhängig sein von den Leuten, die mich mit diesen Chansons engagieren. Darum war es nie ein Thema, das berufsmässig als Einkunftsquelle zu machen. Denn das hätte bedeutet, dass man auch von den Leuten abhängig ist, die die Engagements verteilten. So kann man Dinge wie das harmlose Liedchen von den Schweizer Banken nicht mehr singen, oder auch *le déserteur*. Ich habe die Erfahrung gemacht, dass Veranstalter zum Beispiel gezittert haben, wenn ich aufgetreten bin, weil man sie mit Briefen von prominenten Mitgliedern ihrer Vereinigung eingedeckt hatte. Die waren dann erleichtert. Wenn man Erfolg hat, ist es schon recht. Aber wenn der Auftritt kein Erfolg gewesen wäre, wäre dies für diese Leute katastrophal gewesen. Die Meinung dieser Briefschreiber war ihnen wichtig.

 Ich war immer der Meinung, wenn man sich engagieren lässt, dann hat man die professionelle Verpflichtung, dass es für den, der einen engagiert, auch ein Erfolg wird. Wenn ich es nicht vertreten kann, dann lasse ich mich nicht engagieren. Für gewisse Leute würde ich nicht auftreten. Ich würde sie nicht einen Abend lang eindecken mit irgendwelchen Inhalten. Ausser ich bin mir eben so sicher, dass das Lied so gut ist, dass es als Chanson rüberkommt. Es ist oft passiert, dass Leute sagten: „Ich bin damit zwar gar nicht einverstanden, aber es ist ein grossartiges Lied." Das geht dann auch wieder. Es hat tatsächlich Liedermacher gegeben, die mit der Klampfe die Weltrevolution auszulösen versuchten. Das habe ich schon vom Anspruch her lächerlich gefunden. Je mehr Inhalt rübergebracht wurde, je schlechter wurden die Chansons. Schlecht sind Chansons, die nicht ankommen. Es muss etwas passieren bei den Leuten, die zuhören. Sie dürfen nicht auf die Uhr schauen. Chansons sind immer dann gut, wenn die Leute vergessen, dass die Zeit vergeht, dass sie sterben müssen und dass sie nicht glücklich sind.

Welche Chansons aus der Frühzeit von Mani Matter, die heute noch bekannt sind, gründen auf Melodien von Brassens, wie zum Beispiel dr rägewurm *auf* Ballade des dames du temps jadis*?*

Ich weiss nicht genau, woher *ds lotti schilet* kommt, aber es ist auch eine Übernahme. Es kann auch Guy Béart sein. Das war zwischen uns nie ein Diskussionspunkt. Wenn man ein Chanson von Brassens nimmt, denkt man, das kann man doch übersetzen, das kann nicht so schwierig sein. Aber es ist sehr schwierig. Ich habe relativ viel Material von Deutschen, die Übersetzungen gemacht haben. Im Verlag Zweitausendeins ist das Gesamtwerk von Brassens erschienen. Die Texte und Übersetzungen. Das sind Leute, die Deutsch und Französisch können, doch das hat nichts mit den Chansons von Brassens zu tun. Aber es ist interessantes Material. Ich schaue mir das auch an, wenn ich selber Übersetzungen mache. Wenigstens weiss ich dann, wie ich es nicht machen werde. Ich bin sehr dankbar für dieses Material. Ich arbeite viel an französischen Texten und übersetze sie, um zu sehen, wie das geht – singe die dann aber nie. Für mich ist das eine gute Stilübung. Roger Cosima z.B. ist ein Schauspieler und ein – nicht ein Rive-Gauche-, sondern ein Montmartre-Liedermacher. Er hat auch Sachen mit Léo Ferré gemacht, und auch für Léo Ferré. Die übersetze ich und habe Spass, wenn es klappt. Das wirkt sich auch auf die eigene Arbeit aus. Dieses Liedchen aus dem Nachlass, das der Traber auf Französisch singt, habe ich ins Deutsche übersetzt – und es funktioniert hervorragend.

Ist das dasjenige über die Frauen, das Ihnen den Vorwurf des Anti-Emanzipatorischen, des Misogyns eingetragen hat?

[Lacht] Ja.

Gibt es andere literarische Vorbilder als die französischen Chansonniers? Haben Sie auch deutsche Vorbilder? Ich kann mir vorstellen, dass auch Texte von Tucholsky oder Kästner für Sie wichtig waren.

Das denke ich schon. Nicht bewusst, ich habe also nicht Texte genommen und versucht, etwas daraus zu machen. Aber Tucholsky lese ich heute noch regelmässig. Kästner und Mehring und auch Fridolin Tschudi haben mich beeinflusst. Aber ich habe nie direkt etwas daraus gemacht. Es ist klar, dass die Dinge, die man liest, einen beeinflussen. Wichtig sind auch viele Schweizer Kabarett-Texte. Ich bin ein richtiger Fan von Werner Wollenberger zum Beispiel, der eine Kabarettnummer für Voli Geiler geschrieben hat. Die höre ich mir jedes Jahr ein-, zweimal an. Es ist eine Nummer, wo eine alte, ungarische, noble Gräfin dauernd nach einem Dienstmädchen ruft. Dieses Dienstmädchen hat sie aber schon vor Jahrzehnten entlassen müssen. Das ist unglaublich! Diese Dinge haben schon irgendwelche Einflüsse ausgeübt, das ist klar. Man kommt ja nicht von nirgendwo.

Zur Musik: Ich behaupte, dass Sie immer bei der Musik des französischen Chansons geblieben sind.

Das ist völlig richtig. Es ist auch den meisten französischen Chansonniers nicht so wichtig gewesen. Ich kann in der Musik überhaupt nichts. Ich kann nur auf der Gitarre versuchen, was geht. Das ist limitiert, ich spiele nicht gut Gitarre. Aber ich kann, wenn ich einen Text habe, und ich habe immer den Text zuerst, auf der Gitarre Dinge machen, die in meiner Reichweite sind. Das sind mit der Zeit ein bisschen mehr Dinge, weil ich auch Chansons von anderen gespielt habe. Dann ergibt sich aus dem Text irgendeine Melodie, die praktisch immer sehr einfach ist. Über den musikalischen Wert dieser Melodien will ich überhaupt nicht diskutieren, aber die meisten Melodien passen recht gut zum Text. Ich kann das nicht durch Überlegen erreichen, ich muss das ausprobieren. Und an dieser Sache arbeite ich viel. Ich gehe zum Beispiel mit einem Stapel Texte in die Einsamkeit, wo mich niemand stören kann. Dort fange ich an, auf der Gitarre Sachen zu machen, lege es wieder weg und nehme das nächste. Dabei lasse ich immer ein Tonband laufen, hör mir das an, verwerfe. Ich kann hinterher dann aufschreiben, was ich gemacht habe. Das ist eine sehr unökonomische Art, Chansons zu schreiben.

Hatten Sie auch eine Affinität für die deutschen Liedermacher, Wolf Biermann eingeschlossen?

Ich kenne den Degenhardt gut, und in meinem eigenen Theater habe ich Süverkrüp gehabt. Ich kenne die schon. Aber der einzige, den ich auch übersetzt habe, ist Biermann. Viele seiner Chansons habe ich auch gesungen. Er macht auf der Gitarre ein paar Dinge, die in meiner Reichweite sind und mich zu Melodien geführt haben. Er berührt mich von allen am meisten. Ein anderer ist Hannes Wader. Ich habe ihn übersetzt und zwei schweizerdeutsche Chansons gemacht, die ich aber fast nie singe. Ich bewunderte Süverkrüp; der kann jede Menge, aber er wollte zu viel. Diese Art, direkte Politik zu machen, um jeden Preis, das zerstört die Chansons. Man darf nicht zu viele Absichten haben. Man muss die Leute berühren, und man kann sie nicht ausschliesslich mit den Inhalten berühren. In den besten Fällen entsteht eine Art Kommunikation. Das Chanson kann die Voraussetzung dazu schaffen. Wenn man es aber überlädt, dann entstehen Defensivstrategien. Der Basler Ernst Born hat reihenweise solcher Chansons gemacht. Man sagt es besser nur einmal – und dafür stark. Dann macht man wieder einen Witz, um es etwas zu relativieren; und macht dann wieder einen neuen Anlauf. Hanns Dieter Hüsch gehört auch zu den Einflüssen. Er hatte eine spezielle Art von Chansons.

Wenn man jener Ausdrucksart noch ‚Chanson' sagen kann.

Eben, das ist ja gerade die Frage. Er hatte diesen Schmalspur-Synthesizer, mit welchem er nur ein paar interessante Akkorde machte.

Die Schweizer Literatur-Szene, die in den 1950er, 1960er Jahren ziemlich umgekrempelt wurde und eine ansehnliche Bedeutung, teilweise im weltliterarischen Zusammenhang, bekommen hat, zum Beispiel mit Frisch, Dürrenmatt, auch Bichsel, die lag für Sie eher abseits? Sie gingen eher nach Paris oder in die BRD, in die DDR; Biermann, Hüsch, Degenhardt und Wader.

Nein, nein. Nach Paris ging ich, bevor der [Ernst] Eggimann und der [Kurt] Marti und diese Leute ihre Texte geschrieben haben. Das war gar nicht abseits. Das haben wir alle gekannt, hat uns natürlich auch sehr interessiert. Wir empfanden uns ja irgendwie alle als verwandt. Ich wäre gerne näher an diesen Leuten gewesen, nur nahmen diese Leute das Chanson als literarische Form überhaupt nicht ernst. Es hat mir jahrelang nie jemand angeboten, in einen Schriftstellerverein einzutreten. Eine Zeitlang habe ich das denen sogar übel genommen. Wenn mich damals jemand gefragt hätte, wäre ich sofort eingetreten. Doch das war überhaupt kein Thema. Ein Literat war nur einer, der Bücher veröffentlichte, egal ob das dann mehr als 20 Leute gelesen haben oder nicht. Und da gehörten wir nicht dazu. Eines Tages kam dann eine Anfrage – und ich sagte ab. Doch das war sehr viel später.

Aber Sie haben die Literatur zur Kenntnis genommen?

Ja. Die habe ich gelesen. Ich lese bis heute alles von Ernst Burren. Ich habe keine Ressentiments. Das ist einfach kein Thema mehr. Vor allem da ich heute in einem Alter bin, wo ich beginne Bilanzen zu ziehen. Ich denke, dass ich in meinem Leben zu viel an Sitzungen gewesen bin, was aber nichts mit den Chansons zu tun hat. Und im Rest, der mir jetzt noch bleibt, werde ich nicht mehr an Sitzungen sitzen, ausser man kann mir ganz genau sagen, wozu man mich braucht. Für alles andere habe ich keine Zeit mehr.

Wie viele Ihrer Chansons sind jemals an die Öffentlichkeit gelangt?

Ich habe sie nie gezählt, aber es sind etwa 150. Wobei es viele gibt, die nicht mehr aktuell sind. Ich werde versuchen, sie mal zu ordnen und zu zählen.

Gab es Krisen in Ihrem Chanson-Schaffen?

Ja, das gibt es regelmässig. Es ist so, dass man ein wenig unruhig wird, wenn man eine Zeitlang nichts mehr geschrieben hat. Da denkt man: „Mensch, fällt mir überhaupt noch etwas ein?" Ich habe angefangen, auch andere Dinge zu schreiben, weil man das von mir verlangt hat. Kolumnen zum Beispiel. Ich habe mich früher immer geweigert, unter Termindruck zu schreiben. Ich habe jetzt bei den Kolumnen gemerkt, dass das vielleicht ein Fehler war. Denn bei Termindruck fällt mir eigentlich immer etwas ein, was ich schreiben kann. Die Krisen jedoch, die sind lebenslänglich. Ich schreibe ja nicht an einem Stück, sondern diszipliniert kleine Brocken, das gibt eine Menge kleiner Zettel. Mit diesen muss ich mich dann zurückziehen. Das mache ich dann unter Termindruck. Ich gehe irgendwohin, wo niemand mich stört und breite sie aus. Dort kann ich dann diszipliniert arbeiten. Ich weiss heute, dass ich mich einigermassen darauf verlassen kann. Ich habe mich auch immer wieder gefragt, ob die Leute das denn noch hören wollen. Ich trete pro Woche so ein bis zwei Mal auf. Es ist evident, dass die Leute das hören wollen, weil man sich über die Reaktionen der Leute nicht hinwegtäuschen kann. Also mache ich das so lange, wie es gefragt ist. Denn die Auftritte selber sind natürlich eine Droge, was der Mani Matter auch erfahren hat. Das ist wie beim Psychiater, wenn die Leute einem einmal in der Woche sagen: „Wir finden das toll."

Zur Krise der Berner Troubadours: In den Jahren 68/69 bildeten sich zwei Dreiergruppen. Wie ordnen Sie diese Entwicklung ein?

Das ist eine Frage der Arbeitstechnik. Die drei hatten Lust zusammenzuarbeiten. Es ist ja auch etwas Lustiges daraus entstanden, zumindest diese *Kriminalgschicht*. Sie sind auch auf Tournee gegangen. Dadurch gab es logischerweise zwei Dreiergruppen. Aber erstens sind wir trotzdem wieder zusammen aufgetreten, auch in dieser Zeit. Und zweitens hatten wir alle noch andere Sachen am Hals. Es gab zum Beispiel Terminschwierigkeiten. Und es ist relativ schwierig, sechs Leute für eine Tournee zusammenzubringen, wenn der eine Rechtskonsulent der Stadt Bern ist, der andere Seminarlehrer, usw. Dazu kommt, dass wir immer etwas für die Kleintheater waren, also etwa für 100 Leute. Wenn wir nicht wahnsinnige Gagen verlangen wollten, dann machte das für uns bei ausverkauftem Haus etwa einen Anteil von vielleicht 1000 Franken; geteilt durch sechs und abzüglich des Hotels und der Reise – das war schlicht nicht zu machen zu sechst. Also war es logisch, dass man auch in kleineren Gruppierungen an diesen Orten aufgetreten ist. Das ist bis heute so geblieben. Wir würden auch heute nicht zu sechst in den Theatern rumtingeln; das liegt vom Finanziellen her nicht drin. Zudem gibt es noch einen dritten Grund, den ich, und auch Mani Matter, gespürt haben. Sechs Leute heisst sechs mal 20 Minuten, das sind zwei Stunden. Mit der Zeit haben Mani Matter und ich gemerkt, dass wir ein bisschen länger brauchen, um eine gewisse Ambiance zu erreichen. Und das braucht Zeit. Ich nehme zum Beispiel keine Engagements an, wo ich nur drei Chansons singen kann. Ich brauche eine halbe Stunde, um eine Entwicklung abschliessen zu können und um garantieren zu können, dass die Veranstaltung erfolgreich ist. Das hat nichts mit Geld zu tun.

Was machen Sie jetzt neben dem Liedermachen?

Ich lasse mich im August vorzeitig pensionieren, doch bis jetzt gebe ich voll Schule. Und daneben bin ich politisch tätig. Ich war 14 Jahre im Berner Stadtrat und jetzt seit 16 Jahren im Grossen Rat. Und damit höre ich jetzt auf. Vor allem dort bin ich ein bisschen zu viel in ‚Vereinen' gesessen. Und ich habe zu viele Sitzungen mitgemacht, die nichts gebracht haben. Ich kann vor allem immer schlechter damit umgehen, dass ich in diesem Kanton zur Minderheit gehöre und darum jede Abstimmung verloren habe. Das heisst nicht, dass ich nichts erreicht hätte, aber ich habe jede Abstimmung verloren. Das habe ich jetzt satt. Ich finde die politische Arbeit nicht sinnlos; aber ich brauche diese Situation nicht mehr, wo ich dauernd in der Minderheit bin und mir dann doch nachträglich sagen lassen muss: „Was habt ihr im Grossen Rat wieder beschlossen?"

Jetzt will ich mehr schreiben. Zudem haben wir uns einen Traum erfüllt: Wir haben das ‚Troubadours Musig-Bistrot' als Genossenschaft gegründet. Und es läuft prima. Dort kann man noch viele Dinge machen. Da kann man Dinge machen, die es noch nicht gibt und die nur wir machen können. Weil wir die Power haben und auch die Leute holen können, die mithelfen. Und die Künstler wissen, dass wir nicht auf ihre Kosten etwas machen. Darum möchte ich mich kümmern. Und ich möchte noch eine ganze Anzahl Chansons schreiben und wieder ein bisschen Theater spielen. Denn ich kann mich erinnern, dass, als ich eine junge Gruppe hatte, wir immer Mühe hatten, alte Schauspieler zu bekommen. Die waren immer selten und zu teuer. Wenn die mich brauchen können, werde ich Theater spielen. Ohne den Ehrgeiz ein Star sein zu müssen; denn das brauche ich auch nicht mehr. Wenn ich Streicheleinheiten brauche, bekomme ich die mit der Gitarre. Aber ich würde gerne ein bisschen Rollen spielen. Ich wäre auch nicht darauf angewiesen, ein Schweinegeld verdienen zu müssen.

Markus Traber

Interview mit Stephan Hammer, Oktober 1995.

S.H: Wie kamst du auf die Idee, eigene Chansons in berndeutscher Mundart zu machen?

Markus Traber: Mein erstes Chanson-Erlebnis war bei Bekannten zu Hause. Dort habe ich eine Platte von Georges Brassens gehört – mit ungefähr elfeinhalb Jahren. Ich habe kein Wort davon verstanden. Aber die Stimme, die Art der Musik, die damals ganz neu war für mich, hat mich völlig fasziniert. Ich hab' diese Platte dann geschenkt bekommen und habe sie hunderte von Malen abgehört und mit dem Wörterbuch mühsam Wort für Wort übersetzt. Diese Gattung Musik hat mich nicht mehr losgelassen. Ich habe dann die französische Szene nach und nach kennen gelernt und habe mit vierzehneinhalb, fünfzehneinhalb Jahren versucht, eigene Texte mit ähnlicher Gitarrenbegleitung zu singen – und dies in meiner Muttersprache, in Berndeutsch. Mein allererster Text handelte von einem Plüschhund auf meinem Büchergestell. Obschon ich mit den Jahren besser Französisch verstand, war es mir, so wie der Schnabel gewachsen ist, am wohlsten.

Wurdest du auch von der Berner Chanson-Szene beeinflusst – oder gab es die zu jener Zeit noch gar nicht?

Die gab es dann durch das erste Programm im Theater am Zytglogge, das ich verschiedene Male besucht habe. Ich hatte damals allerdings schon drei fertige Lieder, die ich teilweise mit einem Freund von mir zusammen geschrieben und gesungen habe. Das war eine Pfadfinderfreundschaft mit Christian Nicca, der leider dann sehr früh in den Bergen ums Leben gekommen ist. Und wir zwei haben uns einmal nach einer Vorstellung erfrecht, bei Hugo Ramseyer beim Theater am Zytglogge anzuklopfen und zu sagen, wir hätten da auch so Ähnliches wie sie. Wir haben damals vorgesungen, und ein Jahr später war ich bei den anderen mit dabei.

Welche Chansonniers bildeten damals den Kern?

Damals war das Kabarett Schifertafele noch anwesend; das waren in der Spielzeit 64/65 Susi Aeberhard, Rolf Attenhofer, Urs Kräuchi, der Lieder von Mani gesungen hat, Rosmarie Fahrer und Hugo Ramseyer, Bernhard Stirnemann, Ruedi Krebs und Fritz Widmer. Das war dieses erste Programm *Ballade, Lumpeliedli, Chansons à la Bernoise*. Und in der Spielzeit 65/66 war ich zum ersten Mal dabei, zusammen mit Kerstin Heimann.

Du hast bereits Georges Brassens erwähnt als Auslöser für dein Liedschaffen überhaupt. Gibt es noch andere Personen, die deine Chanson-Kunst wesentlich beeinflussten?

Also primär schon die grossen Franzosen, natürlich war Brassens der grosse geistige Vater vom Ganzen. Aber ich habe es angetönt, ich habe mich in die französischsprachige Szene reingehört. Da ist natürlich auch ganz stark Jacques Brel vertreten, der Kanadier Félix Leclerc, und dann kam auch die Zeit, dass in der Rampe in Bern sehr oft – Bernhard Stirnemann hatte viele Beziehungen zu Paris und hat viele Chansonniers nach Bern gebracht – französische Chansonniers aufgetreten sind. Da möchte ich erwähnen Anne Sylvestre, die man sehr oft als den weiblichen Brassens bezeichnet hat, die noch heute singt und auftritt. Aber im Allgemeinen die bekanntesten Chansonniers, Brassens, Brel, Léo Ferré, Félix Leclerc, Guy Béart, aber auch die Chansonsängerin Barbara.

Gibt es auch andere, ausserhalb des französischsprachigen Raumes, die dich fasziniert haben und auf deine Chansons eingewirkt haben?

Ganz eindeutig, vielleicht auch durch Auftritte in Bern, in der Rampe, die deutsche Liedermacher-Szene. Wir kamen mal mit Franz Josef Degenhardt in der so genannten Wochenschau – das war diese Aktualitätensendung vor den Kinofilmen; wir, Stirnemann, Degenhardt, ich glaube auch Ruedi Krebs und ich, haben im Bundeshaus – jeder von uns – ein Lied gesungen. Degenhardt war für mich einer der ganz grossen Namen, natürlich auch Wolf Biermann. Besonders die Platte, die Biermann rausschmuggeln liess, war schon ein sehr prägender Moment. Ich habe versucht, alle diese Platten zu kriegen. Die zwei Namen waren sicher sehr wichtig für mich.

Die Berner Troubadours waren schon damals – und sind auch heute noch – bekannt als eine Art Gruppe. Nun kann ich mir wegen der individualistischen Art des solistischen Auftritts schwer vorstellen, dass ein Liedermacher ein Gruppenleben führt. Inwiefern seid ihr eine Gruppe und inwiefern arbeitet ihr zusammen?

Wir sind eine Gruppe von Individualisten, müsste man fast sagen. Das Gruppenleben findet vor allem am Aufführungsort statt, wenn wir uns sehen, wenn wir eine Serie von Auftritten haben. Wir sehen uns natürlich auch zwischendurch privat, wir proben allerdings nie zusammen. Es sei denn, wir proben, ich sag mal, für ein Jubiläums-Gastspiel oder etwas Ähnliches, wenn wir gemeinsam eine Schlussnummer machen, dann sehen wir uns öfter. Oder wenn es um organisatorische Fragen geht, dann sitzen wir zusammen. Es ist klar, dass wir zwischendurch auch Kontakt haben, auch mal ganz spontan. Aber es ist nicht so, dass wir jeden Tag oder jeden zweiten Tag an einen Stammtisch zusammensitzen und das Gruppenleben pflegen. Da sei vielleicht das Alter von uns erwähnt. Fritz Widmer ist schon doppelter Grossvater, Ruedi Krebs ist doppelter Vater, ich bin einmal Vater.

Wie stark beeinflusst ihr euch gegenseitig in eurer Kunst?

Ich muss noch etwas zur Gruppe erklären. Was die Gruppe gegen aussen, wenn man dem so sagen will, oder unsere Auftritte als Gruppe betrifft, die besteht heute noch, nach dreissig Jahren, weil wir fünf Individualisten sind. Ein solcher Abend, wenn man fünfmal eine halbe Stunde berndeutsche Chansons anhört, wird nicht langweilig. Ich finde, wenn man zwei Stunden den gleichen berndeutschen Sänger anhört, birgt das die Gefahr in sich, dass das sehr schnell langweilig werden kann. Das ist, glaube ich, ein wichtiger

Punkt, dass das gegenseitige Motivieren oder auch Inspirieren sehr vage ist. Es kommt durchaus vor, dass einer ins Theater kommt und sagt: „Du, ich habe ein neues Lied geschrieben, hör' mal schnell." Oder: „Ich hab' eine neue Melodie", oder: „Ich hab' einen neuen Anfang." Und dann spielt er mir das vor. Oder der Fritz [Widmer] kommt mit einem neuen Text und sagt: „Hört euch das mal schnell an." Und da kommentiert man, kritisiert man oder gibt zu bedenken oder findet es lustig oder toll. Aber es ist nie ein gegenseitiges schulmeisterliches Kritisieren oder Korrigieren. Es kann durchaus sein, dass mir einer etwas vorsingt und ich ihm sage: „Nei, das chasch nid mache." Oder ich sage auch: „Behalte diesen Schluss, den find' ich toll, aus dem und dem Grund." Da gibt's eine reiche Palette an Kommentaren.

Das gegenseitige Inspirieren ist mir soweit nie passiert. Es gibt ein einziges Beispiel: Stirnemann erwähnte einmal ein Thema, worüber er ein Lied machen wollte, das er allerdings bis heute nicht gemacht hat. Das Thema würde mir auch gefallen. Es geht um ein altes berndeutsches Wort.

Ordnest du die Lieder in den Programmen nach bestimmten Kriterien?

Das Zusammenstellen des Ablaufes der einzelnen Lieder ist etwas vom Schwierigsten und auch etwas vom Wichtigsten. Man kann ja ein Lied mit dem anderen zu Tode schlagen. Es ergibt sich ja nur schon ein äusserer Rahmen durch die Beschränkung der Anzahl von Liedern auf zehn bis zwölf; jeder von uns hat zwanzig bis dreissig Minuten Zeit, da wir ja zu fünft auftreten. Natürlich gibt es dann einen Ablauf, den ich meistens anfänglich gar nicht plane. Es kann in einem Lied ein Wort geben, das mich dann wegen der nahen Thematik dazu bewegt, ein anderes folgen zu lassen.

Zu den literarischen Formen: Es gibt ein Lied von dir auf der Jubiläums-CD von 1985 mit dem Titel „Äne dänne disse", dessen Text mit mehreren Melodien aus der Schweizer Volksliedtradition verbunden wird. Du wählst also die Form des Quodlibets, die stark musikalisch strukturiert ist. Hast du dich auch in anderen Liedern, wo es nicht auf Anhieb auffällt, auf musikalisch oder literarisch vorgegebene Formen gestützt?

Das Lied ist aus einer Laune entstanden. Viele Leute sind sehr erstaunt, dass ich die verschiedenen Tonarten irgendwie über die Runden bringe. Aber es geht – und es ist singbar. Das war ein Geknorze, dass es überhaupt singbar bleibt. Ich sage in der Ansage zu diesem Lied immer, es sei meine persönliche Hommage an abgedroschene Volkslieder, die man viel zu oft und immer viel zu laut gesungen habe.

In diesem Zusammenhang interessiert freilich auch, ob du von anderen Literaten oder auch Musikern beeinflusst worden bist. Mir ist aufgefallen, dass dein Liedtext S'Tänzli *thematisch sehr nahe bei den Liedtexten* dr heini *von Mani Matter und* Zwe Züg *von Jacob Stickelberger ist.*

Du bringst mich jetzt, da du es sagst, erst darauf, dass da Parallelen bestehen. Ich hatte allerdings beim Schreiben nie an den *heini* von Mani oder an die *Zwe Züg* von Jacob gedacht, nicht im Geringsten. Es ist eine Parallele, die stimmt, du hast Recht. Die thematisierte Sprachlosigkeit und dennoch die Zusammengehörigkeit.

Zur Liedermacher-Kunst: Es existiert ja in der Liedermacher-Kunst ein einzigartiges Verhältnis von Liedtext, Liedmusik und der darbietenden Interpretation. Wie gewichtest Du die einzelnen Ebenen?

[Schweigt]

Vielleicht wird meine Frage mit einem Beispiel deutlicher. Anlässlich eines Konzertbesuches des Programms „Nüüt aus Nöis" sagte mir ein alteingesessener Zuhörer: Der Traber ist der Musikalischste der Berner Troubadours.

Ich hätte diesem Zuschauer entgegnet: Der Musikalischste oder von der Musik her Interessanteste oder Vielfältigste ist meiner Meinung nach Ruedi Krebs. Es hängt vielleicht auch damit zusammen, dass er am besten Gitarre spielt. Fritz [Widmer] spielt heute vielleicht ähnlich gut.

Zu mir. Ich will das an meinem neuesten Lied zeigen. Ich hatte eine Idee, die bestand aus einer Zeile: „Als Referenz treisch normal e churze Rock." Von da aus bin ich gegangen. Dieses Gefühl von Sommerende, von etwas Trauer. Daraus ist eine traurige Geschichte geworden, und die letzte Zeile heisst „Und gliich chunnt es Gfüel vo müesse ga und nümme cho". Und da habe ich weiter geschrieben an dieser ersten Strophe – und dann kommt bei mir die Gitarre dazu. Da war mir klar, dass das klanglich etwas sein müsste in der Richtung einer Wellenbewegung, einer leichten Wellenbewegung. Das versuche ich dann zu übertragen in der Begleitung. Das muss dann stimmen. Dann habe ich vielleicht vier, fünf, sechs verschiedene Varianten – und nehme die auf Tonband auf, höre mir das an. Es kristallisiert sich dann eine Variante im Laufe der Zeit heraus, die meinem Gefühl nach zu diesem Text passt. Es muss bei mir schon sehr aufgehen, dieses Nebeneinander, das Hand in Hand von Text und Musik.

Zur Aufführung: Die Interpretation bei der Darbietung ist bekanntlich das Entscheidende. Was ist bei dir das Wesentliche beim Auftritt im Unterschied zur Studioaufnahme?

Ein Auftritt ist bei mir mit einem ganzen Ritual verbunden. Für mich ist das sehr wichtig. Wenn ich weiss, z.B. um 20.30 Uhr ist ein Auftritt, dann beginnt das bei mir schon um 18 Uhr. Ich esse nichts vor der Vorstellung. Ich dusche, ich ziehe mich anders an, ich habe eine Art Auftrittsuniform, ich bin eine Stunde vor dem Beginn der Vorstellung im Theater. Ich brauche etwas Ruhe vorher, ich werde nicht gerne von Leuten gestört, ich will ganz allein für mich sein. Die Auftrittsart mit neuen Liedern, die verändert sich gewaltig. Es gibt Reaktionen, die man vielleicht gar nicht erwartet hat. Es gibt z.B. ein älteres Lied von mir, das heisst *Masch die bsinne a die Ziite*, da gibt es die Zeile „Höchschtens ab und zue hesch is Tagebuech igschribe: Ich liebe sie, ihr Rock war blau." Ich wäre nie auf die Idee gekommen, dass dort jemand lachen würde. Und heute grinsen die Leute zumindest oder brüllen gar los. Und das war für mich, als ich das die ersten paar Male gesungen habe, ganz traurig, das war so wie für mich das Lüften der letzten Geheimnisse. Als ich das geschrieben habe, war ich vielleicht achtjährig. Ich weiss auch noch, an wen ich bei diesen Zeilen gedacht habe. Es war die Monika Müller von der Sulgenaustrasse 33. Und da grinsen die Leute drauflos. Die haben ja gar nichts verstanden, die haben ja kein Verständnis für mein Problem. Jetzt habe ich mich daran gewöhnt. Es ist mir allerdings noch heute schleierhaft, warum die Leute dort grinsen. Vielleicht weil ich das als älterer Mensch heute auf der Bühne noch singe. Vielleicht ist es auch lustig. Das sind dann eben die ganz harten Erlebnisse, die man so hat, dass vom Publikum eine Reaktion kommt, auf die man überhaupt nicht gefasst ist. Dass man das beim nächsten Auftritt einbezieht ist klar. Ich würde so was nicht speziell provozieren. Lachen provozieren finde ich billig und fies. Das mache ich nie. Ich bin dann wenigstens darauf vorbereitet, und die Warnlämpchen leuchten auf, jetzt kommt dann diese oder jene Stelle. Zum Auftritt kommt selbstverständlich die Routine. Dass man vielleicht am Anfang längere Pausen macht, anders atmet, anders betont. Plötzlich ergeben sich aus dem Zusammenspiel Publikum/Auftretender Dinge, auf die man sehr hellhörig sein muss. Man darf nicht vergessen wie ein Publikum reagiert hat, um das beim nächsten Mal einzubeziehen. So wachsen die Chansons innerhalb weniger Wochen oder Monate in der Interpretation und werden zum Teil ganz verschieden zu den drei, vier ersten Auftritten. Selbst bei Chansons, die ich schon hunderte Male gesungen habe, ist nicht auszuschliessen, dass plötzlich eine unerwartete Reaktion aus dem Publikum kommt. Und da liegt mir auch daran, dass ich alte Chansons immer wieder versuche neu zu interpretieren. Für mich ist es jedes Mal eine neue Aufgabe. Das ist meine Motivation, sonst hätte ich schon längst mit dem Singen aufgehört.

Was spürst du bei den Auftritten sonst noch?

Wenn man auf eine Bühne geht, spürt man das Publikum. Es gibt eine Verbindung von dem vorne [dem Auftretenden] auf der Bühne und dem – in einem Theater – schwarzen Loch, da man von den Scheinwerfern geblendet wird; und da unten sitzen die Leute. Man hat das Gefühl, es gäbe eine Verbindung zum Publikum und man hat fast den Eindruck, man könnte es berühren. Das schwankt von laut bis leise, von lachend bis weinend. In diese Ungewissheit hinein kommt der erste Ton, das erste Chanson. Man spürt auch Reaktionen, zum Teil übertriebene Reaktionen, man spürt die helle Freude oder auch die weniger helle Freude. Es ist eine riesige Palette von Reaktionen. Ich habe für mein Auftreten – und das ist für mich wie ein Leitfaden – von Dimitri, dem grossen Clown, gelernt. Ich bin gut befreundet mit Dimitri und habe viel mit ihm zusammengearbeitet für ein Buch. Er hat mir einmal gesagt: „Ein schlechtes Publikum gibt es nie. Es gibt ein lautes, ein leises, ein polterndes, ein lachendes, ein trauriges. Es gibt jede Art von Publikum. Es gibt jede Art von Gefühlen, die zwischen dem Publikum und dem Auftretenden hin und her gehen. Wenn man das Gefühl hat als Auftretender, dass dieses Publikum ‚schlecht' ist, dann liegt es an dem auf der Bühne, dieses Gefühl sofort zu korrigieren." Da muss man daran hart arbeiten, dass man dieses Gefühl sofort loswird. Und wenn man nur noch das Gefühl hat – und das hat auch Dimitri gesagt –, die Leute seien schlecht, dann müsse man sofort aufhören mit dem Auftreten. Das begleitet mich seit dreissig Jahren.

Die Berner Troubadours lösten sich nach einer gewissen Zeit praktisch auf, es gab eine Art Spaltung, und Mani Matter machte dann auch Soloprogramme. Wie siehst du die Entstehung und Entwicklung der Berner Troubadours?

Es gab die ersten Produktionen am Theater am Zytglogge, durch das Kabarett Schifertafele. Zum Teil wurden da auch Chansons gesungen. Und es gab auch die Gitarristen, das waren damals Stirnemann, Krebs und Widmer, die die Chansonnier-, die Chanteur-de-chanson-Tradition im französischen Sinn auf die Bühne brachten. 65/66 haben wir das nochmals so gemacht, als ich das erste Mal dabei war. Dann kam eine Trennung; die Kabarett-Truppe Schifertafele mit Hugo Ramseyer, Rolf Attenhofer, Urs Kräuchi, Susi Aeberhard blieb ihrem Stammtheater, dem Theater am Zytglogge, treu. Wir gingen über die Strasse – schräg gegenüber, ein bisschen weiter unten – in die *Rampe*. Das Galerie-Theater *Die Rampe* wurde von Bernhard Stirnemann geführt, über 20 Jahre. Und dort gab es das erste Berner-Troubadours-Programm. Da standen fünf Namen auf dem Plakat. Beim ersten Mal kamen neu dazu Jacob Stickelberger und François Lilienfeld, der damals jiddische Lieder gesungen hat im selben Programm. So kam diese Trennung zustande von Kabarett und Chanteur-de-chanson.

Dass Mani mit Jacob und Fritz zusammen eine eigene Geschichte auf die Beine gestellt hat mit der *Kriminalgschicht*, ist ein verständlicher Schritt gewesen. Diese fünf oder sechs, immer einer nach dem anderen – im Stil Rive Gauche, Stuhl auf der Bühne, das linke Bein drauf und dann: allez hopp. Ich sage dem heute keine Spaltung. Dass Mani Matter den Schritt gemacht hat zum Soloprogramm, finde ich durchaus verständlich. Ich weiss, dass auch Bernhard Stirnemann mal ein Soloprogramm gemacht hat, das hiess „Solitüd". Das macht er auch heute noch ab und zu, einen Abend allein. Ich selbst habe auch schon einen Abend allein gemacht. Das interessiert einen schon, einen Abend allein auszuprobieren. Dass das bei Mani funktioniert hat, finde ich ganz toll. Da war von uns niemand böse. Ich finde das eine logische Entwicklung, dass das einer von uns gemacht hat. Mani hat eine so grosse Menge von den besten berndeutschen Chansons geschrieben. Wir, Bernhard Stirnemann, Ruedi Krebs und ich, haben dann zu dritt weitergemacht und haben neue Leute einbezogen in unser Programm. Das waren Margrit Pfister und Ruedi Stuber. Wir sind jahrelang zu fünft losgezogen und sind in den grössten Deutschschweizer Städten aufgetreten.

Wann war das?

Das war 1971 bis 1974. Und dann haben wir irgendwann wieder zusammen gesprochen. Wir haben gefragt, warum machen wir nicht wieder einmal ein neues Programm, alle zusammen. Das haben wir dann auch wieder gemacht, genauso wie Jacob und Fritz im Herbst 77 mit einem Mani-Matter-Programm unterwegs waren. Das alles zeigt, wie locker diese Gruppe immer war und sein wird.

Seid ihr auch eine längere Zeit nicht mehr aufgetreten?

Früher in der Rampe haben wir immer den Rhythmus gehabt, zwei Jahre auftreten, dann ein neues Programm. Das war der Rhythmus. Dann mit dem alten auf Tournee gehen und das neue nur in Bern singen. Es gab Momente, als ein Termin für eine Premiere, für ein neues Programm sehr hinausgezögert wurde, weil einer vielleicht nur drei neue Chansons gehabt hat. Dann hat er gesagt: „Ich bin noch nicht so weit, dass ich etwas singen kann." Dann haben wir das Ganze vom Herbst auf den Frühling oder vom Frühling in den Herbst verschoben. Oder wir warteten noch ein Jahr. Irgendwann wurde dann, das hängt auch mit den Theatern zusammen, ein Termin für eine Premiere festgelegt. Dann war es an jedem selbst, an diesem Tag bereit zu sein.

Bist du ein Liedermacher?

Mir gefällt das französische Chanteur-de-chanson besser. Das ‚Machen' ist für mich immer ein Arbeitsakt [lacht] – es mahnt mich furchtbar so an zupackende Hände. Es gibt diese eine Bezeichnung ... es gibt jemand, ich glaube Bardill, der sagt „der Liederer". Ich finde das eigentlich schön. Ich bin Chansonnier, Chanteur-de-chanson. Die Bezeichnung hat sich eingebürgert. Ich bin ein Liederschreiber, ein Liedersänger. Ich finde auch Chansons besser als Lieder. Ich weiss, es ist ein französisches Wort, aber es kommt mir irgendwie näher. Ja doch, ich bin schon ein Liedermacher.

Wo sind für dich die Aufführungsorte für einen Chansonnier hier in Bern? Könntest du theoretisch überall auftreten?

Wir hatten hier in Bern das grosse Glück, ein eigentliches Haustheater zu haben. Das war die Rampe, und am Anfang das Theater am Zytglogge. Also die Kleintheater. Und weil Bernhard Stirnemann das Theater *Die Rampe* geleitet hat, sind wir dem Theater natürlich treu geblieben und haben immer dort die neuen Programme angefangen und dann über längere Zeit en suite gespielt. Aber in Bern gibt's kaum eine Bühne, wo ich nicht schon aufgetreten bin. Das ging bis ins Stadttheater oder ins *National*, bei irgendwelchen Anlässen, also bei Einzelauftritten oder auch zusammen. Oder im Kursaal. Das waren dann aber private Anlässe. Nach der Schliessung der Rampe sind wir kurzfristig über eine kurze Zeit im *Katakömbli* aufgetreten. Und dann vom Katakömbli in die Mahogany Hall umgezogen. Dort sind wir jetzt auch schon mit zwei, drei Programmen aufgetreten. Eben auch schon an Silvester, nachdem uns das *Schlachthaus* abgesprochen worden ist für diese Silvestervorstellung. Im Grossen und Ganzen sind es schon die Orte, die zur Kleinkunst-Szene gehören. Auftritte in den neueren Lokalen, ich meine *Wasserwerk*, *Dampfzentrale* und so, da würde man uns gar nicht suchen, das ist eine völlig neue Struktur von Programmen und Programmorganisation; da glaube ich nicht, dass die Troubadours richtig am Platz wären. Wir gehören schon in die Kleinkunst-, Kleintheater- und Kellertheater-Szene rein. Das gilt übrigens auch für die andern Orte in der gesamten Deutschschweiz, wo wir aufgetreten sind. Um einige zu nennen: Bernhard-Theater Zürich, Kleintheater Luzern bei Emil, Kellerbühne St. Gallen und dann auch das Stadttheater Biel Solothurn. Das sind einige einmalige Tournee-Geschichten.

Noch zum Raum in der Rampe: Die Rampe ist in eurer Geschichte ein wichtiger Raum. Wie sah die Rampe aus? War es ein gewöhnliches Kleintheater?

Überhaupt nicht. Die Rampe war eigentlich ein kompliziertes Theater – mit Publikum auf zwei verschiedenen Seiten. Es gab eine schmale Seite und eine breite Seite. Und an einer vorderen Bühnenecke war eine riesengrosse Säule, die man dann angesungen hat. Anstatt immer von links nach rechts zu kucken, hat man besser auf die Säule zugesungen. Ansonsten war es ein zauberhaft schönes Theater mit viel, viel Atmosphäre; und ganz toll eingerichtet mit einem riesigen Leuchter in der Mitte. Am Anfang waren recht enge Verhältnisse hinter der Bühne. Da war noch keine Rede von Duschen oder von Toiletten. Da gab's die Möglichkeit, ins Wirtshaus zu gehen. Mit der Zeit wurde das Theater schon fast komfortabel, luxuriöser, da gab's eine Dusche und so weiter. Im Grunde genommen sah man von zwei verschiedenen Seiten auf die Bühne.

Wie viel Publikum fasste der Theaterraum?

Ich müsste Stirnemann fragen für die ganz genaue Zahl. Aber ich glaube, am Ende – mit noch einer Zuschauerreihe mehr – waren es ungefähr 120 oder 130 Plätze.

Wie viele Auftritte hattet ihr jeweils durchschnittlich mit einem Programm?

Ein neues Programm in der Rampe dauerte meistens zuerst vierzehn Tage, drei Wochen – und zwar von Dienstag bis Samstag, jeden Abend, oft am Samstag zwei Vorstellungen. Vielleicht nach einem halben Jahr Wiederaufnahme, vielleicht nochmals vierzehn Tage. Das war so der Berner Rhythmus in den belebtesten Zeiten. Und Auswärts-Gastspiele: Die längsten waren drei Wochen im Fauteuil-Theater in Basel und vierzehn Tage noch im alten Bernhard-Theater in Zürich. Und sonst waren es zwischendurch nur zwei, drei Vorstellungen; also ich denke zum Beispiel ans Kellertheater Thun. Luzern waren auch einmal vierzehn Tage, an einem anderen Ort vielleicht mal eine Woche. In St. Gallen traten wir vielleicht an einem oder zwei Abenden auf.

Ihr seid also in Bern, wenn ich dich richtig verstehe, nicht regelmässig übers ganze Jahr aufgetreten, wie Ihr es heute macht?

Die Rampe war ja kein eigentliches Gastspiel-Theater. Die Rampe hatte einen festen Spielplan, einen Saisonspielplan mit sehr vielen Schauspielen, und dann auch etwas garniert mit Gästen aus der französischen Chanson-Szene – oder etwa auch mit der Spanierin Carmela, die sehr oft aufgetreten ist, Paco Ibáñez[7] auch; auch Dieter Süverkrüp war in der Rampe, der ist dann vielleicht auch eine Woche aufgetreten. Das waren eher Gastspiele. Aber daneben gab es einen festen Spielplan, der auf eine Saison abgestellt war. Die Troubadours waren ein fester Programmteil, eben, wie gesagt, drei Wochen Troubadours, und dann vielleicht ein halbes Jahr nichts mehr, und dann wieder zwei Wochen.

Seit wann spielt ihr in diesem Rhythmus, den ihr jetzt habt, also über das ganze Jahr?

Der wurde uns vorgegeben von der Mahogany Hall, wir haben darüber gesprochen, ob wir wieder en suite spielen können. Das geht aber nicht, die Mahogany Hall ist ein reines Gastspiel-Lokal, wo die Termine lange zum Voraus festgelegt sind, weil da sehr oft aus dem Ausland Folk- und Jazzgruppen kommen. Zum Teil schon Jahre im Voraus sind die Daten belegt. Sodass wir dann auf die Mahogany Hall gerne Rücksicht nehmen – und sie sagen uns die Termine, wann das Lokal frei ist, wann wir auftreten können. Wir haben dann wegen verschiedener privater Verpflichtungen, die jeder von uns auch hat, gesagt, vierzehn Tage en suite liegt einfach nicht mehr drin, sodass wir eigentlich froh sind, diese Art der unregelmässigen Auftritte. Das haben wir dann aber beschränkt auf vier bis fünf Auftritte pro Monat, wenn es sich ergibt, vielleicht auch einmal nur drei oder auch sechs. Es kann sehr unregelmässig sein.

---

7   Paco Ibáñez (geb. 1934) begleitete ab 1952 auf der Gitarre die Sängerin Carmela, die er in Paris kennen gelernt hatte.

Das ist erst in den vergangenen paar Jahren so geworden?

Ja.

Wie viele Lieder hast du bis jetzt geschrieben?

Wenn ich alle zusammenzähle, auch alle nie öffentlich gesungenen, die aber doch fertig sind in ihrer Form, sind es 120.

Wie viele von diesen hast du aufgeführt?

Ich schätze fünfzig bis sechzig.

Ein Liedermacher tritt in der Öffentlichkeit auf. Siehst du dich in einer speziellen gesellschaftlichen Rolle?

Zuerst habe ich ein sehr persönliches Chanson geschrieben, *knabemusig*, das von mir persönlich handelt. Dann bin ich davon weggegangen und habe versucht, viel allgemeiner zu werden. Da habe ich meiner Meinung nach keine so guten Chansons geschrieben, bin dann in meinen Texten noch mehr auf mich selber zurückgekommen, auf meine ureigensten Probleme, meinetwegen auf meine kleinen Probleme; aber habe gemerkt, wie das im Publikum und auch bei mir Erstaunen ausgelöst hat; beim Publikum, dass da einer kommt und von sich mit einer solchen Ehrlichkeit singt; und von mir selbst, dass ich mich wage, von mir etwas preiszugeben. Das ist für mich auch die Motivation, das weiter zu tun. Dann ist es auch: von mir erzählen, berichten wollen – vielleicht auch meine ganz persönliche Meinung zu einem Problem ausdrücken.

Ist es vielleicht auch, die Welt zu verändern?

Die Welt verändern, ja, sofort, so wie ich mir sie vorstelle. Wenn ich beispielsweise mein Freizeitlied singe von diesen blöden neuen Sportarten, und jemand nach Hause geht und sagt, „eigetlich het de scho no rächt", dann habe ich schon wahnsinnig viel erreicht. Das sind dann die kleinsten Schritte, die finde ich wertvoll, die aber noch keine grundlegende Weltveränderung bedeuten. Aber ich berichte von dem Teil, der mich berührt und der mich beschäftigt. Von dem will ich erzählen. Das sollte eine Art Exhibitionismus sein. Es macht mir Freude, den Leuten das zu vermitteln, auch mein kleines Sommerlied. Brassens hat einmal gesagt, in einem Interview: „Il faut jamais s'expliquer." Weil ein Journalist hat ihm gesagt, er sei doch sowieso der grösste Poet aller Zeiten. Dann hat er das verneint und gesagt: „Je suis un bon parleur et je mets un peu de musique autour." Und zum Poeten hat er gesagt: „Il faut pas penser trop haut." Also er hat das abgelehnt. Dann hat der Journalist gesagt: „Aber sie haben doch in dem und dem Chanson gesagt..." Und dann hat er eben gesagt: „Il faut jamais s'expliquer." Also, man soll nie Lieder erklären, oder Sinne erklären, oder Meinungen oder Tendenzen im Chanson. Auf der andern Seite hat er gesagt: „J'ai tout dit dans les chansons." In den Chansons finden Sie alles, was ich zu sagen habe. An einer anderen Stelle hat er auch einmal gesagt: „Ich spreche nicht über meine Lieder, ich singe sie."

Eine letzte Frage: Was tust du, wenn du nicht Lieder machst?

Wir sind, meine Frau und ich, seit elf Jahren selbstständig erwerbend. Wir sind tätig rund um Bild und Wort. Meine Frau ist Schriftstellerin, Übersetzerin. Ich selber fotografiere oft, bin als Kleinstverleger tätig, mache Gestaltungen, Redaktionen, mache Bücher, zudem mache ich noch seit ungefähr zehn Jahren Objekte und eine Art kleine Figuren. Ich nenne sie „Pinggelis"; mit denen habe ich schon eine Ausstellung gemacht und werde im Dezember noch eine weitere Ausstellung machen. Meine Frau ist auch noch Generalsekretärin vom Deutschschweizer PEN Zentrum. Da arbeiten wir auch zum Teil zusammen daran. Die Troubadours gehören bei mir auch zum Broterwerb als Selbstständigerwerbender. Es ist sehr oft ein wesentlicher Teil. Mit allem, was wir sonst machen, verdienen wir nicht viel. Es ist ein Balanceakt auf dem hohen Seil ohne Netz. Aber seit elf Jahren überleben wir. Deshalb hoffe ich, dass ich noch etwas weiter singen kann.

Fritz Widmer

Interview mit Stephan Hammer, April 1996

S.H: Wie wichtig waren die Berner Troubadours für dich?

Fritz Widmer: Bernhard Stirnemann habe ich mir bereits 1962 oder 1963 in der Rampe in einem Soloprogramm angehört, und das hat mich unheimlich fasziniert. Entscheidend war für mich der Gesamteindruck: Ein Mann steht auf der Bühne, ist beleuchtet, spielt Gitarre und singt dazu ein Lied, das ich vom Anfang bis zum Ende verstehen kann und das dazu noch ganz anders ist als die Lieder, die ich bisher gekannt habe. Er sang damals *Dr Regierigshuet* und *Ds Käthi schmöckt nach Schoggola*. Er hatte auch französische Lieder im Programm und die frühen Mani-Matter-Lieder, die zum Teil nicht aufgenommen worden sind. Es gibt noch Lieder, die irgendwo im Finstern oder im Archiv schlummern. Der Abend hat mir unheimlich gefallen. Ich konnte aber die Distanz nicht überspringen. Ich dachte nicht: „Das will ich jetzt auch." Das habe ich mir damals nicht zugetraut. Es dauerte noch zwei Jahre, bis es, durch einen Zufall, soweit war: Ich bin in einem Schnitzelbank-Wettbewerb als Gitarrist und Sänger mit Alexander Heimann aufgetreten, der heute als Krimiautor sehr bekannt ist und damals noch Schnitzelbank-Lieder schrieb. Wir haben den ersten Preis gewonnen und ich habe mit Ruedi Krebs zusammen im zweiten Teil *Cervelat* gesungen, worauf Hugo Ramseyer zu uns kam und sagte: „Unbedingt mehr davon, wir machen ein Programm mit euch. Ihr könnt euch gleich Bernhard Stirnemann anschliessen…" und so weiter.

Um welche Zeit war das?

Das war – wahrscheinlich – November 1963. Man könnte das nachforschen, ich weiss es nicht genau.

Wie und wann hast du Mani Matter kennen gelernt?
Ich habe Mani Matter bei einer der letzten Vorstellungen im Februar 1965 kennen gelernt. Er kam zu uns, hörte sich das Programm an, welches ja einige seiner Lieder enthielt, die auch von anderen gesungen wurden, zum Beispiel von Susi Aeberhard und Urs Kräuchi, und setzte sich nach der Vorstellung zu uns und zeigte grosse Anteilnahme. Er schätzte meine Lieder sehr, da sie ganz anders waren als seine. Er mochte vor allem die farbigen altertümlichen Worte, das direkt Banale. Wir haben uns dann einige Monate nicht gesehen und dann kam alles ziemlich rasch: Er hat meine Frau und mich eingeladen, und dann begann – im Dezember 1965 – die Zusammenarbeit. Er kam dann zu uns, da meine Frau schwanger war und das Bett nicht verlassen durfte, und Manis Frau Joy kochte für uns alle das Abendessen. Damit fing es an. Also etwa ein Jahr nach dem Auftritt der Berner Troubadours. Ich habe damals im Dezember, ziemlich in Eile, drei Chansons geschrieben: *Ballade vo dr Gschoui, Ballade vom Türeschleze, Chlyn mues me afa*, die ich dann, mich mit Mani Matter abwechselnd, im 1966er Programm der Berner Troubadours sang. Von da an haben wir sehr viel zusammengearbeitet.

Du hast schon einige der Namen erwähnt, die dich literarisch und musikalisch beeinflusst haben. Wie ging das weiter, hast du dich in eine eigene Richtung weiterentwickelt?
Das ist schwierig zu sagen. Ich hatte damals, während der zehn Jahre des Liedermachens, also von 1965 bis 1975, viel zu tun. Es war eine harte Zeit: Ich habe eine neue Stelle angenommen, ein zweites Studium begonnen, wir hatten Kinder. Ich konnte wenig Neues aufnehmen, es gab aber ein paar Einschnitte: zum Beispiel nahm ich Biermann zur Kenntnis, das war etwa 1967. Die ersten Lieder, die ich von ihm hörte, waren *Kleinstadtsonntag* und *Soldat, Soldat* – das hat mir Franz Hohler vorgespielt. Ich war damals total erschüttert, ich dachte: „Das ist's!" Ich wusste aber zugleich auch, dass das nicht meine Linie war. Biermanns Einstellung war der meinen weit überlegen, ich konnte nicht in dieser Richtung weitermachen. Und Mani hat mich dann bestärkt, in meinem Bereich zu bleiben und mit dem, was ich kann, weiterzumachen: der Beschreibung ländlicher Feste, Geschichten aus dem Bernischen und Ähnlichem. Das änderte sich erst 1972, als Mani Matter, Jacob Stickelberger und ich wieder eng zusammenarbeiteten. Da begann ich, ganz bewusst wieder literarische Muster aufzunehmen. 1973 schrieb ich das *Sonett* und las dazu viel Paul Flemings barocke Sonette. Ich wollte auch ein Sonett in Alexandrinern schreiben. Im Februar 1972 hörte ich zum ersten Mal Cornelis Vreeswijk, den schwedischen Liedermacher:[8] für mich der wichtigste Liedermacher nach Mani Matter. Etwa zehn meiner Lieder haben Vreeswijksche Melodien, wobei er selbst diese auch nur gestohlen hat. Ich habe ein Lied von ihm: *Ds Lied vom Militär: S'geit niene so schön u luschtig*. Es ist ein altes holländisches Soldatenlied. Das bemerkte ich aber erst im Nachhinein. Er hat nie vermerkt, woher die Melodien stammen. Er ist atmosphärisch und von der Stimmung her, der Art und Weise, wie er ein Lied präsentiert, und vor allem, was das musikalische Arrangement und die Interpretation betrifft, für mich der Stärkste. Wolf Biermann schätzt ihn übrigens auch sehr. Ich habe ihn einmal gefragt, ob er Vreeswijk

---

8   Cornelis Vreeswijk (1937–1987) war ein schwedischer Liedermacher holländischer Herkunft.

kenne und ob er ihn nicht übersetzen wolle. Er sagte mir, er verehre ihn sehr. Vreeswijk ist bei uns nicht bekannt, da wäre noch etwas zu holen!

Und dann kam eine entscheidende Wende. Aber diese Wende ging nicht von der Literatur aus, sondern von der übernächsten Generation der Liedermacher, vor allem von Urs Hostettler, Ernst Born und Jürg Jegge. Ich entfernte mich dann von den Berner Troubadours: Ich fand das zu eng, zu engmaschig und engherzig – vielleicht sind das etwas harte Worte –, zu gefällig und spielerisch. Es hat mich sehr beschäftigt, dass man, wie ich damals glaubte, mit Liedern politisch wirken kann. Ich habe Lieder gemacht wie die Lieder für die Bauern oder Lieder gegen AKWs. Ich bin auf Demos gegangen, zum Beispiel auf die ‚Walddemo'. Ich war mit Werner Wüthrich[9] zusammen bei den Kleinbauern. Er hat gelesen, ich gesungen. Ich fand, dass ein Lied engagiert sein sollte. Es sollte sich mit der Liedform einmischen in die politische Diskussion, wobei Nennung von Namen und Zeitgebundenheit mich aber immer etwas abgestossen haben. Ich war so blöd, dass ich dachte: „Wenn ich ein Lied mache, will ich es mindestens zehn Jahre singen können." Das Resultat ist, dass – nach meiner Auffassung – sehr wenige meiner Lieder veraltet sind. Ich kann sehr viele aus jener Zeit noch singen und brauche praktisch nichts dazu zu sagen.

Eine weitere sehr starke Beeinflussung stellt Gerhard Meier dar. Das Lied *A der Muur* habe ich speziell Gerhard Meier gewidmet. Ich schrieb es, nachdem ich Gerhard Meiers Gedichte gelesen hatte. Ich war so beeindruckt, dass ich dachte: „In diese Richtung geht es weiter!" Ich muss sagen, dass ich es bedaure, nicht in dieser Richtung wietergemacht zu haben. Dazu kamen immer wieder die Schweden. Ich entdeckte damals Ruben Nilsson.[10] Ich finde, *Dr Amerikabrief* und *Ballade vom Bärgme Hannes* sind die stärksten Lieder, die ich singe. Ich bezeichne mich heute übrigens als „Liederübersetzer und Liedermacher". Ersteres stelle ich voran. Ich denke, das Übersetzen und Übernehmen stehen bei mir im Vordergrund, und die besten Lieder sind übernommene. Eigene Lieder, die ich immer wieder singe, sind: *Ballade vo däm, wo nie zueglost het* oder *Lied vo de Lüt, won i nid verstah*. Das sind wirklich eigene Lieder, aber sonst fällt mir immer wieder auf, dass ich entweder Melodie oder Idee oder das ganze Lied irgendwo her habe und leicht umgearbeitet habe.

In der letzten Zeit habe ich viel mit Franz Hohler zusammengearbeitet. Der jüngste Einfluss ist vielleicht Mikael Wiehe, auch ein Schwede.[11] Ich habe drei seiner Lieder übersetzt, eines davon singe ich sehr gerne: *Die neue Stimme*. Es ist aber noch nicht aufgenommen. Ich habe wieder einen sehr klassischen Geschmack – ich höre gerne Mozart-Opern und bin ganz konservativ geworden. Ich habe ein wenig das Interesse am Engagement verloren und finde Lieder, die heute noch zu Tagesthemen Stellung beziehen, eher

---

9 Werner Wüthrich (geb. 1947), studierter Theaterwissenschafter, Germanist und Philosoph, ist Schriftsteller sowie Lehrbeauftragter, Dozent und wissenschaftlicher Mitarbeiter an Schauspielschulen, Fachhochschulen und Universitäten.
10 Ruben Nilsson (1893–1971) war eine schwediscer darstellender Künstler und Liedermacher.
11 Mikael Wiehe (geb. 1946) ist ein zeitgenössischer schwedischer Musiker, Sänger, Texter und Komponist.

peinlich. Ich habe Freude an Liedern, die sich im Bereiche der zeitlosen Poesie bewegen. Natürlich weiss ich, dass ich diese Lieder wahrscheinlich nicht mehr vor der Öffentlichkeit singen kann. Ich habe das zwei-, dreimal versucht, aber die Leute reagieren nicht darauf. Aber das stört mich nicht. Ich bin immerhin Grossvater und kann das tun, was ich will und brauche nicht mehr immer nach Lorbeeren zu schielen.

Wie würdest du diese Phasen, die du eben beschrieben hast, zeitlich einordnen?

Nun, die erste Phase reicht etwa von 1963–1973. Das war die Zeit der Einflüsse der Schweden und Mani Matters. Dann von 1973 an die Beeinflussung durch Vreeswijk, [Evert Axel] Taube[12] und Ruben Nilsson. 1973/74 kam die Folkbewegung. Ich bin 1974 zum ersten Mal auf dem Folkfestival Lenzburg aufgetreten und war sehr begeistert. Ich setzte dann alles in Bewegung – es brauchte nicht viel –, um wieder nach Lenzburg zu kommen. [Ich] bin drei- oder viermal hintereinander dort aufgetreten (auch zwei- oder dreimal am Gurten-Volksfest), und das schien mir die mir gemässe Auftrittsplattform. Ich bekam eigentlich auch immer positive Echos, die Lieder wurden zum Teil auf LPs dokumentiert. Der nächste Einschnitt hängt mit dem Wandel der Folkfestivals zu Rockfestivals zusammen – dann war Schluss. Da gehörte ich nicht mehr hin.

1979/80 beschäftigte ich mich sehr stark mit dem Buch *Gluscht u Gnusch u Gwunger*, das ja zum Teil über die Folkbewegung spricht. Von jener Zeit an kam zu meiner beruflichen Arbeit das Romanschreiben hinzu, das Kolumnenschreiben und heute die Radiobeiträge, die ich schreibe. Die Lieder standen erst an dritter Stelle. Die achtziger Jahre waren eine regelrechte Flaute in dieser Beziehung. Ende der achtziger Jahre wollte ich sogar ganz aufhören: Das Publikum ging nicht mehr mit, ich hatte kein Interesse mehr und befand mich in einer Krise – wegen meines zweiten Buches, welches nicht so ankam, wie ich mir das vorgestellt hatte. Erst seit 1993 ist es wieder aufwärts gegangen – ich bekam neuen Schwung durch schwedische Liedermacher, und zugleich machte ich im Herbst ein neues Programm mit den Berner Troubadours. Plötzlich waren sehr viele neue Lieder da. Ich habe im Moment genug Lieder, um eine ganze CD oder LP zu machen. Sie überfordern mich aber, weil sie sehr kompliziert sind: Sie haben einen grossen Stimmumfang, benötigen Arrangements, und ich muss sie in der richtigen Haltung singen. Früher konnte man ein Lied einfach rausposaunen, konnte einfach laut irgendetwas singen, in immer der gleichen Lautstärke – heute muss ich da viel mehr dosieren. Die Zwischentöne sind wichtig geworden. Die beiden letzten Lieder, die ich gemacht habe, sind eindeutig klassische Lieder: ganz leise Lieder, die fast nichts mehr zu tun haben mit den früheren, in denen ich auf Pointen hinarbeitete, auf Lustigkeit. Was ich jetzt mache, ist nicht mehr lustig. Es ist aber auch nicht böse oder pessimistisch, sondern einfach leise.

Ist das Liedermachen vorbei?

Wenn ich heute singe, singe ich eher für mich. Das Singen hat eine therapeutische Wirkung. Ich stelle fest, dass ich nach gewissen Liedern im Kopf viel entspannter bin. Ich

---

12 Evert Axel Taube (1890–1976) war ein schwedischer Dichter, Komponist, Sänger und Maler. Nicht zuletzt dank des Fernsehens erzielte er in Schweden noch zu Lebzeiten eine grosse Popularität.

habe Ordnung, die Stimme hat wieder Sauerstoff in die Lunge gepumpt. Vielleicht verbreitet auch die Schwingung dieser alten Lieder aus dem 18 Jh. dieses Glücksgefühl. Das hat aber nichts mehr mit Liedermachen zu tun, es ist ein rein psychologisches Thema. Mein Schwerpunkt ist heute, Geschichten zu erzählen und Geschichten vorzulesen. Ich spreche seit dreieinhalb Jahren das „Wort zum Tag" im Radio und habe so viel positives Echo bekommen, dass ich jetzt eine Sammlung mit Gedichten und Geschichten veröffentliche. Wenn ich jetzt auftrete, lese ich in der ersten Hälfte des Vortrags diese Geschichten und in der zweiten Hälfte singe ich Lieder. So habe ich die Möglichkeit, auch stillere Lieder einzubauen, die der Erwartungshaltung des Publikums eines normalen Liederabends, bei dem es um Unterhaltung geht, nicht entsprechen. Ich lese zum Beispiel auch Gedichte vor. Ich finde, irgendwann im Leben hat man seine Themen und Anliegen ‚hinter sich', oder hat sie ‚ausgedrückt', und hat neue Anliegen auf neue Art auszudrücken. Irgendwie kommt man an die Grenze des Liedes. Schon als ich *Gluscht u Gnusch u Gwunger* schrieb, dachte ich mir, dass ich das nicht mehr in einem Lied ausdrücken könne. Deswegen schrieb ich einen Roman. Heute neige ich dazu, zum Beispiel Dokumentarfilme, Zeitungsartikel oder Vorträge als gute Medien anzusehen. Warum muss es immer ein Lied sein? Deshalb ziehe ich die Thematik des Liedes zurück ins Zeitlose. Ich möchte nicht alles, was mich beschäftigt, sofort in Liedform äussern. Ich will mich auch nicht mehr über andere Leute lustig machen. Schadenfreude als Motiv eines Liedes – das ist einfach vorbei, passé.

Zurück zur Zeit, in der du anfingst, Lieder zu machen: Was war das für eine Zeit? Wie war damals das Verhältnis zwischen gesellschaftlichen Phänomenen und deinen Liedern?

Was mich betrifft: Das war eine Zeit, in der ich mich freikämpfen musste. Ich hatte Probleme, den richtigen Beruf zu finden, das richtige Studium. Da waren die Lieder immer auch ein Ventil für mich, diesen Druck ein wenig loszuwerden; weil ich an der Universität zuerst sieben Semester herumirrte, bevor ich mich dazu entschloss, Sekundarlehrer zu werden.

Gesellschaftlich: Ich weiss nicht, ob ich damals nicht ganz einfach ahnungslos war. Ich habe damals nicht so viel mitbekommen. Vielleicht lief aber auch viel weniger als jetzt, oder die Informationen waren nicht so dicht. Wenn ich heute eine Zeitung aufschlage, oder wenn ich mich umhöre, denke ich, dass wir in einer Welt leben, in der ich schlicht nicht mehr zwischen wichtigen und unwichtigen Informationen, zwischen Eintagsfliegen und Dingen, die weitergehen, unterscheiden kann. Manchmal hat man den Eindruck, die Welt zerfällt in einigen Jahren einfach und geht kaputt. Was will man da noch Lieder machen. Manchmal habe ich das Gefühl, es wäre noch was zu machen. Es gibt wunderschöne, optimistische Ansätze. Hier spielen auch spirituelle Momente hinein oder andere neue Denkansätze.

Damals habe ich Informationen über die Welt auf das Politische reduziert. Alles war Teil des Kalten Krieges. Auch psychologisch-gesellschaftliche Fragen beschäftigten mich sehr. Ich habe immer wieder Bücher zu diesen Themen gelesen: [Paul] Watzlawick etwa. Die Grenzbereiche zwischen Philosophie, Soziologie und Psychologie interessierten mich. Heute muss ich sagen: Damals war ich einfach nicht so interessiert, vielleicht auch weil nicht so viele Neuigkeiten aus der Welt auf mich eindrangen. Man hat sich auf Europa beschränkt, auf die Gegend, den Kanton oder die Stadt. Man war zufrieden damit, konnte in diesem kleinen Raum einfach besser atmen und konnte diese lustigen Lieder machen. Heute kann ich mit den Ereignissen in der Dritten Welt und anderswo im Hinterkopf einfach keine lustigen Lieder über die Gegend hier mehr schreiben. Es ist vielleicht einfach eine Frage des Wissens: Was weiss ich über die Welt, wie gehe ich damit um, wie klein ist der Raum, den ich um mich ziehe? Und dieser Raum, den wir um uns schufen, war damals sehr klein. In diesem Schutzraum konnten wir jene Lieder schreiben.

War dieser Prozess ein Aufbrechen von Normen?

Das gehört zu den Fragen, die man im Nachhinein ganz anders beantwortet als damals. Ich muss sagen, dass ich sehr viel gemacht habe, ohne das Warum zu überlegen. Hinterher kann man das natürlich interpretieren. Ich war nicht einer, der sich gegen Normen gewehrt hat – oder viel zu wenig, auch nicht gegen meine Eltern. Ich wollte einfach etwas tun, das mich nicht langweilt. Das ist vielleicht die ehrlichste Antwort.

Eine Frage zu den Programmen: Sind deine Programme nach bestimmten Gesichtspunkten organisiert?

Bei den Berner Troubadours gab es 1991/92 „Best of Berner Troubadours". Da habe ich einfach die Lieder, die ich für meine besten hielt, gesammelt. Es war ein Kompromiss: Ich sang Lieder, die leicht verständlich und witzig waren. Im 93er-Programm *Nüüt aus Nöis* habe ich nur neue Lieder gesungen. Da war wirklich schwierige Kost dabei. Hier war also eher ‚neu' das Auswahlkriterium.

Wenn ich solo auftrete, fange ich meist mit zwei oder drei lustigen Liedern von früher an, um den Leuten das, was es damals gab, vorzustellen. Dann lese ich etwas. Im Mittelteil singe ich die eher schwierigen Lieder und am Schluss dann wieder lustige. Ich höre immer mit dem gleichen Lied auf, *Lied für d'Ching wo hüt uf d'Wält chöme*. Das ist ein richtiges Abschlusslied, mit einer Melodie aus dem 15. Jahrhundert. Für mich gehört es zu den zeitlos-klassischen Liedern.

Wie war die erste Zeit deiner Zusammenarbeit mit Mani Matter? Besprach und kritisierte man schon damals Lieder und entwickelte sie gemeinsam weiter?

Der Normalfall war, dass er mir unaufgefordert mit der Post ein Lied schickte. In den Briefen hiess es: „Gruss Mani. Was sagst du dazu?" Ich musste mich dann melden. Mit [*bim*] *coiffeur* war das so, auch mit *wilhälm täll* [*si hei dr wilhälm täll ufgfüert*]. Normalerweise war das Lied eigentlich schon fertig, das heisst, ich konnte nicht mehr viel dazu sagen. Ich erinnere mich an ein Lied, das mir nicht gefiel: Das war *dr noah*. Da schrieb ich ihm: „Warum machst du das? Diese Geschichte kennen wir alle, und du erzählst sie einfach nach." Ich hatte damals die Melodie nicht und bemerkte nicht, dass das Thema des Songs ja „d'Gschicht vom Noah und de Lüt" war, also nicht die Noah-Geschichte. Aber auf diese leichte Verschiebung des Blickwinkels kam es eben gerade an. Heute finde ich, dass dieses Lied eines der besten ist.

Mani selbst stand natürlich zu seinem Lied. Er antwortete: „Deine Kritik am *noah* hat mich fast umgeworfen. Es muss aber so sein..." usw. Er wollte dann auch unbedingt noch einmal über das Lied reden. Er wusste also schon genau, was er da getan hatte. Aus Cambridge schickte er mir dann seine neuen Lieder, die mir allerdings nicht mehr so gut gefielen. Das waren *mir het dr dings verzellt, dr parkingmeter, dr eint het angscht* und *dene wos guet geit* – also diese vom Wortschatz her reduzierten Lieder. Mani beschäftigte sich damals mit der konkreten Poesie, mit Konrad Bayer, [Ernst] Jandl und [Eugen] Gomringer. Er wollte also komprimieren. Diese Lieder lagen mir nicht. Ich habe ihm gesagt, ich fände es gut, aber es wäre doch etwas trocken. In einem seiner Briefe schrieb er mir, Jürg Wyttenbach habe gesagt, seine Lieder seien „spröder Altersstil". Die Lieder haben erst zu leben begonnen, als er sie sang. Den stärksten Eindruck machte mir *dr dings* [*mir het dr dings verzellt*], ein Lied, das eigentlich nicht zu meinen Lieblingsliedern zählt. Eine Gruppe von Schülerinnen hier führte es damals als Choreographie auf: Zu dem Lied, das im Hintergrund lief, tanzten sie. Es war phantastisch! Wenn ein Lied diese Produktivität wecken kann, dann ist es wahrscheinlich schon etwas Gutes.

War das in deiner Schule?

Ja, ungefähr 20 Jahre später. Das sollte nur ein Beispiel für die Lebendigkeit von Manis Liedern sein.

Bei mir war er sehr streng: Wenn er etwas gut fand, dann fand er es gut. Die Ausführlichkeit, mit der er etwa die *Ballade vo däm, wo nie zueglost het* rezensierte, ist fast beängstigend. Phantastisch! Es gab aber auch Lieder, die ihm nicht gefallen haben. Was er sehr schätzte, war *Ballade vom Bohnebedli* und *Lied vom Sundig*. Ich habe mich eben in eine ganz andere Richtung hin entwickelt. Er wollte reduzieren, und ich habe in meinen Liedern immer mehr ‚expandiert'. Aber trotzdem schätzte er nicht nur sein Verdichten, sondern auch dieses Ausweiten: Auch Hannes Waders grosser *Talking Blues*, also diese langen Gedichte, in denen Wader versuchte, alles zu sagen – *Der Tannerkönig* zum Beispiel ist 25 Minuten lang – mochte er. „Das ist genau das, was du auch machst", sagte er dann, „du kannst das, du kannst erzählen. Mach' das! Ich reduziere eher." Er respektierte also auch die ihm völlig entgegengesetzte Position. Dann gibt es zwei Lieder, die ich fast aus ihm ‚rausgepresst' habe. Das sind *dr sidi abdel assar vo el hama* und *chue am waldrand*. Wahrscheinlich hat er schon selbst gespürt, was da drin lag. Er hatte aber nur die ersten Strophen, und ich habe ihn immer wieder gedrängt, die Lieder endlich fertig zu schreiben.

Am stärksten war die Zusammenarbeit wohl bei der *Kriminalgschicht*. Das war schon verrückt, in so kurzer Zeit, in dieser Stresssituation diese Lieder zu machen. Sie entstanden alle im gleichen Jahr. Heute schreibe ich höchstens noch zwei Lieder pro Jahr.

Gibt es Passagen in Mani Matters Liedern, die du massgeblich beeinflusst hast oder die sogar wortwörtlich von dir stammen? So wie in deiner Ballade vo däm, wo nie zueglost het, *in der ja, wie du sagst, dreieinhalb Zeilen von Mani Matter stammen.*

Nein, das gibt es nicht – bis auf eine kleine Ausnahme: den Reim „Zunge" im *bärnhard matter*. Wir telefonierten damals und er suchte nach einem Reimwort. Wir redeten darüber, ich habe ihm Vorschläge gemacht und dann kam ich auf das Wort *Zunge*. Und in dem Moment, als ich es aussprach, sagte er es auch. Wir kamen also beide fast gleichzeitig auf das Wort. Für den *alpeflug* zum Beispiel fand er keine Melodie. Da sagte ich: „Ich mach' dir eine." Ich hätte das sehr gerne gemacht. Aber er ist mir wieder zuvorgekommen. Bevor ich eine Melodie hatte, war seine schon fertig. Nein, es gibt nichts von mir in Manis Liedern.

Gibt es neben der Besprechung der Ballade vo däm, wo nie zueglost het *noch andere ‚Rezensionen' deiner Lieder durch Mani Matter?*

Es gibt drei Briefstellen, die sich mit meinen Liedern befassen: Eine über *Ds Lied vo de Schwümm*. Das fand er nicht gut. Dann gibt es eine Bemerkung über das Lied *Ballade vo dene wo sech guet verstande hei*. Die Phantasiesprache in diesem Lied gefiel ihm sehr. Schliesslich gab es ein Lied, das ich schrieb, nachdem ich Degenhardt gehört hatte. Ich weiss den Titel nicht, aber es ging um „Sie wollten ein Kind, doch sie bekamen ein Auto". Diese Geschichte von einem völlig uninteressanten, unglaublich mittelständischen Ehepaar, welches einfach heiratete und dann nicht mehr wusste, was es mit seinem Geld anstellen sollte – und schliesslich völlig im Luxus versank. Ein sehr gutes Lied. Eine Zeile heisst eben: „Sie wollte ein Kind, doch sie bekamen ein Auto mit Radio und Schiebedach". Phantastisch. Ich habe dann ein Lied gemacht, in dem ich das ausführte, also *S'Auto oder s'Ching*. Ich stellte darin die Vorteile von Autos und Kindern einander gegenüber. Mani fand das nicht gut. Ich habe es dann auch weggeworfen.

Gibt es Lieder Mani Matters, die auf eine Anregung von dir zurückzuführen sind? Etwa auf ein Gespräch, ein Lied von dir – eine Anregung, die er dann aufnahm?

Nein das gibt es nicht, nur umgekehrt. Das Lied *wildweschter* schrieb er unmittelbar auf *Rocky Rackoon* aus dem *White Album* der Beatles. Ich habe dann sofort mein eigenes *Wildweschter* geschrieben, weil ich Manis Lied nicht gut fand. Ich fand es banal und blöd. Er fand meines übrigens auch blöd.

Der zweite Fall ist *dällebach* [*kari*]: Ich bewunderte dieses Lied sehr und habe dann nach einer Melodie von [Carl Michael] Bellmann[13] einen zweiten *Dällebach* geschrieben. Es ging um das Selbstgespräch dieses Mannes beim Begräbnis von Dällebach. Er fand es so himmeltraurig blöd und emotional, dass er mir sehr hart sagte: „So etwas darfst du nicht mehr machen!" Das war seine letzte Bemerkung zu mir – ein paar Tage vor seinem Tod.

Heute ist ja nur der erste Teil von Matters Dällebach-Lied bekannt und in den Liederbüchern aufgeführt. Im Film aber singt Mani Matter eine ganz andere Variante dieses Liedes. Hat er diese auch aufgeführt?

---

13 Carl Michael Bellmann (1740–1795) gilt als der bedeutendste Liedermacher in der Geschichte Schwedens. Er diente als Vorbild für viele nachgeborene Dichter, besonders auch für neuere Liedermacher wie Fred Åkerström (1937–1985) und Cornelis Vreeswijk.

Das weiss ich nicht. Ich nehme aber an, dass er diese Variante geschrieben hat. Deshalb weiss ich auch nicht, warum sie nicht in den Büchern steht. Ich habe den Verdacht, dass es sich um eine jener ‚vergessenen Strophen' handelt. Auch beim *gspängscht* ist ja erst im Nachhinein eine Strophe aufgetaucht, die ein wichtiger Teil des Liedes ist. Im Original wird erzählt, warum dieses Gespenst eigentlich noch weiter herumgeistern muss. Diese Strophe fehlt im Buch. Ich kann mir denken, dass auch beim *dällebach* so etwas passiert ist.

Ihr habt manche Titel gemeinsam verfasst. Karibum *etwa ist ein Gemeinschaftswerk. Welche Titel fallen noch in diese Kategorie, und wie sind sie entstanden?*

Eigentlich ist nur *karibum* ein solches Gemeinschaftswerk. Denn *es geit e herr i garte* ist ja ein alter Kindervers. Diese zwei Lieder waren als Zugaben im 1973er Programm vorgesehen. Da haben Jacob Stickelberger und ich sie auch gesungen. Beides sind keine Originaltexte: *karibum* ist eine Übersetzung von *Ladies of the Harem of the Court of King Caractacus*. Die haben wir gemeinsam gemacht.

Sonst haben wir nicht in diesem Sinne zusammengearbeitet, ausser in einer Schnitzelbank zur Hochzeit von Ruedi Krebs. Da habe ich sehr eng mit ihm zusammengearbeitet. Dieses Lied nimmt im Refrain ein Lied von Ruedi Krebs auf und parodiert es. In den Hauptstrophen zeichnet es Ruedis Leben nach. Ich wusste sehr viel über Ruedi, Mani kannte ihn nicht so gut.

Wolf Biermann, Mani Matter und du. Was gibt es dazu zu sagen?

Ich habe Wolf Biermann zweimal getroffen: Einmal bei Joy Matter – das war 1977 – und einmal, als er hier in Bern sein grosses Konzert hatte.

Weisst du, auf welcher Platte die Originalversion von karibum *ist?*

Die ist auf einem Album von Rolf Harris – ich habe es hier.

Zum Begriff ‚Liedermacher': Bist du ein Liedermacher? Oder ist dir der Begriff heute zu abgegriffen, was ja auch Wolf Biermann sagt?

Ich mochte Ausdrücke wie ‚Chansonnier' oder ‚Troubadour' noch nie. All das schien mir ein bisschen zu hoch gegriffen. ‚Liedermacher' gefiel mir da schon eher. Das Wort betont das Handwerkliche, wie etwa auch Werkzeugmacher oder Kleidermacher. Ich betrachte mich auch als Handwerker oder Kunsthandwerker – und nicht als Künstler.

Wie viele Lieder hast du insgesamt gemacht?

So etwa 80.

Wie viele davon hast du aufgeführt?

Etwa fünfzig oder sechzig.

Und den Rest?

Drei Lieder, die nicht schlecht waren, habe ich einfach verloren. Es gibt einige, die nicht auf Platte erschienen sind, da ich sie nicht singen kann, wie etwa *Veronika* von Vreeswijk, das ich übersetzt habe, oder das *Psalmlied*. Es sind Lieder, die nicht in meine Programme passten, weil sie zu extrem waren. Es sind Imitationen, ich habe sie zum Teil einfach kopiert. *Veronika* zum Beispiel habe ich fast wörtlich übersetzt – plötzlich merkte ich, dass das nicht ich bin. Von Mikael Wiehe gibt es ein phantastisches Lied: *Das Mädchen und der Rabe*. Aber ich kann das nicht singen, ich habe die Stimme nicht. Das müsste ein Biermann singen oder Tinu Heiniger. Meine Stimme deckt nur gewisse Ausdrucksbereiche ab.

Eine Frage zur Aufführungssituation: Wie wichtig ist das Publikum?

Ich finde, dass das Publikum sehr wichtig ist. Ich trete heute sehr gerne in Dörfern auf, wo die Leute nach meiner Auffassung unverbrauchter sind als in Bern. In Bern ist das Publikum, wenn ich mit den Berner Troubadours auftrete, natürlich auf diese eingestellt, d.h. auf Lustigkeit und Behäbigkeit. Wenn ich dagegen in den Dörfern singe – oder allein auftrete –, kann ich wirklich führen. Ich kann dem Abend eine Richtung geben, dann eine Kurve machen, dann einen Aufstieg und wieder eine andere Richtung. Deshalb ist das Publikum wichtig für mich. Und ich singe besser vor Publikum. Ich wollte immer Live-Platten machen, denn ich merkte, dass ich im Studio nur für das Mikrophon sang. Das wollte ich nicht mehr. Wenn ich heute noch eine Platte machen würde, dann trotzdem eine Studioplatte. Denn es ist mir zuviel Stress, ein Programm drei- bis viermal vor Publikum aufzunehmen, wie man es für ein Live-Album tun müsste. Ich finde, dass auch die Mimik und das Rubato, also die Möglichkeit, etwas zurückzunehmen oder eine Zwischenbemerkung zu machen, sehr lebendig wirkt.

Wie viel Spontaneität ist in deinen Programmen? Wie ist das Verhältnis von Geplantem zu Ungeplantem?

Ich bereite die Zwischentexte nicht vor und erfinde immer neu. Manchmal habe ich lange Zwischentexte vorbereitet, die ich dann kürze und ändere. Und je nach dem vorherigen Lied oder dem Programm, innerhalb dessen ich singe, mache ich verschiedene Anspielungen. Das ist die Spontaneität. Manchmal kommt es so, dass ich mir dadurch erst während des Singens eines Liedes den Zwischentext zusammensuche. Dann wird's gefährlich.

Zum Aufführungslokal: Wie wichtig ist die Gestaltung des Raumes, in dem du auftrittst? Ist es ein Unterschied, ob man zum Beispiel im Berner Stadttheater oder in kleineren Räumen spielt?

Ich ziehe die kleineren Räume vor. Vor allem weil ich dort ohne Mikrofon singen kann. Ich bin dadurch auch beweglicher. Ausserdem möchte ich die Reaktionen des Publikums sehen. Ich spreche auch Leute im Publikum an, oft Kinder, da ich einige Kinderlieder singe. Ich frage dann, ob sie die verstehen – oder mache eine Bemerkung. Das Jubiläumskonzert im Stadttheater war für mich schrecklich. Das ist schon fast zum Ritual geworden: Jetzt gibt es die Troubadours dreissig Jahre, und deswegen geht man hin. Dafür hört man sie sich aber die nächsten zehn Jahre nicht mehr an. Man interessiert sich nicht für die Texte oder die neuen Lieder. Ich habe keinen einzigen Menschen getroffen, der etwas zu den drei neuen Liedern gesagt hätte, die ich gesungen habe.

Kannst du etwas zur Tournee mit Mani-Matter-Liedern sagen, die ihr durchgeführt habt? War das anlässlich seines fünften Todestages?

Ich glaube nicht, dass diese Aktion etwas mit Manis Todestag zu tun hatte. Es stand eher die Absicht dahinter, eine Live-LP oder -CD zu machen. Es ist schliesslich auch eine CD daraus geworden. Wir haben auch nur in Bern gesungen. Wir haben die *Kriminalgschicht* und das neue Programm mit Mani-Liedern 1973–1975 110 Mal gesungen. Zwei Jahre später, als wir das Bedürfnis hatten, die Lieder doch noch aufzunehmen, hatten wir uns einfach in den *Zähringer* gesetzt, das mehrmals gesungen und dann einfach aufgenommen. Es war eigentlich keine richtige Tournee.

Eine Frage zu den Auftrittsformen. Ihr ward lange Zeit zu sechst. 1970 wurde das anders.

Ja, da waren wir nur noch drei. Mani ist aber auch mit Jacob oder mir alleine aufgetreten. Wir sangen abwechselnd, jeder eine Viertelstunde lang. Das war sozusagen eine Sammlung des bisher Bestehenden.

Ab wann hast du auch Soloprogramme aufgeführt?

Erst seit 1980 ungefähr. Ich bin aber nicht sicher. Vorher bin ich vor allem mit Jacob Stickelberger aufgetreten, aber auch mit Christof Stählin, mit Jürg Jegge, Marianne Schauwecker – mit allen möglichen anderen Liedermachern.

Lieder

Alphabetisches Liederverzeichnis

Das nachfolgende Werkverzeichnis bietet eine alphabetische Übersicht sämtlicher bekannter Matter-Lieder und eine Übersetzung der Liedtitel ins Standarddeutsche. Hierauf folgen Quellenangaben zu den einzelnen Liedern, sortiert nach Textdrucken und Tonträgern. Ein Quellennachweis erfolgt nur bei heute im Handel erwerbbaren Dokumenten. Dies soll dem künftigen Erforschen der Lieder dienen. Lieder, die sich auf Tonträgern oder in gedruckten Textveröffentlichungen befinden, die nur bibliothekarisch oder archivarisch greifbar sind oder zu denen kein Zugang besteht, sind mit ‚nicht greifbar' (n.g.) gekennzeichnet (zur Quellenlage vgl. Kap. 2.1.2.1 und das nachfolgende *Chronologische Liederverzeichnis*). Die Zahlen in der Tabelle bezeichnen Seitenangaben bzw. Nummern auf dem Tonträger. Die Schreibweise der Liedtitel orientiert sich an den Liedheften Matter 1973, Matter 1992a und Matter 1993.

Quellen Text
Gwitter .... *Einisch nach emne grosse Gwitter* (=Matter 1992a)
Gyge .... *Us emene lääre Gygechaschte* (=Matter 1993)
Hohler .... Franz Hohler, Porträtband (Auflage 2001)
truurig .... *Warum syt dir so truurig* (=Matter 1973; [14]1991)
Widmer .... Fritz Widmer, „Notizen zu Mani Matter" (=Widmer 2002a)

Quellen Ton
Abraham .... *Abraham & Co* (=Stickelberger/Widmer [MC] 1975)
Gö .... Mani Matter im Wiener Dialekt: Prenn/Ruiss/Skrepek (CD) 1994
Kolumb .... *Dr Kolumbus* (=Matter u.a. [LP] 1978; hier: CD [Zytglogge] 1990)
Kriminal .... *Kriminalgschicht* (=Matter/Stickelberger/Widmer [CD] 1990)
Ysebahn .... *Ir Ysebahn* (=Matter [LP] 1973; hier: CD [Zytglogge] 1992)
Zünd .... *I han es Zündhölzli azündt* (=Matter [LP] 1975; hier: CD [Zytglogge] 1992)

Liedtitel	Übersetzung	Quellen Text	Quellen Ton
ahneforschig	Ahnenforschung	→(dr) bärnhard matter (1821–1854)	
alls wo mir id finger chunnt	Alles, was mir in die Hände kommt	Gyge 26	Zünd 12
(dr) alpeflug	Der Alpenflug	truurig 41	Zünd 35
am samschtig ds nacht	Samstags in der Nacht	n.g.	n.g.
är het uf sym chopf e chopf gha	Er hatte auf seinem Kopf einen Kopf	truurig 20	Zünd 20; Ysebahn 2
är isch vom amt ufbotte gsy	Er ist vom Amt bestellt worden	Gyge 14	Ysebahn 20
arabisch	Arabisch	truurig 21	
ballade (lied zum film „dällebach kari")	Ballade (Lied zum Film *Dällebach Kari*)	truurig 34	Zünd 32; Ysebahn 12
ballade vo däm, wo vom amt isch ufbotte gsi	Ballade von dem, der vom Amt bestellt worden ist	→är isch vom amt ufbotte gsy	
ballade vom nationalrat hugo sanders	Ballade vom Nationalrat Hugo Sanders	truurig 14	Zünd 26
(dr) bärnhard matter (1821–1854)	Bernhard Matter (1821–1854)	Gyge 28	Zünd 13; Ysebahn 7
belsazar im lift	Belsazar im Lift	Gwitter 56	n.g.
betrachtige über nes sändwitsch	Betrachtungen über ein Sandwich	truurig 18	Zünd 27; Ysebahn 15
bim coiffeur	Beim Friseur	Gyge 54	Zünd 2; Ysebahn 18
boxmätsch	Boxkampf	Gyge 44	Zünd 18
chasch mer lang ga säge	Du kannst mir noch so lange erzählen	n.g.	n.g.
(dr) chasper	Kaspar	→*oh wi tumm*	
chue am waldrand	Kuh am Waldrand	truurig 43	Zünd 30; Ysebahn 11
da stahn i uf dr büni	Da steh' ich auf der Bühne	n.g.	n.g.
dällebach kari	Dällebach Kari	→*ballade (lied zum film „dällebach kari")*	
(die) dame vo de harem	Die Damen aus den Harems	→*karibum*	
dene wos guet geit	Wem's gut geht	Gyge 18	Zünd 23
dialog im strandbad	Dialog im Strandbad	truurig 25	Ysebahn 17

Liedtitel	Übersetzung	Quellen Text	Quellen Ton
du bisch win e fisch	Du bist wie ein Fisch	Gwitter 54	n.g.
dynamit	Dynamit	truurig 12	Ysebahn 4
einisch am'ne morge	Eines Morgens	truurig 54	Gö 19
(dr) eint het angscht	Der eine hat Angst	Gyge 58	Zünd 25
(ds) eisi	Eisi	Gwitter 12	Kolumb 8
es geit e herr	Es geht ein Herr	Widmer 28f.	Abraham
es git e bueb mit name fritz	Es gibt einen Jungen namens Fritz	Gyge 41	Zünd 5
es het eine dür'ne zuefall	Einer hat durch Zufall	n.g.	n.g.
es isch drum dumm	Es ist eben dumm	n.g.	n.g.
es steit e boum	Es steht ein Baum	n.g.	n.g.
(dr) eskimo	Der Eskimo	Gyge 20	Zünd 1
farbfoto	Farbfoto	truurig 37	Zünd 28
(dr) ferdinand isch gstorbe	Ferdinand ist gestorben	Gyge 24	Zünd 3
französisches volkslied	Französisches Volkslied	n.g.	Kolumb 22
(dr) gloon	Der Clown	Gyge 32	Kolumb 12
(dr) gottfrid käller	Gottfried Keller	Gwitter 41	n.g.
(dr) grichtschryber joss	Der Gerichtsschreiber Joss	Gwitter 32	Kolumb 2
(ds) gspängscht	Das Gespenst	Gwitter 30	Kolumb 1
(dr) hans het baschtlet	Hans hat gebastelt	n.g.	n.g.
(dr) hansjakobli und ds babettli	Hansjakobli und Babette	Gyge 8	Zünd 7; Ysebahn 13
(ds) heidi	Heidi	Gyge 30	Zünd 9
(dr) heini	Heinrich	Gwitter 16	n.g.
heiwäg	Nachhauseweg	truurig 36	Kolumb 20

Liedtitel	Übersetzung	Quellen Text	Quellen Ton
hemmige	Hemmungen	Gyge 16	Zünd 17; Ysebahn 3
(dr) her zehnder I	Herr Zehnder I	Gwitter 26	Kolumb 4
(dr) her zehnder / dr her zehnder und sy teetasse / (dr) her zehnder II	Herr Zehnder (und seine Teetasse)	truurig 23	Kolumb 5
heren im wysse schurz	Herren in weissen Schürzen	n.g.	n.g.
hie ir schwyz	Hier in der Schweiz	Gwitter 57	Kolumb 14
(es) hus wird überwacht	Ein Haus wird überwacht	Gwitter 50	Kriminal 11
i han en uhr erfunde	Ich habe eine Uhr erfunden	Gyge 38	Zünd 4
i han es zündhölzli azündt	Ich habe ein Streichholz angezündet	→*(ds) zündhölzli*	n.g.
i wett nid bhouptet ha	Nicht, dass ich behauptet hätte	n.g.	n.g.
i will nech es gschichtli verzelle	Ich will euch ein Geschichtchen erzählen	→*farbfoto*	n.g.
(s') inserat	Die Anzeige		
ir ysebahn	Im Zug	truurig 8	Zünd 33; Ysebahn 10
karibum	Karibum	Hohler 84	Kolumb 23; Abraham
kennet dir die gschicht	Kennt ihr die Geschichte	Gwitter 34	n.g.
(ds) kiöskli	Der kleine Kiosk	n.g.	n.g.
(dr) kolumbus	Kolumbus	Gwitter 24	Kolumb 3
(dr) kommissär vo may	Der Kommissar von May	n.g.	Kriminal 7
(ds) lied vo de bahnhöf	Das Lied von den Bahnhöfen	Gyge 56	Zünd 8; Ysebahn 8
(ds) lied vo den arme polizeiorgan	Das Lied von den armen Polizeiorganen	Gwitter 46	Kriminal 2
(ds) lied vom diabelli	Das Lied von Diabelli	Gwitter 20	Kolumb 21
(ds) lied vom kritisiere	Das Lied vom Kritisieren	truurig 16	n.g.
(ds) lied vom pfaderhuet	Das Lied vom Pfadfinderhut	n.g.	n.g.
lob vor fuulheit	Lob der Faulheit	truurig 52	Kolumb 18

Liedtitel	Übersetzung	Quellen Text	Quellen Ton
(ds) lotti schilet	Lotte schielt	Gwitter 10	Ysebahn 6
(e) löu, e blöde siech, e glünggi un e stürmu, oder: schimpfwörter sy glückssach	Ein Trottel, ein blöder Kerl, ein Arsch und ein Dummkopf, oder: Schimpfwörter sind Glückssache	truurig 26	Zünd 29; Ysebahn 16
maskeball	Maskenball	n.g.	n.g.
(d') meierysli	Die Maiglöckchen	Gwitter 18	Kolumb 9
(d') metallplastik	Die Metallplastik	Gwitter 55	n.g.
mir hei e verein	Wir haben einen Verein	Gyge 12	Zünd 22
mir het dr dings verzellt	Mir hat der Dingsbums erzählt	Gyge 42	Zünd 34
missverständnis	Missverständnis	truurig 27	Zünd 36
(dr) mönsch isch wi dä[1]	Der Mensch ist wie jener	truurig 9	Ysebahn 9
mys nächschte lied	Mein nächstes Lied	truurig 30	n.g.
mys schätzeli	Mein Schätzchen	n.g.	n.g.
(d') nase	Die Nase	Gyge 22	Zünd 21; Ysebahn 1
nei säget sölle mir	Ach, sagt mir, sollen wir	truurig 50; Gwitter 62	Kolumb 17
(dr) noah	Noah	Gyge 34	Zünd 24; Ysebahn 14
novämbernacht	Novembernacht	Gwitter 22	Kolumb 7
(ds) nüünitram	Die Strassenbahn Nr. 9	Gyge 52	Zünd 15
oberi und underi	Obere und untere	truurig 17	Gö 11
oh wi tumm	Ach, wie dumm	Gyge 50	n.g.
(dr) parkingmeter	Die Parkuhr	Gyge 48	Zünd 19

---

1 Auf *Ysebahn* lautet der Titel „Dr Möntsch isch wie dä, wo dr Zug het verpasst".

Liedtitel	Übersetzung	Quellen Text	Quellen Ton
(dr) pfaderhuet	Der Pfadfinderhut	→*(ds) lied vom pfaderhuet*	
(d') pfyffephilosophe	Die Pfeifenphilosophen	Gwitter 36	Kolumb 19
(ds) portmonee	Das Portemonnaie	Gyge 46	Zünd 14
prolog	Prolog	Gwitter 44	Kriminal 1
(d') psyche vo dr frou	Die Psyche der Frau	Gwitter 14	Ysebahn 5
(di) rächti und die linggi	Die Rechte und die Linke	n.g.	n.g.
(dr) rägewurm	Der Regenwurm	Gwitter 8	Kolumb 10
(ds) rägewürmli	Das Regenwürmchen	→*(dr) rägewurm*	
(ds) rohr	Das Rohr	n.g.	n.g.
(ds) rote hemmli	Das rote Hemd	n.g.	n.g.
s'isch amene schöne sunntig gsy	Es war an einem schönen Sonntag	n.g.	n.g.
s louft e hund	Es geht ein Hund	Gwitter 40	n.g.
schlusslied	Schlusslied	n.g.	Kriminal 14
(dr) schwarz chasper	Der schwarze Kasper	→*kennet dir die gschicht*	
si hei mer gseit	Sie haben mir gesagt	n.g.	n.g.
si hei dr wilhälm täll ufgfüert	Sie haben den Wilhelm Tell aufgeführt	Gyge 10	Zünd 6
(dr) sidi abdel assar vo el hama	Sidi abdel Assar von El Hama	→*arabisch*	
sit mir vom herd vo de götter	Seit wir vom Herde der Götter[2]	Gwitter 60	Kolumb 16
(di) strass won i drann wone	Die Strasse, an der ich wohne	Gyge 60	Zünd 11
(ds) telefon	Das Telefon	n.g.	n.g.
(d') türe	Die Türe	truurig 45	Gö 5
(ds) trambiliee	Die Strassenbahnfahrkarte	Gwitter 28	n.g.

---

2 Originaltitel: Peter Lehner (vgl. Matter 1992a: 66)

Liedtitel	Übersetzung	Quellen Text	Quellen Ton
unuffällig	Unauffällig	→(es) hus wird überwacht	
us emene lääre gygechaschte	Aus einem leeren Geigenkasten	Gyge 61	Zünd 16
wär het das meitschi umpracht, wär?	Wer hat dieses Mädchen umgebracht, wer?	Gwitter 48	Kriminal 9
warum syt dir so truurig?	Warum seid ihr so traurig?	truurig 48	Kolumb 13
(dr) wecker	Der Wecker	truurig 29	Zünd 31; Ysebahn 19
wen's eso wär	Wenn's so wäre	n.g.	n.g.
wenn doch nume die	Wenn sie doch nur	Gwitter 58	n.g.
wildweschter	Wildwestfilm	truurig 39	n.g.
ein witz à la fritz	Ein Witz à la Fritz	n.g.	n.g.
wo mir als bueben emal	Als wir einst als Knaben	truurig 10	Kolumb 15
won i bi dranne gsy	Als ich gerade dabei war	Gwitter 42	n.g.
(ds) zündhölzli	Das Streichholz	Gyge 6	Zünd 10
zwo flöige	Zwei Fliegen	Gwitter 38	n.g.

Chronologisches Liederverzeichnis

Die nachfolgende Datierung von Matters Liedern ist nicht abschliessend. Sie stützt sich auf schriftliche Belege mit Datumsangabe, gelegentlich auch auf frühe Liedaufführungen (datierte Tondokumente, Zeitungsbesprechungen). Seltener finden sich Zeugnisse zur Dauer des Entstehungsprozesses oder zu Erstaufführungen. Abgemildert wird dieser Mangel, namentlich für die späten Lieder, durch Aussagen aus Matters Umfeld. So, und auch dank Zitierung oder Erwähnung von Liedtexten in Matters Briefen, lassen sich viele Lieder monatsgenau datieren. Dies gilt für den Gutteil der frühen Lieder allerdings nicht. Belege vermisst man hier fast durchwegs, die Zeiteinreihung muss oft vage bleiben. Nachfolgend bezieht sich die Zuordnung zu einer Jahreszahl, selbst bei den Liedern späterer Phasen, auf eine früheste Nennung.

Die chronologische Übersicht listet zu jedem Liedtitel die für die Datierung massgeblichen Quellen auf. So wird neben der Offenlegung der Gründe für die Zuweisung auch ersichtlich, dass Entstehungs- und Aufführungszeit nicht notwendig identisch und dass einige Lieder nie öffentlich aufgeführt worden sind. Bei Liedern mit vagen, meist mündlichen, Angaben zur Entstehungszeit sind, falls vorhanden, auch gesicherte schriftliche oder tondokumentarische Quellen angeführt. Die zeitlichen Angaben können hierbei weit auseinander liegen. Bei ausschliesslich mündlichen Aussagen führt in der Regel die späteste Datierung zur Einordnung unter eine Jahreszahl – ausser es gebe plausible Gründe für eine andere Zuteilung (etwa bei Aussagen zu als gesichert geltenden Erstaufführungen).

Die seit Anfang 2007 im Schweizerischen Literaturarchiv (SLA) einsehbare, von Joy Matter im Jahr 2002 erstellte und im Juni 2006 mit Fernanda Belz überarbeitete Chronologie[1] basiert, zumindest in Teilen, auf einer von mir erarbeiteten Zusammenstellung. Sie war seit den späten 1990er Jahren der damaligen Nachlassverwalterin bekannt und war Teil der im Jahr 2002 verteidigten Dissertation. Das chronologische Verzeichnis von Matter/Belz berücksichtigt viele Quellen nicht, was mehrfach zu Fehlern führt. Die zeitlichen Zuschreibungen sind besonders dann irritierend, wenn sie ohne ersichtlichen Grund von gesicherten Erkenntnissen abweichen; so etwa beim auf den Zeitraum *1953–1958* veranschlagten Lied *dr rägewurm*. Dieses Lied ist aber genau datiert (Erstaufführung 1953, vgl. u.a. Hohler 1977: 45). Weiter sind bei Matter/Belz mehrere Umschreibungen verwirrend, wie etwa die Bezeichnung von gesicherten Datierungen mit „vor", auch wenn die Entstehung eines Liedes nicht zwingend vor der entsprechenden Datierung zu veranschlagen ist. Das Verzeichnis aus dem Schweizerischen Literaturarchiv wird daher hier nur soweit berücksichtigt, als es von der ursprünglichen Chronologie des Schreibenden abweicht und nicht in Widerspruch zur Quellenlage steht.

---

1   Vgl. die Liste *Chansons alphabetisch*; Schweizerisches Literaturarchiv SLA, Nachlass Mani Matter, Sign. A-01-a bis A-01-b. Die auf der Homepage des SLA veröffentlichten Datierungen basieren auf Matter/Belz.

Verzeichnis der verwendeten Siglen

ÄnniK	Auskünfte Änni Krebs-Schädelins in einem Gespräch mit S. H., Februar 1998
Apero	Textheft „Politerarisches Aperiodikum" (=Apero 1967)
BriefMat 65	Brief Mani Matters an Fritz Widmer, ca. 1965[2]
BriefMat 66a	Brief Mani Matters an Änni [Krebs-Schädelin], 18.2.1966, Schweizerisches Literaturarchiv SLA, Nachlass Mani Matter, Sign. A-01-C-12
BriefMat 66b	Brief Mani Matters an Fritz Widmer, 7.1.1966
BriefMat 67a	Brief Mani Matters an Fritz Widmer, Anfang Dez. 1967
BriefMat 67b	Brief Mani Matters an Fritz Widmer, 15.12.1967
BriefMat 68a	Brief Mani Matters an Fritz Widmer, 20.2.1968
BriefMat 68b	Brief Mani Matters an Fritz Widmer, 19.3.1968
BriefMat 70a	Brief Mani Matters an Jacob Stickelberger, 31.7.1970
BriefMat 70b	Brief Mani Matters an Jacob Stickelberger, 10.8.1970
Früh	Film *Dällebach Kari* von Kurt Früh (1970)
Gwitter	*Einisch nach emne grosse Gwitter*, Liedheft (=Matter 1992a)
Gyge	*Us emene lääre Gygechaschte*, Liedheft (=Matter 1993 [1969])
Hallo 54	Hallo 30.4 (Oktober 1954), S. 119. Mitteilungsblatt der Pfadfinderabteilung Patria Bern, ihrer Altpfadfinder und Gönner
Hallo 63a	Hallo 39.3 (Juni 1963), S. 1
Hallo 63b	Hallo 39.4 (November 1963), „Patria Bern 1913–1963", S. 87.
Hohler 77	Franz Hohler, Porträtband (=Hohler 1977)
JoyM	Auskünfte Joy Matters in Gesprächen mit S. H., 1998
JoyM/Belz	Joy Matter/Fernanda Belz, Zusammenstellung *Chansons alphabetisch*, Schweizerisches Literaturarchiv SLA, Nachlass Mani Matter, Sign. A-01-a bis A-01-b
Krebs	Persönliche Notizbücher von Ruedi Krebs; Niederschrift mehrerer Matter-Lieder in den Jahren 1966/67
Kriminal	Covertext des Tonträgers *Kriminalgschicht* (=Matter/Stickelberger/Widmer [CD] 1990)
Nachlass	Einige Liedentwürfe finden sich auf den unbeschriebenen Rückseiten von strafrechtlichen Übungsblättern – mit erfundenen Fallkonstellationen – oder auf den leeren Rückseiten von ungebrauchten Wahlzetteln bzw. politischen Propagandaschriften des *Jungen Bern*. Ein Zusammenhang zwischen den fiktiven Datumsangaben in den juristischen Übungen und dem Zeitpunkt der rückseitig notierten Liedentwürfe ist nicht zwingend; die Datumsangabe ist besonders bei Liedern ohne weitere Datierungsbelege jedoch hilfreich, da anzunehmen ist, dass die Lieder in engem zeitlichem Zusammenhang mit der Zeitangabe bzw. nicht vor dem fiktiven Datum aufgeschrieben wurden (vgl. Schweize-

---

2 Näheres zu den Mani-Matter-Briefen in Kap. 2.1.2.1.

	rischesLiteraturarchiv SLA, Nachlass Mani Matter, Sign. A-01-a bis A-01-c).
Platte 78T	Undatierte, 78-tourige Schallplatte, um 1954 (vgl. Kap. 2.1.2.1)
Platte 58	Schallplatte von 1958 (vgl. Kap. 2.1.2.1)
Platte 59	Schallplatte von 1959 (vgl. Kap. 2.1.2.1)
Platte 65	Schallplatte von 1965 (vgl. Kap. 2.1.2.1)
Progr 63	Programmblatt des Chansonabends im Theater am Zytglogge, 24.09.63 (vgl. Kap. 3.2)
Progr 64	Programmblatt des ersten Auftritts der Berner Troubadours, 30.12.1964 (vgl. Kap. 3.2)
Progr 66–71	Mani Matters Programmheft „Chanson Programme" mit Ablaufplänen der Aufführungen 1966–1971 (Schweizerisches Literaturarchiv SLA, Nachlass Mani Matter, Sign. A-01-d-4).
Schmezer	Brief Guido Schmezers an S. H., 21.12.1997
Stickel	Auskünfte Jacob Stickelbergers im Gespräch mit S. H., September 1998
Troubalive	Unveröffentlichte Live-Mitschnitte von sechs Programmen der Berner Troubadours (=Berner Troubadours 1965–1973)
Widmer	Auskünfte Fritz Widmers in mehreren Gesprächen mit S.H., 1996–1998
Widmer 02	Fritz Widmer, „Notizen zu Mani Matter" (=Widmer 2002a)
Widmer 92	Widmer in der Fernsehsendung zum 20. Todestag von Mani Matter, SF DRS, 12.11.1992 (=Hohler [Video] 1992)
Ysebahn	*Ir Ysebahn*, Live-Aufnahme von 1972 (=Matter [LP] 1973)
Zünd..................	*I han es Zündhölzli azündt*; Sammel-Tonträger der EPs von Oktober 1966, September 1967, Juni 1970 und Mai 1972 (=Matter [LP] 1975)

Jahr	*Lied*	*Datierungshinweise*
1953	dr rägewurm	Hohler 77 (S. 45); Platte 78T; Platte 58
1954	ds lied vom pfaderhuet	Hallo 54; Platte 78T
1958	am samschtig ds nacht	Platte 58; Schmezer; Platte 78T;
	chasch mer lang ga säge	Platte 58
	dr her zehnder I	Hohler 77 (S. 46); Platte 58; Progr 63
	ds eisi	Hohler 77 (S. 46); Platte 58; Progr 63; Platte 65
	ds lotti schilet	Platte 58; Hohler 77 (S. 46); Schmezer; Progr 63; Platte 65
	ds rohr	Platte 58; Platte 78T
	es steit e boum	Platte 58
	i will nech es gschichtli verzelle	Platte 58; Progr 63
	mys schätzeli	Platte 58

Jahr	Lied	Datierungshinweise
	s'isch amene schöne sunntig gsy	Platte 58; Progr 63
1959[3]	alls wo mir id finger chunnt	Platte 59; Progr 63; Progr 64
	dr eskimo	Platte 59; JoyM („vermutlich ganz alt"); Progr 63; Troubalive 65/66; Zünd (EP 1966)
	dr ferdinand isch gstorbe	Platte 59; JoyM („vor 1960"); Progr 63; Progr 64; Hohler 77 (S. 46)
	ds gspängscht	Platte 59; ÄnniK 59/60; Progr 63
	i han en uhr erfunde	Platte 59; Schmezer („Erstsendung im Radio", vgl. Kap. 2.1.3); Hohler 77 (S. 46); Progr 63; Progr 64
	dr kolumbus	Platte 59; JoyM 59; Hohler 77 (S. 46: „1960"); Progr 63; Krebs
	d'meierysli	JoyM („ganz früh, vor 1960"); Troubalive 65/66
	d'psyche vo dr frou	Platte 59; JoyM („vor 1960"); Hohler 77 (S. 46); Progr 63; Krebs
	ds rote hemmli	Platte 59; Hohler 77 (S. 46)
um 1960	dr heini	Hohler 77 (S. 46); Progr 64; Platte 65
1963	es git e bueb mit name fritz	Hallo 63a (Pfadfinder-Variante); Platte 65; Troubalive 65/66; Zünd (EP 1966)
	ds nüünitram	Progr 63; Platte 65
1964	ds kiöskli	Progr 64; Platte 65
1965	ds heidi	Platte 65; Troubalive 65/66; Zünd (EP 1966)
	heren im wysse schurz	BriefMat 65; BriefMat 66b; BriefMat 67b
	d'nase	Platte 65; Troubalive 65/66; Widmer („früh")
	novämbernacht	Platte 65; Troubalive 65/66
1966	ahneforschig	Progr 66; Troubalive 66/67; Krebs; Zünd (EP 1967)

---

3 Die unter der Jahreszahl 1959 vereinten Lieder sind laut Joy Matter vor der gemeinsamen Zeit mit Mani Matter entstanden.

Jahr	Lied	Datierungshinweise
	bim coiffeur	Troubalive 65/66; Progr 66; Zünd (EP 1966); Widmer 66
	dr grichtschryber joss	BriefMat 66a; Widmer („vor 1965"); JoyM/Belz 64/67; JoyM („wahrscheinlich 1967/68"; „oft diskutiert")
	dr hansjakobli und ds babettli	Zünd (EP 1966); Troubalive 66/67; Krebs
	ds lied vo de bahnhöf	Progr 66; Zünd (EP 1966); Troubalive 66/67; Krebs
	dr noah	Progr 66; Troubalive 66/67
	si hei dr wilhälm täll ufgfüert	Progr 66; Zünd (EP 1966); Troubalive 66/67; Krebs
	di strass won i drann wone	Progr 66; Troubalive 66/67; Zünd (EP 1967)
	ds zündhölzli	Progr 66; Widmer (das Lied sei 1966 „als neu vorgesungen" worden, entstand also nicht vor 1966); Troubalive 66/67
1967	dene wos guet geit	Apero (Dez. 1967); BriefMat 67a; Widmer
	du bisch win e fisch	JoyM/Belz 65/67; Nachlass (Blatt „Übungen zum Strafrecht für Anfänger", 1.7.1967); Widmer 67 („vermutlich nie [öffentlich] gesungen")
	dr gloon	Krebs; Widmer („vor 1965")
	kennet dir die gschicht	Krebs; Progr 68/69
	oh wi tumm	Krebs; Gyge; Progr 68/69
	d'pfyffephilosophe	JoyM/Belz 64/67; JoyM („wohl 1965"; „nie [öffentlich] gesungen")
	ds portmonee	Widmer 66/67; Zünd (EP 1967); BriefMat 68a; Progr 68/69; Troubalive 68/69; Hohler 77 (S. 73)
	ds trambiliee	Widmer 66; JoyM/Belz 66/67; Krebs
	us emene lääre gygechaschte	Zünd (EP 1967); Progr 68/69; Troubalive 68/69
1968	arabisch	Widmer („entstanden Herbst 1968; gesungen ab 1969"); JoyM/Belz („vor 71"); Progr 71 (22. und 28.10.1971)
	boxmätsch	Widmer 66; Troubalive 68/69 (als Zugabe); Progr 68/69 (Eintrag: „1969 auch: Boxmätsch")
	chue am waldrand	BriefMat 68b; Troubalive 70/71; Progr 71 (12.1.1971)

Jahr	Lied	Datierungshinweise
	dr eint het angscht	Widmer („Mai 1968"); Progr 68/69
	mir het dr dings verzellt	BriefMat 68b; Widmer 68; Progr 68/69; Troubalive 68/69
	dr parkingmeter	BriefMat 68a; BriefMat 68b; Progr 68/69; Troubalive 68/69
	wenn doch nume die	Widmer und JoyM 67/68: „Cambridger Lieder"; Troubalive 68/69
	zwo flöige	Widmer 67/68 („eines der Cambridger Lieder")
1969	dynamit	Hallo 63b;[4] Nachlass (Blatt „Übungen im Strafrecht für Anfänger", 1.7.1967); Progr 68/69; Troubalive 68/69
	dr gottfrid käller	Gwitter (S. 65: „ab 1969 am Schluss seiner Vorstellungen" gesungen); Progr 71 (12.1.1971)
	hemmige	Widmer 67; Troubalive 68/69; Progr 68/69
	mir hei e verein	Widmer 66/67; Troubalive 68/69; Progr 68/69; JoyM/Belz vor 69
	mys nächschte lied	Widmer 69
	s louft e hund	Nachlass (rückseitig notiert auf Grossrats-Wahlliste des Jahres 1962); JoyM/Belz 68/69; Widmer 69
	d'türe	JoyM/Belz 68/69; Widmer 69
	won i bi dranne gsi	Widmer 68/69; Gwitter (S. 65: „ab 1969 am Schluss seiner Vorstellungen" gesungen)
1970	dr alpeflug	BriefMat 70a; BriefMat 70b; Progr 70; Troubalive 70/71;
	är isch vom amt ufbotte gsy	Nachlass (Wahlzettel Grossratswahlen 1966, Wahlkreis Bern Land); Widmer 66/67; Gyge; JoyM/Belz vor 1969; Progr 70; Zünd (EP 1970);
	ballade (lied zum film „dällebach kari")	Früh; Widmer 70; Progr 71 (12.1.1971)
	betrachtige über nes sändwitsch	JoyM („eher vor England"); Widmer 67; Progr 70
	dialog im strandbad	Progr 70; Ysebahn
	farbfoto	JoyM/Belz 67/68; Progr 70; Troubalive

---

4 Die im Lied *dynamit* aufgegriffene Thematik stimmt mit jener des Matter-Theaterstücks *Ds Attentat ufs Bundeshus* (1959; vgl. Hallo 63b: 87) überein.

Jahr	Lied	Datierungshinweise
		70/71
	ir ysebahn	Widmer 69; Progr 70; Troubalive 70/71
	ds lied vom kritisiere	Widmer 70
	missverständnis	Widmer 69; Progr 70 (25.10.1970); Troubalive 70/71;
	dr mönsch isch wi dä	Widmer 69/70; Progr 70; Troubalive 70/71
	dr wecker	Widmer 69/70; Progr 70 (25.10.1970)
1971	är het uf sym chopf e chopf gha	Widmer 70/71; Progr 71 (12.6.1971)
	ballade vom nationalrat hugo sanders	Stickel 71, Progr 71 (17.11.1971); Widmer („erstmals gesungen im Februar 1972")
	karibum	Widmer 71
	ds lied vom diabelli	Widmer 71; Progr 71 (12.6.1971)
	e löu, e blöde siech, e glünggi un e sürmu…	Widmer 68/69; Progr 71 (12.1.1971)
	d'metallplastik	JoyM/Belz 68/70; JoyM 70; Widmer 71; Hohler 77 (S. 56: „vermutlich nie gesungen")
	oberi und underi	JoyM/Belz 70/71; Widmer 71
1972[5]	belsazar im lift	JoyM 71; Widmer 72
	einisch am'ne morge	JoyM 71/72; Widmer 72; Widmer 02 (S. 49: „Mai 1972")
	es geit e herr	Widmer 02 (S. 29: „September 1972")
	französisches volkslied	Widmer 72
	heiwäg	Nachlass (Blatt: Übungen im Strafrecht für Anfänger, 1.7.1967); JoyM/Belz 68/70; JoyM („1971 oder früher"); Widmer 72
	dr her zehnder (und sy teetasse)	JoyM/Belz 70/72; Widmer („September 1972")
	hie ir schwyz	JoyM/Belz 69/71; Widmer 71/72
	es hus wird überwacht(k)	Widmer („Sommer 1972")
	dr kommissär vo may (k)	Widmer 72
	ds lied vo den arme polizeiorgan (k)	Widmer 72
	lob vor fuulheit	Widmer („Oktober 1972")
	nei säget sölle mir	Widmer 92 („August/September 1972")
	prolog (k)	Kriminal

---

5   Joy Matter geht davon aus, dass nur die Lieder der *Kriminalgschicht* (gekennzeichnet mit [k]) sicher von 1972 stammen. Die anderen könnten früher entstanden sein.

Jahr	Lied	Datierungshinweise
	schlusslied (k)	Kriminal
	sit mir vom herd vo de götter	JoyM („1969/70"; „wenig gesungen"); Widmer 72
	wär het das meitschi umpracht, wär? (k)	Kriminal
	warum syt dir so truurig?	Widmer 02 (S. 46)
	wildweschter	JoyM/Belz 70/72; Widmer 71
	wo mir als bueben emal	JoyM/Belz 71/72; Widmer 72
Undatiert	si hei mer gseit	
	da stahn i uf dr büni	
	dr hans het baschtlet	
	di rächti und die linggi	
	ds telefon	
	ein witz à la fritz	
	es het eine dür'ne zuefall	
	es isch drum dumm	
	i wett nid bhouptet ha	
	maskeball	
	wen's eso wär	

Literaturverzeichnis

Das Literaturverzeichnis ist gliedert in die Hauptteile *Mani Matter* und *Allgemeines Literaturverzeichnis*.

Mani Matter

Die Titelangaben zu Mani Matter enthalten fünf Rubriken:

Tonträger mit Matter-Liedern
Primärliteratur
Sekundärliteratur
Vertonungen von Matter-Texten
Filme, Fernseh- und Radiobeiträge

Tonträger mit Matter-Liedern

Berner Troubadours 1965–1973: [Unveröffentlichte Live-Mitschnitte von sechs verschiedenen Programmen der Berner Troubadours aus den Jahren 1965–1973]. 6 MCs. Privatbesitz Markus Traber.

Berner Troubadours 1971: Berner Troubadours. Live-Aufnahme aus dem Galerietheater *Die Rampe*, Bern, Januar 1971. LP. Zytglogge.

La Bey, Simon 2002: Matter Suiten. CD. VoiX d'euX.

Mani Matter – Warum syt dir so truurig? Soundtrack zum Film von Friedrich Kappeler. CD. Zytglogge, 2002.

Matter, Mani [o.J.]: [Unpublizierte Spulentonbänder und MCs]. Schweizerisches Literaturarchiv (SLA), Nachlass Mani Matter, Sign. D-01-a bis D-01-d.

Matter, Mani [o.J., ca. 1954]: [Schallplatte 78 Touren]. Schweizerisches Literaturarchiv (SLA), Nachlass Mani Matter, Sign. D-01-d-1 bis d-2 (=Schallplatten „Schwarzer Koffer").

Matter, Mani 1958: [„Nani"; Unpublizierte Schallplatte]. Schweizerisches Literaturarchiv (SLA), Nachlass Mani Matter, Sign. D-01-d-1 bis d-2 (=Schallplatten „Schwarzer Koffer").

Matter, Mani 1959: [„Nani"; Unpublizierte Schallplatte]. Schweizerisches Literaturarchiv (SLA), Nachlass Mani Matter, Sign. D-01-d-1 bis d-2 (=Schallplatten „Schwarzer Koffer")

Matter, Mani 1965: [Unpublizierte Schallplatte]. Schweizerisches Literaturarchiv (SLA), Nachlass Mani Matter, Sign. D-01-d-1 bis d-2 (=Schallplatten „Schwarzer Koffer").

Matter, Mani 1966: I han en Uhr erfunde. EP. Zytglogge.
Matter, Mani 1967: Alls wo mir id Finger chunnt. EP. Zytglogge.
Matter, Mani 1970: Hemmige. EP. Zytglogge.

Matter, Mani 1972: Betrachtige über nes Sändwitsch. EP. Zytglogge.
Matter, Mani [1972]: [Unpublizierte MC, Programm September 1972]. Schweizerisches Literaturarchiv (SLA), Nachlass Mani Matter, Sign. D-01-a/2.
Matter, Mani 1973: Ir Ysebahn. Eine Live-Aufnahme aus dem *Théâtre Fauteuil*, Basel. LP. Zytglogge.
Matter, Mani 1975: I han es Zündhölzli azündt. LP. Zytglogge.
Matter, Mani/Jacob Stickelberger/Fritz Widmer 1978: Dr Kolumbus. Mani Matter gesungen von Jacob Stickelberger und Fritz Widmer. Live-Mitschnitt, aufgenommen 1978. LP. Zytglogge.
Matter, Mani/Jacob Stickelberger/Fritz Widmer 1990: Kriminalgschicht. Gesungen von Jacob Stickelberger und Fritz Widmer. Aufnahme vom 26.10.1973. CD. Zytglogge.
Matter, Mani u.a. 1998: Karibum. Bärndütschi Lieder für Chly u Gross. Vo Mani Matter bis Fritz Widmer, vo Abraham & Co bis Wilhälm Täll. CD. Zytglogge.
MatterRock. Hommage à Mani Matter. Texte und musikalische Vorlagen: Mani Matter. 2 CDs. Zytglogge, 1992.
Prenn, Reinhard/Gerhard Ruiss/Peter Paul Skrepek 1994: Gö. Liedtexte: Mani Matter. Ins Wienerische übers. von Reinhard Prenn. CD. Österreichische Dialektautoren und Archive Ö.D.A.
Prenn, Reinhard/Gerhard Ruiss/Peter Paul Skrepek 1997: Ruiss singt öha. Liedtexte: Mani Matter. Ins Wienerische übers. von Reinhard Prenn. CD. Verlag Buchkultur.
Ueli Schmezer's MatterLive 2004/2006. Lieder und Texte von Mani Matter, neu arrangiert und interpretiert. 2 Vols. CD. Zytglogge.

Primärliteratur

Apero 1967: Politerarisches Aperiodikum. Thema: modern mundart. H. 2. Gurtendorf (Bern).
Fahrer, Rosemarie u.a. 1965: Ballade, Lumpeliedli, Chansons à la Bernoise. Stirnemann, Ramseyer, Widmer, Matter, Fahrer, Krebs. Mit Illustrationen von Peter Gatzka. Bern.
Hallo 1954/1963a/1963b. Mitteilungsblatt der Pfadfinder-Abteilung Patria Bern, ihrer Altpfadfinder und Gönner. Nummern 30.4 (Oktober 1954): 119, 39.3 (Juni 1963): 1 und 39.4 (November 1963, Jubiläumsschrift „Patria Bern 1913–1963"): 87. Schweizerische Nationalbibliothek, Sign. P 202010 und Nb 15356.
Matter, Hans Peter 1964: Der Mut zum Politisieren, in: Der Kompass. Ein Begleiter für junge Leute, hg. von Johannes Kunz. Zürich. 191–196.
Matter, Hans Peter 1965: Die Legitimation der Gemeinde zur staatsrechtlichen Beschwerde. Diss. Bern.
Matter, Hans Peter 1966: Der Bürger und die demokratischen Institutionen. Falsche Vorstellungen und mögliche Reformen, in: Der Bürger und seine Verantwortung. Nationales Jahrbuch der Neuen Helvetischen Gesellschaft 37 (1966): 46–57.
Matter, Hans Peter 1970: Nicht bewahren – etwas aus ihr machen. Die Schweiz aus der Sicht der jungen Generation, in: Tages-Anzeiger, 8.4.1970.

Matter, Hans Peter 1971: Die Schweiz seit 1945 aus der Sicht der jungen Generation, in: Die Schweiz seit 1945/La suisse depuis 1945, hg. von Erich Gruner. Bern (=Helvetica Politica, Series B; 6). 340–354.
Matter, Mani 1973: Warum syt dir so truurig? Liedtexte mit Noten. Zürich.
Matter, Mani (Übers.) 1991: Die Geschichte vom Soldaten. Von Charles-Ferdinand Ramuz. Illustrationen: Heinz Jost. Bern.
Matter, Mani 1992a: Einisch nach emne grosse Gwitter. Liedtexte mit Noten. Zürich.
Matter, Mani 1992b (5. bzw. 3. Auflage): Sudelhefte/Rumpelbuch. Zürich [Erstausgabe Sudelhefte 1974; Rumpelbuch 1976].
Matter, Mani 1993 (25. Auflage): Us emene lääre Gygechaschte. Liedtexte mit Noten. Zürich [Erstausgabe 1969].
Matter, Mani/Oskar Weiss 1995: Dr Sidi abdel Assar vo El Hama. Gümligen.

Sekundärliteratur

Frauchiger, Urs 1977: Mani Matters Musik, in: Hohler 1977: 62–66.
Fricke, Harald 1991: Literarische Kreativität und die Grenzen der Semiotik, in: Schöpferisches Handeln, hg. von Dietfried Gerhardus und Silke M. Kledzik. Frankfurt u.a.
Fricke, Harald 2000: Gesetz und Freiheit. Eine Philosophie der Kunst. München.
Hammer, Stephan 1998: Liedermacher am Ende des 20. Jahrhunderts. Zur (schulischen) Thematisierung eines literarischen Randgebietes, mitsamt einer Analyse von Fritz Widmers *Ballade vo däm, wo nie zueglost het*, in: Jahrbuch für Volksliedforschung 43 (1998): 100–126.
Hohler, Franz 1973: Fragen an andere. Interviews mit Wolf Biermann, Peter Handke, Ernst Jandl, Mani Matter und Hannes Wader. Gümligen.
Hohler, Franz 1977/1992 (2., veränd. und erw. Aufl.)/2001: Mani Matter. Ein Porträtband. Zürich/Köln.
Künzler, Johannes 2004: Schreiben vom Schreiben. Mani Matter im Dialog mit Ludwig Hohl, in: Ludwig Hohl. „Alles ist Werk", hg. von Peter Erismann u.a. Franfurt a.M. 227–236.
Matter, Joy 2002: „Das Leben war für Mani keine einfache Veranstaltung", in: Programmheft zum Mani-Matter-Herbst 2002. Bern. 4–7.
Mettler, Heinrich 2003: Ursprung, Anstoss/Hemmung, Reflexion. Fichte – Goethe – Mani Matter, in: Präsenz ohne Substanz. Beiträge zur Symbolik des Spiegels, hg. von Paul Michel. Zürich (=Schriften zur Symbolforschung, Bd. 14). 251–270.
Müller, Dominik 1990: Mani Matter, in: Literaturlexikon. Autoren und Werke Deutscher Sprache, hg. von Walther Killy. 15 Bde, 1986–1993. München. Bd. 8: 11.
Petrov, Igor A. 2005: „Schwejzarskij Wisotzkij" Mani Matter. Wstupitelnaja statja i perevod stichov Igor A. Petrov [Der Wissotzkij der Schweiz. Einleitender Artikel und Übersetzung der Gedichte von Igor A. Petrov], in: Russkaja schweitzarnja, Literaturnoja prilozhenie [Literarische Beilage] 9.1 (Januar 2005), <http://www.ruswiss.ch> (1.3.2005).
Ramseyer, Hugo 2002: Mutmassungen über M.M., in: Programmheft zum Mani-Matter-Herbst 2002. Bern. 31f.

Spicker, Friedemann 2004: Der deutsche Aphorismus im 20. Jahrhundert. Spiel, Bild, Erkenntnis. Tübingen.
Widmer, Fritz 2002a: Notizen zu Mani Matter, in: Ders.: Unverrückt. Bern. 11–56.
Widmer, Fritz 2002b: „Warum soll ein Komponist nicht eine Türglocke erfinden dürfen?", in: Programmheft zum Mani-Matter-Herbst 2002. Bern. 10f.
Wirz, Christine 2002: Mani Matter: vom „värslischmid", der ein Poet war. Bern.
Züger, Markus 2002: Mani Matter – ein politischer Chansonnier? Hauptseminararbeit, Institut für Neuere deutsche Literatur, Universität Freiburg/Schweiz. <http://www.grin.com/de/preview/23939> (15.3.2007).

Vertonungen von Matter-Texten

Felder, Alfred 1993a: Ballade vom Nationalrat Hugo Sanders. Für 6 Celli und einen Sprecher. Nach einem Text von Mani Matter. Musikmanuskript. O.o. Xerogr. Reprod. des Manuskripts: Bern, Schweizerische Natinalbibliothek 1994, Sign. Mbq 14983 Res.
Felder, Alfred 1993b: Oberi und underi. Für 6 Celli und einen Sprecher. Nach einem Text von Mani Matter. Musikmanuskript. O.o. Xerogr. Reprod. des Manuskripts: Bern, Schweizerische Nationalbibliothek 1994, Sign. Mbq 14892 Res.
Felder, Alfred 1993c: Us eme lääre Gygechaschte. Für 6 Celli und Sprecher. Text: Mani Matter. Musikmanuskript. O.o. Xerogr. Reprod. des Manuskripts: Bern, Schweizerische Nationalbibliothek 1994, Sign. Mbq 14984 Res.
Matter, Mani 1988a: Der Gygechaschte. Frauenchor. Text und Melodie: Mani Matter. Satz: Arthur Furer. Bern (=Berner Liedblatt).
Matter, Mani 1988b: Der Gygechaschte. Männerchor. Text und Melodie: Mani Matter. Satz: Arthur Furer. Bern (=Berner Liedblatt).
Matter, Mani 1991: 20 Berner Chansons. Leichte Klavierstücke mit Originaltext, hg. von Christine Guggisberg-Marti. Musikdruck. Bern.
Wyttenbach, Jürg 1966: Sutil und Laar. 10 Scherzlieder für gemischten Chor und Klavier vierhändig. Nach Gedichten von Hans Peter Matter, mit engl. Übersetzung von Hans Peter Matter und Joy Matter. Mainz.
Wyttenbach, Jürg 1981: 4 Kanzonen für Sopran und Violoncello. Texte: Hans Arp/Mani Matter. München.

Filme, Fernseh- und Radiobeiträge

Früh, Kurt (Reg.) 1970: Dällebach Kari. Frei nach der Dällebach-Biographie von Hansruedi Lerch, mit Texten von Kurt Marti. Berndeutsche Bearbeitung: Ernst Eggimann. Chanson: Mani Matter. Praesens.
Hammer, Stephan 2002: Mani Matter. Ein Beitrag zum 30. Todestag. SF DRS, Schweiz aktuell, 31.10.2002.
Hohler, Franz 1973: Mani Matter. Ein Fernsehporträt von Franz Hohler. SF DRS, 7.6.1973.

Hohler, Franz 1992: Mani Matter. Eine Sendung zum 20. Todestag Mani Matters. SF DRS, 12.11.1992.
Hohler, Franz 1995: Interview. Der Troubadour von Bern. SWF 2, 15.9.1995.
Kälin, Benno (Red.) 2002: Mani Matter: Warum syt dir so truurig? Gedenksendung SR DRS, 28.11.1973. CD. Zytglogge.
Kappeler, Friedrich (Reg.) 2002: Mani Matter – Warum syt dir so truurig? Columbus.
Probst, Hans-Ulrich 1992: Gespräch mit Franz Hohler zum 20. Todestag. SR DRS, November 1992.
Radio Beromünster 1970: 10 Jahre Berner Chansons. Radio Beromünster 1, 27.2.1970.
Schmezer, Guido (Red.) 1960: Radio Bern, Kaleidophon, 20.2.1960.
Wirz, Christine 1992: Serie zum 20. Todestag von Mani Matter. Gespräche mit Dieter Fringeli, Kuno Lauener, Büne Huber und anderen. SR DRS, Rendez-vous, 23.–27.11.1992.
Wirz, Christine 1997: Gedenksendung zum 25. Todestag von Mani Matter. DRS 1, 19.11.1997.

Allgemeines Literaturverzeichnis

Das *Allgemeine Literaturverzeichnis* ist gegliedert in:

Diskographie und Tondokumente
Bibliographie
Filmographie
Zeitungs- und Zeitschriftenartikel
  Artikel mit Autor
  Artikel ohne Autor
Lexika und Nachschlagewerke

Diskographie, Bibliographie und Filmographie sind nicht im strengen Sinne als *Works Cited* zu verstehen, sondern enthalten neben wichtigen und direkten (d.h. im Haupttext auch zitierten) Arbeitsressourcen sowie Informationsquellen auch Arbeiten und Werke, die ‚nur' implizit – als Inspirationsquellen – auf die vorliegende Arbeit eingewirkt haben. Dies gilt in erster Linie für die Rubriken *Bibliographie* sowie *Diskographie und Tondokumente*.

Diskographie und Tondokumente

Die Auswahl der Tonträger und Tondokumente soll – ohne Anspruch auf Vollständigkeit oder Kanonizität – einerseits die Stimmung der Zeit widerspiegeln, in der Mani Matter selbst Lieder verfasst hat, und andererseits das Spektrum der Liedermacher-Szene in der Zeit vor, während und nach Mani Matters Schaffensperiode aufzeigen. Den analytischen Leitlinien der vorliegenden Studie folgend, liegt der Schwerpunkt der berücksichtigten

Tondokumente bei den insgesamt eher raren Aufnahmen von (vorzugsweise ganzen) Liedermacherkonzerten aus der Frühphase der 1960er/70er-Jahre wie auch beim Liedermachen ganz allgemein. Titel aus benachbarten Sparten wie dem Kabarett, der Rock- und Popmusik sowie der klassischen Musik sind daher eindeutig untervertreten – nicht aber unberücksichtigt.

Aznavour, Charles 1965: Charles Aznavour 65. Accompagné par Paul Mauriat et son Orchestre. LP. Barclay.
Bardill, Linard 1990: Aufs Leben los. CD. Phonag.
Béart, Guy [o.J., ca. 1958]: Guy Béart chante avec ses amis, No 1. EP. Fontana.
Berner Chansonniers. Michael Graf, Martin Hauzenberger, Hugo Ramseyer, Susi Tellenbach [o.J.]. LP. Zytglogge.
Berner Troubadours 1975: Berner Troubadours 2. Aufnahmen von 1966 bis 1968. LP. Ex Libris.
Berner Troubadours 1990: Das Konzert. 2 CDs. Zytglogge.
Berner Troubadours 1996: Die Berner Troubadours. 30 Jahre. Live-Aufnahme aus dem Stadttheater Bern. 19.11.1995. 2 CDs. Zytglogge.
Berner Trouvères [o.J.]: was i no ha wölle säge. 2 LPs. Zytglogge.
Biermann, Wolf 1969: Chausseestrasse 131. LP. Wagenbach.
Biermann, Wolf 1975: Liebeslieder. LP. CBS.
Biermann, Wolf 1976: Das geht sein' sozialistischen Gang. Mitschnittt des Live-Konzerts in der Kölner Sporthalle, 13.11.1976. 2 LPs. CBS.
Biermann, Wolf 1980: Eins in die Fresse mein Herzblatt. Live-Mitschnitt von der Tournee „es grünt so grün". Auftritt bei der Volksuni im Audimax der FU Berlin, 25.5.1980. 2 LPs. CBS.
Biermann, Wolf 1996: Süsses Leben – saures Leben. CD. Zweitausendeins.
Biermann, Wolf/Wolfgang Neuss 1965: Wolf Biermann (Ost) zu Gast bei Wolfgang Neuss (West). LP. Philips.
Biermösl Blosn 1994: wo somma. CD. Mood Records.
Bläck Fööss 1977: Links eröm. Rächts eröm. LP. EMI.
Bläck Fööss 1986: Zweierlei Fööss. LP. EMI.
Brel, Jacques [o.J.]: Jacques Brel. Le disque d'or. LP. Impact.
Born, Ernst u.a. 1977: Trotz der Obrigkeit. Lieder zur Schweizer Geschichte. LP. Zytglogge.
Brassens, Georges 1953: Georges Brassens et sa guitare, récital No 2. EP. Polydor.
Brassens, Georges 1955: Georges Brassens et sa guitare, récital No 3. EP. Philips.
Brassens, Georges u.a. 1965: Les Grands Succès 1965. LP. Philips.
Brassens, Georges 1973: Brassens in Great Britain. Live 73. LP. Philips.
Busch, Ernst 1994: Tucholsky, Eisler, Wedekind. CD. Verlag Pläne.
Chevalier, Maurice 1969: Toujours Maurice. LP. Camden.
Danzer, Georg 1981: Ruhe vor dem Sturm. LP. Polydor.
Danzer, Georg 1984: Menschliche Wärme. LP. Polydor.
Degenhardt, Franz Josef 1965: Spiel nicht mit den Schmuddelkindern. LP. Polydor.
Degenhardt, Franz Josef 1966: Väterchen Franz. LP. Polydor.

Degenhardt, Franz Josef 1968: Degenhardt Live. Live-Aufnahme anlässlich der Internationalen Essener Songtage 1968. LP. Polydor.
Dylan, Bob [o.J.]: Bob Dylan's Greatest Hits. LP. Columbia.
Ensemble Belcanto (Interp.) 1994: Hanns Eisler: Woodbury Liederbüchlein; Gerhard Rühm: foetus – Schöpfung – Sprechquartette; Cornelius Schwehr: deutsche Tänze; Nancy van de Vate: Cocain Lil. Leitung: Dietburg Spohr. 2 CDs. AULOS.
Feldman, Marty 1971: The crazy world of Marty Feldman. LP. London.
Fendrich, Rainhard 1985: Wien bei Nacht. LP. Polydor.
Ferré, Léo [o.J.]: Il n'y a plus rien. LP. Barclay.
Fesl, Fredl 1976: Fredl Fesl. Live-Aufnahme aus dem Theater im Frauenhofer, München. LP. CBS.
Grönemeyer, Herbert 1979: Grönemeyer. LP. Intercord.
Grönemeyer, Herbert 1984: Bochum. LP. EMI.
Grönemeyer, Herbert 1995: Grönemeyer Live. CD. Electrola.
Heiniger, Tinu 1990: Jede chunnt u jede geit. CD. Zytglogge.
Heller, André 1975: Bei lebendigem Leib. LP. Intercord.
Heller, André 1985: Narrenlieder. LP. Mandragora.
Hirsch, Ludwig 1980: Zartbitter. LP. Polydor.
Hohler, Franz 1982: Es si alli so nätt. MC. Image.
Hohler, Franz 1989: Hohler kompakt. CD. Zytglogge.
Hugi, Beat/Luzia Stettler 1996: Der Geschichtenerzähler. Aus dem Leben des Pfarrers, Politikers und Buchautors Klaus Schädelin. DRS 1, Siesta, 17.10.1996. MC. DRS.
Hüsch, Hanns Dieter 1963: Chansons. EP. Deutsches Kabarettarchiv, Mainz.
Hüsch, Hanns Dieter 1967: Konzertmitschnitt vom Waldeckfestival 1967. Aufgenommen am 26.5.1967. Deutsches Kabarettarchiv, Mainz, Sign. MC102, MC103.
Huthmacher, Dieter 1974: „Ich sing jetzt nicht das Deutschlandlied". Chansons von und mit Dieter Huthmacher. LP. Doppelfant.
Huthmacher, Karin und Dieter 1989: Vorsätze. LP. Doppelfant.
Jandl, Ernst 1995: Eile mit Feile. Gesprochen von Ernst Jandl. MC. Luchterhand Literatur-Verlag.
Joint Venture 1996: Unanständige Lieder. CD. Ahuga.
Joint Venture 1999: Extremliedermaching. CD. Ahuga.
Kahlhofer, Eckart 1999: Ziemlich merkwürdige Lieder/Poet des sinnvollen Unsinns. CD. Bear Family.
Kappeler, Alex 1991: Trouba-Dur. Staff Records/Deltaphon.
Kleff, Michael 2007: Für wen wir singen. Liedermacher in Deutschland. 12 CDs. Bear Family.
Krebs, Ruedi/Fritz Widmer 1966: Hüt het mi es Güegi gstoche. EP. Zytglogge.
Kreisler, Georg [o.J.]: Lieder zum Fürchten. LP. Preisenrecords.
Kreisler, Georg 1972: Vorletzte Lieder. LP. EMI.
Kreisler, Georg 1980: Everblacks Drei. 2 LPs. Intercord.
Kreisler, Georg/Barbara Peters 1995: Taubenvergiften für Fortgeschrittene. CD. kip.
Lavi, Daliah [o.J., ca. 1986]: Ich wollt' nur mal mit dir reden. MC. Imperial.
Lavi, Daliah [o.J., ca. 1990]: Ich glaub' an die Liebe. MC. Karussell.
Leclerc, Félix [o.J.]: Le roi heureux. LP. Philips.

Lindenberg, Udo 1972: Daumen im Wind. LP. Telefunken.
Lindenberg, Udo 1984: Götterhämmerung. LP. Polydor.
May Day 1996: Abduldalilai. CD. Phonag.
Mey, Reinhard 1974: Wie vor Jahr und Tag. LP. Intercord.
Mey, Reinhard 1977: Menschenjunges. MC. EMI.
Minnesänger und Meistersinger. Lieder um Konrad von Würzburg. 1988. A. von Ramm, S. Jones, T. C. Nelson, C. Schmid-Cadalbert. CD. Christophorus.
Monsters of Liedermaching 2006: Männer wie uns. 2 CDs, 1 DVD. Ahuga.
Mossmann, Walter/Werner Michel 1967: Achterbahn Chansons. LP. Da Camera Song.
Mossmann, Walter/Werner Michel 1968: Grosse Anfrage. LP. Da Camera Song.
Moustaki, Georges [o.J.]: Liedermacher. CD. Spektrum.
Müller, Véronique 1984: Üsi Lieder und Lieder vo üs. LP.
Musica Canterey Erfurt (Interp.) [o.J.]: Liebeslieder und Tanzweisen der Renaissance. CD. AMU Records.
Neidhart von Reuental 1991: Neidhart von Reuental. Gesungen vom Ensemble für frühe Musik Augsburg. CD. Christophorus.
Nena 1983: Nena. LP. CBS.
Newport Broadside 1964: Topical songs at the Newport Folk Festival 1963. LP. Vanguard.
Nyffeler, Max 1978–1983: Liedermacher in der Bundesrepublik Deutschland; 6 Folgen. 6 MCs. Inter Nationes. Folge 1: Die Festivals auf der Burg Waldeck, 1978; Folge 2: Auf der Suche nach der verschütteten Tradition: Peter Rohland und die Gebrüder Kröher, 1979; Folge 3: Politisch Lied – ein garstig Lied, 1980; Folge 4: Privatwelten, 1981; Folge 5: Die neuen Volksmusikanten, 1981; Folge 6: Die „Szene" zu Beginn der achtziger Jahre, 1983.
Pension Volkmann 1985: Die Gefühle. LP. Amiga.
Rohland, Peter [o.J.] Lieder deutscher Demokraten. LP.
Roski, Ulrich 1975: n'Abend (Live). LP. Teldec.
Schobert & Black 1973: Lebend. Live-Mitschnitt anlässlich 7 Jahre Schobert & Black, 21.2.1973, Berlin. 2 LPs. Telefunken.
Schobert & Black 1974: Gut geht's uns. LP. Telefunken.
Schöne, Gerhard 1981: Spar deinen Wein nicht auf für Morgen. LP. Amiga.
Schweizer Chanson-Treffen 1974. LP. Bärnerbär.
Schweizer Chanson-Treffen Solothurn 1975. LP. Bärnerbär.
Stählin, Christof 1977: Lieder für andere. LP. Nomen und Omen.
Stählin, Christof 1992: Christof Stählin. DRS 1, Spasspartout, 30.12.1992.
Stickelberger, Jacob [o.J., ca. 1967]: My Elefant. Single. Zytglogge.
Stickelberger, Jacob 1980: I la mi gah. LP. Gold Records.
Stickelberger, Jacob/Fritz Widmer 1975: Abraham & Co. MC. Zytglogge
Sulke, Stephan 1976: Ulla. LP. Intercord.
Sulke, Stephan 1982: kekse. LP. Intercord.
Thalheim, Barbara 1988: Die Frau vom Mann. LP. Amiga.
Traber, Markus 1993: Mängisch grännisch anstatt zlache. CD. Grammo Records.
Trenet, Charles [o.J.]: Charles Trenet Vol. 2. LP. Columbia.

Tschou zäme 1994: heim & hobby. Bärndütschi Lieder von Hans-Ulrich Gerber, Lorenz Sommer und Bänz Hadorn. CD. Zytglogge.
Veen, Herman van 1984: Signale. CD. Polydor.
Vian, Boris 1991: Boris Vian chante Boris Vian. CD. Polygram.
Vissotski, Wladimir 1988: Wir drehen die Erde. CD. Pläne.
Wader, Hannes 1969: Hannes Wader singt. LP. Conträr.
Wader, Hannes 1971: Ich hatte mir noch soviel vorgenommen. LP. Mercury.
Wader, Hannes 1974: Der Rattenfänger. LP. Mercury.
Wader, Hannes 1986: Liebeslieder. LP. Pläne.
Waalkes, Otto 1976: Otto (das vierte Programm). LP. Rüssl Räckords.
Waalkes, Otto 1979: Der ostfriesische Götterbote. LP. Rüssl Räckords.
Weber, Peach 1986: Früsch vo de Läberä. LP. Polydor.
Wecker, Konstantin 1983: Im Namen des Wahnsinns. Live '83. LP. Polydor.
Wecker, Konstantin 1994: Uferlos in Salzburg Live. 2 CDs. Global/BMG Ariola.
Wegner, Bettina 1978: Sind so kleine Hände. Westberlin, Juni 1978. Warner.
Wegner, Bettina 1983: Weine nicht, aber schrei. LP. CBS.
Werger, Stefanie 1985: Lust auf Liebe. LP. AMADEO.
Widmer, Fritz 1976: S'geit niene so schön u luschtig. Berndeutsche Balladen und Chansons. LP. Zytglogge.
Widmer, Fritz 1991: 24 Lieder us 25 Jahr. Zytglogge.
Woodstock 1970. Music from the Original Soundtrack and More. 3 LPs. Atlantic.

Bibliographie

Ackermann, Gregor u.a. (Hg.) 2007: Deutsches Lied. Vol. I und II (=Juni, Magazin für Literatur und Politik, Heft 39/40 und 41/42).
Adam, Theo 1981: Poesie und ihre musikalische Erwiderung, in: Neue Deutsche Literatur 29.2 (1981): 40–44.
Adorno, Theodor W. 1978: Musikalische Schriften I–III, in: Ders.: Gesammelte Schriften, hg. von Rolf Tiedemann. Bd. 16. Frankfurt a.M.
Agud, Ana 1990: Sprache und Musik. Musikalisches Verstehen und postmetaphysisches Denken, in: Kodikas 13 (1990): 211–224.
Albrecht, Michael von/Werner Schubert (Hg.) 1990: Musik und Dichtung. Neue Forschungsbeiträge. Viktor Pöschl zum 80. Geburtstag gewidmet. Frankfurt a.M.
Alfonsi, Josiane u.a. 2004: Poesie/poésie. Zeitgenössische Dichtung aus Frankreich und Deutschland. Ludwigsburg.
Andraschke, Peter 1979: Elektronische Musik und Sprache, in: Schnitzler (Hg.) 1979: 281–302.
Ankli, Ruedi/Peter Burri 1985: Cantautore Republic. Die italienischen Rockpoeten, ihre Geschichte, ihre Texte. Mit über 120 Liedern. Italienisch/Deutsch. Basel.
Aristoteles 1982: Poetik. Griechisch/Deutsch. Übers. und hg. von Manfred Fuhrmann. Stuttgart.
Arnold, Heinz-Ludwig (Hg.) 1975: Väterchen Franz. Franz Josef Degenhardt und seine politischen Lieder. Reinbek bei Hamburg.

Arnold, Heinz Ludwig (Hg.) 1980 (2., veränd. Aufl.): Wolf Biermann. München.
Arnold, Heinz Ludwig (Hg.) 1998: Literatur in der Schweiz. München.
Baasener, Frank (Hg.) 1997: Die Textmusik der italienischen Cantautori. Tübingen.
Bachtin, Michail 1979: Die Ästhetik des Wortes. Frankfurt.
Bauer Pickar, Gertrud (Hg.) 1992: German Literature and Music. An Aesthetic Fusion: 1890–1989. München.
Baumann, Max Peter 1994: Die schönsten Schweizer Volkslieder. Texte und Liedauswahl von Max Peter Baumann. Vevey.
Berlinger, Josef 1983: Das zeitgenössische deutsche Dialektgedicht. Zur Theorie und Praxis der deutschsprachigen Dialektlyrik 1950–1980. Frankfurt a.M.
Biermann, Wolf 1965: Die Drahtharfe. Berlin.
Biermann, Wolf 1972: Deutschland. Ein Wintermärchen. Berlin.
Biermann, Wolf 1978a: Kennen Sie Dylan?, in: Konkret 7 (1978).
Biermann, Wolf 1978b: Preussischer Ikarus. Lieder, Balladen, Gedichte, Prosa. Köln.
Biermann, Wolf 1986: Affenfels und Barrikade. Gedichte, Lieder, Balladen. Köln.
Biermann, Wolf 1991: Alle Lieder. Köln.
Biermann, Wolf 1995: Alle Gedichte. Köln.
Biermann, Wolf 1997: Wie man Verse macht und Lieder. Eine Poetik in acht Gängen. Köln.
Blühdorn, Annette 2003: Pop and Poetry – Pleasure and Protest. Udo Lindenberg, Konstantin Wecker and the Tradition of German Cabaret. Oxford.
Booth, Mark W. 1981: The Experience of Songs. New Haven.
Boss, Dagmar 1985: Das sowjetrussische Autorenlied. Eine Untersuchung am Beispiel des Schaffens von Aleksander Galič, Bulat Okudžava und Vladimir Vysockij. Diss. München.
Böttger, Walther 1984: Gedanken über Beziehungen zwischen Sprache und Musik, in: Sprachpflege 33 (1984): 129–133.
Brassens, Georges 1996: Chansons. Das Gesamtwerk. Französisch/Deutsch. Übertragen von Gisbert Haefs. Frankfurt a.M.
Braungart, Wolfgang (Hg.) 1985: Bänkelsang. Texte, Bilder, Kommentare. Stuttgart.
Brecht, Bertolt 1977: Und der Haifisch, der hat Zähne. Berlin.
Brecht, Bertolt 1988–2000: Werke. Grosse kommentierte Berliner und Frankfurter Ausgabe, hg. von Werner Hecht u.a. 31 Bde. Berlin/Weimar/Frankfurt a.M.
Brednich, Rolf Wilhelm 1967: Noch kein Folksong deutscher Prägung, in: Zeitschrift für Volkskunde. Halbjahresschrift der Deutschen Gesellschaft für Volkskunde 63 (1967): 64–67.
Brückner, Wolfgang 1967: Folksingers, Protester, Chansonniers 1966, in: Zeitschrift für Volkskunde. Halbjahresschrift der Deutschen Gesellschaft für Volkskunde 63 (1967): 68–74.
Brunner, Horst u.a. 1996: Walther von der Vogelweide. Epoche–Werk–Wirkung. München.
Budzinski, Klaus 1966: Linke Lieder. München u.a.
Bullivant, Keith u.a. (Hg.) 1996: Deutsche Liedermacher 1970–1996. Mit Beiträgen von Reinhold Grimm, Caroline Molina y Vedia, David Robb, Jay Julian Rossellini und Richard Rundell (=Literatur für Leser, 19.3 [1996]).

Burckhardt-Seebass, Christine 1987: „Gang hol d'Gitarre...". Das Folkfestival auf der Lenzburg 1972–1980 und die schweizerische Folkbewegung. Eine Skizze, in: Schweizerisches Archiv für Volkskunde 83 (1987): 153–168.

Burdorf, Dieter 1995: Einführung in die Gedichtanalyse. Stuttgart.

Burdorf, Hannelore 2006: Liedermacher des Mittelalters. Frankfurt a.M. u.a.

Bürger, Peter 1978: Theorie der Avantgarde. Frankfurt.

Burkard, Philipp 2004: Dürrenmatts „Stoffe". Zur literarischen Transformation der Erkenntnistheorien Kants und Vaihingers im Spätwerk. Tübingen/Basel.

Busse, Burkhart 1976: Der deutsche Schlager. Eine Untersuchung zur Produktion, Distribution und Rezeption von Trivialliteratur. Wiesbaden.

Caemmerer, Christiane 1992: Des Hylas aus Latusia lustiger Schauplatz von einer Pindischen Gesellschaft. Der Bericht über eine Gruppe studentischer Liedermacher, in: „Der Buchstab tödt – der Geist macht lebendig". Festschrift zum 60. Geburtstag von Hans-Gert Roloff von Freunden, Schülern und Kollegen, hg. von James Hardin und Jörg Jungmayr. 2 Bde. Bern. 775–798.

Camus, Albert [10]2008: Der Mythos des Sisyphos. Reinbek b. Hamburg.

Cicero, Marcus Tullius 1986: De oratore/Über den Redner. Lateinisch/Deutsch. Übers. und hg. von Harald Merklin. Stuttgart.

Cistov, Kirill/Bella Cistova 1994: Archaische Tradition und ihre Modifikation. Russische ‚singende Dichter' der 1950er bis 1980er Jahre und die Volksdichtung, in: Jahrbuch für Volksliedforschung 39 (1994): 125–135.

Coers, Andrea 1979: Song – Lied – Schlager – Chanson. Semantische Probleme, in: Muttersprache. Zeitschrift zur Pflege und Erforschung der deutschen Sprache 89.3–4 (1979): 208–226.

Collenberg, Cristian 1986: Wandel im Volkslied. Langfristige Veränderungen in der Zusammensetzung eines Volksliedbestandes, dargestellt am rätoromanischen Volksliedkorpus. Diss. Freiburg/Schweiz.

Conermann, Klaus 1977: Die Entstehung der deutschen Kantatenpoesie. Über den Zusammenhang von Formgeschichte und Kasualfunktion, in: Deutsche Barockliteratur und europäische Kultur. Zweites Jahrestreffen des Internationalen Arbeitskreises für deutsche Barockliteratur, Wolfenbüttel 1976, hg. von M. Bircher und E. Mannack. Hamburg (=Dokumente des Internationalen Arbeitskreises für deutsche Barockliteratur, Bd. 3). 299f.

Dahlhaus, Carl/Norbert Miller (Hg.) 1998: Beziehungszauber. Musik in der modernen Dichtung. München/Wien (=Dichtung und Sprache, Bd. 7).

Danneberg, Lutz/Friedrich Vollhardt (Hg.) 1996: Wie international ist die Literaturwissenschaft. Stuttgart/Weimar.

Degen, Ursula 1982: Das Mittelalter in den Liebesliedern heutiger Liedermacher. Ein Überblick, in: Gesammelte Vorträge des 2. Salzburger Symposiums „Die Rezeption des Mittelalters in Literatur, Bildender Kunst und Musik des 19. und 20. Jahrhunderts", hg. von Jürgen Kühnel und Hans-Dieter Mück. Göppingen. 317–329.

Degenhardt, Franz Josef 1973: Im Jahr der Schweine. Hamburg.

Degenhardt, Franz Josef 1981: Kommt an den Tisch unter Pflaumenbäumen. Sämtliche Lieder mit Noten. München.

Degenhardt, Franz Josef 1982: Der Liedermacher. München.

Degenhardt, Franz Josef/Wolfgang Neuss/Hanns Dieter Hüsch/Dieter Süverkrüp 1970: Da habt ihr es! Stücke und Lieder für ein deutsches Quartett. Reinbek bei Hamburg.
Dehm, Dieter 1975: Zusammenfassung der Protokolle vom 9./19. September und 17./18. November 1973, in: Rögner (Hg.) 1975.
Dehn, Mechthild/Wilhelm Dehn 1979: Produktive Textarbeit. Reduktion und Entfaltung am Stoffkomplex des Rattenfängers, in: Der Deutschunterricht 31.4 (1979): 31–46.
Dejung, Christof 1984: Schweizer Geschichte seit 1945. Frauenfeld.
Dilthey, Wilhelm ^{16}1985: Das Erlebnis und die Dichtung. Lessing – Goethe – Novalis – Hölderlin. Göttingen.
Domin, Hilde ^{3}1975: Wozu Lyrik heute. Dichtung und Leser in der gesteuerten Gesellschaft. München.
Donnenberg, Josef (Hg.) 1981: Pose, Possen und Poesie. Zum Werk Hans Carl Artmanns. Stuttgart.
Dylan, Bob 1987: Lyrics. Songtexte 1962–1985. Frankfurt a.M.
Eagleton, Terry 1988: Einführung in die Literaturtheorie. Stuttgart.
Eco, Umberto 1987: Lector in fabula. Die Mitarbeit der Interpretation in erzählenden Texten. München/Wien.
Elsner, Jürgen 1971: Zur vokalischen Vortragsweise der Klampfmusik Hanns Eislers. Leipzig (=Beiträge zur musikwissenschaftlichen Forschung in der DDR, Bd. 1).
Faulstich, Werner 1978: Rock, Pop, Beat, Folk. Grundlagen der Textmusik-Analyse. Tübingen.
Faust, Wolfgang Max 1980: Das Wort, die Musik, das Schweigen. Notizen zu John Cage, in: Sprache im technischen Zeitalter 74 (1980): 161–172.
Feigenwinter, Max 1990: Soziales Lernen im Unterricht. Einführung und Beispiele. Zug.
Fischer-Dieskau, Dietrich 1994 [1968]: Texte deutscher Lieder. Ein Handbuch. München.
Fluck, Hans Rüdiger 1977: Zur neuen Mundartliteratur, in: Sprachdienst 21 (1977): 49–53.
Fluck, Hans Rüdiger 1983: Neuere deutsche Mundartdichtung. Formen, Programme und Perspektiven, in: Dialektologie. Ein Handbuch zur deutschen und allgemeinen Dialektforschung, hg. von Werner Besch u.a. 2. Halbband. Berlin/New York (=HSK, Bd. 1.2). 1651–1666.
Flüe-Fleck, Hanspeter von 1995: Schweizerdeutsch im DaF-Unterricht: Nur keine Hemmungen!, in: Babylonia 1 (1995).
Frank, Horst Joachim 1993: Handbuch der deutschen Strophenformen. München/Wien.
Frank, Manfred/Anselm Haverkamp 1988: Individualität. München.
Franz, Kurt 1979: Kinderlyrik. München.
Fricke, Harald 1977: Die Sprache der Literaturwissenschaft. Textanalytische und philosophische Untersuchungen. München.
Fricke Harald 1981: Norm und Abweichung. Eine Philosophie der Literatur. München.
Fricke, Harald 1984: Aphorismus. Stuttgart.
Fricke, Harald 1990: Rückert und das Kunstlied. Literaturwissenschaftliche Beobachtungen zum Verhältnis von Lyrik und Musik, in: Rückert-Studien. Jahrbuch der Rückert-Gesellschaft 5 (1990): 14–37.

Fricke, Harald 1991: Literatur und Literaturwissenschaft. Beiträge zu Grundfragen einer verunsicherten Disziplin. Paderborn u.a.
Fricke, Harald/Rüdiger Zymner 1991: Einübung in die Literaturwissenschaft. Parodieren geht über Studieren. Paderborn u.a.
Friedrich, Hugo 1985: Die Struktur der modernen Lyrik. Reinbek bei Hamburg.
Fringeli, Albin 1979: Lesebuch. Hg. von Dieter Fringeli. Breitenbach.
Fringeli, Dieter (Hg.) 1972: Mach keini Schprüch. Schweizer Mundart-Lyrik des 20. Jahrhunderts. Mit einem Essay von Dieter Fringeli. Zürich/München.
Fuchs, Gerhard/Wischenbart, Rüdiger (Hg.) 1992: H. C. Artmann. Graz.
Gabriel, Gottfried 1972: Definitionen und Interessen. Über die praktischen Grundlagen der Definitionslehre. Stuttgart/Bad Cannstadt.
Gabriel, Gottfried 1975: Fiktion und Wahrheit. Eine semantische Theorie der Literatur. Stuttgart.
Gabriel, Gottfried 1990: Literarische Form und nicht-propositionale Erkenntnis in der Philosophie, in: Literarische Formen der Philosophie, hg. von Gottfried Gabriel und Christiane Schildknecht. Stuttgart. 1–25.
Geier, Manfred 1989: Das Sprachspiel der Philosophen. Von Parmenides bis Wittgenstein. Reinbek bei Hamburg.
Genette, Gérard 1994: Die Erzählung. München.
Georgiades, Thrasybulos Georgos 1967: Schubert. Musik und Lyrik. Göttingen.
Gerber, Christian 1712: M[agister] Christiani Gerbers der unerkannten Sünden der Welt Dritter Theil. Nach Gottes heiligem Wort, und Anleitung vornehmer Lehrer unserer Kirchen, Der sechern Welt zu ihrer Belehrung vor Augen gestellet, auch mit nöthigen Registern versehen. Dresden.
Geyer, Thomas 1978: Besucherbefragung auf dem 3. Thüringer Folk- und Liedermacherfestival. Bericht über ein studentisches Arbeitsprojekt, in: Jahrbuch für Volksliedforschung 23 (1978): 69–102.
Giessen, Hans W. 1992: Zeitgeist populär. Seine Darstellung in deutschsprachigen postmodernen Songtexten (bis 1989). Diss. St. Ingbert.
Glanzmann, Max-Jürg 1976: Mys nächschte Lied. 20 Jahre Schweizer Chanson. Zürich.
Glasmeier, Michael/Günter Schönfelder 1980: Die Musik machen wir. Zum Verhältnis von Musik und Sprache in der Musik der 80er Jahre, in: Sprache im technischen Zeitalter 74 (1980): 146–152.
Goethe, Johann Wolfgang von 1988: Sämtliche Werke nach Epochen seines Schaffens. Münchner Ausgabe, hg. von Karl Richter u.a.. Bd. 6.2: Weimarer Klassik. 1798–1806. München.
Goffman, Erving 1977: Rahmenanalyse. Ein Versuch über die Organisation von Alltagserfahrungen. Frankfurt a.M.
Gomringer, Eugen 1969: Worte sind Schatten. Die Konstellationen 1951–1968, hg. und eingeleitet von Helmut Heissenbüttel. Reinbek bei Hamburg.
Götsch, Katharina 2006: Linke Liedermacher. Das politische Lied der sechziger und siebziger Jahre in Deutschland. Innsbruck/Hohenems.
Gottsched, Johann Christoph 1975: Ausführliche Redekunst. Erster, allgemeiner Theil, in: Ders.: Ausgewählte Werke, hg. von P. M. Mitchell. 12 Bde. Bd. 7, bearb. von Rosemary Scholl. Berlin.

Gottsched, Johann Christoph 1978: Versuch einer critischen Dichtkunst. Tl 4, in: Ders.: Ausgewählte Werke, hg. von P. M. Mitchell. 12 Bde. Bd. 6, hg. von Joachim Birke. Berlin/New York.
Graf, Christian ³2001: Lexikon der Singer & Songwriter. Berlin.
Grimm, Gunter (Hg.) 1975: Literatur und Leser. Theorien und Modelle zur Rezeption literarischer Werke. Stuttgart.
Grimm, Gunter 1977: Rezeptionsgeschichte. Grundlegung einer Theorie. Stuttgart.
Gruhn, Wilfried 1978: Musiksprache, Sprachmusik, Textvertonung. Aspekte des Verhältnisses von Musik, Sprache und Text. Frankfurt a.M.
Guilbert, Yvette 1928/1981: L'Art de chanter une chanson. Paris./Die Kunst, ein Chanson zu singen. Berlin.
Gunther, Joachim 1977: Wolf Biermann und Reiner Kunze, in: Neue Deutsche Hefte 24 (1977): 433–435.
Gutzen, Dieter 1977: Lied oder Gesang? Überlegungen zum Protestantischen Kirchenlied, in: Euphorion 71 (1977): 106–115.
Haas, Walter 1980: Zeitgenössische Mundartliteratur der deutschen Schweiz. Ein theoretischer und geschichtlicher Überblick, in: Michigan Germanic Studies 6 (1980): 58–119.
Haas, Walter 1983: Dialekt als Sprache literarischer Werke, in: Dialektologie. Ein Handbuch zur deutschen und allgemeinen Dialektforschung, hg. von Werner Besch u.a. 2. Halbband. Berlin/New York (=HSK, Bd. 1.2). 1637–1651.
Hagedorn, Friedrich von 1757: Des Herrn Friedrichs von Hagedorn sämmtliche poetische Werke. In dreyen Theilen. Hamburg.
Haid, Hans 1980: Sprache und Herrschaft. Dialekt in Kunst, Kultur, Gesellschaft. Berichte und Notizen zum Seminar; Herbst 1979/Frühjahr 1980. 2. Teil, in: Mitteilungen des Institutes für Wissenschaften und Kunst (IWK), 35.2 (1980): 35–41.
Halder, Nold 1947: Leben und Sterben des berüchtigten Gauners Bernhart Matter. Aarau. Schweizerisches Literaturarchiv (SLA), Nachlass Mani Matter, Sign. A-01-a-12.
Hamburger, Käte 1979: Wahrheit und ästhetische Wahrheit. Stuttgart.
Hamburger, Käte ⁴1994: Die Logik der Dichtung. Stuttgart.
Hammer, Jean-Pierre 1976: Wolf Biermann und das französische Chanson, in: Rothschild (Hg.) 1976: 117–134.
Hammer, Stephan 2003: „Wärst du doch zu Haus geblieben!" Otto Heinrich Weissert, das Cabaret Cornichon und der Kampf ums Bleiberecht, in: Bundesamt für Flüchtlinge (Hg.): Prominente Flüchtlinge im Schweizer Exil/L'exil en Suisse de réfugiés célèbres/Rifugiati illustri nell'esilio svizzero. Mit einer Einleitung von Peter von Matt. Bern. 98–135.
Haupt, Sabine 1996: „Schwer wie ein weisser Stein". Ludwig Hohls ambivalente Bewältigung der Melancholie. Bern/Berlin.
Hawthorn, Jeremy 1994: Grundbegriffe moderner Literaturtheorie. Tübingen/Basel.
Heilinger, Higi/Martin Diem 1992: Muesch nid pressiere. Noten und Notizen zum Berner Mundartrock. Bern.
Heimann, Walter/Ernst Klusen 1978: Kritische Lieder der 70er Jahre. Texte und Noten mit Begleitakkorden. Frankfurt a.M.

Heissenbüttel, Helmut 1993: Sprachmusik. Carles Santos, Meredith Monk, Joan La Barbara, Morton Feldman, in: Musik-Konzepte 81 (1993): 10–15.

Helms, Siegmund (Hg.) 1972: Schlager in Deutschland. Wiesbaden.

Henel, Heinrich 1966: Erlebnisdichtung und Symbolismus, in: Zur Lyrik-Diskussion, hg. von Reinhold Grimm. Darmstadt. 218–254.

Henke, Matthias 1987: Die grossen Chansonniers und Liedermacher. Wichtige Interpreten, bedeutende Dichtersänger. Düsseldorf.

Henningsen, Jürgen 1967: Theorie des Kabaretts. Ratingen.

Herrmann, Michael/Karl Hölz (Hg.) 1996: Sprachspiele und Sprachkomik/Jeux de mots et comique verbal. Akten des Kolloquiums im Rahmen des Erasmus-Netzes der Universitäten Paris X-Nanterre, Duisburg und Trier. 12. bis 13. Mai 1995, Trier. Frankfurt a.M./Bern.

Hessing, Jakob 2005: Der Traum und der Tod. Heinrich Heines Poetik des Scheiterns. Göttingen.

Heusler, Andreas 1925–1929: Deutsche Versgeschichte. 3 Bde. Berlin/Leipzig.

Hienger, Jörg (Hg.) 1976: Unterhaltungsliteratur. Zu ihrer Theorie und Verteidigung. Göttingen.

Hinderer, Walter 1978: Geschichte der politischen Lyrik in Deutschland. Stuttgart.

Hippen, Reinhard 1986: Das Kabarett-Chanson. Typen, Themen, Temperamente. Zürich.

Hippen, Reinhard/Deutsches Kabarett Archiv (Hg.) 1981: „Sich fügen – heisst lügen". 80 Jahre deutsches Kabarett. Mainz.

Hofbauer, Peter 2008: Words. Die Poesie der Pop-Musik. Wien.

Hoffmann, Fernand 1993: Dialektliteratur. Grenzen, Möglichkeiten, methodologische Annäherung, in: Schmitt/Thyssen (Hg.) 1993: 13–19.

Hoffmann, Fernand/Josef Berlinger 1978: Die Neue Deutsche Mundartdichtung. Tendenzen und Autoren dargestellt am Beispiel der Lyrik. Hildesheim/New York.

Hohendahl, Peter Uwe (Hg.) 1974: Sozialgeschichte und Wirkungsästhetik. Dokumente zur empirischen und marxistischen Rezeptionsforschung. Frankfurt a.M.

Hohl, Ludwig 1984: Die Notizen oder Von der unvoreiligen Versöhnung. Frankfurt a.M.

Holzapfel, Otto 2006: Liedverzeichnis. Die ältere deutschsprachige, populäre Liedüberlieferung. Hildesheim u.a.

Hönes, Winfried 1980: Bibliographie Wolf Biermann, in: Arnold (Hg.) 1980: 210–223.

Horaz (Quintus Horatius Flaccus) 1994: Ars Poetica. Die Dichtkunst. Lateinisch/Deutsch. Übers. und hg. v. Eckart Schäfer. Stuttgart.

Hornig, Michael 1974: Der Liedermacher und das zeitkritische Lied der 60er Jahre. Diss. Bochum.

Hostettler, Urs 1979: Anderi Lieder. Von den geringen Leuten, ihren Legenden und Träumen, ihrer Not und ihren Aufständen. Zusammengestellt und kommentiert von Urs Hostettler. Gümligen.

Hostettler, Urs 1981: Über die schweizerische Folk-Bewegung, in: Schweizer Volkskunde 71 (1981): 73–77.

Huff, Hartmut 1980: Liedermacher. Songpoeten, Mundartsänger, Blödelbarden, Protestsänger. München.

Ihme, Burkhard 1980: Reino. Ein kleiner Leitfaden für Liedermacher. Stuttgart.

Imbert, Charles 1967: Geschichte des Chansons und der Operette. Zürich.

Ingarden, Roman 1960 (2., verb. u. erw. Aufl.): Das literarische Kunstwerk. Tübingen.
Iser, Wolfgang 1971: Die Appellstruktur der Texte. Unbestimmtheit als Wirkungsbedingung literarischer Prosa. Konstanz (=Konstanzer Universitätsreden 28).
Iser, Wofgang 1976: Der Akt des Lesens. München.
Jäger, Manfred 1980: Frische Musenmilch und bitterer Wahrheitssaft, in: Arnold (Hg.) 1980: 132–149.
Jäger, Monika 1964: Theorien der Mundartdichtung. Studien zu Anspruch und Funktion. Tübingen.
Jakobson, Roman/Claude Lévi-Strauss 1979: „Die Katzen" von Charles Baudelaire, in: Roman Jakobson: Poetik. Ausgewählte Aufsätze 1921–1971, hg. von E. Holanstein und T. Schelbert. Frankfurt a.M.
James, Barbara [=Barbara Boock] 1977: Versuch einer Beschreibung der deutschen Folk-Szene '76, in: Jahrbuch für Volksliedforschung 22 (1977): 113–118.
Jaspers, Karl [26]1987: Einführung in die Philosophie. München.
Jauss, Hans Robert 1970: Literaturgeschichte als Provokation. Frankfurt a.M.
Jauss, Hans Robert u.a. 1973: Theorie literarischer Texte. Göttingen.
Jundt, Werner u.a. 1969: Berner Chansons ab Blatt. Bern.
Jundt, Werner u.a. 1974: Die Berner Trouvères. Ein Chanson-Album. Text und Musik von Werner Jundt, Peter Krähenbühl, Andreas Oesch, Oskar Weiss. Bern.
Kaes, Anton u.a. (Hg.) 1975–1976: Literatur für viele. Studien zur Trivialliteratur und Massenkommunikation im 19. und 20. Jahrhundert. 2 Bde. Göttingen.
Kaiser, Rolf-Ulrich 1967: Das Songbuch. Ahrensburg/Paris.
Kannmacher, Tom 1978: Das deutsche Volkslied in der Folksong- und Liedmacherszene, in: Jahrbuch für Volksliedforschung 23 (1978): 33–42.
Karbacher, Daniel 1982: Die Liedszene in der Schweiz 1972–1982. Unpublizierte Liz-Arbeit, Zürich. In den Beständen des Schweizerischen Volksliedarchivs, Basel.
Kästner, Hannes 1981: Harfe und Schwert. Der höfische Spielmann bei Gottfried von Strassburg. Tübingen.
Kast, Bernd u.a. 1979: Lieder-Texte. Liedermacher im Deutschunterricht. Textbuch für den Deutschunterricht ab 2. Lehrjahr und Docentenboek. Den Bosch. 49–65.
Kayser, Dietrich 1975: Schlager, das Lied als Ware. Untersuchungen zur Theorie, Geschichte und Ideologie einer Kategorie der Illusionsindustrie. Freiburg i. Br.
Kerschkamp, Dieter/Lindau, Dietrich 1981: Die grossen Liedermacher. München.
Kirchenwitz, Lutz 1993: Folk, Chanson und Liedermacher in der DDR. Berlin.
Klusen, Ernst 1967: Das Gruppenlied als Gegenstand, in: Jahrbuch für Volksliedforschung 12 (1967): 21–41.
Klusen, Ernst 1969: Volkslied. Fund und Erfindung. Köln.
Klusen, Ernst 1974: Zur Situation des Singens in der BRD. Der Umgang mit dem Lied. Köln.
Klusen, Ernst 1975: Zur Situation des Singens in der BRD. Die Lieder. Köln.
Klusen, Ernst (Hg.) 1980: Deutsche Lieder. Texte und Melodien. Frankfurt a.M.
Knechtle, Andrea 1992: Biermann als ‚Kabarettist'. Zur Conférence in Biermanns öffentlichen Auftritten. Unpublizierte Seminararbeit, Institut für Neuere Deutsche Literatur der Universität Freiburg/Schweiz, Lehrstuhl Prof. Dr. Harald Fricke.
Knobloch, Johann 1978: Liedermacher, in: Der Sprachdienst 22.2 (1978): 32.

Knörrich, Otto (Hg.) 1981: Formen der Literatur in Einzeldarstellungen. Stuttgart.

Koch, Christoph 1966: Der Liedermacher Wolf Biermann, in: Europäische Begegnung 6.3 (1966): 141–147.

Köhl, Gudrun 1990: Kimm, heit geh ma ins Valentin-Musäum. Wegweiser durch das Valentin-Musäum. Münchens einmalige Curiositätenschau. München.

Köhl, Gudrun/Hannes König/Erich Ortenau 1984: Karl Valentin in der Geschichte der Komiker. München.

Köhler, Peter 1990: Das Nonsens-Buch. Stuttgart.

Köpfchen (1993): Ausblicke, Einblicke, Rückblicke. Mitteilungsblatt der Arbeitergemeinschaft Burg Waldeck e.V. Dorweiler/Hunsrück. Nr. 2 (1993). Freiburg i. Br.: Deutsches Volksliedarchiv, Sign. VZ519.

Kreuzer, Helmut (Hg.) 1979: Das Lied. (=LiLi, Zeitschrift für Literaturwissenschaft und Linguistik 34 [1979]).

Kröher, Hein/Oss Kröher 1969: Rotgraue Raben. Vom Volkslied zum Folksong. Heidenheim/Brenz.

Kròl, Wojciech 1992: Das Phänomen Liedermacher. Ein Versuch, in: Untersuchungen zur polnisch-deutschen Kulturkontrastivik, hg. von Jan Papior. Posznan. 171–180.

Kroon, Nico 1982: Hannes Wader, Liedermacher. Seine politische Entwicklung dargestellt an den Liedern. Diss. Nijegen.

Kross, Siegfried 1989: Geschichte des deutschen Liedes. Darmstadt.

Kühn, Volker (Hg.) 1987–1994: Kleinkunststücke. Eine Kabarett-Bibliothek in fünf Bänden. Weinheim/Berlin.

Lajarrige, Jacques 1992: Hans Carl Artmann. Tradition littéraire et exercises de style. Stuttgart.

Lamping, Dieter 1989: Das lyrische Gedicht. Definitionen zu Theorie und Geschichte der Gattung. Göttingen.

Landesarbeitsgemeinschaft Nordrhein-Westfalen (Hg.) 1982: Werkbuch Liedermachen. Gedanken, Anregungen, Beispiele, Modelle. Regensburg.

Lassahn, Bernhard 1982: Dorn im Ohr. Das lästige Liedermacher-Buch. Mit Texten von Wolf Biermann bis Konstantin Wecker. Ausgewählt und kommentiert von Bernhard Lassahn. Zürich.

Lear, Edward 1993: Sämtliche Limericks. Übers. und hg. von Theo Stemmler. Englisch/Deutsch. Stuttgart.

Lebensbeschreibung des berüchtigten Gauners Bernhard Matter, (1821–1854) von Muhen, Kantons Aargau. Aarau 1854. Schweizerische Nationalbibliothek, Sign. A9910/19, auch: Schweizerisches Literaturarchiv (SLA), Nachlass Mani Matter, Sign. A-01-a-12.

Leitner, Anton G. (Hg.) 2003/04: Pop und Poesie (=Das Gedicht. Zeitschrift für Lyrik, Essay und Kritik. Nr. 11 [2003/04]).

Leonard, Giusep Lutz 1991: Die Sprachspiel-Methode in den Philosophischen Untersuchungen Ludwig Wittgensteins. Diss. Zürich.

Lerch, Fredi 2001: Muellers Weg ins Paradies. Nonkonformismus im Bern der 60er Jahre. Zürich.

Lerch, Hansruedi 2006: Dällebach Kari. Wer war er wirklich? Mit einem Vorwort von Roland Jeanneret. Olten.

Liersch, Werner 1982: Die Liedermacher und die Niedermacher. Etwas Umgang mit Literatur. Halle/Leipzig.

Longerich, Winfried: „Da, Da, Da". Zur Standortbestimmung der Neuen Deutschen Welle. Diss. Pfaffenweiler.

Lord, Albert Bates 1965: Der Sänger erzählt. Wie ein Epos entsteht. Aus dem Englischen und Serbokroatischen von Helmut Martin. München. [Orig.: The Singer of Tales. Cambridge, Mass. 1960.]

Lotmann, Jurij 1972: Die Struktur literarischer Texte. München.

Mahal, Günther 1975: Der Wundertraum vom Liebesglück. Vorläufiges vom deutschen Schlager nach 1945, in: Zeitschrift für Volkskunde 71 (1975): 64–78.

Majakovskij, Vladimir V. 1966: Wie macht man Verse?, in: Ars Poetica. Texte von Dichtern des 20. Jh. zur Poetik, hg. von Beda Allemann. Darmstadt. 102–118.

Marti, Werner 1985 (2., überarb. Aufl.): Bärndütschi Schrybwys. Ein Wegweiser zum Aufschreiben in berndeutscher Sprache, mit einer Einführung über allgemeine Probleme des Aufschreibens und einem Wörterverzeichnis nebst Beispielen. Bern.

Marx, Karl 1953: Grundrisse der Kritik der politischen Ökonomie. Berlin.

Maurer, Philipp 1984: Kritische Lieder. Ein Beitrag zu Geschichte und Theorie alternativer Kultur in Wien 1968–1983. 2 Bde. Diss. Wien.

McMahon, James V. 2000: Spruchdichter und Liedermacher. Songs Then and Now, in: Medieval German Voices in the 21st Century, hg. von Albrecht Classen. Amsterdam/Atlanta. 61–80.

Mehring, Walter 1976: Die Linden lang, Galopp, Galopp!, hg. von Helga Bemmann. Berlin.

Meier-Lenz, Dieter P. (Hg.) 1981: Wolf Biermann und die Tradition. Von der Bibel bis Ernst Bloch. Stuttgart.

Mettler, Dieter 1981: Das Volkslied, in: Knörrich (Hg.) 1981: 420–429.

Metzger, Heinz-Klaus/Rainer Riehn (Hg.) 1993: Autoren-Musik. Sprache im Grenzbereich der Künste. München.

Meuer, Peter 1976: Bibliographie zu Wolf Biermann, in: Rothschild (Hg.) 1976: 189–245.

Mey, Reinhard 1986 (2., erw. Aufl.): Alle meine Lieder. Berlin.

Meyer, Urs 2001: Politische Rhetorik. Theorie, Analyse und Geschichte der Redekunst am Beispiel des Spätaufklärers Johann Gottfried Seume. Diss. Universität Freiburg/Schweiz. Paderborn.

Milewski, Gerhard (Hg.) 1968: Protestsongs. Berlin (DDR).

Mingels, Annette 2003: Dürrenmatt und Kierkegaard. Die Kategorie des Einzelnen als gemeinsame Denkform. Köln u.a.

Morley, Michael 1977: The Songs of Wolf Biermann. The Poet as Composer, in: Journal of the Australasian Universities Language and Literature Association 48 (1977): 222–233.

Morsey, Rudolf 1987: Die Bundesrepublik Deutschland. Entstehung und Entwicklung bis 1969. München.

Mortier, Jean 1998: Les *Liedermacher*, in: Allemagne d'aujourd'hui 144 (1998): 242–259.

Mossmann, Walter 1980: Flugblattlieder, Streitschriften. Berlin.

Mossmann, Walter/Peter Schleunig 1978: Alte und neue politische Lieder. Entstehung und Gebrauch, Texte und Noten. Reinbek bei Hamburg.

Mühlethaler, Hans 1989: Die Gruppe Olten. Aarau u.a.

Mukařovský, Jan 1967: Kapitel aus der Poetik. Übers. W. Schamschula. Frankfurt a.M.

Müller, Günther 1925: Geschichte des deutschen Liedes. Vom Zeitalter des Barock bis zur Gegenwart. München.

Müller, Ulrich 1983: Liedermacher der Gegenwart und des Mittelalters, oder: Walther von der Vogelweide im Rockkonzert, in: Das Weiterleben des Mittelalters in der deutschen Literatur, hg. von James F. Poag und Gerhild Scholz-Williams. Königstein. 193–212.

Müller, Ulrich 1984: Überlegungen und Versuche zur Melodie des ‚Nibelungenliedes', zur Kürenbergerstrophe und zur sogenannten ‚Elegie' Walthers von der Vogelweide, in: Zur gesellschaftlichen Funktionalität mittelalterlicher deutscher Literatur. Greifswald (=Wissenschaftliche Beiträge der Ernst-Moritz-Arndt-Universität Greifswald. Deutsche Literatur des Mittelalters, Bd. 1). 27–42.

Müller, Ulrich 1986: Das Thema „Frieden" bei den zeitgenössischen österreichischen Liedermachern. Teil 1, in: German Studies in India 10 (1986): 10–29.

Nägele, Rainer 1980: Der Diskurs des andern. Hölderlins Ode „Stimme des Volks" und die Dialektik der Aufklärung, in: Le pauvre Holterling. Blätter zur Frankfurter Ausgabe 4/5. Frankfurt a. M. 61–76.

Naschert, Guido 2007: Wider eine halbierte Lyrik. Überlegungen zu den Desideraten und Möglichkeiten eines textwissenschaftlichen Umgangs mit SongPoesie, in: Jahrbuch der ungarischen Germanistik 2007: 106–118.

Neumann, Peter Horst 1971: Volkslied und Oper. Der Gedanke der Einheit von Musik und Dichtung von Lessings ‚Laokoon'-Entwürfen bis zu Heine und Richard Wagner. Eine Skizze, in: Deutsch heute. Linguistik – Literatur – Landeskunde, hg. von Adolf Haslinger und Leopold Graz. München. 68–81.

Nyffeler, Max 1978: Liedermacher in der Bundesrepublik Deutschland (Medienpaket). Bonn.

Nyffeler, Max 1980: Verfälscht, verdrängt, vergessen. Tradition und Traditionsbruch im oppositionellen Lied in Deutschland, in: Thema: Rock gegen Rechts. Musik als politisches Instrument, hg. von Bernd Leukert. Frankfurt a.M. 105–117.

Oehlmann, Werner 1993: Reclams Liedführer. Stuttgart.

Ottmers, Clemens 1996: Rhetorik. Stuttgart/Weimar.

Otto, Karl A. 1977: Vom Ostermarsch zur APO. Frankfurt.

Pablé, Elisabeth 1973: Rote Laterne, schwarzer Humor. Chansons von Bierbaum bis Biermann. München.

Paganini, Claudia 2007: Das Scheitern im Werk von Friedrich Dürrenmatt. Diss. Westend.

Paulin, Don 1980: Das Folk-Musik-Lexikon. Frankfurt a.M.

Peters, Jürgen 1973: Wer weiss, vielleicht erklärt mir eines Tages ein Lied, woran ich litt. Hits für Millionen, in: Massenmedien und Trivialliteratur, hg. von Hein Ide in Verbindung mit dem Bremer Kollektiv. Stuttgart (=Projekt Deutschunterricht, Bd. 5). 76–95.

Petzoldt, Leander 1974: Bänkelsang. Vom historischen Bänkelsang zum literarischen Chanson. Stuttgart.

Pezold, Klaus u.a. 1991: Geschichte der deutschsprachigen Schweizer Literatur im 20. Jahrhundert. Berlin.

Pfister, Manfred 1988 (5., durchges. u. ergänzte Aufl.): Das Drama. München.

Pioe, Ioern 1994: Visemageren. 1800-tallets skillinsvisekonge Julius Strandberg (Übers. Der Liedermacher. Der Groschenliederkönig des 19. Jahrhunderts J. S.). Strandberg.

Plett, Heinrich F. ^{8}1991: Einführung in die rhetorische Textanalyse. Hamburg.

Pohl, Gerhard 1921: Der Strophenbau im deutschen Volkslied. Berlin.

Preisendanz, Wolfgang/Rainer Warning (Hg.) 1976: Das Komische. München.

Probst-Effah, Gisela 1995: Lieder gegen „das Dunkel in den Köpfen". Untersuchungen zur Folkbewegung in der Bundesrepublik Deutschland. Essen.

Pulver, Elsbeth 1974: Von der Mundartliteratur zu Gedichten in Schweizer Umgangssprache, in: Literaturgeschichte der Gegenwart. Die Zeitgenössische Literatur der Schweiz, hg. von Manfred Gsteiger. Teil II: Deutschsprachige Literatur. Zürich/München. 328–342.

Rapp, Else 1981: Das Lied, in: Knörrich (Hg.) 1981: 243–250.

Rehrmann, Norbert 1986: Die Liedbewegung des nueva canción in Spanien mit einer Fallstudie zu José Antonio Labordeta aus Aragón. Diss. Kassel.

Rentsch, Peter 1989: Rockmusik. Geschichte, Sänger, Lieder. 4 Teile. Teil 3: Tina Turner, Bruce Springsteen, Udo Lindenberg, Peter Maffay, Nina Hagen, AC/DC. Zürich (=Schweizerisches Jugendschriftenwerk 1863).

Reutter, Otto [o.J., ca. 1913]: 25 neue Reutter Schlager. Mühlhausen i. Thür.

Reutter, Otto 1969: Alles wegen de Leut'. Fünfundzwanzig Couplets, hg. von Helga Bemmann. Berlin.

Riha, Karl 1979 (2., veränd. Aufl.): Moritat, Bänkelsang, Protestballade. Kabarettlyrik und engagiertes Lied in Deutschland. Königstein.

Ringelnatz, Joachim 1994: Und auf einmal steht es neben dir. Gesammelte Gedichte. Zürich.

Robb, David (Hg.) 2007: Protest Song in East and West Germany since the 1960s. Rochester, N.Y.

Rögner, Stephan (Hg.) 1975: AGS. Ein Arbeitsheft für die Arbeitsgemeinschaft der Liedermacher. Dokumentation der AG Song. Obernburg/Mainz.

Rohloff, Ernst 1979: Zu den Neidhardt-Melodien. Rückerinnerung und neue Informationen, in: Wissenschaftliche Zeitschrift der Martin-Luther-Universität Halle-Wittenberg 28.1 (1979): 125–135.

Röhrich, Lutz 1973: Die Textgattungen des popularen Liedes, in: Handbuch des Volksliedes. Bd. 1, hg. von Lutz Röhrich. München. 19–36.

Röhrich, Lutz 2002: Gesammelte Schriften zur Volkslied- und Volksballadenforschung (=Volksliedstudien 2). Münster u.a.

Rölleke, Heinz 1993a: Volkslied, in: Literaturlexikon. Autoren und Werke Deutscher Sprache, hg. von Walther Killy u.a. Bd. 14: 464f.

Rölleke, Heinz (Hg.) 1993b: Das Volksliederbuch. Über 300 Lieder, ihre Melodien und Geschichte. Köln.

Rösler, Walter 1977: Das Chanson im deutschen Kabarett 1901–1933. Berlin.

Rössler, Martin 1992 (2., durchges. Aufl.): Liedermacher im Gesangbuch. 2 Bde. Stuttgart.
Rothschild, Thomas (Hg.) 1976: Wolf Biermann. Liedermacher und Sozialist. Reinbek bei Hamburg.
Rothschild, Thomas 1979: Das politische Lied auf Schallplatte. Wie verändert das technische Medium die Aussage?, in: Kreuzer (Hg.) 1979: 42–54.
Rothschild, Thomas 1980: Liedermacher. 23 Porträts. Frankfurt a.M.
Rothschild, Thomas 1984: Liedermacher, in: Text + Kritik 9/9a (1984).
Rudorf, Reginald 1974: Schach der Show. Über Lach- und Liedermacher. Wiesbaden.
Rühm, Gerhard (Hg.) 1967: Die Wiener Gruppe. Achleitner, Artmann, Bayer, Rühm, Wiener. Reinbek bei Hamburg.
Rundell, Richard J. 1986: West Germany's Liedermacher: Pop-Music and Social Criticism, in: European Studies Journal 3.2 (1986): 35–53.
Rundell, Richard J. 1989: American Elements in Australian Liedermachers Songs, in: Von Wilson bis Waldheim/From Wilson to Waldheim, hg. von Peter Pabisch. Riverside, CA. 194–205.
Russische Liedermacher. Wyssozkij, Galitsch, Okudschawa. Russisch/Deutsch. Übersetzung und Anmerkungen von Kay Borowsky. Nachwort von Katja Lebedewa. Stuttgart 2000.
Rusterholz, Peter/Andreas Solbach (Hg.) 2007: Schweizer Literaturgeschichte. Stuttgart/Weimar.
Ruttkowski, Wolfgang Victor 1966: Das literarische Chanson in Deutschland. Bern/München.
Salmen, Walter 1973: Das gemachte „Neue Lied" im Spätmittelalter, in: Handbuch des Volksliedes. Bd. 2, hg. von Rolf Wilhelm Brednich und Lutz Röhrich. München. 407–420.
Salmen, Walter 1978: Oswald von Wolckenstein als Komponist?, in: Literaturwissenschaftliches Jahrbuch 19 (1978): 179–187.
Salmen, Walter 1983: Der Spielmann im Mittelalter. Innsbruck.
Sandner, Wolfgang (Hg.) 1977: Rockmusik. Aspekte zur Geschichte, Aesthetik, Produktion. Mainz.
Scher, Steven Paul (Hg.) 1984: Literatur und Musik. Ein Handbuch zur Theorie und Praxis eines komparatistischen Grenzgebietes. Berlin.
Scher, Steven Paul (Hg.) 1992: Music and Text. Critical Inquiries. Cambridge.
Schiller, Friedrich 2005: Über naive und sentimentalische Dichtung [1795/96], in: Ders.: Sämtliche Werke in zehn Bänden, Berliner Ausgabe, hg. von Hans-Günther Thalheim u.a., Bd. 8: Philosophische Schriften. Berlin. 433–522.
Schmezer, Guido (Ueli der Schreiber) ^{5}1987: Bern für Anfänger. Das Drum, Dran und Drin der schweizerischen Bundesstadt. Bern.
Schmezer, Guido (Ueli der Schreiber) 2008: Ein Berner namens.... Gümligen.
Schmid, Peter A./Roth-Hunkeler, Theres 2003: Abschied von der Spaltung. Die letzten Jahre der Schweizer Autorinnen und Autoren Gruppe Olten und des Schweizerischen Schriftstellerinnen- und Schriftsteller-Verbandes. Zürich.
Schmid-Cadalbert, Christian/Barbara Traber 1987: gredt u gschribe. Eine Anthologie neuer Mundartliteratur der deutschen Schweiz. Aarau u.a.

Schmid-Cadalbert, Christian 1993: Neue Mundartliteratur – Anspruch und Wirklichkeit, in: Schmitt/Thyssen (Hg.) 1993: 97–113.
Schmidt, Felix 1968: Das Chanson. Herkunft, Entwicklung, Interpretation. Ahrensburg/Paris.
Schmidt-Garry, Helmut 1979: Von Shakespeare bis Brecht. Dichter und ihre Beziehungen zur Musik. Wilhelmshaven.
Schmidt-Rhaesa, Philipp [o.J.]: Entwicklung der Liedermacherei. <http://www.detlev-mahnert.de/waldeck.html> (3.11.2007).
Schmitt, Eva-Maria/Achim Thyssen (Hg.) 1993: Einstellungen und Positionen zur Mundartliteratur. Internationales Mundartarchiv „Ludwig Soumagne" des Kreises Neuss 1992. Frankfurt a.M. u.a.
Schnitzler, Günter (Hg.) 1979: Dichtung und Musik. Kaleidoskop ihrer Beziehungen. Stuttgart.
Schoenebeck, Mechthild von 1987: Was macht Musik populär? Untersuchungen zu Theorie und Geschichte populärer Musik. Frankfurt a.M.
Schulz-Koehn, Dietrich 1969: Vive la Chanson. Kunst zwischen Show und Poesie. Gütersloh.
Schwab, Heinrich W. 1965: Sangbarkeit, Popularität und Kunstlied. Studien zu Lied und Liedästhetik der mittleren Goethezeit 1770–1814. Regensburg.
Schwarz, Petra/Wilfried Bergholz 1989: Liederleute. Berlin (DDR).
Schweizer Liedermacher. Ernst Born, Martin Hauzenberger, Jürg Jegge, Walter Lietha, Rolf Probala, Fritz Widmer. Bern 1976.
Schwendter, Rolf 1980: Ich bin noch immer unbefriedigt. Lieder zum freien Gebrauch. Mit einem Vorwort von Thomas Rothschild. Berlin.
Seemann, Heinrich 1965: Volkslied und Urheberrecht. Diss. Freiburg i. Br.
Sextus Empiricus 1985: Grundriss der pyrrhonischen Skepsis. Mit einer Einleitung von Malte Hossenfelder. Frankfurt a. M.
Sievritts, Manfred 1982/1984: Lied – Song – Chanson. Bd. 1: Lieder erzählen (1982); Bd. 2: „Politisch Lied, ein garstig Lied?" (1984). Wiesbaden.
Silbergleit, L.G. 1865 (2., verb. und vermehrte Aufl.): Béranger's Lieder. Übertragen von Dr. Silbergleit. Berlin.
Soldmer, Helmut 1988: Liedermacher Walther von der Vogelweide. Eine Unterrichtssendung des Fernsehens für den Literaturunterricht in Klasse 7, in: Deutschunterricht 41 (1988): 552–557.
Sønstevold, Gunnar/Kurt Blaukopf 1968/1973: Musik der „einsamen Masse". Ein Beitrag zur Analyse von Schlagerplatten. Karlsruhe.
Sperr, Monika (Hg.) 1978: Schlager. Das grosse Schlagerbuch. Deutscher Schlager 1800 bis heute. München.
Spinner, Kaspar H. 1975: Zur Struktur des lyrischen Ich. Frankfurt a. M.
Stadler Elmer, Stefanie 2000: Spiel und Nachahmung. Über die Entwicklung der elementaren musikalischen Aktivitäten. Aarau.
Stadler Elmer, Stefanie 2002: Kinder singen Lieder. Über den Prozess der Kultivierung des vokalen Ausdrucks. Berlin.

Stadler Elmer, Stefanie/Stephan Hammer 2001: Sprach-melodische Erfindungen einer 9-jährigen, in: Zeitschrift für Entwicklungspsychologie und Pädagogische Psychologie, 33.3 (2001): 138–156.

Staiger, Emil ³1963: Die Zeit als Einbildungskraft des Dichters. Untersuchungen zu Gedichten von Brentano, Goethe und Keller. Zürich.

Stanzel, Franz K. 1979: Theorie des Erzählens. Göttingen.

Stein, Deborah/Robert Spillmann 1996: Poetry into Song. Oxford.

Stein, Jack M. 1971: Poem and Music in the German Lied from Gluck to Hugo Wolf. Cambridge.

Steinbiss, Florian 1984: Deutsch-Folk: Auf der Suche nach der verlorenen Tradition. Die Wiederkehr des Volksliedes. Frankfurt a.M.

Steinitz, Wolfgang 1954/1962: Deutsche Volkslieder demokratischen Charakters aus sechs Jahrhunderten. 2 Bde. Berlin.

Stephan, Inge 1973: Johann Gottfried Seume. Ein politischer Schriftsteller der deutschen Spätaufklärung. Stuttgart.

Stephens, Anthony 1982: Überlegungen zum lyrischen Ich, in: Zur Geschichtlichkeit der Moderne. Der Begriff der literarischen Moderne in Theorie und Deutung, hg. von Theo Elm und Gerd Hemmerich. München. 53–67.

Stern, Annemarie 1976: Lieder aus dem Schlaraffenland. Politische Lieder der 50er bis 70er Jahre. Oberhausen.

Stinde, Julius 1839: Der Liedermacher. Roman aus Neu-Berlin. Berlin.

Stocker, Peter 1998: Theorie der intertextuellen Lektüre, Modelle und Fallstudien. Diss. Universität Freiburg/Schweiz. München/Wien.

Strobach, Hermann 1980: Deutsches Volkslied in Geschichte und Gegenwart. Berlin (DDR).

Stürzinger, André 1990: Lieder-Macher. Zürich.

Suppan, Wolfgang 1966: Volkslied. Seine Sammlung und Erforschung. Stuttgart.

Susman, Margarete 1965: Vom Geheimnis der Freiheit. Gesammelte Aufsätze 1914–1964, hg. von Manfred Schlösser. Darmstadt/Zürich.

Sydow, Alexander 1962: Das Lied. Ursprung, Wesen und Wandel. Göttingen.

Szegedy-Maszak, Mihaly 1983: Forms of repetition in music and literature, in: Yearbook of comparative and general literature 32 (1983): 39–49.

Tarot, Rolf 1978: Structure and Reception, in: Yearbook of Comparative Criticism 8 (1978): 166–190.

Tavel, Rudolf von 1966: Simeon und Eisi. Bern.

Thalheim, Barbara 1988: Liedermacher in der DDR, in: Conaissance de la RDA 27 (1988): 43–50.

Timkovic, Ulrike 1990: Das Wortspiel und seine Übersetzung in slawische Sprachen. München.

Trexler, Roswitha 1979: Was der Sänger von Brecht lernen kann oder Meine Auffassung von Weill. Unter Mitarb. von Fritz Hennenberg, in: Brecht-Jahrbuch 1979: 30–45.

Tuchel, Hans Gerd (Hg.)/Franz Wellner (Übers.) 1942: Die Trobadors. Leben und Lieder. Bremen.

Tucholsky, Kurt 1968: Warum lacht die Mona Lisa?, hg. von Helga Bemmann. Berlin.

Turk, Horst (Hg.) 1979: Klassiker der Literaturtheorie. Von Boileau bis Barthes. München.

Valentin, Karl ^{6}1994: Gesammelte Werke in einem Band, hg. von Michael Schulte. München/Zürich.

Viglietti, Daniel 1986: Daniel Viglietti. Hg. von Mario Benedetti. Madrid.

Vogel, Benedikt 1993: Fiktionskulisse. Poetik und Geschichte des Kabaretts. Paderborn/Zürich.

Vogel, Thomas 1981: Das Chanson des Auteur-Compositeur-Interprète. Ein Beitrag zum französischen Chanson der Gegenwart. Frankfurt a.M./Bern.

Völker, Ludwig (Hg.) 1990: Lyriktheorie. Texte vom Barock bis zur Gegenwart. Stuttgart.

Vosz, Manfred (Hg.) 1968: Kürbiskern. Songbuch. München.

Wader, Hannes 1984: Alle Lieder. Hamburg.

Wagenbach, Klaus 1994 (überarb. Neuausgabe): Literatur der 60er Jahre. Berlin.

Wagenknecht, Christian 1965: Das Wortspiel bei Karl Kraus. Göttingen.

Wagenknecht, Christian 1981: Deutsche Metrik. Eine historische Einführung. München.

Wagenknecht, Christian (Hg.) 1988: Zur Terminologie der Literaturwissenschaft. Akten des IX. Germanistischen Symposiums der Deutschen Forschungsgemeinschaft, Würzburg 1986. Stuttgart.

Wagner, Richard 1988 [1840]: Eine Pilgerfahrt zu Beethoven. München u.a.

Walzel, Oskar 1926: Das Wortkunstwerk. Mittel seiner Erforschung. Leipzig.

Warnecke, Regina 1980: Kolloquium zu Kommunikationsmöglichkeiten im politischen Lied, in: Weimarer Beiträge. Zeitschrift für Literaturwissenschaft, Ästhetik und Kulturwissenschaften 26 (1980): 161–167.

Warning, Rainer (Hg.) 1975: Rezeptionsästhetik. Theorie und Praxis. München.

Wedekind, Frank 1967: Ich liebe nicht den Hundetrab, hg. von Helga Bemmann. Berlin.

Wegner, Bettina 1979: Wenn meine Lieder nicht stimmen. Mit einem Vorwort von Sarah Kirsch. Reinbek bei Hamburg.

Weinrich, Harald 1960: Interpretation eines Chansons und seiner Gattung, in: Die Neueren Sprachen 4 (1960): 153–167.

Weinrich, Harald 1971: Drei Thesen von der Heiterkeit der Kunst, in: Ders.: Literatur für Leser. Essays und Aufsätze zur Literaturwissenschaft. Stuttgart u.a.: 12–22.

Weinrich, Harald 1976: Semantik der kühnen Metapher, in: Ders.: Sprache in Texten. Stuttgart. 295–316.

Werres, Peter 1977: Die Liedermacher Biermann und Degenhardt 1960–1976. Eine Zwischenbilanz. Diss. Washington.

Widmer, Fritz 1974: Ds fromme Ross. Berndeutsche Balladen und Chansons. Bern.

Widmer, Fritz 1980: Die wüeschte u die schöne Tröim. Bern.

Wieland, Christoph Martin 1795: Geschichte des weisen Danischmend, in: Wieland's sämmtliche Werke, Bd. 8. Leipzig.

Wiora, Walter 1959: Der Untergang des Volksliedes und sein zweites Dasein, in: Das Volkslied heute. Referate der Tagung des Arbeitskreises für Haus- und Jugendmusik, Kassel, Oktober 1958. Kassel. 9–25.

Wiora, Walter 1971: Das deutsche Lied. Wolfenbüttel.

Wittgenstein, Ludwig 1984: Werkausgabe in 8 Bänden. Frankfurt a.M.

Würffel, Stefan Bodo 1975: „Mach die Augen zu". Sprachgebrauch in deutschen Schlagern mit didaktischen Modellen, in: Kommunikation. Aspekte zum Deutschunterricht, hg. von Erich Wolfrum. Baltmannsweiler. 293–320.
Zahn, Robert von (Hg.) 2002: Folk & Liedermacher an Rhein und Ruhr. Münster.
Zimmermann, Hans Dieter (Hg.) 1972: Lechzend nach Tyrannenblut. Ballade, Bänkelsang, Song. Berlin.
Zeller, Hans/Gunter Martens (Hg.) 1971: Texte und Varianten. Probleme ihrer Edition und Interpretation. München.
Zeller, Rosmarie 1988: Struktur und Wirkung. Bern/Stuttgart.
Zeller, Rosmarie 1992: Der Neue Roman in der Schweiz. Die Unerzählbarkeit der modernen Welt. Freiburg/Schweiz.
Zymner, Rüdiger 1991: Uneigentlichkeit. Studien zu Semantik und Geschichte der Parabel. Paderborn/Zürich.
Zymner, Rüdiger 1995: Manierismus. Zur poetischen Artistik bei Johann Fischart, Jean Paul und Arno Schmidt. Paderborn/Zürich.

Filmographie

Brassens, Georges/André Flédérick (Réal.) 1991: Les Géants du Music-Hall. Polygram Video.
Chanson Folklore Internationale 1966. Festival Burg Waldeck. Südwestfunk, Sendung aus dem Jahr 1966. Video. Mainz: Deutsches Kabarettarchiv.
Chanson Folklore International 1967. Festival Burg Waldeck. Unveröffentlichte Aufnahme von Reinhard Hippen. Video. Mainz: Deutsches Kabarettarchiv.
Wladimir Wyssotzkji. Erinnerungen an den russischen Liedermacher. Filmporträt. [o.J., ca. 1985]. Fernsehmitschnitt.

Zeitungs- und Zeitschriftenartikel

Artikel mit Autor

Bachmann, Mathias 1994: Liedermacher: Hannes Wader. Der alte Mann und das Lied, in: Züritip, 22.4.1994.
Bachmann-Geiser, Brigitte 2006: Der Sound der Berner Fasnacht, in: Der Bund, 2.3.2006.
Berczelly, Beate 1993: Der feurige und kämpferische Barde, in: Berner Zeitung, 1.7.1993.
Biermann, Wolf 1990: Schade, dass es in Deutschland so völlig anders anders wurde, in: Die Weltwoche, 30.8.1990.
Biermann, Wolf 1992: Ein öffentliches Geschwür. Wolf Biermann antwortet seinen Kritikern in einem offenen Brief an Lew Kopelew, in: Der Spiegel 3 (1992).
Born, Ernst 1993: „Wes Brot ich ess'...". Aernschd Born über Aernschd Born und seine politischen Lieder, in: Berner Zeitung, 30.10.1993.

Bossart, Josef 1994: Les choses de la vie, in: Der Bund, 16.11.1994.
Büttner, Jean-Martin 2002: Heiligsprechung des toten Troubadours, in: Tages-Anzeiger, 31.10.2002.
Diethelm, Cornelia 1992: Linard Bardill. „Frieden muss man täglich neu erfinden", in: Beobachter 24 (1992): 82ff.
Forster, Karl 1995: Der mit den Göttern scherzt, in: Süddeutsche Zeitung, 31.3.1995.
Friedli, Bänz 1990: Schweizer Liedermacher. „Und plötzlich singen sie wieder", in: Berner Zeitung, 10.11.1990.
Friedli, Bänz 1993: Rendez-vous mit dem lieben Gott, in: Berner Zeitung, 13.11.1993.
Friedli, Bänz 1994: Pippo Pollina. Erinnerungen an die Zukunft, in: Berner Zeitung, 18.4.1994.
Friedli, Bänz 2007: Chansonnier Mani Matter. MC Mani, unser erster Rapper, in: Berner Zeitung, 12.5.2007.
Fringeli, Dieter 1975: Kennet dir das Gschichtli scho...? Mani Matter und das Berner Chanson, in: Basler Nachrichten, 28.6.1975.
Giger, Bernhard 1993: Die Geschichte des Berner Songschaffens (2): Wie der Lehrer, Theaterleiter, Politiker und Troubadour Bernhard Stirnemann sich ‚sein' Paris nach Bern holt, in: Der Bund, 1.9.1993.
Grünigen, Heinrich von 1964: Bernische Troubadours im Rampenlicht. Cabaret „Schifertafele" im Theater am Zytglogge, in: Der Bund, 31.12.1964.
Lerch, Fredi 2002: Der Berner Matter-Herbst. So viel Didaktik im Sändwitsch, in: WoZ-Online, 31.10.2002. <http://www.woz.ch/archiv/old/02/44/6843.html#top> (14.12.2006).
Leuthold, Erich 1971: Mani Matter: Ratlosigkeit. Ein Sonntagsgespräch mit dem bekannten Berner Troubadour, in: Bieler Tagblatt, 19.3.1971.
Marti, Kurt 1968: Die Notiz, in: Die Weltwoche, 16.2.1968.
Marti, Kurt 1995: Interview. „Ich will nicht lebenslang und bis zum letzten Atemzug jener sein, der immer engagiert ist", in: SonntagsZeitung, 5.11.1995.
Matter-Müller, Regula 1990: Kunstschaffende im Baselbiet (VIII): Liedermacher Max Mundwiler. Den Alltag besingen, wie man ihn erlebt, in: Basler Zeitung, 3.11.1990.
Platz, Christian 1992: „Jetzt darf ich alles", in: Basler Zeitung, 29.12.1992.
Rentsch, Peter O. 1992: Wiesmanns leise Töne, in: Basler Zeitung, 9.11.1992.
Ris, Roland 1977: Die Mundartwelle – nur eine Modeerscheinung?, in: Neue Zürcher Zeitung, 26./27.11.1977.
Rothschild, Thomas 1980: Aesthetik, Persönlichkeit zerstört, in: Frankfurter Rundschau, 19.1.1980.
Schafroth, Heinz F. 1970: In Frage gestellt: Eine Institution? Zum Gastspiel der Berner Troubadours bei den Bieler Kulturtätern, in: Tagwacht, 2.4.1970.
Schmid-Cadalbert, Christian 1988: Mundart in der deutschen Schweiz. „Dich grüss ich noch mein Vaterland", in: Bücherpick 4 (1988): 81–87.
Stickelberger, Jacob 1974: Fleissig war er und verachtete die Fleissigen. Zu den Tagebuchnotizen von Mani Matter, in: Tages-Anzeiger, 6.12.1974.
Tobler, Konrad 2007: Schriftsteller Mani Matter. Literarischer Kurzstreckenläufer, in: Berner Zeitung, 12.5.2007.

Widmer, Fritz 1977: Das Schweizer Mundartchanson, in: Neue Zürcher Zeitung, 26./27.11.1977.

Artikel ohne Autor

Angefangen hat es so... Nichtigkeiten und Wichtigkeiten über die Schweizer Sänger, die am letzten Samstag im Lehrerseminar Rickenbach auftraten, in: Schwyzer Zeitung, 13.3.1970.

Chanson-Abend im Theater am Zytglogge, in: Berner Tagblatt, 25.9.1963.

Christof Stählin im Teufelhof. Geistreicher Sprachgenuss, in: Basler Zeitung, 5.2.1994.

Die Geschichte des Berner Songschaffens. Elf Folgen, in: Der Bund, 25.8.1993 bis 3.11.1993.

Hier gibt's keine Welt, nur die USA, in: Berner Zeitung, 10.9.1994.

Ich will ein Engel werden, in: Die Zeit, 9.10.1979.

In die Zange genommen: Mani Matter, in: Femina Nr. 19, September 1972.

Mustafa al Kurd. Tagebuch eines Liebenden, in: Der Bund, 18.3.1993.

Neue Berner Platten der Troubadours, in: Berner Tagblatt, 22.11.1966.

Peter Reber auf Tournee, in: Basellandschaftliche Zeitung, 24.9.1994.

Poesie, griif is Läbe ii, in: Basler Zeitung, 24.1.1994.

Schalk und verhaltene Poesie: die Berner Troubadours, in: Berner Tagblatt, 4.1.1967.

Sieben Männer und sieben Gitarren, in: Der Bund, 4.1.1967.

Singe, wem Gesang gegeben... Neues von den Berner Troubadours im ‚Theater im Zytglogge', in: Der Bund, Abendausgabe, 30.12.1965.

Theater am Zytglogge. Chansonabend, in: Der Bund, Abendausgabe, 25.9.1963.

Theater am Zytglogge. Chansons auf Bernerart, in: Berner Tagblatt, 3.1.1965.

Lexika und Nachschlagewerke

Autorenlexikon deutschsprachiger Literatur des 20. Jahrhunderts. Hg. von Manfred Brauneck. Überarb. und erw. Neuauflage. Reinbek bei Hamburg 1991.

Best, Otto F. 1982 (8., überarb. u. erw. Aufl.): Handbuch literarischer Fachbegriffe. Frankfurt a.M.

Beyer, Horst/Annelies Beyer 1985: Sprichwörterlexikon. München.

Der Brockhaus Musik. Komponisten, Interpreten, Sachbegriffe. Hg. von der Redaktion des Verlags F. A. Brockhaus. 3., aktualisierte und überarb. Aufl. Mannheim 2006.

Campe, Joachim Heinrich 1807–1811: Wörterbuch der Deutschen Sprache. Veranstaltet und herausgegeben von Joachim Heinrich Campe. 5 Theile. Braunschweig.

Collins English Dictionary. Glasgow ^{3}1991.

Cortelazzo, Manlio/Paolo Zolli 1979: Dizionario etimologico della lingua italiana. Bologna.

Devoto, Giacomo 1987: Nuovo vocabolario illustrato della lingua italiana. Milano.

Diccionario de la lengua española. Real Academia Española. Madrid 1992.

Diccionario ejemplificado de chilenismos y de otros differenciales del español de Chile. Academia Superior de Ciencias Pedagogicas de Valparaiso. 1984.

Duden Fremdwörterbuch. Hg. von Günther Drosdowski u.a. 6., überarb. u. erw. Aufl. Mannheim 1997.
Duden Herkunftswörterbuch. Etymologie der deutschen Sprache. Hg. von Günther Drosdowski u.a. 2., völlig neu bearb. u. erw. Aufl. Mannheim 1989.
dtv-Lexikon in 20 Bänden. Hg. von der Redaktion des Brockhaus. München 1990.
Enzyklopädie Philosophie und Wissenschaftstheorie. Unter ständiger Mitw. von Siegfried Blasche in Verbindung mit Gereon Wolters hg. von Jürgen Mittelstrass. 4 Bde. Mannheim u.a. 1980.
Gabrielli, Aldo 1989: Grande dizionario illustrato della lingua italiana. o.O.
Grimm, Jacob/Wilhelm Grimm 1885: Deutsches Wörterbuch. Bd. 6. Bearb. v. Moriz Heyne. Leipzig.
Das grosse Lexikon der Musik in acht Bänden. Hg. von Marc Honegger und Günther Massenkeil. Freiburg i. Br. u.a. 1978–1983.
Das grosse Wörterbuch der deutschen Sprache in sechs Bänden. Hg. u. bearb. vom Wissenschaftlichen Rat und den Mitarbeitern der Dudenredaktion unter Leitung von Günther Drosdowski. Mannheim u.a. 1976–1981.
Hempel, Friedrich Ferdinand 1826: Allgemeines deutsches Reimlexicon, hg. von Peregrinus Syntax. Leipzig.
Kluge, Friedrich 1989: Etymologisches Wörterbuch der deutschen Sprache. 22., völlig neu bearb. Aufl. von Elmar Seebold. Berlin.
Knörrich, Otto 1992: Lexikon lyrischer Formen. Stuttgart.
Lausberg, Heinrich 1960: Handbuch der literarischen Rhetorik. Eine Grundlegung der Literaturwissenschaft. München.
Lexer, Mathias 1974: Mittelhochdeutsches Handwörterbuch. 3 Bde. Stuttgart.
Literaturlexikon. Autoren und Werke Deutscher Sprache, hg. von Walther Killy u.a. 15 Bde., Bd. 13–14 hg. von Volker Meid. München 1988–1993.
Mater, Erich 1967: Rückläufiges Wörterbuch der deutschen Gegenwartssprache. Leipzig.
Meid, Volker 1999: Sachwörterbuch zur deutschen Literatur. Stuttgart.
Metzler Kabarett Lexikon. Hg. von Klaus Budzinski und Reinhard Hippen. Stuttgart/Weimar 1996.
Metzler Lexikon Literatur. Begründet von Günther und Irmgard Schweikle, hg. von Dieter Burdorf und Burkhard Moennighoff. 3., völlig neu bearb. Auflage. Stuttgart 2007.
Metzler Literaturlexikon. Hg. von Günther und Irmgard Schweikle. Stuttgart 1984/1990 (2., überarb. Aufl.).
Die Musik in Geschichte und Gegenwart. Allgemeine Enzyklopädie der Musik. Hg. von Friedrich Blume. Kassel u.a. 1949–1986; 2., neubearb. Ausgabe, hg. von Ludwig Finscher. Kassel. u.a. 1994ff.
Neues Handbuch der Musikwissenschaft. 12 Bde. Hg. von Carl Dahlhaus. Wiesbaden 1980–1992.
The New Shorter Oxford English Dictionary on Historical Principles. Hg. von Lesley Brown. Oxford 1993.
Nündel, Ernst (Hg.) 1979: Lexikon zum Deutschunterricht. München u.a.
The Oxford English Dictionary. Prepared by J.A. Simpson and E.S.C. Weiner. Oxford ^{2}1989.

The Random House Dictionary of the English Language. New York ²1987.
Reallexikon der deutschen Literaturgeschichte. Begründet von Paul Merker und Wolfgang Stammler. 2. Auflage, hg. von Werner Kohlschmidt u.a. 5 Bde. Berlin 1958–1988.
Reallexikon der deutschen Literaturwissenschaft (RLW). Neubearbeitung des Reallexikons der deutschen Literaturgeschichte. Bd. 1 (A–G) hg. von Klaus Weimar u.a., Bd. 2 (H–O) hg. von Harald Fricke u.a., Bd. 3 (P–Z) hg. von Jan-Dirk Müller u.a. Berlin/New York 1997/2000/2003.
Rechtschreibung der deutschen Sprache und der Fremdwörter. Hg. von der Dudenredaktion im Einvernehmen mit dem Institut für deutsche Sprache. 18., neu bearb. u. erw. Auflage. Mannheim/Wien/Zürich 1980 (=Der Duden in 10 Bänden, Bd. 1).
RLW=Reallexikon der deutschen Literaturwissenschaft
Robert, Paul ²1985: Le Grand Robert de la langue française. Dictionnaire alphabétique et analogique de la langue française. Paris.
Rupp, Heinz/Carl Ludwig Lang (Hg.) 1986: Deutsches Literatur-Lexikon. Biographisch-bibliographisches Handbuch. Begr. v. Wilhelm Kosch. 3., völlig neu bearb. Aufl. Bern.
Schischkoff, Georgi (Hg.) 1978: Philosophisches Wörterbuch. Begründet von Heinrich Schmidt. 21., neu bearbeitete Auflage. Stuttgart.
Trésor de la langue française. Dictionnaire de la langue du XIXe et du XXe siècle (1789–1960). Publié sous la direction de Paul Imbs. Paris 1971–1994.
Trübners deutsches Wörterbuch. Hg. von Alfred Goetze. Berlin 1939–1957.
Vocabolario della lingua italiana. Istituto della Enciclopedia Italiana. Roma 1985.
Wörterbuch der Literaturwissenschaft. Hg. von Claus Träger. Leipzig 1986.
Wilpert, Gero von 1989/2001 (8., verb. u. erw. Aufl.): Sachwörterbuch der Literatur. Stuttgart.

Register

Namensregister

Achleitner, Friedrich 135, 249
Aeberhard, Susi 297–300, 338, 352, 361, 366, 371
Åkerström, Fred 377
Albers, Hans 141, 291
Alice 33
Allmen, Hans-Ueli 21
Allmen, Ueli von 21
Ambros, Wolfgang 29
Andraschke, Peter 84
Andy und Frank 92
Ankli, Ruedi 33, 55
Aristoteles 73, 105, 142
Armstrong, Louis 141
Arnold, Heinz-Ludwig 16, 77f., 94, 146
Artmann, Hans Carl 121, 135f., 249
Ast, Florian 60, 126
Attenhofer, Rolf 121, 297–300, 319, 338, 350, 361, 366
Augustinus 142
Aznavour, Charles 148

Bach, Johann Sebastian 78, 142
Bachmann, Mathias 22
Bachmann-Geiser, Brigitte 22, 126
Baez, Joan 22, 33, 86, 124, 145, 340
Ball, Hugo 75, 310
Balsiger, Ulrich 134
Balzli, Ernst 354
Bänninger, Konrad 133
BAP 87
Barbara 362
Bardill, Linard 21, 30, 53, 367
Barisi, Mario 337
Bauer, Christa 145
Bauer Horn, Kristin 43, 148
Bäumlin, Richard 108
Bayer, Konrad 135, 249, 376
Bayer, Thommie 28

Béart, Guy 198, 248, 357, 362
(The) Beatles 124, 141, 272, 334, 377
Bebey, Francis 30
Bécaud, Gilbert 141
Beckett, Samuel 234
Beethoven, Ludwig van 73, 80, 124, 142
Bellmann, Carl Michael 377
Belz, Fernanda 111f.
Benn, Gottfried 169
Bennato, Edoardo 33
Béranger, Pierre-Jean de 16, 146
Berger, Marianne 303
Bergholz, Wilfried 22
Berlinger, Josef 131, 140
Berner Chansonniers 123
Berner Troubadours → *Sachregister*
Berner Trouvères 123
Beyond the Fringe 258
Bichsel, Peter 226, 358
Bierbaum, Otto Julius 199
Biermann, Wolf 12, 16–23, 30f., 34, 36, 39, 42–48, 50, 53f., 60, 62, 66, 68, 73–83, 86–90, 93f., 96, 98, 100f., 103, 105, 113, 124, 141–150, 156, 158, 160, 167–170, 178, 182, 188, 194–196, 199, 227, 249, 277, 291, 309, 311, 330, 340, 343, 358, 362, 371, 378f.
Big Bill Broonzy 22
Blaukopf, Kurt 149
Boock, Barbara 16, 18
Born, Ernst 20–22, 76, 87, 124, 128, 148, 152, 176f., 358, 372
Boss, Dagmar 55, 65, 77, 79, 88f., 158
Bossart, Josef 51, 92
Branduardi, Angelo 30, 33
Brassens, Georges 22, 32, 46, 55, 60, 74, 78, 99, 110, 124, 141, 144, 148f.,

427

198, 200, 203, 227, 248, 279, 291, 309, 339–349, 356f., 361f., 369
Brauer, Arik 148
Braun, Volker 169
Braungart, Wolfgang 268
Brecht, Bertolt 39, 48, 53, 81, 83, 88, 98, 142f., 146, 168, 199, 239f.
Brednich, Rolf Wilhelm 25
Brel, Jacques 32, 84, 148, 356, 362
Bruant, Aristide 356
Brückner, Wolfgang 20, 23–26, 44, 146
Brunner, Horst 64, 99
Buber, Martin 142, 232
Budzinski, Klaus 19, 25, 84, 144, 167
Bullivant, Keith 30, 34
Bultmann, Rudolf 142
Bungter, Georg 92
Burkhardt, Adolf 291, 295, 339, 349
Burda, Rudi 83, 148
Burdorf, Dieter 66, 98f., 134, 159, 166, 170f.
Burren, Ernst 128, 135, 249, 359
Burri, Peter 33, 55

Campe, Joachim Heinrich 57
Camus, Albert 226, 234, 237, 262
Carmela 368
Carnap, Rudolf 38f., 49, 54
Caruso, Enrico 140
Celan, Paul 173
Chaplin, Charly 228, 286
Chaucer, Geoffrey 264
Chesterton, Gilbert Keith 235, 258
Chevalier, Maurice 141
Chevreau, Colette 347
Cicero 88
Cistov, Kirill & Cistova, Bella 36, 53
Coers, Andrea 53, 81
Cole, Nat „King" 140
Collenberg, Cristian 59
Coltrane, John 124
Comedian Harmonists 141
Cosima, Roger 357
Crosby, Bing 141

Dahlhaus, Carl 71
Dalla, Lucio 33
Dällenbach, Kari 73, 223, 252, 377
Daniele, Pino 33
Dante Alighieri 142
Danzer, Georg 29, 86f., 148
Davenport, Bob 147
Day, Doris 141
De André, Fabrizio 33
Degenhardt, Franz Josef 21, 23, 25, 45, 53, 60, 74, 79, 83, 86f., 93, 96, 100, 124, 144, 146, 148–150, 152, 167, 177, 340, 343, 358, 362, 377
Degenhardt, Martin 141
Dejung, Christof 126, 141, 145–148
Demmer, Erich 83, 148
Diabelli, Antonio 198, 274
Diem, Martin 32, 123, 125, 130
Dietrich, Marlene 140
Dillier, Julian 128
Dilthey, Wilhelm 159
Dimitri 365
Dinescu, Mircea 169
Doebeli, Joy → *Matter, Joy*
Donnenberg, Josef 136
Du Bois, Pierre 114
Dürrenmatt, Friedrich 12, 226, 358
Dylan, Bob 22, 33, 86, 100, 124, 145, 340

Eckersberg, Erwin 182
Eggimann, Ernst 135, 249, 359
Eicher, Stephan 60, 85, 87, 113, 125
Eickelberg, Wolfgang 92
Eisler, Hanns 61, 77, 81, 192
Elsner, Jürgen 88
Emil 92, 227, 367
Erste Allgemeine Verunsicherung 87

Fahrer, Rosmarie 110, 122, 292, 297f., 300, 302, 352, 361
Faulstich, Werner 72, 85f.
Feigenwinter, Max 125
Feldman, Marty 116
Feldman, Morton 72

Feliciano, José 30
Fendrich, Rainhard 29, 86
Ferguson, Charles 135
Ferrat, Jean 347
Ferré, Léo 32, 148, 356f., 362
Ferrer, Pedro Luis 22
Fesl, Fredl 29, 82
Fischer-Dieskau, Dietrich 68
Fischer-Lichte, Erika 101
Fitz, Lisa 22, 29
Fleischer, Michael 193
Fleming, Paul 371
Fluck, Hans Rüdiger 136
Flüe-Fleck, Hanspeter von 125
Folz, Hans 287
Forster, Karl 22
Frank, Horst Joachim 199, 204f.
Frauchiger, Urs 67, 78, 100, 114, 128, 231, 291f., 295
Freundlieb, Dieter 38
Fricke, Harald 38f., 61, 65, 69f., 75, 113, 127, 129, 158f., 163, 172, 213, 247, 255, 259, 267, 277
Friedli, Bänz 21f., 33, 79
Fringeli, Albin 129
Fringeli, Dieter 12, 109, 113f., 129, 240, 255
Frisch, Max 115, 142, 226, 282, 307, 358
Frorath, Günter 92
Früh, Kurt 73, 112
Fuchs, Gerhard 136

Gaber, Giorgio 33
Gabriel, Gottfried 38, 90, 212, 235
Galitsch, Aleksander 22, 79
Gay-Lussac, Joseph Louis 142
Geiler, Voli 285, 353, 357
Gerber, Christian 18, 36
Gerber, Hans-Ulrich 92
Gerber, Martin 297f., 300
Gernhardt, Robert 159
(The) Gerry Mulligan Quartet 141
Giger, Bernhard 21, 23
Glanzmann, Max-Jürg 87, 100, 124, 144
Glasmeier, Michael 84

Goethe, Johann Wolfgang von 15, 58, 62, 133, 142, 209, 213
Goffman, Erving 157
Gogh, Vincent van 142
Gomringer, Eugen 135, 376
Gottsched, Johann Christoph 88
Gould, Terry 147
Grass, Günter 168
Grasshoff, Fritz 92
Grimm, Jacob & Wilhelm 17, 36, 56–58
Grönemeyer, Herbert 87
Grünigen, Heinrich von 21, 122, 299, 350, 354
Guilbert, Yvette 80, 89, 149
Guthrie, Woody 22, 89

Haas, Walter 20, 124f., 131, 135f., 138, 246, 254
Haaser, Rolf 275
Hadorn, Bänz 92
Hagedorn, Friedrich von 16–18, 36, 39
Hai & Topsy 141
Haid, Hans 19, 41, 98
Halder, Nold 161
Hamburger, Käte 159
Hammer, Jean-Pierre 16, 78, 89, 141
Harbeck, Hans 296
Harris, Rolf 110, 141, 258, 378
Haupt, Sabine 114
Hauzenberger, Martin 21
Havemann, Robert 169
Hedemann, Walter 52, 83, 148
Hegel, Georg Wilhelm Friedrich 142, 220
Heidegger, Martin 226
Heilinger, Higi 32, 123, 125, 130
Heimann, Alexander 337, 370
Heimann, Kerstin 301f., 361
Heimann, Walter 148, 167, 176
Heine, Heinrich 146, 168, 205f., 209, 227, 274
Heiniger, Tinu 21, 53, 124, 152, 177
Heissenbüttel, Helmut 72
Heller, André 86f., 148
Helmstädt, Carl 287
Hempel, Friedrich Ferdinand 16–18, 36

429

Hendrix, Jimmy 124
Henel, Heinrich 159
Henke, Matthias 22f., 32, 51, 87, 141f., 144, 146, 149
Henningsen, Jürgen 157
Hepp, Fred 19
Heraklit 142
Herder, Johann Gottfried 58
Hermlin, Stephan 168
Heusler, Andreas 197
Heym, Stefan 169
Hildebrandt, Dieter 182
Hinderer, Walter 43
Hippen, Reinhard 19, 40–42, 44, 46–48, 83, 97f., 144
Hirsch, Ludwig 29, 86
Höck, Bruno 21
Hofer, Polo 60, 87, 125f.
Hoffmann, Fernand 131, 134, 140
Hoffmann, Klaus 28f.
Hohl, Ludwig 114, 132, 140, 142, 213, 292
Hohler, Franz 12, 21, 27, 55, 67, 75f., 82, 93, 100, 107–122, 125, *127–130*, 137f., 142–144, 148f., 174, 184, 214, 216f., 221, 227, 230f., 234, 239, 250, 258f., 267f., 277, 279f., 288, 291f., 313–315, 317, 323, 329, 331, 371f.
Hölderlin, Friedrich 168
Holzapfel, Otto 41f., 46, 48f.
Hönes, Winfried 19, 23
Horaz 42, 48f., 237
Hornig, Michael 36, 41, 48, 52f., 65, 99, 149, 158, 271
Hostettler, Urs 148, 372
Huber, Hans 108
Hubler, Hans Rudolf 297f., 300
Huchel, Peter 169, 194
Huff, Hartmut 16, 25, 28f., 34, 52, 87, 144, 149
Hugi, Beat 153, 285, 291
Hüsch, Hanns Dieter 27, 52, 55, 70, 75, 82f., 147, 358
Hüschen, Heinrich 70
Huthmacher, Karin & Dieter 91

Ibáñez, Paco 22, 368
Ihme, Burkhard 26f.
Imbert, Charles 46, 88, 146, 149
Insterburg & Co 147

Jaggi, Rosalie 300
Jakobson, Roman 59, 81
James, Barbara → *Boock, Barbara*
Jandl, Ernst 81, 159, 188, 249, 376
Jansen, Fasia 145
Jaspers, Karl 211, 213f., 226, 234
Jauss, Hans Robert 134
Jegge, Jürg 124, 177, 193, 372
Jewtuschenko, Jewgeni A. 169
Joana 22, 29
Joint Venture 53, 92
Jordi, Francine 126
Jost, Peter 63
Jundt, Werner 123
Jungheinrich, Hans-Klaus 77
Jürgens, Udo 87

Kahlau, Heinz 169
Kahle, Jürgen 141
Kaiser, Rolf-Ulrich 16, 19f., 23, 44, 48, 52f., 82, 84, 99, 141, 144, 147
Kannmacher, Tom 43
Kant, Immanuel 142, 211, 274
Kappeler, Alex 21, 124f.
Kappeler, Friedrich 107, 112, 126, 231
Karbacher, Daniel 51
Kästner, Erich 199
Kaye, Danny 141
Kayser, Wolfgang 197
Kerbs, Diethart 88, 141
Kerschkamp, Dieter 29
Kierkegaard, Søren 226, 234
Kiesewetter, Knut 29
Kim Shi-Ha 169
Kirchenwitz, Lutz 22, 51, 53, 87, 146f.
Kirsch, Rainer 169
Kirsch, Sarah 169
Klabund 141
Kleist, Heinrich von 142
Klönne, Arno 141

Kluge, Friedrich 56
Klusen, Ernst 40, 42, 45, 58, 148, 167, 176
Knechtle, Andrea 96, 141, 183, 195
Knörrich, Otto 321
Koch, Christoph 19
Köhl, Gudrun 287
Köhler, Peter 160, 258–260, 275
König, Helmut 141, 146
Krähenbühl, Peter 123
Kräuchi, Urs 99, 299–302, 337f., 353, 361, 366, 371
Kraus, Karl 133, 142, 236, 243
Krebs, Ruedi 75, 87, 116, 148, 285, 291, 294, 296, 299–310, *336–340*, 350, 361f., 364, 366, 370, 378
Krebs-Schädelin, Änni 120, 285, 291
Kreisler, Georg 39, 46, 48, 74, 81, 86f., 93f., 100, 105, 141, 144, 199, 257
Kröher, Hein & Oss 44, 46, 53, 87–89, 98, 141, 145–147, 150, 328
Kròl, Wojciech 30, 36, 53
Kroon, Nico 87, 141, 145f., 158
Kross, Siegfried 31, 57, 82
Krtschil, Henry 81
Krüger, Mike 82
Kühn, Georg-Friedrich 78
Kühn, Volker 93
Kunert, Günter 169
Künzler, Johannes 132, 140
al Kurd, Mustafa 22, 55

La Barbara, Joan 72
La Farge, Peter 33
Lajarrige, Jacques 136
Lamping, Dieter 66, 159
Lang, Carl Ludwig 132
Laotse 142
Lassahn, Bernhard 22, 68, 87, 109, 113, 125, 146f., 156, 167
Leander, Zarah 141
Lear, Edward 258
Lebedewa, Katja 36
Lec, Stanislaw Jerzy 169
Lechtenbrink, Volker 29

Leclerc, Félix 32, 141, 198, 362
Lehmann, Hannes-Peter 20
Lehner, Peter 75, 114, 116, 121, 199
Lennon, John 100, 124
Lenz, Max Werner 353
Lerch, Fredi 108, 122, 126, 139, 151
Lerch, Hansruedi 223
Lessing, Gotthold Ephraim 142
Leuenberger, Moritz 134
Lévi-Strauss, Claude 81
Lichtenberg, Georg Christoph 114, 133, 142
Liersch, Werner 23
Lietha, Walter 21
Lilienfeld, François 303, 366
Lindau, Dietrich 29
Lindenberg, Udo 87
Lunik 60

McCartney, Paul 100
MacKintosh, Iain 30
Manger, Jürgen von 92
Mans, Patricio 169
Mansfield, Katherine 133
Mar Bonet, Maria del 169
Marcuse, Herbert 142, 226
Marti, Kurt 46, 68, 109, 121, 128, 130, 135, 138f., 249, 359
Marx, Karl 46, 133, 142, 194, 220, 313
Massenkeil, Günther 31
Mater, Erich 16
Matter, Joy 107f., 110, 114, 116, 119, 129, 187, 293, 295, 317, 339, 371, 378
Matter-Müller, Regula 22, 124
Maurer, Philipp 21, 36, 48, 65, 156, 158, 184
Maxstadt, Karl 287
Mehring, Walter 81, 141, 199, 357
Meier, Andreas 56, 63
Meier, Gerhard 372
Meier, Martin 114
Meinecke, Ulla 29
Mettler, Dieter 58
Mettler, Heinrich 113

431

Meuer, Peter 16, 19f., 23
Mey, Reinhard 12, 21, 25, 60, 83, 86, 124, 144, 147f.
Meyer, Urs 42f., 153, 212, 235, 241
Michel, Georg 257
Michl, Willy 29
Milewsky, Gerhard 20, 25, 31
Miller, Henry 142
Milligan, Spike 258
Mingels, Annette 226
Mirrow, Diana 30
Monk, Meredith 72
Montand, Yves 32, 141, 148
Morak, Franz 29
Morath, Walter 285, 353
Morgenstern, Christian 142, 160, 235, 258, 291, 342
Morsey, Rudolf 145, 147f.
Mortier, Jean 36
Moser, Hans Albrecht 133
Mossmann, Walter 21, 29, 48, 60, 83, 87, 90, 96, 124, 141, 144, 148, 152, 167, 177
Mouloudji, Marcel 140
Moustaki, Georges 30, 32, 39, 148
Mozart, Wolfgang Amadeus 142, 372
Mühlethaler, Hans 108
Mühsam, Erich 141, 199
Mukařowský, Jan 172
Müller, Dominik 129, 132
Müller, Heiner 169
Müller, Ulrich 99
Müller, Véronique 29, 87
Müller, Wolfgang G. 255
Mundwiler, Max 21, 124
Musil, Robert 142

Nägele, Rainer 159
Nannini, Gianna 33
Nestroy, Johann 287
Neuss, Wolfgang 19, 79, 82f.
Nicca, Christian 361
Nilsson, Ruben 372f.
Novak, Helga M. 169
Nussböck, Fritz 148

Nyffeler, Max 23, 43, 76, 98, 167

Ochs, Phil 33
Oehlmann, Werner 31
Oesch, Andreas 123
Oesterle, Günter 275
Okudzava, Bulat 22, 79, 89
Oswald von Wolkenstein 68
Ott, Volker 321
Ottmers, Clemens 156

Papa Geis 287
Papa Kern 287
Parra, Violeta 22
Patachou 141
Paulin, Don 125
Paxton, Tom 33
Pelagius 142
Peltzer, Karl 296
Percy, Thomas 58
Petersen, Klaus 143
Petrov, Igor A. 114
Petzoldt, Leander 141
Pezold, Klaus 113, 129, 240
Pfister, Manfred 157, 172
Pfister, Margrit 309, 339, 366
Plato 142, 211
Plaut, Josef 182
Plett, Heinrich F. 255–257, 263f.
Pluhar, Erika 98
Pohl, Gerhard 204, 209
Pollack, Gusti 21
Pollina, Pippo 30, 83
Pörtner, Joachim 24
Prenn, Reinhard 113, 125, 381, 398
Proust, Marcel 262
Probst-Effah, Gisela 20, 141
Pulver, Elsbeth 121, 129–131

Radlmaier, Stefan 28
Raimund, Ferdinand 287
Ramseyer, Hugo 110, 123, 125, 297–302, 320, 337f., 349f., 361, 366, 370
Ramuz, Charles-Ferdinand 116
Rapp, Else 16

Reber, Peter 29, 87
Rehrmann, Norbert 158
Rentsch, Peter O. 146
Reutter, Otto 89f.
Reynolds, Malvina 33
Riesmann, David 142
Rilke, Rainer Maria 237, 291, 342
Ringelnatz, Joachim 141, 143, 215, 262, 294, 325, 332, 342
Roelli, Hans 83, 144
Rogler, Richard 182
Rögner, Stephan 24
Rohland, Peter 98, 141, 148
Röhrich, Lutz 58
Rölleke, Heinz 58, 68
(The) Rolling Stones 334
Rorschach, Hermann 187
Rosenplüt, Hans 287
Rösler, Walter 77, 80
Roth-Hunkeler, Theres 108
Rothschild, Thomas 16, 21–23, 26f., 36, 47, 51, 78, 87, 96, 98, 100, 141, 144, 160
Rowald, Reiner 145
Rudorf, Reginald 25, 44, 86, 109, 146, 149
Rüedi, Werner 137
Rühm, Gerhard 135, 249, 310
Ruiss, Gerhard 113, 125
Rumpelstilz 125
Rundell, Richard J. 30, 34, 36
Rupp, Heinz 132
Rusterholz, Peter 130f.
Russell, Bertrand 142
Ruttkowski, Wolfgang Victor 94, 156–158, 165, 269, 271

Salmen, Walter 18f.
Salzer, Marcell 182
Santos, Carlos 72
Saussure, Ferdinand de 12, 249
Sauvage, Catherine 141
Savopoulos, Dionysos 22
Schädelin, Klaus 107, 110f., 120, 152f., 285f., 288, 291, 338–342

Schafroth, Heinz F. 129, 180
Schärer, Andreas 214
Schauwecker, Marianne 380
Scheibner, Hans 29
Scher, Steven Paul 72, 77
Schiller, Friedrich 142, 158, 163
Schilling, Konrad 146
Schischkoff, Georgi 214, 221, 235
Schmezer, Guido 282–284, 288
Schmezer, Ueli 113
Schmid, Peter A. 108
Schmid-Cadalbert, Christian 34f., 109, 130, 135f.
Schmidt, Felix 141
Schmidt, Siegfried J. 90
Schmidt-Rhaesa, Philipp 44
Schmitt, Eva Maria 138
Schneider, Herbert 31
Schneider, Peter 169
Schneyder, Werner 182
Schobert & Black 91f., 141, 147
Scholz, Bernhard F. 42
Schöne, Gerhard 86
Schöne, Reiner 147
Schönfelder, Günter 84
Schopenhauer, Arthur 142
Schröder-Devrient, Wilhelmine 80
Schubert, Franz 69f., 73, 78
Schulz, Armin 59
Schulz-Koehn, Dietrich 46, 53, 146
Schumann, Robert 70, 73
Schwarz, Petra 22
Schwendter, Rolf 21, 93, 144, 148
Seeger, Pete 33, 124, 145
Sellner, Reinhart 148
Semmer, Gerd 99, 145
Shakespeare, William 133, 142, 227
Shirley & Colin 147
Siffer, Roger 29
Silbergleit, Ludwig Georg 16, 36
Silesius, Angelus 15
Sokrates 142, 218, 325
Solbach, Andreas 130f.
Soldmer, Helmut 99
Sölle, Dorothee 142, 232

Sommer, Lorenz 92
Sønstevold, Gunnar 149
Spicker, Friedemann 114, 130
Spieltrieb 92
Sperr, Monika 175
Spinner, Kaspar H. 159
Stadler Elmer, Stefanie 63
Stählin, Christof 26, 43, 48, 74, 83, 90, 93, 99, 124, 141, 144, 148, 306, 380
Staiger, Emil 159
Stebler, Jakob 300
Steinbeck, John 37
Steinberger, Emil → *Emil*
Steinbiss, Florian 27, 141, 145f., 149
Steinitz, Wolfgang 98, 146
Stephens, Anthony 159
Steputat, Willy 296
Stern, Annemarie 84, 176
Stettler, Luzia 153, 285, 288
Stickelberger, Emmanuel 340
Stickelberger, Jacob 73, 86f., 106, 110, 112, 116f., 130, 137, 148, 192, 208, 285f., 291, 294–296, 303–312, 318–320, 329, 338, *340–346*, 354f., 363, 366, 371, 378, 380
Stinde, Julius 18, 36
Stirnemann, Bernhard 43, 83, 86, 93, 121f., 138, 144, 148, 183, 257, 279, 285, 294, 296–309, 337–339, 344, *347–363*, 366–368, 370
Stocker, Peter 159
Stodtmeister, Walter 141
Strachey, Edmund 259
Strawinsky, Igor 116, 292
Streich, Albert 217
Strobach, Hermann 146
Stuber, Ruedi 309, 339, 366
Stuck, Elisabeth 191
Stürzinger, André 27, 109
Stütz, Hannes 145, 148
Sulke, Stephan 29, 86
Suppan, Wolfgang 209
Susman, Margarete 158f.

Süverkrüp, Dieter 28, 48, 76, 79, 87, 92, 99, 124, 144f., 148, 152, 167, 177, 257, 358, 368
Sydow, Alexander 82
Sylvestre, Anne 347, 362
Syntax, Peregrinus → *Hempel, Friedrich Ferdinand*
Szegedy-Maszak, Mihaly 69
Tardieu, Jean 234, 351
Taube, Evert Axel 373
Tavel, Rudolf von 139
Tellenbach, Susi 123
Thales 142
Thalheim, Barbara 22, 86
Thomas von Aquin 224
Thyssen, Achim 138
Tieck, Ludwig 17, 36
Tobler, Konrad 116, 211, 234
Traber, Barbara 370
Traber, Markus 53, 76, 111, 141, 148, 257, 294, 301–303, 306–309, 338, 355, 357, *361–370*
Träger, Claus 31
Trakl, Georg 227, 292
Tschudi, Fridolin 357
Tuchel, Hans Gerd 24
Tucholsky, Kurt 81, 141, 357
Turner, Gil 33

Valentin, Karl 141f., 228, 249, 258, 286f.
Valentine 141
Vate, Nancy van de 310
Veen, Herman van 29, 86
Vian, Boris 32, 148
Viglietti, Daniel 21, 55
Villon, François 79, 99, 146, 168, 198, 227, 291
Vogel, Benedikt 38, 66, 89–92, 94, 100f., 157f., 171, 173f., 195
Vogel, Thomas 46, 149, 158
Völker, Ludwig 173
Vosz, Manfred 68, 141, 145, 167, 176
Vreeswijk, Cornelis 22, 371–373, 377, 379

Waalkes, Otto 82, 92, 147
Wachsmann, Michael 93, 99, 141
Wader, Hannes 21, 53, 60, 68, 74, 83, 86f., 90, 93, 100, 141, 144, 147f., 166f., 199, 358, 376
Wagenknecht, Christian 71, 197, 200, 205f., 209, 242–244
Wagner, Richard 51, 80
Walther von der Vogelweide 99
Walzel, Oskar 159
Watzlawick, Paul 374
Weber, Jan 141
Weber, Peach 82
Webern, Anton von 292
Wecker, Konstantin 21, 29f., 72, 83–87, 148
Wedekind, Frank 81, 88, 150, 199
Wegner, Bettina 22, 29, 83, 86, 177
Weill, Kurt 78, 81
Weinrich, Harald 94, 158, 205
Weiss, Oskar 123
Wellner, Franz 24
Werger, Stefanie 175
Werres, Peter 24, 45, 48, 65, 144, 158
White, Josh 336
Widmer, Fritz 11, 14, 64f., 73f., 79, 86f., 94, 108–119, 121, 127, 130, 137, 142f., 148, 150, 182, 189, 192–194, 211, 217, 226–228, 230, 232, 239, 250f., 259, 261f., 267f., 272, 282, 285f., 291, 294–312, 318–320, 323, 328, 336–338, 341, 344, 348, 350, 361–364, 366, *370–380*
Wiehe, Mikael 372, 379
Wieland, Christoph Martin 17, 36
Wiener, Oswald 135, 249
Wiesmann, Dieter 21, 124, 148
Wilpert, Gero von 16, 31f., 35, 39, 42, 45, 48f., 58
Wiora, Walter 58, 63, 66, 69, 71, 79, 204
Wirz, Christine 110, 113, 121, *127–130*, 133f., 152–155, 197, 242, 249, 251
Wischenbart, Rüdiger 136
Wittgenstein, Ludwig 197, 211
Wolf, Christa 169

Wollenberger, Werner 353, 357
Wörtche, Thomas 321f.
Würffel, Stefan Bodo 46
Wüthrich, Werner 372
Wyssotzkij, Wladimir 22, 55, 79, 89
Wyttenbach, Jürg 67, 114–116, 142, 199, 291f., 295f., 310, 349, 376

Yupanqui, Atahualpa 22, 169

Zappa, Frank 100, 334
Zedi, Fred 302
Zimmermann, Hans Dieter 141
Zittelmann, Ernst 52
Züger, Markus 128, 151–154
Zuppiger-Matter, Helen 114
Züri West 60, 113, 125
Zymner, Rüdiger 127, 172, 247, 273–275

Sachregister

1968er-Bewegung 46, 146, 148, 153
absurd 133, 155, 167, 187, 226, 229, 234, 237, 239, 253, 258, 268, 327
Adressat 137, 170, 173, 175, 178, 217, 256, 261
Alleinunterhalter 182, 309
Alltagspoesie → *Sachlichkeit*; → *Sprache*
Analogieschluss 305
Anleihe → *Intertextualität*
Anschaulichkeit 128, 174, 309, 328, 332
APO 146, 148
Autor 17f., 23, 32, 39f., 51f., 54f., 59, 65, 98, 108, *156–170*, 275, 353
Autorenlied → *Lied*
Autorenlied-Kunst 55f., *61–105*, 143, 158, 161, 193, 241, 297, 325
Autorenlied-Programm → *Programmorganisation*
Autorinnen und Autoren der Schweiz (AdS) 108

Bänkelsang → *Gattungen, Moritat*
Berner Troubadours
– allgemein 89–91, 112, 123, 125, 189, 295f., 356, 362, 364, 379
– Geschichte 144f., 285, 294, 297, 299, 303–319, 337–344, 354, 360, 365f., 370–373
– Gründung 144
– Interviews 331–380
– *Kabarett Schifertafele* 122f., 299–301, 337, 339, 350, 353–355, 361, 365f.
– *Kleintheater Luzern* 184–190, 317–320, 367f.
– *La Cappella* 198
– *Mahogany Hall* 30, 367f.
– Name 20f., 123, 299, 354
– Programme 73, 76, 91, 93, 111, 122, 172, 183f., 188, 198, 279, 295–323, 375

– *(Die) Rampe* 93, 111, 286, 303, 334, 338, 350f., 354, 362, 366–370
– *Theater am Hechtplatz* 313f.
– *Theater am Zytglogge* 121, 123, 129, 297, 301, 309, 349–351, 353, 361, 365–367
– *Theater Bernhard* 311f., 319, 367f.
– *Theater Fauteuil* 112, 308, 316, 319, 368
Beschreibungsinstrumentarium 247
Bildnerisches Werk 118
Bindetext → *Conférence*
bosseln 296, 345
Brief 11, 108, *114–118*, 121, 127, 130, 137, 211, 232, 250f., 281f., 295–297, 307–310, 339, 356, 375–377, 388–393
Bühnensprecher 157f., 161, 164, 166, 169, 172, 179f., 180, 263, 274, 279
Burg Waldeck → *Festivals*

Cambridge 108, 111, 117, 122, 211, 296, 308, 310, 312, 315, 317f., 376, 393
clownesk *162–166*, 169f., 177–181, 223, 252, 257f. 263
Code 101, 158, 241
Collage 118
Comedian → *Theater, Kabarett*
conclusio 128, 167–169, 174, 229, 260f., 264, 266, 268f., 273f., 282f., 286, 290, 332
Conférence 76, 82, 85, 91–97, 103f., 115, 117, 141, 160f., 171, 173, 179–183, 185f., 188, *190–196*, 295, 302, 309, 311, 313, 315f., 322, 326
cumulatio 128, 131, 153, 155, 164, 207, 210, 216, 244, 247–249, 251, 306, 309, 322, 326

Darstellerfigur 157f., 161, *165–170*, 180, 263

Defiktionalisierung 136, 158, 161, 236, 241, 243, 326
Demaskierung 154, 327
Dialekt 12f., 29f., 113, 115, 122–125, 128–131, *134–140*, 143, 150, 206, 231, 240, 246, 249, 254, 282, 286, 292, 325, 328, 332f., 340f., 347, 349f., 354, 360, 381
Dialogizität *171–174*, 353
Diglossie 135
Drama → *Theater*

Edition 68, 106, 109, 115, 119f., 287
Emotionalität 33, 84, 168, 200, 231, 282, 377
Empirie → *Nonsens*
Empirisches Ich *159–161*, 169
Engagement → *Literatur*
Epimythion → *conclusio*
Ernst 11f., 90, 131, 133, 150, 153f., 163, 165, 180, 189f., 195f., 205, 242, 256, 261, 264, 269, 271, 275, 310, 318, 323, 335
Erweiterung 200f., 208, 243f.
Explikation 11, *15–104*

Fatalismus 133, 228
Festivals
– Burg Waldeck 24, 44, 46, 141, *145–147*, 301
– *Essener Songtage* 93
– Gurten 373
– Lenzburg 20, 184, 319, 373
– Newport 145, 147
– Ostberlin 147
– Solothurn 20
– Woodstock 124
Figuratives Ich *158–162*, 169
Fiktion 88–90, 93, 96, 101, 104, 115, 153, 157–162, 170, 275
Fiktionskulisse 161, 171, 263
Fremdwort-Einsatz 140, 209f., 230f., 260
Funktion 13, 29, 42–44, 48, 51, 59, 64, 66, 72f., 76, 82, 84f., 98, 119, 127f., 135f., 138, 140, 147, 152, 154, 156–158, 162, 164, 186f., 192–199, 204f., 210, 216, 231, 242, 251, 269, 271, 275, 285, 290, 325, 327

Gattungen
– allgemein 50, 52–56, 64–67, 85, 93, 105, 114, 134, 137, 140, 142, 155, 192, 238, 267–275, 325, 328f.
– Aphorismus 114, 137, 221, 255
– Ballade 52, 99, 133, 156, 171, 200, 204, 240, 258, 261, 268, 273, 307, 322, 328
– Beispielgeschichte 274, 326
– Bericht 152, 238, 333, 369
– Couplet 50, 55, 90, 156, 192, 200, 241, 267, *269–271*, 273
– Detektivgeschichte 322
– Dinggedicht 237, 238, 241
– Exempel 274, 328
– Fabel 275, 328
– Gleichnis 274
– Grossstadtlyrik 267
– Kriminalgeschichte *320–323*
– Liedgattungen → *Lied*
– Märchen 115, 273, 275
– Moritat 29, 50, 52f., 55, 81, 133, 156, 174, 178, 180, 204f., 228, 241, *267–269*, 271, 273f., 322, 326, 328
– Parabel 131–133
– Rätsel 252, 275
– Reportage 133, 142, 238
– Sage 138, 193, 267
– Vergleich 220, 274
– Witz 133, 228, 243, 252, 261, 275, 332, 348, 358
Gedicht 22, 51, 57, 61, 63, 66f., 71, 75, 82, 85, 115f., 126, 131, 135, 137, 139, 156, 159f., 166, 170f., 173, 197f., 202, 205, 237, 251, 253, 281–284, 292, 296, 310, 322
Gesang → *Vortrag*
Gitarrenspiel 27, 36, 40f., 78–84, 102, 150, 158, 336, 339, 345–352, 358, 361, 364, 368, 370

437

Groteskes 13, 133, 220, 236, 241, 268, *275–277*
Gruppe Olten 108

Hallo → *Pfadfinder*
handgemacht 33, 50, 83, 104, 149
Häufung → *cumulatio*
Hintergründigkeit 240
Humor 89f., 131, 133, 168, 180, 186–190, 223, 269, 310, 318

Ich → *Figuratives Ich*
Idiom 30, 134f., 137, 253–255
Impressionismus 118
Individualismus 25, 28f., 51, 362
Instrumentierung 40f., 54, 70, 72, 74–76, 78, 83–87, 89, 91, 98, 101–104, 158, 182, 187, 260f., 297, 299, 332
Intention 226, 256f.
Intertextualität 27, 39, 48, 78, 88, 98, 100, 107, 113, 123f., 126, 135, 141f., 145–147, 213, 219, 227, 233, 248, 258, 272, 274, 276, 280–282, 291, 295, 309, 316, 325f., 339–344, 347, 355–358, 361-363, 371–373, 376f.
Ironie
– allgemein 13, 138f., 155, 241, *255–258*, 263, 274, 290
– *dissimulatio* 162, 229, *256–258*, 292, 305, 310, 322, 326f.
– *simulatio* 256f., 305, 307, 314, 322, 326

Junges Bern 107, 148, 152, 285, 288

Kabarett → *Theater*
Kabarett Schifertafele → *Berner Troubadours*
Kinder(lyrik) 25, 60, 137, 198, 213, 238f., 242, 262, 268, 378f.
Kleinkunst 12, 25f., 199, 285, 292, 367
Kohärenz 97, *191–193*, 271, 273, 317, 320–323
Komik 92, 128, 188, 243, 261–263, 270f., 295, 326

Kommentar 76f., 168, 174, 202, 262, 273f., 329
Kommunikation 40, 53, 58, 136, 148, 172, 183, 195, 241, 358
Kommunikationswissenschaft 182
Komposition 35, 39, 54, 61, 64, 77f., 87, 98, 104, 198
Konsonantismus → *Wortspiel*
Konterdeterminierung → *Kontrastierung*
Kontextualisierung 194, 233
Kontrafaktur → *Lied*
Kontrastierung 231, 241, 260, 273, 327,
Kotextisolierung 72f., 240, 323
Kreativität 76, 132, 329
Kritik 26, 28, 30, 35, 41–53, 106, 117, 120f., 126–129, 148, 151, 153, 163, 168, 180, 214, 226f., 233–240, 275, 286, 288, 291, 295–297, 310, 329, 333f., 337, 343, 345, 354, 363, 375f.
Kubismus 118
Kurzgeschichte 114, 137

Lakonik 133, 196, 230
Lehrdichtung → *Literatur*
Lesebiographie 130, 140, 445
Lied
– allgemein *52–77*
– Autorenlied *52–105*, 125, 137f., 143–150, 155–161, 166–176, 194, 210, 241, 267, 297–301, 325
– Bänkellied → *Gattungen, Moritat*
– Chanson 20–24, 31f., 34, 39f., 46, 50, 53, 59, 65, 75, 83, 88, 91, 94, 111, 121, 129, 141, 153–158, 165, 205, 227, 258f., 271, 291, 297, 329
– Endloslied 200
– engagiertes Lied → *Engagement*
– Folksong 53, 340
– Gassenhauer 60, 268
– gesellschaftskritisches Lied 39, 41, 48f., 227
– Kontrafaktur 61, 99, 100, 198, 205, 297,
– Kunstlied 45, 53f., *61–71*, 75, 99
– Liebeslied → *Themen*

- Lumpeliedli 121, 268
- politisches Lied → *Literatur*
- Protestsong 25, 33, 39f., 47, 53, 100, 150, 153, 335
- Quodlibet 71, 363
- Rap 79f.
- Rollenlied → *Rolle*
- Schlager 28f., 34, 40f., 44, *46*, 50f., 53, 59, 68, 84, 86f., 149, 175f., 283, 291, 344
- Song 22, 24f., 29, 33f., 39, 41, 48, 50, 53, 58–60, 81, 84, 93, 112, 124f., 131, 141, 199, 271, 335f.
- sozialkritisches Lied 49, 53
- Strophenlied 63, 67, 70f.
- Topical song 23, 48, 53
- Trinklied 43, 53, 229, 247
- Volkslied 34, 55f., *58–60*, 62, 68–70, 76, 82, 98, 145f., 180, 198f., 205, 273, 302, 328, 336f., 352, 363
- zeitkritisches Lied 47

Liedermacher
- allgemein *15–104*, 124f., 130, 141, 144–153, 156, 158, 161, 166, 169–172, 181f., 193f., 197, 213, 257, 275, 285, 294, 297–303, 325, 343, 347, 357f., 362, 367, 369, 378
- Auteur-compositeur-interprète 32, 107, 141, 148, 205, 248, 350
- Bänkelsänger 23, 26, 282
- Barde 23f., 27, 29f., 34, 40, 52, 55, 123
- Cantautor(e) 23, *32f.*
- Chansonnier 16f., 20, 23, 27, *29–32*, 40, 89, 123f., 343, 347, 357f., 362, 367
- Liedermaching 53
- Meistersänger 99
- Minnesänger 55, 99
- Minstrels 55
- Poète-chanteur 23, 32
- Pop–Liedermacher *86f.*
- Sänger 23, 26, 29, *31–36*, 44, 83, 158
- Songmaker 34
- Singer-Songwriter 22f., 29f., *33f.*, 60, 145

- Troubadour 20, 23, 27, 29f., 52, 55
- Trouvères 123
- Vagantensänger 55, 99
- Volkssänger 287
Liedermacher-Duo 91f.
Liedhaftigkeit 51f., 54, 62, *66–83*, 183, 193

Literatur
- DDR-Literatur 16, 20, 25, 30f., 96, 129, 141, 144, 147, 149, 358
- Dialektliteratur → *Dialekt*
- engagierte Literatur *39–47*, 53, 89, 108, 141, 151f., 289, 305, 333, 335, 372
- erotische Literatur 53, 291, 334
- Lehrdichtung 42, 49, 59, 128, 165, 170, 180, 218, 269, 273, 275, 282–285, 305, 326,
- österreichische Literatur 20f., 68, 141, 144, 148
- politische Literatur 20f., 24, 26–29, *39–44*, 48–51, 53, 118, 145–155, 168f., 174, 176, 227, 238, 255, 258, 261, 288f., 293, 305, 328, 333, 335, 343, 353, 356, 358, 372
- Schweizer Literatur 12, 226, 333, 358f.
Literaturkritik → *Kritik*
Literaturwissenschaft 30–35, 38f., 41, 61, 77, 129, 132, 136, 247, 277
Logik → *Nonsens*

Melancholie 89, 132f., 189, 227
Maieutik → *Philosophie, sokratische*
Metapher 128, 164, 226, 249
Metrik
- allgemein *197–206*, 208, 241, 329
- Anapäst 202f.
- Daktylus 202
- Gedichtmass 198, 202, 205
- Isometrie 71, 202–205
- Jambus 202f.
- Kretikus 203
- Strophenformen 198, 200, 204
- Trochäus 67, 202f.
- Versmass 67, 201f., 206
- Versverdoppelung 199

439

Mise en abyme 267
Mittelalter 18, 36, 40, 68, 99, 287
Mnemotechnik 85, 199
modern mundart → *Dialekt*
Monolog 31, 91, 115, 166, *172f.*, 181,
Moral der Geschichte → *conclusio*
Morphologie 140, 210, 241, 245, 266
Mundart → *Dialekt*
Mündlichkeit 66, 88, 131, *136f.*, 241,
 251f., 328
Musikologie 31, 35, 55, 63, 65, 77, 128

Nachdichtung → *Übersetzung*
Naivität 133, 162–164, 168, 187, 202,
 257, 261
narratio 187, 201, 210, 253, 261, 264,
 268, 274, 290
Neue Sachlichkeit 143, 238
Nonkonformismus 151, 153
Nonsens 29f., 127, 133, 146, 192, 196,
 205, 220, 223, 225f., 228, 235, 239,
 241, 243, *257–275*, 322
novellistisch 228, 307

Objektivierung 89, 154, 160, 176, 236,
 271, 274, 326f.
offene Textform 326, 328
Onomatopoesie → *Poesie*
Ostermarsch 39f., 145, 148, 176

Paradoxa 134, 234, 237, 239, 259, 276f.
Parallelismus 135, 137
Patria → *Pfadfinder*
Pejorativ 151, 164
Periodizität *66–71*, 73, 85
Persiflage 133
Perspektivierung 105, 129, 155, 223f.,
 252, 327
Pfadfinder 107, 115–117, 125, 137, 141,
 260, 268, 275, 280–285, 288–291,
 349, 352, 361
Phantasie 128, 132, 187, 243
Philosophie
– allgemein *211–235*
– Analytische 38, 65, 325

– Dialektik *220–225*, 313, 325, 327
– Ethik 229
– Existenzialismus 226, 228, 231, 234,
 237, 262, 325,
– Metaphysik 133, 211, 230, 267
– Skeptizismus 214f., 296, 325, 327
– Sokratische 218, 263, 325
Plötzlichkeit 78, 219, 228, 275
Poesie
– allgemein 85, 127, 133, 293, 326
– beschreibende *237–242*
– Gedankenlyrik 47, 241
– konkrete 82, 249, 376
– onomatopoetische 164, 202f., 210
– philosophische *237–242*
– sachliche → *Sachlichkeit*
– Unsinn-Poesie → *Nonsens*
Poetik Matters 13, 105, 115, 127, 155,
 187, 196, 213, 229, 277, 282, 325,
 329
poetologisches Gedicht 210, 267
Pointe 133, 153, 165, 168, 176, 180, 187,
 201, 203–205, 257, 262f., 270, 307,
 318, 373
Polemik 43f., 118, 168, 196
politische Literatur → *Literatur*
Postmoderne 53, 206, 330
Potenzierung → *Mise en abyme*
Pragmatik 85, 88, 191f., 216, 271
Produktionsästhetik 45, 47, 127, 149
Programmorganisation
– allgemein 76, 97, 137, 171, *181–196*,
 279, 294–323, 325f., 339, 350, 353f.,
 361
– Eröffnungslied 186, 318, 321
– Nachpausenlied 187f.
– Programmabschluss 186–188, 323
– Programmeröffnung 186–188, 318,
 321, 323,
– Programmrhythmus 182f., 190, 196
– Schlusspunktlied 97, 188, 191, 308, 315
– Vorpausenlied 187–189
– Zugabenlied 185, 188, 308
Promythion 268f.
Prooimion → *Promythion*

Provokation 291
Pseudo–Konkretisierung 328
Publikum 20, 40, 45f., 60, 84, 94, 96, 121, 137f., 152, 154, 158, *170–189*, 195f., 216, 264, 268, 271, 274, 285, 295, 302, 309, 316, 321, 329, 333, 335, 345, 347, 351–355, 365, 367, 369, 373f., 379
Publikumsdialog 56, 64, 171, 180f., 183, 195, 308

Radikalität 151–154, 328
Radio Bern 111, 288, 319, 354
(Die) Rampe → *Berner Troubadours*
Rationalität 51, 200, 334
Redner → *Rhetorik*
Reduktion 164, 200f., 243f., 250, 318, 341f., 376
Redundanz 70, 72, 85, 194, 322
Refrain → *Reim*
Reihung 97, 189f., 310
Reim
– allgemein 63f., 123, 164, *206–210*, 241, 245, 248, 266, 296, 329, 376
– Arrangement 206
– Ausgangsreim 204, 206–210
– Binnenreim 123
– Blockreim 164, 206
– Endreim 247, 252
– erweiterter Reim 208
– Fremdwortreim 209f., 260
– gespaltener Reim 209f., 248
– Haufenreim 120, 207f.
– identischer Reim 207f.
– Kehrreim 72, 84f., 199f., 202, 245, 269f., 302
– Kreuzreim 206
– Paarreim 120, 163, 206f.
– Refrain 64, 80, 84, 124, 128, 175f., 199f., 202, 244f., 269–271, 307, 378
– Reimformel 123
– Reimmuster 206f., 210, 302
– Reimspiel 204, 210, 242
– Schlagreim 164, 210, 247
Religion

– allgemein 142, 213, *232–235*
– Buddhismus 232
– Christentum 39, 168, 232
– Mystik *233–235*
– Taosimus 232
– Theologie 142, 211
repetitio 64, 66, 69–71, 84, 89, 128, 131, 163f., 183, 199, 208, 245, 251f., 259, 269, 274, 276, 310
Resignation 133, 170, 178, 218, 239, 335
Rezeption 46f., 49, 58f., 64, 79, 94, 96, 99, 125, 128, 132–134, 137f., 141, 143–145, 154, 156, 160, 162, 170f., 181–183, 186, 188–190, 192, 195–197, 206, 209, 213, 241, 246, 251, 286, 292, 302, 317f., 328
Rezeptionsgeschichte *121–153*
Rhetorik 88, 156, 182, 255, 263, 327
Rolle 152, 156f., 159, 161, 165f., 168f., 257, 261, 307, 326
Roman 51, 116, 234

Sachlichkeit 29, 40, 63, 89, 123, 133, 138, 142, 155, 165, 168, 179, 205, 214, 231–233, *237f.*, 252, 260–264, 282, 305f., 327f., 333, 353
Sangbarkeit 57, 64, 66, 71
Satire 31, 41, 133, 180, 283, 322
Schematismus 175, 329
Schweizerischer Schriftstellerverein SSV 108
Semantik 23–30, 56f., 64, 72, 78, 85, 97, 140, 181, 191f., 194, 200f., 210, 212, 243, 250, 255, 273, 326f.
Spontaneität 64, 76f., 183, 188, 345, 379
Sprache
– Alltagssprache (auch → *Sachlichkeit*) 32, 38, 231, 252, 328
– Amtssprache 140, 238
– authentische Sprache 83, 88, 94, 98, 113, 137, 149, 159, *238*, 241, 243, 263
– Basisstil 240f.
– einfache Sprache 167, *238–240*, 260
– *genera dicendi* 53, 241

441

- Gruppensprache 140
- *langue/parole* 249f.
- missverstehen *238–242*
- mündliche Sprache → *Mündlichkeit*
- Personalstil 240
- Rollensprache → *Rolle*
- Sprachartistik 251, 326

Sprachrohr-Funktion 145, 152, 168
Sprechakt 166, 173, 178
Strukturen
- diagonale 271
- horizontale 200, 242, 271
- vertikale 201, 242, 271

Szenische Fiktionalität 90, 101
Surrealismus 133

Tautologie 32, 42, 47, 54
Tendenzfreiheit 259, 326
Textkritik → *Kritik*
Textmusik
- Arie 73
- Folkmusic 20, 23, 25f., 29f., 33, 46, 53, 92, 100, 110, 116, 145f., 301, 340, 368, 373
- Gregorianik 72
- Kantate 72
- Libretto 73, 137
- Mantra-Singen 72
- Motette 73
- Musical 30, 72, 185
- Oper 51, 70, 72, 185, 266, 372
- Oratorium 72
- Passion 72
- Popmusik 33, 72, 86f., 92, 175, 334
- Recitativo 73
- Rockmusik 85f., 113, 125, 127, 149, 175
- spriritueller Gesang 72
- Vokalise 72
- Voodoo-Gesang 72

Textsubjekt 159–162, 165, 170, 178, 203, 208, 210, 215, 231, 246f., 256f., 263f., 269, 274, 286, 322, 329
Theater
- allgemein 65, 93, 101, 111, 116f., 121, 126, 136, 157, 267, 287, 292, *307*, 332f., 345, 350f., 353, 356, 365, 367f.
- Drama 137, 172, 185, 246
- Film 72f., 107, 112, 126, 136f., 257, 266, 286, 362, 377
- Hörspiel 137, 354
- Kabarett 23–25, 29, 40, 48, 53–55, 75, 77, 83, 88, 90–97, 100, 117, 122f., 133, 137, 141, 143, 156–158, 161, 164–167, 169, 171, 182, 184f., 193, 199, 227, 257f., 282, 285, 291f., 301, 309, 313, 322, 340, 349–357
- Komödie 72, 185, 287
- Minidrama 137
- Revue 185
- Schwank 137, 185
- Stück 39, 51, 112, 117, 192, 234, 282, 292, 351, 393
- Varieté 149, 185, 193
- Zirkus 106, 185

Theaterwissenschaft 65, 157
Themen (in Matters Liedern)
- Angst/Mut 118, 163, 251f., 286, 321
- Glaube 228, 232, 234, 255, 286, 289, 323
- Glück/Pech 115, 117, 215–217, 219, 256f., 259, 270, 289,
- (das) Kleine/Grosse 138, 231, 262f., 283, 328, 333, 356
- Kommunikation 167, 224, 229, 287, 313
- Lachen/Trauer 216, 219, 224, 251f., 261, 271, 284, 307
- Liebe 155, 165, 175, 190, 200, *224*, 229, 238, 264, 267, 280, 289f., 292, 297, 299, 302, 305, 318
- Machen/Faulheit 178, 208, 224, 251f., 281f., 285, 295
- Schauriges (Gespenster) 267, 286
- Scheitern 211, 223, *225–229*, 261, 263f., 277, 286, 313, 327
- Selbstfindung 280, 291
- Spiel 115, 131, 160, 176, 179f., 196, *242*, 257, 271

- Technik 228, 238, 286
- Tod 211, 224, *226f.*, 292
- Tour-de-Chant 297, 299, 303
- Tradition, literarische → *Intertextualität*
- Tragikomik 188, 192, 252
- Transfersignal 273
- Transformation 60, 125, 222
- Transkription 80, 96, 101, 103, 137f., 177, 190, 305, 331

- Übertreibung 187, 229, 231
- Übersetzung 99f., 109f., 113, 116, 277
- Understatement 133, 169f., 180, 257, *263–266*, 299, 328
- Uneigentlichkeit 236, 241, 273, 275
- *unplugged* → *handgemacht*
- Unsinn → *Nonsens*
- *ut pictura poesis* → *Poesie, beschreibende*

- *variatio* 17, 79, 164, 180, 183, 186, 190
- Verfremdung 275
- Versifikation (auch → *Metrik*; → *Reim*) 67, *197–210*
- Vokalismus → *Wortspiel*
- Vordergründigkeit 196, 240, 328, 333
- Vorläufer → *Intertextualität*
- Vortrag
  - allgemein *74–93*
  - A-cappella-Gesang 74f., 83
  - antivokalisches Prinzip 88
  - Belcanto 70
  - Emotionalisierung → *Emotionalität*
  - gesungener 22, 57, 59, 63f., 75, 79, 82, 88, 205, 210,
  - Gruppengesang 92, 176
  - Parlando 70, 80
  - Rezitation 12, 66, 75f., 85, 97, 101–103, 159, 182f., 193, 334
  - sachlicher → *Sachlichkeit*
  - solistischer 33, 56, 76, 84, 86, 91f., 104, 172, 176, 181f., 302, 317f., 353, 362
  - Sprechgesang 52, 75, *78–81*, 83, 85, 88

- Sprechtext 176, 185f., 193, 229, 313, 317f.
- Vulgarismus 291

- Waldeckfestivals → *Festivals, Burg Waldeck*
- Wertästhetik 17, 44, 46f., 134, 262
- Wertewandel 148
- Wirkung (auch → *Rezeptionsgeschichte)*
  - Dauer 48, 174, 239
  - Disposition 153, 204, 240
  - Optimierung 159, 202, 230
  - Strategie 28, 128, 138, 153f., 205, 210, 275
  - Struktur 131, 143, 183, 191, 201, 230f., 244, 248, 250, 269, 271, 323, 327
- Ziel 24, 40, 43, 49, 59, 147, 238, 330, 373
- Wortspiel
  - allgemein *242–255*
  - Amphibolie 244f., 253, 326
  - Anspielung 138, 244, 253, 326, 379
  - Häufung 244, *247–249*, 306, 326
  - Homonymie 167, 242, 244–246, 248, 251, 253, 326
  - Homophonie 167, 246, 253
  - Komplex 244, 247, *249–253*, 308–310, 326
  - Konsonantismus 88, 207
  - Kontamination 243
  - *lex minimi* 243
  - Minimalpaar 244, 247, 251–253, 326
  - Paronymie 242, 245, 251, 253, 326
  - Passage *244–247*
  - Permutation 174, 251–253, 281, 307, 326
  - Phrase *253–255*, 326
  - Schachtelwort 247f.
  - Vokalismus 88, 207, 251

- Zeitbezug 143
- Zitation 99, 153, 257, 273
- Zitierfähigkeit 240

Liedregister

Die Sigle *Wid* bezieht sich auf die Publikation „Notizen zu Mani Matter" (Widmer 2002a: 11–56).

ahneforschig → *(dr) bärnhard matter (1821–1854)*
alls wo mir id finger chunnt 111, 114, 164, 178, 185, 204, *227f.*, 265, 269, 274, 291, 298–300
(dr) alpeflug 112, 117, 143, 168, 185, 187f., 191, 204, 227f., *287*, 296, 313–315, 319, 377
am samschtig ds nacht 111, 198, 200, 224, 281, 288, 291
är het uf sym chopf e chopf gha 204, *265f.*, 317
är isch vom amt ufbotte gsy 78, 140, 179, 184, 194, 204, *219*, 227, 238, 273, 312–314, 318f.
arabisch 112, 123, 165, 195, 201, 210, *248f.*, 266, 318, 319, 376; *Wid* 31

ballade (lied zum film „dällebach kari") 73, 174, 185, 188f., 194, *200f.*, 204, 206, 208, 217, 223, 227, 252, 273, 275, 295, 315f., 319, 377f.
ballade vo däm, wo vom amt isch ufbotte gsi → *är isch vom amt ufbotte gsy*
ballade vom nationalrat hugo sanders 111, 152, 200, 208, 224, 238, *245f.*, 252, 269, 273, 318
(dr) bärnhard matter (1821–1854) 114, *160f.*, 165, 179, 185, 190, 194, 208f., 227f., *265*, 267f., 303, 312–314, 317, 319, 376
belsazar im lift 204, *208*, *233*
betrachtige über nes sändwitsch 112, 138, *166*, 177, 185, 200–202, 204, 208, 216, *225*, 229, 246, 252, 265, 269, 313–315, 319
bim coiffeur 94f., 112, 114, 122, 185, 189, 204, *230f.*, 265, 267, 274, 286, 301, 303, 307, 311–314, 319, 375

boxmätsch 112, 126, 131, 140, 143, 185, 203f., 206, 210, 238, 258, 308, 311–315, 319

chasch mer lang ga säge 111, 165, 224
(dr) chasper → *oh wi tumm*
chue am waldrand 143, 165, 185, 187, 194, 201, 204, 206, *224*, 229, *264*, 274, 315, 319, 376; *Wid* 16

dällebach kari → *ballade (lied zum film „dällebach kari")*
(die) dame vo de harem → *karibum*
dene wos guet geit 122, 126, 185, 189, 204, 207, 238, *250–252*, 277, 310, 314, 319, 376
dialog im strandbad *167*, 188, 194, 198, 251, 313, 319
du bisch win e fisch 120, 203f., *237*
dynamit 114, 168, 177, 184, 190, 195, 202f., 206, 215, 223, 263, 271, 308, 310, 317, 319

einisch am'ne morge 113f., 204, 227, 263; *Wid* 48
(dr) eint het angscht 176, 198, 201, 204, 208, *251f.*, 317, 376
(ds) eisi 43, 139, 190, 198, 224, 248, 290f., 298, 317, 328
es geit e herr 110, 189, 230, 378; *Wid* 47
es git e bueb mit name fritz 114, 188, 205, 258, 265, 273, *275f.*, 284f., 301, 313
es steit e boum 111, 224
(dr) eskimo 95, 111, 114, 121, 165, 174, 178f., 188, 198, 200, 207, 217, 227, 240, *259–261*, 264, 266–269, 273f., 277, 279, 283, 298, 301, 303, 307f., 311

farbfoto 143, 177, 179, 184, 202, 204, 208, *256f.*, 269, 295, 313–315, 319; *Wid* 16
(dr) ferdinand isch gstorbe 95, 114, 125, 188, 200, 227, 254, 298–301, 303, 313, 317; *Wid* 11
französisches volkslied 76, 110, 116, 189, 267, 273

(dr) gloon 165, *200–202*, 207f., 223, 252, 269; *Wid* 37
(dr) gottfrid käller 185, 188f., 205, 256, 313–315, 319
(dr) grichtschryber joss 138, 177, 202, 267, 328
(ds) gspängscht 179, 265, 267, *286*, 298, 378

(dr) hansjakobli und ds babettli 78f., 94, 165, 168, 174, 179, 185, 188f., 200, 221, 242, 269, 274, 277, 303, 307, 311–314, 319, 328, 332; *Wid* 33, 36
(ds) heidi 43, 95, 124f., 165, 168, *174–177*, 185, 190, 202, 224, 242, 244f., 248f., 251, 253, 269, 274, 301, 311–315, 319, 328
(dr) heini 122, *209*, 224, 299f., 328, 363
heiwäg 143, 165, 191, 203, 205, 258, 267
hemmige 85, 113, 125f., 177f., 184, 194, 200, 217, 267, *269–271*, 277, 290, 308, 310–314, 317–319; *Wid* 54
(dr) her zehnder I 43, 198, 200, 203, *247f.*, 290, 328, 349, 351
(dr) her zehnder / dr her zehnder und sy teetasse / dr her zehnder II 189, 191, 274, 286, 290
heren im wysse schurz 228, 296; *Wid* 13
hie ir schwyz 153, 177, 191, 238, *287–289*, 296
(es) hus wird überwacht 320

i han en uhr erfunde 66, 78, 95, 121, 143, *162–165*, 178, 188, 197, 199, 202, 228, 258f., 263, 288, 291, 298–301, 303, 317

i han es zündhölzli azündt → *(ds) zündhölzli*
i will nech es gschichtli verzelle 110f., 143, 165, 198, 217, 224, 290, 298
(s') inserat → *farbfoto*
ir ysebahn 78, *81f.*, 112, 168, 185, 187, 189–191, 195, 200, 203, 219, 222, 224f., 229, 253, 269, 271f., 313–315, 319; *Wid* 41

karibum 79f., 110, 116, 198, *208*, 244, 323, 339, 378; *Wid* 47
kennet dir die gschicht 177f., 201f., 206, 228, 267, 273
(ds) kiöskli 111, 290, 299f.
(dr) kolumbus 138, 202, *263*, 283, 298
(dr) kommissär vo may 110, 320
kriminalgschicht *320–323*; *Wid* 44, 46

(ds) lied vo de bahnhöf 94, 122, 185, 190, 194, 205, *253f.*, 273, 303, 311–315, 317, 319, 352
(ds) lied vo den arme polizeiorgan 204, 320
(ds) lied vom diabelli 198, 267, 273f., 290
(ds) lied vom kritisiere 208, 273
(ds) lied vom pfaderhuet 110f., 115, *280f.*
lob vor fuulheit 178f., 206, 209, 224; *Wid* 31
(ds) lotti schilet 122, 185, 190, 224, 265, 271, 288, 290, 298, 317, 319, 328, 351f., 357
(e) löu, e blöde siech, e glünggi un e sürmu, oder: schimpfwörter sy glückssach 119, 185, 189, 204, 224, 315, 319, 328

(d') meierysli 95, 177, 198, 301–303
(d') metallplastik 143, 191, 209, 215, *221*
mir hei e verein 112, 155, 165, *173f.*, 177, 185, 200, 207, 224, 269, 308, 310–314, 317–319

445

mir het dr dings verzellt 184, 205, 252, 258, 269, 275, 308, 310, 312–314, 317–319, 331, 376
missverständnis 74, 123, 184f., 189, 201f., 206, 208, 229, 266, 269, *271f.*, 314f., 319; *Wid* 23, 41
(dr) mönsch isch wi dä 194, 228, 286
mys nächschte lied 178f., *210*, 267, 274
mys schätzeli 111, 224

(d') nase *94f.*, 143, 178, 185, 187, 189, 227f., 253, 264f., 267f., 273, 301, 303, 312f., 318f.; *Wid* 15
nei säget sölle mir 148, 153, 178, 200, 204–206, 216, *218*, 238, 258, 267; *Wid* 15, 37, 44, 46
(dr) noah 185, 200, 204, *222f.*, 227, 234, 269, 296, 303, 307f., 313, 317, 319, 375f.; *Wid* 13
novämbernacht 190, 205, 227, 242, 265, 274, 301–303
(ds) nüünitram 114, 122, 202, 204f., 207, 258, 265, 298, 302, 317

oberi und underi 113, 201, 208, 238, *252*, 288
oh wi tumm 111, 201, *203f.*, 227, 258, 266, 269, 315

(dr) parkingmeter 138, 185, 191, 202, 207, 228, 258, 286, 308, 310–314, 317, 376; *Wid* 16
(dr) pfaderhuet → *(ds) lied vom pfaderhuet*
(d') pfyffephilosophe 204, *209*, 233, 254, 269
(ds) portmonee 115, 138, 184, 197, 201, 204, 258, 308, 310–314, 317–319; *Wid* 17
prolog 178, 200, 204, *320–322*
(d') psyche vo dr frou 111, 166, 178f., 185, 190, 200, 204, 215f., 224, 264, 269, 298, 317, 319

(dr) rägewurm 43, 121, 198, 200, 217, 224, 265, 275, 279, 281, *289f.*, 298, 301–303, 351, 357, 388; *Wid* 35, 43
(ds) rägewürmli → *(dr) rägewurm*
(ds) rohr 111, 165, 281, 290
(ds) rote hemmli 111, 291

s'isch amene schöne sunntig gsy 111, 200, 224, 291, 298
s louft e hund 143, 165, 174, 177, 191, *203*, 238, 241; *Wid* 35
schlusslied 110, 320, *323*
(dr) schwarz chasper → *kennet dir die gschicht*
si hei mer gseit
si hei dr wilhälm täll ufgfüert 112, 114, 125f., 128, 187f., 200, 204, 216, 224, 229, 242, 267, 274, 303, 307, 311–314, 319, 341, 375; *Wid* 11, 31
(dr) sidi abdel assar vo el hama → *arabisch*
sit mir vom herd vo de götter 76, 116, 200
(di) strass won i drann wone 112, 143, 185, 205, 258, 303, 307, 312–314, 317, 319; *Wid* 13

(d') türe 113, 207, *246f.*, 249
(ds) trambiliee 177, 179, 229, 265, 269, 275

unufällig → *(es) hus wird überwacht*
us emene lääre gygechaschte 113, 132, 143, 184, 199, 205, 258f., *275–277*, 291, 308, 310, 317, 319

wär het das meitschi umpracht, wär? 320, *322f.*
warum syt dir so truurig? 114, 127, 130, 153, *177f.*, 205f., *216–219*, 241, 269, 329; *Wid* 20, 37, 44, 46, 56
(dr) wecker 178, 185, 187f., 194, 206, 228, 265, 274, 286, 314, 318f.
wenn doch nume die 111, 200, 238, *254*, 300, 310

wildweschter 202f., 206, 227, 273f., 377
wo mir als bueben emal 80, 154, 177, 205, 216, 242, 267, 269; *Wid* 37, 46
won i bi dranne gsy *97*, 111, 173, 179, 188, 203, 267, 315

(ds) zündhölzli 112, 120, 125, 184, 186f., 201, 207, *209*, 229, 238, 303, 311–314, 317–319, 342
zwo flöige 143, 165, 203, 209, 215, 238

Lesebiographisches Namensregister

Das *Lesebiographische Namensregister* soll neben dem Ziel, den Wissenshintergrund, vor dem Matters Werk entstanden ist, auszuleuchten vor allem der künftigen Forschung dienen, um bestimmte Textstellen in Matters hochdeutschem Werk und in Widmers „Notizen zu Mani Matter" rasch aufzufinden.

Sud .... *Sudelhefte* (=Matter 1992b)
Rum .... *Rumpelbuch* (=Matter 1992b)
Wid .... „Notizen zu Mani Matter" (=Widmer 2002a: 11–56)

Achleitner, Friedrich *Wid* 21
Albers, Hans *Wid* 22
Altenberg, Peter *Sud* 44, 74
Aristoteles *Sud* 35, 87, 93, 114, 120
Arp, Hans *Sud* 109; *Wid* 20
Artmann, H. C. *Wid* 21f.
Augustinus *Sud* 99

Bach, Johann Sebastian *Sud* 24, 34, 89
Baez, Joan *Wid* 23
Ball, Hugo *Wid* 20
Bänninger, Konrad *Sud* 74
Bar, Jean *Sud* 55
Barth, Karl *Wid* 22
Bayer, Konrad *Wid* 21
(The) Beatles *Wid* 22f.
Beethoven, Ludwig van *Rum* 171
Bellmann, Carl Michael *Wid* 26, 47, 49
Benn, Gottfried *Sud* 57, 114; *Wid* 14
Bergengruen, Werner *Sud* 113
Beyond the Fringe *Wid* 21
(Die) Bibel *Sud* 49, 77, 131
Biermann, Wolf *Wid* 19, 22, 26, 34, 49, 54
Blei, Franz *Sud* 39
Bloch, Ernst *Wid* 22
Born, Ernst *Wid* 33
Brassens, Georges *Wid* 13, 19, 24, 30, 49, 53
Brecht, Bertolt *Sud* 24, 45, 74, 114, 122, 129; *Rum* 182; *Wid* 20, 50
Brel, Jacques *Wid* 24, 50

Broch, Hermann *Sud* 57, 74; *Wid* 20
Buber, Martin *Wid* 22, 43f.
Bultmann, Rudolf Karl *Sud* 133
Burkhardt, Adolf *Wid* 29

Celan, Paul *Rum* 199
Chaplin, Charly *Wid* 21
Chesterton, Gilbert Keith *Sud* 126; *Wid* 22f.
Chevalier, Maurice *Wid* 24

Dällenbach, Kari *Wid* 47
Dante Alighieri *Sud* 114
Degenhardt, Franz Josef *Wid* 25f.
Döblin, Alfred *Sud* 78
Dostojewskij, Fjodor *Sud* 12, 126
Dylan, Bob *Wid* 23

Ebner-Eschenbach, Marie von *Rum* 184
Eicher, Stephan *Wid* 54
Eliot, T[homas] S[tearns] *Sud* 114
Epikurismus *Sud* 83

Feldman, Marty *Wid* 21
Franz von Assisi *Sud* 72, 137
Frisch, Max *Sud* 74, 103

Gan, Peter *Sud* 110
Gay-Lussac, Joseph Louis *Sud* 45
George, Stefan *Sud* 114; *Wid* 21
Gerber, Stephan *Wid* 36f., 50
Gilles (Waadtländer Chansons) *Wid* 18

Goethe, Johann Wolfgang von *Sud* 31, 39, 44f., 114
Gogh, Vincent van *Sud* 24
Gomringer, Eugen *Wid* 21
Gott *Sud* 76, 80, 99, 132f., 135f.; *Wid* 44
Greyerz, Otto von *Rum* 185
Grimm, Gebrüder *Wid* 25
Gryphius, Andreas *Sud* 114
Guthrie, Woody *Wid* 19

Hebbel, Friedrich *Sud* 74
Hebel, Johann Peter *Wid* 42
Hegel, Georg Wilhelm Friedrich *Sud* 36, 50, 85, 114
Heine, Heinrich *Wid* 50
Heiniger, Tinu *Wid* 33
Heraklit *Sud* 45, 97
Hesse, Hermann *Sud* 57, 113
Hofer, Polo *Wid* 56
Hoffmann, E. T. A. *Sud* 114
Hohl, Ludwig *Sud* 20f., 24f., 43, 47ff., 58, 74, 101, 106, 110, 112, 114; *Wid* 22
Hohler, Franz *Wid* 21, 49
Hölderlin, Friedrich *Sud* 114
Hug, Julius *Rum* 185
Hythlodeus *Sud* 107

Ibsen, Henrik *Sud* 17
Insterburg und Co. *Wid* 27

Jandl, Ernst *Wid* 20
Jesus Christus *Sud* 76, 133, 137
Joyce, James *Sud* 113
Jungfrau Maria *Sud* 133

Kafka, Franz *Sud* 57
Kant, Immanuel *Sud* 36, 114; *Rum* 150ff., 154f.
Kassner, Rudolf *Sud* 114
Keaton, Buster *Wid* 21
Kennedy, John *Sud* 120
Kierkegaard, Søren *Sud* 36f.
Kleist, Heinrich von *Sud* 33, 114
Kolumbus, Christoph *Sud* 125f.

Kraus, Karl *Sud* 18, 44, 51, 114; *Wid* 20
Kreisler, Georg *Wid* 25

Laotse *Sud* 75, 86
Lawrence, D. H. *Sud* 44
Lean, David (*Ryan's Daughter*) *Wid* 21
Lear, Edward *Wid* 21, 23
Led Zeppelin *Sud* 125
Lehrer, Tom *Wid* 25
Lennon, John *Wid* 54
Lessing, Gotthold Ephraim *Sud* 19, 113f.; *Wid* 17
Leuenberger, Christoph Wilhelm *Rum* 171
Lichtenberg, Georg Christoph *Sud* 47, 50, 73f., 114

McCartney, Paul *Wid* 54
Mann, Thomas *Sud* 74, 114
Mansfield, Kathrine *Sud* 110
Marcuse, Herbert *Sud* 129
Marti, Kurt *Wid* 17, 53
Marx Brothers *Wid* 21
Marx, Karl *Sud* 124, 129, 131; *Rum* 180; *Wid* 22
Matter, Joy *Wid* 12, 52f.
Miller, Henry *Sud* 74, 114; *Rum* 178
Montaigne, Michel de *Sud* 74
Morgenstern, Christian *Sud* 114, 126; *Wid* 20
Morus, Thomas *Sud* 107
Moser, H. A. *Sud* 74f.
Mozart, Wolfgang Amadeus *Sud* 34, 89f.; *Wid* 22
Musil, Robert *Sud* 49, 57, 74f.

Neame, Ronald (*Tunes of Glory*) *Wid* 21
Neumann, Robert *Wid* 21
Newton, Isaac *Rum* 153
Nietzsche, Friedrich *Sud* 57

Ochs, Phil *Wid* 23
Olivier, Laurence *Wid* 24
Osborne, John *Sud* 18
Ovid (*Philemon und Baucis*) *Sud* 63

Paulus *Sud* 76
Paxton, Tom *Wid* 23
Pelagius *Sud* 99
Plato *Sud* 35,114
Pollak, Gusti *Wid* 32
Pound, Ezra *Sud* 114
Prenn, Reinhard *Wid* 35, 54

Ramuz, Charles-Ferdinand *Sud* 110; *Wid* 18
Renard, Jules *Sud* 110
Reutter, Otto *Wid* 24
Riesmann, David *Sud* 57
Rilke, Rainer Maria *Sud* 55; *Wid* 20
Ringelnatz, Joachim *Sud* 29, 114
Rose, Reginald (*Twelve Angry Men*) *Sud* 53
Rosselson, Leon *Wid* 54
Rostand, Edmond *Sud* 60
Rousseau, Jean-Jacques *Sud* 99, 106
Ruiss, Gerhard *Wid* 35
Russell, Bertrand *Sud* 78, 81

Sager, Peter *Rum* 181
Schiller, Friedrich *Sud* 17
Schlesinger, John (*Billy Liar*) *Wid* 21
Schopenhauer, Arthur *Sud* 49
Schubert, Franz *Wid* 20
Seeger, Pete *Wid* 23
Shakespeare, William *Sud* 114; *Wid* 24f., 50
Sokrates *Sud* 35; *Rum* 273f.
Sölle, Dorothee *Sud* 136f.; *Wid* 22
Spinoza *Sud* 74
Steinberger, Emil *Wid* 21

Stickelberger, Jacob *Sud* 122; *Wid* 12f., 44ff., 48f., 55
Strawinsky, Igor *Wid* 18

Tao-te-king *Sud* 114
Thales *Sud* 78
Traber, Markus *Wid* 49
Trenet, Charles *Wid* 24
Truman, Harry S. *Rum* 171

Valéry, Paul *Sud* 55
Valentin, Karl *Sud* 114; *Wid* 21, 24
Villon, François *Wid* 49
Vinci, Leonardo da *Sud* 11

Vreeswijk, Cornelis *Wid* 47
Vreneli ab em Guggisberg Wid 22

Wader, Hannes *Wid* 26f.
Walser, Robert *Sud* 114; *Wid* 20
Webern, Anton *Sud* 90
Weber, Werner *Sud* 74
Wecker, Konstantin *Wid* 54
Wedekind, Frank *Sud* 44
Weill, Kurt *Wid* 20
Wiener, Oswald *Wid* 21
Wiener Gruppe Wid 21
Wilder, Thornton *Sud* 71
Wirz, Christine *Wid* 12
Wittgenstein, Ludwig *Wid* 22
Wolf, Hugo *Wid* 22
Wyttenbach, Jürg *Sud* 87; *Rum* 205, 216

Zuckmayer, Carl *Wid* 50

Dank

Zu danken habe ich zu allererst meinem Doktorvater *Prof. Dr. Harald Fricke*, der während Jahren diese Studie begleitet und durch Forschungshinweise und Aufmunterungen jeglicher Art zum Weiterführen und zum Abschluss der Arbeit beigetragen hat. In seinen Parodie-Seminaren hat er mich als jungen Studenten für den literaturwissenschaftlichen Bildungsgang begeistert und ermutigt, das – wie sich später zeigen sollte auch aus historischer Sicht wertvolle – Studienjahr 1988/89 an der Karl-Marx-Universität in Leipzig/DDR (heute: Alma Mater Lipsiensis) zu absolvieren. Seiner Anregung zu verdanken war zudem das vom Kommilitonen *Benedikt Vogel* geleitete Studentenkabarett *Horroris Causa*, an dem ich als Mitautor und Bühnendarsteller wertvolle Erfahrungen sammeln durfte. Harald Frickes Fürsprache ermöglichte schliesslich den Forschungsaufenthalt an der Albrecht-Ludwigs-Universität in Freiburg i. Br. (1996/97).

Der Dank gilt weiter den Professoren *Stefan Bodo Würffel* (Universität Fribourg), *Walter Haas* (zweiter Gutachter; Universität Fribourg) und *Walter Salmen* (Universität Freiburg i. Br.) für vielfältige Anregungen sowie das Benutzen von Forschungsartikeln und Materialien zu Liedermachern. Dank schulde ich zudem *Prof. Dr. Urs Meyer* (Universität Fribourg), einem langjährigen Weggefährten des Forschungsseminars an der Universität Fribourg und einem stets zuverlässigen Diskussionspartner, der vieles, ohne sich dessen bewusst zu sein, anregte. Manchen weiterführenden Einwand verdanke ich zudem *Dr. Peter Stocker*, dem Mitherausgeber der historisch-kritischen Gottfried-Keller-Ausgabe und Mitglied des Forschungskolloquiums.

Gedankt sei ferner dem *Schweizerischen Nationalfonds* für die Gewährung eines Stipendiums für den zweisemestrigen Forschungsaufenthalt an der Albrecht-Ludwigs-Universität in Freiburg i. Br., der dank der freundlichen Einladung von *Prof. Dr. Sasse* von der Universität Freiburg i. Br. ermöglicht wurde. Optimale Unterstützung erfuhr ich während des Forschungsjahrs von den stets hilfsbereiten Mitarbeitern des *Deutschen Volksliedarchivs* in Freiburg i. Br., namentlich von *Prof. Dr. Otto Holzapfel* und Frau *Barbara Boock*. Neben der Bereitstellung von wertvollem Forschungsmaterial zeichnete sich Frau Boock für ein mehrstündiges Treffen mit Wolf Biermann verantwortlich, das Einblicke in sein Liedermachen und seine Persönlichkeit gewährte.

Ohne den Zugriff auf die Bestände verschiedener weiterer Archive wäre manches in dieser Studie im Dunkeln geblieben: Zu besonderem Dank verpflichtet bin ich dem *Deutschen Kabarettarchiv* in Mainz, vor allem dessen früherem Leiter *Reinhard Hippen*; aber ebenso dem Gründer und Leiter des *Schweizerischen Cabaret-, Chanson- und Pantomimen-Archivs*, Thun, *Dr. hc. Hans-Ueli von Allmen*; im Weiteren dem *Schweizerischen Literaturarchiv* (SLA), Bern, für die Sichtung des Nachlasses von Mani Matter und ein erhellendes Gespräch mit den Nachlassbetreuern; ferner dem *Schweizerischen Volksliedarchiv*, Basel, für die Auswertung des Autorenlied-Bestandes; und schliesslich dem *Archiv der Pfadfinderabteilung Patria*, Bern, für die Sichtung von Materialien im Zusammenhang mit Mani Matters Pfadfinderaktivitäten.

Der persönliche Kontakt mit den *Berner Troubadours* trug viel zum Erkenntnisgewinn bei. Den Berner Troubadours *Ruedi Krebs*, *Jacob Stickelberger*, *Bernhard Stirnemann*, *Markus Traber* und *Fritz Widmer* sei nicht nur herzlich für die bereitwillig gegebenen Auskünfte in den Interviews gedankt, sondern auch für das zur Verfügung gestellte Material (darunter unpublizierte Texte und nicht veröffentlichtes Tonmaterial). Aus den vielen Gesprächen, die ich auch ausserhalb der Interviews führen durfte, ergaben sich oft überraschende Einblicke in die Anfänge des Schweizer Liedermachens. In diesem Zusammenhang seien auch die bedeutenden Aussagen von *Änni Krebs-Schädelin* verdankt.

Dank gebührt im Weiteren *Jürg Wyttenbach* für die Einsicht in bislang weithin unbekannte Matter-Texte und -Zeichnungen und für mündliche Informationen. Ebenso danke ich *Guido Schmezer* für Auskünfte im Zusammenhang mit Matters Liedern und Pfadfinderaktivitäten, und *Franz Hohler*, der mir auf unkomplizierte Weise eine Aufnahme seiner frühen Sendung über Mani Matter überliess. *Ernst Born* beantwortete ausführlich wichtige Fragen zum Liedermachen in der Schweiz, während *Hugo Ramseier* zusammen mit *Rolf Attenhofer* Aspekte der Tonaufnahmen preisgaben.

Dank einer gemeinsamen Forschungsarbeit mit der Psychologin und Privatdozentin *Stefanie Stadler Elmer* erfuhr ich Grundlegendes zum Erfinden von Liedern. Zu danken habe ich den Altphilologen *Paula Sluka* und *Johannes Brinkmannn* für Übersetzungen bzw. Übersetzungshinweise aus dem Lateinischen und weitere Unterstützung. Der Dank gilt weiter dem Historiker und Künstler *Christian Hofer* für die Gestaltung der ersten Umschlagseite, der Lektorin des Peter-Lang-Verlags *Ursula Rettinghaus* für die geduldige Begleitung der Studie, den Russisten *Boika Dimitrov* und *Erich Bertschi* für Hinweise auf die Matter-Rezeption in russischsprachigen Gebieten sowie für die Transliteration russischsprachiger Texte; dem Theologen *Wolfgang Bürgstein* für aufschlussreiche Gespräche und Hinweise auf Bibelstellen, dem Philosophen *Pascal Schwarz* für anregende Gespräche über Philosophie im Allgemeinen und über die existenzialphilosophische Strömung in der Nachkriegszeit im Besonderen und meiner Tochter *Laila Hammer* für Arbeiten an den Registern.

Ein herzlicher Dank gilt weiter meiner ‚ersten Leserin', der Literatur- und Sprachwissenschafterin *Jolanda Jäggi*. Sie hat bei der Umarbeitung des Prüfungstyposkripts in eine Druckfassung mit stets wachem Auge und jederzeit verlässlich nicht nur umfassende technische Unterstützung geleistet, sondern manche strukturelle und sprachliche Schwäche aufgedeckt. Dank gebührt im Weiteren meinem langjährigen Arbeitgeber, insbesondere meinen Vorgesetzten im Eidgenössischen Justiz- und Polizeidepartement, ohne deren Flexibilität und Unterstützung, soweit es die Arbeitssituation zuliess, die Studie nicht hätte abgeschlossen werden können.

Das vorliegende Buch hätte erst gar nicht entstehen können ohne die Unterstützung durch meine Partnerin *Marion Bär Hammer*. Sie hat während Jahren die zeitintensive Forschung oft geduldig ertragen, auf manches Ereignis im Zusammenhang mit Mani Matter und Liedermachern hingewiesen und sich mit viel Hingabe um unsere Kinder Laila, Seraphin und Philemon gekümmert. Schliesslich gilt der Dank allen hier nicht namentlich Erwähnten, die durch kritisches Nachfragen oder Hinweise auf Publikationen und Veranstaltungen zum Liedermachen und zu Mani Matter oft massgeblich zum Erkenntnisfortschritt beigetragen haben; erwähnt seien auch jene, die in Würdigung der wiederholt grösser gewordenen Familie die schwierigen Forschungsbedingungen anerkennend zur Kenntnis nahmen und dadurch zum Weitermachen anspornten.

Bern, im April 2010
Stephan Hammer

Kontaktadresse: *stephan.hammer@bluewin.ch*